国家出版基金项目
NATIONAL PUBLICATION FOUNDATION

U0595918

中国近代
思想家文库

◎

雷海宗
林同济
卷

江沛 刘忠良 编

中国人民大学出版社
·北京·

总　序

　　对于近代的理解，虽不见得所有人都是一致的，但总的说来，对于近代这个词所涵的基本意义，人们还是有共识的。一个国家、一个民族走入近代，就意味着以工业化为主导的经济取代了以地主经济、领主经济或自然经济为主导的中世纪的经济形态，也还意味着，它不再是孤立的或是封闭与半封闭的，而是以某种形式加入到世界总的发展进程。尤其重要的是，它以某种形式的民主制度取代君主专制或其他不同形式的专制制度。中国是个幅员广大、人口众多、历史悠久的多民族国家，由于长期历史发展是自成一体的，与外界的交往比较有限，其生产方式的代谢迟缓了一些。如果说，世界的近代是从 17 世纪开始的，那么中国的近代则是从 19 世纪中期才开始的。现在国内学界比较一致的认识，是把 1840 年到 1949 年视为中国的近代。

　　中国的近代起始的标志是 1840 年的鸦片战争。原来相对封闭的国门被拥有近代种种优势的英帝国以军舰、大炮再加上种种卑鄙的欺诈打开了。从此，中国不情愿地加入到世界秩序中，沦为半殖民地。原来独立的大一统的中央集权的君主专制国家，如今独立已经极大地被限制，大一统也逐渐残缺不全，中央集权因列强的侵夺也不完全名实相符了。后来因太平天国运动，地方军政势力崛起，形成内轻外重的形势，也使中央集权被弱化。经历第二次鸦片战争、中法战争、甲午战争、八国联军入侵的战争以及辛亥革命后的多次内外战争，直至日本全面侵略中国的战争，致使中国的经济、政治、教育、文化，都无法顺利走上近代发展的轨道。古今之间，新旧之间，中外之间，混杂、矛盾、冲突。总之，鸦片战争后的中国，既未能成为近代国家，更不能维持原有的统治秩序。而外患内忧咄咄逼人，人们都有某种程度"国将不国"的忧虑。

　　"天下兴亡，匹夫有责"，读书明理的士大夫，或今所谓知识分子，尤为敏感，在空前的危机与挑战面前，皆思有所献替。于是发生种种救亡图存的思想与主张。有的从所能见及的西方国家发展的经验中借鉴某些东西，形成自己的改革方案；有的从历史回忆中拾取某些智慧，形成某种民族复兴的设想；有的则力图把西方的和中国所固有的一些东西加以调和或结合，形成某种救亡图强的主张。这些方案、设想、主张，从世界上"最先进的"，到"最落后的"，几乎样样都有。就提出这些方案、设想、主张者的初衷而言，绝大多数都含着几分救国的意愿。其先进与落后，是否可行，能否成功，尽可充分讨论，但可不必过为诛心之论。显而易见，既然救国的问题最为紧迫，人们所心营目注者自然是种种与救国的方案直接相关的思想学说，而作为产生这些学说的更基础性的理论，及其他各种知识、思想，则关注者少。

围绕着救国、强国的大议题，知识精英们参考世界上种种思想学说，加以研究、选择，认为其中比较适用的思想学说，拿来向国人宣传，并赢得一部分人的认可。于是互相推引，互相激励，更加发挥，演而成潮。在近代中国，曾经得到比较广泛的传播的思想学说，或者够得上思潮的，主要有以下几种：

（一）进化论。近代西方思想较早被引介到中国，而又发生绝大影响的，要属进化论。中国人逐渐相信，进化是宇宙之铁则，不进化就必遭淘汰。以此思想警醒国人，颇曾有助于振作民族精神。但随后不久，社会达尔文主义伴随而来，不免发生一些负面的影响。人们对进化的了解，也存在某些片面性，有时把进化理解为一条简单的直线。辩证法思想帮助人们形成内容更丰富和更加符合实际的发展观念，减少或避免片面性的进化观念的某些负面影响。

（二）民族主义。中国古代的民族主义思想，其核心是"非我族类，其心必异"，所以最重"华夷之辨"。鸦片战争前后一段时期，中国人的民族思想，大体仍是如此。后来渐渐认识到"今之夷狄，非古之夷狄"，"西人治国有法度，不得以古旧之夷狄视之"。但当时中国正遭受西方列强的侵略和掠夺，追求民族独立是民族主义之第一义。20世纪初，中国知识精英开始有了"中华民族"的概念。于是，渐渐形成以建立近代民族国家为核心的近代民族主义。结束清朝君主专制，创立中华民国，是这一思想的初步实现。第一次世界大战爆发，中国加入"协约国"，第一次以主动的姿态参与世界事务，接着俄国十月革命爆发，这两件事对近代中国的发展历程造成绝大影响。同时也将中国人的民族主义提升到一个新的层次，即与国际主义（或世界主义）发生紧密联系。也可以说，中国人更加自觉地用世界的眼光来观察中国的问题。新生的中国共产党和改组后的国民党都是如此。民族主义成为中国的知识精英用来应对近代中国所面临的种种危机和种种挑战的一个重要的思想武器。

（三）社会主义。社会主义作为一种模糊的理想是早在古代就有的，而且不论东方和西方都曾有过。但作为近代思潮，它是于19世纪在批判近代资本主义的基础上产生的。起初仍带有空想的性质，直到马克思和恩格斯才创立起科学社会主义。20世纪初期，社会主义开始传入中国。当时的传播者不太了解科学社会主义与以往的社会主义学说的本质区别。有一部分人，明显地受到无政府主义的强烈影响，更远离科学社会主义。直到五四新文化运动兴起之后，中国人始较严格地引介、宣传科学社会主义。但有一段时间，无政府主义仍是一股很大的思想潮流。中国共产党的成立，从思想上说，是战胜无政府主义的结果。中国共产党把在中国实现社会主义乃至共产主义作为自己的奋斗目标。此后，社会主义者，多次同各种非科学社会主义思想的信仰者进行论争并不断克服种种非科学社会主义思想的影响。

（四）自由主义。自由主义也是从清末就被介绍到中国来，只是信从者一直寥寥。直到五四新文化运动兴起，具有欧美教育背景的知识精英的数量渐渐多起来，自由主义始渐渐形成一股思想潮流。自由主义强调个性解放、意志自由和自己承担责任，在政治上反对一切专制主义。在中国的社会条件下，自由主义缺乏社会基础。在政治激烈动荡的时候，自由主义者很难凝聚成一股有组织的力量；在稍稍平和的时候，他们往往更多沉浸在自己的专业中。所以，在中国近代史上，自由主义不曾有，也不可能有大的作为。

（五）激进主义与保守主义。处于转型期的社会，旧的东西尚未完全退出舞台，新的东西也还未能巩固地树立起来，新旧冲突往往要持续很长的时间，有时甚至达到很激烈的程度。凡助推新东西成长的，人们便视为进步的；凡帮助旧东西排斥新东西的，人们便视为保守的。其实，与保守主义对应的，应是进步主义；与顽固主义相对的则应是激进主义。不过在通常话语环境中人们不太严格加以区分。中国历史悠久，特别是君主专制制度持续两千余年，旧东西积累异常丰富，社会转型极其不易。而世界的发展却进步甚速。中国的一部分精英分子往往特别急切地想改造中国社会，总想找出最厉害的手段，选一条最捷近的路，以最快的速度实现全盘改造。这类思想、主张及其采取的行动，皆属激进主义。在中共党史上，它表现为"左"倾或极左的机会主义。从极端的激进主义到极端的顽固主义，中间有着各种程度的进步与保守的流派。社会的稳定，或社会和平改革的成功，都依赖有一个实力雄厚的中间力量。但因种种原因，中国社会的中间力量一直未能成长到足够的程度。进步主义与保守主义，以及激进主义与顽固主义，不断进行斗争，而实际所获进步不大。

（六）革命与和平改革。中国近代史上，革命运动与和平改革运动交替进行，有时又是平行发展。两者的宗旨都是为改变原有的君主专制制度而代之以某种形式的近代民主制度。有很长一个时期，有两种错误的观念，一是把革命理解为仅仅是指以暴力取得政权的行动，二是与此相关联，把暴力革命与和平改革对立起来，认为革命是推动历史进步的，而改革是维护旧有统治秩序的。这两种论调既无理论根据，也不合历史实际。凡是有助于改变君主专制制度的探索，无论暴力的或和平的改革都是应予肯定的。

中国近代揭幕之时，西方列强正在疯狂地侵略与掠夺殖民地和半殖民地，中国是它们互相争夺的最后一块、也是最大的资源地。而这时的中国，沿袭了两千年的君主专制制度已到了奄奄一息的末日，统治当局腐朽无能，对外不足以御侮，对内不足以言治，其统治的合法性和统治的能力均招致怀疑。革命运动与改革的呼声，以及自发的民变接连不断。国家、民族的命运真的到了千钧一发之际，危机极端紧迫。先觉分子救国之心切，每遇稍具新意义的思想学说便急不可待地学习引介。于是西方思想学说纷纷涌进中国，各阶层、各领域，凡能读书读报者，受其影响，各依其家庭、职业、教育之不同背景而选择自以为不错的一种，接受之，信仰之，传播之。于是西方几百年里相继风行的思想学说，在短时期内纷纷涌进中国。在清末最后的十几年里是这样，五四时期在较高的水准上重复出现这种情况。

这种情况直接造成两个重要的历史现象：一个是中国社会的实际代谢过程（亦即社会转型过程）相对迟缓，而思想的代谢过程却来得格外神速。另一个是在西方原是差不多三百年的历史中渐次出现的各种思想学说，集中在几年或十几年的时间里狂泻而来，人们不及深入研究、审慎抉择，便匆忙引介、传播，引介者、传播者、听闻者，都难免有些消化不良。其实，这种情况在清末，在五四时期，都已有人觉察。我们现在指出这些问题并非苛求前人，而是要引为教训。

同时我们也看到，中国近代思想无比的多样性与复杂性呈现出绚丽多彩的姿态，各种思想持续不断地展开论争，这又构成中国近代思想史的一个突出特点。有些论争为我们留下了非常丰富的思想资料。如兴洋务与反洋务之争，变法与反变法之争，革命与改良之争，共和与立宪之争，东西文化之争，文言与白话之争，新旧伦理之争，科学与人生观之争，中国社会性质的论争，社会史的论争，人权与约法之争，全盘西化与本位文化之争，民主与独裁之争，等等。这些争论都不同程度地关联着一直影响甚至困扰着中国人的几个核心问题，即所谓中西问题、古今问题与心物关系问题。

中国近代思想的光谱虽比较齐全，但各种思想的存在状态及其影响力是很不平衡的。有些思想信从者多，言论著作亦多，且略成系统；有些可能只有很少的人做过介绍或略加研究；有的还可能因种种原因，只存在私人载记中，当时未及面世。然这些思想，其中有很多并不因时间久远而失去其价值。因为就总的情况说，我们还没有完成社会的近代转型，所以先贤们对某些问题的思考，在今天对我们仍有参考借鉴的价值。我们编辑这套《中国近代思想家文库》，希望尽可能全面地、系统地整理出近代中国思想家的思想成果，一则借以保存这份珍贵遗产，再则为研究思想史提供方便，三则为有心于中国思想文化建设者提供参考借鉴的便利。

考虑到中国近代思想的上述诸特点，我们编辑本《文库》时，对于思想家不取太严格的界定，凡在某一学科、某一领域，有其独立思考、提出特别见解和主张者，都尽量收入。虽然其中有些主张与表述有时代和个人的局限，但为反映近代思想发展的轨迹，以供今人参考，我们亦保留其原貌。所以本《文库》实为"中国近代思想集成"。

本《文库》入选的思想家，主要是活跃在1840年至1949年之间的思想人物。但中共领袖人物，因有较为丰富的研究著述，本《文库》则未收入。

编辑如此规模的《文库》，对象范围的确定，材料的搜集，版本的比勘，体例的斟酌，在在皆非易事。限于我们的水平，容有瑕隙，敬请方家指正。

《中国近代思想家文库》编纂委员会

选编说明

一、由于雷海宗、林同济先生所发表的大量文章，正逢中国抗战之际，不少报刊印刷质量较差，加上年代久远、保管不善，导致一些文字难以辨识，个别错误之处在所难免，敬请读者谅解。

二、此次选编前，雷海宗、林同济先生的论著已有一些选本问世，选本主要集中于两人有关战国策派思潮的论著上，且多用后出的文集，雷同较多，也有一些误植之处。因此，此次选编我们坚持忠实原文的原则，努力找到雷、林两位先生文章发表的最初版本，除对明显错字进行了处理外，未做任何修改。

三、对于文中可能引起歧义的别字、错字，我们在〔 〕内予以注明；增补脱字，置于〈 〉内；衍文加〔 〕。民国时期使用中不算错字、别字，不影响今人理解者，原则上不做修改或标注，以保持史料原貌。原文的注释在（ ）内表示，以示区别。原文因模糊无法识别者，以□表示。文前或文后的编者注是原文发表时的编者所加，本次编者注，以脚注的形式出现，以与原文编者注相区别。

四、雷海宗先生在一些文章中引用的古籍版本，与今日重新整理的点校版本有所不同，因而在卷次和名称上存在不一致，除对明显引用错误之处加以改正外，均保持原貌。

五、由于当时标点符号的使用与今日不同，我们只对明显有违今日标点符号使用规则之处，重新进行了标点。

六、按出版社的相关要求，雷、林两位先生的文章基本上是按发表的时间顺序排列的，未能确定准确时间的文章，均排列在发表年度的最后。

七、由于收集到的雷海宗、林同济先生的文章较多，限于出版社对本丛书各册字数的要求，我们只能突出两人在文化思想、历史认识及国际形势评判等问题上的论述，主要删节了有关人生、学术、青年的文论，殊为可惜。

目　录

导言 ··· 1

雷海宗卷

元代基督教输入中国纪略（1926）······················· 3

"五卅"的功臣（1927）····································· 6

书评:《世界史纲》（1930）······························ 8

殷周年代考（1931）··· 16

孔子以前之哲学（1932）···································· 24

书评: Thompson, *History of the Middle Ages*（1934）··········· 43

皇帝制度之成立（1934）···································· 47

中国的兵（1935）··· 61

书评: Hecker, *Religion and Communism*（1936）··········· 94

书评: Jaspers, *Man in the Modern Age*（1936）··········· 97

无兵的文化（1936）··· 100

断代问题与中国历史的分期（1936）······················ 118

第二次大战何时发生（1936）······························ 140

世袭以外的大位继承法（1937）···························· 144

中国的家族制度（1937）···································· 152

此次抗战在历史上的地位（1938）························· 166

君子与伪君子──一个史的观察（1939）················ 170

建国──在望的第三周文化（1940）······················ 174

张伯伦与楚怀王──东西一揆?（1940）·················· 179

历史警觉性的时限（1940） …………………………………………… 182

中外的春秋时代（1941） …………………………………………… 186

全体主义、个体主义与中古哲学（1941） …………………………… 191

古代中国的外交（1941） …………………………………………… 197

抗战四周年（1941） ………………………………………………… 207

海军与海权（1941） ………………………………………………… 212

论欧洲各国请英美善意保护（1941） ……………………………… 222

历史的形态——文化历程的讨论（1942） ………………………… 226

三个文化体系的形态——埃及·希腊罗马·欧西（1942） ………… 232

独具二周的中国文化——形态史学的看法（1942） ……………… 237

近代战争中的人力与武器（1942） ………………………………… 241

战后世界与战后中国（1942） ……………………………………… 246

平等的治外法权与不平等的治外法权（1943） …………………… 255

战后经济问题座谈会上的总结（1943） …………………………… 260

大地战略（1943） …………………………………………………… 265

欧洲战后人的问题（1943） ………………………………………… 269

循环之理（1943） …………………………………………………… 273

四强宣言的历史背景（1943） ……………………………………… 277

战后的苏联（1944） ………………………………………………… 280

历史过去释义（1946） ……………………………………………… 285

欧美民族主义的前途（1946） ……………………………………… 289

东北问题的历史背景（1946） ……………………………………… 292

时代的悲哀（1946） ………………………………………………… 296

举世瞩目的阿拉伯民族（1946） …………………………………… 302

和平与太平（1946） ………………………………………………… 305

近代化中的脑与心（1947） ………………………………………… 308

史实、现实与意义（1947） ………………………………………… 311

春秋时代的政治与社会（1947） …………………………………… 314

自强运动的回顾与展望（1947） …………………………………… 323

《周论》发刊词（1948） …………………………………………… 327

政治的学习（1948） ………………………………………………… 329

如此世界·如何中国（1948） ……………………………………… 332

侵略定义（1948） …………………………………………………… 337

国际谣言与自我检讨（1948） ················· 340

国际谣言中的中国（1948） ················· 343

捷克已矣！（1948） ················· 349

本能、理智与民族生命——中国与英国民族性的比较（1948） ····· 351

号角响了，曾受美国教育的自由分子赶快看齐！（1948） ····· 354

对国民大会献言（1948） ················· 356

对参政会致意（1948） ················· 360

认识美国对日政策的一贯性（1948） ················· 362

北平的学潮（1948） ················· 364

所望于新政府者（1948） ················· 366

理想与现实：政治兴趣浓厚时代的两个世界（1948） ····· 369

航空时代、北极中心与世界大势（1948） ················· 373

伊朗问题（1948） ················· 376

两次大战后的世界人心（1948） ················· 379

五四献言（1948） ················· 382

真是——教育究为何来？（1948） ················· 384

谨防学潮的另一种变质（1948） ················· 387

美苏交换照会，冷战又一回合！（1948） ················· 390

弱国外交与外交人才（1948） ················· 393

再认识美国的对日政策（1948） ················· 396

巴力斯坦的无上惨剧，英美合演的无比双簧！（1948） ········· 398

反美扶日运动与司徒大使发言（1948） ················· 401

出路问题——过去与现在（1948） ················· 404

南斯拉夫事件（1948） ················· 406

僵至无可再僵的柏林局势（1948） ················· 408

北大西洋联防在酝酿中（1948） ················· 411

由西藏派代表赴美说起——美国接收大英帝国的又一例证（1948）
················· 414

人心向治良机勿失！（1948） ················· 416

欧洲统一问题（1948） ················· 418

论中国社会的特质（1948） ················· 420

睡梦已久，可以醒矣！——国庆期中，本刊再申立场（1948） ····· 424

国际和平展望（1948） ················· 427

学者与仕途（1948）　…………………………………………　430

联合国纪念日（1948）　………………………………………　432

东周秦汉间重农抑商的理论与政策（1948）　………………　434

蒲立德又要来华调查（1948）　………………………………　442

可注意的美国未来发展（1948）　……………………………　444

美国大选后的世界（1948）　…………………………………　446

盎格罗萨克逊联合国在形成中（1948）　……………………　448

人生的境界（一）——释大我（1948）　……………………　450

雷海宗年谱简编…………………………………………………　455

林同济卷

《日本对东三省之铁路侵略：东北之死机》序言（1930）　…………　463

边疆问题与历史教育（1934）　………………………………　466

生死关头（1935）　……………………………………………　471

国防的意义（1936）　…………………………………………　476

书评：《满洲发达史》（1936）　………………………………　484

书评：《福罗特与马克斯》（1937）　…………………………　488

大政治时代的伦理——一个关于忠孝问题的讨论（1938）　…………　491

抗日军人与文化（1938）　……………………………………　498

抗战将士对我引起的反响（1938）　…………………………　500

抗战军人与中国新文化（1938）　……………………………　502

优生与民族——一个社会科学的观察（1939）　……………　512

战国时代的重演（1940）　……………………………………　518

力！（1940）　…………………………………………………　525

学生运动的末路（1940）　……………………………………　531

中西人风格的比较——爸爸与情哥（1940）　………………　535

萨拉图斯达如此说——寄给中国青年（1940）　……………　540

花旗外交（1940）　……………………………………………　542

中饱与中国社会（1940）　……………………………………　550

千山万岭我归来（1940）　……………………………………　559

第三期的中国学术思潮——新阶段的展望（1940）　………　567

廿年来中国思想的转变（1941）················· 577

从战国重演到形态史观（1941）················· 583

士的蜕变——文化再造中的核心问题（1941）··········· 589

柯伯尼宇宙观——欧洲人的精神（1942）·············· 595

寄语中国艺术人——恐怖·狂欢·虔恪（1942）·········· 600

阿物、超我与中国文化（1942）·················· 606

大夫士与士大夫——国史上的两种人格型（1942）········· 609

嫉恶如仇——战士式的人生观（1942）·············· 615

演化与进化（1942）······················ 620

论文人（1942）························· 623

论文人（续）（1942）····················· 629

民族主义与二十世纪——一个历史形态的看法（1942）······· 636

文化的尽头与出路——战后世界的讨论（1942）·········· 648

论官僚传统——一个史的看法（1943）·············· 653

关于自由主义（1943）····················· 659

请自悔始！（1944）······················ 662

民族宗教生活的革创——议礼声中的一建议（1944）········ 666

文化形态史观·卷头语（1946）················· 672

我看尼采——《从叔本华到尼采》序言（1946）·········· 675

中国心灵——道家的潜在层（1947）··············· 686

欧洲各国的形势——林同济致友人的一封信（1947）········ 697

林同济年谱简编···················· 701

后记························· 709

导　言
战国策学派文化形态学理论述评
——以雷海宗、林同济思想为主的分析
江　沛

抗战时期名噪一时的战国策学派，无论对世界历史、中国文化还是现实世界的认识中，其理论构架的核心就是历史形态学理论。在这一学派中，雷海宗与林同济又是对此倡导最力、著述最多的两位学者。

受斯宾格勒（Oswald Spengler，1880—1936）文化形态学说的影响，以雷海宗、林同济为代表的战国策学派，把五千年来世界上曾经出现过的高等文化区域划分为7个，在此基础上，雷海宗认为各种文化形态均经历了封建、贵族国家、帝国主义、大一统、政治破裂与文化灭亡的末世5个阶段；林同济则将各种文化形态的发展过程分为封建、列国和大一统帝国3个阶段。两人同时都对中国文化发展的脉络进行了清理，雷海宗还创造性地提出了中国文化独具"两周"的理论。雷海宗、林同济认为，20世纪30—40年代的世界正处于"战国时代"，只有抱坚定的抗战信心，才能拯救中国文化于覆亡；雷海宗甚至预言：中国文化将进入第三个发展周期。这一理论，不仅具有学术创造的重要意义，而且在中日战争最艰苦的时期具有砥砺人心、振奋士气的现实功效。

一、文化形态学的要素

15世纪"地理大发现"后，欧洲人得知了世界上还有发展层次不一的文化存在，它们形态各异，文明悬殊，风俗迥异，由此博物志、风俗志、民族学、人类学等新的学说逐渐兴起。18世纪末，拿破仑远征埃及后，欧洲又产生了以发掘地下文明遗物作为研究古代文明手段的考古学。19世纪，在相关学术研究数百年发展的基础上，欧洲学人得以对全世界各种文化形态发展的全过程有所了解，于是文化形态比较学应

运而生。

　　文化形态比较学的开拓者，目前所知是俄国学者丹尼拉维斯基（N. Danilevsky），他于 1869 年发表《俄罗斯与欧罗巴》一文，将俄罗斯与西欧的文化形态进行了比较分析，这是最早进行文明比较的论著。1918 年，德国人斯宾格勒出版了后来影响深远的《西方的没落》一书，将文化形态的比较研究方法进行了系统阐述，使文化形态比较学体系初成端倪。随后，欧美各国相继出现了二三十部有关文化形态比较研究的论著，其中最有名气的著作，要数英国著名史学家汤因比（A. Toynbee）耗费三十年心血完成的巨著《历史研究》（12 卷）。

　　斯宾格勒提出，目前世界上还没有一个全人类的历史，只有各个独立文化的历史，因此，研究世界历史实质上就是研究各个文化的发展史。每一种文化都有其独特的表征与精神，彼此沟通非常困难。要研究这个由不同文化构成的世界历史，必须采用全新的研究方法，以共时态的文化横向排列否定历时态的各种"社会发展阶段"的纵向演进。斯宾格勒称这种方法为文化形态学（cultural morphology）。照他的看法，文化形态学是"把一种文化的各个部门的表现形式内在地联系起来的形态关系"进行比较研究、综合考察的一种学说，是一种崭新的视角，具有文化相对主义的倾向。① 他提出，"对于每一有机体说来，生、死、老、少、终生等概念是带有根本性的"②，和自然界万事万物一样，"每一种文化都有它的自我表现的新的可能，从发生到成熟，再到衰落，永不复返"③，也就是说，不论一种文化具有何种特质，它的发展规律都是由盛到衰，因此各个异质文化间是有可比性的，异质文化间没有优劣之分，他把这种文化形态学的研究方法也称作"比较形态学"。

　　斯宾格勒认为，所有的文化形态发展均要经历前文化、文化和文明三个阶段，然后周而复始地循环发展。以这种理论估算，世界上已有的埃及、巴比伦、印度、中国、古典（指古希腊、罗马）、阿拉伯、墨西哥等七个文化都已死亡，仅余下一种历史的余迹。唯有西方文化尚处于文明的第一时期——战国时期，这个时期的特点是连绵不断的战争，在战争中几个国家最终合并成为一个大帝国。战国时期之后是帝国时期，统一的大帝国出现，这个时期要到 2000—2200 年间出现。因此，表面

---

① 参见［德］斯宾格勒：《西方的没落》，18 页，北京，商务印书馆，1963。
② 同上书，13 页。
③ 同上书，39 页。

上斯宾格勒谈的是西方文化的没落，实质上却是从西方文化中心论出发，试图为西方文化寻求出路，同时也表现出各种文化间的平等发展的基本概念。

文化形态史观具有文化相对主义倾向，它以共时态的各种文明横向排列否定了历时态的各种"社会发展阶段"的纵向演进，任何文明都具有相似的生命历程。与进化史观不同的是，这里的文化生命历程不具有"进步"意义，一种旧的文化衰亡与新的文化兴起，并不意味着是由落后向先进的演进，而只是生命周期的新一轮循环。尽管各个文化或"文明"在经验上存在着时序的先后，但"在哲学意义上"，仍可以把它们都看作是共时态的。它不强调文明间的所谓优劣差异，在某种程度上也表达出一种反种族主义、反特定文化本位主义的普世人文主义价值观。①

斯宾格勒的《西方的没落》第1卷出版时，正是"一战"德国战败之际。世界八大文化中只有西方文化还处于青年阶段，而西方文化又以德国文化最为优秀的论点，令灰心丧气的德国人获得了巨大的心理安慰，这部晦涩难懂的历史哲学著作，一时在德国畅销不衰，成为学术界争相议论的话题。

20世纪前20年，西学东渐的浪潮在古老的中国大地波涛汹涌，无数先进的知识分子希冀从西方现代性中找到"强国"的法宝，文化激进主义也好，文化保守主义也罢，都不再死抱着坚拒西学于国门之外的观念。在对中国文化未来发展走向的思考上，"中学为体"抑或"西学为体"的定位不同，只是在吸收西方文化的程度及方法上认识不一。20世纪20年代初，在学人张荫麟、张君劢的大力介绍下，斯宾格勒走进了中国思想界，文化形态学由此进入中国。

战国策派学人中，多数具有留洋经历。雷海宗和林同济先后留美，贺麟与陈铨相继留德，雷、贺、林、陈于1927年至1934年间先后回国。四人中，雷、林是阐释、宣扬文化形态学并运用、发挥于中国文化分析的主要人物，陈铨与贺麟则是接受这一主张并在学术上加以运用的。至今尚无法确定雷、林二人是何时接受斯宾格勒的文化形态学说的，但雷海宗在1936年、林同济在1938年已有较为系统的文化形态史

---

① 参见秦晖：《文明形态史观的兴衰——评汤因比及其〈历史研究〉》，载《中华读书报》，2001-01-17。

观则是无疑的，雷海宗运用文化形态学研究中国历史和文化的论著，主要是在 30 年代后期完成的。

抗战全面爆发后，中华民族面临亡国灭种的危机。在前线浴血奋战的同时，知识界开始从学理上重新检讨中国文化，吸收精华、剔除糟粕的文化复兴运动，以近代以来不曾有过的、强烈的"中国化"面目跃然出现。战国策派的代表人物雷海宗、林同济，并不同意一味"中国化"、"民族化"的文化复兴，他们希求在东西文化的对比与融合中找到中国文化的复兴之路。林、雷两人合著的《文化形态史观》，收录了他们在 40 年代初阐述文化形态史观的 6 篇代表性论文，集中表达了他们在这一理论指引下对抗战时期中国文化发展走向的思考。

二、雷、林的独特视角

战国策派学人对于文化发展的思考是立足于历史考察的，他们从"全体"的文化形态史观出发，提出了不同于进化史观的历史分期方法，进而创造出了"战国时代的重演"这一全新的时代命题。他们所有关于文化问题的论述，均由这一命题延伸而来。

雷、林在强调诸文化发展独立性与特异性的同时，同样注重研究各个文化间的共同点，这就是他们常常谈及的"历史形态"或"文化形态"。雷海宗指出："历史进展大步骤的公同点，现在已逐渐成为学者所公认的现象。这种公同点，就是历史的形态"①，所以，文化形态学就是以文化为考察单位，以寻求它们之间共同发展规律的一门学问。这种历史形态的具体表现，就是各个文化在不同的"空间范围"经历的几个大致相同的"时间范围"，即历史阶段。

借用斯宾格勒的文化形态学理论，雷海宗认为每一种独立发展的文化，都有一个青春勃发—茁壮成长—繁荣昌盛—枯萎凋落的生命周期，都要经历封建、贵族国家、帝国主义、大一统、政治破裂与文化灭亡的末世等五个阶段（见表1）。

第一阶段是封建时代，时间约为 600 年。这一时期各个文化的政治、社会与经济现象较为特殊。在政治上的主权是分化的。每个文化空

---

① 雷海宗：《历史的形态——文化历程的讨论》，载《大公报》"战国副刊"，1942-02-04。

间范围内都有一个最高的政治元首，但这个元首并不能统治土地与人民，所谓"溥天之下，莫非王土；率土之滨，莫非王臣"，只是理想而已。元首直辖的土地只有王畿区域，在王畿内，也有许多卿大夫的采邑维持半独立状态，元首、诸侯、卿大夫、家臣等，对土地逐级分封。这一时期，社会上划分了明确的阶级，每个人在社会上的地位、等级、义务、权利、责任以及衣食住行等日常生活方式，都有公认的法规来认定，阶级是世袭的，其界限相当严格。在经济上，所有土地都是采地而非私产，极少可以自由买卖。在精神上是宗教的天下，宗教事务覆盖了人类所有的生活。①

第二阶段是贵族国家时代，以贵族为中心形成列国并立是典型的时代特征，前后约 300 年。在政治上，封建时代的共主"渐渐全成傀儡，有时甚至整个消灭"，卿大夫及各级小贵族也日益没落。诸侯成为最有势力的阶级，他们控制各自的封疆，实行高度集权，主权分化现象不复存在。地方动乱大大减少，国际间战争的目的，"只求维持国际的均势，没有人想要并吞天下"。在社会上，士庶之分仍然维持，但平民可以升为贵族。在经济上，井田制一类的授田制依然存在，但自由买卖土地得到承认。在精神上，宗教仍占据主流地位，但理性思想开始传播，对于宇宙、人生的奇思异想及伟人、圣哲都产生于这一时期。②

第三个阶段是帝国主义时代，前后约 250 年。这一时期发生了政治、社会与经济上的大革命。革命推翻了贵族阶级，平民阶级夺取政权，得到了一个形式上的全民平等社会。随后社会动荡与国际间战争重起，战争的目的，在于"消灭对方的实力，最后占据对方的领土，灭掉对方的国家"。由于阶级的消灭，全民皆兵的征兵制出现。在连绵的战争中，集权干预文化与思想的自由，思想趋于派别化，创造性思想极为缺乏；只有毫无中心见解的杂家贩卖辞章，杂家的出现，意味着哲学的终结。③

第四个阶段是大一统时代，前后约 350 年。经过帝国主义时代的大战，一个强国吞并天下，出现了"整个文化区的大一统局面"。在政治上，为强化控制实行专制独裁，在社会上，物质较前有大的改善，但

---

① 参见雷海宗：《历史的形态与例证》，见林同济、雷海宗：《文化形态史观》，20～21页，上海，大东书局，1946。

② 参见上书，22～24页。

③ 参见上书，24～25页。

"颓风日愈明显",尚武的精神衰退,文弱习气风靡,征兵制无法维持而改为募兵制。帝国疆域空前扩大,但帝国实力并不强大。在文化上,思想学术与文艺急剧退步,政治与文化冲突激烈,"思想学术定于一尊,真正的哲学消灭,文人全失创造的能力,只能对过去的思想与学术作一番解释、研究与探讨的工夫,并且其中时常夹杂许多附会、误会与望文生义的现象。一言以蔽之,文化至此已经僵化,前途若非很快的死亡,就是长期的凝结"①。

第五个阶段是政治破裂与文化灭亡的末世,时间不定,"这是三百年大一统时代后无从幸免的一个结局"。政治腐败,体制衰退,个人主义严重,内乱外患不断,古老的文化从此一蹶不振,在与外族的争端中走向彻底毁灭。

表1　　　　　　　　　　　世界四大文化周期比较表

文化／阶段	埃及	希腊—罗马	西欧	中　国	
				古典中国	综合中国
封建时代(600年)	前2800—前2150年旧国王时代	前1200—前650年王制时代	911—1517年中古时代	前1300—前771年封建时代	383—960年南北朝、隋、唐、五代时代
贵族国家时代(300年)	前2150—前1850年中期国王时代	前650—前323年贵族国家时代	1517—1815年旧制度时代	前770—前473年春秋时代	960—1279年宋代
帝国主义时代(250年)	前1850—前1600年希克索斯时代(Hyksos)	前323—前82年后期希腊罗马时代	1815年以后帝国主义时代	前473—前221年战国时代	1279—1528年元、明时代
大一统时代(350年)	前1600—前1250年新王国时代	前82—180年罗马帝国的盛期		前221—88年秦、东汉中兴时代	1528—1839年晚明盛清时代
政治破裂与文化灭亡的末世	前1250年以后波斯、罗马帝国统治	180—476年		89—383年东汉末年、三国、魏晋时代	1839年以后晚清民国时代

注:雷海宗认为,印度、巴比伦及伊斯兰文明的资料因不可靠或匮乏的缘由,无法进行较为系统的比较。

资料来源:此表据雷海宗所著《三个文化体系的形态——埃及·希腊罗马·欧西》(《大公报》"战国副刊"第13期,1942年2月25日)和《独具二周的中国文化——形态史学的看法》(《大公报》"战国副刊"第14期,1942年3月4日)编制而成。

─────────────

① 雷海宗:《历史的形态——文化历程的讨论》,载《大公报》"战国副刊",1942-02-04。

与雷海宗看法相似，林同济将文化发展形态分为三个阶段：
（一）封建时代，是"'原始人群'与'文化人群'的分界"，社会被分
成统治与被治两个阶层，"上下谨别"是一切思想与活动的标准。这一
时期，贵族是社会中心，在政治上是"封君分权"，天下共主有名义
尊严却无实际主权；在军事上是"贵士包办"，作战是统治者的特权；
在经济上是"农奴采邑"；在宗教上是以祖先崇拜为特征的多神信仰。
这一阶段类似中国历史上的春秋时代。（二）列国时代，具有"个性
的焕醒"和"国力的加强"两大潮流，个性潮流是针对封建阶级的束
缚而发的，主张自由与平等，是一种离心运动；国力潮流则注重统一
与集权，希冀打破旧的阶级并重组新的阶级，是一种向心运动。两者
相生相克，最后国力潮流压倒个性潮流。这一时期，"政权集中、军
权统一、经济干涉、国教创立"，可以说，"列国阶段是任何文化体系
最活跃、最灿烂、最形紧张而最富创作的阶段"，这是"一个文化所
可能达到的最高峰"。这一阶段类似中国历史上的战国时代。（三）大
一统时代，战国时代的各国，大兴集权运动，全力进行国际间的战
争，这种战争是规模浩大、残酷无情的"全体战"、"歼灭战"，结果
是"一强吞诸国，而制出一个大一统帝国，多少都要囊括那文化体系
的整个区域"①。

根据雷、林两人对世界文化形态的阶段划分理论，1815 年后，西
方文化进入帝国主义时代即"战国时代"，这一阶段约为 250 年。至 20
世纪 40 年代，这个阶段已历经百余年，但仍在延续之中。林同济指出：
"看十数年来全能国家，一个跟着一个呱呱坠地，我们可以无疑地判断
天下大势，是不可遏止地走入'战国作风'了"②。雷海宗认为，在
"欧美文明"主宰命运的时代，大战国的景象已是相当明显。欧美文化
"最后的归宿也必为一个大一统的帝国"。他认为，欧美文化的劫数并不
在这一场战争中，那"或者仍为百年以后的事"，"历史的发展，自有其
节奏与时限"。

在雷、林看来，中国文化则在大一统时代悠悠徘徊了两千余年，其
文化早已是"活力颓萎"。在西方文化主导下的"战国时代的重演"的
当今世界，中国文化应该如何面对征伐无度的战争，如何保持民族生存

---

① 林同济：《从战国重演到形态史观》，载《大公报》"战国副刊"，1941-12-03。
② 林同济：《战国时代的重演》，载《战国策》创刊号，1940-04-01。

和文化的薪传呢？笔者以为，这是雷海宗、林同济等人以文化形态学看待世界历史发展与现实变化的根本出发点。

林同济认为，战争本是任何一个时代都有的现象，但战国时代的战争却有三个独特的地方，这就是（一）"战为中心"，在战国时代，战争不仅是时代的显著标志，而且成为"一切主要的社会行动的动力与标准"，成为一个民族和国家大政方针的出发点。（二）"战成全体"，封建时代的战例，规模有限，武器品种单一；战国时代的战争，则向着"全体化"的方向发展，可谓"人人皆兵，物物成械"。因此，"有没有本领作全体战，作战国之战，乃是任何民族的至上问题、先决问题"。（三）"战在歼灭"，封建时代的战争，目的在于取胜，令对方割地赔款而已。战国时代的战争发起者，显示出一种"囊括四海，并吞八方"的气概，有一种"独霸世界的企图"，所以此时的战争以歼灭战为多，"非到敌国活力全部消灭不止"。

林同济认为，战争从本质上讲是非正义性的，"用战的方式来解决民族间、国家间的问题，论理是不道德，也不经济的"，但资本主义体系的扩张性，用炮火的洗礼将全球文化纳于统一的轨道，任何一种文化想游离于其外都是困难的。这个"战国的灵魂乃竟有一种'纯政治'以至'纯武力'的倾向，充满了'非道德''非经济'的冲动的"。他明确指出："在战国时代，侃侃能谈者总是最多，实行的可能性也总是最少！这不是说和平不'应该'，无奈战争是'事实'"①。

由于社会与经济的发展，与时空上相去两千余年的战国时代相比，这一期"大战国时代"的战争呈现出一些新特点。林同济声称："古战国之战，还未能充分发挥其全体性；今战国之战，可以本着空前的科学发明以及科学的组织法，而百分之百地把国家的一切物力人力向着一个中心目标全体化起来"。其次，"古战国的歼灭方法尚不免粗且浅，今战国的歼灭方法却精密而深入得多"，他警告道："日本则更本着它的'准武士道'的原始残忍性而推广其毒化政策"。第三，古战国时代的所谓"世界大帝国"，其面积不过地球一角，今天的战国，"也许开始是一种大洲式的若干集团，最后乃再并而为全世界的'大一统'"②。

文化形态学是一种考察世界文化发展规律的理论模式，战国策派学人也不是抱残守缺、泥古不化的书痴，他们反复强调新的"战国时代"

---

①② 林同济：《战国时代的重演》，载《战国策》创刊号，1940-04-01。

的到来，目的既在探索中国文化发展的规律，也在观照现实，希望国人迅速认清当前的战争形势，坚定地从和平的梦幻中清醒过来，以"战国"的精神应对"战国时代"。面对国土上到处燃烧着的中日战争烽火，林同济声称：中华民族"已经置身到人类历史上空前的怒潮狂浪当中了"①！

林同济认为，当前的中日之战，"不但被侵略的国家——中国——的生死在此一举，即是侵略者——日本——的命运，也孤注在这一掷中！此我们所以必须抗战到底而日本对我们也特别具有歼灭的决心也"。他警告道："歼灭战是无和可言的"，企图以和谈、投降的方式了结中日战争的人，必是"妖言误国"。他痛斥汉奸汪精卫之流的愚蠢和不识时务，"以为天地间总有侥幸可图，只须三跪九叩，人家即可饶命。于是联袂接襟，相率东渡，凭着双手空空，向人家'还我河山'。我们传统的文人心理，政客鬼胎，真是无聊极了"。他大声疾呼，任何国家都无法幸免于这"无情的时代"，"人类的大运所趋，竟已借手于日本的蛮横行为来迫着我们作个最后的决定——不能伟大，便是灭亡，我更不得再抱着中庸情态，泰然抚须，高唱那不强不弱、不文不武的偷懒国家的生涯②。正是在抗战救国的意义上，陈铨才表现出了："你且莫管正义不正义，正义在其中了"③ 的偏激，这是应该正确理解的。

纵观近代中国史，林同济清醒地指出，不能"时时刻刻提着'大一统'时代的眼光来评量审定'大战国'的种种价值与现实。自上次欧战后之高歌'公理战胜'，以至九一八之苦赖国联，其思路都出于一条的路线。置身火药库边，却专门喜欢和人家交换'安详古梦'。这恐怕是我们民族性中包含的最大的危险"。他提出："我们必须要倒走二千年，再建起战国时代的立场，一方面来重新策定我们内在外在的各种方针，一方面来重新估量我们二千多年来的祖传文化"！这里的"倒走"，只是希望国人能有"战国"意识，而不是如一些文章所言是真要中国倒退到两千年前。

战国策派认为，延续两千多年且活力尽失的"大一统文化"，在国民性中培植起因循守旧、中庸自足、懦弱懒惰的弱点，要想"救大一统文化之穷"④，重振中华文化的雄风，使中华民族走向新的强盛，就只

---

①②　林同济：《战国时代的重演》，载《战国策》创刊号，1940-04-01。

③　陈铨：《指环与正义》，载《大公报》"战国副刊"，1941-12-17。

④　林同济：《文化形态史观·卷头语》，见林同济、雷海宗：《文化形态史观》，3页，上海，大东书局，1946。

有吸收"列国酵素",将之改造为"最活跃、最灿烂、最形紧张而最富创作"的战国文化①,"现在的抗战建国运动,乃是有深厚的精神背景和普遍的学术文化基础的抗战建国运动,不是义和团式的不学无术的抗战,不是袁世凯式的不学无术的建国",只有认识到抗战建国"必是建筑在对于新文化、新学术各方面各部门的研究、把握、创造、应用上"②,中国文化才能如凤凰涅槃般起死回生,迎来文化复兴的第三周。也许,这才是战国策派强调"战国时代的重演"的真意。透过冷静的学理分析,战国策派诸学人关注祖国文化与民族命运的拳拳之情跃然纸上。

林同济与雷海宗的文章发表后,"战国时代的重演"的观点,一时成为知识界人士中极为时髦的话题。

陈清初赞同战国策派学人的观念,他称:"今日为'力与快'(force and speed)之时代,任何国家与民族欲求独立存在于今之世,非具备此两种条件不可,是以凡一国家其表现之'力与快'超过一般国家者强,不及一般国家者非弱即亡,揆之史实,历历可数"③。罗梦册反对战国策派学人理论的观点是有代表性的,他认为:林同济依据他自己的历史逻辑把现实世界比作中国的战国时代,这是不合历史事实的。即使在中国古代的战国时代,各国也不是以战而是以统一为中心。他质问:假如有"战国时代的重演"局势存在,为什么中国有资格参加,而其他欧亚大帝国就不能呢?他以为,中日之战如是强弱之战,中国必亡,那还抵抗干什么?罗文提出,中日之战不是强弱间的对抗,"不是帝国征服的要求而是反帝国、反征服之'解放'浪潮","今日你与我所已置身其中的现世界的现时代,不是一个全人类即要被征服之后的时代的黑夜,而是一个全人类即要解放和必要解放之前进时代的前夕"。他声称:"当林先生正大声疾呼地要求着我们必须了解现时代的意义的今日,他自己却正误解着现时代的意义。"④

柳凝杰声明并不完全赞同林同济的观点,但对林氏提出的人类文明

① 参见林同济:《从战国重演到形态史观》,载《大公报》"战国副刊",1941-12-03。

② 贺麟:《抗战建国与学术建国》(1938 年 8 月),见贺麟:《文化与人生》,20~21 页,北京,商务印书馆,1988。

③ 陈清初:《"国家至上"的具体表现》,载《军事与政治》,1942,3 (5)。

④ 罗梦册:《不是"战国时代的重演",而是人类解放时代之来临!》,载《大公报》,1941-03-25、1941-03-27。

分合过程中战争必然性的认识深以为然。他不同意罗梦册以历史上部落击败部落的例证作为否定林同济观点的依据，不赞成罗文认为古代中国人没有国家观念的说法，也不同意罗文认为古代中国的战国时代不是以战而是以统一为中心的论点，认为仅凭上述几点依据，并不足以否定"战国时代的重演"的观点。柳文指出："如果战争成为时代的'中心现象'，则任何国家民族谈任何事，均不能不就战争一项打算。如果人家均如此打算，而我们却要硬压住'战争'，去唱其他高调，则其危险，简直不堪想像！"他反对罗文仅因中日是强弱之战就要放弃抵抗的观点，虽然他并没有意识到中日之间强弱条件的相互转化，但他声称历史上从来也没有"弱遇强必败"的定律，"因为构成真正强弱的条件太多，决定最后胜利的因素更多，事在人为也"。柳文认为，依据"一战"的经验，"帝国主义者的崩溃，并不能如何有助于弱小民族"。仅用"战国时代"解释一切，未免失于简单。他指出，林同济的"自成体系"文化的标准较为模糊，不应该将希腊罗马文化与近代欧洲文化一分为二；秦汉以后中国国民劣根性的养成，主要是受佛道观念和历代统治者愚民政策的影响。他指出："历史是循着'割裂或对峙'、'统一'、'混同'三阶段，成循环的演变着，向世界大同的路上推进。由第一进至第二阶段，经过是残酷的，整个的趋向是'战争'，是'集权'。由第二进至第三阶段，刚刚相反，'和平'、'民主'等必然抬头。但是第三阶段新局面要完成的时候（有时就在第二阶段中），第二个新循环常就又应运而生了。"柳文还认为，如果林同济提出的战国时代的"战为中心"、"全体战"、"歼灭战"的特点成立，"今日之战已演变为'全体战'，故如战争失败，被毁灭者必为'全体'"，何来"战国时代的重演"呢？尽管如此，柳文认为面对残酷的世界战争，还是要严肃地对待。[①] 相对这些认真而率直的讨论，一些文章对文化形态史观的误会与曲解，就显得有些方枘圆凿、格格不入了，此不赘述。

　　笔者以为，文化形态史观没有固守古老的欧洲文化中心主义，与欧洲中心论相比显然是一个进步。基于对不同文化形态间的相互比较，从而得出文化发展的特殊或一般规律，相对于单纯认识一种文化形态，可以说视野更开阔、思考更深入。其次，在文化形态史观的框架中，各种

---

　　① 参见柳凝杰：《论所谓"战国时代的重演"及所谓"人类解放时代之来临"》，载《大公报》，1941-04-15、1941-04-16、1941-04-17。

文明形态，没有政治意义上的地位平等与否而具有同等的精神价值。其三，文化形态史观从"国际均势"的概念出发，对世界文化历史与现实的审视，更易于跳出感情与政治的束缚认清文明的发展规律。此外，文化形态史观提供了一个宏观的视角，使人对一种文明形态或整个文明体系的发展，在比较的基础上得出清晰认识。

文化形态史观在克服历史研究中唯科学主义思潮之弊的同时，也暴露出自身的局限性。如柯林武德所言：用历史形态学代替历史本身，"那是一种自然主义的科学，它的价值就在于外部的分析、建立一般规律以及（非历史性思想的决定性的标志）自称根据科学的原则预言未来"。它的基本出发点，是要"用自然主义的原则概念来代替相应的历史概念"①。在批评科学主义的同时，文化形态史观依然没有摆脱科学主义的窠臼。文化形态史观在对不同文化形态进行比较研究时，常常忽视政治、军事、哲学、艺术、宗教等现象之下社会生产力作为根本原动力的作用，似乎人类文化史就是一部征伐无度的战争史。

文化形态史观不管文化的来源及其影响，对文化异同只求其然而不知其所以然；作为一种史学研究方法，文化形态史观未免有"主题先行"之嫌，不管实际情况一律照搬其模式进行共时态的论说，否定历时态的学说；文化形态史观的理论根基相对薄弱，除了社会达尔文主义的思想之外，几乎没有什么理论来源。各个文化形态为什么只有这样的三个或五个阶段？各个文明的发展或许具有一定的周期，但周期的界定并不能如化学反应那样精确，文明变迁需要一定的时间才可以显现出质的转变，因此文明形态的界限应是一个模糊概念，过于精确的划分反而损伤了文明研究的科学性。

文化形态史观侧重于对世界上各个文明形态的发展阶段及其规律的认识。它吸收了达尔文考察自然生命发展规律的思想，视文明犹如一个有机体，认为其也存在着由盛至衰的变化。考察前近代世界的任何一种文明形态，只要是处于相对封闭的环境中，都有一个从孕育、壮大并因缺乏新的因子而衰亡的过程。中国有"天不变，道亦不变"的名句，或可作为这种现象的一个注释。其实，当一个文明的生存环境发生改变，而文化并未作出相应的调整，文化与社会的不相适应就会立即成为文化发展的桎梏。文化形态史观认为，一种文明形态的衰败，常常发生在与

---

① ［英］柯林武德：《历史的观念》，206～207 页，北京，中国社会科学出版社，1986。

适应时代的高级文化的冲突中；而每一种既有文明形态的再生，同样得益于高级文化因子的融入。正是在冲突与融合中，世界文明在生死与较量中前进。文化形态史观的理论，为战国策派学人提供了考察世界的独特视角，也为近代中国的文化危机找到了一个本体论层次的解释。借此理论，战国策派学人不外乎要达到两个目的：一是要说服国人"抛弃'大一统型'的骄态与执见"，认真反思中国文化的病态与国民劣根性；二是要以开放的心态全面吸收"列国酵素"，使明显落后于世界发展的中国文化得以重建；三是要使国人认真思考抗日战争的残酷性，切不可对"战国时代"抱任何的幻想。

三、中国文化独具"二周"

面对着西方文化兴盛与东方文化衰败的近代历史，面对着德国法西斯、日本军国主义野蛮侵略和杀伐无度的"战国"现实，作为学人，雷海宗等人要从学术角度寻求文化发展的内在规律，强调现代性的不可回避；作为中国人，雷海宗等人则要捍卫中华民族顽强的生命力和中国文化的未来。中国文化的未来命运究竟如何？这一来自现实的呼声，是战国策派学人无法回避的重大课题。

雷海宗运用文化形态史观的理论，对世界上已知的典型文化形态进行比较研究后，得出了所有的文化形态在经历了封建时代、贵族国家时代、帝国主义时代、大一统时代、政治破裂与文化灭亡的末世等五个阶段后必然衰亡的结论。然而，当雷海宗将中国历史划分至公元 383 年时，惊异地发现中国文化不但没有走向死亡，反而继续生存了下去。面对文化形态史观理论上的局限性，雷海宗并没有放弃，而是进行了创造性发挥。他将中国文化作为一个特例，提出中国文化独具"二周"的新认识。这一观点的提出，蕴含了雷海宗文化思想的主要成分和强烈的民族主义意识。

雷海宗认为，中国两千余年的悠久历史大致划分为周而复始的两大周期。第一周自殷周至公元 383 年的淝水之战，这一时期是纯粹的华夏民族独立创造文化的时期，外来血统与文化没有重要地位，也可称为古典的中国。第一周又可分为封建时代（公元前 1300—前 771 年），春秋时代（公元前 770—前 473 年），战国时代（公元前 473—前 221 年）和秦汉、东汉中兴时代（公元前 221—88 年），东汉末年、三国、魏晋时代（89—383 年）。雷海宗解释道，正是由于 383 年后胡人血统的渗入，

导致胡汉民族的融合；此外，印度佛教传入后为中国文化带来新的生
机，从而形成了梵华同化的第二周文化。①

第二周由公元383年至抗日战争时期，是北方各个民族屡次入侵中
原，印度佛教深刻影响中国文化的时期，这一时期，汉民族在血统和文
化上的个性没有丧失，但外来血统与文化开始据有很重要的地位，胡汉
混合，梵华同化，也可视为一个综合的中国。第二周的1 500年间，虽
然朝代更替频繁也各有特点，但整个社会在政治、经济上没有实质性的
变化，只是在宗教、哲学、文艺等方面有所演变。因此，第一周内各时
代均有专名，而第二周只能以朝代划分了（参见表2）。

表2　　　　　　　　　中国文化发展的两个周期表

时代 周	宗教时代	哲学时代	哲学派别化 时代	哲学消灭与 学术化时代	文化破裂 时代
第一周	殷商西周：前1300—前771年殷墟宗教、周代宗教	春秋时代：前770年—前473年邓析、楚狂接舆、孔子	战国时代：前473—前221年六家	秦汉与东汉中兴：前221—88年经学训诂	东汉末年至淝水之战：89—383年思想学术并衰，佛教之传入
第二周	南北朝隋唐五代：383—960年佛教之大盛	宋代：960—1279年五子、陆象山	元明：1279—1528年程朱派、陆王派	晚明盛清：1528—1839年汉学考证	清末以下：1839年以下思想学术并衰，西洋文化东渐

资料来源：雷海宗：《此次抗战在历史上的地位》，见雷海宗：《中国文化与中国的兵》，
208～209页，北京，商务印书馆，1940。

雷海宗认为，唯一在文化上可与中国相比的，是历史同样悠久的印
度文化。印度文化虽然至今犹存，但在100年左右，"印度已开始被外
族征服，从此永远未得再像阿育王时代的伟大与统一，也永不能再逃出
外族的羁绊"。同时，由于缺乏可靠史料，无法对印度文化进行清楚的
研究，所以中印文化无从比较。② 因此，雷海宗断言："中国由秦并六

① 参见雷海宗：《中国文化的二周》，见雷海宗：《中国文化与中国的兵》，184～185页，
北京，商务印书馆，1940。
② 参见上书，199～200页。

国到今日已经过二千一百五十余年，在年代方面不是任何其他文化所能及的。罗马帝国一度衰败就完全消灭，可以不论。其他任何能比较持久的文化在帝国成立以后也没有能与中国第二周相比的伟大事业。中国第二周的政治当然不像第一周那样健全，并且没有变化，只能保守第一周末期所建的规模。但二千年间大体能维持一个一统帝国的局面，保持文化的特性，并在文化方面能有新的进展与新的建设，这是人类史上绝无仅有的奇事。其他民族，不只在政治上不能维持如此之长，并且在文化方面也绝没有这种二度的生命。我们传统的习性很好夸大，但已往的夸大多不中肯；能创造第二周的文化才是真正值得我们自夸于天地间的大事。好坏是另一问题，第二周使我们不满意的地方当然很多，与我们自己的第一周相比也有逊色。但无论如何，这在人类史上是只有我们曾能作出的事，可以自负而无愧。"①

雷海宗认为，中国文化能够"独具二周"，是人类文化史上的奇迹。当其他文化在一周后渐次灭绝，中国文化何以仍有强盛的生命力呢？1938 年，雷海宗的解释可谓发前人之未发。他认为，中国文化之所以有第二周的发展，是由于中国文化从以黄河流域为中心扩展到长江和珠江流域。雷海宗从人口数量、行政区域的角度勾画出自南北朝后中国文化南北消长的线索后说："到明清时代，很显然的中原已成南方的附庸了。富力的增加，文化的提高，人口的繁衍，当然都与此有关。这种发展是我们第二周文化的最大事业。在别的民族已到了老死的时期，我们反倒开拓出这样一个伟大的新天地，这在人类历史上是无可比拟的例外。"② 他不无幽默地比喻道：中国文化衰而复生的"独到的特点，可使我们自负，同时也叫我们自惧。其他民族的生命都不似中国这样长，创业的期间更较中国为短，这正如父母之年的叫我们'一则以喜，一则以惧'。据普通的说法，喜的是年迈的双亲仍然健在，惧的是脆弱的椿萱不知何时会忽然折断。我们能有他人所未曾有的第二周，已是'得天独厚'。我们是不是能创出尤其未闻的新纪录，去建设一个第三周的伟局？"③ 在 1942 年时，雷海宗对此的解释仍未完全摆

　　① 雷海宗：《中国文化的二周》，见雷海宗：《中国文化与中国的兵》，198～199 页，北京，商务印书馆，1940。
　　② 雷海宗：《此次抗战在历史上的地位》，见雷海宗：《中国文化与中国的兵》，211 页，北京，商务印书馆，1940。
　　③ 雷海宗：《中国文化的二周》，见雷海宗：《中国文化与中国的兵》，200 页，北京，商务印书馆，1940。

脱困惑："过去的文化为何一定都要毁灭，我们不知道。中国为何能够独存，我们也不知道。我们只知其然，而不知其所以然……若勉强作一个比喻，我们可说文化如花，其他的文化都是草本花，一度开放，即告凋死；中国似为木本花，今年开放，明年可再重开。若善自培植，可以无限的延长生命。第二周的文化虽在人类史上已为例外，但既有第二周，也就可有第三周。"①

应该指出的是，雷海宗、林同济等人的"中国文化独具二周"理论，提出于20世纪30年代中期，成熟于烽火连天的中日战争相持阶段。如众多学者所言，雷海宗、林同济等人关于中国文化独具"二周"论的产生，具有为现实服务的强烈的民族主义情绪，他们希望从学理上圆满论证中国文化具有超乎寻常的顽强生命力，以振奋民族精神。② 然而，仅仅以民族主义的情绪解释文化形态史观及中国文化独具"二周"论，显然低估了雷、林等人关于文化发展的洞见。

笔者认为，雷海宗、林同济的中国文化独具"二周"观点，首先是从文化形态史观推导而出，他们认为，任何一种文化的周期转折，要有外来文化因子的融入。佛教文化的传入，便成就了中国文化"第二周"的奇迹，而其他文化因缺乏吸收外来文化的机缘归于衰亡。近代以来处于衰败期的中国文化，在面临西方文化冲击的同时，实际上也孕育着新的生命。其次，以此警醒国人、为抗战服务的意义不言自明，两人也从不否认此点。纵观世界文化史和近代中国历史，雷、林等人在对以往文化优越的民族征服文化落后民族事例的联想中，为抗战时期中华民族的命运而深怀忧虑。"中国是否也要遭遇古代埃及与巴比伦的命运？我们四千年来的一切是否渐渐都要被人忘记？我们的文字是否也要等一二千年后的异族天才来解读？"③ 他们的仰天长问，像重锤一样猛击在国人的心田，令人不寒而栗。但在各种场合下，两人以论文、讲演等方式，一方面不断激烈地抨击中国文化根深蒂固的劣根性，一方面也冷静地指出西方文化在资本主义的强势扩张中出现的内在矛盾与世界性弊病，希

---

① 雷海宗：《独具二周的中国文化——形态史学的看法》，载《大公报》"战国副刊"，1942-03-04。

② 参见黄敏兰：《学术救国——知识分子历史观与中国政治》，231页，郑州，河南人民出版社，1995；侯云灏：《文化形态史观与中国文化两周说述论》，载《史学理论研究》，1994（3）；王敦书：《雷海宗关于文化形态、社会形态和历史分期的看法》，载《史学理论》，1988（4）等。

③ 雷海宗：《无兵的文化》，载《社会科学》，1936，1（4）。

望国人能坚定文化自信心，对处于"战国时代"的西方文化"可不至再似过去的崇拜盲从，而是自动自主的选择学习"①。与此同时，雷海宗、林同济还似有预见地指出了从"二战"开始，世界上的民族冲突与其说是政治冲突，不如说是文化冲突，是强大的工业文明与各个独立的文化间不可避免的相互交融与渗透。尽管西方文化处于强盛顶峰，但其内在矛盾与弊病也日益明显地暴露出来，在借鉴西方文化优长的同时抵挡住西方文化的冲击，就可以保持中国文化的独立性。只有如此，中国文化才有第三周的发展。笔者以为，这种认识具有穿透时空的生命力。

四、"文化重建"第三周

近代中国危机的特殊语境中，固执的文化保守主义不足以得到知识群体的认同，全盘西化的激进主义同样使处于民族性与现代性的心理分裂中的知识群体无法接受。事实上，战国策派学人创造出的中国文化独具"二周"的理论，有意无意地朝着既要强调中国文化的生存又要大力引入西方文化精神的方向切入，目的就在于创建一个能超越近代中国知识群体在民族性与现代性间内在紧张的新的文化认同。无论对于现实政治还是学术研究，这都是一个极具挑战性的课题。

运用文化形态史观的理论，战国策派学人认为，抗日战争不仅是中日两国间的战争，它实际上是"战国时代"列强争霸全球战争的一部分。不仅是两国间政治、经济与军事实力的较量，也是一种文化的较量，是西方文化与中国文化为代表的东方文化间的碰撞。因此，仅仅着眼于军事与政治的抵抗是不够的。只有顺应时代的形势，把握机遇，中国文化在实现前无古人的第二周后，才仍然具有重新繁荣并进入第三周的可能。雷海宗信心十足地宣称："抗战开始以前，著者对于第三周只认为有实现的可能，而不敢有成功的希望。抗战到今日，著者不只有成功的希望，并且有必成的自信。以一年半以来的战局而论，中华民族的潜力实在惊人，最后决战的胜利确有很大的把握。"②

---

① 雷海宗：《独具二周的中国文化——形态史学的看法》，载《大公报》"战国副刊"，1942-03-04。

② 雷海宗：《建国——在望的第三周文化》，见雷海宗：《中国文化与中国的兵》，221页，北京，商务印书馆，1940。

然而，要使中国文化顺利进入第三周的发展，首先应该确立中国文化的地位、认清优长与劣短，从正处于"战国时代"的西方文化身上汲取营养，即是所谓中国文化重建。

雷海宗指出，"此次抗战，是抗战而又建国。若要创造新生，对于旧文化的长处与短处，尤其是短处，我们必须先行了解"①。根据文化形态史观的理论，战国策派学人认为中国文化正处于"大一统时代"的末世，"其毛病在'活力颓萎'——内在外在，都嫌活力颓萎"②！"一心一意要'止于安'Security。开始百年间，文绩武功往往还能够显出一时的盛况。过此以往，除了偶尔复兴的短期外，始终找不出法子避免一种与时俱增的老年'倦态'Ennui：不求向上升高（封建现象），不求向外膨胀（列国现象），焚香祷祝，只求'天下无事'！"在这种奢靡风气中，社会就会出现"敌忾意识消失，一切作用'内向化'"和"贵士遗风式微，一切品质'恶劣化'"的现象。在这种文化侵蚀下，军队成为内乱的根源，政治"流为官僚功名利禄的把戏"。"整个文化的'人''物'两方面表现，始终摆不脱'颓萎'的色彩"③。

他们认为，与中国文化恰恰相反，西方文化正处于活力四射的"战国时代"，尽管已有"超列国而入大一统"的征兆，但它仍有相当长的"活跃前途"，不会在短期内夭折。面对这个西方文化的无情冲击，"如果要保持自己的存在，而求不被毁灭，势必须决定一个及时自动的'适应'"④。在战国策派学人眼中，中西文化的优劣长短显而易见。因此，"救大一统文化之穷，需要'列国酵素'"，更要"抛弃'大一统型'的骄态与执见"⑤。

笔者以为，战国策派思潮中表现出一种明确的文化激进主义意识。他们认为，任何一种文化，在其独立发展失去活力之时，都需要改造文化的劣根性，需要外来文化因子的融入，才能产生新的活力。世界文化史的发展规律也表明，文化融合是一种文化衰而复生的关键所在。在保

---

① 雷海宗：《总论——传统文化之评价》，见雷海宗：《中国文化与中国的兵》，1～2 页，北京，商务印书馆，1940。

② 林同济：《文化形态史观·卷头语》，见林同济、雷海宗：《文化形态史观》，3 页，上海，大东书局，1946。

③ 林同济：《从战国重演到形态史观》，载《大公报》"战国副刊"，1941-12-03。

④ 林同济：《文化形态史观·卷头语》，见林同济、雷海宗：《文化形态史观》，2 页，上海，大东书局，1946。

⑤ 同上书，4 页。

持中国文化生存上，他们与诸种观点并不抵触，但对一味强调"民族化"、"中国化"的认识持有异议，这种异议并没有政治意图，因为战国策派学人是从文化发展的整体视角考察问题的。

战国策派对于中国文化重建的倡言，当时即引起一系列的反响。主张生物社会史观的常乃惪和提倡生命史观的朱谦之等人，纷纷撰文表态。

常乃惪认为，"二战"具有重大的文化意义，"这也许是人类有史以来最大的一次战争，战争的结果不但决定了几个国家的兴亡，也决定了几种文化体系的成败。一切关心战争前途及人类命运的人，对于这个战争的文化的意义不得不特别加以考虑，也只有真正了解历史文化发展途径的人，才能够真正把握住此次战争的深刻的意义"①。常乃惪主张，通过抗战来动员民众改造旧的中国文化，以此唤起中华民族的新生。他明确赞同雷海宗的观点，声称与其研究结果"大同小异"。他认为：从生物学的角度来看，每一种文化体系的发展都是有生命和有机的，和一切有机的生命一样，都有一个从幼年、壮年至老年的生长过程，世界上每一个独立的文化体系，如中国、埃及、巴比伦、希腊、罗马和西欧等文化，都可以从这个角度去认识。当然，常乃惪也提出：正如人的寿命长短不一，每一个文化的发展周期长短也不尽相同，这与此种文化先天禀赋与后天调养的状况莫大。他指出，就像树的接枝能使濒临淘汰的树种焕发青春一样，各民族的融合能为一种文化注入新的生命活力。在对中国文化发展的周期划分上，常乃惪也与雷海宗、林同济等人不同，他认为：中国共有三个周期，秦汉时代为第一周期；隋唐时代为第二周期；宋元明清为第三周期。三个周期还可分为春夏秋冬四季，以示一个周期内文化的兴衰。如第三周期的宋代，是中国经历了五代纷争的民族融合后进入第三周的春季，文化有了较大的发展；元代蒙古族的入主中原，实际上是民族的又一次大融合，中国文化呈现多姿多彩的特色，可谓此周中的夏季；明代至清代中国文化成熟灿烂，可谓是秋季；晚清由于英法等帝国主义强国的入侵，社会黑暗、民生痛苦及文化衰败是有史以来最严重的，因此"这是第三期文化的冬季，也正是一个新时代文化的酝酿时代"。他认为：也正是由于帝国主义列强的入侵，中国文化有了吸收西方文化的机遇，从 20 世纪起，中国文化第四周期的春季实际

---

① 黄欣周编：《常燕生先生遗集》，第 1 卷，293 页，台北，文海出版社，1967。

上已经开始了，极盛的夏季将在今后的一个世纪中来临，当务之急是在文化接枝的同时进行民族混血工作。①

时任中山大学教授的朱谦之，以他对生命史观的探索进而观照文化发展规律，大体上认同雷海宗、林同济二人的基本观点。他认为，人类历史上确有几个平行、独立发展的文化体系，这些文化有生长、壮大、衰老的生命周期，但中国文化是一个例外，这是由中国文化的特质决定的。中国文化常常因为外族刺激而出现蓬勃新兴的气象；其二，中国文化具有更为长久的文化时间和广大的文化空间，与其他文化相比具有更加顽强的生命力，也应该具有更长的寿命；所以他认为："中国文化虽然已'老'，却是不衰。所以施本格勒和汤因比的历史决定论，都应受严格的批评"②。

朱谦之也提出了一个对中国文化发展历程的周期划分。他认为：中国文化共分为三个周期，第一个周期为宗教时期，也称"黄河流域文化时代"，约从公元前3300年至1300年止，历时4 600年。第二个周期为哲学时期，也称"长江流域文化时代"，约从明朝建立至1937年抗战爆发止，历时600余年。第三个周期是科学文化时期，也称"珠江流域文化时代"，即从抗日战争爆发起至今。朱谦之将第三个周期视为中国文化第三次独立发展期。③ 朱谦之对中国文化周期划分的独特观点，可能是受雷海宗、林同济对中国文化周期划分的启发后提出的。其划分标准既考虑到了地域性因素，注重了早期文化发展的地理特征；又考虑到了各个时期的文化特征。

不管是战国策派学人，还是常乃惪、朱谦之等人，都较其他人更早地意识到第二次世界大战及其重要组成部分的中日战争，在世界文化发展及中国文化发展的历程中具有的文化意义。在他们看来，由于工业化后资本主义在全球的扩张及西方文化具有的强势，当时的世界已开始呈现出一个不可避免的文化全球化趋势，任何一种文化都无法回避或独立于其外。

在抗日战争爆发后救亡图存的主题下，他们均发出了中国文化重建的呼吁，从学术的角度阐述中国文化在历史演进中所具有的独立性与顽强的生命力，提出文化的强弱与民族的盛衰间不可分的关系，不约而

---

① 参见黄欣周编：《常燕生先生遗集》，第1卷，334～335页，台北，文海出版社，1967。

②③ 朱谦之：《中国文化新时代》，载《现代史学》，1944，5（3）。

同地就中国文化发展及重建的若干问题达成了共识。显然，他们对于中国文化重建的认识，不只是要恢复中国传统文化的基本原则，更重要的是提倡中国文化在保持特性的前提下对以西方文化为主导的新"战国时代"的迅速适应。① 应该说，是第二次世界大战激发了他们的学术灵感，不能认为他们的观点只是为适应当时文化"中国化"浪潮而提出的，只是知识分子爱国主义精神的体现，这是一个方面；还要认识到他们透过第二次世界大战的战火硝烟深刻把握时代脉络的学术洞察力、开放胸襟及复兴中国文化观点的深远意义。其实，在战国策派的文化重建主张中，超越民族性与现代性的新的世界文化认同，是一个呼之欲出的话题。他们常常挂在嘴边的以"列国酵素""救大一统文化之穷"的看法，其实清楚地表明了他们在文化改造上的激进主义与自由主义意识。西化不等于现代化，但现代化所包含的社会分殊化、工具理性化、工业化、城市化、世俗化等所谓"现代社会特征"，都最早出现在西方国家，因此，现代化不可避免地要具有相当浓重的西方化色彩与意涵。

战国策派学人以学术参与政治的结果，不仅使更多的人关注中国文化的命运，也从一个方面促进了学术的发展。此前盛行一时的进化史观，主张各种文化无论特点如何，其发展均是历时态性的；文化形态史观则主张文化发展的共时态性，它视文化发展为多元的观点，不再机械、单线地看待历史与社会的发展形态。就此而言，其思想的养分值得认真对待。

战国策派学人对于中国文化重建的呼吁，也再一次提醒后人关注第二次世界大战对现当代国际关系与社会发展的重要影响。1942 年 6 月，就在第二次世界大战进行最为艰苦、同盟国与轴心国间胜负难料的时刻，林同济竟然依据"文化形态史观"准确地预见到战后世界的基本政治格局。他说：

> 然而细察当前的形势，西洋文化还未到"定于一"的时辰。这次大战，不论那一方胜利，其所带来的结果，将不是世界的统一，而乃是两三个超级国家的诞生。这两三个超级国家可是一类压倒势的"大力国"Great Powers，实际上决定人类命运的前途。配合而

_____

① 参见林同济：《文化形态史观·卷头语》，见林同济、雷海宗：《文化形态史观》，2 页，上海，大东书局，1946。

来的，也必有一类"大力国主义"，从理论上赋予这两三个大国以公认的地位与特权。

问题不在"大力国主义"的成立，因为它的成立恐怕是必然的。问题在这次战后这大力国主义究竟是取希特勒、东条的强暴形式，抑还是一种开明领导的"齐桓公"作风——我们尚可叫为罗斯福作风?[1]

历史的演进表明，战前全球政治的无序与多元化，一变而为"二战"后由美苏两个超级大国所代表的两极化国际政治格局。西方国家并没有"定于一"，资本主义经济的市场竞争也由以前的各自为政演变为有序发展，社会主义国家在自己的势力范围内尝试着计划经济的发展。由此，"大力国主义"——霸权政治成为不可回避的现实存在，由此带来的经济霸权和文化霸权思潮，成为全球发展中重要的现象。霸权政治实际上赋予了美苏两个超级大国"以公认的地位和特权"。两极化格局的形成，不可避免地使世界经济、政治、文化的发展趋于融合，无形中又加快了全球一体化的速度。进入20世纪八九十年代后，由于苏联解体，两极化格局终于被打破，全球一体化进程已是世人皆知，这个一体化背后的主导力量是全球经济与文化的一体化。

按照雷海宗给出的时间表，西方国家从1815年左右进入"定于一"的帝国主义时代，尽管有第一、第二次世界大战，然而西方国家的文化一统不时在向前发展，应当在250年后即2065年左右完成"大一统"。[2] 时下欧洲联盟的快速组合及欧洲大陆国家间民族及疆界意识的淡化，欧洲统一货币欧元的产生，欧洲在政治、文化上日益脱离美国的独立趋势，都让我们看到了欧洲国家作为一个整体行将进入"大一统"的轮廓。这又使我们不得不为战国策派学人的精确预见而心生叹服。

作为一种文化理论，文化形态史观也是一种认识论。在战国策派学人看来，在以西方文化为主导的新"战国时代"下，世界上任何一种文化都没有条件也不可能再像过去那样偏安一隅、独立发展，没有一种对西方文化和世界文化全面开放的态度，就是生命力极强的中国文化，也无法重建或进入第三周的发展。这是值得后人反复领悟的战国策派思想

---

[1] 林同济：《民族主义与二十世纪——列国阶段的形态观》，见林同济、雷海宗：《文化形态史观》，68页，上海，大东书局，1946。
[2] 参见雷海宗：《历史的形态与例证》，见林同济、雷海宗：《文化形态史观》，34～36页，上海，大东书局，1946。

的价值之一。

至于认为战国策派学人以文化形态史观曲解中国文化发展史，是一种典型的"历史循环论"的说法，笔者认为还有可以商榷的余地。

文化形态史观在考察埃及、希腊—罗马文化兴衰时，并不是以"历史循环论"进行考察的，它明确声称埃及、希腊—罗马文化被西欧文化所征服（或许用融合一词更适宜）；在对秦汉之后长达二千余年的中国文化进行分析时，雷海宗注意到了中国文化在这一时期的停滞不前，他以淝水之战后佛教传入作为中国兴起第二周的解释，正是以文化融合为基本出发点的。如果以中国文化的两个周期看，中国历史的确存在着"循环"的现象，但这不是雷海宗的错而是历史的事实。在展望中国文化第三周重建时，雷海宗、林同济都声称，处于西方现代性主导的"战国时代"，必须吸收"列国酵素"以适应时代，他们从来没有要中国文化从第一个"封建时代"重新来过，因为这是一个资本主义扩张后全球性的文化融合时代，不可能再有一个文化形态独立生存的环境，也不会再有中国文化悠悠闲闲重新走过的可能。以中国文化适应西方现代性为主导的世界文化，这只能看作一种号召中国文化前进的冲锋号，而不是后退的鸣金令。

（原载：《南开学报》，2006 年第 4 期。）

雷海宗卷

元代基督教输入中国纪略
（1926）

　　元代幅员，东极太平洋，西抵波兰及黑海，数万里间，商贾行人，贡臣教士，络绎不绝。先此之时，欧西与远东已通商业，景教亦已传至中国，然此皆间接鲜见之交通。使东西得直接携手者，则成吉斯汗之功也。大元帝国内之通衢，皆有凶厉之骑兵守护，盗贼强人，咸潜灭踪迹焉。

　　蒙古兵士之中，奉景教者，颇不乏人，教皇欲使彼等皈依真教，故屡遣教士至可汗之行营或国都。一二四五年教皇遣卡滨尼（John de Plans Carpini）至可汗之行营（在今察哈尔与车臣汗之间）。卡滨尼于是年四月中旬起程，次年四月抵行营，时贵由（即定宗）方被选为可汗，卡滨尼苦待数月，始得进谒。十一月中旬贵由复教皇书，书用拉丁、亚伯拉、蒙古三种文字。卡滨尼得复书，遂反〔返〕教皇宫复命焉。

　　数年后，法兰西王圣路易遣儒卜儒科（William de Rubruck）至可汗行营。一二五三年十二月二十七日始至，次日即蒙诏见。时贵由已死，可汗乃蒙哥（即宪宗）。谒见后，蒙哥准儒卜儒科与其从人随营逗遛两月，营中宫中，欧西之人甚多，基督教士、景教士、回教长老、佛教僧，遍满宫营，互相诋訾，咸冀博得可汗之欢心。可汗则一笑置之，毫不为动。次年春儒怀可汗复书返国。

　　两次遣使，片功无成。此后数十年间，教皇不复谋布教于远东，而马可孛罗之游中国，亦正于此时焉。一二九一年，孛罗将归欧西，教皇遣猛提阔非欧（John de Monte Corvino）至远东传教，年终猛提阔非欧至印度，注〔住〕麻打拉萨一年，一百余人受洗入教焉。后猛由海路至中国，于广州或福建登陆，直上大都（即北京）。时世祖忽必烈在位，诏见之。一二九四年忽必烈死，成宗铁木耳继位。世祖成宗，皆信佛教。猛虽苦谏，亦无用。

时大都有藩王名乔治者，不知来自何国，王与其随人皆信景教，后受猛劝化，转信天主教。乔治于距大都"二十日路遥远"之地建礼拜堂一所，以供猛氏礼拜讲经之用。"二十日路遥远"则猛氏记录中言，究为何地，今已难考，据著者揣测，想〔相〕当山西之大同府。藩王乔治又命猛氏翻译天主教祷文仪式诸书，以便广宣教义。一二九九年乔治死，其从人复归景教，同年猛氏建礼拜堂一座于大都，顶上有钟楼，楼中有钟三口。猛氏又教信徒歌唱圣诗，礼拜时台前居然有唱诗班助兴云。

一三〇四年时，猛氏已有教徒五千人，遂又欲动工，建新礼拜堂一座。斯时景教势力颇大，忌猛氏成功之速，谗之、毁之为杀人凶手、奸细、冒名传教者。猛氏于中国法庭亲身辩护，证明己乃无辜之人，法官信之。景教徒由此遂不敢复与猛氏为难。一三〇五或一三〇六年，新礼拜堂成，时猛氏已将《新约》书与《大卫诗篇》译妥，献与成宗。猛氏又购男童一百五十人，为施洗礼，教以希腊拉丁文字，并教之歌唱圣诗。童子年皆在七岁与十一岁之间，歌声清脆悦耳，成宗嘉之。

猛氏大名远扬，东非洲黑人请其差人至彼炎热之地传教。猛氏禀教皇，教皇大悦，于一三〇七年拔猛为大都总主教，又差主教七人辅之，七人中只三人于次年抵大都，即安得烈、折儒尔（Gerard）与丕瑞古爱（Peregrine）也。三人先后皆任福建主教之职。盖斯时闽地天主教颇盛，沿海口岸有义大利商人居留云。一三一二年教皇又遣主教三人至中国，或言武宗海山于一三一〇年受洗入教，但此乃传言，已不可考。

于一三二〇年与一三三〇年间，猛氏死，时教士之尚存者，只安得烈一人，注〔住〕福建某口岸。安得烈之究竟，现已难考。一三三八年有"拂兰人安得烈"代顺帝至教皇宫，想即此福建主教也。但"安得烈"乃西人普通之名，同名之人甚多，安得烈主教与"拂兰人安得烈"究为一人抑或两人，吾人恐永不得而知矣。拂兰人安得烈谒见教皇，言可汗欲与圣宫通公使，教皇大悦，于一三三八年七月遣使四人至中国，玛瑞欧利即其一也。

先是义大利人欧德瑞科（Idoric）循海路游远东，西伦岛、苏门答腊、爪哇、安南、缅甸，皆有欧氏足迹。欧氏于广州登陆，游览福建，后至杭州，于城内见天主教教士四人，教徒多人，官绅中亦有入教者。

欧氏顺运河北上，经扬州，见教士数人，但扬州景教势力甚大，有教堂三座，天主教无伸张之机会。欧氏抵大都，见天主教教士在可汗宫中甚蒙优遇，每年年节可汗容教士为之祷祝彼等之上帝。此乃可汗笼络人心之政策，彼则毫无受洗入教之意也。

欧氏归国不久，教皇即遣玛瑞欧利使中国。一三四二年玛氏至大都，献拂兰马（见《元史》）。顺帝留教皇钦差宫中三年，玛氏善体帝心，顺帝优遇备至。斯时教士于皇宫附近已建大礼拜堂一座，小礼拜堂数座，外又有总主教院一处。玛氏热心宣教，受洗者甚多，彼又与都中犹太人景教徒等驳辩道义，以定真伪。三年后，玛氏思归，顺帝劝留不果，遂返欧西。

蒙族在中国命运已近末日，基督教势力亦随之破产。新疆、甘肃与中亚细亚诸国已皆归回教，基督教无复立足地。一三五三年教皇又得顺帝书，教皇方将遣使，元室已亡。明兴，迁都南京。北京基督教，无人过问，遂衰。一三六二年福建主教已被回人暴杀，故南方教会亦失主脑。此后二百余年间中国领土间不复见基督教踪迹云。

（原载：上海《圣公会报》第 19 卷第 8 期，1926 年 4 月 15 日。）

"五卅"的功臣
（1927）

（这篇小小四不像的文章是民国十四年"五卅"案发生后作的。原文过于冗长，向来没有发表过。这一小段与《季刊》的宗旨还没有什么十分不相合的地方，所以就此发表一下。读者读了之后，若有一个"突如其来"的感觉，请不要过于批评，须要原谅原谅它的来源，要记得它不是一篇独立的文字。著者识）

一年三百六十五天，在全世界上大半都是空空无味的过去。张三家今日添了一个宁馨儿，这日在他家就算是有价值的了。李四家明日发了一注意外的大财，这日在他家就算有可纪念的了。但是世界上自古至今有几个天头能有被一个国或全球纪念的价值呢？世界各国的纪念日，大半也都是由国家或阶级所鼓吹而起的，岂真配被通国的人纪念呢？全球的公共纪念日几乎没有；有一个自称为世界纪念日的，就是一九一八年十一月十一日了。但这也不过是强权战胜强权的纪念日而已，哪配得有知识的人纪念！

有被纪念的价值的日子，我们这不讲理性的人类反倒不纪念。例如道光二十二年七月二十四日的南京条约，岂不是我们素来夜郎自大的中华人民所应当永远纪念不忘的么？十九世纪里中国又有什么别的比这个还有纪念价值的一天呢？我们不因南京条约而挂彩放炮，反倒费力去纪念一个什么十月十日，岂不是可笑到极点了么？十月十日不过是几个人糊出来的一个纸老虎罢了。用针扎一扎，我们就知道他是空空洞洞的，盛满了空气。这纸老虎即或现在有些生气，那点生气还都是几万万国民的一小部分吹入他鼻孔去的呢。一百年后，即使这纸老虎真正成了精，活泼乱跳；但究起他的根本来，总是空的。那南京条约却是一只真正的虎子；可惜我们当初拿他当做一个不美观的小猫头，没有理他，提起来还说他讨厌。但那虎子量可撑船，不见怪于我们这些有眼不识泰山的人。他忍忍耐耐的长起来，作我们的先锋，领我们去打他生身的母亲。我们这些庸人有什么用，怎能打那母老虎呢？但是这个虎子，替我们把他母亲打伤之后，我们还是照旧的不理他，不纪念他的生日；我们反倒还觍面夸口，说是我们自己把母老虎打伤的。这岂不是又可鄙，又可笑，又可恨，又可怜的一个忘恩负义的行作么？

文人做八股，雅人歌风月；酸士谈格物致知，官吏讲荣祖肥家；各人自扫门前雪，哪管他人瓦上霜；得过且过，何问明天；不孝有三，无后为大；读书明礼，以纳美妾；五世同堂，朝廷嘉奖；妯娌打架，小姑使风；善恶到头终有报，只看来早与来迟；佳人才子，白面书生；男女授受不亲，君子言动不苟；敬贺年厘，升官发财；高才奇士，遁隐深山；弱不胜衣，三寸金莲。——这些一对一对的怪物，岂不是那虎子的饮食么？他所以能长大成神的，岂不都是靠着这些饮食么？这当初庸人所看为猫头贱物的，已经变成一只出没无踪的神虎了。他的仓廪大得很呢！架着飞艇，一天都不能看遍。以上所开列的那个小小食单，这神虎还没有用完；但他已吃了不少。这神虎食量无限，不久食单要完了，到那时他就要到他那广有四千万方里的仓中去寻新饮食去了！

但这神虎见一些有眼无珠的人不追想他的功劳，所以他出没无踪数十年后就拿定主意要显一回灵，让所有的人都见他一面。他这次托生后，自己起名叫"五四"。这一次有许多人真个就把他认出来，知道他的运命是与赤县神州相终始的。

后来他打他母亲的时候，他就是用"五四"的形去打的。但他又为自己起了一个新名，就是"五卅"。

（原载：留美中国学生会《留美学生季报》第 11 卷第 3 号，1927 年 1 月 20 日。）

书评：《世界史纲》[*]
（1930）

（一）序论

评论原著与评论译品不同：前者只要对原书着眼就够了；后者却有两层：第一先要将原书的本身审查一下，估它的价值；第二还要对译书下批评，看它是否与原书相符。评论译品又可分两种——在现在学术仍靠外人接济的中国这种分类尤其是重要的。那就是说，翻译的书有的得当，有的不得当。翻译得当的书，评者对于上列两层的工作就都有应尽的责任。但假设译书因译者不明原文而错误百出，那我们就无需去评原书，只指明译书不成事体，希望再有别人出来翻译就够了。这类的事中国近年来很多，稍微留意的人就都知道，我们无需举例。至于韦尔斯史纲的译者则都是精通英语擅长国文的人，他们的译品当然是极端有细心捧读详细审查的价值。汉译史纲大体与原文相符，文词的清顺也堪与原书比美；我除佩服赞叹之外，再不敢置一词了。

上面所说的是笼统一切的书评而言。至于史书的评论则又可分两种——就是记事的史与史观的史。两者各有各的评论方法。这两种书并不是完全可以分开的。史观的书——历史哲学的书——仍是以事迹作根据。记事的书多少也有一点历史哲学作它的背景；若不然那本书就一定成为毫无意义杂乱无章没有半点头绪的一本流水账簿。但有的史书是以记事为前题的，它的历史观是无系统的。这类史书的目的就是记事准确，堪为史学界一本可靠的参考书。所以我们评论这种书时应当对事实

---

* 英国韦尔斯著，中国梁思成等五人译述，梁启超等十人校订，商务印书馆出版。

着眼，除此之外对书中某事或某人的解释我们间或可以发生疑问。这两样事作完之后，评者的责任就算尽了。这类的书大半都没有前后一致的系统史观，所以我们就无需去寻问全书的立脚点。

又有一种史是专门发挥著者的历史观的，其中的记事只是发挥时所必需的工具，不过是证明某种原理时所举的例。对于这类的书我们批评时宜只看它的史观有道理与否，至于书中的记事，除非有太与实情相背的地方，我们就无需举出。那本书的史观若根本没有价值不能成立，那么它的记事即或千真万确，那本书也是不值半文钱的。若它的史观说得通，那书就根本有永久的哲学价值，几点事实的错误是毫不碍事的。韦尔斯的史纲就是一本专门发挥某种史观的书，并且它内中的记事据评者所知也没有与实情过于背驰的地方。所以我们只对它的史观下一番审查就算尽了我们的责任了。

上面这个史书的分类，评者自知非常武断；因为有许多史书是介乎两种之间的。但为本文的清楚起见，暂分史书为此两种，望读者原谅。

现在前题既已说清，下面就可归入正文。

（二）原著历史观的评价

韦尔斯我们都知道是小说家，并且是富有改造社会热诚的小说家。他这热诚的对象就是世界大同，而他的世界大同的哲学根据（与其说哲学根据不如说信仰的立脚点）就是无限量无底止的宇宙人类进化论。史纲就是他鼓吹世界大同的一本小说杰作。著者并不隐讳，开宗明义第一页就引了拉策尔的一句玄学信仰来概括全书，作它的总纲：

> 名实相副之人类历史哲学，必从天体叙起以及于地球，必具万物为一之真知——自始至终以同一定律贯彻其单纯之观念。（译本卷上导言页一）

因为韦尔斯先有了这种的一个成见，所以他才作出一本乾坤六合无所不包的宇宙史大全来。评者个人认为除国际外交史与文化沟通史以外并没有别样可能的世界史。世界通史是无论怎样也写不出来的，宇宙全史就更不必说了。一切世界通史都不外乎以下两种：（一）著者若能自圆其说，那书就成了一部结构精密不合事实的小说。（二）著者若不能自圆其说，那书就成了前后不相连贯的数本民族专史所勉强合成的一本所谓世界通史。

　　人类近五六千年的历史并不是一贯的，也不是一体的。换句话说，时间上或空间上人类史都不是一息相通的。"人类史"是没有存在的，不过是一个方便的抽象名词；因为人类史的实情乃是好几个文化区域独立的各各独自发展演变，其中虽于几个极短的时期中，不免有外交上或文化上的关系，但一大半的时间各各文化区域都是自过自家的生活，与其他一切的文化区域毫不发生关系。中国由开国到两汉，与其他开化民族并没有过什么国际上或文化上的来往；假设我们硬要将中国这二千年左右的历化〔史〕与全世界所有民族同时期的历史并在一起去叙述，试问那本历史怎会有上下连贯的可能？假设叙述起来，居然上下一气相连，那我们就不问可知——著者一定是强词夺理，掩饰删抹的痕迹必定在在皆是。韦尔斯既是善于运用笔墨的小说家，他当然能写出一本前后一致的世界史来。但我们若详细审查一下，就知道他的书实在不是"史"——至少不是世界史，最好也不过成为前有四不像之长序中间被无关之事所参杂的一本西洋史。读者若不信，只将目录看一遍就会信了。全书共分四十章：除最末一章是发挥总结著者的历史观和宗教信仰的，与前十三章是讲宇宙禽兽和野蛮民族的之外，其余二十六章都是讲近五六千年来各开化民族的历史。但我们若把这二十六章分析起来，就知道内中有十五章是讲西洋的（希腊罗马与近世欧西）。以外尚有一章讲雅利安（白人）民族的。所以二十六章内西洋人就占了十六章——百分之六十一分五——的地位；其余十章的一小块余地，韦尔斯先生慷然慨然的让亚述人、巴比伦人、埃及人、印度人、中国人、犹太人、回人、蒙古人、日本人去拥拥挤挤的凑热闹。这倒是为何原故呢？评者不敢相信著者是看其他一切民族为无足轻重，只有西洋人为上帝的骄子的。其真正的原因，据评者揣想是一种不知不觉中的混乱是非。著者是西洋著作界一个富有普通常识而缺乏任何高深专门知识的人，所以在他的脑海中"历史"一个名词就代表"西洋史"，而他的历史观也就是他以西洋史为根据所推演出来的一个历史观。不过处于现在的世界，任人都知道"历史"与"西洋史"不是可以互相混用的名词，所以韦尔斯作史纲的时候不得不把西洋以外的诸民族勉强拉进来；但他的历史观是早已固定的了，并且是以西洋历史为根据的，所以他参考其他民族史籍的时候，不知不觉中，一定是只将可以证明他的历史观的——至少不同他历史观相背的——事迹引用，其他的事迹若也引用，岂不是自己打自己的嘴巴？

评者上面说了韦先生一大篇不是，总未将证据逐条举出，读者或者要抱不平。所以下面便随便指出几个比较重要的牵强掩抹的痕迹为例：

（1）第二十二章题为"希腊思想与人类社会之关系"，是讲西历纪元前五世纪以后的雅典思想界，并其价值与影响。但世界上同时的两个思想非常发达的区域——春秋战国诸子的中国与释迦牟尼前后诸家的印度——为什么却半句不题〔提〕？这个时期不只是中印两国思想极发达的时代，并且这两区思想的本身也有绝对可研究的价值。对于印度韦先生尚把佛教题〔提〕了一题〔提〕，对于中国他不但除了孔子外只字未题〔提〕，并且将秦始皇焚书的事放在希腊之先。这显然证明韦尔斯看中国古史为一种讨厌的障碍，故随便先把它略叙几句，以了结一场不该发生的公案，然后再不慌不忙的归入正文——西洋史。除此之外，我再也想不出第二个原故来解释这种牵强事实掩抹事实的痕迹。但读者不要误会——我并不是说韦尔斯是故意这样，十有八九他那是受下意识的指导而作的。

（2）第十八章题为"田奴奴隶社会阶级及自由人"，是专叙述古代阶级制度的。内中虽也有一两句夹叙西洋，但一大半是讲所谓古代社会的。读了这章之后，我们就必得一个古代社会是阶级分明、近代社会是大致平等的印象。欧西中古的严格阶级制度，今日苏俄同样的不能动摇分毫的阶级分别，他却并没有提及。这是因为据韦尔斯的历史观，阶级制是古代文化半开时代的一种不美的现象，并非今日文明社会所应有；殊不知这是方开化的社会所共同有的现象。韦先生对于中国的社会所说的话非常含糊，评者到底也不明白他是否说中国向来没有阶级制度。但反复诵读之后，我看他好似是说中国与印度是极端对抗的——印度是阶级严明，中国是几乎无阶级的社会。殊不知阶级制度是任何民族文化初开时所必经过的一个步骤。苏俄乃是一个明证。俄罗斯民族近年来始得自由发展其本有精神与民性，运用其独有的文化可能力——换句话说，俄罗斯民族昨日方才开化，走文化过程的第一步，所以它现在才有阶级非常严明的社会。它现在因受欧西影响，并承欧西化的俄帝国的余业，所以表面上看起来它的阶级仍未详细划分。但不出一百年，恐怕苏俄就要变成一个阶级世袭的社会。中国在东周之前也是这样，印度在释迦之前也是这样，希腊于苏革拉底前是这样，欧西于中世纪是这样。将来如果非洲黑人要开化，恐怕第一步也是这样。到底为什么文化过程的第一步非这样不可，那恐怕没有人能回答。但那与本题无关，我们不必去讨论。我们唯一所要切切申明的就是，阶级严格的社会是任何文化的初步社会。并非"古"的社会，并无时间的限定。至于现在印度的阶级制度，那是印度文化退步、印度民族又退回半开化时所产生的，与印度元〔原〕始的阶级制度形式上虽然相同，精神上已大不相同。但这是又一个问题，我们不必多赘。这一种事实韦尔斯是否知道，我不敢乱猜。但他既已有无限进化论的信仰与"古""今"绝对不同的成见，他当然只说"古"时有阶级，而"今"日无严明的阶级了。殊不知在历史上——尤其是在所谓人类全史——"古今"二字非但不通，并且非常危险，极易引起误解，以致一时的人重古轻今或崇今蔑古。"古今"二字可当作谈话间的两个非常方便的名词用，但若以为"古"与"今"真是两绝对不同的具体物象，那就大错了。因为我们若细想一想，就知道今日的苏俄比二千年前的中国还要"古"，罗马帝国时代的欧洲比十字军时代的欧洲还要"今"。由此类推，我们常识的古今观念可以完全推翻。

（3）第三十八章题为"十九世纪之实情与理想"，本身颇有独到处，但读时我们得着的印象是："十九世纪的欧美是人类思想酝酿社会紊乱的最后一步"。殊不知战国时的中国，释迦时代的印度，亚历山大死后的希腊，也是有同样的现象。十九世纪的灿烂与紊乱不过是欧西民族历史过程中的一个步骤，并非人类史上一种空前绝后的时代。

这篇书评已经太长，并且对译本还没有说半句话，所以现在无需再多举例，因为书中没有一章不可当例举出的。史纲中的许多章，如果独立，都是很好的通俗历史小册。但只因为韦尔斯硬要把它们拉拢起来，编成一本有系统有先后的所谓世界史，所以倒把事情弄糟了。书虽名为世界史，实只头绪错乱参杂质的西洋史。西洋历史家每将埃及、巴比伦、亚述等国拉入"西洋"的圈中，强迫它们作"西洋史"的开幕人，已是不通！几乎可说是一种对已死民族的帝国侵略主义；现在韦尔斯把一部比此还不若的一本西洋史硬叫作世界史，是越发没有道理了。总括一句来作结论——韦尔斯不过是从漫无涯际不相连贯的人类历史中——尤其是西洋史中——找出几点紧要不紧要的事实来，用小说家的理想线索把它们串在一起，御赐它们名叫世界史纲。

（三）译本之批评

史纲译本的校订诸公大半都是前辈；既经这许多名人审定嘉许之

后，按理我们普通一般人除称赞颂美之外，不该再发表任何意见。况且此书的译工的确是又精致又正确，对于译工本身评者真是非常钦佩。但同时也不能自已的有一种"可惜"的感觉——可惜五位青年十位长老相互之间前后费了（据评者所知）六七年的功夫译出这本书来，中国最大的印书局又格外费力费本的精印精装；在学术界大闹饥荒的中国我们却费了这许多的精神上与物质上的精力去摆弄这一本书，评者不知说什么才好，只能再三再四的叹几声"可惜"！单讲译工，此书在近年来恐怕是第一等了。但原书恐怕是近来外书译品中最无价值的。中国近来新出的书都是短小曲委得可怜，这本书看起来还像一个书样子。可惜内容不称！

评者这种论调恐怕有人要以为太过。我并不是说史纲是一部不可读的书。留心西洋的思潮的人都当读这本书，但我们务须要注意"思潮"二字（见下段）。西洋的读者有一大部分多少有点鉴别的标准，不拿史纲当史书读，只当它作一种消遣品。我们中国人却郑重其事的居然看它为一部出类拔萃的世界史入门。普通的国人对世界史本无一种相当的了解，读了这本书之后，非但不能了解，并且要发生一种谬解。国中应当读这书的人都看得懂原文或欧洲各国的译文，但现在此书的读者一大半都是中学与大学预科的学生——都是不该读这书的人；因为他们还没有一种标准，没有批评力，读了这种宣传品的史书只会发生误解，不会增长知识。但现在书已印出，不能挽回，我们只有谋一个善后的方法，以补前非。所以评者劝读此书的人要把每章看为独立的小册；可当它作一本通俗粗浅的参考书，不要看它为上下一致的世界史。若好奇心盛，非读全书不可，可将讲西洋的十几章按序读下，然后再读那讨论其他民族的几篇片面的小文章。至于讲宇宙与禽兽史的十几章，评者非科学家，不知事实是否正确。但无论事实正确与否，评者也看不出它们与人类史有什么关系。固然我们人类是由亿万年前的星雾中的原质所产生出来的（科学家既然这样说，我们不妨姑且也这样承认），固然没有人之先世界上就有禽兽（为免无谓的纠纷起见，这点也可不问而承认）；但生物如何会从星雾中渐渐演变出来，下等的生物如何会渐渐变成上等动物，甚至人类（假设真有其事），我们是半点也不知道的。所以这些事并没有解释人类史的功用，我们又何苦去把它们牵羊似的牵来作人类史的小序呢？但我们若分开读，这几章也是很有兴趣的消遣品；我们也无妨于闲暇寂闷时拿来读一读，只要不把它当作历史的一部分就是了。

译本的译工虽是尽善尽美，它的开幕者与收场者却有些不妥。开幕者就是那一篇莫名其妙的"译者序"。序的下面署名王云五；但译者的五人中并没有一个姓王的，不知这位译者是从何而来。校订者中倒是有位姓王的，可借名叫岫庐。"云五"与"岫庐"好似是有名与字的关系。然而一个人在同书中为什么要署两个名字，叫人费功夫去摸索，真是不可解。无论如何，"译者序"，全书开首的三个大字也应当改造——或改为"校订者序"，或改为"王云五先生序"；但我想最好是改为"王岫庐先生序"。

全书的收场者就是那小字精印的四大页"刊误表"，共总有二百条左右。中国近年来无论印什么书，书前或书后非有一篇正误表不可；若不然那书就仿佛是欠完整。评者个人也知道校对是非常苦非常难的一件事，但我不相信印一本一讹无有的书是不可能的。拿起一本西洋的书来，无论大小或有价值与否，若要找一个讹误，真是非常艰难；间或有之，但是非常又非常的例外。我们中国最大的书局为什么不能有同样的成绩，也真是一件百索不得的怪事。特别如此加工加细的一本书，更不应常有这样长的一篇刊误表。

（四）余言

中国现在一切的学问艺术都仰给于外人，那是无可讳言的。但只有少数人能直接读西文，其余的人都靠着这少数人的介绍。所以这少数人的责任是非常重大的。他们如不介绍则已，若介绍时则宜细心考虑——一要考虑某著作本身的价值，二要考虑读者的资格。二者都考虑妥当之后，方可介绍一本书。不可因某书在西洋因西洋的特别情形而风行一时，我们就非介绍到中国不可。至于史纲，我们若用这两种标准去考虑，就得结果如下：（一）此书本身无史学的价值，我们不可把它当史书介绍与比较易欺的国人。它只有思潮上的价值——欧美现在正在大同主义日渐风行国家主义极盛转衰的时代，史纲就是鼓吹大同主义的一本名著。韦尔斯不过是国家主义反动时代的一个产儿，他的史纲是受欧洲大战激感而写出的。所以关心西洋思想潮流的人不可不读史纲一书。但上面已经说过，能研究西洋思潮的人都能读原著或欧洲各国的译本，无需我们再费力去介绍——因为那就等于有人把我们一位熟识的朋友介绍与我们。（二）我们中国普通一般的读者并无心研究西洋的思潮，也够不上研究的资格。他们并无用批评眼光读这书的能力。关于这点，上面也已说明。

（五）重印附言

这篇评论是民国十七年三月四日在《时事新报》的"书报春秋"栏中发表的。二年以来，国人对于《世界史纲》的信仰似乎仍未减少：无论普通的读者或中学大学的学生仍多以此书为有权威的世界史。所以现在将原评转登在《史学》上，盼望国人将来能少走不通的路。

近年来西洋像《史纲》一类的著作甚多，并且都很风行。例如《科学大纲》，中国已有译本。此外如《哲学大纲》（原名《哲学的故事》），《美术大纲》，《宗教大纲》（原名《信仰的世界》），《文学大纲》（原名《世界文学的故事》），《生物学大纲》（原名《我们何以举动如人》）……不胜枚举。近来又有一本所谓《人类知识大纲》出世，虽不过五六百页，却自称包罗万象；上面几种"大纲"所简单叙述的，这本书居然尤其简单的叙述出来。这也是今日西洋一种风气。大概十九世纪来各种学术都太偏于专门的研究，与平民完全断绝关系；今日西洋的社会既是平等民治的社会，又是教育普及的社会，所以一般无高深知识或无暇研究的人，都想要对于这一百年来堆积起来的学术多少有点了解。这些"大纲"就是因应付这种要求而产生的。而最初开这种风气的就是《世界史纲》。所以此书的确占有很重要的地位——一方面为提倡大同主义的杰作，一方面又开导新风气。我们所要注意的就是无论怎样，《史纲》并不是历史；研究历史时，最好读别的书，对韦尔斯的书愈少过问愈好。

（原载：国立中央大学史学系文学院《史学》第 1 期，上海光华书局 1930 年 12 月。）

殷周年代考
（1931）

序　论

殷周年代至今仍为古史上未决问题。太史公作《史记》，年表始于共和元年（西前八四一年），此前年代皆认为难凭之传说。时至今日，吾人对此亦未有确实之推定。然关于周室元年，比较有价值之说法有二：

西前——一二二：《三统历》

西前一〇二七：《竹书纪年》

两说代表两种可能之年代考定法，关于古史年代吾人普通亦只有此两法也。若有史料可凭，吾人当然根据史料之记载。例如秦并六国完成之年为西前二二一年，此为可靠记录，吾人可完全承认，无需再加以推考；此一法也。若关于史上某事发生年代，无确实之记载，则吾人可以片段材料为起发点而加以推考，此又一法也。以上两说，第二说为历史上之记录，但是否确实，尚待考定（普通多以《竹书》中所纪周元为西前一〇五〇年；此乃后世伪《竹书》之窜改，不可凭信。古本《竹书》纪周元为一〇二七年——见王国维著《古本竹书纪年辑校》）。第一说则为刘歆《三统历》根据片段史料所推定。然古今推算者不只一人：如《大衍历》推周元为一——一一年，今人亦有根据历法推算而肯定此年者；日本学者新城新藏则推定为一〇六六年。此外转相抄袭或凭空拟定者尚多，更无赘述之价值。同为推算，而结果有三，且相差有四五十年之久；而推定结果之最早者与《竹书》所纪相差几至百年。此非古史中年代传说上下所差不过三五年无关重要者可比。两说必有一误，或两者全误，此犹待吾人考定者。

根据片段史料而以历法推定历史上年代，须有以下条件为先题：（一）由吾人所确知之最早年代（如共和元年）至吾人所欲推定事实之年代（如周室元年），其间片段史料必须完全可靠，而非为疑似之传说；（二）与先后两年代间所用历法情形吾人必须详知，若有历法上之改革，吾人亦须明晰。以此两标准而断一切关于西周年代之推算，恐皆有穿凿附会之嫌也。（一）关于共和前之年代只《尚书》中有少数意义不清之记录。其记录是否可凭，尚有问题。即假定其全为事实，其解释亦大有困难。共和前任何周王在位年数吾人完全不知，而《尚书》中只言某事发生于某王某年，甚或年代亦全不录，而只记某月某日；而其记日之解释法则尚属疑题。于此种情形下吾人而欲确定《尚书》中所记某事为共和前某年，恐为事实上之不可能。（二）较此尤大之困难则古代历法变更问题，今日已无从解决。春秋时代历法上之变化，吾人尚可由《左传》中见其一二；然春秋以前历法有无改变吾人完全无从究诘。于此种情形下吾人将以何种历法为据而推定《尚书》中所记年代月日乎？故苟非地下有关于历法史极清楚而可靠之发见，吾人决难以历法推算共和前之年代。若采此法，则每人对历法各持一说，又不能起古人而断孰是孰非；是每人可随意推考，而是非永无解决之日。同为推算，而有三种不同之结果，其故即在此也。而可能之结果恐尚不只此。若有欲为数学上之练习者，大可以此为题；其结果或早于一一二二，或晚于一〇六六，皆无不可也。

推计既不可靠，吾人似只有信古代传说矣。然古代传说之有确定年代者，唯有《竹书》；而《竹书》又为战国末年作品，上距周初或已有八百年之久，吾人安能知其必是？本文所欲考证者，即此点也。

西周年代问题

于前述两种计年法外，尚有一法人少试用，吾人于此无可奈何情形下不妨尝试之。按温带人类生理，普通四世当合百年。中国古今朝代，皆不逃此原则。盖古代男子二十而冠，即可婚娶，至迟不过三十，所谓"男子三十而娶"者也。故以平均而论，娶妻生子年当在二十五左右；而帝王即位自周以下大半采长子承继制，故平均每世二十五年不爽也。

后世虽行早婚制，不过有年未及冠而婚者而已；实际娶妻生子仍多在年二十与三十之间也。故吾人若以每世二十五年之法推计，西周年代虽不可确知，然大概年代必可求出，决不至再有上下百年之疑问也。

吾人试先推计西周以下之年代，以视其是否合于四世百年之例。然于推计之先，尚有须为声明者数则：（一）创业帝王往往即位已至垂死之年，故不能计为一世。（二）一代将亡时，往往一二幼主即立，不过十年即被废弑，此亦不能计为一世。（三）普通若有一二世兄弟相继者，兄弟二人或数人宜以一世计算，不能每君定为一世也。（四）若祖孙相继，则宜计为三世，非二世也。（五）吾人对不满四世之朝代概不计算。凡此皆属显然之理，不过预先指出以简下文而已。

共和以下周代年表既无问题，吾人可先为推计，以视其是否合于生理原则。共和十四年间厉王仍王于汾。厉王死，宣王始立；其年为西前八二七。故吾人可由宣王即位之年而计宣王以至赧王（西前二五六年死）之年代。此间共二十三世（其间除有数次兄终弟及易于查知者外，平王、桓王为祖孙相继须特为注意），以每世二十五年计，应得五百七十五年，而实际年数为五百七十二年。推理与实际之相差可谓微乎其微矣。

西汉国祚二百一十四年（西前二〇六至纪元八年）。高祖晚年得天下，可不计算。孺子婴三年被废，亦宜除外。此间整个的为九世（宣帝为昭帝孙辈），按理宜为二百二十五年。

东汉国祚一百九十六年（纪元二五至二二〇）。光武壮年得天下，可计为一世；献帝晚年始禅位，亦可计为一世。光武至献帝共八世，宜为二百年。

晋国祚一百五十五年（纪元二六四至四一九）。由武帝至恭帝为五世，宜得一百二十五年。但其中除武帝外，每世皆兄终弟及。武帝以下三世每世三人为帝，第五世则五人继立。故世代年代完全混乱。此点于讨论殷商年代时尚须提出。

唐国祚二百八十九年（六一八至九〇六）。其中除高祖晚年得天下，哀帝不得善终外，共十二世，宜为三百年。

宋国祚三百一十五年（九六〇至一二七四）。太祖得天下虽在晚年，然继位者乃其弟；兄弟二人可计为一世。太祖至度宗共十二世，宜为三百年。

元国祚一百零四年（一二六四至一三六七）。若计至顺帝死年（一三七〇），则为一百零七年。世祖壮年即位，可计为一世。世祖至顺帝共六世（其中成宗为世祖孙），宜为一百五十年。况前后六世中有两世皆为兄弟三人相继者，国祚即逾一百五十年，亦不为异。今竟不过百年有零，殊不可解。元代为古今唯一不可解释之例外。但此与本题无关；因关于西周年代，说者皆失之过长，而不失之过短也。况元史至今疑问尚多；将来研有结果，此种特点或亦不难解释也。

明国祚二百七十六年（一三六八至一六四三）。太祖壮年得天下。怀宗虽未得终天年，然殉国时已在壮年，亦非即位数年而不得善终。故明代首尾二帝可计为二世。前后共十二世，宜为三百年。怀宗若得善终，则有明国祚必与三百相近也。

清国祚二百六十八年（一六四四至一九一一）。世祖七岁即位，宜计为一世。宣统三年退位，可不计。由世祖至德宗共八世，宜为二百年。此特殊之例外，乃因满清不立太子，每世即位者非长子而为幼子。故虽无兄弟相继之名，而有兄弟相继之实；非通例所可包括也。此点于讨论殷商年代时亦须提出。

兹将以上推定结果与实际记录列表如下：

朝代	世代	实际年数	推计年数
周共和以下	二十三	五七二	五七五
西汉	九	二一四	二二五
东汉	八	一九六	二〇〇
晋	五	一五五	一二五
唐	十二	二八九	三〇〇
宋	十二	三一五	三〇〇
元	六	一〇七	一五〇
明	十二	二七六	三〇〇
清	八	二六八	二〇〇

以上九代，除晋、清例外，当作别论，元为不关本题之例外，其他六代皆为四世百年之有力明证。上下三千年而无真正例外之生理事实，吾人似可承认矣。若以此而推，则西周年代当不难索得。武王晚年得天下，相传七年即崩，虽不可必，然为晚年王天下则属可信，故可不计为一世。由成王至厉王共八世，宜为二百年。宣王元年为八二七年，则周元当在一〇二七年左右；此与《竹书》所纪恰相符合。若以西周全体而论，则共为十世，合二百五十年，周元当在一〇二〇年左右。《竹书》纪西周共二百五十七年，所差不过七年。若以二周全体而论，则三十一

世合得七百七十五年。周亡之次年为二五五年，是周元当在一〇三〇左右。兹将周元之四种可能年代列表如左：

一〇二七：竹书纪年

一〇二七：由宣王以上推计

一〇二〇：西周全部推计

一〇三〇：全周推计

由上表以观，周元似当在一〇三〇年与一〇二〇年间，而《竹书》纪为一〇二七年。推理与史录吻合如此，《竹书》所纪必为可信无疑矣。

《竹书》纪录可信，尚有旁证。太史公修史紧〔谨〕严，列国世家于共和前皆不系年，而独辟鲁周公世家为例外；除伯禽年代无考外，考公以下皆系在位年数。史公必有比较可靠之根据也。兹列共和前鲁公年表如下：

伯禽 年数不详

考公 四

炀公 六

幽公 十四

魏公 五十

厉公 三十七

献公 三十二

真公 十三（真公十四年为共和元年，《十二诸侯年表》谓有共和元年为真公十五年说。）

由考公至真公十三年共一百五十六年，至十四年为一百五十七年。共和元年为八四一年，是考公元年为九九七或九九八年。伯禽年代虽不可考，然其既为周公子，则必与成王年岁相若；且其封鲁十九在成王时，史传相传亦如此。成王元年当在一〇二〇左右，故伯禽元年亦当在一〇二〇左右。一〇二〇距九九七约二十余年，正合一君之平均年数。是《鲁世家》之记录可为《竹书》之旁证，而与《三统历》则全不相合矣。

殷商年代问题

殷商年代问题，可分二部探讨之。盘庚以下比较易得，可先为研究。盘庚以上则作为别论。

殷商年代，上古传说较西周尤不一致。普通史籍据《三统历》定殷祀为六百四十四年，成汤元年为一七六六，盘庚元年为一四〇一。《三统历》关于西周之推计既不能成立，则前此推定更无讨论之价值。此外唯一记录则《竹书》谓盘庚迁殷至纣灭为二百七十三年。若周元为一〇二七，则盘庚迁殷适为一三〇〇年。此说吾人果可承认否？

殷行兄终弟及之制，由史传及甲骨文中皆可证明。此后行此制或此相似之制者只晋、清二代。晋行此制，出自跋扈之臣，其中多有废弑。清行此制，则为皇帝固定政策。有清一代，除穆宗为文宗独子之外，其他诸帝无一为长子者。故清虽未行兄终弟及之制，而其年数结果则若已行此制者也。兹列清帝表如下：

世祖
圣祖　　　世祖第三子
世宗　　　圣祖第四子
高宗　　　世宗第四子
仁宗　　　高宗第十五子
宣宗　　　仁宗次子
文宗　　　宣宗第四子
穆宗　　　文宗独子
德宗　　　穆宗堂弟

所谓平均每世二十五年者，乃历世或大多世代由长子嫡系相推而下之谓也。若由幼子计算，此数当然不能成立。清代八世二百六十八年，是平均每世三十三年也。晋代五世一百五十五年，是平均每世三十一年也。殷自盘庚至纣为八世；若以《竹书》所纪二百七十三年计，则平均每世为三十四年。晋代多废弑，其平均数恐不若满清之可靠，而满清平均数又与《竹书》所记之殷代平均数遥遥相符。是《竹书》记载当无大误。虽未敢必，然盘庚迁殷必不出一三〇〇年左右也。（兄终弟及制下，每世平均不过三十三或三十四年，而据《三统历》则父子相继嫡长继位之西周每世平均反越乎此，岂不怪哉？据《三统历》，由周元至厉王死（一一二二至八二八）平均每世合三十七年，远超殷晋清三代之上。即以日人所推周元为一〇六六年计，厉王以上平均数尚合三十年，几与晋代相等，必无是理也。且据《三统历》殷自盘庚以下（一四〇一至一一二三）平均每世亦不过三十五年。即由盘庚之兄阳甲元年（一四〇八）计起，每世亦仅三十六年，而西周自厉王以上反为三十七年。其迷于不可靠之历法而对事理全不顾及也明甚。）

盘庚以上年代则较为难考。盖此时王室尚无定居，都会屡迁，文化程度恐尚甚低。文字虽十九已经发达，而历史记录恐尚付缺如，或非常简陋也。故后代对盘庚以前无可靠之传说，《竹书》记录当未可轻信。《竹书》纪殷商一代共四百九十六年，是盘庚以前只有二百二十三年，而成汤元年为一五二三年也。然成汤至南庚为九世，继南庚而立者为其侄阳甲，乃盘庚之兄。阳甲死盘庚始立。故吾人若计阳甲为一世，则盘庚以前殷商尚有十世也。其十世间所行者亦兄弟相继制，故其年代决无少于二百七十三年之理也。成汤即位，是否已老，全不可考。即令认汤即位为老年，而同时又不计阳甲为一世，则盘庚前尚有八世，其年数亦当与盘庚以下相等，不能反少五十年也。盘庚以前若以八世计，则商元当在一五七〇左右；若以九世计，则当在一六〇〇左右；若以十世计，则当在一六三〇或一六四〇左右。汤胜诸国而王中原，按传说似曾经经过长期之战争，即王位当在老年，是以十世计似嫌过长。而盘庚前又有其兄阳甲在位，以八世计又嫌过短。是则盘庚前以九世计似属最为合宜。汤王中原当在一六〇〇左右，吾人似可承认矣。

商之年代除《竹书》有比较确定之记录外，战国时尚有一笼统之传说可供参考。《左传》宣公三年谓"商祀六百"，此不过大概之词，非定数也。若周元为一〇二七，则商元当为一六〇〇左右，与吾人之推定洽〔恰〕相符合。

最后关于殷商年代，《鬻子·汤政天下至纣篇》尚有记载，谓由汤至纣"积岁五百七十六岁"。古本《鬻子》当为战国作品，其记录宜有相当价值；然今本《鬻子》真为古代残本，抑为后世伪托，尚有疑问，故不敢凭信。但其谓商元为一六〇三，则堪注意者也。

殷周年代问题旁论

关于殷周二代之年数，《孟子》尚有较《左传》尤为笼统之记载，然亦可为本题之旁证。《孟子》末章谓"由汤至于文王五百有余岁……由文王至于孔子五百有余岁"。若周元为一〇二七，此前两世（文王、武王）则当在一〇七七左右。孔子生于五五一年，最活动时期当在五〇〇左右，五五一及五〇〇距一〇七七皆为"五百有余岁"。若周元为一一二二，则文王当在一一七二左右，是距孔子时代已有六百余年，《孟子》不能谓为"五百有余岁"也。

《孟子》又谓"由汤至于文王五百有余岁"。若文王在位为一〇七七左右，则汤在位当在一五七七以前。是商元为一六〇〇左右，孟子亦承认之。孟子虽非史家，其说必根据战国时代尚存之古代史料。《竹书》之编者或有失检点，亦非不可能。或盘庚以前原本《竹书》本无讹误，而为晋以后之人钞误或计误，亦属可能。盖王氏辑本所录并非全为原文，内多后人总括《竹书》原文之词；其中总括年代处，难免〔无〕钞误或计误之点也。故盘庚前无可靠史料，虽似可解，然观孟子之言则当时至少关于年代似已有大致可信之记载。惜史籍湮没，今已无考矣。

结　论

吾人若认以上所论为不谬，则《竹书》所纪周元为一〇二七，盘庚迁殷为一三〇〇，当为可信之历史记录。即有讹误，前后所差亦必无十年之多。至商元则吾人只能定为一六〇〇左右，较此尤确之年代则无从考证矣。至所谓夏代，其传说多属神话；当时恐只有与各国并立之夏国，并无所谓夏代也。其世系表中人物，除与商发生关系之末世数后外，原为神话人物抑历史人物，至今犹为未决问题，其年代更无论矣。

（原载：国立武汉大学《文哲季刊》第 2 卷第 1 号，1931 年。）

孔子以前之哲学
（1932）

序

普通研究中国哲学的，都看孔、老为最早的哲学家，前此毫无哲学思想可言。然而凡稍明哲学进化的人都可看出孔、老的思想是哲学已到成熟时代的思想，在他们背后一定还有悠久的历史，并且决不止是宗教信仰史，乃是真正的思想发达史。很多人以为把殷周间的宗教信仰作为前题，就可解释孔、老思想的构成。岂知这只能解释孔、老思想的一部分，且是不重要的一小部分；其大部分则与宗教信仰并无直接的关系。

孔、老以前哲学史料的缺乏是无可讳言的事实。但侥幸还有《尚书》与《周易》两部书能帮助我们寻出西周与春秋时代思想进化的线索。因材料过少，进化的步骤虽不十分清楚，然而大致的前后关系还可看出。所以本文的取材几乎完全是出于《书》、《易》两经的。

最早用此法研究中国古代思想的就是法国支那学者，现任法兰西学院教授的马斯伯劳 Henri Maspero。他一九二七年出版的《中国古代史》*La Chine Antique* 是一本空前的杰作，连中国人自己也没有作过这样一本书。本文得此书暗示的帮助很多，特此声明志谢。

（一）宗教背景

在殷周之际还无所谓哲学。当时的思想都带宗教色彩，完全是信仰与崇拜。宇宙人生各方面都受神的支配。群神之首为上帝，主宰一切，如《诗经》所云：

> 皇矣上帝，临下有赫；监观四方，求民之莫。(《大雅·皇矣》)
> 昊天有成命，二后受之。(《周颂·昊天有成命》)

除上帝外，神祇尚多。当时的记录虽已不传，然而后日关于平民的信仰多有记载。后日的平民信仰就是文化初开时的普遍信仰。如《山海经》、《墨子》、《淮南子》、《国语》、《左传》、《风俗通》、《楚辞》、《吕氏春秋》等书中所记神名甚多，宇宙间各种现象都有专神掌理，例如司风之神为风伯，司雨者为雨师，司黄河者为河伯。宇宙间无一事物不有具体专神专为负责。除种种神祇外，上自天子下至士人又都各崇拜他们自己的祖先。人的魂死后升天也有神明的地位，对子孙也可与神祇同样的施福降祸。

祭祀祷告各种鬼神时，有许多很繁复的礼节，各种礼节又有专司其事的宗教官。《周礼》虽为后世作品，不能认为是西周时代的射影，然而由其中所描写的，我们仍可想见古代宗教官的繁多。

在这许多宗教官中，与后世哲学发展有密切关系的只有两种，就是史官与筮人。史官专司国家各种的诏令策命，一切诏命都由史官撰定。撰定后，一方面按宗教礼节报告天子或诸侯的祖先，一方面布发〔发布〕出去，又一方面把复本存起来以待将来参考。这最后一点就是中国历史上档案制度的起源。后来中国哲学的一支就是由史官的档案中产生的。

筮人专司以八卦占卜吉凶，是王侯所必需的宗教官。后来又有一支的哲学就是由这些占卜之官和他们尽他们的责任时所必需的八卦中产生的。

(二) 西周时代与哲学之初兴

(一) 材料

西周时代的哲学材料仍存至今日的，只有《尚书》中《周书》的一部分与《周易》中的《彖传》《象传》。《周书》传统说法以为是周初的史料，此说吾人今日恐怕不能绝对证实或绝对推翻。但《周书》中大多篇都富于哲学思想，不似周初政治方定时所宜有。且大多篇体裁一致，文体一致，思想一致，极似是出于一人或一组人之手。

吾人皆知西周末叶宣王（西前八二七至七八二）、幽王（七八一至七七一）时诗歌曾大放光辉，《小雅》中所存名篇甚多。这是中国历史上文艺初次大盛。恐怕此时或此时前后散文文学也发达起来，真正的哲学思想也在此时萌芽起来。

一般史官就把他们历代所保存的史料加以系统化与哲学化而作成今日《周书》中多篇。其中事实或大半皆有历史根据，至于一切对答词恐怕都是史官借题发挥。所以《周书》是半历史半哲学的著作，一方面可作西周初年的政治史料，一方面又可作西周末年的哲学史料。

《周书》中的思想不见得是西周末所突然发生的。它的历史恐怕已经很长，殷周之际神权政治下或者就已有这种思想。但到西周末这种思想才被史官所系统化。

至于《彖传》《象传》，旧说定为孔子所作，今日已无人置信。近来一般急进的古史学家喜欢把《易传》全部定为战国末年甚至秦汉间的作品。① 处于古籍湮没的今日，对任何古书的时代都很难断定，因为我们没有一个参考比较的标准。

然而由两点我们可知《彖》《象》为很早的著作：（一）《彖》《象》中尚不以阴阳为主，足以证明其出世甚早。《系辞》中阴阳占重要地位，老庄亦特论阴阳，此外《文言》以下之《易传》中亦特标阴阳。然而《彖》《象》中除泰否二卦之《彖辞》与乾坤二卦之《象辞》外，则决未提及阴阳；且于此四处阴阳亦只为附带名词，处附属地位，并无特别的重要。所以《彖传》《象传》最晚亦在《系辞》与老庄之前。（二）《左传》昭公二年（西前五四〇年）记韩宣子至鲁"观书于太史氏，见《易象》与《鲁春秋》，曰，周礼尽在鲁矣！吾今乃知周公之德与周之所以王也"。近人对此颇多怀疑。如日本学者本田成之著作《易年代考》②，疑其为《左传》作者所伪托，未免过于牵强。此事极为自然，并无若何可疑处。韩宣子到旧文化中心的鲁国而去参观国家图书馆，参观后又加以外交口吻的赞美，亦何可怪？并且所谓"周礼尽在鲁矣"的"周礼"是"周文化"的意思。"礼"字在古代包括的范围甚广，一切法制文物都可称为"礼"。

《易》为周初历代传下的著作，《鲁春秋》为鲁国的官史，都是"礼"，铺张起来，就可说"周礼尽在鲁矣"。鲁既为周公之后，《鲁春秋》的前段描写周公处必甚多，因而韩宣子得知"周公之德与周之所以

---

① 见《古史辨》卷三（朴社）。
② 见江侠庵编《先秦经籍考》卷上（商务印书馆）。

王也"。至于"易象"一词作何解释，作者以为即指今日的《象传》，或者也包括《象传》，因为两传文笔一致，思想连贯，必为先后同时的作品。这都是先代流传的哲学作品，也可称为"礼"，韩宣子不见得真正看得明白；但越不明白，当然越容易赞叹不置了。所以《彖》《象》最晚于西前六世纪中期时已经存在。况且韩宣子既把它与周公连在一起，可见当时人最少相信这是很早的著作。周易《卦辞》《爻辞》是周初的作品，可认为已成定谳。①《彖》《象》文字较《卦爻辞》通顺，思想较为深刻，同时又为解释《卦爻辞》的文字，所以必在西周初年之后，十有八九也是西周末年文艺初次兴盛的宣王幽王时代的作品。

（二）《彖》《象》思想

所谓《周易》，当初除六十四卦外，只有西周初年产生的《卦辞》与《爻辞》。八卦或六十四卦的来源及其最初的意义，今日已无从考定。将来若无先史时代相关的地下发现，八卦问题恐怕永无解决的希望。我们若欲猜想，或者可说这六十四个符号是先史社会结绳时代结绳文字的变相。真正的文字产生后，当初的结绳符号遂变为宗教文字。宗教性好保守，古今一切宗教的倾向都是采用古代的文字。所以这六十四个符号或者是周初筮人把古代结绳文字加以系统化之后所产生的筮人阶级专利之神秘的机械象征。在神权社会之下，一切文字皆带神秘性，先代文字尤为可畏的神秘象征。六十四个象征符号定出之后，筮人又造出解释符号的文字来，就是《卦辞》《爻辞》。这是根据龟卜的方法与六十四卦的格式，并附会时事与流行史话所作出的，用以为占卜吉凶的辞句。② 当时的人相信六十四卦包括天事人事的全部，所以由卦中可以寻出万事的吉凶。

《卦辞》《爻辞》文字古奥，今日十之八九已完全不可了解；恐怕至西周末年时许多辞句已难解释。所以当时的筮人阶级中的哲士就又做出《彖传》《象传》来解释《卦辞》《爻辞》，一方面是把当初不易了解的变为易于了解的，一方面又可借题发挥去发表他们自己的新思想。西周末叶是中国古代文化的一个大过渡时代：一方面伟大的封建帝国渐趋破裂，列国日见盛强；一方面文学界又有新的发展。在这种时期，思想方面也不会完全寂寞，《彖》《象》二传大概就是这种新思潮之下的产品。

---

① 见《燕京学报》第六期，顾颉刚《周易卦爻辞中的故事》。又见《古史辨》卷三。
② 同上。

《彖》《象》中的思想尚甚简单。它的中心点我们可称为"乾坤哲学",就是乾坤二卦的《彖辞》所提出的。在当初的六十四卦中,乾坤就是具体的天地,只是六十四卦中的两卦;除居首位及代表对象的体积较大外,并不比其他六十二卦特别重要。到了《彖》《象》中情形大变。乾坤已非具体的天地,乃是普遍天地万物产生天地万物的两种原理。这是中国思想史上最早的二元论。乾坤二元是宇宙的基础,连当初超乎一切的鬼神现在也降到附属的地位:

　　天地盈虚,与时消息;而况于人乎,况于鬼神乎?(《丰彖》)

所以乾坤之理不只支配人类,连鬼神也要同受支配。

乾元是天的原理(乃统天),是动的原理,是万有的根源——"万物资始"。

　　乾道变化,各正性命……首出庶物,万国咸宁。

坤元是地的原理(乃顺承天),是静的原理,是万有所自生——"万物资生"。

　　坤厚载物,德合无疆,含弘光大,品物咸亨。

乾坤二元包括宇宙间一切象物。两元相对而不相抗,相感化相激荡而产生宇宙万象。乾坤二元若不合作,则宇宙万有皆将停滞。万有流通,全靠乾坤二元的合作。《彖传》中此种思想甚多,可略举数例如下:

　　泰,小往大来,吉亨;则是天地交而万物通也。
　　否……大往小来;则是天地不交而万物不通也。
　　天地以顺动,故日月不过而四时不忒。
　　天地养万物。
　　咸,感也。柔上而刚下,二气感应……天地感而万物化生。
　　天地革而四时成。

并且乾坤二元之理不只包括自然现象。人世既然也是乾坤所生,也必逃不出乾坤的范围。所以宇宙的理就是人世的理:人明天理而小心遵循,则万事亨通;不然,则必遭祸。人君治国,尤其须明此理。这是最早的天人合一的思想:

　　天地交而万物通也,上下交而其志同也。
　　天地不交而万物不通也,上下不交而天下无邦也。

　　天地以顺动，故日月不过而四时不忒；圣人以顺动，则刑罚清而民服。

　　观天之神道而四时不忒，圣人以神道设教而天下服矣。

　　天地养万物，圣人养贤以及万民。

　　天险不可升也，地险山川丘陵也；王公设险以守其国。

　　天地感而万物化生，圣人感人心而天下和平。

　　日月得天而能久照，四时变化而能久成；圣人久于其道而天下化成。

　　天地革而四时成，汤武革命顺乎天而应乎人。

　　观乎天文以察时变，观乎人文以化成天下。

以上举例，专注人君——理想的人君或圣人——顺天理以治人世的道理。普通一般与人君无特别关系的人事也要合乎乾坤之理，方能成功：

　　家人，女正位乎内，男正位乎外。男女正，天地之大义也。家人有严君焉，父母之谓也。父父子子，兄兄弟弟，夫夫妇妇，而家道正；正家而天下定矣。

　　男女暌而其志通也，万物暌而其事类也。

　　归妹，天地之大义也。天地不交而万物不兴。归妹，人之始终也。

　　日中则昃，月盈则食。天地盈虚，与时消息，而况于人乎？

此外，《彖》《象》中还有纯粹的政治思想，在《象传》中尤其明显。人君治国之道，也以乾坤为根据，分析言之，共有二端：

　　天行健，君子以自强不息。（《乾象》）
　　地势坤，君子以厚德载物。（《坤象》）

所以君子以乾坤之理治国，一须自强不息，一须修德。"德"是一种神秘的能力，人君有德，则天下自治。修德的方法要效法先代圣人：

　　多识前言往行，以畜其德。

人君有德之后，治国方针甚多，举要言之如下：

　　建万国亲诸侯。

　　容民畜众。

　　保民无疆。

观民设教。

明罚敕法。——此点又包括三项：

　　赦过宥罪。

　　折狱致刑。

　　明慎用刑而不留狱。

治历明时。

享于上帝立庙。

（三）《周书》思想

自古流传的策命与大事记录，到西周末年古代文化大起骚动时，由当时史官中的哲士加以润色而发挥他们的哲学思想与政治理想。他们把他们自己的新理想都托口于古代的君臣伟人，其中周公的地位尤为重要。诸篇中虽皆有思想成分，《洪范》一篇则几乎毫无纪事而全部都是有系统的一篇政治哲学的著作，可说是集当时政治思想之大成的一篇杰作。

《周书》的基础原理也是天人合一的思想。上帝为天下主宰，有德者则受命为天子，代天行道，治理天下。人君不积德修德，则丧天命而失天下。夏商的交替与殷周的交替都是因为这个道理。《多士》、《无逸》、《君奭》、《多方》数篇对于这个道理解释的尤为清楚详尽。《多士》一篇翻来复去的差不多完全是讨论这个问题。

《彖》《象》中鬼神已失去重要地位。作者虽仍承认他们的存在，然而把他们当初支配者的地位移与乾坤二元。《周书》作者不谈玄理，而于政治思想上又仍承认上帝的最高地位，这是史籀思想的两个大不同点。

人君欲治理天下，永保天命，必须采用天赐神示的大法——《洪范》，共分九种大事。这就是天人关系治理天下所必需的洪范九畴[1]：

一、五行——水、火、木、金、土。这是物质世界的五种原料，代表天道或物质世界。人君必须明白五行之理，善用五行，以治天下。五行为人生所必需之五材，"天生五材，民并用之，废一不可"[2]。所以人君必须知道如何支配五行。[3]

---

[1] 《洪范》解释见马斯伯劳《中国古代史》页四三九至四四二。

[2] 《左传·襄公二十七年》。

[3] 战国后期阴阳五行说发生后，"五行"变成宇宙间的五种神秘原理，与当初的"五材"几乎完全无关。战国秦汉间的人多附会《洪范》而发挥他们的新的五行思想。所以近来有人颇疑《洪范》为战国末期阴阳五行家的作品。殊不知战国末期的五行家决不会写出这篇与"五行说"完全无关的《洪范》来。——见《东方杂志》卷二十第十期，卷二十五第二期。

二、五事——貌、言、视、听、思。这是天子五种行为的表现，代表人道或伦理世界。天子"貌恭生肃"、"言从生乂"、"视明生晢"、"听聪生谋"、"思睿生圣"。

三、八政——食、货、祀、司空、司徒、司寇、宾、师。这是天子按人道（五事）以理天道（五行）所行的八种国家大事，代表天人（物质与伦理）合一之王道。这八政我们又可分析为三类：（1）三政——"食"就是农业，"货"就是工商业，"祀"是神人关系，并且是求"食"求"货"或谢"食"谢"货"时所必需的礼节。这三政可说是国家的根本，是天子下对人民（食货）上对鬼神（祀）所必须履行的责任。前二者是人生所必需的经济条件或物质条件，后者是人生所必需的宗教条件或精神条件。（2）三官——这是三政以外三种次要的国家大事。司空专司一切公共事业，如开河治水之类。司徒总司一切养民教民之事。司寇专司刑事。这三官的职司天子也须监督。（3）二国际——这是两种不可避免的国际关系，就是天子与诸侯的关系。"宾"是迎客出使的事务，是国家和平时的外交关系。"师"是行军征伐，是国家冲突时的战争关系。这两方面天子皆须注意，才能维持他的地位。

四、五纪——岁、月、日、星辰、历数。这是五种普通的天象，可用以观察八政是否完全实行。八政若行，则五纪皆不出常轨；不然，则天象必乱。

五、皇极——皇极是上天授与天子之王权，使王能作"民之父母以为天下王"。王行八政皆靠天赐之皇极。

六、三德——正直，刚克，柔克。这是天子参合天人的三种方法，是实行皇极时所须随机应变采用的政术。天下太平，天子则采用"正直"手段。天下变乱，天子则采用决断的"刚克"手段。天下乱而复治，天子则采用怀柔的"柔克"手段。

七、稽疑——卜、筮。天子治国，往往遇见疑难不能解决的问题。于此种情形下，可用卜筮二法敬问神明决疑题。

八、庶征——雨、旸、燠、寒、风、时。这是王道行否之自然界的最后征兆。五纪只代表一般的天象，只能指示大体。至于王道各部完全成功与否，须详细观察四时变化天地气候之邪正，然后方能决定。若一切自然界的变化都按照常轨进行，那就是王道亨通的征兆。反是，那就证明王道不行，天子须重新修德努力。

九、五福六极——这是王道行否之人事界的最后征兆，也可说是王道的总结果。王道若行，天必降五福为酬报——寿、富、康宁、攸好德、考命终。王道若不行，天必降六极为惩戒——凶短折、疾、忧、贫、恶、弱。假设降六极，天子仍不悔悟，天就必要夺回天命而另命他人为天子。

总括言之，《洪范》以及《周书》各篇的思想可说是天人合一的政治理想。人事若治，则天事必行，自然变化必可不失常轨。同时天子若欲治人事，必须先明天事，先明一切自然之理。天子之人事行，则受福而长保天命。反是，则受祸，甚至失天命而丧天下。

（三）春秋时代哲学

（一）材料

春秋时代的哲学乃是承袭西周时代史筮两派的思想继续发展。当时的著作传至今日的，筮派有《周易》中的《系辞传》，史派有《尚书》中的《虞书》。

《系辞》上下篇的时代问题最难考定，因为这篇著作恐怕早已失去当初的状态。当初筮人的著作，后来（大盖是战国后半期）经过儒人附会窜乱，以致它的文字非常杂乱，时代性非常不清楚。近人总喜欢说《系辞》是战国末或秦汉间的产品。① 这篇也与《彖》《象》一样，我们同样的没有参考比较的标准。所以我们只能从思想的发展上来断定它大盖的时代。从消极方面我们可断定《系辞》不是战国末或秦汉之间的著作。战国中期阴阳学大盛。《周易》本来就讲"阴阳"，所以阴阳学与易学不久就发生了极密切的关系。但我们若看《系辞》，就可见出它的思想只能说是与老庄同系，而绝对不能说它有阴阳家的口吻。所以它不会是战国末期或秦汉间的产品。况且战国最后一百年已到古代哲学破产的时代。除实际政治的法家出了一个韩非子及实质法家名义儒家的一个荀子外，没有一个大思想家出来。那时代的代表作品就是《礼记》里那许多繁琐论文，与《吕氏春秋》一类的杂家百科全书，以及所谓《周易十翼》中毫无哲学价值的儒家作品——《文言》、《说卦》、《序卦》、《杂卦》。在这种时代决产不出《系辞》一类整个的有系统的哲学作品来。至于秦汉时代的人，可说完全不知哲学为何物，只知把古代哲学著作来

① 见《古史辨》卷三。

附会或误解，伟大的创作更谈不到了。

从积极方面看，我们可以断定《系辞》是《彖》《象》与《老子》之间的作品。《系辞》是根据《彖》《象》而发挥光大的，非常明显。《彖》《象》中的思想，它都包括，同时又把范围扩大，把内容充实，名词的定义比较清楚，名词的种类比较繁多，凡此都足证明《系辞》作者是在扩充《彖》《象》的思想。

《老子》一方面把《系辞》中的宇宙观吸收进去，却放弃那筮人阶级所专需的八卦思想（太极、二仪、四象、八卦的进化观），一方面又添加上以阴阳变化为根据而攻击春秋战国交替期间政治社会的论调。《老子》作者为谁，作于何时，至今仍为未决的问题。因史料过于缺乏，这个问题恐怕永远也不能完全解决。《老子》中并没有题〔提〕到一个人名或一件确定的政治事实，所以我们若要从内证来断定它的时代是很困难的。但庄子时常引证《老子》，同时《论语·宪问》中一段：

或曰，"以德报怨，何如？"子曰，"何以报德？以直报怨，以德报德。"

很是像孔子驳老子或《老子》作者的话。所以老子或老子作者最早当为孔子先后同时的人，最晚当是庄子以前的人。由其中的政治思想看，定它为孔子时代的作品，最为自然。因为春秋末叶礼教发达至于极点而将到破裂的时代；在这种情形下出一个攻击礼教的革命家与维持礼教的孔子并立，是很可能的事。在历史上凡一种制度快要破裂的时候，总有打倒与拥护的两种潮流互相激荡。①

至于《系辞》与《老子》先后关系的问题，我们也可由几方面观察。《老子》中"道"、"阴阳"、"象"等专门名词不会是由一个人凭空造出来的。一个哲学家的思想除时代背景外，都有它的渊源；这渊源不外两种——前代的哲学家，与当时或前代传下的宗教。最早的哲学，无论东西，都是由宗教信仰宗教术语演化出来的。

我们上面说过《周书》《彖》《象》都是宗教官根据他们自己的宗教职守下的材料来作出的。《系辞》也很明显的是根据《彖》《象》作出的。并且作《系辞》的，一定仍是筮人，因为它内中把筮法讲的非常详

---

① 疑古过度而定《老子》为战国晚期作品的，有崔东璧《洙泗考信录》及梁启超《评胡适之中国哲学史大纲》。此外同一论调的文字甚多，无需列举。近代一般的风气是把一本古书在可能的范围内定到最晚的时期，以示批评力之精锐。这在崔东璧时代是革命的举动，到现在已成了天经地义。这在古籍湮没的今日本是非常容易的事。古籍湮没，参考比较的标准缺乏；我们若不顾一本书整个的系统与地位而专事于枝节的吹求，恐怕把先秦遗籍都断为汉人所伪托，也非难事。

尽。例如"大衍之数五十……"一段完全是告诉我们用筮法占卜须如何的进行，太极八卦的思想仍是筮人的阶级思想；诸如此类，都可看出筮人的墨痕。所以《系辞》仍是半占卜半哲学的著作，与《老子》纯哲学的著作不同。《老子》作者不是筮人，所以把《系辞》中与筮人职业有关的思想完全拼〔摒〕弃，而只采用它的纯玄学思想。故此筮派思想进化的过程是：

纯占卜（八卦及卦爻辞）……占卜与哲学（彖象系辞）……纯哲学（老子）。所以《系辞》的时代虽很难确定，但它是《老子》之先的作品我们是可以肯定的。《老子》若为春秋战国之际的作品，《系辞》当为春秋中期或末期筮人中哲士的作品。但这不见得是一人或一时期作出的，恐怕是经过春秋时代历代筮人所修改增删而成的。"道"、"阴阳"、"象"、"形"、"器"等名称是筮人阶级于长期中所造出的术语。后来老子承袭引用，加上新意义与新思想，而作《老子》。

※　　　　　※　　　　　※

《虞书》是史官中哲士的作品。它的时代也是一样的难以确定，但它比《周书》出世较晚，是无疑义的：一、因为它的文字比较《周书》为通顺；二、因为它显然是封建制度将要破裂或方才破裂时期的作品。一个制度极盛时代，并不用人替它辩护，到它将衰或已衰时才需要辩护。西周时代全天下封建主上的周天子用不着许多理论家来拥护他，只有《周书》一类的思想来解释他的地位就可以了。但到东周初年列国并起天子无权而仍欲恢复旧权的时代，辩护宣传家的时机就到了。《虞书》中所描写的显然是一个理想的"协和万邦"的大封建帝国，《尧典》一篇中把这种理想尤其形容得淋漓尽致。

并且除这个平泛的目的外，《虞书》作者恐怕还有一个很重要的具体目的——就是叫周天子最少在名义上仍能保持他那天下共主的地位。春秋前期（西前七世纪）的齐桓、晋文与春秋后期（〈前〉六世纪）的楚庄、楚灵一般的霸主都有废周室而王天下的野心，就是《老子》中所谓的"取天下"；这由《国语》、《左传》中很易看出。《虞书》作者提倡"让德"的论调，意思是说周虽无力，尚有积德，诸霸虽有实力，而未修德；所以周仍宜为天子，而诸霸仍须为臣下。楚庄王问鼎王孙满答以"在德不在鼎"的论调①，与《虞书》的论调几乎完全相同。晋文、楚

---

① 《左传·宣公三年》。

灵二霸篡位的野心尤其明显。其中只有第一个霸主的齐桓公野心或者比较还小些。而王室诸臣对此种野心惟一的应付方法就是提倡自古流传的德治主义，我们由王孙满的答语可见出这是王臣的惟一武器；《虞书》作者是王室的史官，也只能用这个武器。所以《虞书》作者一方面根据《周书》来发表他们的政治理想，一方面又借题发挥来拥护周天子。

所以《虞书》为春秋时代作品，可无疑义。但春秋前后二三百年，到底是哪一年或哪几十年或哪一百年间的作品？《虞书·尧典》篇中有很多讲天文现象的文字，还算为可用的内证。但这些内证的解释，时至今日，已难完全确定。有人由其中的天文现象定《尧典》为春秋前半期或稍前（即西前八世纪七世纪间）的作品。① 这虽不能算为定谳，但可引为一种旁证。《尧典》与《虞书》其他各篇文字一致，思感连贯，必是先后同时的作品。

(二)《系辞》思想

我们若称《彖》《象》思想为"乾坤哲学"，就可称《系辞》思想为"阴阳哲学"，并且后者是直接由作者演化而出——"知者观其《彖辞》则思过半矣"。（《系辞》下）

"阴阳"在《彖》《象》中已经出现，但尚无特殊的意义。到《系辞》中阴阳就取代当初"乾坤"的地位。大概作者感觉"乾坤"终有"天地"的具体狭义，所以另采用意义较泛的"阴阳"二字。同时《系辞》作者又采用一个"道"字为阴阳二理的总名与渊源——"一阴一阳谓之道"。《系辞》的基础原理是要在调和理想（八卦）界与实际（自然）界。宇宙的存在有两方面，一面是自然具体界，就是人类万物——据说实数为一万一千五百二十种；又一面是超然理想界，就是八卦六十四卦。两界是同样的重要，两界皆为实在，并且由卜筮定吉凶之理看来，我们可知两界完全相合；因为若不相合，我们万不能由八卦的转移而推知自然的变化。②

我们现在可分述自然界与理想界的变化原理。在自然界阴阳二理相感相生曰"易"——"生生之谓易"。"易"就是阴阳变化而生万物的活动。宇宙万象无不包括在"易"或阴阳二理变化活动的范围内：

> 夫易广矣大矣！以言乎远则不御。以言乎迩，则静而正。以言

---

① 见《燕京学报》第七期，刘朝阳《从天文历法推测尧典之编成年代》。

② 见马斯伯劳《中国古代史》页四七九至四八五。

乎天地之间，则备矣。……广大配天地，变通配四时，阴阳之义配日月，易简之善配至德。

《易》之为书也，广大悉备。有天道焉，有人道焉，有地道焉。

这种阴阳的变化并且是无穷的，永久不息，这个永不停息的变化称为"通"——"往来不穷谓之通"。

阴阳的变化（易）与无穷的活动（通）其实是一事，不过是一事由两面看。由变化本身方面看称为"易"，由变化无穷方面看称为"通"。易与通都是看不见的。但后来渐渐有一种能见之"象"由变化中产生出来。"象"就是宇宙万有的模型、模范、畴范，万有之所以然。人之所以为人，因为冥冥中有人的"象"；木之所以为木，因为变通的易中产生了木的"象"。每物各有它的象，象就是每物所以发生出现之理。

但象虽可"见"，尚无定"形"。我们只能想像它，在想像中可以见它，但因它尚无定形，我们还不能真正的观察它。"象"具体化之后，才产生出有"形"的万物——"形乃谓之器"。"器"就是所谓万物，我们用五官所能具体观察的万物。象是可能性，器是具体化。象具体化之后才有物。每物种都含有那个物类的特象或特殊可能性。一根草之所以为草，就是因为它含有那种草的象，因为那种草象——那种草的可能性——在那根草中实现出来：

形而上者谓之道，形而下者谓之器。

"道"就是未成形的阴阳之理，"器"就是已按象而成形的器物。由道至器就是宇宙万有发展的全部经过。

但人为万物之灵，他能于此外助天工而另为创造——"制而用之谓之法"。"法"就是人效仿"象"理或"形"理而造新器物。只有阴阳二理能真正创造，人虽最灵，也无创造的能力；但人能摹仿阴阳所产生的象或形或加以新配合而造出全新的器物来。这一类的制作（法），古代的圣人功绩最为伟大；伏羲、神农、黄帝、尧、舜一般神话中的英雄现在都变成古代的圣人，都曾仿照象理卦理制造过有功于人类的器物。

理想界变化之理与自然界正正相对。自然界的绝对称为"道"，由道而生阴阳。理想界的绝对称为"太极"，由太极生出"二仪"——"是故易有太极，是生两仪"。两仪就是柔与刚。刚用"▬"代表，柔用"▬▬"代表。太极二仪都是不可见的。二仪生"四象"，就是☰、☷、

⚏、⚎。这是可见而无形的，与自然界的"象"一样。四象生八卦，就是乾☰、兑☱、离☲、震☳、巽☴、坎☵、艮☶、坤☷，八卦又自演为六十四卦。八卦六十四卦可见并有形，与自然界的"器"一样。两界的相对可列表如下：

自然界 ······ 理想界	道 ······不见 太极	阴阳 ······不见 二仪	象 ······可见而无形 四象	器 ······可见并有形 八卦

以上所讲的变化之理"易"是不可须臾离的。宇宙时时刻刻在变化之中，宇宙可说就是无时停息的变化：

> 乾坤成列，而易立乎其中矣。
> 八卦成列，象在其中矣……刚柔相推，变在其中矣。

变化是天地万物的根本——"天地之大德曰生"。时刻变化，方有宇宙万象：

> 日往则月来，月往则日来；日月相推，而明生焉。寒往则暑来，暑往则寒来；寒暑相推，而岁成焉。

《系辞》虽主体为形而上学的抽象思想，但也与《彖》《象》一样的脱离不了政治思想的结论。圣人（即圣明的天子）须明易理，方能治平天下，因为易包括一切重要的知识：

> 《易》之为书也，广大悉备。有天道焉，有人道焉，有地道焉。
> 易与天地准，故能弥纶天地之道。仰以观于天文，俯以察于地理，是故知幽明之故。原始反终，故知死生之说。

圣人能明易理，就明白天地间一切最神秘奥妙的道理：有了这种神秘知识，就是有"德"。这与《彖》《象》作者称"多识前言往行"为德是一样的以知识为德。"穷神知化，德之盛也。"有神秘之德，则能支配宇宙，治理人类，平定天下：

> 天生神物（蓍龟），圣人则之。天地变化，圣人效之。天垂象，见吉凶，圣人象之。

圣人如此，则一方面可治三材，一方面可定王业，圣人能治三材，因为易中包括天地人三材的道理。圣人用易能定王业，因为

> 夫易开物成务，冒天下之道，如斯而已者也。是故圣人以通天下之志，以定天下之业，以断天下之疑（筮法）。

王道事业，就是把易理中所指示的道理推行于天下：

> 推而行之（易理），谓之道〔通〕；举而错〔措〕之天下之民，谓之事业。

但具体来讲，王道事业果为何事？约略言之，王道可分为三条。第一就是治鬼神：

> 精气为物，游魂为变。是故知鬼神之情状与天地相似，故不违。

天子不只为最高的政治元首（王），他也是最高的宗教元首（天子）；他是人类与鬼神之间的最高媒介，负有代人类应付鬼神的重责，所以他必须知道鬼神的性质。鬼神的真正性质，不是如平民信仰所描写，而是由易理中所能真正寻出。明易理，则明天地之理。鬼神并不出天地之范围，所以明天地即明鬼神。明鬼神之理，则知对鬼神如何应付。

第二，天子要统治万物：

> 知周乎万物，而道济天下，故不过。

天子代天行道，不只治理人民，并且也治理万物。欲治万物，须先明万物之理。这也只有由易中能寻出。

第三种王业就是治万民。治万民，须以仁爱为基础：

> 安土敦乎仁，故能爱。

分析言之，天子的仁德又有三种表现：

> 天地之大德曰生，圣人之大宝曰位。何以守位？曰，仁。何以聚人？曰，财。理财正辞，禁民为非，曰义。

所谓仁、财、义三者乃是"仁"的表现；天子因仁爱万民，才行此

三政。同时天子必须行此三政，方能保全天命，方能"守位"。"仁"是基础，天子先有仁心，方能爱抚治理万民。爱抚治理万民，又有两种具体的方法，就是养（财）与教（义），一个是必需的物质条件，一个是必需的精神条件。

关于"义"或教育一方面，《系辞》中除"禁民为非"一句笼统说法外，并没有其他具体的解释。但于"财"方面，其中有为民造福兴利的具体建议，就是"法"象"法"形而制器为天下用：

> 备物致用，立成器以为天下利，莫大乎圣人。
>
> 变用（易理）出入，民咸用之（法器），谓之神。

所以科学发明是圣人一种最大的责任。

(三)《虞书》思想

《虞书》思想是根据《周书》中天人合一的政治哲学推演出来的。惟它的方法非常新颖：它假托根据人事化的神话与历史哲学来发挥政治理想。在荒藐的夏代之先显出一个王道大行的太古黄金时代。西周的人看夏代之先为鬼神当权的时代，并无所谓黄金。其时有各种天神（帝）和其他小神占据天地间的舞台。人类的地位仍非常卑微。现在史官中的哲士把这些神化人物人性化，变成古代的圣王与贤臣。天神的"帝"变成王天下的圣"帝"。"帝"字无形中就添了一个新的意义。许多别的神都变成圣帝的辅佐人物或"贤臣"。所以圣人观念至此才完全具体化。从前《周书》以及《易传》中都有"圣人"或有德天子的观念，但是只是抽象的理想，到《虞书》中圣人观念才具体的人格化与历史化。从前圣人只是思想家要周天子所达到的理想标准，现在圣人变成实际存在可以效法的榜样。一些超时间的神话人物现在都变成确定的时间内之圣贤。《系辞》中列举古圣制作器物以利万民与《虞书》是同样的把神话历史化。但《系辞》大盖比《虞书》较为晚出，最早采用这个方法的还是《虞书》。

主要的人物就是尧舜。这本是两个地位很不清楚的天神，关于他们的神话我们知道的很少。只因如此，所以更容易被用为假托的对象，因为没有许多的神话故事做障碍物。所以尧、舜就变成第一等的圣人，空前绝后而王天下的圣人。

尧舜的辅佐人物甚多。四岳本为泰山神，又称太岳，现在变成尧、舜的卿士。禹本为治水的神，死后成为太社或后土；因为治水在周代是司空的职责，所以禹现在变成舜的司空。皋陶当初在神话中地位不明，现在成为士或司寇。垂在神话中地位也不清楚，现在变为共工。契为殷商的神祖，现在成为司徒。益当初或为山川之神，现在变成掌山泽的虞。弃本为农神，周人尊为"皇祖后稷"，现在变为稷或后稷之官，就是农官。伯夷当初神话中地位也不清楚，现在成为秩宗或宗伯。夔本为音乐神，现在成为典乐或乐正。龙当初或为神龙，现在成为纳言之官，这些都是辅佐尧舜实现王道的贤臣。

《虞书》中的思想可称为德治主义——天子平治天下，必须修德。德有两方面，神秘的德和人事的德，所谓神秘的德是天子一种特殊而不可直解的人格；有此人格，天下自然就感化而治平，无需多事自扰：

> 帝光天之下，至于海隅。（《皋陶谟》，今本《益稷》）
>
> 钦明文思，安安，允恭克让，光被四表，格于上下。克明俊德，以亲九族；九族既睦，平章百姓；百姓昭明，协和万邦，黎民于变时雍。（《尧典》）

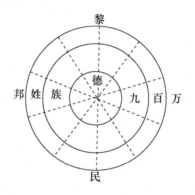

这种神德的观念可以图表法解明：德是天子人格中一种神秘的能力，射出去就可"光被四表"，"光天之下，至于海隅"，一层一层的由九族以至万邦黎民都受这种神秘空气的感动，自然而然就天下大治了。

神德是圣王的必需条件，无神德的人不能王天下；所以"舜让于德"，是因为他自己的儿子没有王天下的资格。

除这种神秘的德之外，天子还要修人事之德，就是通常所谓"道德"。天子的道德人格可分析为三点：第一是孝弟。舜就是孝弟的最高表率，虽然"父顽母嚚象傲"而他仍"克谐以孝"①。

---

① 《尧典》中关于舜的孝弟人格只有这一句记载。已佚的《舜典》恐怕有一大部分是讲舜的孝弟故事的。《孟子·万章上》还保存了这个故事的主体。

天子的第二种人德就是信任贤人，如尧舜的信任禹稷诸贤一样。圣王自己完全无为，只以神德光被天下，并不积极去作具体的事务。《论语》中：

> 修己以安百姓。（《宪问》）
>
> 无为而治者，其舜也与！夫何为哉？恭己正南面而已矣。（《卫灵公》）

两段或者都是引述或引申《舜典》。这都是讲圣王无为而治的道理，圣王的责任"在知人在安民"。"知人"就是见解明哲，能用贤人为"股肱耳目"。贤人就积极的代替天子去从事于五典五礼五刑以平治天下。"安民则惠，黎民怀之。""安民"就是一面时刻不忘人民，一面用贤人去治理他们。如此则天下必能大治，天子可永保天命。《皋陶谟》有总括这种"知人安民"思想的一首短歌：

> 元首明哉！股肱良哉！庶事康哉！（今本《益稷》）

天子第三种人德就是不私天位，让德不让亲。不据天位而禅让于有神德的人就是圣王最高的道德。尧、舜禅让就是这种道德实施的显例。

结　论

以下〔上〕所论，恐怕不是西周春秋之际思想的全部。古代哲学作品一定亡失的很多。由《国语》、《左传》中可见春秋时代文化大盛，当时必有许多哲学作品出现，恐怕与王官完全无关的独立思想家①一定也有。但存至今日的只有王官（史筮）所传留的一点材料；这是原有材料的百分之几，我们完全无从推考。至于私人的作品就完全丧失了，我们今日连一个哲学家的姓名都不知道。

虽然如此，由《易传》与《尚书》所存留的一点遗迹，我们已能看出后日思想发展的线索。孔老并非突然出现的，古今并没有一个毫无思想渊源的大哲学家。当然每个思想家都有他的特殊的时代背景，但一个大思想家的哲学决不能完全以时代背景来解释，这是向来研究孔老的人所未曾注意的。一个开化的民族最早的幼稚简单思想大半是由宗教信仰中演化出来的。但这种简单的哲学一经产生，此后的哲学家就没有一个

---

① 春秋末年与孔子同时之邓析一般人除外。

不是积极的或消极的承袭以前的思想而进展发挥的。孔老的思想决不是文化初开时代的幼稚思想，必有思想渊源。孔子是史官思想的承继者，所以他言必称尧舜（《虞书》）、周公（《周书》）。他是专注意治国之道的，与《尚书》的作者一样。老子或《老子》作者是筮人思想的承继者，他是偏重玄学的。① 后日中国哲学界最占势力的儒道两家是直接由孔子与老子传下来的，间接由无数无名的史官与筮人传下来的。

（原载：金陵大学《金陵学报》第 2 卷第 1 期，1932 年 5 月。）

---

① 诸子出于王官说，以全体论，本为穿凿附会。但谓儒、道出于王官，并非全误。惟儒家并不出于司徒之官，而出于史官；道家并不出于史官，而出于筮人。此外所谓某家出于某官，全为无稽之谈。——见《汉书·艺文志》。

书评：**Thompson**，*History of the Middle Ages* [*]
(1934)

　　由四五世纪至十五世纪间的所谓西洋中古史对于一般略知欧洲古今大势的人仍是一团漆黑或不解之谜。"中古"一词的不妥对于这点要负不少的责任。"中古"或"中世纪"是十五世纪意大利人文主义者所创的名词。那时他们对于过去希腊罗马的文艺研究日深，推崇日高，因而觉得（最少自己相信）与那个过去的文化神通气联；对于他们自己民族已往一千年的历史反倒感觉一无是处——只是介乎两个开明时代的一个混乱、野蛮、黑暗、迷信的"中间期"或"中世纪"。十五世纪深于成见的人文主义者的这个名词与它所表示的概念就变成后日学界一般的传习见解。直至十九世纪末这种成见才渐被打破；但是一九三三年仍有不少人对中古时代照旧是这样看法的，在中国尤其如此。汤姆孙先生这本《中古史》用不能否认的事实极力的纠正这种误解。这是本书的一个特点，在今日的情形之下也可说是它一个特别的长处。

　　中古史的主要成分有三：残余的希腊罗马文化与残余的拉丁民族，新兴的日耳曼民族与它的封建制度，基督教与基督教会。整部的中古史可说就是这三种元素的并行发展史与激荡冲突史。而在三种之中尤以日耳曼与教会二者为重要，希腊罗马文化只处于附属的地位。换言之，《中古史》是一个全新的局面，一个新文化开始的创造时代，并不是希罗文化的继续发展，而是近代西洋文化的最先一幕。汤姆孙先生把这个道理用事实描写的很清楚（见章一至四，八至九）。所以为要彻底明了今日的西洋，不研究希腊罗马以上的历史还可以；但若不知道所谓中古

---

　　* *History of the Middle Ages*. By James Westfall Thompson，pp. 465. W. W. Norion & Co.，New York. 1931.

时代的情形是不可能的。今日的西洋并非由希腊罗马而生，乃是直接由中古日耳曼民族与教会所创。希、罗文化品的残余曾有一部分被采用，但整个文化的精神、民族主要的成分、政治社会的构造、宇宙人生观的性质——这一切都是全新的，可说与所谓上古的西洋没有多少关系的（见章十一至十三，十五至二十四）。

由四世纪至八世纪可说是罗马帝国与罗马文化渐渐消减的时期。罗马的政治权衡不知不觉中失去效用，许多日耳曼王国在各地成立。罗马法制虽未完全绝迹，新的宪法观念、新的政体、新的法律、新的社会却渐渐发生以至于成熟。在八九世纪间经过一个临时的统一之后（查理曼时期），主权分化的封建制度与佃奴社会完全成立。但在这个分化局面之上有一个高超的一统势力，就是基督教精神方面的信仰与具体方面的教会。同一的信仰充满各国的人心，同一的教会支配所有的人生。这个一统的信仰与教会有一个超然的首领，就是在人世间代表上帝权威的教皇。各地的封建国家日渐稳固，与这个伟大的精神势力发生冲突是无所避免的。最早与它火并的就是那个奇特无比的所谓神圣罗马帝国，结果是日耳曼地与意大利半岛延至十九世纪才得统一。与这个冲突相偕并进的尚有十字军运动，整个的西部欧洲联合起来与东方的回教对抗。法兰西是这个运动中的主要角色，同时西班牙在半岛上进行它自己小规模的十字军战争；由八世纪至十五世纪西班牙半岛在政治方面整部的历史都被基督教与回教的死拼所包办。英国比较的处在局外，独自创造它的模范宪法；但因它与法国北部诺尔曼公爵邦的特殊关系，大陆的一切潮流都不免冲到不列颠岛的岸边。后日西洋主人翁的中等阶级同时也渐渐成立，并建起许多工商业中心的城市。

十三与十四世纪间这个封建制度与基督教合成的文化渐呈裂痕。一时作国际公断人的教皇现在被新兴的一统法兰西王国所侮辱，以至成为法王的傀儡。各国的教会渐趋独立，只受国王的干涉，不听教皇的号令，并且还要改革教会与教皇制度。英法两国内部日渐统一，因而两国在大陆曾经争夺三百年的领土引起百年战争。战争结束后两国的统一事业也就完成了。日耳曼与意大利方面因为特殊的情形反倒日趋分裂，神圣罗马帝国无形中分化为三百个大大小小的国家。所以中古最后二百年可说是整个一统的势力（教会与帝国）渐渐消灭与地方一统的势力（列国）渐渐成立的时代。到十五世纪末我们所熟知的西洋各国大半都已显露后日的形态了（见章二十五至二十九，三十一）。

不只日后的政治是由中古时代演化而出，近代的思想科学文艺也大半来自同一渊源（见章二十二至二十四）。今日欧洲的各种文字都在此时出生，发展，变成高等文艺与深奥思想的工具。书院哲学 Scholasticism 到今天虽已少有研究的人，但那是中古全部生活的唯理结晶；从本身讲来，那是一个极完备的哲学系统。世界上并没有最后完备的哲学；一种哲学的价值在乎它本身是否一个周密的系统，是否一个时代文化的射影。由这个观点看来，书院哲学比后日许多时髦的思想地位都要高些。并且十六世纪后哲学中许多的基本概念与基本问题都是书院哲学的传遗。在文学方面，英、法、德、班、意各种文字最早作品都于此时出现；悲壮的史诗与缠绵的抒情诗是后日文学批评家所公认为上品的。

中古时代的科学地位并非如一般人想像的那样低。在技术与方法方面，五百年前的科学家比较幼稚；但在思维力与精神方面，他们并不落伍。他们知道地是圆的，明白日月蚀的原理。十二世纪前半期英国已有科学家 Adelard of Bath 亲身到威尔斯与爱尔兰的海岸去度夏，以便观察研究海潮的升降。十二世纪的科学家已经明了光学的原理，透光镜 Lens 到十三世纪已成为科学界常用的工具。十三世纪的书院哲学家 Duns Scotous 在巴黎的一个修道院内费一整个冬季的功夫用颇为准确的数学方法去计算岁差。培根 Roger Bacon 对于科学的贡献是无需介绍的。后日科学或日常人生的许多必需品都是中古科学家所创造或完成的，例如放大镜、火药、罗盘针、印刷术、风车、风琴、许多化学中的酸类与医学中的药品。这恐怕是连今日科学家也不知道的一件事。但科仑布发现新大陆，Vasco da Gama 航过好望角，麦哲伦 Magellan 航绕全球的成功，都是以中古科学家的数学知识与天文知识为依据的，并非意外侥幸的横冲直撞把戏。

研究过去的历史，我们必须有丰富的同情心；暂时必须变成那个时代的人，呼吸他们的空气，过他们的生活，与他们发生一种密切的默契。时代愈远，这种想像力与同情心愈为必需。中古史对于近日大多的西洋人已是不可了解；我们异族异化的人若要明了，更要尽力设法与他心契神通。汤姆孙先生在中古史专家中是一个最富于这种能力并且又能将这种能力表现于纸上而传与读者的。所以这本书是初习中古史时一个最适宜的南针。比这个课本尤详的尚有他两卷的著作《中世纪》*The Middle Ages*。专论中古的社会的有他的两卷《中古经济社会史》*The*

Economic and Social History of the Middle Ages。专述日耳曼的有他的《封建的日耳曼》*Feudal Germany*。这三种虽是比较专门的作品，但笔法是同样的活泼生动引人入胜；事实虽然很多，性质虽然专门，却无丝毫学究气。

（原载：《清华学报》第 9 卷第 1 期，1934年 1 月。）

皇帝制度之成立
（1934）

中国历史上四千年间国君的称号甚为简单。当初称王，王下有诸侯。其后诸侯完全独立，各自称王。最后其中一王盛强，吞并列国，统一天下，改称皇帝，直至最近的过去并无变更。称号的演化虽甚简单，内涵的意义却极重要。专就皇帝成立的事实经过而论，可分下列诸步骤：

（一）列国称王

（二）合纵连横与东帝西帝

（三）帝秦议

（四）秦始皇帝

（五）汉之统　与皇帝之神化

（六）废庙议与皇帝制度之完全成立

参错在这个史实的演化中，还有各种相反与相成的帝王论。本篇专以事实为主，帝王论与当时或后世史实有关系者也附带论及。

一

战国以前，列国除化外的吴楚诸国外，最少在名义上都尊周室为共主。春秋时代周王虽早已失去实权，然而列国无论大小，对周室的天子地位没有否认的。春秋时代国际政治的中心问题是"争盟"或"争霸"，用近代语，就是争国际均势。国际均势是当时列强的最后目的，并非达到其他目的的一种手段。以周室为护符——挟天子以令诸侯——是达到这个目的最便利的方法。因为列强都想利用周室，所以它的地位反倒非常稳固，虽然它并无实力可言。

到春秋末期战国初期这种情形大变。各国经过政治的篡弑与我们今日可惜所知太少的社会激变，统治阶级已非旧日的世族，而是新起的智识份子。旧的世族有西周封建时代所遗留的传统势力与尊王心理，列国国君多少要受他们的牵制。所以春秋时代的列国与其说是由诸侯统治，无宁说是诸侯与世族合治。列国的诸侯甚至也可说是世族之一，不过是其中地位最高的而已。争盟就是这个封建残余的世族的政策。他们认为这个政策最足以维持他们的利益，因为列国并立势力均衡，世族在各本国中就可继续享受他们的特殊权利。任何一国或任何一国的世族并没有独吞天下的野心。

战国时代世族或被推倒，或势力削弱。这时统治者是一般无世族传统与世族心理的出身贵贱不齐的文人。国君当初曾利用这般人推翻世族的势力，现在这般人也成为国君最忠心的拥护者。他们没有传统的势力与法定世袭的地位，他们的权势荣位来自国君，国君也可随时夺回。到这时，列国可说是真正统一的国家了，全国的权柄都归一人一家，一般臣下都要仰给于君上，不像春秋时代世族的足以左右国家以至天下的政策与大局。国君在血统上虽仍是古代的贵族，但在性质上他现在已不代表任何阶级的势力，而只知谋求他一人或一家的利益。所以战国时代二百五十年间国际均势虽然仍是一个主要的问题，但现在它只是一种工具，不是最后的目的。最后的目的是统一天下。列强都想独吞中国，同时又都不想为他人所吞。在这种矛盾的局面下，临时只得仍然维持均势；自己虽然不能独吞，最少可防止其他一国过强而有独吞的能力。但一旦有机可乘，任何一国必想推翻均势局面，而谋独强以至独吞。战国时代的大战都是这种防止一国独强或一国图谋推翻均势所引起的战争。列国称王也是这种心理的最好象征。列国称王可说有两种意义，第一是各国向周室完全宣布独立；第二是各国都暗示想吞并天下，因为"王"是自古所公认为天子的称号。

最早称王的是齐魏两国。但这种革命的举动也不是骤然间发生的，发生时的经过曲折颇多。战国初年三晋独立仍须周室承认（西前四〇三），田齐篡位也须由周天子取得宪法上的地位（西前三八六），可见历史的本质虽已改变，传统的心理不是一时可以消灭的。后来秦国于商鞅变法之后，势力大盛，屡次打败战国初期最强的魏国。这时秦国仍要用春秋时代旧的方法以巩固自己的地位，所以就极力与周天子拉拢，而受封为伯（西前三四三），与从前的齐桓晋文一样。次年（西前三四二）

秦又召列国于逢泽（今河南开封东南），朝天子。这是一种不合时代性的举动，在当时人眼光中未免有点滑稽。虽然如此，别国必须想一个抵抗的方法，使秦国以周为护符的政策失去效用。于是失败的魏国就联络东方大国的齐国，两国会于徐州，互相承认为王（西前三三四）。这样一来，秦国永不能再假周室为号召，周室的一点残余地位也就完全消灭了。秦为与齐魏对抗起见，也只得称王（西前三二五）。其他各国二年后（西前三二三）也都称王。只有赵国唱高调称"君"；现成的"公"、"侯"不用而称"君"，也正足证明周室的封号无人承认，一切称号都由自定，但赵国终逆不过时代潮流，最后也称王（西前三一五）。①至此恐怕各国方才觉悟，时代已经变换，旧的把戏不能再玩，新的把戏非常严重痛苦——就是列国间的拼命死战。这种激烈战争，除各国的奖励战杀与秦国的以首级定爵外，由国界的变化最可看出。春秋时代各国的疆界极其模糊。当时所谓"国"就是首都。两国交界的地方只有大概的划分，并无清楚的界限。到战国时各国在疆界上都修长城，重兵驻守，可见当时国际空气的严重。在人类史上可与二十世纪欧洲各国疆界上铜墙铁壁的炮垒相比的，恐怕只有战国时代这些长城。②

二

　　列国称王以后百年间，直至秦并六国，是普通所谓合纵连横的时期。连横是秦国的统一政策，合纵是齐楚的统一政策。其他四国比较弱小，不敢想去把别人统一，只望自己不被人吞并就够了。所以这一百年间可说是秦齐楚三强争天下的时期。这时不只政治家的政策是以统一为目标，一般思想家也无不以统一为理想。由现存的先秦诸子中，任择一种，我们都可发见许多"王天下""五帝三王云云"花样繁多而目的一致的帝王论或统一论。所以统一可说是当时上下一致的目标，人心一致的要求。这些帝王论中，除各提倡自己一派的理想，当初有否为某一国宣传的成分，我们现在已不容易考知。其中一种有丰富的宣传色彩，似乎大致可信——就是邹衍（西前三五〇至二五〇间）一派的五德终始说。对后代皇帝制度成立，也属这派的影响最深。可惜邹衍的著作全

---

　　①　《史记》：《秦本纪》、《赵世家》、《魏世家》、《田敬仲完世家》。
　　②　顾炎武《日知录》卷三一《长城》。

失，后代零乱的材料中，只有《史记·封禅书》中所记录的可以给我们一个比较完备的概念：

> 自齐威宣之时，邹子之徒论著终始五德之运。及秦帝，而齐人奏之。故始皇采用之。

所以这当初是齐国人的说法，秦始皇统一后才采用。五德的说法据《封禅书》是：

> 秦始皇既并天下而帝，或曰：黄帝得土德，黄龙地螾见；夏得木德，青龙止于郊，草木畅茂；殷得金德，银自山溢；周得火德，有赤乌之符。今秦变周，水德之时。昔秦文公出猎，获黑龙；此其水德之瑞。

这是一个极端的历史定命论，也可见当时一般的心理认为天下统一是不成问题的，并且据邹衍一派的说法，统一必由按理当兴的水德。

这个说法本来是为齐国宣传的。邹衍是齐国人，受齐王优遇，有意无意中替齐国宣传也无足怪。宣传的证据是与五德终始说有连带关系的封禅说。所谓封禅是历代受命帝王于受命后在泰山上祭祀天地的一种隆重典礼。在先秦时代，列国分立，各地有各地的圣山，并无天下公认的唯一圣山。由《周礼·夏官·职方氏》可知泰山不过是齐鲁（兖州）的圣山，并非天下的圣山；其他各州各有自己的圣山。只因儒家发生盛行于齐鲁及东方诸小国，儒书中常提泰山，又因封禅说的高抬泰山，所以后代才认泰山为唯一圣山。邹衍一派当初说帝王都须到泰山封禅，是一种前所未有的新闻。这等于说，齐国是天命攸归的帝王，不久必要统一天下。假设封禅的说法若为楚人所倡，必定要高抬衡山；若为秦人所创，必说非封禅华山不可。现存的《国语·齐语》、《管子·封禅篇》、《史记·封禅书》都讲到齐桓公要封禅而未得。这恐怕是同样的邹衍一派的宣传，暗示春秋时代的齐国几乎王天下，战国时代的新齐国必可达到目的。

空宣传无益。当时齐国的确有可能统一天下的实力。邹衍或其他一派的人创造这个学说，一定是认清这个实力所致，并非一味的吹嘘。齐国是东方的大国，到宣王时（西前三一九至三〇一）尤强，乘燕王哙让位子之大演尧舜禅让的悲喜剧的机会，攻破燕国（西前三一四），占领三年。后来（西前三一二）虽然退出，齐国的国威由此大振。同时（西前三一二至三一一）楚国上了张仪的当，贸然攻秦，为秦所破，将国防要地的汉中割与秦国。所以至此可说秦齐二国东西并立，并无第三国可与抗衡。至于两国竞争，最后胜利尚在不可知之数。在这种情形下，齐国人为齐国创造一种有利的宣传学说，是很自然的，于是产出这个以泰山为中心的封禅主义。

这个秦、齐并立的局面支持了约有二十五年。两国各对邻国侵略，但互相之间无可奈何。天下统一不只是政治家的政策，不只是思想家的理想，恐怕连一般人民也希望早日统一，以便脱离终年战争的苦痛。"王天下"的人为"帝"现在也已由理想的概念成为一般的流行语。当初的"王"现在已不响亮，作动词用（王天下）还可以。作名词用大家只认"帝"为统一的君主。秦齐既两不相下，所以它们就先时发动，于西前二八八年两国约定平分天下，秦昭襄王称西帝，齐湣王称东帝，除楚国外，天下由二帝分治。根本讲来，这是一个矛盾的现象，因为"帝"的主要条件就是"王天下"，所以两帝并立是一个不通的名词，在当时的局势之下也是一个必难持久的办法。可惜关于这个重大的事件，我们所知甚少。据《战国策》① 似乎是秦国提议。秦先称西帝，齐取观望的态度，后来也称帝。但因列国不服或其他原因，两国都把帝号取消，仍只称王。但后来齐湣王在国亡家破的时候（西前二八四）仍要邹、鲁以天子之礼相待，结果是遭两国的闭门羹②，可见取消帝号是一种缓和空气的作用，实际上齐国仍以帝自居。荆轲刺秦王的时候（西前二二七）称秦王为"天子"③，可见秦也未曾把帝号完全取消。两国大概都是随机应便〔变〕，取模棱两可的态度。

三

齐国称帝不久就一败涂地。三晋本是秦的势力范围，齐湣王野心勃勃，要推翻秦的势力，以便独自为帝。齐攻三晋（西前二八六）的结果是秦国合同三晋，并联络燕国，大举围齐。齐国大败，临时亡国。燕国现在报复三十年前的旧恨，把齐国几乎完全占领（西前二八四）。楚国也趁火打劫，由南进攻。后来五国退兵，燕独不退。五六年间（西前二八四至二七九），除莒与即墨二城外，整个齐国都变成燕的属地。后来

---

① 《战国策》卷十一《齐四》。
② 《战国策》卷二十《赵三》。
③ 《战国策》卷三一《燕三》。

齐虽复国（西前二七九），但自此之后元气大亏，丧失强国的地位，永远不能再与秦国对抗。后来秦并天下，齐是六国中唯一不抵抗而亡的。所以燕灭齐可说是决定秦并天下的最后因素。二八四年前一切皆在不可知之数，二八四年后秦灭六国只是一个时间的问题。

二十年后（西前二五八）秦攻赵，围邯郸。赵求救于魏，魏援军畏秦，不敢进兵。邯郸一破，三晋必全为秦所吞并，因为现在中原只有赵还有点抗秦的能力。但其他各国连援兵都不敢派出，可见当时畏秦的心理已发展到何等的程度。这时遂有人提议放弃无谓的抵抗，正式向秦投降，由赵领衔，三晋自动尊秦为帝。此举如果成功，秦并六国的事业或可提早实现。所幸（或不幸）当时出来一个齐国人鲁仲连，帝秦议方才中止。① 大概此时齐国虽已衰弱，齐国志士尚未忘记秦齐并立的光荣时期。所以对强秦最愤恨的是齐人，对帝秦议极力破坏的也是齐人。后来赵魏居然联合败秦，拼死的血战又延长了四十年。

由于思想家的一致提倡统一，由于列强的极力蚕食邻国，由于当时人的帝秦议，我们都可看出天下统一是时代的必然趋势，没有人能想象另一种出路。最后于西前二二一年秦于政合并六国，创了前古未有的大一统局面。

四

秦始皇对于他自己的新地位的见解很值得玩味。据《史记·秦始皇本纪》，〈前〉二二一年令丞相御史议称号：

> 寡人以眇眇之身，兴兵诛暴乱。赖宗庙之灵，六王咸伏其辜，天下大定。今名号不更，无以称成功传后世。其议帝号！

"其议帝号"一句话很可注意。当时秦尚未正式称帝，然而正式的令文中居然有这种语气，有两种可能的解释。一是帝本是公认为"王天下者"的称号；现在秦并六国，当然是帝。第二种解释就是七十年前秦称西帝，始终未正式取消，所以"帝号"一词并无足怪。现在秦王为帝已由理想变成事实，只剩正式规定帝的称号。

始皇与臣下计议的结果，名号制度焕然一新。君称"皇帝"，自称"朕"，普遍的行郡县制与流官制，划一度量衡，书同文，车同轨，缴天

---

① 《战国策》卷二十《赵三》。

下械，治驰道，徙富豪于咸阳。凡此种种，可归纳为两条原则。一、天
下现在已经统一，一切制度文物都归一律。二、政权完全统一，并且操
于皇帝一人之手。从此以后，皇帝就是国家，国家就是皇帝。这种政治
的独裁在战国时已很明显。只因那时列国并立，诸王不得不对文人政客
有相当的敬礼与牢笼。现在皇帝不只不再需要敬畏政客文人，并且极需
避免他们的操纵捣乱。当初大家虽都"五帝三王"、"王天下"不离口，
但他们并没有梦想到天下真正统一后的情势到底如何。现在他们的理想
一旦实现，他们反倒大失所望，认为还是列国并立的局面对他们有利。
同时六国的王孙遗臣也很自然地希望推翻秦帝，恢复旧日的地方自由。
所以文人政客个人自由的欲望与六国遗人地方独立的欲望两相混合，可
说是亡秦的主要势力。焚书坑儒就是秦始皇对付反动的文人政客的方
法。张良与高渐离①可代表六国遗人力谋恢复的企图。在历史上，第一
个统一的伟人或朝代似乎总是敌不过旧势力的反动，总是失败的。统一
地中海世界的凯撒为旧党所刺杀，西方的天下又经过十几年的大乱才又
统一。统一中国的秦朝也遭同样的运命。一度大乱之后，汉朝出现，天
下才最后真正统一。

　　秦亡的代价非常重大。秦朝代表有传统政治经验与政治习惯的古
国，方才一统的天下极需善政，正需要有政治经验习惯的统治者。并且
秦国的政治在七国中最为优美，是战国时的人已经承认的。②反动的势
力把秦推翻，结果而有布衣天子的汉室出现。汉高是大流氓，一般佐命
的人多为无政治经验的流氓小吏出身。所以天下又经过六十年的混乱方
才真正安定下去。到汉武帝时（西前一四〇至八七）政治才又略具规
模，汉室的政治训练才算成熟。

五

　　汉室的成立是天下统一必然性的又一明证。楚汉竞争的时期形式上
是又恢复了战国时代列国并立的局面，义帝只是昙花一现的傀儡。项羽
灭后，在理论上除汉以外还有许多别的国，不过是汉的与国而已，并非
都是属国。但列国居然与汉王上表劝进：

---

①　《史记》：《留侯世家》、《刺客列传》。

②　《荀子·强国篇》。

楚王韩信，韩王信，淮南王英布，梁王彭越，故衡山王吴芮，赵王张敖，燕王臧荼，昧死再拜言，大王陛下！先时秦为亡道，天下诛之。大王先得秦王，定关中，于天下功最多。存亡定危，救败继绝，以安万民，功盛德厚。又加惠于诸侯王有功者，使得立社稷。地分已定，而位号比拟，亡上下之分；大王功德之著于后世不宣。昧死再拜上皇帝尊号！①

细想起来，这个劝进表殊不可解。这是一群王自动公认另一王为帝，正与五十年前鲁仲连所反对的帝秦议性质相同。我们即或承认这是诸王受汉王暗示所上的表，事情仍属奇异。各人起兵时本是以恢复六国推翻秦帝为口号。现在秦帝已经推翻，六国也可说已经恢复，问题已经解决，天下从此可以太平无事；最少列国相互间可以再随意战争，自由捣乱，不受任何外力的拘束。谁料一帝方倒，他们就又另外自立一帝。即或有汉王的暗示，当时汉王绝无实力勉强诸王接受他的暗示。所以无论内幕如何，我们仍可说这个劝进表是出于自动的，最少不是与诸王的意见相反的。这最足以证明当时的人都感觉到一统是解决天下问题的唯一方法，除此之外，并无第二条出路。第二条路是死路，就是无止期的战乱。从此以后，中国的历史只有这两条路可走：可说不是民不聊生的战国，就是一人独裁的秦汉。永远一治一乱循环不已。

汉室虽是平民出身，皇帝的尊严并不因之减少，反而日趋神秘。秦汉都采用当初齐国人的宣传，行封禅，并按五德终始说自定受命之德。② 皇帝的地位日愈崇高，日愈神秘，到汉代皇帝不只是政治的独裁元首，并且天下公然变成他个人的私产。未央宫造成之后（西前一九八），

> 高祖大朝诸侯群臣，置酒未央前殿。高祖奉玉卮，起为太上皇寿曰："始大人常以臣无赖，不能治产业，不如仲力。今某之业，所就孰与仲多？"殿上群臣皆呼万岁，大笑为乐。③

由此可见皇帝视天下为私产，臣民亦承认天下为其私产而不以为怪，反呼万岁，大笑为乐。这与战国时代孟子所倡的民贵社稷次君轻的思想，及春秋时代以君为守社稷的人而非社稷的私有者的见解是两种完全不同

---

① 《汉书·高帝纪下》。
② 《史记·封禅书》、《汉书·郊祀志》。
③ 《史记·高祖本纪》。

的政治空气。

哀帝（西前六至一）宠董贤，酒醉后（西前一年），

> 从容视贤笑曰："吾欲法尧禅舜何如？"

中常侍王闳反对：

> 天下乃高皇帝天下，非陛下之有也。陛下承宗庙，当传子孙于
> 亡穷。统业至重，天子亡戏言！①

皇帝看天下为自己的私产，可私相授受。臣下认天下为皇室的家产，不可当作儿戏。两种观点虽不完全相同，性质却一样；没有人认为一般臣民或臣民中任何一部分对天下的命运有支配的权力。

天下为皇帝的私产，寄生于皇帝私产上的人民当然就都是他的奴婢臣妾。奴婢虽或有高低，但都是奴婢。由尊贵无比的皇帝看来，奴婢间的等级分别可说是不存在的。最贵的丞相与无立锥之地的小民在皇帝前是同样的卑微，并无高下之分。当时的人并非不知道这种新的现象。贾谊对此有极沉痛的陈述：

> 人主之尊譬如堂，群臣如陛，众庶如地。故陛九级上，廉远
> 地，则堂高。陛无级，廉近地，则堂卑。高者难攀，卑者易陵，理
> 势然也，故古者圣王制为等列，内有公卿大夫士，外有公侯伯子
> 男，然后有官师小吏，延及庶人。等级分明，而天子加焉，故其尊
> 不可及也。里谚口："欲投鼠而忌器。"此善论也。鼠近于器，尚惮
> 不投，恐伤其器，况于贵臣之近主乎？廉耻节礼以治君子，故有赐
> 死而亡戮辱。是以黥劓之罪不及大夫，以其离主上不远也。礼不敢
> 齿君之路马，蹴其刍者有罚。见君之几杖则起，遭君之乘车则下，
> 入正门则趋。君之宠臣虽或有过，刑戮之罪不加其身者，尊君之故
> 也。此所以为主上豫远不敬也，所以体貌大臣而厉其节也。今自王
> 侯三公之贵，皆天子之所改容而礼之也，古天子之所谓伯父、伯舅
> 也，而今与众庶同黥劓髡刖笞僇弃市之法，然则堂不亡陛乎，被戮
> 辱者不泰迫乎？廉耻不行，大臣无乃握重权，大官而有徒隶亡耻之
> 心乎？夫望夷之事，二世见当以重法者，投鼠而不忌器之习也。臣
> 闻之，履虽鲜不加于枕，冠虽敝不以苴履。夫尝已在贵宠之位，天子
> 改容而体貌之矣，吏民尝俯伏以敬畏之矣；今而有过，帝令废之可

---

① 《汉书》卷十一《哀帝纪》、卷九三《董贤传》。

也，退之可也，赐之死可也，灭之可也。若夫束缚之，系继之，输
之司寇，编之徒官，司寇小吏詈骂而榜笞之，殆非所以令众庶见
也。夫卑贱者习知尊贵者之一旦吾亦乃可以加此也，非所以习天下
也，非尊尊贵贵之化也。夫天子之所尝敬，众庶之所尝宠，死而死
耳，贱人安宜得如此而顿辱之哉？①

当时因为丞相绛侯周勃被告谋反，收狱严治，最后证明为诬告，方
才释出。这件事（西前一七六）是贾谊发牢骚的引线。贾谊对于这种事
实认得很清楚，但对它的意义并未明了。他所用的比喻也不妥当。皇帝
的堂并不因没有陛级而降低，他的堂实在是一座万丈高台，臣民都俯伏
在台下。皇帝的地位较前提高，臣民的地位较前降低，贾谊所说的古代
与汉代的分别，实在就是阶级政治与个人政治的分别。先秦君主对于大
臣的尊敬是因为大臣属于特殊的权利阶级。阶级有相当的势力，不是君
主所能随意支配。到秦、汉时代真正的特权阶级已完全消灭，人民虽富
贵贫贱不同，但没有一个人是属于一个有法律或政治保障的固定权利阶
级的。由此点看，战国时代可说是一个过渡时代。在性质上，战国时代
已演化到国君独裁的个人政治的阶段。但一方面因为春秋时代的传统残
余，一方面因为列国竞争下人才的居奇，所以君主对臣下仍有相当的敬
意。但这种尊敬只能说是手段，并不是分所当然的事。秦汉统一，情势
大变，君主无需再存客气，天下万民的生命财产在皇帝前都无保障。由
人类开化以来，只有阶级分明的权利政治与全民平等的独裁政治。此
外，除于理想家的想象中，人类并未发见第三种可能的政治。一切宪法
的歧异与政体的花样不过都是门面与装饰品而已。换句话说，政治社会
生活总逃不出多数（平民）为少数（特权阶级）所统治或全体人民为一
人所统治的两种方式。至于孰好孰坏，只能让理想家去解决。

皇帝既然如此崇高，臣民既然如此卑微，两者几乎可说不属于同一
物类。臣民若属人类，皇帝就必属神类。汉代的皇帝以至后妃都立庙祭
祀。高帝时令诸侯王国京都皆立太上皇庙。② 高帝死后惠帝令郡国诸侯
各立高祖庙，以岁时祠。③ 惠帝尊高祖庙为太祖庙，景帝尊文帝庙为太
宗庙，行所尝幸郡国各立太祖太宗庙。宣帝又尊武帝庙为世宗庙，行所

---

① 《汉书》卷四八《贾谊传》。
② 《汉书》卷七三《韦玄成传》。
③ 《史记·高祖本纪》。

巡狩皆立世宗庙。至西汉末年，祖宗庙在六十八郡国中共一百六十七所。长安自高祖至宣帝以及太上皇悼皇考（宣帝父）各自居陵立庙旁，与郡国庙合为一百七十六所。又园中各有寝便殿。日祭于寝，月祭于庙，时祭于便殿。寝，每日上食四次。庙，每年祭祀二十五次。便殿，每年祠四次。此外又有皇后太子庙三十所。总计每岁的祭祀，上食二万四千四百五十五份，用术士四万五千一百二十九人，祝宰乐人一万二千一百四十七人。① 皇帝皇室的神化可谓达于极点！

不只已死的皇帝为神，皇帝生时已经成神，各自立庙，使人崇拜。文帝自立庙，称顾成庙。景帝自立庙，为德阳。武帝生庙为龙渊，昭帝生庙为徘徊，宣帝生庙为乐游，元帝生庙为长寿，成帝生庙为阳池。②

皇帝皇室的庙不只多，并且祭祀的礼节也非常繁重，连专司宗庙的官往往也弄不清，因而获罪。③ 繁重的详情已不可考，但由上列的统计数目也可想见一个大概。这种神化政策，当时很遭反对。详情我们虽然不知，反对的人大概不是儒家根据古礼而反对，就是一般人不愿拿人当神看待而反对。所以"高后时患臣下妄，非议先帝宗庙寝园官，故定著令，敢有擅议者弃市"。④ 这种严厉的禁令直到元帝毁庙时方才取消。

这种生时立庙遍地立庙的现象，当然是一种政策，与宗教本身关系甚少。古代的政治社会完全崩溃，皇帝是新局面下唯一维系天下的势力。没有真正阶级分别的民众必定是一盘散沙，团结力日渐减少以至于消灭。命定论变成人心普遍的信仰，富贵贫贱都听天命，算命看相升到哲学的地位。⑤ 这样的民族是最自私自利、最不进取的。别人的痛苦与自己无关，团体的利害更无人顾及，一切都由命去摆布。像墨子那样极力非命的积极人生观已经消灭，现在只有消极怠惰的放任主义。汉代兵制之由半征兵制而募兵制，由募兵以至于无兵而专靠羌胡兵⑥，是人民日渐散漫，自私自利心发达，命定论胜利的铁证。现在只剩皇帝一人为民众间的唯一连锁，并且民众间是离心力日盛、向心力日衰的，所以连

① 《汉书》卷七三《韦玄成传》。
② 《汉书·文帝纪》四年注。
③④ 《汉书》卷七三《韦玄成传》。
⑤ 王充《论衡》：《逢遇篇》、《累害篇》、《命禄篇》、《偶会篇》、《治期篇》、《命义篇》、《骨相篇》、《初禀篇》。王符《潜夫论》：《阵列篇》、《相列篇》。荀悦《申鉴·俗嫌篇》。
⑥ 《汉书》：《高帝纪下》注、《昭帝纪》注。《后汉书》：《光武帝纪下》建武七年正文及注、卷五三《窦宪传》。

锁必须非常坚强才能胜任。以皇帝为神，甚至生时即为神，就是加强他的维系力的方法。天下如此之大，而皇帝只有一人，所以皇帝皇室的庙布满各地是镇慑人心的一个巧妙办法。经过西汉二百年的训练，一般人民对于皇帝的态度真与敬鬼神的心理相同。皇帝的崇拜根深蒂固，经过长期的锻炼，单一的连锁已成纯钢，内在的势力绝无把它折断的可能。若无外力的强烈压迫，这种皇帝政治是永久不变的。

不过这种制度不是皇帝一人所能建立，多数人民如果反对，他必难成功。但这些消极的人民即或不拥护，最少也都默认。五德终始说与封禅主义是一种历史定命论。到汉代这种信仰的势力愈大，大家也都感觉到别无办法，只有拥戴一个独裁的皇帝是无办法中的办法。他们可说都自愿地认皇帝为天命的统治者。后代真龙天子与《推背图》的信仰由汉代的谶纬都可看出。① 所以皇帝的制度可说是由皇帝的积极建设与人民的消极拥护所造成的。

六

到西汉末年，繁重不堪的立庙制度已无存在的必要，因为它的目的已经达到。况且儒家对于宗庙本有定制，虽有汉初的严厉禁令，儒家对这完全不合古礼的庙制终久必提出抗议。所以元帝时（西前四八至三三）贡禹就提议：

> 古者天子七庙。今孝惠孝景庙皆亲尽宜毁。及郡国庙不应古礼，宜正定。②

永光四年（西前四〇）元帝下诏，先议罢郡国庙：

> 朕闻明王之御世也，遭时为法，因事制宜。往者天下初定，远方未宾，因尝所亲以立宗庙。盖建威销萌，一民之至权也。今赖天地之灵，宗庙之福，四方同轨，蛮貊贡职；久遵而不定，令疏远卑贱共承尊祀，殆非皇天祖宗之意。朕甚惧焉！传不云乎？"吾不与祭，如不祭。"其与将军、列侯、中二千石、二千石、诸大夫、博士、议郎议！③

---

① 《汉书·王莽传》、《后汉书·光武帝纪》。
②③ 《汉书》卷七十三《韦玄成传》。

由这道诏命我们可见当初的广建宗庙是一种提高巩固帝权的方策，并且这种方策到西前四〇年左右大致已经成功，已没有继续维持的必要。诸臣计议，大多主张废除，遂罢郡国庙及皇后太子庙。同年又下诏议京师亲庙制。大臣议论纷纷，莫衷一是，此事遂暂停顿。此后二年间（西前三九至三八）经过往返论议，宗庙大事整理，一部分废罢，大致遵古代儒家所倡的宗庙昭穆制。①

毁庙之后，元帝又怕祖宗震怒，后来（西前三三）果然生病，"梦祖宗谴罢郡国庙"，并且皇弟楚孝王所梦相同。丞相匡衡虽向祖宗哀祷，并愿独负一切毁庙的责任，元帝仍是不见痊可。结果二年间（西前三四至三三）把所废的庙又大多恢复，只有郡国庙废罢仍旧。元帝一病不起（西前三三），所恢复的庙又毁。② 自此以后，或罢或复，至西汉末不定。③ 但郡国庙总未恢复。

光武中兴，因为中间经过王莽的新朝，一切汉制多无形消灭。东汉时代，除西京原有之高祖庙外，在东京另立高庙。此外别无他庙，西汉诸帝都合祭于高庙。光武崩后，明帝为在东京立庙，号为世祖庙。此后东汉诸帝未另立庙，只藏神主于世祖庙。所以东汉宗庙制可说较儒家所传的古礼尚为简单。④

这种简单的庙制，正如上面所说，证明当初的政策已经成功，皇帝的地位已无摇撼的危险。在一般人心理中，皇帝真与神明无异，所以繁复的祭祀反倒不再需要。因为皇帝的制度已经确定稳固，所以皇帝本人的智愚或皇朝地位的强弱反倒是无关紧要的事。和帝（西元八九至一〇五）并非英明的皇帝，当时外戚宦官已开始活跃，汉室以至中国的大崩溃也见萌芽，适逢外戚窦宪利用羌胡兵击破北匈奴，为大将军，威震天下。当时一般官僚自尚书以下"议欲拜之，伏称万岁"，只有尚书令韩棱正色反对：

"夫上交不谄，下交不黩。礼无人臣称万岁之制！"议者皆惭而止。⑤

这虽是小掌故，最可指出皇帝的地位已经崇高到如何的程度。"万

---

① 详情见《汉书》卷九《元帝纪》及《韦玄成传》。
② 《汉书》卷九《元帝纪》及《韦玄成传》。
③ 《汉书》卷二十五下《郊祀志下》。
④ 《后汉书》卷十九《祭祀志下》。
⑤ 《后汉书》卷七十五《韩棱传》。

岁"或"万寿"本是古代任人可用的敬祝词,《诗经》中极为普通。汉代对于与皇帝有关的事物,虽有种种的专名①,一如秦始皇所定的"朕"之类,但从未定"万岁"为对皇帝的专用颂词。所以韩棱所谓"礼无人臣称万岁之制"实在没有根据,然而"议者皆惭而止",可见当时一般的心理以为凡是过于崇高的名词只能适用于皇帝,他人不得僭妄擅用。礼制有否明文并无关系。

此后二千年间皇帝个人或各朝的命运与盛衰虽各不同,然而皇帝的制度始终未变。汉末、魏晋南北朝时代皇帝实权削弱,隋唐复盛,宋以下皇帝的地位更为尊崇。到明代以下人民与皇帝真可说是两种物类了,不只皇帝自己是神,通俗小说中甚至认为皇帝有封奇人或妖物为神的能力。这虽是平民的迷信,却是由秦汉所建立的神化皇帝制度产生出来的,并非偶然。这也或者是人民散漫的程度逐代加深的证据。不过这些都是程度深浅的身外问题,皇帝制度本身到西汉末年可说已经完全成立,制度的本质与特性永未变更。

(原载:《清华学报》第 9 卷第 4 期,1934年 10 月。)

---

① 蔡邕《独断》。

中国的兵
（1935）

历代史家关于兵的记载多偏于制度方面，对于兵的精神反不十分注意。本文范围以内的兵的制度，《文献通考》一类的书已经叙述甚详。所以作者的主要目的是要在零散材料的许可范围内看看由春秋时代到东汉末年当兵的是什么人，兵的纪律怎样，兵的风气怎样，兵的心理怎样；至于制度的变迁不过附带论及，因为那只是这种精神情况的格架，本身并无足轻重。作者相信这是明了民族盛衰的一个方法。

一、春秋

西周的兵制无从稽考，后世理想的记载不足为凭。但西周若与其他民族的封建时代没有人的差别，那时一定是所有的贵族（士）男子都当兵，一般平民不当兵，即或当兵也是极少数，并且是处在不重要的地位。

关于春秋时代，虽有《左传》、《国语》内容比较丰富的史籍，我们对于当时的兵制仍是不知清楚。只有齐国在管仲时期的军制，我们可由《国语》中①得知梗概，其他各国的情形都非常模糊。按《国语》：

> 管子于是制国以为二十一乡，工商之乡六，士乡十五。公帅五乡焉，国子帅五乡焉，高子帅五乡焉。

这段简单的记载有一点可以注意，就是工商人没有军事义务，因为只有十五个士乡的人才当兵。这些"士"大概都是世袭的贵族，历来是以战争为主要职务的。这个军队的组织与行政组织是二位一体的。行政

---

① 《国语》卷六《齐语》。

的划分如下：

（一）国分十五乡——由乡良人治理；

（二）乡分十连——由连长治理；

（三）连分四里——由里有司治理；

（四）里分十轨——由轨长治理；

（五）每轨五家。

与这个行政划分并行的是管仲所制定的军政制度：

（一）每轨五家，出五人——五人为伍，由轨长统率；

（二）每里五十人——五十人为小戎，即戎车一乘，由里有司统率；

（三）每连二百人——二百人为卒，合戎车四乘，由连长统率；

（四）每乡二千人——二千人为旅，合戎车四十乘，由乡良人统率；

（五）每五乡万人——万人为军，合戎车二百乘；

（六）全国十五乡共三万人——全国三军，戎车六百乘，由国君、国子、高子分别统率。

这是"国"的军队，是由三万家出三万人组织而成。所谓"国"是指京都与附近的地方，只占全国的一小部分。"国"中的居民除工商外，都是世袭的"士"，并无农民。工商直到齐桓公时（西前六八五至六四三年）仍无当兵的义务。农民当初有否这种义务虽不可考，管仲变法之后却有了当兵的责任；但并不是全体农民当兵，而是拣择其中的优秀分子。据《国语》：

> 是故农之子恒为农。野处而不昵，其秀民之能为士者必足赖也。有司见而不告，其罪五。

可见选择农民中的特出人才"能为士者"是有司的一项重要任务。

"国"以外的地方统称为"鄙"，一定有"士"散处各处，但鄙中多数的人当然是人口中绝对多数的农民。管仲所定的鄙组织法如下：

（一）三十家为邑；

（二）十邑为卒——三百家；

（三）十卒为乡——三千家；

（四）三乡为县——九千家；

（五）十县为属——九万家；

（六）鄙共五属——四十五万家。

国中每家出一人，鄙中却不如此；既然规定选择农民中优秀的为士，当然不能有固定的数目。但《国语》中说齐桓公有"革车八百乘"，而"国"中实际只有六百乘；其余二百乘，合一万人，似乎是鄙所出的兵额。这若不是实数，最少是管仲所定的标准。假定四十五万家中有四十五万壮丁，由其中选择一万人，等于每四十五人出一人当兵。[①] 所以春秋时代的齐国仍是士族全体当兵，但农民中已有少数由法律规定也有入伍的责任。

别国的情形如何，不得而知。但在同一个文化区域内，各种的发展普通都是一致的，春秋时代各国的情形大概都与齐国相仿。关于秦穆公（西前六五九至六二一年）战国时代有如下的一个传说：

> 昔者，秦缪公乘马而车为败，右服失而野人取之。缪公自往求之，见野人方将食之于岐山之阳，缪公叹曰："食骏马之肉而不还饮酒，余恐其伤汝也！"于是遍饮而去。处一年，为韩原之战，晋人已环缪公之车矣……野人之尝食马肉于岐山之阳者三百有余人，毕力为缪公疾斗于车下。遂大克晋，反获惠公以归。[②]

这虽是很晚的传说，但《吕氏春秋》是秦国的作品，关于秦国先君的记载或者不至全为虚构。由这个故事我们可见韩原一战秦国军队中最少有三百个平民出身的兵。

春秋时代虽已有平民当兵，但兵的主体仍是士族。所以春秋时代的军队仍可说是贵族阶级的军队。因为是贵族的，所以仍为传统封建贵族的侠义精神所支配。封建制度所造成的贵族，男子都以当兵为职务，为荣誉，为乐趣。不能当兵是莫大的羞耻。我们看《左传》、《国语》中的人物由上到下没有一个不上阵的，没有一个不能上阵的，没有一个不乐意上阵的。国君往往亲自出战，所以晋惠公才遇到被虏的厄难。国君的

---

① 这些数目当然都是大概的成数，并不是精确的实数，但离实数似乎并不甚远。鄙中四十五万家，每家若按五口计算，共合二百二十五万人；若按八口计算，共合三百六十万人。至于国中人多半是士族，行大家族制，所谓三万家的"家"字不知何指。但与鄙相较，国在人口数目上可说无足轻重，我们仍可说三百六十万是齐桓公时齐国人口的最高估计。近代中国人口骤然增加，是与西洋接触后的变态现象，不足为比较的标准。经过满清一百五十年的太平盛世，乾隆晚年的人口大概可代表中国历代人口的最密限度。按清朝《文献通考》卷十《户口考一》，乾隆四十八年（此后没有分省的统计）山东人口为二千二百零一万二千六百六十一人。这虽也是大概的数目，但自康熙废了丁税之后人口的统计还大致可靠。这个数目与三百六十万为六与一之比，与二百二十五万为十与一之比。桓公时齐国的领土界线不清，但离今日山东面积的六分之一或者相差不远。即或当时的人口比较后代稀少，《国语》中的记载也与事实大致相合。

② 《吕氏春秋》卷八《仲秋纪》第五《爱士篇》。

弟兄子侄也都习武，并且从极幼小时就练习。如晋悼公弟扬干最多不过十五六岁就入伍，因为年纪太小，以致扰乱行伍。① 连天子之尊也亲自出征，甚至在阵上受伤。如周桓王亲率诸侯伐郑，当场中箭。② 此外，春秋各国上由首相，下至一般士族子弟，都踊跃入伍。当兵不是下贱的事，乃是社会上层阶级的荣誉职务。战术或者仍很幼稚，但军心的旺盛是无问题的。一般的说来，当时的人毫无畏死的心理；在整部的《左传》中，我们找不到一个因胆怯而临阵脱逃的人。当时的人可说没有文武的分别。士族子弟自幼都受文武两方面的训练。少数的史筮专司国家的文书宗教职务，似乎不亲自上阵。但他们也都是士族出身，幼年时必也受过武事的训练，不过因专门职务的关系不便当兵而已。即如春秋末期专门提倡文教的孔子也知武事。《论语·述而篇》记孔子"钓而不纲，弋不射宿"，可见孔子也会射猎，并不像后世白面书生的手无缚鸡之力。又《论语·季氏篇》孔子讲"君子有三戒"说："血气方刚，戒之在斗。"孔子此地所讲的"君子"似乎不只是阶级的，也是伦理的，就是"有德者"如孔子弟子一类的人。他们要"戒之在斗"，必有"斗"的技艺与勇气，不像后世的文人只会打笔墨官司与研究骂人的艺术。

二、战国

战国初期文化的各方面都起了绝大的变化。可惜关于这个时代，史料非常缺乏。《左传》、《国语》都已结束；《战国策》本身即不可靠，对战国初期又多缺略；《竹书纪年》真本后世愚妄的士大夫又眼看着它失传。所以这个轰轰烈烈的革命时代使后来研究的人感到极大的苦闷。我们由《史记》中粗枝大叶的记载，只能知道那一百年间（约西前四七〇至三七〇年间）曾有几个政治革命，革命的结果国君都成了专制统一的绝对君主，旧的贵族失去春秋时代仍然残留的一些封建权利。同时在春秋时代已经兴起但仍然幼稚的工商业③到春秋末战国初的期间已进入政

---

① 《左传·襄公三年》。当时悼公自己年只十七岁，扬干幼小可知。
② 《左传·桓公五年》。
③ 《国语》卷一四《晋语八》提到"绛之富商……能金玉其车，文错其服，能行诸侯之贿，而无寻尺之禄。"可见春秋时已有富商，但在政治上尚无地位。《左传·僖公三十三年》，商人弦高救郑的故事，也是春秋时代有大规模商业的一个证据。

治的领域。范蠡①与子贡、白圭②诸人的传说可代表此时商业的发达与商人地位的提高。

传统的贵族政治与贵族社会都被推翻，代兴的是国君的专制政治与贵贱不分最少在名义上平等的社会。在这种演变中旧的文物当然不能继续维持，春秋时代全体贵族文武两兼的教育制度无形破裂，所有的人现在都要靠自己的努力与运气去谋求政治上与社会上的优越地位。文武的分离开始出现。张仪的故事可代表典型的新兴文人：

> 张仪已学而游说诸侯，尝从楚相饮。已而楚相亡璧，门下意张仪曰："仪贫无行，必此盗相君之璧！"共执张仪，掠笞数百。不服，释之。其妻曰："嘻！子毋读书游说，安得此辱乎？"张仪谓其妻曰："视吾舌尚在不？"其妻笑曰："舌在也。"仪曰："足矣！"③

这种人只有三寸之舌为唯一的法宝，凭着读书所学的一些理论去游说人君。运气好，可谋得卿相的地位；运气坏，可受辱挨打。他们并无军事的知识，个人恐怕也无自卫的武技，完全是文人。

另外一种人就专习武技，并又私淑古代封建贵族所倡导的侠义精神。聂政④与荆轲⑤的故事最足以表现这种精神。他们虽学了旧贵族的武艺与外表的精神，但旧贵族所代表的文化已成过去。旧贵族用他们文武兼备的才能去维持一种政治社会的制度，他们有他们的特殊主张，并不滥用他们的才能。他们主要的目的，在国内是要维持贵族政治与贵族社会，在天下是要维持国际的均势局面。这些新的侠士并无固定的主张，谁出高价就为谁尽力，甚至卖命，也正如文人求主而事只求自己的私利一样。列国的君王也就利用这些无固定主张的人去实现君王自己的目的，就是统一天下。历史已发展到一个极紧张的阶段，兵制也很自然地扩张到极端的限度。

可惜关于战国时代没有一部像《左传》或《国语》的史籍，以致时代虽然较晚，我们对于那时的政治史与政治制度反不如春秋时代知道的清楚。各国似乎都行军国主义；虽不见得人人当兵，最少国家设法鼓励每个男子去当兵。关于这种近乎征兵的制度，只《荀子》中有一段极简

① 《史记》卷四一《越王勾践世家》。
② 《史记》卷一二九《货殖列传》。
③ 《史记》卷七〇《张仪传》。
④ 《战国策》卷二七《韩策二》。
⑤ 《战国策》卷三一《燕策三》。

略而不清楚的记载：

> 齐人隆技击，其技也得一首者则赐赎锱金。……魏氏之武卒以度取之，衣三属之甲，操十二石之弩，负服矢五十个，置戈其上，冠轴带剑，赢三日之粮，日中而趋百里。中试则复其户，利其田宅。……秦人其生民也陿阸，其使民也酷烈，劫之以埶，隐之以阸，忸之以庆赏，鰌之以刑罚，使天下之民所以要利于上者非斗无由也。①

这是一段战国时代好空谈的儒家的记载，对于军事并无同情，所以记载的也不清楚。但看来秦国似乎是行全民皆兵的制度，齐魏两国最少希望为多数的人民都能当兵，定出一定的标准，以重利为诱惑，驱使多数人都努力去达到规定的标准。

战国时代的战争非常惨酷。春秋时代的战争由贵族包办，多少具有一些游戏的性质。我们看《左传》中每次战争都有各种的繁文缛礼，杀戮并不甚多，战争并不以杀伤为事，也不以灭国为目的，只求维持国际势力的均衡。到战国时代情形大变，战争的目的在乎攻灭对方，所以各国都极力奖励战杀，对俘虏甚至降卒往往大批的坑杀，以便早日达到消灭对方势力的地步。吴越之争是春秋末年的长期大战，也可说是第一次的战国战争。② 前此大国互相之间并无吞并的野心，对小国也多只求服从，不求占领。吴国仍有春秋时代的精神，虽有灭越的机会仍然放过，但伍子胥已极力主张灭越。后来越国就不客气，把横行东南百余年的大吴国一股吞并。从此之后，这就成为常事。

坑卒与战争时大量的杀伤，据《史记·秦本纪》与《秦始皇本纪》前后共十五次：

（一）献公二十一年，与晋战于石门，斩首六万；

（二）惠文王七年，与魏战，斩首八万；

（三）惠文王后元七年，秦败五国兵，斩首八万二千；

（四）惠文王后元十一年，败韩岸门，斩首万；

（五）惠文王后元十三年，击楚于丹阳，斩首八万；

（六）武王四年，拔韩宜阳，斩首六万；

（七）昭襄王六年，伐楚，斩首二万；

---

① 《荀子》卷一〇《议兵篇》第一五。

② 《国语》卷一九《吴语》、卷二〇《越语上》。

（八）昭襄王十四年，白起攻韩魏于伊阙，斩首二十四万；

（九）昭襄王三十三年，破魏，斩首十五万；

（十）昭襄王四十三年，白起攻韩，斩首五万；

（十一）昭襄王四十七年，白起破赵于长平，坑降卒四十余万；

（十二）昭襄王五十年，攻三晋，斩首六千，晋军走死河中二万；

（十三）昭襄王五十一年，攻韩，斩首四万；攻赵，首虏九万；

（十四）王政二年，攻卷，斩首三万；

（十五）王政十三年，攻赵，斩首十万。

《秦本纪》与《秦始皇本纪》是太史公根据《秦纪》所作，事实大致可靠。其中所记都是秦国战胜后的杀伤数目。此外秦国失利甚至战胜时的死伤并未记载，其他六国相互间的战争当然杀伤也很可观。这是各国都全民武装的自然结果。斩首与大规模的坑杀成为常事，无人认为奇怪。

后代的人对于战国时代斩首数目的宏大，尤其对于坑杀至数十万人的惊人事实，往往不肯置信。这可说都是因为后代不善战不肯战的文人不能想象历史上会有这种惨酷的时代。秦国以斩首多少定功行赏，斩首的数目不会有误。别国恐怕也采同样的办法。我们不可忘记这是一个列国拼命的时代，战争的目的是要彻底消灭对方的抵抗力。战争都是灭国的战争，为达到灭国的目的，任何手段都可采择。这是一个文化区域将要统一时的必有现象。罗马与迦太基的死战是古代地中海文化区将要统一时的大战。迦太基是当时的大国，但三战之后罗马不只灭了迦太基的国家，并且连它的人民也大多屠戮。这是有可靠的史料可凭的史实。可惜战国时代完全可凭的材料太少，但关于政治史与战争史，《秦本纪》与《秦始皇本纪》还算是最可靠的资料，我们没有否认的理由。

这种紧张的空气当然是不易忍受的。厌战的心理与军国主义相偕并进。墨子、宋钘一班人的奔走和平，不过是最惹当时与后世注意的厌战表现。一般的人民，虽然受暗示与群众心理以及国家威胁利诱的支配，或者多数乐意入伍，但必有少数是不愿参加这种屠宰场式的战争的。这种平民的呼声当然难以传到后代，但并非全无痕迹可寻。关于吴起有如下的一段记载：

> 起之为将，与士卒最下者同衣食，卧不设席，行不骑乘，亲裹赢粮，与士卒分劳苦。卒有病疽者，起为吮之。卒母闻而哭之。人曰："子，卒也，而将军自吮其疽。何哭为？"母曰："非然也！往

年吴公吮其父，其父战不旋踵，遂死于敌。吴公今又吮其子，妾不知其死所矣！"①

可见在战国的死拼局势下当权的人想尽方法去鼓励人民善战，战死的特别多，整个家庭绝灭的例一定也不少；民间自然有厌战的心理发生，故事中士卒的老母不过是我们由古籍中所见的一人而已。

总之，战国时代虽是战争极烈，但由军心民气方面看，两种不健全的现象也萌芽于此时：一是上等阶级的文武分离与和平主义的宣传提倡，一是一般人民中厌战心理的渐渐发生。在当时的紧张空气之下，这两种现象好似都不严重，不过是狂曲中陪衬的低音，使正曲益发显得壮烈。但后代军民隔离社会解体的没落局面都孕育在这两种不甚惹人注意的现象中。

三、秦代

秦在战国时代行征兵制，大概是无疑问的。情形特别严重时，甚至连童子也上阵。例如长平之战，秦王亲自到河内，"赐民爵各一级，发年十五以上悉诣长平"②。不过天下一统之后这种制度就不便不加修改而仍全部的实行。前此征兵制是因各国竞争，需要人人当兵。现在天下一家，内战理当消灭，对外也不一定需要天下人都去从军。并且六国虽被武力统一，最少一部分人仍有旧国的留恋，秦始皇对这般人也不敢轻于信任，所以即皇帝位的当年（始皇二十六年，西前二二一年）就大规模地檄〔缴〕械：

> 大酺。收天下兵，聚之咸阳，销以为钟镰，金人十二，重各千石，置廷官中。③

这几句轻描淡写的文字所讲的是当时一件富有危险性而办理十分敏捷的大事。秦汉时代平时禁止人民聚饮：

> 汉律：三人已上无故群饮，罚金四两。④

汉制多承秦旧，这条汉律一定也是秦时的旧法。秦方并天下，于是

---

① 《史记》卷六五《吴起传》。
② 《史记》卷七三《白起传》。
③ 《史记》卷六《秦始皇本纪》。
④ 《史记》卷一〇《孝文帝本纪》即位之年，《集解》引文颖注。

就表示庆祝，特别许人民随意聚饮。这是很自然的事，人民当然不疑有
什么作用。始皇暗中摆布，很容易地就把民间所藏的军械查出没收。虽
然全部检出是办不到的事，被没收的一定要占很大的部分。因为前此民
间都有兵器，并无禁例，所以军械一定都公开地摆列，没有藏匿的需
要，检查没收并无困难。

不过有一点《本纪》中没有言明，却是很关重要的事，就是所谓
"收天下兵"的"天下"是否也包括秦国旧地在内。按理秦国人民对新
局面不致不满意，无需檄〔缴〕械。若秦人也檄〔缴〕械岂非国家就要
无兵可用？所以十二铜人与铜器所用的大概都是六国的铜。

但无论如何，天下的重兵都驻在关中，兵士大多必是旧秦国人，此
点由秦始皇的驰道政策可以看出。秦始皇并天下的次年，二十七年，就
开始治驰道。① 驰道的形势，据汉初人的传说：

> 为驰道于天下，东穷燕齐，南极吴楚，江湖之上，濒海之观毕
> 至。道广五十步，三丈而树，厚筑其外，隐以金椎，树以青松。②

文中"东穷燕齐，南极吴楚"两句话极可注意。只讲东与南，不提
西与北，可见所有驰道的路线都以秦，尤其咸阳，为起发点，直达六国
的各冲要地，以便秦兵随时能迅速地开出平乱。这证明天下的重兵驻在
关中，其他各地只有轻兵镇压，或者只有郡尉所领地方的保安兵，并非
正式的军队。始皇相信民间兵器大部没收，又有驰道可任秦兵随时开往
各地，六国的旧地不致有大问题发生。若地方有兵驻守，我们很难想见
秦二世时各地起兵何以那样容易。

秦代当初要将军队限于秦人，但事实上不免有很大的困难。内战虽
已停止，边患并未消灭。并且从前各国分担的边防现在归秦独自担当，
同时关中所驻以防六国复起的重兵也不见得比战国末期秦国所需的兵少
得许多。所以按始皇原来的计划，一定要有感到兵不足用的一天。尤其
四边用兵，与边疆的防戍，规模太大，只靠秦国人决难办到。所以始皇

---

① 《史记》卷六《秦始皇本纪》。
② 《汉书》卷五一《贾山传》。这是贾山为汉文帝所作《至言》中的话。贾山年岁不可
考，《至言》的年代也无记载，只说在文帝除铸钱令之前；除铸钱令，据《文帝纪》，在五年
（西前一七五年），秦亡于西前二〇七年，当中只有三十二年的时间。贾山此时年岁最少当在
三十左右，所以他个人必曾亲见秦的驰道。况且汉时的驰道承继秦旧，到文帝时还没有多少
改变。所以这种记载，今日看来虽像过于铺张，所讲的却是著者亲见的官道，决非文人空弄
笔墨的浮词。

三十三年，

> 发诸尝逋亡人、赘婿、贾人略取陆梁地。①

这里并未说所发的限于秦国，并且秦国逋亡人等恐怕原有当兵的责任，无需特别征发。所以这次所发的一定是天下各地的人。此外还有一个证据：秦二世二年，天下大乱，李斯等谏二世：

> 关东群盗并起，秦发兵诛击，所杀亡甚众，然犹不止。盗多，皆以戍、漕转、作事苦、赋税大也。请且止阿房官作者，减省四边戍转。②

由此可见边疆戍转是关东大乱的一个重要原因，证明边疆上的兵并不是秦人，至少秦人不占多数。由始皇三十三年取陆梁地所发的人，我们可知戍边人的成分：逋亡人是流民，赘婿都是贫困无赖的人，贾人是抑商政策下所认为卑贱的人。③ 总而言之，所发的都是社会所认为下流的人。这些下流人大概没有留恋旧国的思想，所以将他们发到边疆并无危险。这是后代只有流民当兵，兵匪不分，军民互相仇视的变态局面的滥觞。同时，良家子弟渐渐不愿当兵恐怕也是秦代不得不发流民的一个原因。檄〔缴〕天下械，征发流民，一方面是与〔于〕秦有利的政策，一方面恐怕也正合乎一般厌战人民的心理。在这种两便的局面下，古代健全活泼的社会就被断送。

四、楚汉之际

六国遗民的复国思想，秦代用民的过于积极，是秦亡的两个主要原因。各地起兵叛秦的多是乌合之众。例如陈胜起兵的基本队伍就是发遣屯戍渔阳的人，彭越起兵时所领的不过是些强盗与流浪少年，黥布也是强盗头目，郦商是流氓头目。④《史记》中常常讲到这些人到各处"略人"，"略地"，或"徇地"。所谓"略人"云云就是到各处招募流氓的意思。这些初起的都是流氓集团。在起事的人中，只有项羽、刘邦两人的兵比较可用。两人起事的地方（沛与会稽）都是战国时代楚国的旧地。

---

① ② 《史记》卷六《秦始皇本纪》。

③ 秦的重农抑商政策见《史记》卷六《秦始皇本纪》二十八年琅邪台刻石文。

④ 《史记》卷四八《陈涉世家》、卷九〇《彭越传》、卷九一《黥布传》、卷九五《郦商传》。

楚在战国末期是秦以外最强的国家。各国在亡国的前夕抵抗的能力已经消灭。① 原故虽然不很明显，但秦的奖励战杀与大规模坑杀降卒恐怕是使列国的青年与壮丁日愈减少以至抵抗力几乎消灭的重大原因。所以五国最后吞并时，秦国反倒不觉特别费力。只有楚国情形不同。李信当初率二十万人攻楚，为楚所败。后来老将王翦用六十万兵才把楚国解决。② 可见楚国仍是一个严重的问题。六国虽都有散兵游勇，恐怕只有楚国余的退伍士卒比较盛多，因为《史记》与《战国策》中都没有亡国时楚国军队为秦国大批屠杀的记载。在以前二三十年间，秦国的兵力多用在北方，无暇顾到楚国，在别国大受痛创时楚国的元气仍得保全。所以楚国虽亡，可能的实力还是很大。"楚虽三户，亡秦必楚"的谶语③意义虽不清楚，必有事实上的根据。当时的人恐怕都觉得只有楚国将来或有翻身的能力，甚或将秦推倒。所以北方起事的军队都不值章邯所领的秦兵一击，只有楚军可与秦兵一拼。太史公将这种情形描写得极为透彻活现：

> 当是时楚兵冠诸侯，诸侯军救巨鹿下者十余壁，莫敢纵兵。及楚击秦，诸将皆从壁上观。楚战士无不一以当十，楚兵呼声动天。诸侯军无不人人惴恐。于是已破秦军，项羽召见诸侯将，将入辕门，无不膝行而前，莫敢仰视。项羽由是始为诸侯上将军，诸侯皆属焉。④

巨鹿之战虽有善战的项羽为将，但若无比较强悍的兵，也决难与历来有胜无败的秦军相抗。这次战争的结果极为重要。当时秦国最人的一支军队由章邯率领，驻在巨鹿附近的棘原，与项羽有过几次小接触，都不利。但两方大军若背水一战，胜负正不可知。所以项羽虽已击破巨鹿的秦兵，对这支大军能否应付还是问题。章邯若能败项羽，秦朝的寿命或能延长下去也未可知。章邯与项羽的相拒是历史上一个紧要的关头，

---

① 《史记》卷六《秦始皇本纪》及各《世家》。只有齐国在被燕一度占领之后专讲和平主义，最后不抵抗而亡。别国亡时都是抵抗力消灭，并不是有兵而不用。

② 《史记》卷七三《王翦传》。

③ 《史记》卷七《项羽本纪》。范增说项梁："自怀王入秦不反，楚人怜之至今。故楚南公曰：'楚虽三户，亡秦必楚也'。"南公，据《汉书》卷三〇《艺文志》阴阳家有南公三十一篇，自注称南公为"六国时"人。无论这段谶语是否六国时南公所说，也无论当初的意义如何，但到秦统一天下后仍是楚国民间流行的预言，一方面表示楚民的希望，一方面证明楚国人相信自己终有灭秦的一天。这种信仰的事实根据就是在灭亡的六国中只楚国还有相当的实力。

④ 《史记》卷七《项羽本纪》。

但最后的结局却是出乎意外的荒谬可笑。因为后方有赵高作祟，章邯于是不经大战就带二十万的劲旅向项羽投降，并为诸军的前导向西攻秦。然而项羽对这支强大的秦军终不敢信任，于是乘夜把它全部坑杀。这是战国以来最末次的大批坑杀降卒。这支军队代表当时秦国实力的主体，从此秦的命运不卜可知。同时这支军队又可说是最后的一支国家军队，代表战国时代所遗留下来征兵制度下有训练有组织的正式军队。从此以后，这类的军队在中国历史上就完全绝迹。各地起事的人虽都打着六国的旗号，实际他们谁都不代表，只代表他们自己。军队并不属于任何国家或任何地方，只属于他们自己。此后的军队都是个人的军队。军队的品格、纪律、战斗力等等都靠主帅一人。主帅若肯忠于国家，他的军队临时就是国家的军队。主帅若要反抗国家，十有八九他的军队是牺牲国家而拥护主帅的。列国并立时所激荡而生的国家主义到统一之后渐渐衰弱。用六国的名义推翻秦朝，可说是旧日国家主义的回光返照。在这次的大混乱中，旧的爱国思想就寿终正寝。汉代虽常有内乱，但决不是由地方爱国思想所推动的内乱。爱国思想本由列国竞争所产生，天下一统之后爱国思想既然源泉枯竭，当然要趋于消灭。同时将当初狭义的爱国观念崇高化，推移到天下一统的大帝国，在理论上当然是可以办到，但实际只有极少数想象力较大、信仰心较深、知识较广的人或者能了解这种大而无外的理想，大多数人对这种观念根本不发生兴趣。爱国观念中消极的成分较积极的成分浓厚得多。爱国志士与其说是爱本国，不如说是恨别国。恨恶别国，轻视别国，是爱国观念的必需条件；要不然，爱国观念就必渐渐衰弱以至于消灭。秦代与楚汉之际就是中国历史上这种大转变的时期。爱国的观念消灭，爱天下的观念流产，人民渐多不愿入伍，结果就产生了一个麻木昏睡的社会。

五、西汉初期

汉初在理论上又恢复了战国时代流行而秦代临时间断的征兵制。当时力役与军役是同一件事。据董仲舒说：

> 月为更卒，已复为正，一岁屯戍，一岁力役，三十倍于古。①
> 颜师古注："更卒，谓给郡县一月而更者也。正卒，谓给中都

---

① 《汉书》卷二四上《食货志第四上》。

官者也。"

在乡间当差称"更卒",在中央当差称"正卒"。这些正卒实际恐怕就是保卫京师宫殿以及各官署的卫士。同时在地方当差的,除为地方官署服役外,又是地方的军队:

> 《汉仪注》云:"民年二十三为正。一岁为卫士,一岁为材官骑士,习射御骑驰战陈。"又曰:"年五十六衰老,乃得免为庶民,就田里"。①

这种种的力役与军役总称为"更"。更又分三种:

> 更有三品:有卒更,有践更,有过更。古者正卒无常人,皆当迭为之。一月一更,是谓卒更也。贫者欲得顾更钱者,次直者出钱顾之,月二千,是谓践更也。天下人皆直戍边三日,亦名为更,律所谓繇戍也,虽丞相子亦在戍边之调。不可人人自行三日戍;又行者当自戍三日,不可往便还,因便住,一岁一更。诸不行者出钱三百入官,官以给戍者,是谓过更也。②

这显然是事实修改理论的现象。天下统一后无需人民全体当兵,并不是这种新更赋制的主要原因。即或无需全体上阵,在地方受训练是每人可作也是健全社会每人当作的事。现在有践更的规定,一定有许多人根本就不再与军役发生任何的关系。并且这些人既能出雇更钱,多半都是在社会上地位比较高、资产比较厚、知识也比较深的人。春秋时代是上等社会全体当兵,战国时代除了少数以三寸舌为生的文人外是全体人民当兵,现在上等社会不服军役却将全部卫国的责任移到贫民甚至无赖流民的肩上。所以汉代称这种制度为"更赋",其中"更"的成分恐怕很少,"赋"的成分却极重要。"过更"当然完全是一种戍边税;"践更"虽不是直接交纳与国家的一种税,但国家既正式承认有钱者雇无钱者代替当兵,也等于一种税。少数"卒更"的人虽可说是直接尽国民当兵的义务,但实际他们恐怕都是终身当兵的,因为他们自己的期限满了之后就继续受雇"践更"或领饷"过更"。所以汉初在理论上虽仍行征兵制,实际所行的已是募兵制,不过尚未有募兵名义而已。秦代发流民的临时政策到汉代就成了国家法定的制度。

---

① 《汉书》卷一上《高帝纪上》二年,注引如淳说。
② 《汉书》卷七《昭帝纪》元凤四年,注引如淳说。

汉高帝出身民间，对一般人民不肯当兵的情形恐怕知道得很清楚。所以他定制度时已默认征兵是不能实行的：

> 高祖命天下郡国选能引关蹶张材力武猛者，以为轻车，骑士，材官，楼船；常以立秋后讲肄课试，各有员数。平地用车骑，山阻用材官，水泉用楼船。①

文中的"选"字很可注意，"选"实际就是"募"。不过不被选的人要直接纳一种免役税，名义上算是认为大家都有当兵的义务。

汉初的兵力极其微弱。楚汉竞争的劳民伤财只能解释这种情形的一部分。征兵制破裂，募兵制又没有完全成立，兵制不定，组织一个可用的军队恐怕很不容易。同时又逢边疆上有强大的部落集团出现，以致大汉帝国只能守而不能攻。汉高帝虽然统一天下，却被匈奴困于白登，后来贿赂阏氏才得脱险。高帝算是受了一番教训，从此知道匈奴不像项羽一般人那样容易对付，只得委曲求和，行合亲的政策。高帝死后，单于冒顿甚至向吕后下求婚书：

> 孤偾之君生于沮泽之中，长于平野牛马之域，数至边境，愿游中国。陛下独立，孤偾独居；两主不乐，无以自虞。愿以所有，易其所无！

中国虽受了这样大的侮辱，吕后虽然怒不可遏，终不敢向匈奴发兵，只得婉词谢绝冒顿开玩笑的请求：

> 单于不忘弊邑，赐之以书。弊邑恐惧，退日自图：年老气衰，发齿堕落，行步失度。单于过听，不足以自污。弊邑无罪，宜在见赦！窃有御车二乘，马二驷，以奉常驾。

冒顿还算是好汉，肯认错，回想自己向岳母求婚未免过于无聊，覆书向吕后谢罪。后来文景二帝时中国虽照旧合亲并送重礼，仍不能防止

---

① 《后汉书》卷一下《光武帝纪下》建武七年，注引《汉官仪》。关于四种军队地理上的分配，史籍中没有清楚的记载。由散乱的材料中可知巴蜀（《汉书》卷一下《高帝纪下》十一年）、三河、颖川、沛郡、淮阳、汝南（《汉书》卷八《宣帝纪》神爵元年）有材官；河东、上党（《汉书》卷三《高后纪》五年）、三辅（《汉书》卷六《武帝纪》征和元年）、金城、陇西、天水、安定、北地、上郡（《汉书》卷八《宣帝纪》神爵元年）有车骑；寻阳（《汉书》卷六四上《严助传》）、桂阳、豫章、零陵（《汉书》卷六《武帝纪》元鼎五年）、会稽（《汉书》卷六四上《朱买臣传》）、齐沿海地（《汉书》卷六《武帝纪》元封二年）有楼船。

匈奴屡屡寇边，焚杀劫掠。①

汉代最后一次壮丁的全部或大部被征发，只限于一个地方，就是七国乱时的吴国。吴王濞下令吴国：

"寡人年六十二，身自将；少子年十四，亦为士卒先。诸年上与寡人比，下与少子等者，皆发。"发二十余万人。②

吴不只征发壮丁，连老幼的男子凡能勉强上阵的也都发出。除吴外，七国中楚最强，但史籍中没有楚国兵额的记载。这里所谓吴楚二国就是战国末期楚国的地方，也是秦末唯一兵强的区域。楚汉之争时项羽就是以此地为根据地，并且由垓下楚歌的故事可知项王的士兵大部都是楚人。七国之乱是旧日楚地武力充实的最后表现，以后就长久的寂寞无闻。天下也不再有征发全体男子当兵的现象。

六、汉武帝

到汉武帝时（西前一四○至八七年），兵制上各种不健全的办法都发展成熟；所以武功虽盛，却是建在不稳固的基础之上。因为一般人不肯当兵③，武帝就开始正式募兵。旧日戍边的制度在人心涣散的局面下极难维持，于是屯田的制度成立。募兵与屯兵仍有时感到不足用，就大批的发囚徒，甚至雇用外族人当兵。一方面由于汉初六十年的养息，一方面由于武帝能牢笼人才，在种种的畸形发展下中国历史上居然有空前绝后纯汉族的大帝国出现。

汉初中央有南北军。关于南北军的组织与统制，《汉书》中没有清楚的记载。南北军有多少兵也不可考。在理论上南北军或者是由郡国的人民轮流番上，但实际上恐怕终身当兵的人必定不少。南北军的兵额不见得很大，只够维持京师的治安；国家需用大军时，多半要靠郡国临时调发。这种办法或者可以维持苟安的局面，但若想彻底解决边疆的问题，非另辟途径不可。武帝看到这一点，所以即位后就招募精兵维护京

---

① 俱见《汉书》卷九四上《匈奴传上》。

② 《史记》卷一○六《吴王濞传》。下面吴王告诸侯书又说吴国中有精兵五十万，恐怕是张大其词的吹嘘。二十万是实数。

③ 武帝向西南夷发展，要征发巴蜀的人，许多人宁可自杀而死，也不愿应征！这或者是极端的例子，但也可见出当时的空气。见《汉书》卷五七下《司马相如传·谕巴蜀檄》。

师。第一种称期门，次一等的称羽林。① 至于期门、羽林从此就代替了当初的南北军，或与南北军并立，或与南北军混合，都不可知。最少由武帝以下南军的名称未再提及，似乎期门、羽林是代替了南军。武帝所选的都是关西六郡（陇西、天水、安定、北地、上郡、西河）的良家子，从此六郡多出名将。② 期门、羽林专选强健武勇的子弟。例如元帝时甘延寿是北地人，善骑射，为羽林，后升为期门，屡次有功，至于封侯。③ 这虽是较晚的例，甘延寿却是一个典型的六郡子弟，是以当兵为职业而起家的。

北军的名称武帝以下仍旧，但性质也与以前不同。武帝设置了八校尉：

（一）中垒校尉，掌北军垒门内，外掌西域；

（二）屯骑校尉，掌骑士；

（三）步兵校尉，掌上林苑门屯兵；

（四）越骑校尉，掌越骑；

（五）长水校尉，掌长水，宣曲胡骑；

（六）胡骑校尉，掌池阳胡骑；

（七）射声校尉，掌待诏射声士；

（八）虎贲校尉，掌轻车。④

北军的名义虽仍存在，但已被新设的中垒校尉所并。七校统称北军，由中垒校尉总管。中垒校尉同时又掌管西域，所谓北军已不是专卫京师的禁军。至于这七支军队的组成方法，三支外族兵当然是由胡、越的降人充当；其他四军的士兵如何召来虽不可考，但由期门、羽林的例子与当时人民不肯当兵的风气来看，一定是由召募而来，或者也多是六郡的子弟。这是汉武帝时第一种新的兵力。

汉初戍边的人以一年为期。但这种办法并不妥当，文帝时晁错已见到此点。胡人游牧为生，往来不定，乘虚入寇，边兵防不胜防。中央或

---

① 《汉书》卷一九上《百官公卿表上》。

② 《汉书》卷二八下《地理志下》。当然皇帝的鼓励提倡并不是六郡以及整个的西北多出名将的惟一原因，也不见得是最重要的原因。普通在安逸地带的人尚文，甚至文弱；在危险地带的人尚武，甚至粗鲁。汉代外患在西北，西北多出名将是很自然的事。

③ 《汉书》卷七〇《甘延寿传》。

④ 《汉书》卷一九上《百官公卿表上》。所谓八校尉实际只领有七支军队，因为中垒校尉是总领一切的人，并不是一军的校尉。所以《汉书》卷二三《刑法志》说："至武帝，平百粤，内增七校。"晋灼注认为胡骑不常置，所以称七校，恐怕不妥。七校统称为北军。

邻地发大兵来援，胡寇早已不知去向。所以边兵费的粮饷虽多，效力却微乎其微。戍兵屯边一年，对边情方才熟习，就又调回，新来的兵仍是生手。况且戍边本是苦事，内地人多不愿去。晁错见到这种种困难，于是想出屯田的方法，专用囚犯与奴婢，不足用时再以厚利高爵召致良民。这些边兵兼营农业，可省去国家一大笔军费；都终身甚至世世代代守边，对边情必定熟习，防御边寇的效率必高。文帝听信了晁错的话，开始在边境屯田。① 但大规模的屯田到武帝时才实行。元狩二年（西前一二一年）在西北置武威、酒泉二郡，元鼎六年（西前一一一年）又分两郡地，加置张掖、敦煌二郡，徙民六十万为屯田。② 元狩四年（西前一一九年）卫青、霍去病大败匈奴，漠南空虚，自朔方以至令居（甘肃永登）屯田五六万人。开发西域以后，由敦煌至盐泽（吐鲁番西南）又随地置屯亭，远至轮台、渠犁（迪化以南）之地都有田卒数百人，有使者校尉负责维持，一方面为汉在西北的驻防军，一方面又可接济中国遣往西域的使臣。③ 总理西北屯田事务的并有屯田校尉。屯兵是武帝时第二种军力。

武帝时第三种重要的军士就是外国兵。④ 胡越骑上面已经提到。此外尚有属国骑，是匈奴兵。元狩二年，匈奴昆邪王杀休屠王，带四万人来降，武帝划降地为武威、酒泉郡，并置五属国使匈奴降人居住。⑤ 五属国并不设在原地。昆邪王的旧地置为二郡，后又析为四郡，由汉人屯田，渐渐汉化。属国都设在后方，为的是便于控制。五属国就是天水郡的勇士县，安定郡的三水县，上郡的龟兹县，西河郡的美稷县，五原郡的蒲泽县，每属国都有皇帝派的属国都尉治理。⑥ 这些地方都在匈奴旧地的河南与河南以南的地带，都是原来的汉地或已经汉化的地方。

武帝时第四种军力就是囚徒。发囚徒为兵并不始于武帝。秦二世二年（西前二〇八年）陈胜势力膨胀，二世一时来不及调动大军，于是就

① 《汉书》卷四九《晁错传》。
② 《汉书》卷六《武帝纪》、卷二四下《食货志下》。
③ 《汉书》卷九四上《匈奴传上》、卷九六上《西域传序》。
④ 晁错在文帝时已经提议以夷制夷，用降胡当兵。但文帝似乎没有采纳。见《汉书》卷四九《晁错传》。
⑤ 《汉书》卷六《武帝纪》。
⑥ 《汉书》卷二八下《地理志下》。此外中央又有典属国，或者是属国都尉的上司。据《汉书·百官公卿表上》，典属国是"秦官，掌蛮夷降者"。但秦时似乎没有将降人处在内地的事，典属国的责任恐怕是管理秦所征服的蛮夷土地与人民，并不像汉代的掌理迁处内地的蛮夷。

赦宥骊山修治始皇陵寝的囚徒，由章邯率领去攻陈胜。这是中国历史上第一次用囚徒为兵的例。但这是临时不得已的办法，后来继续发兵，所以章邯部下的主体仍是正式的军队。① 第二次用囚徒，似乎是在汉高帝十一年（西前一九六年）英布反时。北军三万人与关中、巴蜀的材官只足保护关中，不敢出发远方；汉统一天下不过六七年，对国本重地不敢不慎重。高帝不得已，于是"赦天下死罪以下，皆令从军"，才把英布打败。② 这次也是临时救急的措置。此后八十年间，国家似乎没有再采用这种办法。③ 到武帝大规模向四方发展时，发囚徒才成了固定的政策。详情容待下面再讲。

由上述的情形我们可得一个结论，就是兵与民隔离的局面已经非常明显。募兵是少数或因喜好冒险，或因受厚赏的诱惑才入伍的人，是一种职业兵。屯兵有的出于强迫（囚徒），有的出于自愿，但到边疆之后就成了永久固定的边军，也是一种职业兵。胡越骑与属国骑是国家雇用的外族，更是以当兵为职业的。囚徒不是职业兵，乃是国家无办法时强迫入伍的，但一经入伍之后恐怕也就成了终身的职业。汉武帝虽然也发郡国的民兵，但这四种职业兵的地位比民兵的地位日趋重要。这四种兵，从兵的身份上说，都不是直接由民间产生的，大半都是民间的流浪分子，甚至外族的浪人。他们既不直接出于民间，与一般的人民自然没有多少情感上的联系。对于国家他们也很难说有多大的忠心，不过皇帝养他们，他们替皇帝卖死就是了。一般的民众处在大致安定的大帝国之内，渐渐都不知兵。这些既不肯卫国又不能自卫的顺民难免要遭流浪集团的军人的轻视。由轻视到侮辱，是很短很自然的一步。同时因为军人多是浪人，所以很容易遭一般清白自守的良民的轻视。不过这种轻视没有武力作后盾，不能直接侮辱军人，只能在言语上诋毁。"好铁不打钉，好汉不当兵"的成语不知起于何时，但这种鄙视军人的心理一定是由汉时开始发生的。

由春秋时代到汉代的发展经过，总括一句，先是军民不分，后来军民分立，最后军民对立。军民对立之下的军队最难驾御。除粮饷充足外，将才是必不可少的条件。当然任何的军队都需要有才的人率领。但真正的民兵，即或主将不得人，顶多也不过是打败仗，决不至直接祸国

---

① 《史记》卷六《秦始皇本纪》。
② 《汉书》卷一下《高帝纪下》。
③ 武帝元鼎五年（西前一一二年）才又发囚徒，离高帝十一年有八十四年的功夫。

殃民。流浪军却非有才将率领不可，否则不止要战败辱国，并且要行动
如土匪，甚至公开的变成土匪。汉武帝的伟大时代就建设在这种军力之
上。武帝个人缺点虽多，却是认识人才、善用人才的明主。他能从社会
各阶级中找出有才的人，并且能尽量用这些人才。我们可将武帝一代的
战争列一个表，就可看出他的武功的经纬①：

年	对象	兵	将	结果
建元三年，西前一三八	攻闽越，救东瓯	会稽兵	严助（会稽人，家贫，举贤良）	闽越逃走
建元六年，西前一三五	攻闽越，救南越		王恢 韩安国（梁成安人）	闽越人杀其王郢而降
元光六年，西前一二九	攻匈奴	四万骑	卫青（私生子，生父为小吏，归生父收养）公孙敖（北地义渠人）公孙贺（北地义渠人，祖父守陇西）李广（陇西良家子，秦将李信后裔，善射）	卫青胜，首虏七百级；公孙敖败，失七千级；公孙贺无功；李广被虏，逃归
元朔元年，西前一二八	攻匈奴	三万骑	卫青（见上）李息（北地人）	首虏数千级，降人二十八万，设苍海郡（三年罢）
元朔二年，西前一二七	攻匈奴		卫青（见上）李息（见上）	首虏二十二百，俘三千人，畜百余万，收河南地置朔方郡、五原郡
元朔五年，西前一二四	攻匈奴	十余万骑，多为车骑	卫青（见上）李息（见上）公孙贺（见上）张次公（河东人）苏建（杜陵人）李蔡（李广从弟）李沮（云中人）	俘虏万五千人，畜百万

① 《汉书》卷六《武帝纪》、卷五四《李广苏建传》、卷五五《卫青、霍去病传》、卷六一《张骞李广利传》、卷九七上《孝武李夫人传》、卷六四上《严助传》、卷六六《公孙贺传》、卷九〇《王温舒传》、《杨仆传》、卷九四上《匈奴传上》、卷九五《西南夷两粤朝鲜传》、卷九六《西域传》。

续前表

年	对象	兵	将	结果
元朔六年春，西前一二三	攻匈奴	十余万骑	卫青（见上） 公孙敖（见上） 公孙贺（见上） 苏建（见上） 李广（见上） 李沮（云中人） 赵信（降汉之匈奴小王）	虏三千级
元朔六年夏，西前一二三	攻匈奴	十余万骑	卫青（见上） 六将军（同前）	卫青大胜，首虏万九千级； 李广无功，亡军，独身逃还； 赵信败，降匈奴
元狩二年春，西前一二一	攻匈奴	万骑	霍去病（卫青姊私生子）	斩首九千级
元狩二年夏，西前一二一	攻匈奴		霍去病（见上） 公孙敖（见上）	霍去病大捷，斩首三万余，降人二千五百； 公孙敖失道
元狩二年夏，西前一二一	攻匈奴	万四千骑	张骞（汉中人） 李广（见上）	张骞后期； 李广杀三千人但全军覆没逃归
元狩四年，西前一一九	攻匈奴	十万骑，人民乐从者四万骑，步卒数十万（内有乐从者）	卫青（见上） 霍去病（见上） 公孙敖（见上） 李广（见上） 赵食其（冯翊人）	卫青至漠北，围单于，斩首万九千； 霍去病与左贤王战，斩首俘虏共七万级，漠南空虚； 汉军死者数万，马十四万，所余不满三万； 李广后期自杀； 赵食其后期赎死
元鼎五年，西前一一二	攻南越及西南夷	天下罪囚，江淮以南楼船，夜郎兵，巴蜀罪人共十万余人	路博德（西河平州人） 杨仆（宜阳人） 越侯严（越降人） 甲（越降人） 越侯遗（越降人）	南越及西南夷皆平，置郡县

续前表

年	对象	兵	将	结果
元鼎六年，西前一一一	攻西羌	陇西天水安定骑士，中尉卒，河南、河内卒共十万人	李息（见上）徐自为	平西羌
元鼎六年，西前一一一	攻东越	楼船，步卒	韩说（韩王信后，武帝幸臣）王温舒（阳陵人，少时为盗）杨仆（见上）	东越降，迁其民江淮间，东越遂虚
元鼎六年，西前一一一	攻匈奴	二万五千余骑	公孙贺（见上）赵破奴（太原人，曾居胡中）	出塞两千余里，不见房而还，遂分置西北四郡，徙民实边
元封元年，西前一一〇	攻匈奴	十八万骑	御驾亲征	匈奴匿漠北，不敢战
元封二年，西前一〇九	攻朝鲜	募天下死罪	杨仆（见上）荀彘（太原广武人）	朝鲜人斩其王降，以其地为郡县；杨仆失亡多，免为庶人；荀彘争功弃市
元封二年，西前一〇九	平西南夷未服者	巴蜀兵	郭昌（云中人）卫广	平定其地，以为益州郡
元封六年，西前一〇五	益州昆明反，发兵征讨	赦京师亡命	郭昌（见上）	？
太初元年，西前一〇四	征大宛	发天下谪民恶少年十万左右，属国骑六千	李广利（倡家子）	斩大宛王首，得善马三千，丧师十之八九，至大宛只余三万人，还军时只万人
太初二年，西前一〇三	伐匈奴	二万骑	赵破奴（见上）	赵破奴被掳，全军覆没
天汉二年，西前九九	伐匈奴	三万骑，五千步卒	李广利（见上）公孙敖（见上）李陵（广孙，善骑射）	李广利斩首万级，汉兵死约二万；李陵只率步卒五千，杀匈奴万人，最后战败降匈奴，只四百人逃归汉

续前表

年	对象	兵	将	结果
天汉四年，西前九七	伐匈奴	骑六万，步卒七万，皆天下流民及勇敢士	李广利（见上）	战皆不利而还
		骑一万，步卒三万	公孙敖（见上）	
		步卒三万 步卒一万	韩说（见上） 路博德（见上）	
征和三年，西前九〇	伐匈奴	骑三万	李广利（见上）	李广利战败，降匈奴； 商丘成无所见而还； 马通多斩首
		三万	商丘成	
		骑四万	马通	

武帝在位五十四年间（西前一四〇至八七年）前后共大小二十五次对外的战争，可由上表得一个大概的印象。有几点特别可以注意：

（一）匈奴是外患中最严重的；二十五次战争中有十五次是对待匈奴。

（二）关于兵的数目与种类，数目几乎都有记载，种类可惜多半只记"骑"、"楼船"等，对于兵的来源没有说明。元狩四年，卫青、霍去病大伐匈奴时，军队中有人民自告奋勇代军士运粮的人。这些人虽不见得都是无赖，但社会上的流浪分子一定占重要的地位。元鼎五年攻南越与西南夷时，除江淮以南的楼船外，又发罪囚与夜郎兵。这是武帝第一次大规模用囚犯与外国兵的例。元封二年攻朝鲜所用的都是天下死罪的人。元封六年伐昆明，所用的是长安的亡命。太初元年伐大宛，所用的是天下的谪民与恶少年及属国骑。天汉四年大伐匈奴，所用的军队一部分是谪徒与自告奋勇的勇敢士。总之，二十五次战争中最少有六次是一部或全部用的囚徒、流民、恶少年、乐从的流浪人或外族人。此外有三次清清楚楚的讲明所用的是正常的军队：建元三年救东瓯，发会稽兵，意思大概是指会稽的楼船；元鼎六年攻西羌，用的是陇西、天水、安定的骑士，河南、河内的步卒，与京师中尉所领的步卒；元封二年平西南夷，用的是巴蜀地方的军队。其余十六次军役所用的到底是什么兵我们无从知道。假定都是中央或地方的正式军队，二十五次中有六次（百分之二十四）用的是非常的军队，仍是一件深可玩味的事。尤其像伐大宛用兵数十万，除少数的属国骑外，都是谪民与恶少年，可见中央与地方的正式军队不足用或不可用到如何程度。兵制破裂的情形，没有比这个再清楚的了。

（三）将军的出身高低不齐。有的是良家子或古代名将的后裔，有少数甚至是文人出身，但也有来历极不高明的，如倡家子、私生子、强盗之类。又有的是胡、越投降的小头目。天下一统之后人才的需要较列国并立时并不减少。有才就可擢用，尊崇无比的皇帝并不计较臣子的出身。并且因为尚武的风气日衰，将才很感缺乏，使皇帝要计较出身也办不到。

（四）战争的结果大半靠将才。卫青与霍去病二人从未打过败仗，每次都是大胜。李广利个人虽武艺高强，将才甚为平庸，所以总是打败，或需重大的代价才能求得小小的胜利，如伐大宛的一次。这也是兵制破裂的间接证据。当时的边族无论人力、财力都远在中国之下。文帝时，中国投降匈奴的中行说劝诫单于说：

> 匈奴人众不能当汉之一郡。然所以强者，以衣食异，无仰于汉也。今单于变俗，好汉物，汉物不过什二，则匈奴尽归于汉矣！[①]

这种小小的胡人，在战国分立时赵或燕能毫无困难的单独应付。战国时中国内部互相攻伐，战败的将很多，像赵括一类的笨将也不少。但汉时成为大患的匈奴对燕赵并不是严重的问题。当然到汉时匈奴方才组成一个坚固的帝国，战国时匈奴内部仍然分裂。但匈奴分裂时中国也分裂，中国与匈奴的统一也同时实现。所以匈奴统一虽或是中国感到威胁的一个原因，但决不是最重要的原因。唯一可能的结论，就是战国时代的兵可用，汉时的兵不可用，只有遇到才将率领时才能打胜仗。这是军队由流浪分子组成的当然结果。汉武帝时代武功的伟大是显然的，是人人能看到的。但若把内幕揭穿，我们就知道这个伟大时代是建筑在极不健全的基础之上。

七、武帝以后——光武中兴

武帝后兵制的发展，一日千里的顺序退步。例如屯兵的制度仍旧，并且范围日广。宣帝时（西前七三至四九年）为防止西羌内侵，用赵充

[①] 《史记》卷一一〇《匈奴传》。

国的计策，大量的在西北屯田。① 然而边疆的屯兵第一代或者还是兵，第二代以下就有变成边地农民的危险，对当兵并无特别的热心。宣帝五凤三年（西前五五年）匈奴因内部分裂而投降之后②，边疆的大患消灭，所谓屯田更是有名无实。宣帝以下又屡次在西域屯兵。③ 匈奴投降之后，本就不强的西域更不敢轻于为乱，所以中国略为屯兵就可维持西域的秩序，并非所屯的兵真正强盛。

武帝以后外族在中国军队中的地位日愈提高。昭帝时（西前八六至七四年）开始用羌人。据《后汉书》，景帝时已有羌人投降中国，迁入边地。④ 但这个说法不知是否可靠，《史记》与《汉书》中都没有记载。昭帝时所用的羌人也不知道来源。昭帝始元元年（西前八六年）益州反，中国用羌人助战平乱。⑤ 推想起来，这大概是武帝威震西北以后投降中国的羌人。神爵元年（西前六一年），西羌反，宣帝所发的兵各色都有——囚徒、羽林、材官、骑士、胡越骑，此外并有羌骑。次年平服羌人之后，降羌很多，于是就设置了金城属国。⑥ 前此的降羌大概较少，此次有大批的人投降，才加置了一个羌族的属国。五凤三年呼韩邪单于率匈奴来降，又设置了西河、北地两属国，仍在河套与河套以南的地方。所以河套一带虽由秦汉两次征服并移民，但胡人的势力始终未曾完全消灭。

囚徒与恶少年的军队昭、宣二帝时也屡次征发⑦，并又时常临时募兵。⑧ 至于像武帝时调发正式军队的例，现在极其少见。西南夷与两粤平定之后，楼船似乎无形间废弃不用。其余三种正式军队一共只发过两次，并且都在宣帝一朝。本始二年（西前七二年）发关东的轻车与步卒去帮助乌孙攻打匈奴。神爵元年西羌反时，一方面发三河、颍川、沛郡、淮阳、汝南的材官，一方面又发金城、陇西、天水、安定、北地、

---

① 《汉书》卷六九《赵充国传》。

② 《汉书》卷八《宣帝纪》、卷九四下《匈奴传下》。

③ 《汉书》卷九六《西域传》。

④ 《后汉书》卷一一七《西羌传》。

⑤ 《汉书》卷七《昭帝纪》元凤四年诏："度辽将军明友前以羌骑校尉将羌王侯君长以下，击益州反虏。"

⑥ 《汉书》卷八《宣帝纪》。

⑦ 《汉书》卷七《昭帝纪》元凤元年、五年、六年；卷八《宣帝纪》神爵元年。

⑧ 《汉书》卷七《昭帝纪》始元元年、卷八《宣帝纪》神爵元年、卷一二《平帝纪》元始二年、卷七九《冯奉世传》元帝永元二年"发募士万人"击羌。

上郡的骑士。① 这种情形证明地方的兵一天比一天的不可用，所以国家非万不得已时不去征发。愈不征发，兵愈不可用。在这种恶劣的循环关系之下，由战国时代遗留下来的征兵制的痕迹就无形间消灭净尽。

到王莽时所用的就只有募兵、囚犯与外族兵，旧日正式的军队已经绝迹。例如始建国二年（西元一〇年）伐匈奴，"募天下囚徒丁男甲卒三十万人"，又发高句丽的兵，但高句丽不肯奉诏。② 此时适逢天灾流行，各地盗贼蜂起，最著名的是临淮的瓜田仪、琅邪女匪吕母，与樊崇所率领由琅邪起事的赤眉贼，都于天凤四五年间（西元一七至一八年）发动。王莽在这种情形下，于天凤六年仍要大伐匈奴，所用的仍是"天下丁男及死罪囚吏民奴"。这种军队王莽大概也觉得不足用，于是，

> 又博募有奇技术可以攻匈奴者，将待以不次之位。言便宜者以万数：或言能度水不用舟楫，连马接骑济百万师；或言不持斗粮，服食药物，三军不饥；或言能飞，一日千里，可窥匈奴。莽辄试之，取大鸟翮为两翼，头与身皆著毛，通引环纽，飞数百步，堕！莽知其不可用，苟欲获其名，皆拜为理军，赐以车马，待发。③

想用法术一类的把戏去打仗，这是一个兵力堕落不堪的社会才会发生的事，一个真正尚武的民族绝不屑于享受这些幼稚的幻想。后来闹到三辅之地也"盗贼麻起"，遣兵捕剿，"军师放纵，百姓重困"。④ 现在已到了兵匪不分的时代，这是军民分立最后的当然结果。兵的行动与匪无异，无告的人民不得已也多起来为匪。⑤ 一个社会发展到这个阶段之后，兵事可说是到了不可救药的地步，任何理论上可通的方法都不能根本改善这种病态。

我们明白这种情形，对光武帝废除郡国兵的政策就不致认为难解。建武七年（公元三一年）诏：

> 今国有众军，并多精勇。宜且罢轻车骑士材官楼船士及军假吏，令还复民伍。⑥

---

① 《汉书》卷八《宣帝纪》。
② 《汉书》卷九九中《王莽传中》。
③④ 《汉书》卷九九下《王莽传下》。
⑤ 王莽时起事的人都是流民土匪出身。除赤眉等以外，如刘玄等人也都不过是土匪头目。见《后汉书》卷四一《刘玄刘盆子列传》、卷四三《隗嚣公孙述列传》。此外甚至有人利用西北属国的羌胡起兵。见《后汉书》卷四二《卢芳传》。
⑥ 《后汉书》卷一下《光武帝纪下》。

地方兵现在已全不可用。太平时代，一般所谓好人都不肯当兵；天下一旦混乱，少数流氓与多数饥民就成为土匪，只能扰乱社会秩序，并不能卫国卫民。这些土匪往往打着军队的旗号，但旗号是不能掩盖实际的。只有善将兵的人经过相当时期的训练，才能造出一支真会打仗的军队。诏书中所谓"国有众军，并多精勇"，并非一句空话。光武起事时所领的虽也不过是些流氓与饥民，但经过十年左右的汗马生活，光武帝已锻炼出一个很大并且可用的军队。地方军反成了赘疣，在很多地方恐怕实际早已不存在，光武的诏书不过是承认一件既成的事实。隗嚣与公孙述是光武的两个大敌，在建武七年仍未平服，地方军若有丝毫的用处，光武也决不会在此时一纸公文把它废掉。

八、东汉

所以东汉只有中央军，没有地方军。中央军除宫廷的卫士外，北军的名称仍然存在，称北军五营或五校：就是屯骑、越骑、步兵、长水、射声。每营有校尉一人，五军由北军中候总领，就是武帝时的中垒校尉。武帝时七校的兵现在并为五校，胡骑并于长水，虎贲并于射声。[1]北军五营中最少有两营完全是外族人，其他三营中是否有四夷的人加入已不可考。据《后汉书》注引《汉官》，五营每营七百人，只有长水营多三十六人，为七百三十六人。所以胡越兵在北军中占五分之二以上的地位。北军平时宿卫京师，四方有事也往往被发。

第二种中央直辖的军队就是驻守要地的营伍：

> 光武中兴，以幽冀并州兵骑克定天下，故于黎阳立营，以谒者监之……扶风都尉部在雍县，以凉州近羌，数犯三辅，将兵卫护园陵，故俗称雍营。[2]

黎阳就是今日河南浚县，在洛阳东北，所驻的大概就是光武所谓"国有众军，并多精勇"的兵，恐怕是东汉初年中央军的主体。雍营护卫长安与西汉诸帝的园陵，兵数大概也不少。可惜两营到底有多少兵，史籍没有记载。

中央第三种军队就是屯兵。缘边各郡都有屯田，明、章两代（西元

---

① 《后汉书》卷三七《百官志四》。
② 《后汉书》卷五三《窦宪传》注引《汉官仪》。

五八至八八年）发囚徒到边疆屯田的事前后共有八次。① 可见从前的屯兵都已变成边地的土著农民，已不堪当兵，只得再发囚徒去充实国防。明帝向王莽时丧失的西域方面活动，也恢复了屯田的事业。② 同时又在金城一带屯兵，防备西羌。③

东汉也有属国兵，可算中央的第四种军队。东汉官制，有使匈奴中郎将一人，主护南单于；护乌桓校尉一人，主乌桓、胡；护羌校尉一人，主西羌。④ 这三个都是专管边境属国的人。匈奴在王莽时反叛，大半又都逃出塞外，东汉初年屡次寇边。建武二十四年（西元四八年）匈奴内部分裂为南北，南单于自称呼韩邪，又来投降，中国又把河套以及整个并州的地方交给降胡。南单于本人居西河，韩氏骨都侯屯北地，右贤王屯朔方，当于骨都侯屯五原，呼衍骨都侯屯云中，郎氏骨都侯屯定襄，左南将军屯雁门，栗籍骨都侯屯代郡。⑤

乌桓本是东北塞外（今热河南部）的东胡种，西汉时弱小，投降中国，代中国守边。王莽乱时与东汉初年屡次寇边。南匈奴投降的次年，建武二十五年（西元四九年），乌桓见强大的匈奴投降，自己于是也要求入居中国，光武也就容许他们迁居幽州塞内，为中国的属国。⑥ 北军五营中长水一营的胡骑多半是乌桓人。⑦

西羌本是小族，在西汉时就在凉州边境与汉人杂居，时常反叛，中国总是用屯田的方法防御他们。建武九年（西元三三年）光武设立护羌校尉，有事时可领降羌替中国打仗。⑧ 所以并州由匈奴代守，幽州由乌桓代守，凉州由西羌代守。此外又有些囚徒屯田各地，与外族人共同守边。整个的北边，由辽东到敦煌，都不用内地士大夫、良家子与一般顺民去费力保护，中兴盛世的安逸人民大概认为这是又便宜又舒服的事！

总之，东汉只有中央直辖的军队，并且外族在这个军队中占很重要的地位。不过废地方兵并不是简单的事。最低的限度，地方的治安是须

---

① 《后汉书》卷二《明帝纪》永平元年、八年、九年、十六年、十七年；卷三《章帝纪》建初七年、元和元年、章和元年。

② 《后汉书》卷一一八《西域传》。

③ 《后汉书》卷一一七《西羌传》。

④ 《后汉书》卷三八《百官志五》。护乌桓校尉与护羌校尉西汉时已经设立，但西汉时羌兵与乌桓兵还不是中国不可少的兵力。

⑤ 《后汉书》卷一一九《南匈奴传》。

⑥ 《后汉书》卷九〇《乌桓传》。

⑦ 《后汉书》卷三七《百官志四》注。

⑧ 《后汉书》卷一一七《西羌传》。

有人维持的。所以各郡的太守一定要召募些保安的地方兵。关于这件事，在中兴时代我们没有直接的证据。但东汉末年各地州牧太守纷纷割据，一定原来有兵。然而这都是地方官的私军，不受中央的调动。所以严格讲来，仍可说东汉只有中央军，没有地方兵。

由东汉向外用兵的情形就可知道当时兵的性质。明帝永平十六年（西元七三年）窦固伐北匈奴，这是东汉第一次并且是中兴盛世的向外大发动，所用的兵很可玩味：

> 固与忠（耿忠）率酒泉、敦煌、张掖甲卒及卢水羌胡万二千骑，出酒泉塞；耿秉、秦彭率武威、陇西、天水募士及羌胡万骑，出居延塞；又太仆祭彤、度辽将军吴棠将河东北地、西河羌胡及南单于兵万一千骑，出高阙塞；骑都尉来苗、护乌桓校尉文穆将太原、雁门、代郡、上谷、渔阳、右北平、定襄郡兵及乌桓、鲜卑万一千骑，出平城塞。①

这四支军队中都有外族兵，祭彤吴棠的一支完全是胡兵。后来窦固的从孙窦宪于和帝永元元年（西元八九年）又大伐匈奴：

> 会南单于请兵北伐，乃拜宪车骑将军，金印紫绶，官属依司空，以执金吾耿秉为副，发北军五校、黎阳、雍营、缘边十二郡骑士，及羌胡兵出塞。明年，宪与秉各将四千骑及南匈奴左谷蠡王师子万骑出朔方鸡鹿塞；南单于屯屠河，将万余骑出满夷谷；度辽将军邓鸿及缘边义从羌胡八千骑，与左贤王安国万骑出捆〔稒〕阳塞。皆会涿邪山。宪分遣副校尉阎盘、司马耿夔、耿谭将左谷蠡王师子、右呼衍王须訾等精骑万余，与北单于战于稽落山，大破之。虏众崩溃，单于遁走。追击诸部，遂临私渠北鞮海，斩名王已〔以〕下万三千级，获生口马牛羊驼百余万头。于是温犊须、日逐、温吾、夫渠王柳鞮等八十一部率众降者，前后二十余万人。宪、秉遂登燕然山，去塞三千余里，刻石勒功，纪汉威德。②

这是东汉规模最大影响最深的一次外征，解决了三百年来的匈奴问题，最少当时的人相信这个问题已经解决。但所用的兵大半是外族人，而实际败北单于的完全是南匈奴的兵。我们对东汉能驾御外族以夷制夷

---

① 《后汉书》卷五三《窦固传》。
② 《后汉书》卷五三《窦宪传》。

的政策能收大功，不能不表示钦佩。但军队不是汉人的军队却也是不可掩蔽的严重事实。

除此次大败北匈奴外，东汉唯一的对外武功就是班超的平定西域。但班超当初所用的只有三十六个人，后来政府发给他的也不过一千多囚徒与义勇兵。班超所以制服西域的，一方面靠他个人特殊的将才与超人的勇敢，一方面还是靠以夷制夷政策的大规模利用西域各国的军队互相攻击。①

这种专靠外族的办法极其危险。一旦外族不肯受利用，或转过来向我反攻，自己就要束手无策。这件事后来的确实现，并且就在窦宪大破北匈奴后还不到二十年。东汉初期，西羌屡屡扰边。塞外的羌人想要向内地劫掠，塞内投降的羌人又常受地方官与边民的侵害，因而怨恨反叛。建武九年班彪上书：

> 今凉州部皆有降羌。羌胡被发左衽，而与汉人杂处，习俗既异，言语不通。数为小吏黠人所见侵夺，穷恚无聊，故致反叛。夫蛮夷寇乱皆为此也。②

西羌匈奴虽然强悍，但对中国国家与中国文化似乎十分景仰，对中国一般人也无恶感。只要中国肯收容，他们就乐意移居塞内，为中国守边。由窦宪的攻破北匈奴可见他们也很诚恳的为中国卖力。但中兴以后政治日坏，地方官与豪右对这些异族的人不免侵夺、压迫，勉强他们服役。地方无知的人民恐怕也常推波助澜，因而时常引起叛变。待叛乱一起，地方官与边民又惶恐无措，敏捷的逃入内地，迟钝的束手待毙。最大最长的一次羌乱于安帝永初元年开始，直到灵帝建宁二年才算平服，前后乱了六十多年的工夫（西元一〇七至一六九年）。羌乱的导火线很为简单。汉要发羌征西域，羌人不愿远屯，遂发兵反，出塞与塞外羌人联合，大乱于是开始。羌人在内地居住已久，多无兵器，只持用竹竿木枝为戈矛，用板案为盾，甚至手持铜镜为兵器。这种易兴的叛羌就足以把边官与边民的胆惊破，都不敢动。顺民已驯顺到如何的程度，可想而知！中央派兵去剿，总是打败的时候多。边官多为内地人，不愿出死力守凉州，就上书勉强边民内徙逃难。领兵的人"多断盗牢廪，私自润入，皆以珍宝货赂左右。上下放纵，不恤军事，士卒不得其死者白骨相

---

① 《后汉书》卷七七《班超传》。
② 《后汉书》卷一一七《西羌传》。

望于野"。羌人夺取了官军的兵器之后，势力更为浩大。这种种不堪设想的情形王符描写得最为活现。王符是西北安定临泾（今甘肃镇原县）人，恐怕他自己的亲友戚族就有受祸的人：

> 往者羌虏背叛，始自凉并，延及司隶，东祸赵魏，西钞蜀汉。五州残破，六郡削迹，周回千里，野无孑遗；寇钞祸害，昼夜不止，百姓灭没，日月焦尽。而内郡之士不被殃者咸云："当且放纵，以待天时！"用意若此，岂人心也哉？前羌始反，公卿师尹咸欲捐弃凉州，却保三辅，朝廷不听。后羌遂侵，而论者多恨不从惑议。余窃笑之，所谓媾亦悔、不媾亦有悔者，尔未始识变之理。地无边，无边亡国。是故失凉州则三辅为边，三辅内入则弘农为边，弘农内入则洛阳为边，推此以相况，虽尽东海犹有边也！……

> 前日诸郡皆据列城而拥大众……然皆不肯专心坚守，而反强驱劫其民，捐弃仓库，背城邑走。由此观之，非苦城乏粮也，但苦将不食尔！

> 谚曰："痛不着身，言忍之；钱不出家，言与之！"假使公卿子弟有被羌祸，朝夕切急如边民者，则竟言当诛羌矣！今苟以己，无惨怛冤痛，故端坐相仍；又不明修御之备，陶陶闾澹，卧委天听，羌独往来，深入多杀。已乃陆陆，相将诣阙，谐辞礼谢退云状。会坐朝堂，则无忧国哀民恳恻之诚，苟转相顾望，莫肯违止。日晏时移，议无所定。已且须后少得小安，则恬然弃忘。旬时之间虏复为害，军书交驰，羽檄狎至，乃复恇恫如前。若此以来，出入九载……一人吁嗟，王道为亏，况百万之众号哭泣感天心乎？[①]

民众已不是战国时代人人能战的民众，士大夫更不是春秋时代出将入相的士大夫。军事情形的不堪可谓达到极点。羌乱方平，灵帝中平元年（西元一八四年）黄巾贼的乱事又起。这时虽是方经长期的羌乱，国家仍是忙的手足无措，军事毫无把握。"诏公卿出马弩，举列将子孙及吏民有明战阵之略者，诣公车。"[②] 同时又"诏敕州郡修理攻守，简练器械"[③]。国家发了五校与三河的骑士（大概就是黎阳营）与召募的义

---

① 王符《潜夫论》卷五《救边篇》第二二、同卷《劝将篇》第二一、《边议篇》第二十三、《实边篇》第二四也都论述羌祸与边事。

② 《后汉书》卷八《灵帝纪》。

③ 《后汉书》卷一〇一《皇甫嵩传》。

勇兵，靠皇甫嵩与朱俊的将才算是把乌合的黄巾贼捕灭。但两人（最少朱俊）似乎有"家兵"杂在国家的军队之内。各地的刺史太守都有私军，朱俊曾作过交趾刺史，这些"家兵"就是作刺史时所召的私军。国家现在只有羌胡兵与地方官的"家兵"可用，天下的大势显然已不可收拾。

黄巾贼的次年，中平二年（西元一八五年），汉阳贼边章、韩遂与羌胡联合东侵三辅。皇甫嵩奉命讨贼，就请求发乌桓兵三千人。北军中候邹靖认为乌桓太弱，应当往塞外去召募鲜卑。下公卿大臣讨论此事，两方面都有赞成与反对的人。反对用鲜卑的理由，就是从前征匈奴与西羌曾用过鲜卑，结果并不美满：

> 斩获丑虏既不足言，而鲜卑越溢，多为不法。裁以军令则忿戾作乱，制御小缓，则陆掠残害。劫居人，钞商旅，啖人牛羊，略人兵马。得赏既多不肯去，复欲以物买铁。边将不听，便取缣帛聚欲烧之；边将恐怖，畏其反叛，辞谢抚顺，无敢拒违。

乌桓、鲜卑都不愿用，最后听了应劭的话，决定用陇西"守善不叛"的羌胡！① 一统天下的公卿大臣公开承认用外兵要忍受外兵的跋扈，但说来说去总是逃不出召募外兵，对于召用汉人始终无人提起一字。连方才平定黄巾威震天下的皇甫嵩也是一样。可见本国兵只能对付国内乌合的土匪，一牵涉到外族就非用其他的外族不可！

汉人现在并不是完全不会用兵器，但只有保护自己的家乡才肯出力，并且还必须有领袖指导。若无勇敢的领袖，即或家乡被扰，大家也都是驯羊。例如应劭不敢提议用汉人到边疆打仗，但他于献帝初平二年（西元一九一年）守太山，复起的黄巾贼入郡界，"劭纠率文武，连与贼战，前后斩首数千级，获生口老弱万余人，辎重二千两。贼皆退却，郡内以安"。② 至于远离乡土去冒险，除非是荒年被迫为盗，没有人甘心去作。

列国并立时，每国都是一个有机体的坚强体系，天下一统之后临时尚可勉强维持，但不久就成了一盘散沙，永未变成一个大的有机体。这样的民族是任何内部野心家或外来野心族的战利品，决难自立自主，自己的命运总不操在自己手里。董卓之乱将这种情形暴露无遗（西元一八九至一九二年）。董卓虽是汉人，手下所率领的兵最少一部分是羌胡：

---

① ② 《后汉书》卷七八《应劭传》。

是时洛中贵戚室第相望，金帛财产家家殷积。卓纵放兵士，突其庐舍，淫略妇女，剽虏资物，谓之"搜牢"。人情崩恐，不保朝夕。及何后葬，开文陵，卓悉取藏中珍物。又奸乱公主，妻略宫人。虐刑滥罚，睚眦必死，群僚内外莫能自固。卓尝遣军至阳城，时人会于社下，悉令就斩之，驾其车重，载其妇女，以头系车辕，歌呼而还。……

于是尽徙洛阳人数百万口于长安，步骑驱蹙，更相蹈藉，饥饿寇掠，积尸盈路。卓自屯留毕圭苑中，悉烧宫庙官府居家，二百里内无复孑遗。又使吕布发诸帝陵及公卿已下冢墓，收其珍宝。①

迁都长安之后，长安又遭李傕、郭汜之乱，受祸不亚于洛阳。车驾于是又迁回东都：

自此长安城中尽空，并皆四散，二三年间关中无复行人。建安元年车驾至洛阳，宫阙荡涤，百官披荆棘而居焉。州郡各拥强兵，而委输不至。尚书郎官自出采稆，或不能自反，死于墟巷。②

董卓以后各地的太守刺史都扩大私军，割据自雄。实际上五胡乱华的局面已经成熟。中国社会已经崩溃，只有边地的属国还有组织，同时又勇敢善战。布满幽、并、凉三州的外族很可向南移动，占据中国。恰巧当时中国出来几个特殊的人才，把这种厄运又暂缓了一百年的工夫。所谓三国时代，由这个观点来看，可说是曹操、司马懿几个善练兵善将兵又有政治谋略的人重新组织散漫的中国以便抵抗外族的时代。曹操曾大破乌桓，并分散并州匈奴的势力③，可见他明了这个问题的严重性。但外族的势力根深蒂固，无从斩除；中国内部的病势过于沉重，难以根治。几个特殊人才死后不久，中原终于成了汉代那些属国的属国。

九、后言——汉末至最近

汉代的问题实际是中国的永久问题，东汉以下兵的问题总未解决。只有隋及盛唐承袭北朝外族的制度，百余年间曾实行半征兵的府兵制，这也是汉以后中国自治的唯一盛强时代。二千年来的情形，骨子里都与

---

① 《后汉书》卷一〇二《董卓列传》。
② 《晋书》卷二六《食货志》。
③ 《三国志·魏志》卷三〇《乌丸传》、《晋书》卷九七《北狄传》。

东汉一样。东晋以下中原陷于外族将近三百年。隋唐的盛期过去之后，由天宝到五代的二百年间是外族第二次扰乱中国的时代。中国常雇用外兵，外族也常擅自行动。宋虽名为统一，中国本部东北的燕、云与西北的河西总未收复，每年与契丹、西夏纳贡才得苟安。宋的军队中也有番兵，不过地位不像汉唐时那样重要。后来终于不能自保，中原又丧于女真，最后整个的中国亡于蒙古。明代算是把中国本部完全统一，但只有太祖、成祖的极短期间有应付外敌的能力。此后二百余年间几乎时时刻刻在勉强支持着应付外侮的进袭。受日本的一度威胁之后，不久就亡于满洲。道光以下满汉并衰，中国又感到有被西洋吞并的危险。自己的力量不足，清末以下就又借外力，不过方式随着时代略有变化。现在借的不是外兵，而是外国的军器军火与军事顾问。正如历代靠番兵不足抵抗外番，西洋的军器军火与军事顾问也不足以抵抗西洋或彻底西洋化的国家。二千年来中国总是一部或全部受外族统治，或苟且自主而须忍受深厚的外侮；完全自立又能抵抗外族甚至能克服外族乃是极少见的例外。这种长期积弱局面的原因或者很复杂，但最少由外表看来，东汉以下永未解决的兵的问题是主要的原因。① 人类历史上的政治集团，无论大小，不为刀俎，必为鱼肉；若要两种都不作，是办不到的事。东汉以下的中国不能作刀俎，当然也不愿作鱼肉；但实际大半的时候总是任人宰割。

（原载：清华大学《社会科学》第 1 卷第 1 期，1935 年 10 月。）

---

① 并且大家一向都安于这种堕落的局面，并不觉得这是一个需要解决的问题。只有王安石曾认清这个问题，并提出适当的解决方法。在他《上仁宗皇帝言事书》（俗称《万言书》）中，他认为只有叫良民当兵，尤其是一般所谓士大夫都人人知兵，人人当兵，才能使中国自立自主。只就这一点来看，王安石已是二千年间特出的奇才。可惜王安石一类的积极人才在传统的中国决无成功的机会。一般的说来，文武兼备的人有比较坦白光明的人格，兼文武的社会也是坦白光明的社会。这是武德的特征。中国二千年来社会上下各方面的卑鄙黑暗恐怕都是畸形发展的文德的产物。偏重文德使人文弱，文弱的个人与文弱的社会难以有坦白光明的风度，只知使用心计；虚伪、欺诈、不彻底的空气支配一切，使一切都无办法。中国兵制的破裂与整个文化的不健全其实是同一件事。在这种病态的社会，王安石一流的人必定失败。

书评：Hecker，*Religion and Communism*[*] (1936)

  西方有一句老话，说："英国人或美国人谈话，谈来谈去一定要谈到体育游戏的问题；法国人谈话，谈来谈去一定要谈到女人的问题；俄国人谈话，谈来谈去一定要谈到宗教的问题。"英美人或法国人是否如此，我们可不必管；至于俄国人，最少革命以前的俄国人，的确是以宗教为有无上兴趣的问题。三五个目不识丁的农民聚在一起而大谈上帝与人类死后命运的问题，在帝俄时代并不算稀奇的事。今日的情形，最少由外表看来，当然已经大变；Hecker 先生这本书就是要解释这种变化的背景与经过。

  全书共十四章。第一章为叙〔绪〕论，第二章叙述俄罗斯民族传统的宗教信仰与宗教情绪，把民族的神秘特征描写得非常清楚。第三章讲帝俄时代国家与教会的关系。教会完全是政府的一个机关，可说是一种精神警察，专司查禁人民心中一切反抗政府的意念。例如一九〇五年圣彼得堡和平请愿的工人被军警杀伤的有数千之多；教会不只不从宗教或人道的立场提出抗议，各地的教士反多与俄皇打电报，贺他能当机立断。革命后想尽方法要推翻新政权的份子虽然很多，但其中最出力的就是教会。第四章讲正教以外的各种宗教改革派别的活动。由十四世纪末直到最近，历代都有反抗政治与宗教上的黑暗而起以宗教为号召的运动。这些新的宗教派别往往有共产的色彩，可见后日俄国的共产主义并不是偶然的事。第五章讲到十八世纪受了法国 Voltaire 一般人的影响之后的无神主义与非宗教主义。在宗教腐败不堪的俄国，这种革命思想非

---

  * *Religion and Communism*：*A Study of Religion and Atheism in Soviet Russia*. By Julius F. Hecker, Chapman and Hall, Ltd. , London, 1933, pp. 303.

常盛行，并且成了多数改革家的公同信仰。今日苏俄的激烈反宗教政策也大半渊源于此。第六至第八章讲到十九世纪的改革运动，非宗教运动，与进步的宗教思想；对托尔斯泰尤其注意。十九世纪的革命思想家，如 Belinsky, Herzen, Bakunin 之类，最后虽都成了反宗教的人物，但青年时都曾经过一个盛烈的宗教狂热时期，并且晚年时反宗教的革命热诚实际就是青年时宗教热诚的变象发展。这也是俄人宗教特征的一个明证。

第九章略述共产主义的宗教观。宗教的泉源是自然界与人事界的压迫。原始的人类受自然界的压迫，因而崇拜自然现象。但最大的宗教压迫还是人类开化后的阶级社会。先是贵族阶级，后是资本阶级，对多数的人民榨取剥削。人民惶恐畏惧，不能自保，于是就专事依赖神明的保佑与信仰的安慰去忍受他们不能避免的痛苦。榨取阶级也鼓励人民皈依宗教，因为宗教是一个很便利的麻醉品，能使人民忘记他们的苦处。这个宗教观是否妥当，实际上无关紧要；它是一个向宗教进攻的利器。最少帝俄之下的宗教的确是被政府当做人民的麻醉品去应用，所以革命之后新政权与教会是势不两立的。第十章就讲到这种不可并立局面下的政教冲突。教会占胜利的机会本来就很少，但它连所余的一点机会也不知利用。例如一九二一年俄国大饥，教会不肯出力救荒。最后政府决定没收教会积蓄的许多宗教上不必需的金银器皿与各种珠宝去救灾民，教会却极力反抗。这种难以置信的愚顽不仁的行动等于自杀，连教士内部都有人提出抗议，已经微弱的教会因而又分裂为两派。今日教会在乡间虽然仍有相当的势力，但在都市中已经不大惹人注意。

第十一至第十三章叙述反宗教运动的方法。在物质方面许多教堂都被没收，在思想方面反宗教同盟又刊行杂志与小册一类的反宗教宣传品。这种运动不能说没有成功，因为都市的青年大多已不信宗教，认为纯现世主义的五年计划与唯物哲学就可占领他们整个的人格。但青年中仍不免发生"人类由何而来"，"人类为何而来"，"人类到何处去"的问题；这都是共产主义所不能满意的解答的。并且反宗教运动根本是一种消极的运动，除少数"反"的热狂家之外，一般人对它不易发生兴趣。虽有政府的保护提倡，反宗教运动已使人感到厌倦，在乡间与偏僻的地方甚至有时招致人民的反对。

最末在第十四章著者对于宗教在苏俄的前途提出他个人的见解。反宗教家相信十年之内宗教的势力就要完全消灭，但著者认为问题并不如此简单。即使我们承认共产主义的宗教观，认宗教为压迫恐惧下的产物，即使我们又承认共产主义的理想社会将来真能实现；但未来的理想社会决不会像古今的宗教家与今日的共产主义者所想像的极乐世界。在任何的主义之下，我们很难想见战争、饥荒、瘟疫、水旱、地震、夭折、失恋、失望，以及其他各种意外或非常的事会完全绝迹；至于人类何来、何为、何去的问题更是人性所必要猜想的宇宙之谜。这都是引起恐惧、疑惑、追求、信仰的现象，并且是人类根本不能完全理解的现象。共产主义在初胜的狂欢下或者可以不理这些问题，但人类只要仍是人类，这些都是不可避免的问题。

著者个人仍然笃信宗教，同时对苏俄政治又很表同情。全书由始至终态度非常客观，在英文同样性质的作品中是很难得的一本书。

（原载：清华大学《社会科学》第 1 卷第 2 期，1936 年 1 月。）

书评：Jaspers，*Man in the Modern Age* *
（1936）

　　十九世纪以前西洋虽然变化甚多，但历代都以自己的时代为固定不动的，永久的。十九世纪以下，尤其欧洲大战以下的今日，大家都感到时代有如流沙，顷刻万状；每人无论自己的境遇稳固与否，都觉得整个的时代是不稳固的。这种普遍的心理渐由西洋传播到全世界。从前的人相信大局与环境是固定的，所以个人的地位反倒重要，在固定的环境之下，每个人可凭自己的能力去活动立业。现在的人都感到个人的力量微乎其微，环境的急剧变化似乎不由人力，人力也没有控制环境诱导环境的能力；并且个人努力的目标与最后所得的结果往往不相合，甚至正相反，使人心中异常苦闷。人要支配环境，结果反被环境支配，旧的世界已成过去，新的世界还未来临。没有人相信现在的局面能够持久，但也没有人知道新的世界到底怎样，甚至很多人对新世界来临的可能根本怀疑。

　　今日的世界过于复杂，所以没有人知道此时此刻的整个局面到底如何。但 Jaspers 教授相信我们不妨勉强去探讨今日的情势。一八〇〇年世界的人口约为八万〈万〉五千万，今日已增加到十八万万。这种骤增的人口全靠科学与机械的进步来维持。人类全部生产与消费以及一般日常的生活都在一定的规则与集中管理之下进行，以致个人的自由完全失去，每人只是庞大机械中的一个渺小机件。因为人口大增，人类相互的关系日趋密切，所以今日才有所谓"群众"的问题。整个的政治社会机构都为的要设法叫群众有饭吃，同时也有人出来利用群众，麻醉群众，

---

　　* *Man in the Modern Age*. By K. Jaspers. Tr. From the German by Eden and Cedar Paul. Henry Holt and Co.，N. Y.，1933，pp. 243.

呼群众为主人翁，推群众为最后的统治者。但群众实际并没有统治的能力。今日所谓群众政治实际只是一种抽象方法的政治。多数人无可无不可，不参与政事。其余的人用投票选举或其他的方法干政，但实际一切都由少数有组织的人把持操纵。然而这少数人的行动都以全部群众——大部不管事的与小部管事的——的名义为根据。今日的领袖都须要谋求群众的利益，虽然这种利益往往只是口惠。如此看来，所谓主人翁的群众实际是一个非常抽象的动物，所谓群众政治也是一个难以捉摸的鬼物。

在机械化与群众独尊的局面之下，个人的地位无足轻重。今日除极少数有特别知识或特别技能的人之外，一般人在社会上都没有长久固定的地位。甲能作的事，乙也能作。今天由甲作，明天换乙去作，甲就须另谋发展，或赋闲失业。从前连一个最贫贱的人都有固定的地位，今日连一个所谓领袖的人物对于自己的地位也没有把握。一般人对于工作并不感觉兴趣，因为工作并不是终身的职业。工作无聊，可以说人生最大的快乐已经丧失。

家庭在今日有消灭的趋势。大多数人都没有恒产，居室都是与军营相似的蜂窠式的房屋，只是夜间睡觉的地方，并不是家庭生活的根据地。所以搬家成了常事，因为一般人实际都没有"家"。父母对于子女的影响日愈减少，离婚日多，终身不正式结婚的男女也不少。今日性学的发达与性学书的风行，正足证明家庭的破裂。从前家庭与婚姻并没有成过严重的问题，所以没有人去注意。

教育在固定的时代有固定的内容与目标；当时社会所认为最高的价值都靠教育保持流传。今日整个的文化流动不定，因而教育的目标也无准则。有人无所适从，就提倡尊古，把今日无人信仰的前代传统全部灌输给现代的青年。又有人认为教育的目的只是为供给学生一个谋生的工具。实际大家谁都找不到门路，这是今日教育学说与教育书籍所以流行的原故。各种新奇的教育学说与教育试验都表示教育事业的迷失正路。今日的教育特别崇拜青年，认为未成熟的青年能指示教育的方针。同时因为成年人没有把握，青年人也就日渐进取，认为他们自己真能找出路，无需成年人的指导。因为教育学说与教育内容变化无定，学生出校之后不久就感觉落伍。所以今日各国都有成年教育的可怜呼声。

这样时代的人当然是悲观的、革命的、破坏的、盲动的。今日最时髦的出路就是共产主义与法西斯主义。两者其实相同：都要人民盲目的服从，都以几句口头禅为真理，都让几个已经夺得政权的人去专政。这

种非理性的主义在少数的国家已经实现，在没有实现的国家也是群众所
要求或希望的目标。著者对于未来的趋势十分焦心，人类或者会盲目的
自杀也未可知。今日大家所作所为，几乎都是自杀行动。群众的时代否
认个人的自由，著者相信只有恢复个人的自由人类才有出路。但他没有
说明这个自由如何恢复，他自己似乎也怀疑有否恢复的可能。

　　这类的书近年来欧美各国都出的很多。美国 Joseph Wood Krutch
的 *The Modern Temper* 沉痛的叙述摩登人类的消极与悲哀。德国 Os-
wald Spengler 的 *Der Untergang des Abendlandes* 断定人类历史的将来
一定与以往同样的痛苦；Keyserling 写了许多书，倡导一种江湖派的假
乐观主义，实际对于将来也感到无望。英国 H. G. Wells 发表的短文与
长书更多，热心的为迷途的人类寻出路；但 Wells 的见解时常变换，证
明连他自己也还没有找到出路！Heidelberg 大学 Jaspers 教授的书也是
这一类的时代产品，很值得一读；可惜著者也犯德国人的通病，书中有
许多微妙虚玄语句，读起来好像是梦话。

（原载：清华大学《社会科学》第 1 卷第 3
期，1936 年 4 月。）

无兵的文化
（1936）

著者前撰《中国的兵》，友人方面都说三国以下所讲的未免太简，似乎有补充的必要。这种批评著者个人也认为恰当。但二千年来的兵本质的确没有变化。若论汉以后兵的史料，正史中大半都有《兵志》，正续《通考》中也有系统的叙述，作一篇洋洋大文并非难事。但这样勉强叙述一个空洞的格架去凑篇幅，殊觉无聊。反之，若从侧面研究，推敲二千年来的历史有什么特征，却是一个意味深长的探求。

秦以上为自主自动的历史，人民能当兵，肯当兵，对国家负责任。秦以下人民不能当兵，不肯当兵，对国家不负责任，因而一切都不能自主，完全受自然环境（如气候、饥荒等等）与人事环境（如人口多少、人才有无、与外族强弱等等）的支配。

秦以上为动的历史，历代有政治社会的演化更革。秦以下为静的历史，只有治乱骚动，没有本质的变化，在固定的环境之下，轮回式的政治史一幕一幕的更迭排演，演来演去总是同一出戏，大致可说是汉史的循环发展。

这样一个完全消极的文化，主要的特征就是没有真正的兵，也就是说没有国民，也就是说没有政治生活。为简单起见，我们可以称它为"无兵的文化"。无兵的文化，轮回起伏，有一定的法则，可分几方面讨论。

一、政治制度之凝结

历代的政治制度虽似不同，实际只是名义上的差别。官制不过是汉代的官制，由一朝初盛到一朝衰败期间官制上所发生的变化，也不能脱离汉代变化的公例。每朝盛期都有定制，宰相的权位尤其重要，是发挥皇权的合理工具，甚至可以限制皇帝的行动。但到末世，正制往往名存实亡，正官失权，天子的近臣如宦官、外戚、幸臣、小吏之类弄权专政，宰相反成虚设。专制的皇帝很自然的不愿信任重臣，因为他们是有相当资格的人，时常有自己的主张，不见得完全听命。近臣地位卑贱，任听皇帝吩咐，所以独尊的天子也情愿委命寄权，到最后甚至皇帝也无形中成了他们的傀儡。

例如汉初高帝、惠帝、吕后、文帝、景帝时代的丞相多为功臣，皇帝对他们也不得不敬重。他们的地位巩固，不轻易被撤换。萧何在相位十四年，张苍十五年，陈平十二年，这都是后代少见的例。萧何、曹参、陈平、灌婴、申屠嘉五个丞相都死在任上，若不然年限或者更长。①

丞相在自己权限范围以内的行动，连皇帝也不能过度干涉。例如申屠嘉为相，一日入朝，文帝的幸臣邓通在皇帝前恃宠怠慢无礼，丞相大不满意，向皇帝发牢骚：

陛下幸爱群臣，则富贵之。至于朝廷之礼，不可以不肃！

文帝只得抱歉地答复："君勿言，吾私之。"但申屠嘉不肯放松，罢朝之后回相府，正式下檄召邓通，并声明若不即刻报到就必斩首。邓通大恐，跑到皇帝前求援，文帝叫他只管前去，待危急时必设法救应。邓通到相府，免冠赤足，顿首向申屠嘉谢罪，嘉端坐自如，不肯回礼，并声色俱厉地申斥一顿：

夫朝廷者，高皇帝之朝廷也。通小臣，戏殿上，大不敬，当斩！史今行斩之！

"大不敬"在汉律中是严重的罪名，眼看就要斩首。邓通顿首不已，满头出血，申屠嘉仍不肯宽恕。文帝计算丞相的脾气已经发作到满意的程度，于是遣使持节召邓通，并附带向丞相求情："此吾弄臣，君释之！"邓通回去见皇帝，一边哭，一边诉苦："丞相几杀臣！"②

这幕活现的趣剧十足地表明汉初丞相的威风，在他们行使职权的时候连皇帝也不能干涉，只得向他们求情。后来这种情形渐渐变化。武帝

① 俱见《汉书》卷一九下《百官公卿表下》。
② 《汉书》卷四二《申屠嘉传》。

时的丞相已不是功臣，因为功臣已经死尽。丞相在位长久或死在任上的很少，同时有罪自杀或被戮的也很多。例如李蔡、庄青翟、赵周、公孙贺、刘屈牦都不得善终。① 并且武帝对丞相不肯信任，相权无形减少。丞相府原有客馆，是丞相收养人才的馆舍。武帝的丞相权小，不能多荐人，客馆荒凉，无人修理；最后只得废物利用，将客馆改为马厩、车库或奴婢室!②

武帝似乎故意用平庸的人为相，以便于削夺相权。例如田千秋本是关中高帝庙的卫寝郎，无德无才，只因代卫太子诉冤，武帝感悟，于是就拜千秋为大鸿胪，数月之间拜相封侯。一言而取相位，这是连小说家都不敢轻易创造的奇闻。这件事不幸又传出去，贻笑外国。汉派使臣聘问匈奴，单于似乎明知故问：

闻汉新拜丞相。何用得之？

使臣不善辞令，把实话说出，单于讥笑说：

苟如是，汉置丞相非用贤也，妄一男子上书即得之矣!

这个使臣忠厚老实，回来把这话又告诉武帝。武帝大怒，认为使臣有辱君命，要把他卜吏治罪。后来一想不妥当，恐怕又要贻笑大方，只得宽释不问。③

丞相的权势降低，下行上奏的文件武帝多托给中书谒者令。这是皇帝左右的私人，并且是宦官。这种小人"领尚书事"，丞相反倒无事可作。武帝晚年，卫太子因巫蛊之祸自杀，昭帝立为太子，年方八岁，武帝非托孤不可。于是就以外戚霍光为大司马大将军领尚书事，受遗诏辅政。④ 大司马大将军是天下最高的武职，领尚书事就等于"行丞相事"，是天下最高的政权。武帝一生要削减相权，到晚年有意无意间反把相权与军权一并交给外戚。从此西汉的政治永未再上轨道。皇帝要夺外戚的权柄就不得不引用宦官或幸臣，最后仍归失败，汉的天下终被外戚的王莽所篡。至于昭帝以下的丞相，永久无声无臭，大半都是老儒生，最多不过是皇帝备顾问的师友，并且往往成为贵戚的傀儡。光武中兴，虽以恢复旧制相标榜，但丞相旧的地位永未恢复，章帝以后的天下又成了外

---

① 《汉书》卷五八《公孙弘传》，卷六六《公孙贺传》、《刘屈牦传》。
② 《汉书》卷五八《公孙弘传》。
③ 《汉书》卷六六《田千秋传》。
④ 《汉书》卷六《武帝纪》、卷六八《霍光传》。

戚、宦官交互把持的局面。

后代官制的变化，与汉代如出一辙。例如唐朝初期三省的制度十分完善。尚书省总理六部行政事宜，尚书令或尚书仆射为正宰相。门下侍中可称为副宰相，审查诏敕，并得封驳奏钞诏敕。中书令宣奉诏敕，也可说是副宰相。但高宗以下天子左右的私人渐渐用"同中书门下平章事"的名义夺取三省的正权，这与汉代的"领尚书事"完全相同。①

唐以后寿命较长的朝代也有同样的发展。宋代的制度屡次改革，但总的趋势也与汉唐一样。南渡以后，时常有临时派遣的御营使或国用使一类的名目，操持宰相的实权。明初有中书省，为宰相职。明太祖生性猜忌，不久就废宰相，以殿阁学士勉强承乏。明朝可说是始终没有宰相，所以宦官才能长期把持政治。明代的演化也与前代相同，不过健全的宰相当权时代未免太短而已。满清以外族入主中国，制度和办法都与传统的中国不全相同，晚期又与西洋接触，不得不稍微摹仿改制。所以清制与历来的通例不甚相合。

历朝治世与乱世的制度不同，丞相的权位每有转移。其时间常发生一个有趣的现象：就是前代末朝的乱制往往被后代承认为正制。例如尚书、中书、门下三省，乃是汉末魏晋南北朝乱世的变态制度；但唐代就正式定它为常制。枢密院本是唐末与五代的反常制度，宋朝也定它为正制。但这一切都不过是名义。我们研究历代的官制，不要被名称所误。两代可用同样的名称，但性质可以完全不同。每代有合乎宪法的正制，有小人用事的乱制。各朝的正制有公同点，乱制也有公同点；名称如何，却是末节。盛唐的三省等于汉初的丞相，与汉末以下演化出来的三省全不相同。以此类推，研究官制史的时候就不至被空洞的官名所迷惑了。

二、中央与地方

宰相权位的变化，二千年间循环反复，总演不出新的花样。变化的原动力是皇帝与皇帝左右的私人，与天下的人民全不相干。这在一个消极的社会是当然的事。

中央与地方的关系，秦汉以下也有类似的定例。太平时代中央政府

---

① 《新唐书》卷四六《百官志一》、卷四七《百官志二》。

大权在握，正如秦汉的盛世一样。古代封建制度下的阶级到汉代早已消灭。阶级政治过去后，按理可以有民众政治出现；但实际自古至今在任何地方也没有发生过真正的全民政治，并且在阶级消灭后总是产生个人独裁的皇帝政治，没有阶级的社会，无论在理论上如何美善，实际上总是一盘散沙。个人、家族，以及地方的离心力非常强大，时时刻刻有使天下瓦解的危险。社会中并没有一个健全的向心力，只有专制的皇帝算是勉强沙粒结合的一个不很自然的势力。地方官必须由皇帝委任，向皇帝负责；不然天下就要分裂混乱。并且二千年来的趋势是中央集权的程度日愈加深。例如汉代地方官只有太守是直接由皇帝任命，曹椽以下都由太守随意选用本郡的人。南北朝时，渐起变化。隋就正式规定大小地方官都受命于朝廷，地方官回避乡土的制度无形成立。① 若把这种变化整个认为是由于皇帝或吏部愿意揽权，未免因果倒置。主要的关系恐怕还是因为一般的人公益心日衰，自私心日盛，在本乡作官弊多利少，反不如外乡人还能比较公平客观。所以与其说皇帝愿意绝对集权，不如说他不得不绝对集权。

乱世的情形正正相反。帝权失坠，个人、家族与地方由于自然的离心力又恢复了本质的散沙状态。各地豪族、土官、流氓、土匪的无理的专制代替了皇帝一人比较合理的专制。汉末三国时代与安史乱后的唐朝和五代十国都是这种地方官专擅的好例；最多只维持一个一统的名义，往往名义上也为割据。例如唐的藩镇擅自署吏，赋税不解中央，土地私相授受，甚至传与子孙。② 这并不是例外，以前或以后的乱世也无不如此。在这种割据时代，人民受的痛苦，由民间历来喜欢传诵的"宁作太平犬，勿作乱世民"的话，可以想见。乱世的人无不希望真龙天子出现，因为与地方小朝廷的地狱比较起来，受命王天下的政治真是天堂。

宋以下好似不大见到割据的局面，但这只是意外原因所造出的表面异态，北宋未及内部大乱，中原就被外族征服。南宋也没有得机会形成内部割据，就被蒙古人吞并。这都是外来的势力使中国内部不得割据的例证。元末汉人驱逐外族，天下大乱，临时又割据起来。明末流寇四起，眼看割据的局面就要成立，恰巧满清入关，中国又没有得内部自由捣乱。清末民初割据的局面实际已经成立，只因在外族势力的一方面威

---

① 顾炎武《日知录》卷八《掾属》。
② 《新唐书》卷五〇《兵志》、卷二一〇《藩镇列传》。

胁一方面维持之下，中国不得不勉强摆出一个统一的面目。所以在北京政府命令不出国门的时候，中国名义上仍是一个大一统的中华民国。最近虽略有进步，这种情形仍未完全过去。所以宋以下历史的趋势与从前并无分别；只因外族势力太大，内在的趋势不得自由活动而已。

三、文官与武官

文官武官的相互消长也与治乱有直接的关系。盛世的文官重于武官，同品的文武二员，文员的地位总是高些。例如汉初中央三公中的丞相高于太尉，地方的郡守高于郡尉，全国的大权一般讲来也都操在文吏的手中。① 又如唐初处宰相地位的三省长官全为文吏，军权最高的兵部附属于尚书省，唐制中连一个与汉代太尉相等的武官也没有。②

独裁的政治必以武力为最后的基础。盛世是皇帝一人的武力专政，最高的军权操于一手，皇帝的实力超过任何人可能调动的武力。换句话说，皇帝是大军阀，实力雄厚，各地的小军阀不敢不从命。但武力虽是最后的条件，直接治国却非用文官不可；文官若要合法的行政，必须不受皇帝以外任何其他强力的干涉支配；若要不受干涉，必须有大强力的皇帝作后盾。所以治世文胜于武，只是一般的讲；归结到最后，仍是强力操持一切。这个道理很明显，历史上的事实也很清楚，无需多赘。中国历史上最足以点破这个道理的就是宋太祖杯酒解兵权的故事：

> 乾德初，帝因晚朝与守信等饮酒。酒酣，帝曰："我非尔曹不及此，然吾为天子，殊不若为节度使之乐。吾终夕未尝安枕而卧！"
>
> 守信等顿首曰："今天命已定，谁复敢有异心，陛下何为出此言耶？"
>
> 帝曰："人孰不欲富贵？一旦有以黄袍加汝之身，虽欲不为，其可得乎？"
>
> 守信等谢曰："臣愚不及此，惟陛下哀矜之！"
>
> 帝曰："人生驹过隙尔，不如多积金、市田宅以遗子孙，歌儿舞女以终天年。君臣之间无所猜嫌，不亦善乎？"

① 《汉书》卷一九上《百官公卿表上》。
② 《新唐书》卷四六《百官志一》、卷四七《百官志二》。

> 守信谢曰："陛下念及此，所谓生死而肉骨也！"
>
> 明日皆称病，乞解兵权。帝从之，皆以散官就第，赏赉甚厚。[1]

宋初经过唐末五代的长期大乱之后，求治的心甚盛，所以杯酒之间大军阀能将小军阀的势力消灭。此前与此后的开国皇帝没有这样便宜，他们都须用残忍的诛戮手段或在战场上达到他们的目的。

乱世中央的大武力消灭，离心力必然产生许多各地的小武力。中央的军队衰弱，甚至消灭，有力的都是各地军阀的私军。这些军阀往往有法律的地位，如东汉末的州牧都是朝廷的命官，但实际却是独立的军阀。[2] 唐代的藩镇也是如此。此时地方的文官仍然存在，但都成为各地军阀的傀儡，正如盛世的文官都为大军阀（皇帝）的工具一样。名义上文官或仍与武官并列，甚或高于武官；但实情则另为一事。例如民国初年各省有省长有督军，名义上省长高于督军；但省长的傀儡地位在当时是公开的秘密。并且省长常由督军兼任，更见得省长的不值钱了。

乱世军阀的来源，古今也有公例。最初的军阀本多是中央的巡察使，代中央监察地方官，本人并非地方官。汉的刺史、州牧当初是巡阅使，并非行政官。[3] 唐代节度使的前身有各种的监察使，也与汉的刺史一样。后来设节度使，兵权虽然提高，对地方官仍是处在巡阅的地位；只因兵权在握，才无形中变成地方官的上司。[4] 这种局面一经成立，各地的强豪、土匪以及外族都可乘〔趁〕火打劫而成军阀。如汉末山贼张燕横行河北诸郡，朝廷不能讨，封为平难中郎将，领河北诸山谷事，每年并得举孝廉。[5] 唐末天下大乱，沙陀乘机发展，以致引起后日五代时期的沙陀全盛局面。[6] 这些新军阀都是巡察官的军阀制度成立后方才出现的。

四、士大夫与流氓

在一盘散沙的社会状态下，比较有组织的团体，无论组织如何微弱

---

① 《宋史》卷二五〇《石守信传》。
② 《后汉书》卷一〇四《袁绍传》。
③ 《汉书》卷一九上《百官公卿表上》。
④ 《新唐书》卷五〇《兵志》、卷二一〇《藩镇列传》。
⑤ 《后汉书》卷一〇一《朱俊传》。
⑥ 《新唐书》卷二一八《沙陀传》。

或人数如何稀少，都可操纵一般消极颓靡的堕民。中国社会自汉以下只有两种比较强大的组织，就是士大夫与流氓。

士大夫团体的萌芽，远在战国时代。古代的贵族政治破裂，封建的贵族被推翻，在政治上活动的新兴人物就是智识份子，在当时称为游说之士。但在战国时代百家争鸣，游说之士并非一个纯一而有意识的团体。这种团体的实现是汉武帝废百家，崇儒术，五经成为作官捷径后的事。隋唐以下，更加固定的科举制度成立，愈发增厚士大夫的团结力量。儒人读同样的书，有同样的目标，对事有同样的态度，并且因为政治由他们包办，在社会上他们又多是大地主，所以他们也可说有公同的利益。虽无正式的组织，他们实际等于一个政党，并且是唯一的政党。由此点看，一党专政在中国倒算不得稀奇！皇帝利用儒人维持自己的势力，儒人也依靠皇帝维持他们的利益。这些士大夫虽不是一个世袭的贵族阶级，却是唯一有公同目标的团体，所以人数虽少，也能操纵天下的大局。

但士大夫有他们特殊的弱点，以每个份子而论，他们都是些文弱的书生，兵戎之事全不了解，绝对不肯当兵。太平盛世他们可靠皇帝与团体间无形的组织维持自己的势力。天下一乱，他们就失去自立自主的能力，大权就移到流氓的手中。士大夫最多只能守成，并无应付变局的能力。每次天下乱时士大夫无能为〈力〉的情形就暴露无遗。乱世士大夫的行为几乎都是误国祸国的行为，古今绝少例外。他们的行为不外三种。第一，是无谓的结党误国。东汉末的党祸，宋代的新旧党争，明末的结党，是三个最明显的例。三例都是在严重的内忧或外患之下的结党营私行为。起初的动机无论是否纯粹，到后来都成为意气与权力的竞争；大家都宁可误国，也不肯牺牲自己的意见与颜面，当然更不肯放弃自己的私利。各党各派所谈的都是些主观上并不诚恳客观上不切实际的高调。[1]

乱世士大夫的第二种行为就是清谈。一般的高调当然都可说是清谈，但典型的例却是魏晋时代的清静无为主义。胡人已经把凉州、并州、幽州（略等于今日甘肃、山西、河北三省）大部殖民化[2]，中国的内政与民生也到了山穷水尽的时候，一些负政治责任的人与很多在野的人仍在谈玄，这可说是一种逃避现实的行为。[3] 今日弄世丧志的小品幽

---

① 除正史外，可参考赵翼《廿二史札记》卷五、卷二六、卷三五。
② 《晋书》卷五六《江统传》、卷九七《匈奴传》。
③ 赵翼《廿二史札记》卷八。

默文字，与一知半解的钞袭西洋各国的种种主义与盲目的号呼宣传，可说是两种不同的二十世纪式的清谈。

乱世士大夫的第三种行为就是作汉奸。作汉奸固然不必需要士大夫，但第一等的汉奸却只有士大夫才有资格去作。刘豫与张邦昌都是进士出身。洪承畴也是进士。

流氓团体与士大夫同时产生。战国时代除游说之士外，还有游侠之士。他们都肯为知己的人舍身卖命，多为无赖游民出身；到汉代皇帝制度成立后，费了九牛二虎之力才把侠士太公开的自由行动大致铲除。① 但这种风气始终没有消灭，每逢乱世必定抬头。由东汉时起，流民也有了组织，就是宗教集团。最早的例就是黄巾贼。② 松散的人民除对家族外，很少有团结的能力。只有利用宗教的迷信与神秘的仪式才能使民众团结。由东汉时代起，历代末世都有类似黄巾贼的团体出现。黄巾贼的宣传，提出"苍天已死，黄天当立；岁在甲子，天下大吉"似通不通的神秘口号。唐末黄巢之乱，也倡出黄应代唐的妖言。③ 元末白莲教盛行一时④，明代（尤其明末）历批的流寇仍多假借白莲教或其他邪教的名义。⑤ 满清末季的白莲教、天理教、八卦教⑥以及义和团都是这类的流氓、愚民与饿民的团体。流氓是基本份子，少数愚民被利用，最后饿民大批入教。一直到今日，在报纸上还是时常发现光怪陆离的邪教在各地活动。但二千年来的流氓秘密组织是否有一线相传的历史，或只是每逢乱世重新产生的现象，已无从稽考了。

太平时代，流氓无论有组织与否，都没有多大的势力。但唯一能与士大夫相抗的却只有这种流氓团体。梁山泊式劫富济贫、代天行道的绿林好汉，虽大半是宣传与理想，但多少有点事实的根据。强盗、窃贼、扒手、赌棍以及各种各类走江湖的帮团的敲诈或侵略的主要对象就是士大夫。流氓的经济势力在平时并不甚强，但患难相助的精神在他们中间反较士大夫间发达，无形中增加不少的势力。

流氓团体也有它的弱点。内中的份子几乎都是毫无知识的人，难成大事。形式上的组织虽较士大夫为强，然而实际也甚松散。《水浒》中

① 《汉书》卷九二《游侠列传》。
② 《后汉书》卷一〇一《皇甫嵩传》。
③ 《新唐书》卷二二五下《黄巢传》。
④ 《明史》卷一二二《韩林儿传》。
⑤ 赵翼《廿二史札记》卷三六《明代先后流贼》。
⑥ 魏源《圣武记》卷一〇。

的义气只是理想化的浪漫故事。真正大规模的坚强组织向来未曾实现过，所以在太平时代流氓不能与士大夫严重对抗，并且往往为士大夫所利用：大则为国家的武官或捕快，小则为士大夫个人的保镖。由流氓团体的立场来看，这是同类相残的举动，可说是士大夫"以夷制夷"政策成功的表现。

但遇到乱世，士大夫所依靠的皇帝与组织失去效用，流氓集团就可临时得势。天下大乱，大则各地割据的土皇帝一部为流氓头目出身，小则土匪遍地，官宪束手，各地人民以及士大夫都要受流氓地痞的威胁与侵凌。人民除正式为宫廷纳税外，还须法外的与土匪纳保险费，否则身家财产都难保障。士大夫为自保起见，往往被迫加入流氓集团，为匪徒奔走，正如太平时代士大夫的利用流氓一样。以上种种的情形，对民国初期的中国人都是身经、目睹或耳闻的实情，无需举例。

流氓虽然愚昧，但有时也有意外的成就。流氓多无知，流氓集团不能成大事；但一二流氓的头目因老于世故，知人善任，于大乱时期间或能成大领袖，甚至创造帝业。汉高祖与明太祖是历史上有名的这类成功人物。但这到底是例外，并且他们成事最少一部分须靠士大夫的帮助，成事之后更必须靠士大夫的力量保守成业，天下的权力于是无形中又由流氓移到士大夫的手里。

五、朝代交替

"话说天下大势，分久必合，合久必分。"谁都知道这是《三国志演义》的开场白，也可说是二千年来中国历史一针见血的口诀。一治一乱之间，并没有政治社会上真正的变化，只有易姓王天下的角色更换。我们在以上各节所讲的都是治世与乱世政治社会上各种不同的形态，但没有提到为何会有这种循环不已的单调戏剧。朝代交替的原因或者很复杂，但主要的大概不外三种，就是皇族的颓废，人口的增长与外族的迁徙。

第一种是个人的因素，恐怕不很重要；但因传统的史籍上多偏重这一点，我们不妨略为谈及。皇族的颓废化是一个自然的趋势，有两方面：一是生物学的或血统的，一是社会学的或习惯的。任何世袭的阶级，无论人数多少，早晚总要遇到一个无从飞渡的难关，就是血统上的退化。从古至今没有一个贵族阶级能维持长久，原因虽或复杂，但血统的日趋退化必是一个很重要的原因。法国革命前的贵族都是新贵，中古的贵族都已死净或堕落。今日英国的贵族能上溯到法国革命时代的已算是老资格的了。至于贵族中的贵族（王族或皇族）因受制度的维护，往往不至短期间就死净或丧失地位，但血统上各种不健全的现象却无从避免。百年战争时代（十四与十五世纪间）的法国王族血统中已有了深重的神经病苗。今日欧洲各国的王族几乎没有一个健全的；只因实权大多不操在王手，所以身体上与神经上的各种缺陷无关紧要。但中国自秦汉以下是皇帝专制的局面，皇帝个人的健全与否对于天下大局有很密切的关系。低能或愚昧的皇帝不只自己可走错步，他更容易受人包围利用。中国历代乱时几乎都有这种现象。至于血统退化的原因，那是生物学与优生学的问题，本人无需离题多赘。

皇族的退化不只限于血统，在社会方面皇帝与实际的人生日愈隔离，也是一个大的弱点。创业的皇帝无论是否布衣出身，但总都是老经世故明了社会情况的领袖，所以不至受人愚弄。后代的皇帝生长在深宫之中，从生到死往往没有见过一个平民的面孔，对人民的生活全不了解。例如晋惠帝当天下荒乱，百姓饿死的时候，曾说："何不食肉糜？"[①] 法国革命时巴黎饿民发生面包恐慌，路易第十六世的美丽王后也曾问过："他们为何不吃糕饼？"这样的一个皇帝，即或身心健全，动机纯粹，也难以合理地治理国家，必不免为人包围利用；若再加上血统的腐化，就更不必说了。

皇族的退化只是天下大乱的一个次要原因。由中国内部的情形来讲，人口的增长与生活的困难恐怕是主要的原因。这个问题非常重要，下面另辟一节讨论。由外部的情形来讲，气候的变化与游牧民族的内侵是中国朝代更换的主要原因。大地上的气候似乎是潮湿期与干燥期轮流当位。潮湿期农产比较丰裕，生活易于维持，世界上各民族间不致有惊人的变动。干燥期间土著地带因出产减少，民生日困。并且经过相当长的潮湿期与太平世之后，人口往往已达到饱和状态，农收丰裕已难维生，气候若再忽然干燥，各地就立刻要大闹饥荒。所以内在的因素已使土著地带趋向混乱。同时沙漠或半沙漠地带的游牧民族因气候骤变，生活更难维持；牛羊大批的饿死，寄生的人类也就随着成了饿殍。游牧民族在平时已很羡嫉土著地带的优裕生活，到了非常时期当然要大批地冲

---

① 《晋书》卷四《惠帝纪》。

入他们心目中的乐国。古今来中国的一部或全部被西北或东北的外族征服，几乎都在大地气候的干燥时期。这绝不是偶然的事。① 中国被外族征服是二千年来历史上的一件重大公案，下面也另节引申讨论。

六、人口与治乱

食料的增加有限，人口的增加无穷，这在今日已是常识。一切生物都自然的趋向于无限的繁殖，中国传统的大家族制度与"不孝有三，无后为大"的香火主义使人口增加的速度更加提高。一家数十口，靠父祖的遗产坐吃山空，都比赛着娶妻生子。甚至没有遗产或遗产甚少，但数十口中若有一二人能够生产，全家就都靠这一二人生活繁殖。所以在小家庭的社会被淘汰的废人游民，在中国也都积极地参加人口制造的工作。并且按人类生殖的一般趋势，人愈无用生殖愈多，低能儿之生儿育女的能力远超常人，生殖似乎是废人唯一的用处与长处。所以中国不只人口增加的特别快，并且人口中的不健全分子的比例恐怕也历代增加。这大概是二千年来中国民族的实力与文化日愈退步的一个主要原因。

中国到底能养多少人口，是一个难以解答的问题。人口的统计向来不甚精确。先秦时代可以不论，由汉至明的人口，按官家的统计，最盛时也不过六千万左右，大乱后可以减到一二千万。但这个数目恐怕太低。中国自古以来的人丁税与徭役制度使人民都不肯实报户口；若说明以上中国的人口向来没有达到过七千万，这是很难置信的。由满清时代的人口统计，可以看出前代的记载绝不可靠。② 康熙五十年（西元一七一一）的人口为二千四百万。五十一年，颁"盛世滋生人丁"的诏书，从此以后，人丁赋以康熙五十年为准，这实际等于废人丁税。雍正时代田租与丁赋合并，可说是正式废除人丁税。从此户口实报已无危险，人口的统计不致像前代的虚妄。十年以后，康熙六十年（西元一七二一），

---

① 关于气候变化与游牧民族迁徙的问题，可参考 Ellsworth Huntington 教授的各种著作，最重要的是 *Civilization and Climate*；*The Pulse of Asia*；*Character of Races*。
② 汉代人口最盛时五千九百万（《汉书》卷二八下《地理志下》）。这数目或者还大致可靠。一、因当时的农业方法尚甚幼稚（《汉书》卷二十四上《食货志上》）。二、因今日广东、广西、福建、云南、贵州与四川一部的广大区域方才征服，尚未开发。三、因长江流域一带也没有发展到后日的程度。大概汉时承继古代法治的余风，政治比较上轨道，人民也比较的肯负责，大致准确的人口统计还不是绝对办不到的事。至于唐代人口最盛时只有五千万的记载，绝不可信；此后历代的统计就更不值一顾了。

增到二千七百万。此后增加的速率渐渐达到好像不可信的惊人程度。二十八年后,乾隆十四年(西元一七四九),人口忽然加到前古未有一万〈万〉七千七百万的高度,较前增加了六倍半。二十八年也不过是一世的期间,中国生殖率虽然高,也绝无高到这种程度的道理;显然是前此许多隐瞒的人口现在都出头露面了。再过十年,乾隆二十四年(公元一七五九年),就有一万〈万〉九千四百万。再过二十四年,乾隆四十八年(公元一七八三年),就有二万〈万〉八千四百万,将近三万万的人口高潮了。① 此时社会不安的现象渐渐抬头,高宗逊位之后就发生川楚教匪的乱事,可见饭又不够吃的了。自此以后,至今一百四十年间社会总未安定,大小的乱事不断的发生。所以就拿中国传统极低的生活程度为标准,三万万的人口是中国土地的生产能力所能养的最高限度。历代最高六千万的统计,大概是大打折扣的结果,平均每五人只肯报一人。

至于今日四万万以至五万万的估计,大致也离实情不远。这个超过饱和状态的人口是靠外国粮食维持的。近年来每年六万万元的入超中,总有二万万元属于米麦进口。都市中的人几乎全靠外国粮食喂养,乡间也有人吃洋饭。这在以农立国的中华是生民未有的变态现象。今日的中国好比一个坐吃山空的大破落户,可吃的东西早已吃净,现在专靠卖房卖田以至卖衣冠鞋袜去糊口,将来终有一天产业吃光,全家老小眼看饿死。②

历代人口过剩时的淘汰方法,大概不出三种,就是饥荒、瘟疫与流寇的屠杀。人口过多,丰收时已只能勉强维持;收成略减,就要大闹饥荒。饥荒实际有绝对的与相对的两种。广大的区域中连年不雨或大雨河决,这是绝对的饥荒,人口不负责任。但中国每逢乱世必有的饥荒不见得完全属于这一类,最少一部分是人口过剩时,收成稍微减少,人民就成千累万的饿死。

瘟疫与饥荒往往有连带的关系。食料缺乏,大多数人日常的营养不足,与病菌相逢都无抵抗的能力,因而容易演成大规模的传播性瘟疫。

① 关于历代人口的统计,除散见于正史《地理志》或《食货志》诸篇外,最方便的参考书就是《文献通考》卷一〇至一一《户口考》、《续文献通考》卷一二至一四《户口考》、《清朝文献通考》卷一九至二〇《户口考》。

② "兵在精,不在多",谁都承认。一讲到人口,一般的见解总以为是多多益善。这是不思的毛病。南京中国地理学会出版的《地理学报》第二卷第二期(民国廿四年六月)中有胡焕庸教授《中国人口之分布》一文,可代表多数人的开明见解,注意中国人口问题的人都当一读。

试看历代正史的《本纪》中，每逢末世饥荒与瘟疫总是相并而行，这也绝非偶然的事。

饥荒与瘟疫可说是自然的淘汰因素，人为的因素就是流寇。流寇在二千年来的中国历史上地位非常重要，甚至可说是一种必需的势力。民不聊生，流寇四起，全体饿民都起来夺食，因而互相残杀。赤眉贼、黄巾贼、黄巢、李自成、张献忠是最出名的例。但流寇不见得都是汉人，西晋末的五胡乱华也可看作外族饿民的流寇之祸。

在民乱初起时，受影响的只限于乡间，但到大崩溃时城市与乡间一同遭殃。例如西晋永嘉之乱时：

> 长安城中户不盈百，墙宇颓毁，蒿棘成林。朝廷无车马章服，唯桑版署号而已。众惟一旅，公私有车四乘。[①]

长安城中的人民或死亡，或流散。至于乡间的情形，据永嘉间的并州刺史刘琨的报告：

> 臣自涉州疆，目睹困乏，流移四散，十不存二；携老扶弱，不绝于路。及其在者，鬻卖妻子，生相捐弃；死亡委危，白骨横野，哀呼之声，感伤和气。群胡数万，周匝四山，动足遇掠，开目睹寇。唯有壶关，可得告籴，而此二道，九州之险，数人当路，则百夫不敢进。公私往反，没丧者多，婴守穷城，不得薪采；耕牛既尽，又乏田器。

后来刘琨转战到达晋阳（今太原），只见

> 府寺焚毁，僵尸蔽地，其有存者，饥羸无复人色。荆棘成林，豺狼满道。[②]

城乡人口一并大减。历史中所谓"人民十不存一二"或许说得过火，但大多数人民都死于刀兵水火或饥饿，是无可怀疑的。

民间历代都有"劫"的观念，认为天下大乱是天命降劫收人。这种民间迷信实际含有至理。黄巢的杀人如麻，至今还影射在民族心理的戏剧中。黄巢前生本为目连，因往地狱救母，无意中放出八百万饿鬼；所以他须托生为收人的劫星，把饿鬼全部收回。凡该被收的人，无论藏在什么地方，也逃不了一刀。这就是所谓"黄巢杀人八百万，在劫难逃"。

---

① 《晋书》卷五《愍帝纪》。
② 俱见《晋书》卷六二《刘琨传》。

这种神秘说法实际代表一个惨痛的至理。那八百万人（黄巢直接与间接所杀的恐怕还不只此数），无论当初是否饿鬼，但实际恐怕大多数是饿民或候补的饿民，屠杀是一个简直了当的解决方法。[①]

历代人口的增减有一个公式，可称为大增大减律。增加时就增到饱和点甚至超饱和点，减少时就减到有地无人种有饭无人吃的状态。人口增多到无办法时，由上到下都感到生活困难：官吏受了生活恐慌心理的影响，日愈贪污，苛捐杂税纷至沓来。民间的壮健分子在饥寒与贪污的双层压迫下，多弃地为匪，或入城市经营小本工商，或变成无业的流民与乞丐。弃地日多，当初的良田一部成为荒地，生产愈少，饥荒愈多。盗匪遍地之后，凡不愿死于饥荒或匪杀的农民，也多放弃田地，或入城市，或为盗匪。荒地愈多，生产愈少，生产愈少，饥荒愈甚；饥荒愈甚，盗匪愈多，盗匪愈多，荒地愈广。这个恶圈最后一定发展到良民与盗匪无从辨别的阶段，这就是流寇的阶段。

长期的酝酿之后，人口已经减少，再加最后阶段的流寇屠杀，当初"粥少僧多"的情形必一变而成"有饭无人吃"的局面。至此天下当然太平，真龙天子也就当然出现。大乱之后，土地食料供过于求，在相当限度以内，人口可再增加而无饥荒的危险。所以历史上才有少则数十年、多则百年的太平盛世：西汉初期的文景之治，东汉初期的中兴之治，唐初的贞观之治，清代康熙乾隆间的百年太平，都是大屠杀的代价所换来的短期黄金境界。生活安逸，社会上争夺较少，好弄词藻的文人就作一套"路不拾遗，夜不闭户"的理想文章来点缀这种近于梦幻的境界。

但这种局面难以持久。数十年或百年后，人口又过剩，旧的惨剧就须再演一遍。

七、中国与外族

二千年来外族在中国历史上的地位非常重要。在原则上，中国盛强就征服四夷，边境无事，中国衰弱时或气候骤变时游牧民族就入侵扰乱，甚或创立朝代。但实际二千年来中国一部或全部大半都在外祸之下

[①] 《新唐书》卷二二五《黄巢传》。黄巢的八百万饿鬼中还有不少的洋鬼！见张星烺教授《中西交通史料汇编》第三册第二九节。

呻吟。五胡乱华与南北朝的三百年间，中原是外族的地盘。后来隋唐统一中国算又自主。但隋与盛唐前后尚不到二百年，安史之乱以后，由肃宗到五代的二百年间，中原又见胡蹄时常出没，五代大部是外族扰攘的时期。北宋的一百六七十年间，中国又算自主，但国防要地的燕、云始终属于契丹，同等重要的河西之地又属西夏。南宋的一百五十年间，北方又成了女真的天下。等到女真已经汉化之后，宋金同归于尽，一百年间整个的中国是蒙古大帝国的一部，这是全部中国的初次被征服。明朝是盛唐以后汉族唯一的强大时代，不只中国本部完全统一，并且东北与西北两方面的外族也都能相当的控制。这种局面勉强维持了约有二百年，明末中国又渐不能自保，最后整个的中国又第二次被外族征服。二百年后，满人已经完全汉化，海洋上又出现了后来居上的西洋民族。鸦片一战以后，中国渐渐成为西洋人的势力，一直到今天。

中国虽屡次被征服，但始终未曾消灭，因为游牧民族的文化程度低于中国，入主中国后就都汉化。只有蒙古人不肯汉化。[①] 所以不到百年就被驱逐。游牧民族原都尚武，但汉化之后，附带的也染上汉族的文弱习气，不能振作，引得新的外族又来内侵。蒙古人虽不肯汉化，但文弱的习气却已染上，所以汉人不很费力就把他们赶回沙漠。

鸦片战争以下，完全是一个新的局面。新外族是一个高等文化民族，不只不肯汉化，并且要同化中国。这是中国有史以来所未曾遭遇过的紧急关头，唯一略为相似的前例就是汉末魏晋的大破裂时代。政治瓦解到不可收拾的地步，因而长期受外族的侵略与统治。旧文化也衰弱僵化，因而引起外来文化势力的入侵，中国临时完全被佛教征服，南北朝时代的中国几乎成了印度中亚文化的附庸。但汉末以下侵入中国的武力与文化是分开的，武力属于五胡，文化属于印度。最近一百年来侵入中国的武力与文化属于同一的西洋民族，并且武力与组织远胜于五胡，文化也远较佛教为积极。两种强力并于一身而向中国进攻，中国是否能够支持，很成问题。并且五胡与佛教入侵时，中国民族的自信力并未丧失，所以仍能得到最后的胜利：五胡为汉族所同化，佛教为旧文化所吸收。今日民族的自信力已经丧失殆尽，对传统中国的一切都根本发生怀疑。这在理论上可算为民族自觉的表现，可说是好现象。但实际的影响有非常恶劣的一方面：多数的人心因受过度的打击都变为麻木不仁，甚

---

① 赵翼《廿二史札记》卷三〇。

至完全死去，神经比较敏捷的人又大多盲目地崇拜外人，捉风捕影，力求时髦，外来的任何主义或理论都有它的学舌的鹦鹉。这样说来，魏晋南北朝的局面远不如今日的严重，我们若要找可作比较的例证，还须请教别的民族的历史。

古代的埃及开化后，经过一千余年的酝酿，在西前一六〇〇年左右全国统一，并向外发展，建设了一个大帝国，正如中国的秦汉时代一样。这个帝国后来破裂，时兴时衰，屡次被野蛮的外族征服，但每次外族总为埃及所同化。这与中国由晋至清的局面相同。最后于西前五二五年埃及被已经开化的波斯人征服，埃及文化初次感到威胁。但波斯帝国不能持久，二百年后埃及又为猛进的希腊人所征服。从此埃及文化渐渐消灭，亚历山大利亚后来成为雅典以外最重要的希腊文化城。从此经过罗马帝国时代，埃及将近千年是希腊文化的一部分。最后在西元六三九至六四三年间，埃及又为回教徒的亚拉伯人所征服，就又很快的亚拉伯化，一直到今天埃及仍是亚拉伯文化的一部分。今日在尼罗河流域只剩有许多金字塔与石像还属于古埃及文化。宗教以及风俗习惯都已亚拉伯化，古文字也早已被希腊文与亚拉伯文前后消灭，直到十九世纪才又被西洋人解读明白，占埃及的光荣历史才又被人发现。

古代的巴比伦与埃及的历史几乎同时，步骤也几乎完全一致。也是在统一与盛强后屡次被野蛮的外族征服，但外族终被同化。后来被波斯征服，就渐渐波斯化，最后被亚拉伯人征服同化。今日在两河流域的古巴比伦地已经找不到一个巴比伦人，巴比伦的文字也是到十九世纪才又被西洋的考古学家解读明白的。

中国是否也要遭遇古代埃及与巴比伦的命运？我们四千年来的一切是否渐渐都要被人忘记？我们的文字是否也要等一二千年后的异族天才来解读？但只怕汉文一旦失传，不是任何的天才所能解读的！这都是将来的事，难以武断地肯定或否定。但中国有两个特点，最后或有救命的效能，使它不至遭遇万劫不复的悲运。中国的地面广大，人口众多，与古埃及巴比伦的一隅之地绝不可同日而语。如此广大的特殊文化完全消灭，似非易事。但现代战争利器的酷烈也为前古所未有，西洋各国宣传同化的能力也是空前的可怕，今日中国人自信力的薄弱也达到了极点，地大人多似乎不是十分可靠的保障。

另外一个可能的解救中国文化的势力就是中国的语言文字。汉文与其他语文的系统都不相合，似乎不是西洋任何的语文所能同化的。民族文化创造语言文字，同时语言文字又为民族文化所寄托，两者有难以分离的关系，语言文字若不失掉，民族必不至全亡，文化也不至消灭。亚拉伯人所同化的古民族中，只有波斯人没有失去自己的语言文字，所以今日巴比伦人与埃及人已经绝迹于天地间，但波斯地方居住的仍是波斯人，他们除信回教之外，其他都与亚拉伯人不同。并且他们所信的回教是亚拉伯人所认为异端的派别，这也是波斯人抵抗亚拉伯文化侵略的表现。这种抵抗能力最少一部分是由于语言文字未被同化。西洋文化中国不妨尽量吸收，实际也不得不吸收，只要语言文字不贸然废弃，将来或者终有消化新养料而复兴的一天。

（原载：清华大学《社会科学》第 1 卷第 4 期，1936 年 7 月。）

断代问题与中国历史的分期
(1936)

断代是普通研究历史的人所认为一个无关紧要的问题。试看一般讲史学方法的书，或通史的叙论中，对此问题都有一定的套语，大致如下：

> 历史上的变化都是积渐的，所有的分期都是为研究的便利而定，并非绝对的。我们说某一年为两期的分界年，并不是说某年的前一年与后一年之间有截然不同之点，甚至前数十年与后数十年之间也不见得有很大的差别。我们若把这个道理牢记在心，就可分历史为上古、中古、近代三期而不致发生误会了。

这一类的话在西洋的作品中时常遇到，近年来在中国也很流行一时。话都很对，可惜都不中肯要。历史就是变化，研究历史就为的是明了变化的情形。若不分期，就无从说明变化的真相。宇宙间的现象，无论大小，都有消长的步骤；人类文化也脱离不了宇宙的范围，也绝不是一幅单调的平面图画。但因为多数研究的人不注意此点，所以以往的分期方法几乎都是不负责任的，只粗枝大叶地分为上古、中古、近代，就算了事。西洋人如此，中国人也依样葫芦。比较诚恳一点的人再细分一下，定出上古、中古、近古、近世、近代、现代一类的分期法，就以为是独具匠心了。这种笼统的分法比不分期也强不了许多，对于变化的认清并没有多大的帮助。不分期则已；若要分期，我们必须多费一点思索的工夫。

一、正名

"名不正则言不顺"这一句话，很可移用在今日中国史学界的身上。

无论关于西洋史或中国史，各种名义都不严正，这是断代问题所以混乱的一个主要原因。我们若先将各种含意混沌的名词弄清，问题就大半解决了。

西洋史上古、中古、近代的正统分期法，是文艺复兴时代的产物。当时的文人对过去数百年以至千年的历史发生了反感，认为自己的精神与千年前的罗马人以至尤前的希腊人较为接近，与方才过去的时代反倒非常疏远。他们奉希腊罗马的文献为经典（classics），现在为这种经典的复兴时代（Renaissance），两期中间的一段他们认为是野蛮人，尤其是戈特人的时代（Barbarous 或 Gothic），或黑暗时代（Dark Ages），恨不得把它一笔勾销。他们只肯认为这是两个光明时代之间的讨厌的中间一段，甚至可说是隔断一个整个的光明进展的障碍物，除"野蛮"、"戈特"或"黑暗"之外，他们又称它为"中间时代"①，字中含有讥讽厌弃的意义。希腊罗马就称为经典时代（Classical Ages），又称为古代或上古（Antiquity）。"经典"当然是褒奖的名词，连"古代"也有美的含意。他们那时的心理也与中国汉以下的情形一样，认为"古"与"真美善"是一而二、二而一的。因为崇拜"古"，所以"古代"就等于"理想时代"或"黄金时代"。至于他们自己这些崇拜"古代"的人，就自称为"摩登时代"或新时代（Modern Age）。所谓"摩登"与近日一般的见解略有不同，并不是"非古"，而是"复古"的意思，是一个"新的古代"或"新的经典时代"，或"经典复兴的时代"。

这种说法并不限于一人，也不倡于一人，乃是文艺复兴时代的普遍见解。虽然不久宗教改革运动发生，宗教信仰又盛极一时，但文艺复兴人物崇拜古代的心理始终没有消灭，历史的三段分法也就渐渐被人公认，直到今日西洋史学界仍为这种分法所笼罩。虽不妥当，在当初这种分法还可勉强自圆其说。"上古"限于希腊罗马；关于埃及、巴比伦和波斯，除与希腊罗马略为发生关系外，他们只由《圣经》中知道一点事实，在正统的历史作品中对这些民族一概置诸不理。十九世纪以下情形大变。地下的发掘增加了惊人的史料与史实，和出乎意料的长的时代。这些都在希腊罗马之前，虽不能称为"经典时代"，却可勉强称为"古代"。地下的发掘愈多，"古代"拉得愈长。到今日，古代最少有四千年，中古最多不过千年，近代只有四五百年。并且把希腊罗马与中古近

① Mediaeval 为拉丁文"中间"（medius）与"时代"（aevum）二字合成。

代的历史打成一片，虽嫌牵强，还可办到。但地下发现的史实太生硬，除了用生吞活剥的方法之外，万难与传统的历史系统融合为一。专讲埃及史或巴比伦史，还不觉得为难；一般希求完备的通史，就感到进退窘迫。凡读通史的人，对希腊以前时间非常长而篇幅非常短的一段都有莫明其妙的感想，几万言或十几万言读过之后，仍是与未读之前同样的糊涂，仍不明白这些话到底与后来的发展有什么关系。近年来更变本加厉，把民族血统完全间断、文化系统线索不明的新石器时代与旧石器时代也加上去①，甚至有人从开天辟地或天地未形之先讲起②，愈发使人怀疑史学到底有没有范围，是否一种大而无外的万宝囊。

西洋人这种不加深思的行动，到中国也就成了金科玉律，我们也就无条件地认"西洋上古"为一个神怪小说中无所不包的乾坤如意袋。西洋人自己既然如此看法，我们也随着附和，还有可说；但摹仿西洋，把中国史也分为三段，就未免自扰了。中国从前也有断代的方法，不过后来渐渐被人忘记。在《易·系辞》中已有"上古""中古"的名称，"上古"是指"穴居野处，结绳而治"的时代，"中古"是指殷周之际，所谓"殷之末世，周之盛德"的纣与文王的时代。③ 以此类推，西周以下当为近代。若求周备，可称西周为"近古"，就是荀子所谓"后王"的时代④，礼乐崩坏，"世风日下"，"人心不古"的春秋战国可称"近世"或"近代"。这大体可代表战国诸子的历史观与历史分期法。秦汉以下，历史的变化较少，一般人生长在不变之世，对于已往轰轰烈烈的变化，渐渐不能明了，史学于是也变成历朝历代的平面叙述。断代的问题并不发生，因为清楚的时代观念根本缺乏。

十九世纪西学东渐以后，国人见西洋史分为三段，于是就把中国史也照样划分。战国诸子的分法到今日当然已不适用，于是就参考西洋的前例，以先秦时代为上古，秦汉至五代为中古，宋以下为近代。再完备

---

① 新石器时代的人类与近人大概有血统的关系，虽然同一地的新石器人类不见得一定是后来开化人类的祖先，文化系统也不见得是一线相传。至于旧石器时代的人类，与近人并不是同一的物种。

② H. G. Wells 的 *Outline of History* 是最早最著名的例。近年来东西各国效颦的人不胜枚举。

③ 见《易·系辞》下。

④ 见《荀子》卷三《非相篇》第五、卷五《王制篇》第九。《韩非子》卷一九《五蠹篇》第四九以有巢、燧人的二代为上古，以尧舜禹之世为中古，以商周为近古，与《荀子》略异。

的就以宋为近古，元明清为近代，近百年为现代。此外大同小异的分期法，更不知有多少。这种分期法倡于何人，已无可考，正如西洋史的三段分法由何人始创的不可考一样。① 但西洋史的三段分法，若把希腊以前除外，还勉强可通；至于中国史的三段分法或五六段分法，却极难说得圆满。

　　近年来中国史的上古也与西洋史的上古遭了同样的命运。中国古代的神话史本来很长，但一向在半信半疑之间，并不成严重的问题。近来地下发现了石器时代的遗物，于是中国史戴上了一顶石头帽子。这还不要紧。北京原人发现之后，有些夸大习性未除的国人更欢喜欲狂，认为科学已证明中国历史可向上拉长几十万年。殊不知这种盗谱高攀的举动极为可笑，因为北京原人早已断子绝孙，我们决不会是他的后代。由史学的立场来看，北京人的发现与一个古龙蛋的发现处在同等的地位，与史学同样的毫不相干。据今日所知，旧石器时代各种不同的人类早已消灭，唯一残留到后代的塔斯玛尼亚人（Tasmanians）到十九世纪也都死尽。② 新石器时代的人到底由何而来，至今仍为人类学上的一个未解之谜；是由旧石器时代的人类演变而出，或由他种动物突变而出，全不可知。新石器时代的文化是否由旧石器时代蜕化而出，也无人能断定；新旧两石器时代的人类似乎不是同一的物种，两者之间能否有文化的传达，很成问题。新石器的人类与今日的人类属于同一物种，文化的线索也有可寻，但不见得某一地的新石器时代人类就是同地后来开化人类的祖先，某一地的新石器文化也不见得一定与同地后来的高等义化有连带的关系。因为我们日常习用"中国史"、"英国史"、"欧洲史"一类的名词，无意之间就发生误会，以为一块地方就当然有它的历史。由自然科学的立场来看，地方也有历史，但那是属于地质学与自然地理学的范围的，与史学本身无关。地方与民族打成一片，在一定的时间范围以内，才有历史。民族已变，文化的线索已断，虽是同一地方，也不是同一的历史。这个道理应当很明显，但连史学专家也时常把它忽略。无论在中国或西洋，"上古史"的一切不可通的赘疣都由这种忽略而发生。所以关于任何地方的上古史或所谓"史前史"，即或民族文化都一贯相传，最早也只能由新石器时代说起，前此的事实无论如何有趣，也不属于史学的

---

　　① 若详细搜索清末的文字，或者可找到创始的人。但这种事殊不值得特别费时间去作；将来或有人无意中有所发现。

　　② 见 W. J. Sollas 著 *Ancient Hunters* 第四章。

范围。这是第一个"正名"的要点。

人类史的最早起点既已弄清，此后的问题就可简单许多。在中国时常用的名词，除"中国史"之外，还有"世界史"、"外国史"与"西洋史"三种名称。"世界史"按理当包括全人类，但平常用起来多把中国史除外，所以"世界史"等于"外国史"。至于"外国史"与"西洋史"有何异同，虽没有清楚的说法，但大致可以推定。我们可先看"西洋史"到底何指。"西洋"是一个常用的名词，但若追问"西洋"的时间与空间的范围，恐怕百人中不见得有一人能说清。若说西洋史为欧洲史，当初以东欧为中心的土耳其帝国制度文物的发展是否西洋史的一部分？若是，为何一般西洋史的书中对此一字不提；若不是，土耳其帝国盛时的大部显然在欧洲。西历前的希腊与近数百年的希腊是否同一的属于西洋的范围？若说欧洲与地中海沿岸为西洋，起初不知有地中海的古巴比伦人为何也在西洋史中叙述？回教到底是否属于西洋？若不属西洋，为何一切西洋中古史的书中都为它另辟几章？若属于西洋，为何在西洋近代史的书中除不得不谈的外交关系外，把回教完全撇开不顾？欧洲新石器时代的文化与埃及文化有何关系？埃及已经开化之后，欧洲仍在新石器时代，但西洋通史的书中为何先叙述欧洲本部的石器文化，然后跳过大海去讲埃及？这些问题，以及其他无数可以想见的问题，不只一般人不能回答，去请教各种西洋史的作者，恐怕也得不了满意的答复。

"西洋"一词（the West 或 the Occident）在欧美人用来，意义已经非常含混，到中国就更加空泛。我们若详为分析，就可看出"西洋"有三种不同的意义，可称为泛义的、广义的与狭义的。狭义的西洋专指中古以下的欧西，就是波兰以西的地方，近四百年来又包括新大陆。东欧部分，只讲它与欧西的政治外交关系，本身的发展并不注意，可见东欧并不属于狭义的西洋的范围。这是以日耳曼民族为主所创造的文化。我们日常说话用"西洋"一词时，心目中大半就是指着这个狭义的西洋。

广义的西洋，除中古与近代的欧西之外，又加上希腊罗马的所谓经典文化，也就是文艺复兴时代的所谓上古文化。讲思想学术文艺的发展的书中，与学究谈话时所用的"西洋"，就是这个广义的西洋。

泛义的西洋，除希腊罗马与欧西外，又添上回教与地下发掘出来的埃及、巴比伦，以及新石器时代，甚至再加上欧洲的旧石器时代。这是通史中的西洋，除了作通史的人之外，绝少这样泛用名词的。

对于希腊以前的古民族，欧美人往往半推半就，既不愿放弃，又不很愿意简直了当的称它们为"西洋"，而另外起名为"古代的东方"（the Ancient East 或 the Ancient Orient）。但希腊文化最初的中心点在小亚细亚，与埃及处在相同的经线上，为何埃及为"东"而希腊为"西"，很是玄妙。回教盛时，西达西班牙，却也仍说它是"东方"。同时，西洋通史又非把这些"东方"的民族叙述在内不可，更使人糊涂。总之，这都是将事实去迁就理论的把戏。泛义的西洋实际包括埃及、巴比伦、希腊罗马、回教、欧西五个独立的文化，各有各的发展步骤，不能勉强牵合。至于欧洲的新石器时代，与这些文化有何关系，是到今日无人能具体说明的问题。这五个独立的文化在时间上或空间上或有交互的关系，但每个都有自立自主的历史，不能合并叙述。若勉强合讲，必使读者感觉头绪混乱。我们读西洋上古史，总弄不清楚，就是因为这个道理；中古史中关于回教的若即若离的描写，往往也令人莫测高深。把几个独立的线索，用年代先后的死办法，硬编成一个线索，当然要使读者越读越糊涂了。

欧西的人尽量借用希腊罗马的文献，当经典去崇拜，所以两者之间较比任何其他两个文化，关系都密切。但推其究竟，仍是两个不同的个体。希腊罗马文化的重心在小亚细亚西岸与希腊半岛，意大利半岛的南部处在附属的地位，北部是偏僻的野地，地中海沿岸其他各地只是末期的薄暮地带。今日希腊半岛的民族已不是古代的希腊民族，今日的意大利人也更不是古代的罗马人。真正的希腊人与罗马人已经消灭。至于欧西文化的重心，中古时代在意大利北部与日耳曼，近代以英法德三国最为重要。希腊半岛与欧西文化完全无关，最近百年才被欧西所同化。上古比较重要的意大利南部也始终处在附属的地位。地中海南岸与欧西文化也完全脱离关系。创造欧西文化的，以日耳曼人为主体，古罗马人只贡献一点不重要的血统。连今日所谓拉丁民族的法兰西、意大利、西班牙人中也有很重要的日耳曼成分；称他们为拉丁民族，不过是因为他们的语言大体是由古拉丁语蜕化而出。希腊罗马文化与欧西文化关系特别密切，但无论由民族或文化重心来看，都绝不相同。其他关系疏远的文化之间，当然更难找同一的线索了。这是"正名"工作的第二种收获，使我们知道西洋一词到底何指。狭义的用法，最为妥当；广义的用法，还可将就；泛义的用法，绝要不得。

日常所谓"西洋史"既包括五个不同的文化，在人类所创造的独立文化中，除新大陆的古文化不计外，只有两个未包括在内，就是中国与印度。所以我们平常所谓"外国史"或"世界史"只比"西洋史"多一个印度。若因印度人与"西洋人"都属于印欧种而合同叙述，"外国史"或"世界史"就与"西洋史"意义相同了。这是"正名"的第三种收获，使我们知道三个名词的异同关系。

文化既是个别的，断代当然以每个独立的文化为对象，不能把几个不同的个体混为一谈而牵强分期。每个文化都有它自然发展消长的步骤，合起来讲，必讲不通；若把人类史认为是一个纯一的历史，必致到处碰壁，中国的殷周时代当然与同时的欧洲或西亚的历史性质完全不同，中古时代的欧西与同时的希腊半岛也背道而驰。我们必须把每个文化时间与空间的范围认清，然后断代的问题以及一切的史学研究才能进行无阻。这是"正名"的第四种收获，使我们知道人类历史并不是一元的，必须分开探讨。互相比较，当然可以；但每个文化的独立性必须认清。

在每个文化的发展过程中，都可看出不同的时代与变化。本文对中国特别注意，把中国史分期之后，再与其他文化相互比较，看看能否发现新的道理。

二、中国史的分期

中国四千年来的历史可分为两大周。第一周，由最初至西元三八三年的淝水之战，大致是纯粹的华夏民族创造文化的时期，外来的血统与文化没有重要的地位。第一周的中国可称为古典的中国。第二周，由西元三八三年至今日，是北方各种胡族屡次入侵，印度的佛教深刻地影响中国文化的时期。无论在血统上或文化上，都起了大的变化。第二周的中国已不是当初纯华夏族的古典中国，而是胡汉混合、梵华同化的新中国，一个综合的中国。虽然无论在民族血统上或文化意识上，都可说中国的个性并没有丧失，外来的成分却占很重要的地位。为方便起见，这两大周可分开来讲。

华夏民族的来源，至今仍是不能解决的问题。我们只能说，在西元前三〇〇〇至二〇〇〇年间，后日华夏民族的祖先已定居在黄河流域一带。至于当初就居住此地，或由别处移来，还都是不能证明的事。在整个的第一周，黄河流域是政治文化的重心，长江流域处在附属的地位，珠江流域到末期才加入中国文化的范围。第一周，除所谓史前期之外，可分为五个时代：

(1) 封建时代（西前一三〇〇至七七一年）；

(2) 春秋时代（西前七七〇至四七三年）；

(3) 战国时代（西前四七三至二二一年）；

(4) 帝国时代（西前二二一至西元八八年）；

(5) 帝国衰亡与古典文化没落时代（西元八九至三八三年）。

在西元前三〇〇〇年以后，黄河流域一带，北至辽宁与内蒙，渐渐进入新石器文化的阶段。除石器之外，还有各种有彩色与无彩色的陶器最足代表此期的文化。无彩色的陶器中有的与后来铜器中的鬲与鼎形状相同，证明此期与商周的铜器时代有连接的文化关系。与新石器时代遗物合同发现的骸骨与后世的华夏人，尤其北方一带的人，大致相同，证明此期的人已是日后华夏民族的祖先。[①]

这些原始的中国人分部落而居，以渔猎或牧畜为生，但一种幼稚的农业，就是人类学家所谓锄头农业（hoe culture），已经开始。在西前二〇〇〇年左右，这些部落似乎已进入新石器时代的末期，就是所谓金石并用期。石器、骨器、陶器之外，人类又学会制造铜器。农业的地位日趋重要，与农业相并进行的有社会阶级产生。人民渐渐分为贵族巫祝的地主与平民的佃奴两个阶级。这种阶级的分别直延到封建的末期，才开始破裂。部落间的竞争，继续不断，当初成百成千的部落数目逐渐减少。到西前一七〇〇年左右，或略前，有两个强大的部落出现，就是夏与商。夏当初大概比较盛强，许多小部落都承认它为上国。所以"夏"、"华夏"或"诸夏"就成了整个民族的种名。但商是夏的死敌，经过长期的竞争之后，在西前一六〇〇年左右，商王成汤灭夏，所有的部落都被臣服，最早松散的半封建帝国，部落组成的帝国，由此成立。可惜此后三百年间的经过，我们完全不知道。但我们可断定，在西前一六〇〇年左右必已有一个比较可靠的历法，否则农业不能发达。同时必已发明文字，因为自成汤以下历代的王名都比较可靠，并且传于后代。

* * * * * * * *

据《竹书纪年》，在西前一三〇〇年，盘庚迁殷。这是中国历史上

---

① Black，D. 著 *The Human Skeletal Remains from Sha Kuo T'un*；*A Note on the Physical Characters of the Prehistoric Kansu Race*。

第一个比较确定的年代，可认为封建时代的开始。关于前此三百年，我们只知商王屡次迁都；但此后三百年殷总是商王势力的中心。这或者证明前三百年间商王的共主地位只是名义上的。因势力不稳，而时常被迫迁都。或因其他的关系迁都；但因为势力微弱才能因小故而迁都，若势力稳固就不能轻易迁动国本。到盘庚时真正的封建制度与封建帝国才算成立，已不是许多实际独立的部落所组成的松散帝国。商王是所有部落的共主，又称天子，势力最少可达到一部分的部落之内，或者有少数的部落是被商王征服之后又封建亲信的人的。但无论当初的部落，或后封的诸侯，内政则大致自由，诸侯的地位都是世袭的。

后来周兴起于西方，据《竹书纪年》，于西前一〇二七年灭商，代商为天子。武王周公相继把东方的领土大部征服，然后封子弟功臣为诸侯。所以周王的势力大于前此的商王，周的封建帝国也较商为强。但整个的制度仍是封建的，天子只直接统辖王畿，诸侯在各国仍是世袭自治的。

约在西前九〇〇年左右，封建帝国渐呈裂痕。诸侯的势力日愈强大，上凌共主的天子，下制国内的贵族。经过长期的大并小强兼弱之后，少数的大国实际变成统一的国家与独立的势力，天子不能再加干涉。西前八六〇年左右厉王即位，想要压迫诸侯，恢复旧日的封建帝国。这种企图完全失败，在西前八四二年，厉王自己也被迫退位。此后十四年间王位空虚，诸侯更可任意发展。迨宣王（西前八二七至七八二年）即位之后，诸侯已非王力所能制服。戎人屡屡寇边，内中有诸侯的阴谋也未可知。宣王最后败于戎人，不能再起。幽王（西前七八一至七七一年）的情形更为狼狈，最后并被戎人所杀。整个的西部王畿临时都遭戎人蹂躏。平王（西前七七〇至七二〇年）不得已而东迁，封建共主的周王从此就成了傀儡。我们已进到列国为政治重心的春秋时代。

封建时代的精神生活为宗教所包办。自然界的各种现象都被神化。风伯、雨师、田祖、先炊、河伯以及无数其他的神祇充满天地间。最高的有无所不辖的上帝，与上帝相对的有地上最高灵祇的后土。除此之外，人与神的界限并不严明。所有贵族的人死后都成神，受子孙的崇拜。

* * * * * * * * *

"春秋"本是书名，书中纪年由西前七二二至四八一年。但我们若完全为一本书所限，又未免太迁。若由七二二年起，此前的五十年将成虚悬，无所归宿。以四八一年为终点，还无不可，因为西前五世纪初期的确是一个剧变的时期；但那一年并没有特殊的大事发生。此后三十年间可纪念的事很多，都可作为时代的终点。西元前四七九年，孔子死；四七七年，田桓割齐东部为封邑，田齐实际成立；四七三年，越灭吴；四六四年，《左传》终；四五三年，《国策》始，就是韩赵魏灭智氏，三晋实际成立的一年。这都值得注意。《通鉴》始于韩赵魏正式为诸侯的四〇三年，认为战国的始点，略嫌太晚。我们定越灭吴的四七三年为春秋战国之间的划界年，原因下面自明。

东迁以后，实际独立的列国并争，开始有了一个国际的局面。齐晋秦楚四方的四个大国特别盛强，中原有一群小国成了大国间争夺的对象。这种争夺就是所谓争霸或争盟。大小诸国在名义上仍都承认周王的共主地位，但天子的实权早已消灭，他的唯一功用就是正式承认强力者为霸主。当初齐桓、晋文相继独霸中原，但楚国日趋盛强，使这种独霸的局面不能维持。秦在春秋时代始终未曾十分强大，齐自桓公死后也为二等国，天下于是就成了晋楚争盟的均势局面。中原的北部大致属晋，南部大致属楚。

这些竞争的列国，内部大体都已统一。封建的贵族虽仍存在，诸侯在各国内部都已成了最高的实力者，贵族只得在国君之下活动，帮助国君维持国力。平民仍未参政，在国君的统治之下，贵族仍包揽政治。所以春秋可说是封建残余的时代。但贵族的势力，在各国之间也有差别。例如在秦楚二国，贵族很为微弱；在晋国贵族势力就非常强大，世卿各有封土，国君只有设法维持世卿间的均势才能保障自己的地位。但这种办法终非长久之策，最后世卿实际独立，互相征伐，晋君成为傀儡，晋国因而失去盟主的地位。但楚国并未利用这个机会北进，因为在东方有新兴的吴国向它不住地进攻，使它无暇北顾。吴的兴起是春秋的大变局。

吴国兴起不久，南边又崛起了一个越国，两国间的竞争就结束了春秋的局面。春秋时代的战争是维持均势的战争，大国之间并不想互相吞并。吴越的战争，性质不同。吴仍有春秋时代的精神，虽有机会，又有伍子胥的怂恿，但并未极力利用机会去灭越。然而越国一旦得手，就不再客气，简直了当地把第一等大国的吴一股吞并。这是战国时代的精神，战国的战争都是以消灭对方为目的的战争。所以春秋末期的变化虽多，吴越的苦战可说是最大的变化，是末次的春秋战争，也是初次的战国战争。越灭吴之年是最适当的划分时代的一年。

春秋大部的时间似乎仍在宗教的笼罩之下。但到末期，大局发生剧变，独立的思潮开始抬头。对时局肯用心深思的人大致分为三派。第一为迎合潮流，去参加推翻旧势力的工作的人。这种人可以邓析为代表，是专门批评旧制，并故意与当权者为难的人。① 第二，为悲观派，认为天下大局毫无希望，只有独善其身，由火坑中求自己的超脱。这种隐士，孔子遇见许多；楚狂接舆、长沮、柴〔桀〕溺都是这一流的人。第三，就是孔子的一派，崇拜将要成为过去的，或大半已经成为过去的旧制度文物，苦口婆心地去宣传保守与复古。每到剧变的时代，我们都可遇到同样的三种人：为旧制辩护的人，反对旧制的人与逃避现实的纠纷的人。

* * * * * * * *

"战国"一词的来源，不甚清楚。司马迁已用此名，可见最晚到汉武帝时已经流行。② 《战国策》成书似在秦末或汉初或楚汉之际。③ 但书名本来无定，不知当初"战国策"是否也为书名之一。④ 若然，"战国"一词在秦汉之际已经通行。但很可能，在秦并六国之先，已有人感觉当时战争太多太烈，而称它为"战国"。所以这个名称不见得一定是后人起的，也须是当时人自定的。

战国初期的一百年间是一个大革命的时代。三家分晋与田氏篡齐不过是最明显的表面变化，骨子里的情形较此尤为紧张。各国内部，除政治骚乱外，都起了社会的变化。封建残余的贵族都被推翻，诸侯都成了专制独裁的君主。所有的人民最少在理论上从此都一律平等，任何人都可一跃而为卿相，卿相也可一朝而堕为庶民。一切荣辱都操在国君手中。要在政治上活动的人，无论文武，都须仰国君的鼻息。同时，人民既然平等，就须都去当兵，征兵的制度开始成立。当兵已不是贵族的权利，而是全体人民的义务。所有的战争都是以尽量屠杀为手段，以夺取土地为目的的拼命决斗。周天子名义上的一点地位也无人再肯承认，一切客气的"礼乐"都已破坏无遗。这是中国历史上唯一全体人民参战的时代。

---

① 《左传·定公九年》、《吕氏春秋》卷一八《审应览》第六《离谓篇》。
② 《史记》卷一五《六国年表·序》。
③ 六国中齐最后亡，齐亡时的情形，卷一三《齐策六》中有记载。卷三一《燕策三》中又提到高渐离谋刺秦始皇的事，可见成书必在秦并六国之后。书中似乎没有汉的痕迹。
④ 据刘向《战国策目录》，书名原有《国策》、《国事》、《短长》、《事语》、《长书》、《惰书》六种。不知"国策"是否"战国策"的缩写。

战争最烈的时代也是中国思想史上的黄金时代。各家争鸣，都想提出最适当的方案，去解决当前的严重问题。各派都认为当设法使天下平定，最好的平定方法就是统一。但统一的方策各自不同。除独善其身的杨家和道家与专事辩理的名家外，儒、墨、法、阴阳四家都希望人君能实行他们的理想以平天下。除了法家之外，这些学说都很不切实际，最后平定天下的仍是武力。但秦并六国后却承认阴阳家的五德终始说，自认为以水德王。

* * * * * * * *

西前二二一年，秦始皇创了自古未有的新局。前此无论名义如何，实际总是分裂的。自此以后，二千年间统一是常态，分裂是变局。但在二千年的统一中，以秦、西汉及东汉中兴的三百年间的统一为最长、最稳固、最光荣。二千年来的中国的基础可说都立于这三个世纪。秦始皇立名号，普遍的设立郡县，统一度量，同文，同轨。一般讲来，这都是此后历朝所谨守的遗产。中国的疆土在汉武帝时立下大致的规模，此后很少超出这个范围。

社会制度也凝结于此时。传统的宗法社会在战国时代颇受打击。商鞅鼓励大家族析为小家族的办法，恐怕不限于秦一国，乃是当时普遍的政策。为增加人民对于国家的忠心，非打破大家族减少家族内的团结力不可。这种政策不见得完全成功，但宗法制度必受了严重的摇撼。到汉代就把这种将消未消的古制重新恢复。在重农抑商的政策之下，维持宗法的大地主阶级势力日盛。同时，儒教成为国教后，这个事事复古的派别使宗法社会居然还魂。丧服与三年丧是宗法制度的特殊象征。这种在春秋时代已经衰败，在战国时代只是少数儒家迂夫子的古董的丧制，到汉代又渐渐重建起来。①

帝国成立之后，争鸣的百家大半失去存在的理由，因而无形消灭。若把此事全都归咎于秦始皇的焚书，未免把焚书的效能看得太高。只有儒、道、阴阳三家仍继续维持，但三者的宗教成分都日愈加重。孔子虽始终没有成神，但素王也演化为一个很神秘的人格。道家渐渐变成道教，鬼神、符箓、炼丹、长生的各种迷信都成了它的教义。阴阳家自始就富于神秘色彩，至此儒道两家都尽量吸收它的理论。汉的精神界可说

---

① 关于此点，两《汉书》中材料太多，不胜枚举。关于汉儒的丧服理论，可参考《白虎通》卷四。

是儒、道、阴阳合同统治的天下。

* * * * * * * *

和帝一代（西元八九至一〇五年）是重要的过渡时期。前此三百年间，除几个短期的变乱之外，帝国是一致的盛强的。由和帝以下，帝国的衰退日益显著。内政日坏，外族的势力日大，最后北部边疆的领土实际都成了胡人的殖民地。民族的尚武精神消失，帝国的军队以胡人为主干。在这种内外交迫的局势之下，大小的变乱不断发生。羌乱、党锢之祸、黄巾贼、十常侍之乱、董卓之乱、李傕郭汜之乱，前后就把帝国的命运断送。经过和帝以下百年的摧残之后，天下四分五裂，帝国名存实亡。三国鼎立之后，晋虽临时统一，但内部总不能整顿，外力总不能消灭。勉强经过三国魏晋的百年挣扎之后，胡人终于把中原占据，汉人大批的渡江南迁。

同时，精神方面也呈现相似的衰颓状态。儒教枯燥无味，经过几百年的训诂附会之后，渐渐被人厌弃。比较独立的人都投附于一种颓废的老庄学说，就是所谓清谈。平民社会的迷信程度日愈加深，一种道教会也于汉末成立。在这种种无望的情形下，佛教暗中侵入。当初还不很惹人注意，但自汉末以下势力日大，与无形中侵蚀土地的胡人同为威胁传统中国的外力。

胡人起事的八十年后（西元三八三年），北方临时被外族统一，符〔苻〕坚决意要渡江灭晋，统一天下。淝水之战是一个决定历史命运的战争。当时胡人如果胜利，此后有否中国实为问题。因为此时汉族在南方的势力仍未根深蒂固，与后来蒙古满清过江时的情形大不相同。不只珠江流域尚为汉族殖民的边区，连江南也没有彻底的汉化，蛮族仍有相当的势力①，汉人仍然稀少。胡人若真过江，南方脆弱的汉族势力实有完全消灭的危险。南北两失，汉族将来能否复兴，很成问题。即或中国不至全亡，最少此后的历史要成一个全新的局面，必与后来实际实现的情形不同。东晋在淝水虽占了上风，中国所受的冲动已是很大。此后二百年间，中国的面目无形改变。胡汉两族要混合为一，成为一个新的汉族，佛教要与中国文化发生不可分的关系。中国文化已由古典的第一周进到胡人血统与印度宗教被大量吸收的第二周了。

* * * * * * * *

胡人的血统在第一周的末期开始内浸，在整个第二周的期间都不断

---

① 《宋书》卷九七《夷蛮传》、《南史》卷七九《诸蛮传》。

地渗入。一批一批的北族向南推进，征服中国的一部或全部，但最后都与汉人混一。唯一的例外就是蒙古。北族内侵一次，汉族就大规模地渡江向南移殖一次。在第一周处在附属地位的江南与边疆地位的岭南，到第二周地位日见提高，政治上成了一个重要的区域，文化上最后成了重心。

佛教也是在第一周的末期进入中国，但到第二周才与中国文化发生了化学的作用。中国文化原有的个性可说没有丧失，但所有第二周的中国人，无论口头上礼佛与否，实际没有一个人在他的宇宙人生观上能完全逃脱佛教的影响。

第二周也可分为五期：

(1) 南北朝隋唐五代（西元三八三至九六〇年）；

(2) 宋代（西元九六〇至一二七九年）；

(3) 元明（西元一二七九至一五二八年）；

(4) 晚明盛清（西元一五二八至一八三九年）；

(5) 清末中华民国（西元一八三九年以下）。

第一周的时代各有专名，第二周的时代只以朝代为名。这并不是偶然的事。第二周的各代之间仍是各有特征，但在政治社会方面一千五百年间可说没有什么本质的变化，大体上只不过保守流传秦汉帝国所创设的制度而已。朝代的更换很多，但除强弱的不同外，规模总逃不出秦汉的范围。只在文物方面，如宗教、哲学、文艺之类，才有真正的演变。最近百年来，西化东渐，中国文化的各方面才受了绝大的冲动，连固定不变的政治社会制度也开始动摇。

* * * * * * *

南北朝①隋唐五代是一个大的过渡、综合与创造的时代。南北朝的

---

① "南北朝"在中国史学上是一个意义极其含混的名词。《南史》与《北史》同为李延寿一人所撰，但《北史》始于拓跋魏成立的西元三八六年，终于隋亡的六一八年；《南史》始于刘宋成立的四二〇年，终于陈亡的五八九年。所以《北史》的首尾都超过《南史》。关于南北朝的始点，有人用三八六年，有人用四二〇年，又有人用魏统一北方的四三九年。关于终点，隋亡的年当然不可用，因为当时已非南北分立的局面；普通多用隋灭陈而统一天下的五八九年，可算非常恰当。关于南北朝的始点，很难武断的规定。当然五胡起事的三〇四年或东晋成立于江南的三一七年都可认为是南北分立的开始。但当初的局面非常混沌，普通称此期为"五胡乱华"的时期，十分妥当。三八六与四二〇两年，除两个朝代的创立之外，并没有特殊的重要，四三九年又嫌太晚，都不应定为时代的开始。到淝水战后，北方已很明显地要长期丧于胡人，同时胡人也觉悟到长江天险的不易飞渡，南北分立的局面至此才算清楚，分立局面下种族与文化的酝酿调和也可说由此开始。所以我们不只把三八三年当为南北朝的开始年，并且定它为第二周的起发点。

二百年间，北方的胡族渐与汉人同化，同时江南的蛮人也大半被汉族所同化。到隋统一宇内的时候，天下已无严重的种族问题，所以这个新的汉族才能创造一个媲美秦汉的大帝国。同时，在南北朝期间，新旧文化的竞争也在夷夏论辩与三教合一的口号之下得到结束。在汉代，佛教并未被人注意，因为当时那仍是一个不足注意的外来势力。到南北朝时佛教大盛。以儒道为代表的旧文化开始感到外力的威胁，于是才向所谓夷狄之教下总攻击。由《弘明集》中我们仍可想见当时新旧文化竞争的紧张空气。这种竞争到种族混一成功时也就告一段落，佛教已与旧有的文化打成一片，无需再有激烈的争辩。调和一切包含一切的天台宗恰巧此时成立，并非偶然。同时，中国式的佛教的最早创作也于此时出现，就是有名的《大乘起信论》。① 伟大的隋唐帝国与灿烂的隋唐文化都可说是南北朝二百年酝酿的结果。

隋唐的天子在内称皇帝，对外称"天可汗"，象征新的帝国是一个原由胡汉混成，现在仍由胡汉合作的二元大帝国。所以外族的人才时常被擢用，在《唐书》的列传里我们可遇到很多的外族人。佛教的各派，尤其像华严宗、法相宗、禅宗一类或内容宏大或影响深远的派别，都在此时发展到最高的程度。完全宗教化的净土宗也在此时泛滥于整个的社会，尤其是平民的社会。在唐代文化结晶品的唐诗中，也有丰富的释家色彩。

历史上的平淡时代可以拉得很长，但光荣的时代却没有能够持久的。隋唐的伟大时代前后还不到二百年，安史之乱以后不只政治的强盛时期已成过去，连文化方面的发展也渐微弱。藩镇、宦官与新的外祸使帝国的统一名存实亡，五代时的分裂与外祸不过是晚唐情形的表面化。在文化方面发生了复古的运动，韩愈、李翱一般人提倡一种新的儒教，以老牌的孔孟之道相号召。佛教虽仍能勉强维持，极盛的时期却已过去，宋代的理学已经萌芽。所以南北朝隋唐五代代表一个整个的兴起、极盛与转衰的文化运动。

* * * * * * * *

宋代的三百年间是一个整理清算的时代。在政治社会方面，自从大唐的二元帝国破裂之后，中国总未能再树立健全的组织，国力总不能恢复。二百年来的分裂割据局面到九六〇年算是告一段落，但各种难题仍

---

① 见梁启超《大乘起信论考证》。

未解决。隋唐短期间所实行的半征兵制度的府兵早已破裂，军队又成了不负责任的流民集团。财政的紊乱与人民负担的繁重也是一个极需下手解决的问题。隋唐时代的科举制度至此已成为死攻儒经的呆板办法，真正的人才难以出现，国家的难题无人能出来应付。在这种种的情形之下，宋连一个最低限度的自然国境都不能达到，也无足怪。不只外族的土地，寸尺不能占有，连以往混乱期间所丧失的河西与燕云之地也没有能力收复。这是中国本部东北与西北的国防要地，若操在外人手里，中国北方的安全就时刻感到威胁。宋不只无力收复，并且每年还要与辽夏入贡（巧立名目为"岁币"），才得苟安。

整个的中国显然是很不健全，极需彻底的整顿。王安石变法代表一个面面俱到的整理计划，处处都针对着各种积弊，以图挽回中国的颓运。但消极、破坏与守旧的势力太强，真正肯为革新运动努力的人太少，以致变法的运动完全失败。不久中原就又丧于外人，宋只得又渡江偏安。最后连江南都不能保，整个的中国第一次亡于异族。

在思想方面也有同样的整顿运动，并且这种企图没有像政治社会变法那样完全失败。无论衷心情愿与否，中国总算已经接受了外来的佛教，永不能把它摈除。但人类一般的心理，无论受了别人如何大的影响，在口头上多半不愿承认。实际中国并未曾全部印度化，中国的佛教也不是印度的佛教，但连所吸收的一点印度成分中国也不愿永久袭用外来的招牌。宋代理学的整顿工作，可说是一种调换招牌的运动。在已往，中国参考原有的思想，尤其是道家的思想，已创了一个中国式的佛教。现在中国人要把这种中印合璧的佛教改头换面，硬称它为老牌的古典文化，就是儒教。宋代诸子最后调和了中国式的佛教、原有的道教与正统的儒教，结果产生了一种混合物，可称为新儒教。这种结果的价值难以断定，但最少不似政治社会方面整顿计划的那样明显的失败。

* * * * * * * *

元、明两代是一个失败与结束的时代。一百年间整个的中国初次受制于外族。五胡辽金所未能实现的，至此由蒙古人达到目的。这是过度保守过度松散的政治社会的当然命运。蒙古人并且与此前的外族不同，他们不要与中国同化，还要鼓励汉人模仿蒙古的风俗习惯，学习蒙古的语言文字。所以中国不只在政治上失败，文化上也感到空前的压迫。但蒙古人虽不肯汉化，不久却也腐化，所以不到百年就被推翻。

明是唐以后惟一的整个中国自治统一的时代，不只东北与西北的国防要地完全收复，并且塞外有军事价值的土地也被并入帝国的范围。这种局面前后维持了二百年，较宋代大有可观。但这种表面上的光荣却不能掩盖内里的腐败。科举制度最后僵化为八股文的技术，整个民族的心灵从此就被一套一套的口头禅所封闭，再求一个经世的通才已办不到。宋代还能产生一个王安石，到明代要找一个明了王安石的人已不可得。此外，政治的发展也达到腐败的尽头。廷杖是明代三百年间的绝大羞耻。明初诛戮功臣的广泛与野蛮，也远在西汉之上；汉高情有可原，明祖绝不可恕。① 成祖以下二百余年间国家的大权多半操在宦官手中，宦官当权成了常制，不似汉唐的非常情形。有明三百年间，由任何方面看，都始终未上轨道，整个的局面都叫人感到是人类史上的一个大污点。并且很难说谁应当对此负责。可说无人负责，也可说全体人民都当负责。整个民族与整个文化已发展到绝望的阶段。

在这种普遍的黑暗之中，只有一线的光明，就是汉族闽粤系的向外发展，证明四千年来唯一雄立东亚的民族尚未真正的走到绝境，内在的潜力与生气仍能打开新的出路。郑和的七次出使，只是一种助力，并不是决定闽粤人南洋发展的主要原动力。郑和以前已有人向南洋活动，郑和以后冒险殖民的人更加增多，千百男女老幼的大批出发并非例外的事。② 有的到南洋经商开矿，立下后日华侨的经济基础。又有的是冒险家，攻占领土，自立为王。后来西班牙人与荷兰人所遇到的最大抵抗力，往往是出于华侨与中国酋长。汉人本为大陆民族，至此才开始转换方向，一部分成了海上民族，甚至可说是尤其宝贵难得的水陆两栖民族！

元明两代的思想界也与政治界同样的缺乏生气。程朱思想在宋末已渐成正统的派别，明初正式推崇程朱之学，思想方面更难再有新的进展。到西元一五〇〇年左右，才出来一个惊人的天才，打破沉寂的理学界。王阳明是人类历史上少见的全才。政治家、军事家、学者、文人、哲学家、神秘经验者：一身能兼这许多人格，并且面面独到，传统的训练与八股的枷锁并不能消磨他的才学，这是何等可惊的人物！他是最后有贡献的理学家，也是明代唯一的伟人，他死的一五二八年可定为划时代的一年。那正是明朝开始衰败，也正是将来要推翻传统中国的魔星方

---

① 赵翼《廿二史札记》卷三二《胡蓝之狱》。
② 赵翼《廿二史札记》卷三四《海外诸番多内地人为通事》。

才出现的时候。约在他死前十年，葡萄牙人来到中国的南岸。后来使第二周的中国土崩瓦解的就是他们所代表的西洋人。

＊　＊　＊　＊　＊　＊　＊　＊

晚明盛清是政治文化完全凝结的时代。元明之间仍有闽粤人的活动，王阳明的奇才，足以自负。明末以下的三百年间并没有产生一个惊人的天才，也没有创造一件值得纪念的特殊事业，三世纪的功夫都在混混沌沌的睡梦中过去。

明末的一百年间，海上的西洋人势力日大，北方前后有鞑靼、日本与满洲的三个民族兴起。这四种势力都有破灭日见衰颓的明朝的可能。西洋人的主要视线仍在新大陆、印度与南洋，未暇大规模地冲入中国，蒙古的鞑靼在四种势力中是最弱的，后来受了中国的牢笼，未成大患。日本若非丰臣秀吉在紧要关头死去，最少征服中国北部是很可想见的事。最后成功的是满洲，整个的中国第二次又亡于异族。但满人与蒙古人不同，并不想摧残中国传统的文化，他们自己也不反对汉化。他们一概追随明代的规模，一切都平平庸庸。但有一件大事，可说是满清对汉族的一个大贡献，就是西南边省的汉化运动。云南贵州的边地，虽在汉代就被征服，但一直到明代仍未完全汉化，土司与苗族的势力仍然可观。清世宗用鄂尔泰的计划，行改土归流的政策，鼓励汉人大批移殖，劝苗人极力汉化，在可能的范围内取消或减少土司的势力，增加满汉流官的数目与权势。至此云贵才可说与中国本部完全打成一片。这虽不像明代闽粤兴起的那样重要，但在沉寂的三百年间可说是唯一影响远大的事件了。

王阳明以后，理学没有新的进展。盛清时的智力都集中于训诂考据。这虽非没有价值的工作，但不能算为一种创造的运动；任何创造似乎已不是此期的人所能办到。

＊　＊　＊　＊　＊　＊　＊　＊

鸦片战争以下的时代，至今还未结束，前途的方向尚不可知。但由百年来的趋势，我们可称它为传统政治文化总崩溃的时代。中国民族与文化的衰征早已非常明显，满人经过二百年的统治之后，也已开始腐化。在政治社会方面，不见有丝毫复兴的希望；精神方面也无一点新的冲动。在这样一个半死的局面之下，青天霹雳，海上忽然来了一个大的强力。西洋有坚强生动的政治机构，有禀性侵略的经济组织，有积极发展的文化势力；无怪中国先是莫测高深，后又怒不可遏，最后一败涂地，直到最近对于西洋的真相才有一个比较正确的认识。最足代表传统文化的帝制与科举都已废除，都市已大致西洋化，乡间西化的程度也必要日益加深。中国文化的第二周显然已快到了结束的时候。但到底如何结束，结束的方式如何，何时结束，现在还很难说。在较远的将来，我们是否还有一个第三周的希望？谁敢大胆地肯定或否定？

三、中国史与世界史的比较

以上中国历史的分期不能说是绝对的妥当，但可算为一种以时代特征为标准的尝试分期法。专讲中国史，或者看不出这种分期有何特殊的用处，但我们若把中国史与其他民族的历史比较一下，就可发现以前所未觉得的道理。由人类史的立场看，中国历史的第一周并没有什么特别，因为其他民族的历史中都有类似的发展。任何文化区，大概起初总是分为许多部落或小国家，多少具有封建的意味。后来这些小国渐渐合并为少数的大国，演变成活泼生动的国际局面。最后大国间互相吞并，一国独盛，整个的文化区并为一个大帝国。这种发展，在已往的时候可说是没有例外的。在比较研究各民族的历史时，整个文化区的统一是一个不能误会的起发点。统一前的情形往往过于混乱，因为史料缺乏，头绪常弄不清。并且有的民族关于统一前能有二千年或二千年以上的史料，例如埃及与巴比伦；有的民族就几乎全无可靠的史料，例如印度。但这是史料存亡的问题，不是史迹演化的问题。史料全亡，并不足证明时代的黑暗或不重要。关于统一前的史料，知道比较清楚的，大概是埃及、希腊罗马与中国的三个例子。由这三个文化区历史的比较，我们大致可说民族间发展的大步骤都有共同点可寻，并且所需时间的长短也差不多。希腊各小国的定居〔局〕约在西元前一二〇〇年，帝国的实现约在西元前一〇〇年①，前后约一千一百年的功夫。中国由盘庚到秦并六国也是一千一百年。埃及最早定局似在西元前三〇〇〇至二八〇〇年间，统一约在西元前一六〇〇年，前后约一千二百至一千四百年的功夫，较前两例略长，但埃及的年代至今尚多不能确定。我们可说一个文化区由成立到统一，大致不能少于一千年，不能多于一千五百年。以此

---

① 普通的书都以第一个皇帝出现的西元前三一或三〇年为罗马帝国开始的一年。实际在西前一〇〇年左右整个的地中海区已经统一，帝国已经成立。

类推，其他民族的历史可以大体断定。例如关于印度帝国成立前的历史，除了北部被希腊人一度征服外，我们几乎一件具体的事都不知道。但印度帝国成立于西前三二一年，所以我们可推断雅利安人在印度北部定居，建设许多小国，大概是在西前一四〇〇年或略前。关于巴比伦的历史，地下的发现虽然不少，但头绪非常混乱，年代远不如埃及的清楚。但巴比伦帝国成立于西前二一〇〇至二〇〇〇年间，所以我们可知巴比伦地域最初呈显定局是在西元前三一〇〇年或略前。[①] 这种由详知的例子推求不详的例子的方法，是我们细密分期的第一个收获。

这个方法虽不能叫我们未来先知，但或可使我们对将来的大概趋势能比较认清。今日世界上最活动的文化当然是最初限于欧西今日普及欧美并泛滥于全球的西洋文化。如果可能，我们很愿知道这个有关人类命运的文化的前途。如果西洋文化不是例外，它大概也终久要演到统一帝国的阶段。但这件事何时实现，比较难说，因为西洋文化当由何时算起，仍无定论。西洋文化的降生，在西罗马帝国消灭以后，大概无人否认。但到底当由何年或何世纪算起，就有疑问了。我们可改变方法，从第一时代的末期算起。一个文化区都以封建式的分裂局面为起发点。这种局面在中国结束于西前七七〇年左右，距秦并天下为五百五十年的功夫。在希腊，这种局面（普通称为"王制时代"）约在西前六五〇年左右结束，距罗马帝国的成立也为五百五十年。埃及方面因史料缺乏，可以不论，但中国与希腊的两例如此巧合，我们以它为标准或者不致大误。西洋封建与列国并立的两时代，普通以西元一五〇〇年左右为枢纽；以此推算，西洋大帝国的成立当在西元二〇五〇年左右，距今至少尚有一世纪的功夫。西洋现在正发展到中国古代战国中期的阶段。今日少数列强的激烈竞争与雄霸世界，与多数弱小国家的完全失去自主的情形，显然是一个扩大的战国；未来的大局似乎除统一外，别无出路。

我们以上所讲的两点，都限于所谓文化的第一周。第二周尚未谈及，因为中国文化的第二周在人类史上的确是一个特殊的例外。没有其他的文化，我们能确切的说它曾有过第二周返老还童的生命。埃及由帝国成立到被波斯征服（西前五二五年）因而渐渐消灭，当中只有一千一百年的功夫。巴比伦由帝国成立到被波斯征服（西前五三九年）与消亡

---

① 回教文化的问题过于复杂，争点太多，为免牵涉太远，本文对回教的历史一概从略。对此问题有兴趣的人可参考 Oswald Spengler 著 *Decline of the West*，Arnold J. Toynbee 著 *A Study of History*。

最多也不过有一千五百年左右的功夫。罗马帝国，若以西部计算，由成立到灭亡（普通定为西元四七六年）尚不到六百年。所谓东罗马帝国实际已非原来希腊罗马文化的正统继承者，我们即或承认东罗马的地位，罗马帝国由成立到灭亡（西元一四五三年）也不过一千五百五十年的功夫。中国由秦并六国到今日已经过二千一百五十余年，在年代方面不是任何其他文化所能及的。罗马帝国一度衰败就完全消灭，可以不论。其他任何能比较持久的文化在帝国成立以后也没有能与中国第二周相比的伟大事业。中国第二周的政治当然不像第一周那样健全，并且没有变化，只能保守第一周末期所建的规模。但二千年间大体能维持一个一统帝国的局面，保持文化的特性，并在文化方面能有新的进展与新的建设，这是人类史上绝无仅有的奇事。其他民族，不只在政治上不能维持如此之长，并且在文化方面也绝没有这种二度的生命。我们传统的习性很好夸大，但已往的夸大多不中肯；能创造第二周的文化才是真正值得我们自夸于天地间的大事。好坏是另一问题，第二周使我们不满意的地方当然很多，与我们自己的第一周相比也有逊色。但无论如何，这在人类史上是只有我们曾能作出的事，可以自负而无愧。

唯一好似可与中国相比的例子就是印度。印度帝国的成立比中国还早一百年，至今印度文化仍然存在。但自阿育王的大帝国（西前三世纪）衰败之后，印度永未盛强。帝国成立约四百年后，在西元一〇〇年左右，印度已开始被外族征服，从此永远未得再像阿育王时代的伟大与统一，也永不能再逃出外族的羁绊。此后只有两个真正统一的时代，就是十六与十七世纪间的莫卧儿帝国与近来英国统治下的印度帝国，都是外族的势力。在社会方面，佛教衰败后所凝结成的四大阶级与无数的小阶级，造出一种有组织而分崩离析的怪局。即或没有外族进攻，印度内部互相之间的一笔糊涂账也总算不清。所以在政治方面印度不能有第二周。在宗教与哲学方面，印度近二千年间虽非毫无进展，但因印度人缺乏历史的观念，没有留下清楚可靠的史料，我们只有一个混沌的印象，不能看出像中国佛教与理学发展的明晰步骤。所以在文化方面，中国与印度也无从比较。第二周仍可说是我们所独有的事业。

这种独到的特点，可使我们自负，同时也叫我们自惧。其他民族的生命都不似中国这样长，创业的期间更较中国为短，这正如父母之年的叫我们"一则以喜，一则以惧"。据普通的说法，喜的是年迈的双亲仍然健在，惧的是脆弱的椿萱不知何时会忽然折断。我们能有他人所未曾有的第二周，已是"得天独厚"。我们是不是能创出尤其未闻的新纪录，去建设一个第三周的伟局？

（原载：清华大学《社会科学》第 2 卷第 1 期，1936 年 10 月。以《中国文化的二周》为名，收入雷海宗：《中国文化与中国的兵》，商务印书馆 1940 年 2 月版。）

第二次大战何时发生
（1936）

　　今日凡对世界大局关心的人，心中有意无意间都有一个"二次大战"的暗影。有人希望它早日来临，有人愿意它缓期实现，也有人苦想使它不致发生的方法；但没有人否认它的可能性，多数都承认它的必然性。我们姑且假定二次大战终要爆发，我们是否能推定它爆发的时期？

　　在回答这个问题之先，有一个前题必须认清。那就是说，欧洲仍为国际政治的重心。近年来我们听惯太平洋问题的各种论调，与美国为世界经济盟主的说法，往往就以为欧洲已不似先前的能左右世界的大局。我们中国人处在远东的危机之下，尤其难以相信我们的问题不如欧洲问题的重要。但政治经济利益的冲突，军备的扩充与竞争，民族间仇恨等等，欧洲一隅较世界任何部分都要严重复杂。把欧洲当一个单位来看，它的战斗力远在东亚或美洲之上。因为欧洲如此重要，所以别处发生战争，不见得能引起欧洲的冲突；欧洲若发生大国间的正面冲突，全世界就必将卷入旋涡。因此二次大战无论如何发生，它必定仍是一个以欧洲为中心的战争。虽然直接的导火线不必在欧洲，但二次大战的第一炮或第一弹也仍以由欧洲放掷的可能居多。无论如何，非待欧洲内部的机运成熟之后，二次大战恐怕不会发生的。

　　这一点认清之后，再推究二次大战发生的时期，或可略有把握。十七世纪的三十年战争是第一次的欧洲大战，那是列国成立后的初次混战。自此以后，欧洲屡屡发生大战，其中颇有一定的节奏：

三十年战争	一六一八至一六四八年
西班牙王位继承战争	一七〇一至一七一四年
七年战争	一七五六至一七六三年
拿破仑战争	一七九九至一八一五年

统一战争（意、美、德）　　　一八五九至一八七一年

第一次世界大战　　　　　　　一九一四至一九一八年

　　我们若把上列的表研究一下，就可看出在已往三百年间，欧洲每一世纪必有两次大战，平均约五十年发生一次。前后三百年间如此齐整，恐怕不是偶然的事，必有道理可寻，任何一国参战，虽无必胜的把握，但多少要有可胜的希望，否则除非被迫万不得已必不肯冒然出战。每经过一次大战之后，各国的财政与社会的经济都受很大的损失，非经相当时间的养息之后不能复原再战。这是大战不能当作家常便饭的一个主要原因。再者，战争发生之前，大家都尽力拉拢与国；这种你拉我扯的把戏颇费时间，必须经过屡次的搭配变换之后，合纵连横的局面才能固定。在联盟的变换期间，国际的局面时常骚动，神经过敏的人都有不可终日的感想。但纵横的局面一经成立，临时反倒较前安定：这是大家都埋头苦干，准备最后一拼的现象。这种捭阖对立的中间期也非一朝一夕的事，这是大战不会每几年或一二十年就发生一次的第二个主要原因。

　　每次大战方才过去之后，一因各国经济困难，二因国际关系不甚清楚，所以各国内部与国际之间都不免发生小的骚动。例如近年来的九一八事变、一二八事件、阿比西尼亚战争、德国屡次所造成的事件、至今尚未解决的西班牙问题，以至十几年来欧洲所发生的许多小冲突——每一个问题在初发生时，都有神经过敏的人认为是大战将要爆发的征兆。但实际与其说这些是新大战前的预备战，不如说是旧大战后的余波。真正热闹的戏剧还在后边。我们今日正处在两个大战间的中点，空气当然非常紧张。但一二年来新的联盟关系已经开始酝酿，不久的将来国际间必有两个相抗的大壁垒出现，较上次大战前的三角同盟与三角协约的规模还要宏大。到那时，在外表上国际间的空气暂时反倒可以缓和下去，因为大家都在咬紧牙关预备拼命，无人肯费时间精力去创造或参加一些虚作声势的战〔把〕戏，即或有小骚乱，发生的次数也要比以前减少许多。

　　历史不能未来先知，过去将来也未必完全相合。但我们若不要推测未来则已，否则除研究过去之外，别无他法。过去每两次大战总间隔四五十年的功夫，最少（七年战争与拿破仑战争）也有三十六年。我们今日距离上次大战只有十八年，下次大战的发生最少当还有二十左右功夫，大概要在一九六〇年前后。所以凡是惟恐天下不乱的人，目前恐怕不免失望，因为大乱的发生还嫌太早。但妄想安逸的和平主义者，最后

也必要失望，因为大战终久总要发生。

中国处在今日的局面之下，当然要有万不得已就随时一拼的准备。但由世界的大局来看，真正的冲突还在未来，我们虽不能如俗话所说的立下百年大计，最少当有一个二十年或三十年的计划。这个问题太大，不是三言两语所能说明，也不是一二人所能认清。但有几件事可说是准备应付未来大难的必需条件，不只政府应当预筹，凡在国民也当注意。

第一，就是工业化的问题。在今日的世界要作强国，工业化是绝对的需要。一个以农立国的国家万难应付现世的局面。必须平时与战时所需要的一切用品，大半都由本国制造，才能做二十世纪的一个独立国，否则只有任人宰割。中国的原料并不似一般人想像的那样丰富，并且最宝贵的原料已被人夺去，同时过剩的人口也是大规模工业化的一个障碍。所以我们不可欲望太高，我们的工业不只永不能像英美那样发达，恐怕连苏俄也赶不上。大概最多也不过能作到像法国那样大小工业参半的程度。困难虽然多，可能性虽然有限，我们在认清各种的限制之后，当然只有苦干。整个的设计，与个别的经营，都需要专门的人才。凡有工艺的兴趣与才能的人，今后二三十年间负有极大的责任。

第二，就是军备自给的问题，也可说是工业化中最重要的问题。平时军备尚可靠人接济，大战爆发后却非靠自己不可。今日我们的军备，尤其是比较重要的空军与机械化的军备，大半都是输入品。我们必须在不太长的期间能把制造飞机时所用的一切，由马达到小钉，都自己制造，才能算为国防充实。其他的一切，都可由此类推。这方面当然更需要专门的人才，一个这样的人才，在最后的价值上，或者不下于十万的雄兵。

第三，就是食粮问题。人口过剩，不只妨碍工业的发展，对战时的食粮也是一个可怕的威胁。我们近来每年要输入二万万元左右的米麦来供应都市中的人口。一旦战事发生，不出几月很多人就有饿死的危险，前方无论胜负，整个的局面也必要塌台。发展交通，使内地食粮易于运输，对此或可补救一部。改良种子，尤为重要。至于农业机械化的问题，在今日这种人口过剩之下，绝谈不到。农业问题，实际比工业与军备的问题尤为困难。目前最需要的，是一种比较切实的调查与统计，看看全国整个算起来，食粮到底缺乏到什么程度。若发现本国的粮食只要合理的分配就可足用，那当然是大幸。若不然，我们只有把粮食储蓄与军备储蓄看为同等重要的问题，大规模的买外粮收仓，逐年新陈代谢，以备战时的急需。凡此种种，除需要〈农〉业专门的人才之外，还需要调查、统计与设计的人才。

此外可以想到的问题还有许多。但为应付未来的大难，这三点可说是最要的急务。三者都需要脚踏实地、少说话多做事的人才。我们今日应当提倡不说话主义，因为已往我们上由各级的政府，下至各种的专家，以至许多一通百通的热血青年，都说话太多，作事太少，甚至只说话不作事。大家尤其喜欢漫谈各种的理论。中国只要不亡，将来千百年都是高谈阔论的时间，目前不妨先多作点有裨实际的事务。侥幸近来这种风气已有转变，政府人民都已开始默然作事。这是值得乐观的现象。我们若能继续不断的把从前说话的聪明与精力都用在作事上去，未来的大难必能应付裕如。

民国二十五年十二月四日

（原载：《清华周刊》第 45 卷第 7 期，1936年 12 月 16 日。）

世袭以外的大位继承法

（1937）

　　除原始的部落酋长之外，人类社会的政治元首大多是世袭的。有的民族始终维持世袭的制度，如中国由殷商至辛亥革命的情形。有的民族半路作些异样的尝试，如古代的希腊罗马人与近代的西洋人。今日的世界，在西洋文化的笼罩之下，呈现一个人类开化后的空前现象，就是世袭君主制的大致消灭。多数的国家都是共和国；少数的国家只维持一个傀儡的世袭君主，实权却操在另外一个选举的或用他法产生的执政者的手中。真有实权的君主在今日已是凤毛麟角。所以名义上保有君主的国家，实际也可说都是共和国。

　　但共和制度与民主主义是两件事，两者可合可分，并无绝对必要的联系。反之，凡不终日闭眼在理想世界度生活的人，都可看出今日的大势是趋向于外表民主而实际独裁的专制政治。在许多国家这种情形已经非常明显，最重要的就是德俄意三国。三国的独裁者虽然都用"合法"的方式产生，但实际都是终身职，最少也是无限期职。在其余的国家，或多或少，也都有同样的趋势，不久的未来恐怕也终不免要追随潮流。

　　但再反过来看，政治上任何实权者的世袭制度，在今日的世界绝无地位。在从前君主世袭与神权信仰有不可分的关系。太远的将来无人敢说，但最近的未来大概神权信仰不会复兴，所以也不会有世袭专制的君主制度发生。在这种微妙的情形之下，实权者的承继问题于最近的将来在许多国中都必要发生，于较远的将来恐怕世界各国都不免要逢到这个难关。二十世纪的人类究竟要如何解决这个问题，无人敢给一个武断的答案。但在前代，在较小的范围以内，人类曾遇到过这个问题，也曾得到勉强满意的解决方法。最重要的例大概要算罗马帝国的皇帝与回教初期的教主：两者都是专制的，但都不是世袭的。

一、罗马帝国皇帝

到西元前一〇〇年左右，罗马已经成了地中海上最大的势力。多数的国家都已被罗马征服，其余名义上仍然独立的各国实际也都成了罗马的势力范围。罗马帝国至此可说已经成立。但传统的政治制度只适于城邦的范围，不能维持一个广大的帝国。况且帝国的疆域仍在继续扩张，武人的势力因而日大。代替旧制的帝国政制是此后六七十年间无形之中建设起来的。

到西元前一〇〇年左右，元老院是罗马城与罗马帝国中的最高政治机关，凡仍然在职与已经去职的重要官员都是元老。所以名义上元老的权柄虽然有限，实际上大权都操在他们手里。公民会议仍然存在。但罗马没有代议制，罗马公民遍天下，公民会议到会的实际却只有罗马城内与附近的人民。这些人大半没有固定的职业与财产，对一切既不满意又不负责，所以极易受人操纵利用。元老阶级以及对现状满意的人至此都联合一起，称为贵族阵线（Optimates）。城内一般流动的公民、资本家、少数的贵族与其他一切对现状不满意的人也联合一起，称为平民阵线（Populates）。这种党派的分歧与政权的争夺在当初还有意义，还表现一种真正的政争。一方面赞成少数人为少数人的利益而统治天下，一方面赞成全体公民为全体公民的利益而统治被征服的各民族。但两条阵线的原意不久都消没净尽，当初的各种口号都成了独裁者的护符。原来有帝国而没有皇帝，在贵族阵线与平民阵线的纠纷之下就产生了一个专制的皇帝。

最早的独裁者是马略（Marius），是平民阵线的领袖，在非洲打仗屡次胜利之后，于西元前一〇四年被选为宪法上地位最高的执政官（Consul）。上等社会的人已都不愿当兵，征兵制不能维持。马略见到此点，于是改革军政，正式募兵。这是非常重要的一个变化：从此军队遂成为将军个人的职业兵，国家军队的性质日愈淡薄。最少我们可说，军队直接是将军个人的军队，只间接才是国家的军队。最后的结果当然是最强大的将军与国家无形相混，甚至合一。

继马略而起的是贵族阵线的苏拉（Sulla），也是军人。在西元前八二年，他勉强元老院正式给他无限的独裁权。苏拉虽然没有皇帝的名号，实际上他可说是罗马帝国第一任的皇帝。

马略与苏拉还真正是两个相抗的阵线的领袖，此后的独裁者就难说了。便利时，他们可与或左或右的一个阵线合作，但大致他们是以个人训练的军队为最后的靠山，两个阵线都成了傀儡。

苏拉死后，不久三个独裁者同时并出（西元前六〇年），就是庞培（Pompey）、克拉苏（Crassus）与凯撒（Julius Caesar），临时三雄合作，组成三头政治。在三头中，庞培地位最高，当时的人就给他一个半正式的称号——"首领"（Princeps）。但三个伟人当然难以合作，一度冲突之后，凯撒胜利，二年之间（西元前四六至四四年）他成了全帝国的独裁者。但少数的理想主义者对于旧日的共和政体不能忘情，最后用暗杀的手段将凯撒推翻。

正如用复兴六国的名义把秦推翻之后，列国分立的局面并未恢复；凯撒被刺后，共和政体也绝无挽回的可能。结果只有多付一次大乱的代价而已。共和主义者能把独裁者杀掉，但不能治理一个庞大的帝国。他们原来相信民众会赞成他们"除暴"的举动，岂知结果大失所望，多数的人民似乎感觉：独裁的好坏是另一问题，实际目前除独裁外别无维持天下安宁的方法。所以经过十四年的大乱之后，在西元前三〇年一个新的独裁者又出现，就是屋大维（Octavius）。至此，一切恢复旧制的幻想都已消散，帝国各地都呼屋大维为"世界的救星"。这正与垓下之战后没有人再喊"铲除暴政"或"恢复六国"一类的口号一样。

但屋大维秉性谨慎，对凯撒的命运时刻未忘。所以共和制度虽已推倒，他决定在实际独裁的局面之下仍维持共和的外表。名义上一切仍旧，但屋大维在宪法上有几种特权与特殊名号，使他实际的地位远超宪法之上：

（一）至尊权（Imperium）——在共和旧制之下，国家最高元首的执政官有至尊权，就是行政上的最高权。但前此至尊权的期限为一年，现在屋大维的至尊权屡次的延长，实际等于终身的权力。

（二）至尊号（Imperator）——在至尊权的制度之下，最重要的就是全国军队的统率权。在统率军队时，领有至尊权的人可用"至尊号"，也可说是大元帅。后来罗马历代的皇帝普遍都用此为常号，近代西洋文字中 emperor 或 empereur 一类的名词都由此演化而出。在中文我们一般译为中国历史上同类的名词——"皇帝"。

（三）保民权（Tribunicia Potestas）——罗马原有保民官（Tribune），乃是平民阶级的官吏，在宪法上有全权去防止或禁止任何贵族个人或团体对任何平民个人或团体有欺压的行动。宪法并承认保民官的"神圣"地位（Sacrosanctitas），任何人对他的身体或生命若有侵犯，就与亵渎神明同罪。现在屋大维不居保民官的地位，而终身领有保民官的职权与神圣性。

（四）其他特权——

（1）宣战与讲和权。

（2）元老院与公民会议的召聚权。这就等于说两个会议实际都由皇帝操持。

（3）一切正式聚会中占据最高座位的权利。

（五）首领（Princeps）——这是一个半正式的称呼，以前的独裁者多曾用过。后来元老院感觉"首领"一词不够尊崇，就又正式称屋大维为"国父"（Pater Patriae）。但这个名词始终没有流行，最通用的还是半正式的"首领"。

（六）奥古斯都（Augustus）——这是屋大维与后来历任皇帝惟一正式的特别名号，就是"至尊无上"的意思。这只是一个尊号，与任何的特权无关。但这个正式的称号与非正式的"首领"可表示当时的人，无论贵族或平民，都承认独裁制的不可避免，因而情愿创造两个宪法以外的尊号。

在当时的情形之下，这个新旧调和的办法未尝不好，唯一的缺点就是承继问题的虚悬。因为在理论上罗马仍为共和国，一切地位与权柄都创自元老院或公民会议，所以世袭制当然不能成立。也洽〔恰〕巧屋大维没有儿子，所以世袭的问题也没有发生。在理论上，屋大维死后，或退职后，由元老院再选派一人担任巨艰，应当没有问题。但现在实际的制度是独裁，这种纸上的办法完全行不通。屋大维在生前也见到这一点，为避免将来再起内乱，他感到非预先暗中指定承继人不可。他当初四个亲信的人都壮年死去，未得继立。最后他决定以他的义子提比略（Tiberius）为嗣，使他也接受保民权与至尊权，所以全帝国都知道他是皇帝心目中的承继人。屋大维死后，无人提出异议，提比略安然即位。

提比略原已享受至尊权，所以屋大维死后他就成了当然的大元帅，无形之间承继了屋大维的地位。但提比略也极力地尊重宪法的外表，正式召聚元老院会议，请他们选定屋大维的承继人。元老院也知趣，就把屋大维生前所享受的一切特权与名号都加在提比略身上。从此这就成了惯例，每代的皇帝生前都指定实际的承继人，而由元老院将来正式承认。

西元四一年，皇帝加利古拉（Caligula）被暗杀，生前并未指定承继人。元老院因加利古拉生前暴虐，于是就讨论恢复旧日名实相符的共和制度的问题。但在元老院雄辩未决的时候，御卫队已先发动，代他们决定，拉克劳底（Claudius）出来为大元帅。元老院无法，只得承认既成的事实，许多美丽的长篇演说都中途停顿。

克劳底的承继者尼禄（Nero）暴虐无道，激起内乱；同时他又未指定承继人。西元六八年变乱四起，尼禄自杀。四个武人争位，都各由军队拥护为皇帝。次年韦斯帕申（Vespasian）胜利，由元老院承认为首领。韦斯帕申后来由其子提多（Titus）承继。这虽实际上等于世袭，但名义上仍为选举。提多也是先接受至尊权与保民权，在父亲死后借此两种特权而当然继位。

提多由其弟多密申（Domitian）承继。西元九六年多密申被暗杀，无人继位。至此元老院虽有机会，也不再妄想恢复共和，于是选举了一个老好先生的尼尔瓦（Nerva）为皇帝。尼尔瓦感觉自己太庸碌无能，就以武人特拉燕（Trajan）为义子，并给他至尊权与保民权。

特拉燕忽略了承继问题，生前未按惯例指定承继人，到临死时才认亚第盎（Hadrian）为义子（西元一一七年）。元老院与军队虽都表示承认，但因亚第盎当初并未被默认为承继人，也未享有至尊权与保民权，所以另外有武人反对。所幸反对派即被平定，未再引起大规模的内乱。此后六十年间（西元一一七至一八〇年），承继问题一按惯例解决，历代皇帝都指定承继人，并都以承继人为义子。

西元一八〇年后，罗马帝国二百年的盛期已经过去，乱时多，治时少，承继的问题也时常发生。但一直到西罗马帝国亡时（西元四七六年），帝位在理论上始终不是世袭的，在实际上也不都是世袭的。甚至到最后东罗马帝国亡的西元一四五三年时，帝位在理论上仍非世袭的私产。

由上面的简表看来，罗马帝国帝位的承继法可总论如下：

（1）在理论上帝位不是世袭的，实际上也大多不是世袭的。

（2）最普通的承继法是由在位的皇帝于生前指定承继人，承继人并且在皇帝生前就享有特权，以便将来能不留痕迹而继位。但这是一种非正式的默认惯例，无人公开的考虑这个方法，大家都只"心照不宣"而已。

（3）皇帝大多以承继人为义子。这与政制本身无关，只能算为一个以人情辅助公事的办法。

（4）凡不按惯例指定承继人时，或因故未得指定承继人时，结果往往是引起内乱或招致军队的跋扈干涉。

（5）屋大维以后几乎无人再相信旧日的共和制度有恢复的可能，所以也很少有人想推翻独裁皇帝的制度，虽然始终大家不肯承认帝位是一人一家的私产。

二、回教初期教主

亚拉伯人自古就分为两种：游牧人与城居人。游牧人散居内地沙漠地带，牧畜为生，迁移无定，组织极为散漫。城居人聚住沿海肥地，有城郭，以商业与简单的农业为生。城市中最重要的就是西岸的麦迦（Mecca）与麦第那（Medina）。但城市间的距离甚远，不利于公同的政治组织。无论土著与游牧，政治组织都停顿在部落的阶段。以往在半岛各地间或有比较广大的国家出现，但都是暂时的。在回教兴起之前，部落组织是常态。

每个部落或城市，各有自己的神祇与宗教。但麦迦是全民族所承认的公同圣地，城中有庙名嘎巴（Kaaba）或立体庙。庙中有神像三百六十座，乃全民族在各地所崇拜的神祇的总汇。庙墙中有黑石一块，尤为全体亚拉伯人所崇敬。每年一度，全半岛的人都到麦迦朝圣，一方面朝拜立体庙中的群神，而尤其重要的是向神圣的黑石示敬。这种松散的宗教仪式，可说是回教兴起前亚拉伯人惟一民族意识的表现。

加强民族意识，统一各部落与各城市，使这本来一盘散沙的民族一跃而成为当时世界最强大的势力的——就是穆罕默德。穆罕默德所创的宗教简而易行，感人的能力非常之深。他毁掉各地的神像，圣庙中的三百六十座神像也被废弃。但立体庙本身与墙中的黑石却仍保留，照旧被奉为圣地。代替旧日繁复信仰的新宗教非常简单，信条只有一段，妇孺皆可背诵明了："除唯一真宰（Allah）外别无他神，穆罕默德是他的先知（Prophet）。"这一句话的力量，不是我们今日的人所能想象的。穆罕默德这一句话，在十年之内统一亚拉伯半岛。穆罕默德死后，他的承继者靠这一句话，在一百年内征服了东至中央亚细亚，西至西班牙的一个大帝国。

此前亚拉伯各部落的酋长本由各部落推选。但现在情形大变，全民族在短期间已经统一，实权者的承继问题甚为重大。穆罕默德自己生前对此并未预定计划，同时他又无子，所以世袭制也谈不到。至于一般信徒，看穆罕默德几同神明，不信他也会如凡人一样地死去。一旦首领薨逝，大家都无所适从。在穆罕默德左右地位最为重要的有阿布伯克（Abu Bekr）、欧玛（O-mar）与阿里（Ali）三人。西元六三二年穆罕默德死，回教中要人遂公选阿布伯克继位，为最初创教者的代表或"哈利发"（Caliph）。这个地位是宗教而兼政治的，可说是一个有政权的教主。教主在理论上由全民选举，选举后宗教权与政治权都集于一身。但阿布伯克实际是由少数人选出的。

阿布伯克德高望重，选举未成严重的问题，但也几乎引起内部的分裂。许多部落由于习惯的关系，又欲恢复原始分散独立的状态。但一切叛乱都被阿布伯克平定，从此半岛内部未再发生严重的分裂问题。

阿布伯克见到无限制的选举有引起内乱的危险，所以在生前就向左右指定欧玛为最适宜的承继人。西元六三四年阿布伯克死，左右尊重他的意见，就正式选举欧玛为教主。

欧玛感觉继位法有固定化的需要，于是生前就指定六位元老为选举委员，将来他们由自己内部互选一人为教主。欧玛有子，但不肯假公济私，没有指定儿了为承继人，并且也未派他为选举委员之一。西元六四四年欧玛死，六位选举委员中的欧斯曼（Osman）被选为继位的教主。

欧斯曼腐败，引起反抗，西元六五六年被刺杀而死。他生前并未指定承继人，也没有预定选举法。反对派遂拥阿里为教主。回教内部的分裂由此开始，公元六六一年阿里亦遭刺杀。从此教主的地位变成阴谋与争夺的对象，回教共和国无形结束，统一的或各地分立的回教国都成了世袭专制的政体。

回教共和国虽只维持了三四十年，亚拉伯的情形虽与罗马帝国不一样，但承继法却大同小异。阿布伯克以后两代的教主都因被预先指定而未成问题。第四代因未指定，又未预定选举法，内乱于是发生，共和国竟至因而结束。回教不似罗马，未得演化出一个大家公认的承继惯例。但阿里以前几次的蝉联似乎是正在对着一个固定惯例的方向走去，可惜尚未成功就被世袭制打断。

三、结论

"历史不重述自己"——History does not repeat itself。我们不敢说

二十世纪西洋各国的独裁者也都要用罗马与回教那种实际指定而名义选举的方法产生承继人，但在制度的范围以内，我们很难想象其他更为妥当或更为自然的方法。西洋又有一句与上面所引正正相反的老话："天下并无新事"——There is no new thing under the sun!

参考书

罗马

Cambridge Ancient History, Vol. X, chap. 5；Vol. XI, chap. 10.

Boak, A. E. R., *A History of Rome to 565 A. D.*, chap, 11-19.

Bailey, C. (ed.), *The Legacy of Rome*, —— "The Conception of Empire", "Administration".

回教

Cambridge Medieval History, Vol. II, chap. 10-11.

Ameer Ali, *A Short History of the Saracens*, chap. 1-6.

Margoliouth, D. S., *Mohammed and the Rise of Islam*.

Encyclopedia Britannica, ninth edition, —— "Mohammedanism".

Ibid., fourteenth edition, —— "Islamic Institutions".

（原载：清华大学《社会科学》第 2 卷 3 期，1937 年 4 月。）

中国的家族制度
（1937）

　　中国的大家族制度曾经过一个极盛、转衰与复兴的变化，这个变化与整个政治社会的发展又有密切的关系。春秋以上是大家族最盛的时期，战国时代渐渐衰微。汉代把已衰的古制又重新恢复，此后一直维持了二千年。

　　关于春秋以上的家族制度，前人考定甚详①，本文不再多论，只略述几句作为全文的背景而已。战国以下的发展，一向少人注意，是本文所特别要提出讨论的。

一、春秋以上

　　春秋时代大家族制度仍然盛行，由《左传》《国语》中看得很清楚。并且大家族有固定的组织法则，称为宗法。士族有功受封或得官后，即自立一家，称"别子"。他的嫡长子为"大宗"，称"宗子"；历代相传，嫡长一系皆为大宗，皆称宗子。宗子的兄弟为"支子"，各成一"小宗"。小宗例须听命于大宗，只大宗承继土田或爵位；族人无能为生时，可靠大宗养赡。但除大宗"百世不迁"外，其他一切小宗都是五世而迁，不复有服丧与祭祀的责任。"迁"就是迁庙。

　　宗法的大家族是维持封建制度下贵族阶级地位的一种方法。封建破裂，此制当然也就难以独存。所以一到战国，各国贵族推翻，宗法也就随着消灭，连大家族也根本动摇了。贵族消灭的情形，因春秋战国之际

_____

　　①　关于宗法制度，《礼记》多有记载，《大传》一篇最详。万斯大的《宗法论》八篇解释最好。大家族的实际情形，散见于《左传》《国语》。顾栋高的《春秋大事表》研究最精。近人孙曜的《春秋时代之世族》总论宗法与家族，可供参考。

的一百年间史料缺乏，不能详考；但大概的趋向却很清楚。各国经过一番变动之后，无论换一个或几个新的朝代（如齐、晋），或旧朝代仍继续维持，旧日与君主并立的世卿以及一般士族的特权已都被推翻。各国都成了统一专制的国家。春秋时代仍然残余的一点封建制度，至此全部消灭了。

至于平民的情形，可惜无从考知。但以历史上一般的趋势而论，平民总是百方设法追随贵族的。所以春秋以上的平民，虽不见得行复杂的宗法制，但也必在较大的家族团体中生活。

春秋以上的大族，不只是社会的细胞与经济的集团，并且也是政治的机体。各国虽都具有统一国家的形态，但每一个大族可说是国家内的小国家。晋齐两国的世卿最后得以篡位，根本原因就在此点。

经过春秋末战国初的变革之后，家族只是社会的细胞与经济的集团，政治机体的地位已完全丧失。至此专制君主所代表的国家可随意如何支配家族的命运了。

二、战国

据今日所知，战国时代最有系统的统制家族生活的就是秦国。商鞅变法：

> 令民为什伍，而相牧司连坐。不告奸者腰斩，告奸者与斩敌首同赏，匿奸者与降敌同罚。民有二男以上不分异者，倍其赋。有军功者，各以率受上爵，为私斗者各以轻重被刑〈大小〉。[①]

商鞅的政策可分析为两点。第一，是废大家族。所以二男以上必须分异，否则每人都要加倍纳赋。第二，是公民训练。在大家族制度之下，家族观念太重，国家观念太轻，因为每族本身几乎都是一个小国家。现在集权一身的国君要使每人都直接与国家发生关系，所以就打破大家族，提倡小家庭生活，使全国每个壮丁都完全独立，不再有大家族把他与国家隔离。家族意识消弱，国家意识提高，征兵的制度才能实行，国家的组织才能强化。商鞅的目的十分明显。什伍连坐是个人向国家负责。告奸也是公民训练。禁止私斗，提倡公战，更是对国家有利的政策；家族间的械斗从此大概停止了。

[①] 《史记》卷六八《商君列传》。

商鞅的政策完全成功：

> 行之十年，秦民大说。道不拾遗，山无盗贼。家给人足。民勇于公战，怯于私斗。乡邑大治。①

汉初贾谊不很同情的描写，尤为活现：

> 商君违礼义，弃伦理，并心于进取。行之二岁，秦俗日败。秦人有子，家富子壮则出分，家贫子壮则出赘。假父耰锄杖彗耳，虑有德色矣。母取瓢碗箕帚，虑立谇语。抱哺其子，与公并踞。妇姑不相说，则反唇而睨。其慈子嗜利而轻简父母也，念罪，非有伦理也。其不同禽兽仅焉耳！②

贾谊所讲的是否有过度处，很难断定，但大概的情形恐怕可靠。旧日父母子女间的关系以及舅姑与子妇的关系完全打破，连父母子女之间互相借贷都成问题，颇有今日西洋的风气！

可惜关于家族制度的改革，我们只对秦国有这一点片面的知识，其他各国的情形皆不可考。但商鞅变法，以李悝的《法经》为根据。③ 李悝前曾相魏文侯，变魏国法，魏因而成为战国初期最强的国家。秦在七国中似乎变法最晚，并非战国时惟一变法的国家。这个重要的关键，历来都被人忽略。楚悼王用吴起变法，也在商鞅之前。吴起原与李悝同事魏文侯，对魏变法事或者亦有贡献。后往楚，相楚悼王：

> 明法审令，捐不急之官，废公族疏远者，以抚养战斗之士。④

此处所言不详，所谓"明法审令"所包必广，恐怕也与后来商鞅在秦所行的大致相同。此外申不害相韩，与商鞅同时，"内修政教，外应诸侯"，大概也是在变法。⑤

关于秦魏楚韩四国的变法，我们能得到这一点眉目，已算侥幸；其他各国的情形，连一个字也未传到后代。但泛观人类历史，同一文化区域之内，一切的变化都是先后同时发生的。所以我们可以假定战国七雄都曾经过一番彻底的变法。商鞅变法是秦国富强的必需条件，但不是惟

---

① 《史记》卷六八《商君列传》。
② 贾谊《新书》卷三《时变篇》。《汉书》卷四八《贾谊传》中所引与此大同小异。
③ 《晋书》卷三〇《刑法志》："是时承用秦汉旧律。其文起自魏文侯师李悝。悝撰次诸国法，著《法经》……商鞅受之以相秦。"
④ 《史记》卷六五《吴起列传》。
⑤ 《史记》卷六三《老子韩非列传》。

一条件，秦并六国更不完全由于变法，因为变法在当时是普遍的现象。地广人稀，沃野千里的蜀地的富源，恐怕是秦在列国角逐中最后占优势的主要原因。

各国变法之后，家族制度没落，可由种种方面看出。丧服制与子孙繁衍的观念可说是旧日家族的两个台柱。清楚严明的丧服制是维持一个人口众多的家庭的方法，子孙繁衍是使大家族继续存在的方法。但到战国大家族破裂之后，这两根台柱也就随着倒塌了。

三年丧是丧制的中心。三年丧的破裂象征整个丧制的动摇。三年丧似乎破坏的很早，春秋末期恐怕已经不能完全实行。孔子的极力提倡，正足证明它的不为一般人所注意；连孔门弟子宰我都对三年丧表示怀疑，认为服丧一年已足。① 这恐怕是当时很普遍的意见。后来孟子劝滕文公服丧三年，滕的父兄百官无不反对：

> 吾宗国鲁先君莫之行，吾先君亦莫之行也；至于子之身而反之不可！②

所谓"先君"到底"先"到什么程度很难强解。最少可说战国初期鲁、滕两个姬姓国家已都无形间废除三年丧。实际恐怕春秋末期政治社会大乱开始的时候，这个古制必已渐渐不能成立。

墨子倡三月丧必很合乎当时的口味。③ 在当时提倡并且实行三年丧的只有一般泥古的儒家。但一种制度已经不合时代的潮流，勉强实行必不自然，虚伪的成分必甚浓厚。墨者骂儒家"繁饰礼乐以淫人，久丧伪哀以谩亲"④，或有党派之嫌，但与实情相离恐不甚远。许多陋儒的伪善，连儒家内部比较诚恳高明的人也看不过，也情不自已的骂两句。荀子所指摘的种种"贱儒"必包括一些伪善与伪丧的人。⑤《礼记》各篇中所讲的漫无涯际的丧礼，到底有多少是古代实情，多少是儒家坐在斗室中的幻想，我们已无从分辨。若说春秋以上的人作戏本领如此高强，很难令人置信！

与三年丧有连带关系的就是孝道。孔子虽然重孝，但把孝创为一种

① 《论语·阳货篇》。
② 《孟子·滕文公上》。
③ 《墨子》卷一二《公孟第四八》。
④ 《墨子》卷九《非儒下第三九》。
⑤ 《荀子》卷三《非十二子篇》第六。但荀子并不反对三年丧，见卷一三《礼论篇》第一九。

宗教却是战国儒家，尤其是曾子一派所作的。《孝经》就是此种环境下所产的作品。

与三年丧同时没落的，还有多子多孙的观念与欲望。大家族制度下，子孙众多当然是必需的。西周春秋时代的铭刻中，充分的表现这种心理：

> 其永宝！
>
> 子孙其永宝！
>
> 其万年宝用！
>
> 其万年子子孙孙永宝用！

以上一类的句法，几乎是每件铜器上必有的文字。后来虽或不免因习惯而变成具文，但在当初却是整个社会制度的一种表现。孟子"不孝有三，无后为大"① 的说法，不只是战国时代儒家的理想，也确是春秋以上的普遍信仰。

但一旦大家族破裂，子孙繁衍的观念必趋微弱。一人没有子孙，整个家族的生命就有受威胁的可能。但公民观念代替了家族观念之后，一般人认为一人无子，国家不见得就没有人民。并且在大家族的集团生活之下，家口众多还不感觉不便。小家庭中，儿女太多，的确累赘。人类的私心，总不能免。与个人太不便利时，团体的利益往往就被牺牲。所以战国时代各国都有人口过少的恐慌，也多设法增加自己国内的人口。最早的例就是春秋战国之交的越国，勾践要雪国耻，极力鼓励国内人口的繁殖：

（1）令壮者无取老妇，令老者无取壮妻。

（2）女子十七不嫁，其父母有罪；丈夫二十不娶，其父母有罪。

（3）将免（娩）者以告，公令医守之。

（4）生丈夫二壶酒一犬，生女子二壶酒一豚。

（5）生三人公与之母，生二人公与之饩。②

我们读此之后，几乎疑惑墨索里尼是勾践的私淑弟子；两人的政策相同处太明显了！

关于越国，我们或者可以说它是新兴的国家，地广人稀，所以才采用这种方法。但北方的古国，后来也同样作法，就很难如此解释了。魏

---

① 《孟子·离娄篇上》。

② 《国语》卷二〇《越语上》。

居中原之中，也患人少。梁惠王向孟子诉苦：

> 寡人之于国也，尽心焉耳矣。河内凶，则移其民于河东，移其
> 粟于河内。河东凶亦然。察邻国之政无如寡人之用心者，邻国之民
> 不加少，寡人之民不加多何也？①

梁惠王以后，秦国也患人少，有人提倡招徕三晋的人民。② 越魏秦
三国也绝非例外，其他各国也必感到同样的困难。战争过烈，杀人太
多，或可解释人口稀少的一部分；但此外恐怕还有其他的因素。小家庭
制度盛行，多子观念薄弱之后，杀婴的风气必所难免。关于战国时代，
虽无直接的证据；但到汉代，杀婴的事却曾惹人注意。

并且再进一步，今日西洋各国所时尚的节制生育方法并非新事，战
国时代的中国已有此风。中国古代称它为房中术，又称玄素术、阴阳
术、容成术或彭祖术。按《汉书》，古代此种的书籍甚多③，正如今日
西洋性学专书与节制生育小册的流行一样。战国、西汉间，最重要的有
八种：

(1)《容成阴道》，二十六卷；

(2)《务成子阴道》，三十六卷；

(3)《尧舜阴道》，二十三卷；

(4)《汤盘庚阴道》，二十卷；

(5)《天老杂子阴道》，二十五卷；

(6)《天一阴道》，二十四卷；

(7)《皇帝三王养阳方》，二十卷；

(8)《三家内房有子方》，十七卷。

这些书可惜已全部失传无从详考其内容。单看书名，前七种似乎专
讲方法。最后一种仍承认"有子"是必需的。但内中必有条件，正如今
日西洋节制生育家所提倡的儿女少而优秀的说法。我们从葛洪较晚的传
说中，还可看出房中术的大概性质：

> 或曰：闻房中之事，能尽其道者，可单行致神仙，并可以移灾

---

① 《孟子·梁惠王上》。

② 《商君书》卷四《徕民》。此篇所言并非商君时事，篇中谓："今三晋不胜秦四世矣。
自魏襄王以来，野战不胜，守城必拔；小大之战，三晋之所以亡于秦者不可胜数也。"魏襄王
还是惠王的儿子，此篇所言当为孟子与梁惠王后百年的情形。

③ 《汉书》卷三〇《艺文志》。

解罪，转祸为福，居官高迁，商贾倍利。信乎？

抱朴子曰：此皆巫书妖妄过差之言，由于好事增加润色，至令失实。或亦奸伪造作虚妄，以欺诳世人；藏隐端绪，以求奉事；招集弟子，以规世利耳。夫阴阳之术，高可以治小疾，次可以免虚耗而已。其理自有极，安能致神仙而却祸致福乎？人不可以阴阳不交，坐致疾患。若欲纵情恣欲，不能节宣，则伐年命。善其术者，则能却走马以补脑，还阴丹以朱肠；采玉液于金池，引三五于华梁。令人老有美色，终其所禀之天年。而俗人闻黄帝以千二百女升天，便谓黄帝单以此事致长生；而不知黄帝于荆山之下，鼎湖之上，飞九丹成，乃乘龙登天也。黄帝自可有千二百女耳，而非单行之所由也。凡服药千种，三牲之养，而不知房中之术，亦无所益也。是以古人恐人轻恣惰性，故美为之说，亦不可尽信也。玄、素谕之水火，水火煞人而又生人，在于能用与不能耳。大都知其要法，御女多多益善；如不知其道而用之，一两人足以速死耳。彭祖之法，最其要者；其他经多烦劳难行，而其为益不必如其书，人少有能为之者。口诀亦有数千言耳，不知之者，虽服百药，犹不能得长生也。①

葛洪又谓："房中之术，近有百余事焉。"又谓："房中之法，十余家。"可见到晋时比战国秦汉间已又增加了几种作品；方法也相当的复杂，可以有百余事。又谓："或以补救伤损，或以攻治众病，或以采阴益阳，或以增年延寿；其大要在于还精补脑之一事耳。"②

上面仅存于今日的几段记载，废话太多，中肯的话太少。但我们可看出当时对此有种种自圆其说的理论，用以遮掩那个完全根据于个人幸福的出发点。"却走马以补脑"或"还精补脑"的一句话，暗示今日节制生育中所有的一种方法，在古代的中国这大概是最流行的方法。

并且一种潮流，往往不只有一种表现的途径。战国时代家族破裂，国家不似家庭那样亲切，号召人心的力量也不似家族那样强大。于是个人主义横流，种种不健全的现象都自由发展。道家的独善其身与杨家的任性纵欲是有理论为借口的个人主义。房中术是没有理论的，至少可说

① 《抱朴子内篇》卷六《微旨篇》。
② 同上，卷八《释滞篇》。

是理论很薄弱的个人主义。与房中术性质相类的还有行气、导引、芝菌、按摩等等。① 行气又称吐纳，就是今日所谓深呼吸，在当时又称胎息术：

> 得胎息者，能不以鼻口嘘吸，如在胞胎之中。②

导引又称步引，就是今日的柔软体操与开步走之类。本是活动身体的方法，后来渐渐附会为"步罡踏斗"的神秘把戏。

芝菌近乎今日的素食主义（Vegetarianism）与斋疗术（Fastingcure），认为少吃、不吃或专吃几种特别食品可以延年益寿。芝菌术又称辟谷术，因为最彻底的实行者不只忌肉食，并且又辟五谷，而专吃野生的芝菌。这种本就荒唐的办法，后来又演化为炼长生丹与药饵的说法。据说战国韩的遗臣而后来成为汉初三杰之一的张良，在晚年曾经学习辟谷③，可见其流行的程度了。

按摩术，名与事今日都很流行。这种种个人享乐与养生的方法，当初或都各自独立发展。但后来合流为神仙术，象征个人主义的极顶表现。养生术未可厚非，但太注意身体的健全，本身就是一个不健全的现象，对整个的社会是有妨害的。求长生不老，根本是变态心理的表现。今日西洋少数人要以羊腺或猴腺恢复青春的妄想，若不及早预防，将来也有演成神仙术的可能。战国时代的人口稀少，与个人养生享乐的潮流必有关系，可惜因史料缺乏，不能断定关系密切到如何的程度。但自私心过度发展，必至连子女之爱也要牺牲。房中术的主旨是既得性欲之乐，又免儿女之苦，对于人口稀少要负一部分的责任，是没有问题的。

三、秦汉以下

秦汉大帝国初立，战国时代一般的潮流仍旧。秦皇汉武既为天子，又望长生，人人皆知的两个极端例证可以不论。人口稀少仍是国家一个严重问题。房中之风仍然流行。王莽相信黄帝御一百二十女而致神仙，于是遣人分行天下，博采淑女。一直到天下大乱，新朝将亡时，王莽仍

---

① 《汉书》卷三〇《艺文志》，神仙家。参考《抱朴子内篇》卷六《微旨篇》。
② 《抱朴子内篇》卷八《释滞篇》。
③ 《史记》卷五五《留侯世家》。但这与黄石公的故事很可能都是张良见功臣不得善终，故意使人散布的谣言，以示自己无心于俗世，借以免祸。但以此为借口，更足见其流行。

"日与方士涿郡昭君等于后宫考验方术，纵淫乐焉"①。

东汉时此风仍然盛行，王充谓"素女对黄帝陈五女之法，非徒伤父母之身，乃又贼男女之性"②。可见这在当时仍是很平常的事，所以王充特别提出攻击。东汉末有妄人冷寿光，自谓因行容成公御妇人法，年已百五六十，面貌仍如三四十。③

此外，汉时有的地方盛行杀婴的风气。东汉末，贾彪为新息（今河南息县）县长：

> 小民困贫，多不养子。彪严为其制，与杀人同罪。城南有盗劫害人者，北有妇人杀子者。彪出案发，而掾吏欲引南。彪怒曰："贼寇害人，此则常理。母子相残，逆天违道！"遂驱车北行，案验其罪。城南贼闻之，亦面缚自首。数年间人养子者千数。佥曰："贾父所长。"生男名为"贾子"，生女名为"贾女"。④

区区一县之地，数年间可杀而未杀的婴儿居然能有千数，可见杀婴不完全是由于困乏。此风停止后，也没有听说生活更加困难，贫困最多也不过是杀婴的一种借口。这种风气恐怕来源甚早，也不见得限于新息一地，前此与别处无人注意就是了。房中术盛行时，不明其法的人就难免要采用野蛮的杀婴方法。

汉代的政府也如战国时代列国的设法提倡人口增加。高帝七年，命"民产子，复勿事二岁"。⑤ 这或者还可以大乱之后人口稀少来解释。但由后来的情形，可看出这并不是惟一的原因。西汉最盛的宣帝之世，仍以人口增加的多少为地方官考课的重要标准，当时人口缺乏的正常现象可想而知了。黄霸为颍川太守，"以外宽内明，得吏民心，户口岁增，治为天下第一"。西汉末年，人口称为最盛⑥；然而召信臣为南阳太守，"其化大行……百姓归之，户口增倍"。⑦ 所谓"百姓归之"就是邻郡的人民慕化来归的意思。人口增加到靠外来的移民，生殖可谓困难到惊人的程度！

---

① 《汉书》卷九九下《王莽传下》地皇二年、四年。
② 王充《论衡》卷二《命义篇》。
③ 《后汉书》卷一一二下《华佗传》附《冷寿光传》。
④ 《后汉书》卷九七《贾彪传》。春秋以上，生子可弃，但与此性质不同。
⑤ 《汉书》卷一下《高帝纪下》。
⑥ 《汉书》卷二八下《地理志》。
⑦ 黄霸召信臣事俱见《汉书》卷八九《循吏列传》。

两汉四百年间，人口的总额始终未超过六千万。汉承战国的法治之余，户口的统计当大致可靠。并且当时有口赋、算赋、更赋的担负，男女老幼大多都逃不了三种赋役中的最少一种，人口统计当无大误。珠江流域虽尚未开发，长江流域虽尚未发展到后日的程度，但北方数省的人口在今日已远超六千万。汉代人口的稀少，大概是无可置疑的。并且西汉人口最盛时将近六千万，东汉最盛时反只将近五千万，减少了一千万。① 可见当时虽每经过一次变乱之后，人口减而复增；但四百年间人口的总趋势是下减的。

此点认清之后，东汉诸帝极力奖励生育的政策就可明白了。章帝元和二年，降下有名的胎养令，分为两条：

（1）产子者，复勿算三岁；

（2）怀孕者，赐胎养谷，人三斛；复其夫勿算一岁。②

由此看来，生育的前后共免四年的算赋，外给胎养粮。算赋不分男女，成年人都须缴纳，每年一百二十钱，是汉代最重的一种税赋，"产子者，复勿算三岁"，未分男女，大概是夫妇皆免。怀孕者，夫免算一岁；妇既有养粮，免算是不言而喻的了。两人前后免算八次，共九百六十钱。汉代谷贱时，每石只五钱，饥荒时亦不过数百钱，平时大概数十钱。③ 所以这个胎养令并不是一件小可的事情，所免的是很客观的一笔税款。这当然是仁政，但只把它看为单纯消极的仁政，未免太肤浅。这件仁政有它积极的意义，就是鼓励生育。并且这个办法是"著以为令"的，那就是说，以后永为常法。但人口的增加仍是有限，总的趋势仍是下减。如此大的奖励还是不能使人口增加，可见社会颓风的积重难反〔返〕了。

此外，汉代诸帝又不断地设法恢复前此几近消灭的大家族制度。这个政策可从两方面来解释。第一，战国的紧张局面已成过去，现在天下一家，皇帝只求社会的安定。小家庭制度下，个人比较流动，社会因而不安。大家族可使多数的人都安于其位；所以非恢复大家族，社会不能安宁。④ 但汉帝要恢复大家族，恐怕还有一个原因，就是希望人口增

---

① 《汉书》卷二八下《地理志下》、《后汉书》志二三《郡国志五》。

② 《后汉书》卷三《章帝纪》。

③ 《汉书》卷二四《食货志》。

④ 汉代重农抑商，原因亦在此。商业是流动的，使社会不安。农业是固定的，农业的社会大致都安静无事。见《汉书》卷二四《食货志》。

加。小家庭制与人口减少几乎可说有互相因果的关系。大家族与多子多孙的理想若能复兴，人口的恐慌就可免除了。汉代用政治的势力与权利的诱惑提倡三年丧与孝道，目的不外上列两点。战国时代被许多人讥笑的儒家至此就又得势了。

汉初承战国旧制，仍行短丧。文帝遗诏，令臣民服丧以三十六日为限。[1] 臣民亦多短丧。一直到西汉末成帝时，翟方进为相，后母终，既葬三十六日除服。[2] 但儒家极力为三年丧宣传，武帝立儒教后，宣传的势力更大。公孙弘为后母服丧三年，可说是一种以身作则的宣传。[3] 到西汉末，经过百年间的提倡，三年丧的制度又重建起来了。成帝时薛宣为相，后母死，其弟薛修服三年丧，宣谓"三年服，少能行之者"，不肯去官持服，后竟因此遭人攻击。[4] 哀帝时，刘茂为母行三年丧。[5] 成哀间，河间王良丧太后三年，哀帝大事褒扬。[6] 哀帝时，游侠原涉为父丧三年，衣冠之士无不羡叹。[7] 哀帝即位，诏博士弟子父母死，给假三年。[8] 到东汉时，三年丧更为普遍，例多不举。光武帝虽又废三年丧，但那是大乱后的临时措置，不久就又恢复。[9] 后虽兴废无定，但三年丧已根深蒂固，已成为多数人所承认的制度。[10]

孝道的提倡与三年丧的宣传同时并进。汉帝谥法，皆称"孝"。《孝经》一书特别被推崇。选举中又有孝廉与至孝之科。对人民中的"孝弟力田"者并有赏赐。据荀爽说：

> 汉为火德。火生于木，木盛于火，故其德为孝。……故汉制使天下诵《孝经》，选吏举孝廉。[11]

汉谥法用"孝"的来源不详。荀爽火德为孝的解释不妥，因为以汉

---

① 《史记》卷一〇《文帝本纪》、《汉书》卷四《文帝纪》同。
② 《汉书》卷八四《翟方进传》。
③ 《汉书》卷五八《公孙弘传》。
④ 《汉书》卷八三《薛宣传》。
⑤ 《后汉书》卷八一《独行列传》。
⑥ 《汉书》卷五三《河间献王传》。
⑦ 《汉书》卷九二《游侠列传》。
⑧ 《汉书》卷一一《哀帝纪》。
⑨ 《后汉书》卷六九《刘恺传》、卷七六《陈忠传》。
⑩ 《后汉书》卷七《桓帝纪》、卷九二《荀爽传》。
⑪ 《后汉书》卷九二《荀爽传》。

为火德是王莽时后起的说法，汉原来自认为水德或土德①，而西汉第二代的惠帝已称"孝惠"。谥法用"孝"，解释为国家提倡孝道，最为简单通顺；无需绕大圈子去找理由。

明帝时，期门羽林介胄之士都通《孝经》②，可见此书到东汉时已成了人人皆读的通俗经典了。关于孝廉与孝弟力田的事，例证极多，无需列举。

孝的宗教，到东汉时可说已经成立。东汉初，江革母老，不欲摇动，革亲自在辕中为母挽车，不用牛马。乡里称他为"江巨孝"。③ 中叶顺帝时，东海孝王臻与弟蒸乡侯俭并有笃行，母死皆吐血毁瘠。后追念父死时，年尚幼，哀礼有阙，遂又重行丧制！④ 至此孝已不只是善之一种，而成了万善之本。章帝称赞江革的话可说是此后二千年间唯孝主义的中心信条：

> 夫孝，百行之冠，众善之始也。⑤

这种三年丧与孝教的成功，表示大家族制度已又渐渐恢复。人口虽仍不见加多，但并未过度地减少，所以帝国仍能维持，不致像西方同时的罗马帝国因患贫血症而堪堪待死，等到日耳曼的狂风暴雨一来，就立刻气绝。中国虽也有五胡入侵，但最后能把他们消化，再创造新的文化局面，这最少一部分要归功于汉代大家族制度的重建政策。

四、结论

到东汉时大家族重建的运动已经成功，魏晋清谈之士的谩侮礼教，正足证明旧的礼教已又复活。五胡的打击也不能把旧礼教与大家族冲破。永嘉乱后，中原人士南迁，家人父子往往离散。子过江而不知父母存没的甚多，守丧的问题因而大起。未得正确的消息之先，为人子的可否结婚或做官，更是切肤的问题。"服丧则凶事未据，从吉则疑于不

---

① 《汉书》卷二五上《郊祀志》、卷九八《元后传》、卷九九上《王莽传》。
② 《后汉书》卷六二《樊准传》。
③ 《后汉书》卷六九《江革传》。
④ 《后汉书》卷四二《东海恭王疆传》。
⑤ 《后汉书》卷六九《江革传》。

存"。真是进退两难。大家议论纷纷，莫衷一是，可见孝道与丧制的基础是如何的稳固了。[1] 房中术与杀婴风气虽未见得完全绝迹，但已不是严重的问题。此后历代的问题不是人口稀少，而是食口太多，生活无着。胎养令一类的办法无人再提起；因为不只无此需要，并且事实上也不可能了。

东汉以下两千年间，大家族是社会国家的基础。[2] 大家族是社会的一个牢固的安定势力。不只五胡之乱不能把它打破，此后经过无数的大小变乱，社会仍不瓦解，就是因为有这个家族制度。每个家族，自己就是一个小国家。每个份子，甚至全体份子，可以遇害或流散死亡；但小国家制度本身不是任何暴力或意外的打击所能摇撼的。

但反过来讲，汉以下的中国不能算为一个完备的国家。大家族与国家似乎是根本不能并立的。封建时代，宗法的家族太盛，国家因而非常散漫。春秋时代宗法渐衰，列国才开始具备统一国家的雏形。战国时代大家族没落，所以七雄才组成了真正统一的完备国家。汉代大家族衰而复盛，帝国因而又不成为一个国家。二千年来的中国只能说是一个庞大的社会，一个具有松散政治形态的大文化区，与战国七雄或近代西洋列强的性质绝不相同。

近百年来，中国受了强烈的西洋文化的冲击，汉以下重建的家族制度以及文化的各方面才开始撼动。时至今日，看来大家族的悲运恐怕已无从避免。实行小家庭制，虽不见得国家组织就一定可以健强，但古今似乎没有大家族制下而国家的基础可以巩固的。汉以下始终未曾实现的真正统一的建国运动，百年来，尤其是民国以来，也在种种的困苦艰难中进行。一整个的文化区，组成一个强固的国家，是古今未曾见过的事。中国今日正在努力于这种人类前此所未有的事业；若能成功，中国文化的第三周大概就有把握了。那就真成了人类史上的奇迹。相形之下，已经算为非常例外的中国文化第二周，反觉平平了。

家族制度，或大或小，是人类生活的必需条件。所以未来的中国到底采用如何形态的大家族或小家族制度，颇堪玩味。大小两制，各有利弊。两者我们都曾实行过，两者的苦头也都尝过。我们在新的建国运动

---

① 《晋书》卷二〇《礼志中》。

② 但严格来讲，不能称为宗法社会，因为春秋以上的宗法制度始终没有恢复。

中，是否能尽量接受历史上的教训，去弊趋利；这种万全的路径，是否可能；大小两制是否可以调和——这些问题都是我们今日的人所极愿追究的，但恐怕只有未来的人才能解答！

（原载：清华大学《社会科学》第 2 卷 4 期，1937 年 7 月。）

此次抗战在历史上的地位

（1938）

　　此次抗战不只在中国历史上是空前的大事，甚至在整个人类历史上也是绝无仅有的奇迹。我们若把中国与其他古老文化比较一下，就可得到惊人的发现。埃及文化由生到死，不过三千年。公元前三百年左右被希腊征服，渐渐希腊化。后来又被回教徒征服，就又亚拉伯化。今日世界上已没有埃及人、埃及文字或埃及文化；今日所谓埃及的一切，都是亚拉伯的一部分。巴比伦文化的寿命与埃及相同，也同时被希腊征服，后来又亚拉伯化。希腊罗马文化寿命更短，由生到死不过二千年；今日的希腊不是古代的希腊，今日的意大利更不是古代的罗马。至于中国，由夏商之际到今日，将近四千年，仍然健在。并且其他古族在将亡时，都颓靡不振，不只没有真正抵抗外患的力量，甚至连生存的意志也大半失去。它们内部实际先已死亡，外力不过是来拾取行尸走肉而已。至于我们此次抗战的英勇，是友邦军事观察家所同声赞许的，连敌人方面的军事首领有时也情不自已的称赞一声。我们虽然古老，但我们最好的军队可与古今任何正在盛期的民族军队相比，这是值得大书特书的。我们有一部分的军队或者不能尽满人意，但略为研究军事历史的人都知道，任何时代任何民族的军队也有因暂受挫折而纪律松弛的现象，也都有因缺乏经验而战力不佳的现象。并且我们不要忘记今日中国的军队不是征兵，而是募兵。征兵虽也有缺点，但只有征兵才是长久可靠的军队。我们只有募兵，而其效能已几乎与征兵相等，这又是人类历史上稀有的奇事。半年以来，我们大部的军队可以告无罪于国家民族；倒是后方的人，尤其是太平时代说话最响亮的人，当下一番忏悔的功夫。我们的前方，大致尚可与欧战时列强的前方相比；我们后方有责任有职守者的慌张飞逃，却与欧战时各国后方的镇静安详成反比例。这只足证明，连许多平日自许甚高的人也没有达到征兵的程度，也就是说，还没有国民的资格。谈到此点，我们对前方将士的英勇更当感愧；若再埋怨他们不肯出力，使得我们不得不于敌人仍在数百里以至千里之外的时候三番两次的飞寻乐土，那就未免太无自知之明了。说得干脆一点，若看后方的情景，我们只配有纪律不佳与战力缺乏的军队！

中国文化的寿命为何如此之长？今日因何能有如此英勇的抗战？中国至今存在，因为中国曾经返老还童，而别的文化一番衰老后就死去。每个文化发展的步骤，都是先由分裂的部落或封建的小国开始。后来小国合并为大国，列国竞争，国际的局面日愈紧张，国际的战争日愈激烈。最后一国出来吞并列国。统一天下，成了笼罩整个文化区的大帝国。帝国是文化的末期，此后只有衰弱再分裂，以至于灭亡。别的民族至此都不能再维持。只有中国，于秦汉统一大帝国之后，虽也经过三国六朝的短期消弱，但后来却又复兴。复兴之后，政治制度虽不再有多少更革，文化潮流却代有进展。这是其他民族的历史上所绝无的现象。我们可称南北朝以下为中国文化的第二周，与第一周的文化潮流列表比较如下，就可一目了然：

时代 周	宗教时代	哲学时代	哲学派别化的时代	哲学消灭与学术化的时代	文化破裂时代
第一周	殷商西周（公元前一三〇〇至七七一年）殷墟宗教、周代宗教	春秋时代（公元前七七〇至四七三年）邓析、楚狂接舆、孔子	战国时代（公元前四七三至二二一年）六家	秦汉与东汉中兴（公元前二二一至公元八八年）经学训诂	东汉末年至淝水之战（公元八九至三八三年）思想学术并衰，佛教之输入
第二周	南北朝隋唐五代（公元三八三至九六〇年）佛教之大盛	宋代（公元九六〇至一二七九年）五子、陆象山	元明（公元一二七九至一五二八年）程朱派、陆王派	晚明盛清（公元一五二八至一八三九年）汉学考证	清末以下（公元一八三九年以下）思想学术并衰，西洋文化东渐

我们由上表可知中国文化前后有过两周，其他文化都只有第一周，绝无第二周，都是一衰而不能复振。这一点是我们大可自豪于天地间的。我们不只寿命长，并且没有虚度我们的光阴，各代都能翻点新的花样。

中国文化为何能有第二周？这个问题与上面尚未解答的今日为何能如此英勇抗战的问题，可以一并回答。中国文化的第二周可说是南方发展史。古代的中国限于中原，长江流域乃是边地，珠江流域根本与中国无关。秦汉时代奠定了三大流域的中国，但黄河流域仍为政治文化的重心。五胡乱华以后，南方逐渐开拓。此后每经一次外患，就有大批的中原人士南迁。五胡乱华，五代之乱，与宋室南渡时南迁的人数尤多。并且一般的讲来，南迁的人是民族中比较优秀的分子，因为他们大多都是不肯受外族统治而情愿冒险跋涉的人。并且沿路的困苦危险远非火车轮船汽车飞机的今日可比。因而冒险南下的人中，又有一批被淘汰。到了环境迥异的南方之后，在卫生知识与卫生设备两缺的前代，因不能适应而死去的人，恐又不少。最后得机会开发南方的可说是优秀分子中选择出来的优秀分子。所以二千年来，虽因外患来自北方而统一的首都始终设在中原，然而南方经济与文化的地位一代比一代重要，人口一代比一代繁殖，到最后都远超中原之上。此点可由种种方面证明，但由行政区域的划分可最清楚最简单的看出南北消长的痕迹，因为行政区域的划分大致是以人口与富力为标准的。春秋战国时代，除楚国与倏起倏灭的吴越二国之外，所有的列国都在北方，可以不论。汉武帝分天下为十三部，北方占其八：司隶、豫州、冀州、兖州、青州、幽州、并州、凉州；南方占其五：徐州、荆州、扬州、益州、交州。此时北仍重于南，是没有问题的。唐太宗分天下为十道，南北各占五道。北为陇右、关内、河东、河北、河南；南为淮南、山南、剑南、江南、岭南。经过晋室南渡与南北朝二三百年的对峙之后，南方已发展到与北方平衡的地步。北宋分天下为十五路，北方五路：京东、京西、河北、河东、陕西；南方十路：淮南、江南、荆湖南、荆湖北、两浙、福建、西川、峡西、广南东、广南西。此时虽然北方失燕云于辽，失河西于夏，然而南北的悬殊仍甚可异，可见此时北方已较南方落后，唐末与五代的大乱必与此有关。再经过宋室南迁与一度偏安之后，到明代虽然燕云与河西都已收复，然而二直隶十三布政司中，北方仍只占其五：京师、山东、山西、陕西、河南；南方占十：南京、浙江、福建、江西、湖广、四川、广东、广西、贵州、云南。满清十八省，北占其六：直隶、山东、山西、河南、陕西、甘肃；南占十二：江苏、浙江、安徽、福建、江西、湖北、湖南、广东、广西、四川、贵州、云南。到明清时代，很显然的中原已成南方的附庸了。富力的增加，文化的提高，人口的繁衍，当然都与此有关。这种发展是我们第二周文化的最大事业。在别的民族已到了老死的时期，我们反倒开拓出这样一个伟大的新天地，这在人类历史上是无可比拟的例外。

此次抗战，虽显然的是全国参加，但因人力物力的关系，抗战的重心在南方，也是无可讳言的。这可说是我们休养生息了两千年的元气，至此拿出与亘古未有的外患相抗。因为以往外患都在北方，又因军队都是募兵，所以兵士大半都是由政府就地招编，当然以北人居多。历代对外失败，可说都限于北方，失败后就又有一批人士南迁。民族元气大宝藏的南方力量，此前向无机会施展。偏安与割据的时代，南方当然有自己的军队，但都无足轻重。蒙古入主中国，编南人为新附军，也无重要地位。南方人士编成有用的大军，是满清时代的事。嘉庆初年川楚教匪之乱，官兵无用，平乱大半依靠乡勇。这是南兵第一次大显身手的例证。后来的太平天国与湘军，可说是两个对峙的南方大军。时至今日，中国军队的主力，不仅要从北方挑选，尤其要从南方编练，已是显而易见的事。军队素质的高低，不专靠体力与训练。每个士兵的智力，神经反应的迟速，随机应变的能力，以及其他种种的天然禀赋，都有关系。尤其在近代的复杂战术之下，因为二千年来民族元气的南偏，南方的劲旅多于北方，也是当然的事。中国虽然古老，元气并未消耗，大部国民的智力与魄力仍可与正在盛期的欧美相比，仍有练成近代化的劲旅的可能。二千年来养成的元气，今日全部拿出，作为民族文化保卫战的力量。此次抗战的英勇，大半在此。

最后还有一点，或者值得论及。按上面列表，我们第二周的文化今日已到末期。第一周的末期，前后约三百年。第二周的末期，由始至今方有百年；若无意外的变化，收束第二周与推进第三周恐怕还得需要一二百年的功夫。但日本的猛烈进攻使得我们不得不把八字正步改为百码赛跑。第二周的结束与第三周的开幕，全都在此一战。第一周之末，有淝水之战（公元三八三年）。那一战中国若失败，恐怕后来就没有第二周的中国文化，因为当时汉人在南方还没有立下根深蒂固的基础。淝水一战之后，中国文化就争得了一个在新地慢慢修养以备异日脱颖而出的机会。此次抗战是我们第二周末的淝水战争，甚至可说比淝水战争尤为严重。成败利钝，长久未来的远大前途，都系于此次大战的结果。第二周文化已是人类史上空前的奇迹；但愿前方后方各忠职责，打破自己的非常纪录，使第三周文化的伟业得以实现！

（原载：汉口《扫荡报》1938 年 2 月 13 日，后收入《中国文化与中国的兵》，商务印书馆 1940 年 2 月版。）

君子与伪君子

——一个史的观察

（1939）

观察中国整个的历史，可能的线索甚多，每个线索都可贯串古今，一直牵引到目前抗战建国中的中国。"君子"一词来源甚古，我们现在可用它为一个探讨的起发点。

"君子"是封建制度下的名词。封建时代，人民有贵贱之分，贵者称"士"，贱者称"庶"。"君子"是士族阶级普通的尊称；有时两词连用，称"士君子"。士在当时处在政治社会领导的地位，行政与战争都是士的义务，也可说是士的权利。并且一般讲来，凡是君子都是文武兼顾的。行政与战争并非两种人的分工，而是一种人的合作。殷周封建最盛时期当然如此，春秋时封建虽已衰败，此种情形仍然维持。六艺中，礼乐书数是文的教育，射御是武的教育，到春秋时仍是所有君子必受的训练。由《左传》《国语》中，可知当时的政治人物没有一个不上阵的。国君也往往亲自出战，晋惠公竟至因而被虏。国君的侄兄弟也都习武。晋悼公的幼弟扬干最多不过十五岁就入伍；因为年纪太青〔轻〕，以致扰乱行伍而被罚。连天子之尊也亲自出征，甚至在阵上受伤。如周桓王亲率诸侯伐郑，当场中箭。当兵绝非如后世所谓下贱事，而是社会上层阶级的荣誉职务。平民只有少数得有入伍的机会，对于庶人的大多数，当兵是一个求之不得的无上权利。

在这种风气之下，所有的人，尤其是君子，都锻炼出一种刚毅不屈，慷慨悲壮，光明磊落的人格。"士可杀而不可辱"，在当时并非寒酸文人的一句口头禅，而是严重的事实。原繁受郑厉公的责备，立即自杀。晋惠公责里克，里克亦自杀。若自认有罪，愿君上宽恕不责，亦必自罚或自戮。鬻拳强谏楚王，楚王不从；以兵谏，楚王惧而听从。事成之后，鬻拳自刖，以为威胁君上之罪罚。接受了一种使命之后，若因任何原因不能复命，必自杀以明志。晋灵公使力士钼麑去刺赵盾，至赵盾府后，发现赵盾是国家的栋梁，不当刺死。但顾到国家的利益，就不免违背君命；从君命，又不免损害国家。所以这位力士就在门前触槐而死。以上不过略举一二显例，类此的事甚多，乃是当时一般风气的自然表现。并且这些慷慨的君子，绝不是纯粹粗暴的武力。他们不只在行政上能有建树，并且都能赋诗，都明礼仪，都善辞令，不只为文武兼备的全才。一直到春秋末期，后世文人始祖的孔子，教弟子仍用六艺，孔子自己也是能御能射的人，与后世的酸儒绝非同类的人物。

到战国时，风气一变。经过春秋战国之际的一度大乱之后，文化的面目整个改观。士族阶级已被推翻，文武兼备的人格理想也随着消灭。社会再度稳定之后，人格的理想已分裂为二，文武的对立由此开始。文人称游说之士，武人称游侠之士。前者像张仪以及所有的先秦诸子，大半都是凭着三寸不烂之舌，用读书所习的一些理论去游说人君。运气好，可谋得卿相的地位；运气坏，可以招受奇辱。张仪未得志时，曾遭楚相打过一顿，诬他为小偷。但张仪绝不肯因此自杀，并且还向妻子夸口：只要舌头未被割掉，终有出头露面的一天。反之，聂政荆轲一类的人物就专习武技，谁出善价就为谁尽力，甚至卖命。至于政治主张或礼仪文教，对这些人根本谈不到。所以此时活动于政治社会上的人物，一半流于文弱无耻，一半流于粗暴无状。两者各有流弊，都是文化不健全的象征。

到汉代，游侠之士被政府取缔禁止。后世这种人在社会上没有公认的地位，但民间仍然崇拜他们，梁山泊好汉的《水浒传》就是民间这种心理的产品。汉以后所谓士君子或士大夫完全属于战国时代游说之士的系统。汉武帝尊崇儒术，文士由此取得固定不变的地位。纯文之士，无论如何诚恳，都不免流于文弱、寒酸与虚伪；心术不正的份子，更无论矣。惟一春秋以上所遗留的武德痕迹，就是一种临难不苟与临危授命的精神。但有这种精神的人太少，不能造出一个遍及社会的风气。因为只受纯文教育的人很难发挥一个刚毅的精神，除非此人有特别优越的天然秉赋。可惜这种秉赋，在任何时代，也是不可多得的。

至于多数的士君子，有意无意中都变成伪君子。他们都是手无缚鸡之力的白面书生。身体与人格虽非一件事，但一般的讲来，物质的血气不足的人，精神的血气也不易发达。遇到危难，他们即或不畏缩失节，也只能顾影自怜的悲痛叹息，此外一筹莫展。至于平日生活的方式，细想起来，也很令人肉麻。据《荀子》记载，战国时代许多儒家的生活形态已是寒酸不堪。后世日趋愈下。汉代的董仲舒三年不涉足于自己宅后的花园，由此被人称赞。一代典型之士的韩愈，据他的自供，"年未四十，而视茫茫，而发苍苍，而齿牙动摇"。这位少年老成者日常生活的拘谨迂腐，可想而知。宋明理学兴起，少数才士或有发挥。多数士大夫不过又多了一个虚伪生活的护符而已。清初某理学先生，行步必然又方又正，一天路上遇雨，忽然忘其所以，放步奔避。数步之后，恍然悟到行动有失，又回到开始奔跑的地方，重行〔新〕大摇大摆的再走一遍。这个人，还算是诚恳的。另外，同时又有一位理学先生，也是同样地避雨急走，被旁人看见指摘之后，立刻掏腰包贿赂那人不要向外宣传！这虽都是极端的例，却很足以表现普遍士君子社会的虚伪风气。这一切的虚伪，虽可由种种方面解释，但与武德完全脱离关系的训练是要负最大的责任的。纯文之士，既无自卫的能力，也难有悲壮的精神，不知不觉中只知使用心计，因而自然生出一种虚伪与阴险的空气。

我们不要以为这种情形现在已成过去，今日的知识阶级，虽受的是西洋传来的新式教育，但也只限于西洋的文教，西洋的尚武精神并未学得。此次抗战这种情形暴露无遗。一般人民，虽因二千年来的募兵制度，一向是顺民，但经过日本侵略的刺激之后，多数都能挺身抵抗，成为英勇的斗士。正式士兵的勇往直前，更是平民未曾腐化的明证。至于智识阶级，仍照旧是伪君子。少数的例外当然是有的，但一般的智识份子，至后方略受威胁时，能不增加社会秩序的混乱，已是很难得了。新君子也与旧君子同样地没有临难不苟的气魄。后方的情形一旦略为和缓〔缓〕，大家就又从事鸡虫之争；一个弹炸就又惊得都作鸟兽散。这是如何可耻的行径！但严格讲来，这并不是个人的错误，而是根本训练的不妥，未来的中国非恢复春秋以上文武兼备的理想不可。

征兵的必要，已为大家所公认，现在只有办理方法的问题。目前的情形，征兵偏重未受教育或只受低级教育的人，而对知识较高的人几乎一致免役。这在今日受高深教育的人太少的情况之下，虽或勉强有情可原，但这绝非长久的办法。将来知识份子不只不当免役，并且是绝对不可免役的。民众的力量无论如何伟大，社会文化的风气却大半是少数领导份子所造成的。中国文化若要健全，征兵则当然势在必行，但伪君子阶级也必须消灭。凡在社会占有地位的人，必须都是文武兼备、名副其实的真君子。非等此点达到，传统社会的虚伪污浊不能洗清。

（原载：昆明《今日评论》第 1 卷第 4 期，1939 年 1 月 22 日。）

建国
——在望的第三周文化
（1940）

　　只看目前，我们是在抗战中建国。但若把眼光放得远大些，我们今日显然的是正在结束第二周的传统文化，建设第三周的崭新文化。从任何方面看，旧的文化已没有继续维持的可能，新的文化有必须建设的趋势，此次抗战不过加速这种迟早必定实现的过程而已。我们近来时常称今日为"大时代"，真正的意义就在此点。

　　此次抗战，有如塞翁失马，在表面损失的背后，隐藏着莫大的好处。自抗战开始之后，著者对它的最后意义，时常拟题自问，自供的答案也日愈清楚。假定开战三两月后，列强就出来武力调停，勉强日本由中国领土完全退出。那与目前这种沿江沿海与各大都市以及重要交通线全因战败而丧失的局面，孰优孰劣？答案是：战败失地远胜于调停成功。假定开战不久，列强中一国或两国因同情或利益的关系而出来参战，协助中国于短期内战败日本。那与目前这种沿江沿海与各大都市以及重要交通线全因战败而丧失的局面，孰优孰劣？答案是：战败失地远胜于借外力而成功。假定战争初开或开战不久，日本又发生一次大地震，较一九二三年那一次尤为严重，都市全部破坏，轻重工业整个销毁，全国公私一并破产，元气丧失到不可恢复的程度，因而被迫不得不无条件的向中国求和。那与目前这种沿江沿海与各大都市以及重要交通线全因战败而丧失的局面，孰优孰劣？答案是：战败失地远胜于因敌遭天灾而成功。假定我们有一位科学天才，发明一种非常的利器，能使我们于一两个月之内将日本的实力全部歼灭。那与目前这种沿江沿海与各大都市以及重要交通线全因战败而丧失的局面，孰优孰劣？答案是：战败失地远胜于靠特殊利器而胜利。假定日本因国内与国际的种种顾忌而不敢发动此次的侵略战争，容许我们再有十年的准备，以致我们与敌人势均力抵，能用外交的压力或战场上短期的正面决战强迫它退出中国。那与目前这种沿江沿海与各大都市以及重要交通线全因战败而丧失的局面，孰优孰劣？这个拟题的诱惑力，诚然太大；与上面的几个假设相比，的确是一个深值考虑的出路。但我们仍不妨狠心而大胆的回答：把眼光放远放大些，战败失地还是胜于外交压迫或短期决战的胜利。

我们为何无情的摒弃一切可能的成功捷径，而宁可忍受目前这种无上的损失与痛苦？理由其实很简单：为此后千万年的民族幸福计，我们此次抗战的成功断乎不可依靠任何的侥幸因素。日本速战速决的胜利是不可能的，中国速战速胜的战果是不应该的。即或可能，我们的胜利也不当太简易的得来。若要健全的推行建国运动，我们整个的民族必须经过一番悲壮惨烈的磨炼。二千年来，中华民族所种的病根太深，非忍受一次彻底澄清的刀兵水火的洗礼，万难洗净过去的一切肮脏污浊，万难创造民族的新生。

"新生"一词含义甚广，但一个最重要的意义就是"武德"。非有目前这种整个民族生死关头的严重局面，不能使一般顺民与文人学士从心坎中了解征兵的必要。好在我们沦陷的区域甚广，敌人的疯狂残暴逼得向来自扫门前雪的老百姓不得不挺身自卫，不得不变成为个人、为家庭、为国家民族拼命的斗士。同时，为应付势所必然的长期战争，未沦陷的后方又不得不加紧推行战前已经开端而未完成的国民兵役制度。所以全国之内可说都在向普遍征兵的方向迈进。此中虽然因二千年来的积习太深，不免有许多障碍与困难，但经过此番波动，自卫卫国的观念必可渗入每个国民的意识中，将来彻底实行征兵，可无很大的困难。

旧中国传统的污浊、因循、苟且、侥幸、欺诈、阴险、小器、不彻底，以及一切类似的特征，都是纯粹文德的劣根性。一个民族或个人，既是软弱无能以致无力自卫，当然不会有直爽痛快的性格。因为直爽痛快不免与人发生磨擦，磨擦太多就不免动武。但由弱者的眼光看来，动武是非常可怕的事，所以只有专门使用心计了。处世为人，小则畏事，大则畏死。平日只知用鬼鬼祟祟的手段去谋私利，紧急关头则以"明哲保身"的一句漂亮话去掩饰自己的怯弱。这种人格如何的可耻！这种人所创出的社会风气如何的可鄙！上面所列的一切恶德，都是由这种使用心计与明哲保身的哲学而来。此次抗战有涤尽一切恶劣文德的功用。我们若求速胜岂不又是中了旧日文人侥幸心理的恶毒？

但我们绝不是提倡偏重武德的文化，我们绝不要学习日本。文德的虚伪与卑鄙，当然不好；但纯粹武德的暴躁与残忍，恐怕比文德尤坏。我们的理想是恢复战国以上文武并重的文化。每个国民，尤其是处在社会领导地位的人，必须文武兼备。非如此，不能有光明磊落的人格；非如此，社会不能有光明磊落的风气；非如此，不能创造光明磊落的文化。此点若不能达到，将来我们若仍与已往二千年同样的去度纯文德的卑鄙生活，还不如就此亡国灭种，反倒痛快！

初级教育与军事训练都当成为每个国民必有的义务与权利。义教是文化的起点，军训是武化的起点。两者都是基本的国民训练。这个目标达到之后，整个中国的面目就要改观。当然在面积广大边防极长的中国，恐怕非有一个常备军甚至职业军不可，但这只能作为征兵的附庸，必须由征兵训练中产生。所有的兵必须直接出自民间，兵与民必须一体，二千年来兵民对立的现象必须彻底打破。由此次抗战的英勇，我们可知中华民族虽然很老，但并不衰，仍是第一等的兵士材料。这是征兵制能够成功的绝对保障，也是新文化必定实现的无上把握。

* * * * * * *

兵的问题，牵动整个的社会；兵制与家族制度又是不能分开的。中国历来讲"忠孝"，认为忠与孝有密切的关系：在家孝，在国必忠。但这大半是理论。实际上，为家庭的利益而牺牲国家社会的利益，在已往几乎成了公认的美德。二千年来无兵的文化，全都由此而来。所以旧日夺人志气的大家族，必须废除。反之，近世欧美的小家庭也不是绝对无疵的办法，因为小家庭无形中容易培养成一个极端个人主义的风气，发展到极点，就必演成民族自杀的行动——节制生育。这恐怕是许多古代文化消灭的主要原因，这也是今日西洋文化的最大危机。中国于战国秦汉间也曾一度遇到这个难关，所幸太古传下的家族观念始终没有完全消灭，汉代的人口政策大体成功，所以此种恶风未能普遍的流行，民族的生机未被不可挽回的斩断。我们今日能如此英勇的抗战，就是受此种强度的家族观念之赐。否则我们的民族与文化恐怕也早已与埃及巴比伦或希腊罗马同样的完全成为博物馆中的标本，欲求今日流离颠沛的抗战生活，亦不可得矣！这个问题，比兵的问题尤其难以应付。兵的问题是一个可以捉摸的问题，可以用法令解决。家庭生活虽有利益的关系，但情感的成分甚大，不是法令所能随意支配的。舆论的倡导、学人的意见、社会领导者的榜样，是解决这个问题的必要力量。我们虽不必仍像从前以无限制的多子多孙为理想，但像西洋上等社会流行的独身与婚而不育的风气。却必须当作洪水猛兽去防御。所幸此种现象，在中国尚未成为固执的风气。现在的中心问题是大小家庭的问题，不是节制生育的问题。大家族与小家庭的调和，虽不免困难，但并不是绝对不可能的。近年来，中国实际正在向这方面进行。现在的趋势，是在大家族的观念与形式仍然保留之下，每个成年人都去过他独立的生活。旧日老人专权的家族制，当然不能再维持，因为那是使社会停顿与国家衰弱的势力。但西洋的个人完全与父母兄弟隔绝的办法，也万不可仿效；因为无论短期间的效果如何，那到最后是使社会国家破裂与民族生命毁灭的势力。中国自古以来善讲中庸之道。中庸之道，无论在其他方面是否仍当维持，在家族制度方面却无疑是绝对需要继续采用的。我们若要度健全的生活，若要使民族的生命能万古不绝，一个平衡的家族制度是一个必不可缺的条件。这个问题非三言两语所能说尽，最后的解决仍有待于来日与来人。

*　　*　　*　　*　　*　　*　　*

兵的问题与家族问题之外，我们还有一个政治问题。政治问题虽然千头万绪，但最少由表面看来，一个固定的元首制度是最为重要的。因为政局的稳定与否，就由元首产生时的平静与否而定。近年来吃了群龙无首的大亏之后，国人已渐觉到首领的必要！此次抗战尤其增进了这种认识，我们已有了全民族所绝对拥护的领袖。毫无疑问的，这对将来政治问题的解决可以有莫大的帮助。但这个问题，微妙难言。古代罗马帝国的制度，或可供我们将来的参考。

*　　*　　*　　*　　*　　*　　*

建国运动，创造新生，问题何只万千？但兵可说是民族文化基本精神的问题，家族可说是社会的基本问题，元首可说是政治的基本问题。三个问题若都能圆满的解决，建国运动就必可成功，第三周文化就必可实现。但我们万不可认为这是轻而易举的工作。此次的复兴建国，是人类史上的空前盛事，因为从古至今向来没有一个整个文化区组成一个真正统一的国家的现象。罗马帝国或秦汉以下的中国皆为大而无当的庞大社会，绝非春秋战国或近世欧美的许多真正统一的一类国家。所以我们是在进行一件旷古未有的事业，绝无任何类似的前例可援，其困难可想而知。抗战开始以前，著者对于第三周只认为有实现的可能，而不敢有成功的希望。抗战到今日，著者不只有成功的希望，并且有必成的自信。以一年半以来的战局而论，中华民族的潜力实在惊人，最后决战的胜利确有很大的把握。我们即或承认最坏的可能,最后决战我们仍然失败;但此次抗战所发挥的民族力量与民族精神仍是我们终久要创造新生的无上保障。

我们生为今日的中国人,当然是不免痛苦的,但也可说是非常荣幸的。今日是中国文化第二周与第三周的中间时代。新旧交替,时代当然混乱;外患乘机侵来,当然更增加我们的痛苦。但处在太平盛世,消极的去度坐享其成的生活,岂不是一种太无价值太无趣味的权利?反之,生逢二千年来所未有的乱世,身经四千年来所仅见的外患,担起拨乱反正、抗敌复国、变旧创新的重任——那是何等难得的机会!何等伟大的权利!何等光荣的使命!无论何人,若因意志薄弱或毅力不坚,逃避自己分内的责任,把这个机会平白错过,把这个权利自动放弃,把这个使命轻易抹煞,岂不是枉生人世一场!

（原收入：《中国文化与中国的兵》，商务印书馆 1940 年 2 月版。）

张伯伦与楚怀王
——东西一揆？
（1940）

今日张伯伦心中作何感想，只有他自己知道，连对最亲近的人恐怕他也不肯吐露真情。并且由英国人的不善于自问自省的特点看来，大概他自己也不知道他心中的味道到底是占苦辣酸甜咸的哪一种。几百年来，英国于没有充分的准备之下而被迫参战的，尚以此为第一次。对今日英国处境的困难，张氏要负大部的责任，这不只是英国反对党的门户之见，也是英国以及世界各国人士的多数看法。后世的人对张伯伦如何评判，大半要看目前欧洲战事的结果。如果英国战败，历史家一定认为大英帝国是由张氏手中断送的。即或英国战胜或两方不分胜负而妥协，后世的人最少也要说张氏是一个拿国命作儿戏的顽固人物。今日的世界，正处在一个极端无情的大时代。凡负政治重任的人，不能走错一步。一步走错，轻则丧权，重则亡国。路线走错之后，无论如何自辩自解，也不能告无罪于天下，更不能告无罪于后世。凡是强国，都有一贯的外交政策。但政策尽管不变，运用却必须灵活。从政的人最忌成见太深，成见太深必要招致愚而好自用的错误。"仇俄"是英国自十九世纪以来外交政策的主要一面，但大英帝国的政策绝不只此一面。张氏为成见所蔽，把国内政治的分野与国际政治的纵横竟然混为一谈，把"仇俄"作为全面的政策，结果遇到四百年来所未有的外交失败与战事危机，这在法治精神特别发达的英国可以引咎辞职了事，并且在下届内阁中仍能占一重要地位，若在舆论比较偏激的国家恐怕绝不会有如此便宜的下场！战事尚未结果，所以张伯伦的地位也还在未定之天。但中国在战国时有一个大国的元首，行为颇与张伯伦相仿佛，最后个人惨死异邦，把国家大局也弄得一败不可收拾，这个人就是楚怀王。

楚怀王即位于公元前三二八年。当时天下有三个强国，东为齐，西为秦，南为楚。此外燕韩赵魏是二等强国。齐楚联盟抗秦。齐靠楚的支持，乘着燕国内乱的机会，把燕全部占领（三一四年）。秦国要破坏齐楚的优势，于是在次年就派善于辞令的张仪到楚国去活动。张仪大概知道楚怀王的弱点，向他说："大王苟能闭关绝齐，臣请使秦王献商、於之地，方六百里。"怀王大喜过望，一般承颜色的臣子也都称贺。只有陈轸一个不贺，并且谏楚王说：

> 臣见商、於之地不可得，而患必至也……夫秦所以重王者，以王有齐也。今地未可得而齐先绝，是楚孤也。秦又何重孤国？且先出地绝齐，秦计必弗为也。先绝齐后责地，且必受欺于张仪。受欺于张仪，王必惋之。是西生秦患，北绝齐交，则两国兵必至矣。

楚怀王不听，一面派人绝齐，一面派人随张仪到秦国去接收土地。到秦国后，张仪忽然堕车受伤，三月不朝也不能见客。楚国的使臣向秦索地，秦人把一切责任都推到张仪身上。三月之后，秦国已得了齐楚完全绝交的可靠情报，同时秦也暗中已与齐定了同盟条约，张仪的伤也已养好，出来向楚国的使臣说："从某至某，臣有奉邑六里，愿以献大王左右！"楚使说："臣闻六百里，不闻六里！"张仪："仪固以小人，安得六百里？"

使臣回国报告之后，怀王大怒，要发倾国之师攻秦。陈轸阻谏，劝他以国事为重，不要完全以个人的好恶去决定国家的最后政策。怀王不听，楚攻秦，齐助秦夹击楚，楚国大败，数百年来国防要地的汉中也丧于秦国（三一一年）。秦既得了汉中，从此可随时威胁楚国的心腹之地。

秦楚的关系僵持了许久，后来两国算是又言归于好，怀王的太子并往秦作质子（三〇三年）。但太子终有太子的脾气，次年在秦宫中杀人，畏罪逃回楚国。这正好给了秦国一个再向楚进攻的借口。自从十年前的一着失算，楚的国力已经大削，此次结果又被秦打败。至此怀王才想到旧梦重圆的计策，又与齐联盟，并派太子到齐作质（三〇〇年）。秦见齐楚又合，于是次年遣书楚王：

> 始寡人与王约为弟兄，盟于黄棘，太子为质，至欢也。太子陵杀寡人之重臣，不谢而亡去，寡人诚不胜怒，使兵侵君王之边。今闻君王乃令太子质于齐以求平。寡人与楚接境壤界，故为婚姻，所从相亲久矣。而今秦楚不欢，则无以令诸侯。寡人愿与君王会武关，面相约，结盟而去，寡人之愿也，敢以闻下执事！

群臣多劝怀王勿往秦赴约，以免受骗。但怀王居然仍以秦的诺言为可以听信，亲往武关赴会。楚王一到秦即闭关，把楚王带到咸阳。并且秦王不肯与怀王分庭抗礼，要叫他朝拜如蕃臣。怀王大怒，拒绝见礼。秦要怀王割地，方能放他回国。怀王非先定盟回国，不肯交地。但秦要先得地，然后再放人回国。怀王屡次受欺之后，总算学了一分乖，始终不肯答应秦的要求。

二年后（二九七年），楚怀王乘隙向东北逃往赵国，求赵国护送回楚。赵畏秦，不敢收留。不久秦兵居然追至赵国，挟怀王又回秦，监视加严，无从再逃。同时秦仍继续向楚进攻，屡败楚兵。到二九六年，怀王愤恨发病而死。秦把怀王的灵柩送回楚国，全体的楚人无不悲悼。但楚人所悲悼的是怀王个人的命运。若由大局方面着眼，楚国的前途几乎完全是被怀王所断送的。

楚怀王在秦为虏时的心境如何，史上虽无明文，但我们很易想见他的悔恨与懊丧。今日的张伯伦大概还没有如此的可怜。但假设英国最后战败，恐怕那时的张伯伦就是第二个抱恨终天的楚怀土了！

（原载：昆明《战国策》第 6 期欧战号，1940 年 6 月 25 日。）

历史警觉性的时限
（1940）

多年来中国学界有意无意间受了实验主义的影响，把许多问题看得太机械、太简单。以史学为例：一般认繁琐的考证或事实的堆砌为历史的人，根本可以不论；即或是知道于事实之外须求道理的学者，也往往以为事实搜集得相当多之后，道理自然就能看出。实际恐怕绝不如此。历史的了解，虽凭借传统记载的事实，但了解程序的本身是一种人心内在的活动，一种时代精神的哲学表现，一种整个宇宙人生观应用于过去事实的思维反应。生于某一时代，若对那一时代一切的知识、欲望、思想与信仰而全不了解，则绝无明了历史的能力。对自己时代的情形与精神愈能体会，对过去历史的了解力也愈发增高。由另一方面言，一个时代愈发紧张生动，那时代少数警觉性深刻的人对过去的历史也愈发看得透彻。一个完全平淡静止的时代，对于任何过去的大事都绝无明了的能力。历史的了解是了解者整个人格与时代精神的一种表现，并非专由乱纸堆中所能找出的一种知识。

上面一段话或者不免过于抽象，意义不免过于晦涩，但我们举出具体的例证之后，问题大概就容易看清了。在任何民族的生命中，历史的了解力或警觉性都是为时甚暂的一种活动。中国秦汉以下的二千年间史料的丰富使人气闷，以史家自命的学者车载斗量，但始终没有一本历史的作品，原因也很简单。二千年来的中国社会，虽间或有小的波动，但一向绝无真正的变化更革。一人身处完全静止的环境中，整个的人格、整个的心灵也都是静止的。此种人格所影射的一切也当然是静止的，对过去真正停滞的时代当然看为停滞，即或对于活泼生动的时代也难以看出道理。因为人格中所完全缺乏的，绝难在外物中找到：正如宇宙间有许多颜色与音响为人类的耳目所不能见闻的一样，因为这些声色超过我们官感构造的范围。一个患贫血症的人格，对于机械的史料或者还能做点排列的功夫，遇到富有意义的史料反要手足无措，二千年来对于战国以前的历史毫无办法，就是因为这个原故。后世对于所谓三代文化的憧憬与崇拜证明一些空虚无物的人格仍能感到战国以上的伟大；但伟大处到底何在，却是二千年来无人能够明了的一件事。大致讲来秦汉以下改朝换代的平淡故事，同化了全部的中国历史，所以三代也不过是三个朝代而已。这是如何幼稚可怜的一种看法！

一个民族历史警觉性最发达的时间，至多不过二百年。前此是信仰混沌的阶段，虽有历史命运的向往，但无清楚的观念，根本谈不到历史的了解。此后则一切都糊涂渺茫，思想与想象都微弱到苟延残喘的地步，正如我们秦汉以来二千年间的情形。两者之间有二百年的非常时代，是文化的最高峰，民族的事业达到顶点：向后回顾，来龙清楚；向前瞻视，去脉分明。这是人类心胸最开朗的时代。但绝峰之上难以久留，明古知来的幸运阶段转瞬即逝。前此的心地光明一变而为一塌糊涂。这个短暂的幸运阶段，在中国就是战国时代，在欧西就是今天。

中国的战国时代，前后二百五十年。欧西自进到战国后，也已有一百五十年的历史。但历史的了解力或警觉性并非与时代相始终的。时代的初期，警觉性仍甚微弱，到末期就又趋于模糊。真正发达的时期，还不足二百年。中国此期所遗于后世的惟一作品就是《左传》。《左传》是战国前半期的创作，在当时可说是一部通史。殷商西周的事迹，当时已不十分知清。著者为慎重起见，由平王东迁后卅始，叙述到著者生前的几十年间为止。全书的线索虽然非常复杂，条理却十分清楚，使读者能够身临其境，对于春秋时代整个的国际局面以及少数大国的内部状态都能一目了然。当然只有大手笔能有如此成就，但大手笔必须生在大时代才能具有如此魄力。春秋时代虽然在前，但我们今日对它的认识远胜于战国，就是因为关于战国时代没有这样一部伟大的作品。试想：若无《左传》一书，我们今日对于春秋时代岂不也要如对西周一样的恍恍惚惚？

欧西对历史的了解，由法国革命开始。法国革命前尚无名实相符的史学。今日惟一认为有史学价值的革命前的作品——吉朋的《罗马帝国衰亡史》——其价值在文字而不在史解。革命方兴，了解力仍甚薄弱。到一八五〇年左右，历史的警觉才成了知识阶级全部人格的一个不可缺的部分，少数哲学头脑特别发达的人也才对古往今来的一切比较彻底的认识。由一九〇〇年到今天，欧西人的历史意识可说已发达到最高峰。而今而后，只有倒退，难有再进一步的发展。法西斯主义兴起之后，思想渐受统制。这种趋势只有日愈强烈，减轻的希望很少，消灭的可能绝无。此种非理性、反理性的新神秘主义，最多不过五十年后，一定要成了笼罩整个欧西文化的弥天黑云。独立的思想渐被扑灭，历史的了解也必同时消亡。史学的消灭与哲学结束是同一件事的两方面。五十年后，欧西思想界一定要有类似杂家者出现，杂家是哲学发展的丧钟。同时史学界也必要开始呈现司马迁《史记》的没落形态。太史公是中国古代伟大史学消灭的象征。二千年来学术界对于司马迁的崇拜，正是二千年间中国没有史学的铁证。《史记》一书，根本谈不到哲学的眼光，更无所谓深刻的了解，只是一堆未消化的史料比较齐整的排列而已。后此的所谓史著，都逃不出此种格式，甚至连史公比较清楚的条理也学不来。文化精神衰退的一泻千里，真可惊人！

战国时代为何能明白过去的历史？因为战国时代的文化最为复杂、最为紧张；任何时代的任何事迹在战国时代的心目中，都不至显得生硬。反之，比较简单松懈的时代，对于战国时代根本无从了解，因为战国的许多潮流与线索是其他时代的人所不能想象的。只有复杂紧张的战国才能产生少数特别复杂紧张的人格，只有这种人格才能对古往今来的一切设身处地的去体会。此种能力，在春秋以上，在法国革命以前，绝无出现的可能。中国到吕不韦时代，欧西到二〇〇〇年左右，这也就成为无人能够想象的一种异能。

我们混混沌沌的过了二千年的静止生活。今日幸逢欧西的盛大时会，受了外力的渲染，又第二次的得有明了历史的良机。深望国人善于利用机会，把埋没二千年的历史彻底寻出一个条理，不要终年累月的在训诂考据中去兜圈子。中国只要不亡，此后千万年都是我们可以尽情沉湎于训诂考据的时间。真正明了历史的机会，却是一纵即逝，最多不过还有五十年的工夫。中国的乱纸堆，二千年来堆得太高，若必要把许多毫无价值的问题都考证清楚，然后再从事于综合了解的工作，恐怕是到人类消灭时也不能完成的一种企图！

尤有进者。欧西人无限的欲望与追求，使他们发现了许多古民族历史。埃及、巴比伦、印度以及希腊罗马的发展经过，今日欧西人所知道的，在许多方面比较古民族自己当初所知道的尤为清楚。这种扩大心胸的机会是如何的难得！有心的人，为何不抖去由堆满败简残篇的斗室中所沾的灰尘，来到海阔天空的世界大吸一口新鲜的空气！

　　雷先生本篇对于史学的解释是根据他整个的历史观出发的。考证训诂并不就是历史学，真正的史书只能在战国时代产生——他这两点主张一方面是对当代"学究式"的史家当头一棒，一方面也可以勉激国人此后新史学的努力。望读者特加注意。同时我们借此机会介绍雷先生的一本杰作，就是由商务印书馆出版的《中国文化与中国的兵》一书。

——编者

　　（原载：昆明《战国策》第 11 期，1940 年 9 月 1 日。）

中外的春秋时代
（1941）

　　春秋时代，在任何高等文化的发展上，都可说是最美满的阶段。它的背景是封建，它的前途是战国。它仍保有封建时代的侠义与礼数，但已磨掉封建的混乱与不安；它已具有战国时代的齐整与秩序，但尚未染有战国的紧张与惨酷。人世间并没有完全合乎理想的生活方式与文化形态，但在人力可能达到的境界中，春秋时代可说是与此种理想最为相近的。

　　春秋背景的封建时代，是文化发展上的第一个大阶段。由制度方面言，封建时代有三种特征。第一，政治的主权是分化的。在整个的文化区域之上，有一个最高的政治元首，称王（如中国的殷周），或称皇帝（如欧西的所谓中古时代）。但这个元首并不能统治天下的土地与人民，虽然大家在理论上或者承认"溥天之下，莫非王土；率土之滨，莫非王臣"。他所直辖的，只有天下土地一小部分的王畿，并且在王畿之内，也有许多卿大夫的采邑维持半独立的状态。至于天下大部的土地，都分封给许多诸侯，诸侯实际各自为政，只在理论上附属于帝王。但诸侯在封疆之内也没有支配一切的权力，他只自留国土的一小部分，大部土地要封与许多卿大夫，分别治理。卿大夫在自己的采邑之上，也非绝对的主人，采邑的大部又要分散于一批家臣的手中。家臣又可有再小的家臣。以此类推，在理论上，封建贵族的等级可以多至无限，政治的主权也可一层一层的分化，以至无穷。实际的人生虽然不似数学的理论，但封建政治之与"近代国家"正正相反，是非常显明的事实。

　　封建时代的第二个特征，是社会阶级的法定地位。人类自有史以来，最少自新石器时代的晚期以来，阶级的分别是一个永恒的事实。但大半的时期，这种阶级的分别只是实际的，而不是法律所承认并且清清楚楚规定的。只有在封建时代，每个人在社会的地位、等级、业务、权利、责任，是由公认的法则所分派的。

封建时代的第三个特征是经济的，就是所有的土地都是采地，而非私产。自由买卖，最少在理论上不可能，实际上也是不多见的。所有的土地都是一层一层的向下分封，分封的土地就是采地。土地最后的用处，当然是食粮的生产。生产食粮是庶民农夫的责任，各级的贵族，由帝王以至极其微贱的小士族，都把他们直接支配的一部土地，分给农夫耕种。由这种农业经济的立场看，土地称为井田（中国）或佃庄（欧西）。此中也有"封"的意味，绝无自由买卖的办法，井田可说是一种授给农夫的"采"，不过在当时"封"或"采"一类的名词只应用于贵族间的关系上，对平民不肯援用此种高尚的文字而已。

总括一句：封建时代没有统一的国家，没有自由流动的社会，没有自然流通的经济。当时的政治与文化，都以贵族为中心。贵族渐渐由原始的状态建起一种豪侠的精神与义气的理想，一般的纠纠武夫渐渐为斯文礼仪的制度所克服，成了文武兼备的君子。但在这种发育滋长的过程中，政治社会的各方面是不免混乱的，小规模的战事甚为普遍，一般人的生活时常处在不安的状态中。

封建时代，普通约有五六百年。封建的晚期，当初本不太强的帝王渐渐全成傀儡，把原有的一点权力也大部丧失。各国内部的卿大夫以及各级的小贵族也趋于失败。夺上御下，占尽一切利益的，是中间的一级，就是诸侯（中国）或国王（欧西）。最后他们各把封疆之内完全统一，使全体的贵族都听他们指挥，同时他们自己却完全脱离了天下共主的羁绊。列国的局面成立了，这就是春秋时代。

主权分化的现象，到春秋时代已不存在。整个的天下虽未统一，但列国的内部却是主权集中的。社会中的士庶之分，在理论上仍然维持，在政治各部辅助国君的也以贵族居多。但实际平民升为贵族已非不可能，并且也不太难。在经济方面，井田的制度也未正式推翻，但自由买卖的风气已相当的流行。各国内部既已统一，小的纷乱当然减少到最低的限度；至此只有国际间的战争，而少见封建时代普遍流行的地方战乱。真正的外交，也创始于此时。贵族的侠义精神与礼节仪式发展到最高的程度。在不与国家的利益冲突的条件之下（有时即或小有冲突，也不要紧），他们对待国界之外的人也是尽量的侠义有礼。国际的战争，大致仍很公开，以正面的冲突为主，奇谋诡计是例外的情形。先要定期请战，就是后世所谓"下战书"，就是欧西所谓宣战。"不宣而战"是战国时代的现象，春秋时代绝不如此无礼。晋楚战于城濮，楚帅成得臣向晋请战："请与君之士戏，君冯轼而观之，得臣与寓目焉。"这几句话，说得如何的委曲婉转！晋文公派人回答说："寡君闻命矣……敢烦大夫谓二三子，戒尔车乘，敬尔君事，诘朝将见。"答辞也可说与请战辞针锋相对。

战争开始之前，双方都先排列阵势，然后方才开战，正如足球戏的预先安排队形一样。有的人甚至宁可自己吃亏，也不攻击阵势未就的敌人。宋襄公与楚战于泓水，宋人已成列，楚人尚未渡水。有人劝襄公乘楚人半渡而突击敌军，宋君不肯。楚军渡水，阵势未成，又有人劝他利用机会，他仍拒绝。最后宋军战败，襄公自己也受了伤，并且后来因伤致死。这虽是一个极端的例，但却可代表春秋时代的侠义精神，与战国时代惟利是图的风气大异其趣。

春秋时代的战争，死伤并不甚多，战场之上也有许多的礼数。例如晋楚战于邲，晋人败逃，楚人随后追逐。晋军中一辆战车忽然停滞不动。后随的楚车并不利用机会去擒俘，反指教晋人如何修理军辆，以便前进。修好之后，楚人又追，终于让晋军逃掉！

虽在酣战之中，若见对方的国君，也当在环境许可的范围内恭行臣礼。晋楚战于鄢陵，晋将郤至三见楚王，每见必下车，免首胄而急走以示敬。楚王于战事仍然进行之中，派人到晋军去慰劳，郤至如此不厌再三的行礼。郤至与楚使客气了半天，使臣才又回楚军。在同一的战役中，晋栾针看见楚令尹子重的旌旗，就派人过去送饮水，以示敬意。子重接饮之后，送晋使回军，然后又击鼓前进。两次所派到对方的都是"行人"，正式的外交使臣，行人的身命在任何情形下都是神圣不可侵犯的。

欧西的春秋时代，就是宗教改革与法国革命间的三个世纪，普通称为旧制度时代。欧西人对于利益比较看重，没有宋襄公一类的人，但封建时代的礼仪侠气也仍然维持。例如当时凡是两国交兵，除当然经过宣战的手续与列阵的仪式之外，阵成之后，两方的主帅往往要到前线会面，互示敬意，说许多的客套话，最后互请先行开火。过意不去的一方，只得先动手，然后对方才开始还击。到法国革命之后，就绝不再见此种不可想象的傻事了！

除比较严重的战争场合外，一般士君子的日常生活也都以礼为规范。不只平等的交际如此，连国君之尊，对待臣下也要从礼。例如臣见君行礼，君也要还礼，不似后世专制皇帝的呆坐不动而受臣民的伏拜。大臣若犯重罪，当然有国法去追究。但在应对之间，若小有过失，或犯了其他不太严重的错误，国君往往只当未见未闻。路易第十四世，是欧西春秋时代的典型国君。他的最高欲望，就是作整个法国甚至整个欧洲最理想的君子。有一次一位大臣当面失态，使路易几至怒不可遏。但他仍压抑心中的怒火，走到窗前，把手中的杖掷之户外，回来说："先生，我本想用杖打你的！"

英国伊利沙伯女王的名臣腓力·西德尼爵士是当时的典型君子。举止行动，言谈应对，对上对下，事君交友，一切无不中节。男子对他无不钦羡，女子见他无不欲死。他的声名不只传遍英国，甚至也广播欧陆。最后他在大陆的战场上身受重伤。临死之际，旁边有人递送一瓶饮水到他口边。他方勉强抬头就饮，忽见不远之处卧着一个垂死的敌人，于是就不肯饮水，将瓶推向敌人说："他比我的需要还大。"一个人真正的风格气度，到危难临头时必要表现，弥留之顷尤其是丝毫假不得的。"人之将死，其言也善"，是指罪孽深重临死忏悔者而言，那只是虚弱的表示，并非真情的流露。至人临死，并无特别"善"的需要，只是"真"而已。世俗之见，固然可看西德尼的举动为一件"善"事，但那是对他人格的莫大误解，他那行为是超善恶的，他绝无故意行"善"的心思。与他平日的各种举动一样，那只是他人格自发的"真"，与弱者临危的"善"相差不可以道里计。后代时过境迁，对前代多不能同情的了解，春秋时代的理想人格是最易被后代视为虚伪造作的。当然任何时代都有伪君子，但相当大的一部分的春秋君子是真正的默化于当代的理想中。

我们举例比较，都限于中国与欧西，因为这两个文化可供比较之处特别的多，同时关于它们的春秋时代，史料也比较完备。此外唯一文献尚属可观的高等文化，就是古代的希腊罗马。希罗文化的春秋时代，是纪元前六五〇年左右到亚历山大崛起的三百年间。当时的历史重心仍在希腊半岛，雅典与斯巴达的争雄是历史的推动力，正如中国的晋楚争盟或欧西的英法争霸一样。当时的希腊也有种种春秋式的礼制，凡读希罗多德的历史的人都可知道。侠义的精神，尤其是大国对大国，是很显著的。雅典与斯巴达时断时续的打了四十年的大战之后，雅典一败涂地，当时有人劝斯巴达把雅典彻底毁灭。但斯巴达坚决拒绝，认为这是一种亵渎神明的主张。柏拉图与亚里斯多德的哲学使命，都在斯巴达侠义的一念之下，日后得有发扬的机会。

上列的一切，所表现的都是一种稳定安详的状态。春秋时代的确是稳定安详的。封建时代，难免混乱；战国时代，过度紧张。春秋时代，这两种现象都能避免。国际之间，普通都以维持均势为最后的目标，没有人想要并吞天下。战争也都是维持均势的战争，歼灭战的观念是战国时代的产物。在此种比较安稳的精神之下，一切的生活就自然呈现一种优闲的仪态，由谈话到战争，都可依礼进行。

但历史上的任何阶段，尤其是比较美满的阶段，都是不能持久的。春秋时代最多不过三百年。中国由吴越战争起，欧西由法国革命起，开始进入战国。贵族阶级被推翻，贵族所代表的制度与风气也大半消灭。在最初的一百年之间，中国由吴越战争到商鞅变法，欧西由法国革命到第一次大战，还略微保留一点春秋时代的余味。但那只是大风暴雨前骗人的平静，多数的人仍沉湎于美梦未醒的境界时，残酷的、无情的歼灭战、闪电战、不宣而战的战争、灭国有如摘瓜的战争、坑降卒四十万的战争、马其诺防军前部被虏的战争，就突然间出现于彷徨无措的人类之前了。

（原载：昆明《战国策》第 15～16 合期，
1941 年 1 月 1 日。）

全体主义、个体主义与中古哲学
（1941）

  人类自文化初开群聚而居以来，有意无意间就时常遇到一个很难满意解决的问题，就是个人与团体的关系的问题。到底是个人为团体而生存，或团体为个人而存在？个人的利益高于团体的利益，或团体的利益高于个人的利益？许多的哲学家，一谈到政治社会问题时，也不免要对此煞费心思。有的时代，甚至这是哲学界的中心问题。团体高于一切的说法，今日称为全体主义；个人高于一切的说法，今日称为个体主义。两种主义的竞争，在各国之内与国际之间，都是人类目前的切肤问题。但当局者总不免迷惑，我们若摆脱今日入主出奴的情绪，对从前相似的一个时代加以研究，虽不见得能使我们解决今日的问题，但最少可叫我们对当前的问题有比较客观而深入一层的了解。在整个的人类史上，于史料的许可范围内，我们可说欧西的中古时代是与全体与个体的关系最为注意的，当时的第一流思想家都费大部的精神去推敲这个问题。

  中古哲学讨论这个问题时，采取的是一个非常抽象的方式：就是共相对特相的关系。"形而上者谓之道"，共相是形而上的；"形而下者谓之器"，特相是形而下的。古今世界有无数的马，各马之间无论颜色、身材、速率、性格以及身心的一切琐碎之点，没有两匹马完全相同的。每一匹马是一个特相，并且是很"特别"很"独特"的特相。每个"特相"的马都是我们能见能闻能触的形下之器。但虽无两马相同，我们却毫不犹豫的总称古往今来所有的坐乘为"马"。似乎在一切能见能闻能触的形而下的马之外与之上，还有一切的马所以为"马"的原理，一个不可捉摸而仍然非常实在的形而上之道。否则既然没有两匹马相同，我们安能总称所有类似而不相同的四足物为"马"？一切的马所以为马的根本之理就是共相。

中古哲学家中，一派特别注意共相，认为形而上的道是唯一的实在，形而下的器只是偶然的外相，一切马所以成马的根本性质才是重要的；并且只有这个共相是实在的，一切个别的马不过是马的共相的临时表现而已。这一派的说法，称为唯实主义：唯有共相是实在的。对立的一派，正正相反，所取的是一种常识的态度。具体的当然就是实在的，实在的当然就是具体的。并且只有具体的才能称为实在。只有一个一个的马古往今来实际的存在。虽然没有两匹马完全相同，但所有的马之间有许多主要的公同点。例如善走、可乘、特别的啸声、独有的鬃形等等。我们为便利起见，总称一切赋有以上各种特征的四足兽为"马"，这个"马"只是人类为自己的便利所定的"名"，本身并非实在。这一派称为唯名主义：一切所谓共相都是人定的名称，只有每个特相才是实在的。

这两派的思想，互相争辩甚烈。当初他们只谈一些不相干的例证，如马、狗、舟、车、花、木之类。但不知不觉间，他们就把注意力转移到比较切身的问题，如教会、上帝、国家等。按唯名主义的说法，教会只是许多信徒所组合而成的团体的"名"，实在的只有个个的信徒。教会属于信徒，教会可存可废，全听信徒的便利。教会为信徒的利益而存在，并不能绝对的支配信徒。这种推论当然是大逆不道，绝非当时定于一尊的教会所能接受的。再如教会对于上帝有所谓三位一体的信仰，上帝是三而一的，"三"虽然不能放弃，但当时特别着重于"一"。若按唯名的说法，所谓上帝的"一"只是虚名，实际却有三个上帝。但由正统教义的立场来看，否认上帝的"一"是荒谬绝伦的异端，必须彻底的扑灭。再者，中古时代虽尚没有特别清楚的国家观念，但当时有一个所谓神圣罗马帝国，在时人的政治意识中占很重要的地位。唯名主义也把它与教会同样的推翻，当然也非它所乐意承认。

唯名主义虽然是不合正道，唯实主义也不能担负卫道的责任。按唯实的说法，教会为惟一实在的主体，个个信徒只是属于教会而已，根本无足轻重。但当时的教会口口声声说是要解救所有的人，使每个人死后，灵魂能升天堂，如何能说个人不重要？并且唯实主义讨论上帝的问题时，若推到逻辑的尽头，就成为泛神论。上帝是宇宙间最高最大的共相，至高无上，大而无外，于是上帝就与宇宙成为一体，宇宙间的一切，包括人类在内，都是上帝的一部分，都是上帝的表现，本身并无独立的存在。追根究底，只有上帝是宇宙间唯一的实在，因为上帝是无所不包的大共相。人类的灵魂即或存在，也不过是上帝神质之一粒的暂时射出，终久是要归还到上帝而失去独立存在的。既然如此，教会以及教会一切救人升天的信条典礼，可说都是庸人自扰，毫无必需的理由。

两派既然都不妥当，不久就有第三派出来，一个调和折衷的说法。提倡此说的最早名人就是十二世纪的巴黎大学教授阿贝拉。他认为特相与共相都是实在的，但特相很显然的是具体而存在的，共相则不可捉摸，共相只存在于特相中。一个一个的马是实在的，但所以实在的原因，就是因为每个马都有"马"的共相贯乎其中，否则不能成马。似此，共相又属非常重要。但共相不可离特相而独立，不顾特相而只谈共相，共相就只为人心中的一种概念。所以阿贝拉的思想，当时称为概念论。这个说法，是否可以调和两极端的主义，是八百年来没有定论的一个问题。当时有许多人攻击阿贝拉，认为他的思想实际仍是一种变相的唯名论，与宗教的正道根本冲突。这种争辩，正在不得开交时，阿贝拉病死，问题也就不了了之的解决了。

共相特相的问题，到十三世纪才得到教会所认为满意的解决方案。亚里斯多德的哲学全集由回教的世界输入欧西，十三世纪的许多哲学家就费全部的精神去吸收消化这位希腊大师的思想。此种潮流的代表人物就是十三世纪中期义大利哲人圣多玛。他认为共相与特相是相对的，而不是绝对的，两者都是实在的，并且是不可分的。宇宙万象，形似混乱，但由畴范与物质的观点去考察，一切却又非常清楚，任何器物都有它所以成为器物之理，就是它的畴范，就是前一世纪哲学界的所谓共相。但每一器物又有它所依据的物质基础，所谓特相的"特"点就是由物质而来。畴范虽然只有一个，但没有两匹马的物质基础完全相同，因而产生了理同器异的现象，个性个个不同的现象。再进一层，畴范与物质的关系并非绝对的。宇宙是金字塔式的，层次甚多，每级为物质，又为畴范，对下级为畴范，对上级为物质。物质为可能性，畴范为完成体；畴范是物质的目的，物质是畴范的依据。例如空气水分肥料推动一粒种子，一棵大树因而长成；种子空气水分肥料是物质，大树是畴范。把树作成门窗梁栋，树就又成为物质，门窗梁栋是畴范。门窗梁栋以及许多其他元素集合而成屋，门窗等又成为物质，屋是畴范。许多间屋合成一座建筑，屋又为物质，建筑是畴范。许多建筑合而成为一所庭院、校园或公署，建筑又为物质，院署是畴范。许多庭院公署和各种类似的建筑集团总合而成一个城市，建筑集团又成了物质，城市是畴范。再往上推，可及于一区、一国以至天下宇宙。这不过是根据圣多玛的思想所举的一串相联的例证。宇宙间的事物就是这样一串一串的无数物质畴范层叠形。宇宙间只有上帝是特殊的，他超脱于宇宙间的一切，他是纯粹的畴范，不杂有任何的物质。但他并非与宇宙无关的，宇宙间各种的畴范都靠上帝而存在。它们存在于上帝的思想中，上帝思想一物而其物存在。对于我们今日这个非宗教的时代，这个说法或者不免显得生硬。但由纯理论的立场来看，这至今仍不失为一种可以说得通的宇宙万象观。因为对于宇宙万象之所由来，我们除非是存而不论，否则非假定一个最后的无因之因不可。称这个无因之因为道、为太极、为太一、为绝对、为上帝，都同样的只是一个理所必有的假定而已。

圣多玛的思想，不久就被教会承认为正宗的哲学，历史上称他的思想为折衷唯实论：他着重于畴范，但不认畴范为绝对的。他对于上帝问题所论的那一套，与我们的主题无关，可以撇开不谈。他对于畴范物质关系的一般说法，却非常重要。物质与畴范，特相与共相，两者间的绝对关系既被打破，所以绝对的唯实论与唯名论也都变成没有意义的论说。讲到教会与信徒，教会当然是畴范，信徒是物质。但教会之所以成为教会，就是因为有信徒，无物质则畴范失所依据。反之，信徒为要实现人类的最高可能性，必须进入教会，物质而无畴范则永远不能达到它的最高目的。物质与畴范，特相与共相，并不是对立的，可说是相依为命的。个体与全体是不可分的，个体主义与全体主义都不妥当。健全稳定的时代，个体不是全体的牺牲品，全体也不是个体的工具，两者相生相成，全体靠个体而成立，个体靠全体而实现。

十三世纪是封建文化的最高峰，美满的哲学系统也于此时成立。任何稳定美满的时代，有形无形间实际都是服膺此种折衷的哲学思想的。只有在变乱的时代，极端唯实的全体主义或极端唯名的个体主义才占上风。十四世纪，封建文化渐趋破裂，哲学界唯名主义大盛。文艺复兴的运动也萌芽于此时，提倡人本主义，就是个人主义，到十五十六两世纪间而变成意大利所风行的极端放纵的自私自利主义。同时，宗教改革运动兴起，以个人信仰自由相号召。这一切可说都是推翻封建文化与宗教文化的革命势力。到十七世纪，这种革命运动大致已经成功，以教会以封建为中心的文化局面至此已经消灭，一个新的稳定局面已又成立，历史上称之为旧制度：对内各国完全统一，对外列国维持均势，可说是一个美满的国际局面。后世的人承袭法国革命时的标语口号，对旧制度每多误会。当时的政治是普通所谓专制的，路易第十四世的"朕即国家"一语，最为后人所误解。法国的神学家包随与英国的哲学家霍布斯是此种专制政体的代言人，他们的文字，我们今日读来，虽然有时不免觉得繁琐，但我们能很清楚的明了当时对于专制君主的看法。君主不过是整个国家的象征，国家的观念已经很强，但一般人还不能想象一个抽象而无所寄托的国家，他们只能明白以一人为中心的国家形。人民当然属于国家，所以也就当然服从国家的象征：君主。君主的专制就由此而来。同时，国家也不是绝对的，君主对人民的福利必须顾到，人民有上书请愿的权利，实际也有上书请愿的事实。这也可说是一种折衷唯实论的制度，国家与人民相依相成的局面。

旧制度的盛期，也不过百年左右。到十八世纪，尤其是十八世纪的晚期，卢梭一流的革命思想家又起，提倡人权，提倡个人的自由。不久法国的大革命爆发，以自由、平等、博爱为推翻旧制度的革命口号。星星之火，可以燎原，革命与战乱的狂潮一发不可收拾，直到一八七〇年的普法战后，才算告一段落，欧西的世界渐有呈显小康之象。但一般讲来，法国革命时期的个人主义，势力仍然相当的强大，欧美各国无论表面上如何的安定，骨子里个人主义的地位则嫌太高，所以局面总不能完全的稳定。各形各色社会主义的日趋兴盛，就是对于个人主义的一种自然反响，最近的法西〈斯〉主义与纳粹主义代表一种更激烈的反动。今日民主主义各国大致可说是代表唯名主义、个人主义或个体主义的，虽然不能说他们是极端唯名论的信徒，因为极端的唯名论是不能立国的。今日独裁主义的各国，是代表全体主义或唯实主义的，却不是折衷的唯实论，而是极端的唯实论。在全体主义的国家中，人民完全成为工具，毫无个人自由或个人幸福之可言。此种反常的作风，或可飞扬于一时，但绝不是国家社会长治久安的基础。我们可以相信，最少我们应当希望，此次战事结束之后，无论谁胜谁败，一个比较执中的局面可以出现。过于轻视个人的全体主义与过于重视个人的民主主义大概都要趋于消灭或彻底的变质。至于新的折衷唯实主义到底要采取一种如何的具体方式，今日当然还很难说，但我们大家或者还都可亲眼见到！个人人格的价值几乎全部被否定。这与民主国家的把个人捧得太高，一过一不及，两者都不是国家社会长治久安的基础。世界若求安定，无论是国内或国际的外界的安定，或一般人心的内界的安定，都必须先求这个根本问题的解决。过于轻视个人的极权主义与过于重视个人的民主主义一日不彻底变质，举世人心的惶惶无主的情境就一日没有解除的希望。

（原载：昆明《中央日报》"人文科学"专栏第 10 期，1941 年 3 月 10 日第 4 版。此后又载北平《周论》第 1 卷第 15 期，1948 年 4 月 23 日，略有修改。）

古代中国的外交
（1941）

　　古今来所有的高等文化，于封建制度过去之后，大一统的帝国出现之前，都有五六百年的列国并立时代。各国对内统一，对外争衡，在此种的国际局面下就自然的产生了外交，真正的外交也只限于这个文化阶段。由纪元前六五〇年左右到一〇〇年左右罗马帝国成立，是希腊罗马文化的列国时代。关于当时的外交，史料虽然不多，但仍值得今日研究外交史与外交术的人去参考。印度的封建时代，普通称为吠陀时代，于纪元前八五〇年左右结束，由此到纪元前三二一年孔雀王朝的统一帝国成立，是印度的列国时代，只可惜这一大段的政治史与外交史已几乎全部失传。欧西由十六世纪初宗教改革时起，进入列国，这个阶段至今尚未结束，它的外交史与外交术仍是目前活的问题，外交业者与外交学者当然对它特别注意。中国古代的春秋战国，前后五百五十年，也是同样的一个列国阶段，外交术甚为发达，外交史的材料传于后世的也不少于希腊罗马。外交史，说来话长，但春秋战国的外交术，虽至今日也不显得陈腐，颇有一谈的价值。

（一）春秋时代

　　外交各以本国的利益为出发点，而国与国间情形复杂，不似个人的关系可以比较的开诚布公，所以任何时任何地的外交都不免有欺诈的成分。但一般说来，春秋时代的外交，尚相当的坦白，欺诈的事例并不太多。外交注重辞令。外交的辞令由好的方面言，是一种说话得体的艺术：不轻不重，不多不少，不倨不卑，而把自己的意愿能够彻底地表达，方为理想的外交辞令。由坏的方面言，外交辞令也可说是一种撒谎的艺术：以非为是，以是为非，而能持之有故，言之成理，把对方完全蒙蔽，或使对方明知为欺诈而不能反驳，方为外交扯谎的上乘。

春秋时代最出名的一篇颠倒是非的外交辞令，大概要算成公十三年（纪元前五七八年）晋使吕相绝秦的那篇绝交书。书中先责七十年前秦公败晋惠公于韩原的事。韩原之败，实乃由晋自招；惠公原许割地与秦，中途变卦，才引起战事。二，吕相又言晋文公报秦穆公扶立之德，曾使东方诸侯朝秦。这是绝无其事的谎言。三，又言僖公三十年郑侵秦，晋文公曾率诸侯与秦围郑。实则晋因郑暗中与楚勾结，才去伐郑，与秦全不相干。四，责秦于此项战役中，暗里与郑请和。此点是事实。五，言诸侯都怒秦单独请和，将伐秦，而由晋文公制止。绝无其事。六，责秦穆公于晋文公死后，袭郑灭滑。是事实。七，谓晋襄公因郑滑之事，不得已而攻秦于殽。这虽是事实，却全为自解之辞。八，责秦于此后联楚攻晋。是事实。九，责秦康公要强立晋公子雍为晋侯，"欲阙翦我公室，倾覆我社稷，帅我蟊贼，以来荡摇我边疆"。这真是欲加之罪，何患无词；实际是晋国自动请秦把公子雍送回晋国即位，后来晋国又忽然反悔，将护送公子雍的秦军当为边寇，乘其不备而加以袭击！十，责秦此后屡次侵伐晋边。但这都是晋所自取。十一，责秦桓公攻晋。十二，责秦背河西之盟。十三，责秦联狄和楚，以便攻晋。最后三点，都是事实。总观这一篇外交通牒，虽非全无根据，但大体却是颠倒是非歪曲事实之言。这可说是古今中外一切外交辞令的通例，在春秋时代这不过是一个显例而已。

除口头应对或文书来往的辞令外，春秋时还有一种特殊的辞令，就是赋诗。此时古诗集的种类大概很多，传到后世的《诗》三百篇只是其中的一种。赋诗也是一种艺术，非经严格的训练与练习不能胜任。对方赋诗，自己必须答赋，答赋必须洽〔恰〕当，否则必招人讥笑，有辱国家。赋诗时或赋全篇，或任择一二章，皆可随机应变。赋诗由乐工负责，外交人员不过发令指示而已。乐工一面奏乐，一面歌唱，乐歌并作。太复杂的交涉，或难用赋诗的方式去进行，但除普通的外交酬酢当然赋诗外，赋诗有时也可发生重大的具体作用。例如文公十三年（纪元前六一四年）郑伯背晋降楚后，又欲归服于晋，适逢鲁文公由晋回鲁，郑伯在半路与鲁侯相会，请他代为向晋说情，两方的应答全以赋诗为媒介。郑大夫子家赋《小雅·鸿雁篇》，义取侯伯哀恤鳏寡，有远行之劳，暗示郑国孤弱，需要鲁国哀恤，代为远行，往晋国去关说。鲁季文子答赋《小雅·四月篇》，义取行役逾时，思归祭祀；这当然是表示拒绝，不愿为郑国的事再往晋一行。郑子家又赋《鄘风·载驰篇》之第四章，义取小国有急，想求大国救助。鲁季文子又答赋《小雅·采薇篇》之第四章，取其"岂敢定居，一月三捷"之句，鲁国过意不去，只得答应为郑奔走，不敢安居。郑伯见请求成功，于是就向鲁侯下拜，表示谢意。鲁侯赶忙答拜还礼。这俨然是作戏，却也是富有内容的一段变相的外交辞令。

　　两国绝交，当然是施展辞令的大好机会。在一般无关重要的外交场合中，辞令的润饰也很重要。但若逢到真正严重的交涉时，普通是先私下作一番非正式谈商的工夫，并且大多是由次要的人物出面。待大体商定之后，主角才出台作戏，在正式的会议中表演一套冠冕堂皇的辞令而已。襄公二十七年（纪元前五四六年）的向戌弭兵之会，是此种办法的最好例证。弭兵会议的两个主角是晋中军将赵武与楚令尹子木。会场在宋的首都商丘，宋左师向戌是当然的主人。赵武虽先到会，子木却停留于陈国，不肯与赵武太早的会面，以免两大相逢，或将因磨擦过甚而演成僵局。向戌于是就成了中间的传话人，先到陈会见子木，子木非正式的向向戌提议："请晋楚之从，交相见也。"就是说，晋的附属小国也要朝见楚王，楚的附属小国也要朝见晋侯，作为晋楚两国不再用兵争取中原小国的条件。向戌回宋，报告赵武。赵武对此并不反对，但另外提出齐秦两国的问题，提议算齐为晋的属国，算秦为楚的属国，秦也要朝晋，齐也要朝楚。赵武这是故意给楚国出一个难题目去作。因为齐国四十年前为晋大败，齐侯曾亲自朝晋，算齐为晋的属国，还勉强可以说通。但晋秦是世仇，秦绝不肯低声下气的去朝晋。并且秦楚两国虽然一向国交亲密，秦并不附属于楚，楚也绝不能命令秦去朝晋。向戌又往陈国转达赵武的意见，子木不能决，遣人回国向王请示。楚王倒很干脆，决定说："释齐秦，他国请相见也。"向戌又回宋，赵武也就不再故意为难，接受了楚王的决意。一切既定之后，赵武与楚国已经到宋的次要人物子皙先非正式的定盟，以免正式会议时再有条文的争讼。至此，子木始到宋赴会。

　　正式会议本当顺利，不意却又发生了意外的问题。晋楚争先，两国都要主盟。前此的国际会议，或由晋召聚，或由楚召聚，两大国向未在国际盟会中逢面。晋召会，当然晋主盟；楚召会，当然楚主盟。主盟，作主席，有两种权利。第一，先书盟：会议中所定的正式盟约用牺牲的血写在竹简上，约中要列与会各国的国名，主席的国名当然写在第一位。第二，主席先歃血：盟约写定之后，主席先读一遍，然后以盘中的牲血涂在口边，表示请鬼神为盟约的证人，这就是所谓歃血为盟，意义与今日的签字一样。盟主之后，列国顺序歃血。现在晋楚同时在场，主席的问题大感困难。晋国的代表说："晋固为诸侯盟主，未有先晋者也。"楚人说："子言晋楚匹也。若晋常先，是楚弱也。且晋楚狎主诸侯之盟也久矣，岂专在晋？"两方各执一词，皆能言之成理，一群小国都不敢发表意见，根本也不知应当如何调解。最后还是晋国的叔向提出一个妥协的办法，就是在写盟约时先晋后楚，歃血为盟时先楚后晋，两方都接受了这个提议，弭兵之会才算是顺利的结束。

大国与小国的关系，难以是完全平等的。盟约称为载书，当时有许多的载书可说是不平等的条约。但春秋时代国际间还未发展到蛮不讲理的阶段，小国若有智胆兼备的外交家，在坛坫之上往往可以与大国抗衡。例如襄公九年（纪元前五六四年）晋与诸侯盟郑于戏，晋卿士弱为载书，写道："自今日既盟之后，郑国而不惟晋命是听而或有异志者，有如此盟！"郑国的代表子驷认为如此的条文侮人太甚，于是趋前在载书上加写了一条："天祸郑国，使介居二大国之间，大国不加德音，而乱以要之，使其神鬼不获歆其禋祀，其民人不获享其土利，夫妇辛苦垫隘，无所底告。自今日既盟之后，郑国而不惟有礼与强可以庇民者是从而敢有异志者，亦如之！"晋方的荀偃大怒，说："改载书！"要把郑国后加的条文删去。郑方的子展说："昭大神，要言焉，若可改也，大国亦可叛也！"这句话说得非常厉害，晋国辞穷，无法可想，只有听任载书保留前后矛盾的两种条文。这大概是古今中外所未再有的一种奇特条约！①

总观春秋外交的各种情形，欺诈的作用虽不能免，但大体还是有规则、讲道理、重礼节的国际交往周旋的一种方式。一进战国，情形大变。国际的局面骤然紧张，外交也就随着根本变质了。

（二）战国时代

战国初期的百年间，由吴越战争到商鞅变法，是一个大革命的时

---

① 以上各节，俱见《左传》。

期。革命的详细经过，今日已不可考，但革命的结果我们看得很清楚。各国都变成国君一人专制独裁的国家，扩充领土变成列强的最高国策。各国都成了帝国主义的国家，都想吞并邻国，最后统一天下。战争之外，外交，无所不用其极的外交，也是达到此种目的的一种手段。春秋时代比较坦白的外交已不再见，纵横诈伪变成外交术的显著特征。春秋外交艺术之花的赋诗，无形消灭，可说是外交术彻底革命的象征。赋诗何时停止，难以稽考。《左传》中最后一次的赋诗，在昭公二十五年（纪元前五一七年），正当孔子三十五岁左右的时候。但这不足为此后不再赋诗之证，最多只能表明赋诗之事的日渐稀少。孔子说："诵诗三百，授之以政，不达，使于四方，不能专对；虽多，亦奚以为？"① 所谓"使于四方，不能专对"，就是指出使外国时赋诗而言，可见当孔子时赋诗仍相当的普遍，孔子教授弟子学诗的一个重要目的，也就是希望他们将来从政时，若出使四方，能够专对。赋诗的传统，大概就在战国初期百年大乱的期间消灭。赋诗之事，象征春秋时代稳定安详悠闲自在的文化精神与国际空气。此种精神与空气，进到战国后已不复存在，无人再有闲情逸致去雍容赋诗。

《战国策》与《史记》所记载的纵横外交，乍看之下，好似是变幻万端，难以揣测。但若归纳研究，就可见在随机应变的运用之上，实有几条原则，一切的诈伪都逃不出它们的围范：

（1）利而忘义——绝对的信义，只能见于私人间的关系上，国际间当然不可能。但战国时代国际间信义扫地的程度，则远非春秋的士君子所能想象。例如韩齐二国会订军事同盟，约定患难相助。后来秦伐韩，韩派使臣往齐求援，齐王想要出兵解救时，齐臣田臣思说："王之谋过矣。不如听之。子哙与子之国，百姓不戴，诸侯弗与。秦伐韩，楚赵必救之。是天以燕赐我也。"齐王称善，于是应许韩的使臣立刻出兵，而实际按兵不动。楚赵为要维持均势，果然自动出兵救韩，齐国却乘着大家忙乱不堪的时机攻占燕国，把燕国临时灭掉。② 又有一次，齐秦二国强甲天下，秦约齐同时称帝，齐为东帝，秦为西帝。齐国想称帝，又怕天下各国不服，空招无趣，于是决定应许与秦同时称帝，而先观望不称，待秦国称帝之后，如果没有不利的反响，齐国再正式自加尊号，也

① 《论语·子路》。
② 《战国策》卷九《齐策二》。

不为迟；秦称帝，若国际的舆论不佳，齐就始终不动，免得与秦同被恶名。后来秦国果然上当，称帝不久就又羞答答的取消了尊号。这在战国时代算是秦国外交上一个小小的失败。①

齐攻宋，宋派使向楚求救，楚王满口答应，痛快非常。宋使回国途中，面带愁容，他的从人问他为何使命成功而不欢喜。使臣说："宋小而齐大，夫救于小宋而恶于大齐，此王之所忧也，而荆王说甚，必以坚我。我坚而齐弊，荆之利也。"楚国果然失信，听宋为齐所败而不搭救。②

（2）贿赂内奸——买通敌对国家中意志薄弱、头脑不清，或思想复杂的分子，无事时可以泄漏情报，有事时可以捣乱响应，这是国际钩心斗角局面下的一种费力少而效用大的阴谋手法。贿买内奸，以人类大弱点的贪欲为起发点，秦对此点看得最清楚，秦相应侯有一次对秦王说："秦于天下之士，非有怨也，相聚而攻秦者，以己欲富贵耳。王见大王之狗，卧者卧，起者起，行者行，止者止，毋相与斗者。投之一骨，轻起相牙者；何则？有争意也。"③ 这未免太小看了天下之士；不计私利而一心抗秦的人物，各国都有。但接受秦贿而出卖国家的人，的确也不算少。秦王政即位不久，出万金，令大阴谋家顿弱到各国去行贿，六国自将相以下都有被收买的人。④ 秦国吞并天下，兵力之外，这是很重要的一个助力。秦国贿赂策略收效最大的地方，就是齐国。齐相后胜暗中受了秦国的金玉，故意松弛齐国的武备，以致最后齐国在六国中成了唯一不抵抗而灭亡的国家。⑤

（3）流言反间——散布谣言蜚语，挑拨离间，拆散敌方领袖间的团结合作，也是一种失败也无大碍，成功可收奇效的外交攻势。燕将乐毅攻齐，下七十余城，除莒与即墨二地外，齐国全部沦陷，齐王亦死，真可谓国破家亡。田单守即墨，乐毅围攻甚急，适逢燕王死，新王为太子时即与乐毅失和，田单乘隙使人至燕散布流言："齐王已死，城之不拔者二耳。乐毅畏诛而不敢归，以伐齐为名，实欲连兵南面而王齐。齐人未附，故且缓攻即墨，以待其事。齐人所惧，唯恐他将之来，即墨残

---

① 《战国策》卷十一《齐策四》。
② 《战国策》卷三十二《宋卫策》。
③ 《战国策》卷五《秦策三》。
④ 《战国策》卷六《秦策四》。
⑤ 《战国策》卷十三《齐策六》。

矣。"新王果然中计，夺了乐毅的兵权。代将的人庸碌无能，不久就把乐毅征服的齐地全部丧失。①

长平之战，赵将廉颇采取高垒坚守以老敌师的策略。秦军屡次挑战，廉颇自计实力太弱，应战必然失败，所以始终不动。赵王以及国内一般浅见者流，多认为廉颇过度示弱，讥怨之声四起。秦使人往赵反间说："秦之所恶，独畏马服子赵括将耳。廉颇易与，且降矣。"赵括是善于纸上谈兵的军事家，名望甚高，而无真正的本领。但在舆论失常之下，赵王竟不顾一切，撤换了廉颇，使赵括代将。赵括贸然进攻，大败，赵军四十万人投降，全部为秦将白起所坑杀。② 这个反间计，比田单所施用的还要厉害，田单的目的不过是去掉一个劲敌，秦人此次不只去掉一个莫可奈何的廉颇，并且还请来一位幼稚可怜的赵括，以便由秦彻底的解决。历史的教训，很少有人接受。三十年后，秦已灭韩，出兵围赵，赵将李牧司马尚二人善用兵。秦军屡次失利，遂又用反间计，贿赂赵王的宠臣，使他乘间向赵王进谗，说李牧司马尚与秦暗中有所勾结。这是贿买内奸与流言离间双管齐下的进攻，赵王居然听信了谗言，杀李牧，废司马尚。不久赵军大败，赵国亦亡。③

战国末期，六国中唯一有胆有识的抗秦人物就是魏公子信陵君，天下知名，号召力甚大，组织六国的联军，屡次败秦。秦王出万金，在魏遍布流言："诸侯徒闻魏公子，不闻魏王，公子亦欲因此时定南面而王。诸侯畏公子之威，方欲共立之。"此外，秦的使臣又屡次向信陵君致贺，并问登位的日期。魏王当初虽然半信半疑，最后竟被说动，夺了公子的军权，魏以及六国的悲运从此也就注定了。④

小国间的鸡虫得失，有时也用反间。昌他由西周逃到东周，把西周的秘密全盘托出，东周大喜，西周大怒。西周于是派人与昌他送书，并附金三十斤，说："告昌他：事可成，勉成之；不可成，亟亡来。事久且泄，自令身死。"西周同时又使人告东周："今夕有奸人当入者矣。"东周的守兵当然捉得西周的送书人，东周君立刻杀掉昌他！⑤

（4）虚伪利诱——为达到自己的目的，以重利引诱他人，待目的达

① 《史记》卷八十二《田单列传》。
② 《史记》卷七十三《白起列传》。
③ 《战国策》卷二十一《赵策四》。
④ 《史记》卷七十七《信陵君列传》。
⑤ 《战国策》卷一《东周策》。

到之后，再设法把当初送人的利益收回，甚或实际的利益始终并未放手，待把握已定之后，再翻脸不认旧账，这也是国际纵横捭阖的一种秘诀。战国时代最有名的利诱例证，就是张仪骗楚怀王的故事。齐楚同盟，秦颇感受威胁，遂派张仪往楚游说，只要楚与齐绝，秦即无条件的割商、於之地六百里与楚。楚怀王大喜，与齐绝交，并派人随张仪回秦受地。张仪回国，假醉坠车，称病不出。待秦已确知齐楚绝交之后，张仪才病愈上朝，告楚使说："子何不受地？从某至某，广袤六里。"使臣说："臣闻六百里，不闻六里。"张仪吃惊回答说："仪固以小人，安得六百里？"楚使回国，怀王大怒，伐秦，为秦所败，国防要地的汉中也为秦夺去。① 后来秦攻韩，怕楚干涉，派冯章使楚，应许于战后将汉中割还楚国，楚国又二次听信了秦的甘言。战后，楚向秦索地，冯章自请出亡，秦于是把一切责任都推到冯章身上，说他未得秦王同意而擅自应许楚国割地的条件。② 又有一次，秦赵合攻魏国，魏国也以割地的厚利去诱骗赵国，赵国也利令智昏，退出战团，魏国的急围遂得解除。事过之后，魏国也把责任推到使臣身上，不肯割地。③

利诱的把戏，有时可以玩得非常复杂。楚怀王的太子横在齐为质。怀王死，太子要回国即位。齐以楚割东方领土的所谓下东国五百里之地相要挟，否则不放太子。太子只得答应割地。回国即位，为楚襄王。齐要取地，襄王向群臣求计。子良说："王不可不与也。王身出玉声，许强万乘之齐而不与，则不信。后不可以约结诸侯。请与而复攻之。与之信，攻之武。臣故曰与之。"昭常说："不可与也。万乘者，以地大为万乘。今去东地五百里，是去战国之半也。有万乘之号，而无千乘之用也，不可。臣故曰勿与。常请守之。"景鲤说："不可与也。虽然，楚不能独守，臣请西索救于秦。"襄王最后问慎子，慎子说，可兼用三子之计。王不悦，认为慎子是在开玩笑。慎子解释说："臣请效其说，而王且见其诚然也。王发上柱国子良车五十乘，而北献地五百里于齐。发子良之明日，遣昭常为大司马，令往守东地。遣昭常之明日，遣景鲤车五十乘，西索救于秦。"楚王真就采用了这条连环妙计，子良献地之后，昭常又去坚守不退，不久秦为维持均势又出兵救楚。齐国空欢喜一场，

---

① 《战国策》卷四《秦策二》、《史记》卷四十《楚世家》。

② 《战国策》卷四《秦策二》。

③ 《战国策》卷二十四《魏策三》。

一无所得。①

　　这种空头支票的诱人诡谋，有时也会弄假成真，非忍痛割地不可。楚魏战，魏许秦割上洛地，请秦不要助楚。魏果然战胜。秦向魏索地，被魏拒绝。秦于是作出与楚接近的姿态。魏怕秦楚联合攻己，赶快把上洛之地割与秦国。②

　　（5）威逼诱降——敌人战败而尚未失去抵抗力，或可战而意志未决时，用甜言蜜语去松懈他的决心，使他相信早日投降可以免除更大的痛苦，这种利用人类侥幸心理的策略，往往也可以收获宏效。秦败楚，楚怀王使太子为质于齐以求援。秦昭王致书楚王，说愿与楚王在秦楚交界处的武关相见，面谈两国间的误会，以便言归于好。楚怀王犹豫不决，去，怕被欺，不去，怕招致秦国更烈的进攻。最后，怀王冒险往武关去赴会，结果被秦扣留。秦要怀王割地，否则不准回国。怀王不肯一错再错，坚决拒绝割地，终至死在秦国。楚太子横虽由齐回国，即位为襄王，但秦乘楚内部人心惶惶之际，猛烈进攻，大败楚国。③

　　五国相继灭亡之后，只有齐尚独立于东方。秦威胁利诱兼施，劝齐不要作无谓的抵抗，以免生灵涂炭，只要齐王入朝，就可封与五百里之地，但齐国必须降秦。齐王建的精神已被秦克服，左右亦多胆怯或曾被秦贿买，极力劝王建西去降秦，王建入秦，齐毫无抵抗而亡国。王建被秦拘禁，饿死。④ 在战国时代秦国全部的外交史上，灭齐是收尾的一幕，也是最便宜的一幕：一纸招降书而灭掉一个有名的大国，全天下从此就都一统于秦。

　　（6）骑墙外交——以上所讲的，几乎都是大国间互相侵袭的纵横诈术。小国在此种局面下，难以有完全自主的外交，只有兼事四邻的大国，利用大国间的矛盾，使自己成为国际均势之下的一个虽小而必需的成分，小心翼翼，各方讨好，或可勉强维持独立。这可称为骑墙外交。滕文公向孟子所说："滕，小国也，间于齐楚，事齐乎，事楚乎？"又，"滕，小国也，竭力以事大国，则不得免焉，如之何则可？"正道出各小国莫可奈何的悲哀。⑤ 魏伐赵，勉强宋出兵随征。宋国进退两难，暗中

---

　　① 《战国策》卷十五《楚策二》。
　　② 《战国策》卷六《秦策四》。
　　③ 《史记》卷四十《楚世家第十》。
　　④ 《战国策》卷十三《齐策六》。
　　⑤ 《孟子·梁惠王下》。

派人到赵去诉说苦衷，请赵准宋军开入赵境，专围一城，以便对魏交代，同时赵亦可不至受宋的大害。魏国居然被蒙蔽，以为宋真正在大卖力气助战。赵国也甚心感宋国，认为宋只是虚张声势，并非真正仇赵。宋国两面讨好，最后"兵退难解，德施于梁，而无怨于赵"①。当时宋、卫、鲁、中山、西周、东周诸小国，都时常被大国要挟，在可能时也总是采取此种骑墙的策略，以谋自保。

（三）后言

战国的外交，手段要辣，居心要狠，才有成功的希望。身处战国，而行春秋的外交，小则丧权，大则亡国。战国的结局，在各民族中，都是全文化区的统一：印度、中国、希腊罗马无不如此。今日的欧美恐也终难逃脱历史的命运。最辣最狠的国家，往往也是最后成功的国家。战国时曾有人对秦下过很深刻的评断："秦之欲并天下而王之也，不与古同。事之虽如子之事父，犹将亡之也。行虽如伯夷，犹将亡之也。行虽如桀纣，犹将亡之也。虽善事之无益也，不可以为存，适足以自令亟亡也。然则山东非能从亲，合而相坚如一者，必皆亡矣！"② 六国中的明眼人，都知秦的野心漫无止境，非独吞天下不可。但六国始终不能一心一德的合力抗秦，最后听秦个个击破，统一宇内。世事推移，好似有非人力所能挽回的趋势。只看细节，历史绝不重演。但若从远处大处着眼，历史所能供给的教训似乎又非常之多。印度的史料过度缺乏，可以不论。但罗马的统一地中海世界与秦的统一中国，在政策运用与步骤的进展上，往往如出一辙。今日的欧美，表面的态势无论如何的独特，骨子里是否又在开始重演战国的悲剧，这当然只有后来的人才能断定。但我们今日的人，若由此点观察，对世界的大局与趋势或者能有深入一层的了解。

（原载：清华大学《社会科学》第 3 卷第 1 期，1941 年 4 月 27 日。后以《春秋外交与战国外交》为题在重庆《大公报》，1942 年 7 月 23 日第 3 版、7 月 24 日第 3 版连载。）

---

① 《战国策》卷三十二《宋卫策》。
② 《战国策》卷二十八《韩策三》。

抗战四周年
（1941）

　　七七事变，已经四周年，抗战的事业虽然尚未结束，但过去四年可悲可喜的种种，却都已成了历史上不可修改的业果。我们身处大战之中，对于全局或难有完全清晰的透视；但四年的光阴已不为短，作一番比较客观的历史的探讨，当非全不可能。

　　我们的抗战，在中国史以至人类史上，诚然是一种空前的艰苦事业，历史上任何的战争都难与比拟。这是许多人都曾见到，且曾由各种不同的方向论列过的道理，无需再去重述。但由长期战的立场来看，过去历史上可供比较的事例却不算少。无论中外，都曾打过几年各〔乃〕至几十年的大战，而一切的长期战似乎都有公同的发展步骤。溯往知来，过去的大战或者可使我们对已往的四年多所了解，对今日的处境增加同情，对未来的趋势易于把握。

　　军事与政治的本身，不在本文讨论之列，关系大战期间一般的风气与心理的变化，可举下列几点，加以分析：

　　（一）生活方式——战争初起，一般人即感到责任的重大，不可多事消耗，同时又感到未来的渺茫，恐有无以为继的一天；所以大家的生活都立刻严肃起来，能收缩的地方都设法收缩，起居饮食尽量节俭，不必须的娱乐显著的减少，无谓的应酬降到最低的限度。这是社会生活的第一个阶段。但这个阶段为时甚短，很少能延至一年之久，普通也不过是几个月的功夫。初期的严肃与紧张之后，心理上自然起了一种反感，以为何必如此的自苦，同时，又感到物资的供应与自己的购买能力似乎并未减少了许多。至此一切的生活方式就又恢复了常态。前方浴血奋战，后方歌舞升平，这是作战稍久之后必有的现象，虽不见得所有的人如此，多数人不知不觉的确是如此移转的。再过一个相当的时期之后，多则三两年，少则一二年，就又进入第三个阶段，生活方式就完全是变态的了。松弛的社会不必说，即或是统制极严的社会，在长期战之下，也不免有少数人，并且往往是相当大的少数，获得有意经营的或意外飞来的横财。例如经商致富的属于前一类，因地价房价升涨而致富的属于后一类。这些暴发户，因骤富而头昏，尽情享乐，一切的生活都完全脱离了常轨，同时，连未暴富而手中略为宽裕的人，一方面受了横暴者的传染，一方面因长期战所产生的心理疲乏，也就采取了今朝有酒今朝醉的人生哲学，对于未来全不顾计，终日的从事于酒肉的征逐与荒乐的沉迷。少数头脑清醒，意志坚强的人，当然不会如此的同流合污，又有很多人根本没有能力去度此种反常的生活。但到长期战的晚期，这种不可以常理喻的现象总是非常普遍的。

（二）商业经营——战端初开，商人大多数经营如恒，少数甚至不免有需要缩小营业之感。此时一般的心理仍然正常，不只普通的民众对于国家的急需踊跃输将，对于前方的将士尽力慰劳，连惟利是趋的商人也乐意牺牲正当利得的一部，贡献公家。但这只是初期的临时现象，不久，物资的缺乏，运输的不便，经济各部门在战时所不可避免的或多或少的脱节，自然使物价逐渐增高。这正给商人一种囤积居奇投机取巧的机会。操纵更助长物价的增涨。物价愈高，操纵愈烈，物价愈高。这种恶圈能使物价在短期间增涨到惊人的程度。暴富的机会也随着提高到不可思议的境界。因此，经济全失常态，人心也丧失了平衡，大家都想乘机发财，各阶层各职团的人无不转为商人或以商为副业。在组织不严的社会里，政界的人士往往也凭借势力，加入商业投机的竞争，以致能使整个的市场很快的变成一个庞大的疯人院。但囤积操纵，终有到饱和的一天，在大家富梦正酣的时节，必会发现或因屯物过多而一时无从脱手，或因买空超过了相当的限度而一时周转不灵，破产的威胁忽然横在眼前。这是长期战末期必定发生的惨剧。惨剧的收场，普通要待战事结束之后。和平一现，社会上骤然间必定添加了无数恶梦初醒的破产潦倒之士。这批人当初或多为贫士，现在不过又恢复了原来的地位而已。但它们当初是安贫的，经过一度的暴富之后，安贫的美德已经丧失，发财的机会又不可再来，它们就必致沉沦到底，永远不得翻身。

（三）后方热情——开火的初期，一般的舆情非常的狂热，激扬蹈厉，一似每人都恨不得亲上杀场的模样，但这只能说是一种自然的心理反应，并非理性的思考行动，对短期即了的战事或可有帮助，对旷日持久的大战可说是毫无裨益的。心理的兴奋之后，必继以心理的厌倦，不出一年，一般人的狂热就要消灭到无形无迹。并且战事持久，绝无久胜之理，胜败乃兵家常事。胜败的轮换也是长期战的当然情况。但闻胜勿骄闻败勿馁，只有少数人有此把握，而且这少数人大半都是初期并未非理的狂热的，一般的神经过度的流荡，闻胜必定如狂的骄侈，闻败又必反常的气馁。几度的骄馁之后，神经必然呈显一种麻木不仁的状态。这就达到心理变化的第三个阶段了。多数人渐渐看战争为与我无关的身外事，漠不关心，一切听其自然，终日所计较的只是个人的私事，军国大事都像平时的完全委诸政府。等而下之，愚昧的人，甚至并不太愚昧的人，就逃避现实，转而听信天命鬼神，例如最近各地流传的所谓"刘伯温救劫碑记"说了一大套"修德躲过末劫"与"搭桥接新主"的鬼话。这都是因为许多人对现实感觉厌倦而又无力控制现实，才引起的一种躲入幻觉的变态现象。

（四）前方士气——战事初起，前方的士气与后方的民心一般无二，慷慨激昂，视死如归。所以战争的第一阶段，必有几场惊天地而泣鬼神的浴血恶战。但战斗虽然必需热血，却是不能专凭热血的。专凭热血，只能打胜仗，不能打败仗。一败，热血就有变冷的危险；热血一冷，军队就要崩溃。但持久的大战，绝无一方长胜的道理；一败之后，当初勇往直前的军队就立刻呈显土崩瓦解的景象。这是长期大战中最危险的关头。此关不能度过，就必全盘失败；若能安全度过，就是进入大战的第三期，就是强毅坚持的阶段。至此，不只惊慌失措的心理已经消散，当初专凭热血实际幼稚的行动也已克服。如此锻炼成熟的军心，才真正可说是达到胜亦不骄败亦不馁的境地。当初是视死如归，结果是常作无谓的牺牲；至此一般军士虽然绝不畏死，却也不故意的寻死或冤枉的碰死，必要先得相当的代价才肯捐躯。如此的军队，除非是物质的条件过度的不利，就绝无溃败之理。只有如此的军队，才有在长期战中取胜的希望。

（五）谣言类型——战乱时期，是谣言的黄金时期。因为此时不只军事是机密的，相关的政治上往往也有许多不能随意宣布的事实，这当然给造谣者一个绝好面壁虚构的机会。除敌人或内奸有计划的造谣不计外，内发的自然谣言也有固定的发展步骤。战事初期，一切的谣言都是乐观的，反映着当时的激昂热情。前方的小胜，必夸为大胜。我方如何如何的有把握；某某将帅如何如何的智勇兼全，杀敌致果；敌人如何如何的不济事……诸如此类的消息，时时刻刻的传播在紧张万状的后方社会中。但不久就必有完全相反的现象发生。心理的厌倦与理所必有的败仗，一定使谣言的性质大变。悲观主义与失败主义风靡一时，政治如何的紊乱，军事如何的无望，几周或几月之后一切就必如何的塌台……总而言之，不久就要亡国了。另外一种谣言，就是和平的风传：两方如何的在进行和平，议和的人物与地点以及议和的条件，都能清楚的说出，俨然确有其事的模样。但这往往只是人心疲倦的反映，并无事实的根据，一月一月的过去，一切悲观的理论与和议的宣传都证明为庸人自扰。但悲观与和议的谣言，寿命特别的长，到战事的晚期尚难以完全绝迹。但一般讲来，晚期是谣言稀少的时期。一些神经过敏与好事之徒，渐渐都因刺激过多而麻木不仁，谣言的产量于是也就逐渐的减少。同时，经过多次证明为虚伪的谣言之后，一般人自然也就学了聪明，对一切谣言都不置信。既无雇主，当然也就无人制造。

（六）战争时限——初时大家热血沸腾，气吞山河，认为小可的敌人不久就可解决，少则三五个月，最多不过一年，全面的胜利就必来临。但一年过去之后，战事仍无止息的景象。于是人们就把时候拉长，认为一年半、二年、二年半，长到极点也不过三年，战事必然结束。但过了一两年之后，战争仍在健旺的进行，仍看不出停息的征兆。至此，一般对于神经的活动不善节制的人，心灵已经疲惫或麻木，疲倦或麻木的人心是停滞不动的，也可说是永恒的，所反映出来的外界也是停滞不动的，也是永恒的。战争似乎成了永久不变的常态，没有停止的希望，没有结束的期限，八年、十年、以至几十年之后，两方都精疲力竭，方有和平出现的可能。实际这种看法，与当初的短期全胜的信仰是同样的不合理的。历史上固然有延至几十年的战争，但这究竟是极端的例外，长至十年的战争已是非常少见的事例。就在一般人认为战事永无止境，因而对于未来漠不关心的情绪中，和平忽然实现。一个大战开始时，最少一方必有准备，有时两方都是有准备的。但对于大战的结束，往往是任何人都无准备，各方对于残局如何收拾，如何善后，于是也就感到无所适从。所以大战之后，政府以及社会各方面无不手忙脚乱，这虽是大战的当然结果，但一部也是事先没有准备所招致的痛苦。

以上是由历史上多次的大战所归纳而得的几条原则。环境的特殊或外力的影响，有时可以略微改变一方面或几方面的发展，但大体讲来，任何长期的战争都要经过上述的几种步骤的。美国独立战争，拿破仑战争，美国南北之战，一九一四至一九一八年的大战，是最近二百年间的四个显例。我们的抗战尚未结束，一部的发展仍在未来，但观察目前的情景，我们大致已走到长期战的晚期。抗战何日胜利，虽然无人能够预知，但最少大家应该警觉，无论政军负责的人物或社会各部门的人士，都当接受过去的教训，不要等胜利到来时而毫无迎接胜利的准备。

（原载：昆明《当代评论》第 1 卷第 1 期，1941 年 7 月 7 日。）

海军与海权
（1941）

　　海军与海权的控制，是人类历史上的一个重要因素。中国自古以来就是一个大陆国家，对于海洋的价值一般的中国人因而不能体会。近年来在欧美一部人士中流行，在中国也有人附和，一种所谓杜黑主义，提倡空军至上，虽不直接漠视海军，但间接似乎是要减低海军的地位的。杜黑主义就是以压倒优势的空军为军备的中坚，战端一开，就立刻进行空中的闪击战，一方面破坏对方的军需与交通，一方面打击敌国人民的神经，以便短期间得到决定性的胜利。但杜黑主义的成功，要假定两个条件。第一，就是对方完全没有空军设备，或设备太劣以致等于没有。再不然，就假定对方正在酣睡，毫无准备，以致他的空军措手不及，不能抵抗或反攻。第二个假定，在勾心斗角，情报网密布的今日世界，是不可想像的。至于第一个假定，至今也仍然只是一个假定而已；惟一的实例就是意大利的侵略阿比西尼亚之役。当时阿比西尼亚毫无空军可言，意大利因而得以不费吹灰之力而获得胜利。但撇开正义人道不谈，专从军事上言，意阿之战已是意大利的一个莫大的羞耻；杜黑主义若需此类的事件来捧场，也就难乎其为杜黑主义了！

　　海军与空军在整个军备上的比重，或须待此次大战后方能由专家作最后的估量。但最近两年的欧洲战局，已足证明海军仍未丧失它几千年来的重要地位，则是无可置疑的。德国不能渡过区区的海峡去征服英国，就是因为英国的强大海军。德国最后冒险去攻击苏联，也是因为英国的海军使希特勒在西线与非洲莫可奈何。我们现在探讨海军的价值与海权的意义，对于明了今后战局的趋势，或者不是毫无裨益的。

一、海洋与海权的意义

海洋，由表面看，不过是一片大水；但这是外行人的看法，是一个生于内地长于内地而初见到大海的人的看法。海洋是一条大的通路，并且虽至科学工具发达有如今日的世界，我们仍可说海洋是世间最便利的通路。所谓海权，即能控制，至少能利用世界上最大最广最便利的交通线。自古以来，水上的交通不只便于陆地，并且远较陆地经济与迅速。火车、汽车、飞机有如穿梭的今日，水上的交通虽已丧失速度最高的地位，但仍较任何其他种类的交通（包括表面最为经济而实际最不经济的人力、马力或大车力在内）远为经济。除少数的例外（中国是最显著的一个），古今各民族无不视海运为最高国策所须考虑的一个因素。升平之世如此，战乱时期尤然。为求海运的通畅与安全，商船必须自身有自卫的设备，或有专门作战的战舰保护，一方面防止海盗，一方面抵抗其他商业国家的干涉。最近百年来，海盗已经绝迹。承平时期各国也已不在直接的互相干涉。但到战时，情形当然不同，无海军的作战国就只有退出世界通路的海洋；即或是中立国家，若无海军，它的一切海上行动也都要喜怒由人，不能自主。

战时海军的使命，可分正反两面。正面的使命，就是保障自国轮船的自由航行；反面的使命，就是阻止，最少是妨碍敌轮的自由航行。这种使命的具体目的有二，第一，就是物资运输的控制。战事一拉长，就必变成经济消耗战，古今无不如此。任何大的一国，也没有各种资源都能在长期战中自足自给的可能。制海的国家，可由同盟国或中立国方面源源不断的取得接济；缺乏海军的国家，假定不是岛国，又假定陆地的邻国不都是敌国，虽可由陆上输入资源，但陆地的运输太不便利，并且接济的来源只限于少数的陆上邻国，在作战力上总是一个大的弱点。一切海上可以取得的接济，当然全部或大部被对方阻止封锁。在一般情形下，这往往是最后胜败的决定因素。第二，制海的国家，可以将兵力向四面八方自由运送，以迄合作战的最高策略：当进时进，当退时退，当登陆时就登陆。没有制海权的国家，军事的行动只能限于步行或乘车所能达到的地方，军略的运用因而也不免大受限制。熟习历史的人，对过去战史上许多此类的例，都能忆及。历史生疏的人，若对今日欧洲的战局略下思索，也可即明此理。我们今日的抗战，最大的痛苦，并不是重炮飞机与坦克车的缺乏（虽然这些我们也的确缺乏），而是敌人有海军所赐与的调动与运输的便利，而我们只能在陆地上艰苦的应付。中日的战事牵涉到全世界，当然不能由日本的海军决定一切；但日本海军是我们一切困难的最大来源，则是抗战四年后的国人所当清楚认识的。

二、海权的因素

任何国家，除非是全无海岸的国家，当然都可建设海军，发展海权。但一般讲来，有几种人力以外的因素，往往是海军有无或强弱的决定力。主要的因素为地势、地形、疆域与人口。

论到地势，海岛显然是特别便于海上的发展的，一方面可以无需陆上的防卫，一方面可以免除陆上扩土的诱惑，全部的精力都可集中于海上的事业。在此观点上，英国比德法两国处于较为优越的地位，意大利介乎两者之间。北美合众国因陆上无强国为邻，而东西又有两条长的海岸线，最少到今日已无直接在陆上拓土的意愿，所以它也几乎成了一个庞大的海岛，有如澳大利亚，只较澳大利亚不知富庶几千百倍而已。英国自十五世纪中期百年战争结束后，即永久放弃欧陆扩土的政策。十七、十八两世纪法国雄霸全欧时，大半的精力耗于大陆上的开拓。德国自十九世纪晚期统一后，也一半自动一半被动的在大陆消耗实力。这都是给英国独霸海外的间接助力。最后讲到远东岛国的日本，它豢养一个大而无当的陆军，以便向东亚大陆发展的政策，即或幸能获得部分的成功，也未见得是他们国家的百世之福。它若移陆军所耗之大部，也用于海军，从而专事商业的发展与海权的扩张，恐怕是既不害人又大利己而又少有危险的政策。

地势，除岛国与陆国之分外，尚有另外一点应当考虑，就是海港。本国海岸必须有合用的良港，最好海外也有占领、收买或租借的港口，以便平时贸易休息，获得食料与燃料，战时为护航作战之根据地。英国不只本国沿岸良港密布，几百年来在海外又善于取得适当的根据地，如直布罗陀、苏彝士、马尔太岛、新加坡等据点。美国的夏威夷与巴拿马也属此类。这是英美海权建立上的一个重要因素。法国因在海上向无目光远大的政策，所以殖民帝国虽大，良港并不多，并且有些可能成为良港的据点，如越南的金兰湾，它也并不知尽量的开发利用。日本的侵占旅顺、大连、青岛、海南岛，俄国二百年来对于君士坦丁堡的渴望与追求，都是海上发展政策的逻辑结果。

海权的第二个因素，地形，主要系指沿海的形势而言，与第一个因素有连带的关系。海岸的形态直接影响到海军的发展。即或一个有很长的海岸线，即或是一个岛国，若无良港，则航海术必不发达，亦必无海军可言。于此种情形下，大海只是一堵万仞的绝壁，而非一条诱人的通路。中国是最好的例证。古代中国的海岸线，自渤海以至淮水口，长则长矣，但极端缺乏可供航行的港口。所以华夏始终为大陆民族。海外只是海市蜃楼，神仙来往的玄密世界。连一衣带水之隔的台湾岛，中国文化已经有了二千年的生命并已拓土到闽粤地域之后，仍然全不知晓。隋唐以下，因海岸曲折，大小湾港较多的浙东与闽粤之地的大事开发，一部浙人与许多闽人粤人始成为航海家。但因历史造成的习惯与历史传统所造成的政策，此种发展甚为迟缓，政府非只不知鼓励，并且千方百计的去破坏阻挠。到明代，中国的海上事业才开始有显著的成效，闽粤人大规模的向南洋活动移殖，造成今日闽粤人第二故乡的南洋局面。但这种伟大的事业完全是人民自发力量的收获，明清两朝的政府不惟始终未加协助，并且往往消极的甚至积极的干涉阻止。

要有成效，海港必须多，只靠一二良港，不足引起海上事业的发达。所谓良港，即是深而较大的港口，可供海船的出入与停息之需。最好的港口就是江河入海的海口，因为可以便于内地货物的输出与海外货物的输入，在平时的贸易便利不必说，在战时尤有畅通商运输入资源的效能。上海超过青岛的，完全在此。从港口本身言，上海并不特别的优于青岛。但上海有西延数千里的腹地，它的吸收与输运的作用，可顺长江而直达四川。相形之下，青岛可说是一个孤悬海上的死港。铁路的兴建虽然可以补救青岛的缺点，但由经济便利的观点看来，青岛永难与上海并驾齐驱。

希腊、意大利、不列颠是特别丰于良港的几个地域。上古与中古的希腊，中古与近世的意大利，都是航海事业的重心。不列颠岛上的人，在初见于历史的罗马时代，就以善于航海见称；十六世纪晚期以下始终握有海上霸权的英国，更不必说了。不列颠岛因海岸形势的曲折万状，内地的任何一点，距离海岸亦未超过一百公里，多数地点与海岸的距离则远短于此。所以绝大多数的英国人民，一生都有见海的机会，许多人都可到海边歇夏，并举行海浴。这似乎是小事，但与英国海权的建立却有不可分的关系。

法德两国，海岸线的形态虽然优于中国，但远较英国为逊。法德海上事业的永落英国之后，原因虽多，但这种地形的差别是一个非常重要的原因。

地形的影响海权，除海岸线外，内地的富庶或贫瘠也有关系。地瘠民贫的海岸人民，必须捕鱼为生，甚至走险而为海盗。渔业与海盗业都是养成航海技能与航海习惯的重要条件。过于富庶的内地，使人民安土重迁，不肯冒大海之险去求财富，不只不肯作海盗，连渔业也不愿认真的去经营。虽有良港，也往往不知利用，最少不知尽量的利用。英国与荷兰都是贫国，所以能大规模的向海上发展。法国内地过于富饶，多数的人民都满足于本土的生活，不再有另谋出路的志向。英国人的一个特点，就是能够到处为家，所以才有今日几个海外小英国的自治领；法国人则认为只有法兰西是可住之地，法国殖民地的未能好好的开拓，并非全因殖民地中无可开拓，而是因为肯一生一世子子孙孙去开拓的法国人太少。这种两相悬殊的局面，与英法本土的贫富，是有密切关系的。中国的航海事业向不发达，除良港的过度缺乏外，内地资源的雄厚也是一个很要紧的原因。德国统一虽不过七十年，但在航海的技巧与努力上最少已可与法国相比，德国内地的比较贫乏无疑的是主要的推动力之一。

北美合众国，虽然承袭英国的血统与传统，但直至十九世纪的晚期，因天然资源不可想象的丰富，海上的事业始终落后。进至十九世纪末与二十世纪初，因陆上的发展已达到尽头，才开始对海上注意。一八九九年美国寻找借口攻击西班牙的残余帝国，占领菲律宾、波托黎各与关岛，同时又合并前此独立的夏威夷群岛，可说是美国开始向海上大事活动的象征。一九〇三年，鼓动巴拿马独立。一九一四年而〔由〕美国控制下的巴拿马运河修成，是向全世界宣告北美合众国已是海上竞争一份子的不可漠视的事件。但这一连串的大事，都是北美大陆已经开发完竣之后的发展，此前绝无实现的可能。二十年来，美国一部分的远见之士，提倡大海军的政策，甚至要建设两洋海军，但总是招致各方的非难与破坏，这仍然是富庶内地所造成的内向心理在作祟。

疆域面积，是海权发展的第三个因素。所谓面积，并不一定是指全部的领土而言。海岸线的长短，良港的多少，以及海岸港口与人口的比例，是较领土面积的绝对数量远为重要的。海岸线即或长，良港即或多，但人口若太少，不只非福，且为大祸，因为这是招致外侮的理想局面。欧人初到的新大陆，是一个最好的例证。南北美洲的海岸线甚长，良港亦相当的多，但整个新大陆的任何一地，人口都太稀少，对外侮没有充足的抵御能力，所以两大洲之地很快地就完全成了白人的世界。不列颠在上古与中古的初期也有同样的情形，所以迭遭罗马人、爱尔兰人、日耳曼人、斯堪的纳维亚人、诺尔曼人的征服。十二世纪以下，人口渐多，海岸防守的力量已经充量，所以屡次严重的外敌入侵的威胁都能安全的渡过。由海权的立场言，海岸线相当长，良港相当多，而又有足以自卫的人口的局面，是最合理想的疆域情形。

海权的第四个因素，就是人口数量。所谓人口数量，与疆域面积一样，并非绝对的。全体人口的多少，关系尚小，主要的是实际参加航海事业的可能训练为航海家的人数。例如今日的中国，航海者大多为闽粤与浙东人，以及少数冀鲁沿海的人。且所谓闽粤人，亦非两省人的全体，而为近海一带县份的人民。其他的人非只不实际参加海上的活动，并且训练为航海者的可能性也极为有限。举一个极端的例证：一个甘肃人或山西人成为航海家的机会与可能，几乎等于零。撇开难以捉摸的遗传力量与自然选择不谈，一个甘肃的子弟，自幼的环境与习惯，已使他万难适应海上的生活与海上的工作。所以将来除非有绝大而不经济的人为努力，中国海上事业的责任，主要的仍须靠闽粤人与少数浙东冀鲁的人去负担。

再如一八〇〇年以前的法国人口，总是超过英国，但其可供水手业者的人数则较英国为少，这也是法国海军不能与英国抗衡的一个主要原因。不列颠的海岸线特别曲折，所以也特别的长，全岛的人口几乎有一半可说是住在海岸的，每日吸收海的空气，时常因打鱼、消遣或其他的事务而渡海上的生活，不期然而然的就可有一半的人口成为航海家或候补航海家。所以海上人员若遇到意外的损失，在英国补充起来较欧洲人和其他强国都容易多多。尤其在战时，这是一个非常大的优点。今日英国睥睨一世的海上地位，并非出自偶然，而是地势、地形与人口因素的自然赐与。

三、海权小史

除中国外，人类历史上因战争而实现的大转变，由于海战者较由于陆战者为多。一般的历史书，对于此点多未给与适当的注意，因为连在海上事业向来重要的西方世界，历史家也大多是陆上人，而非水上人，对海洋不能真正的了解。上溯到最古的民族，如埃及、巴比伦、亚述、波斯，都无不以取红海、波斯湾或地中海的控制权为主要的政治目标之一。纪元前五世纪初期，希腊与波斯的大战，海军是最重要的推动力与决定力。波斯未发展到地中海东岸时，他与希腊间尚可免除严重的纠纷。待波斯的势力达到海岸后，雅典有人见到未来的危险，提倡建设大海军，以免将来措手不及。不久波斯果然水陆并进，大有吞灭整个希腊之势。陆战虽也重要，但撒拉米斯的海战是全局的转折点。初期的陆上胜利，无益于波斯，因它不能永久派大军驻守征地。反之，它若能控制爱琴海，只需少数船只与水手就可叫希腊各城俯首听命。无奈波斯的海军在撒拉米斯遭遇惨败，自此北爱琴海是希腊人，尤其为雅典人活动的场所，波斯最后只有承认自己完全失败了。

雅典与斯巴达在纪元前五世纪后半期的长期大战，虽然海陆并争，也是以海战为主。雅典当初略占上风，就是因为它的海军较为盛强。但后来雅典在最高战略上走了错步，冒一种得不偿失的大险去远征西西利岛，结果海军的中坚全部覆没。此后战事虽仍牵延多年，但雅典失败的命运已经注定，希腊政治与希腊文化的黄金时代不久也就成了陈迹。

罗马与迦太基在纪元前三世纪的前后两次大战，也是以海权为转移。当初迦太基的海军较强，但可惜人口稀少，海员似乎多为外人与属地的人民。罗马人口较多，且同盟国大致同文同种，等于一国之人，所以罗马的海军在技术上与士气上似乎超过迦太基。并且罗马的海员易于圆满的补充，迦太基若受损失，愈补充恐怕份子愈发复杂与不可靠，这是一个致命的弱点。所以罗马当初虽因国策的目标一向限于意大利半岛之内，并不以海军见长，不久却能取代迦太基在西地中海的霸主地位。在决定整个地中海世界命运的第二次大战中，迦太基虽有不世英雄的汉尼拔为主帅，但因海军权已经丧失，遂不得不远涉西班牙、高卢，而越阿尔卑斯山，以攻意大利，由海上直攻罗马成意大利沿岸据点的最便利最自然的攻略，绝无执行的可能。汉尼拔出发时，率有精兵六万，待抵意大利时，已被沿路的苦痛与疾病削减到三万三千。并且对于这三万三千人，远隔海岳的迦太基政府也难以接济，海上有罗马封锁，陆上接济在事实上几不可能。若送援军，也仍得冒陆上的苦痛去运送，人力与时间皆属极不经济。反之，罗马无论运兵或运饷，始终来去自如，进入敌人势力中心的西班牙，与进入本土同样的容易，作战的策略可以丝毫不受限制的去划定与执行。所以汉尼拔尽管于一开始时能在陆上给罗马以莫大的打击，罗马仍能获得决定性的胜利，最后变成地中海世界的主人。这一切都是制海权之赐。

中古时代，东罗马帝国、回教徒、维尼斯、热内亚、斐冷粹，各大小政治势力的盛衰消长，都与海权有密切的关系。降至近代，一五八八年英国的大破西班牙的无敌舰队，是英国海权奠定的开始。西班牙当时的属土，除本部外，尚有新大陆之大部，意大利南部，西西利岛，意北之米兰，今荷兰与比利时之地外，并又新近合并了葡萄牙。此时法国内部的宗教纠纷正炽，不能与西班牙抗衡。惟一可与西班牙较量短长的，就是英国。然而英国当时尚无殖民地可言，陆上的军力亦极有限；只靠航海技巧的超越全欧，得以渡过亡国的危机，并得一跃而成全欧的海军领袖国。当时英国若败，则今日的北美大陆恐怕也与南美一样的是西班牙人与西班牙语的势力范围，近二百五十年来大致以英国为重心的欧洲历史就绝无实现的可能，今日的世界上也将无一个北美合众国与几个说英语的自治领了。

拿破仑于一七九八年攻占埃及，但并未预先取得地中海的控制权，以致当初以埃及为根据地而远征英帝国属地印度之计划，完全落空。一八〇三年拿翁已经深明海权的重要，遂大集船只，以备渡海侵英。但征英的陆军虽已备齐，船舰亦有成数，而英伦海峡却仍无从飞渡。拿氏曾谓：只须能控制海峡至四五日，大功即可告成。但实际法国海军对海峡连一小时也不能控制。待一八〇五年纳尔逊大破法海军，气吞山河的拿破仑只得永久放弃侵英的计划，指戈东向，以陆上的霸权自慰自娱。至一八一〇年时，拿氏的帝国几乎包括俄国外的全部欧陆，俄国当时亦已成为大法国的同盟国。但最后俄皇认为拿氏势力太大，与法国脱离同盟关系，引起一八一二年的征俄之役。这是拿氏失败的开始，概〔盖〕世的英雄最后落得在荒岛上闷度余年。拿破仑失败的直接原因，为征俄的失算；基本的原因，是英国的海军与海权。

一九一四至一九一八年的大战，德国有仅次于英国的强大海军，但技术与经验都逊于英国，所以虽有宝贵的海军也不能善为利用。然而在陆上，德国很快的就征服了欧洲的大部。奥地利、土耳其、保加利亚是同盟国。比利时、法国最富庶的东北地区、俄属波兰、塞尔维亚、罗马尼亚之大部，都先后被德国占领。最后俄国失败，革命，被迫签订辱国的条约，俄国的西境又成了德国的势力范围。但一离陆地，就有英法的海军在作梗，封锁日愈周密，德国的原料渐感缺乏，战斗力自然减少，粮食的恐慌日甚一日，民心士气与士民的体健日愈退步。英法则到处资源原料食品皆无缺乏之虞，德国惟一可以威胁英国食品接济的潜艇战，最后也宣告失败。德国陆上的军力始终强于英法，战场始终远在德国疆界之外，但最后被英法的海军，又加上美国的海军困得不能灵活运用，孤注一掷的进攻后就一败涂地。

四、空军与海权

空军的惊人发展，是一个全新的因素，当然要影响到海军的作战术。从前只要防备或进攻水面上的敌对海军，现在又须防备或进攻天空中的敌对飞机。至于海军的地位，是否由此就为降低，仍是一个意见不一的问题。最早也须待此次大战后，方能得一个比较正确的答案。但有几点，虽在今日，也已可得而言：第一，海军只有在毫无空军协助作战的情形下，方能谓为完全无用。反之海军较强的国家，即或空军略弱，最少仍可与敌人打个平手。此次法国失败后的英德酣战，使我们对此点已无置疑的余地。所以海军最少仍可说是一个重要的胜负决定力。第二，空军的发展对海军的影响有好有坏，不能一概而论。最重要的好影响，就是增加海军巡逻能力，天朗气清时，一架海军飞机一小时的巡逻可与五只驱逐舰一天的巡逻相抵。这显然对海军作战的设计是一个非常大的帮助。第三，空军对海军的威胁并不似许多人想像的那样厉害。海军不只有高射炮及自己的飞机保护，并且高空投弹而射中一艘在水中活动的船只的可能性，也非常稀微。一九三九年九月二十七日，德国轰炸机二十架在北海攻击英国的一个分舰队，结果并无一弹命中，而德机反有两架落水，一架负伤。即或是较弱的船舰尤其是自卫能力微不足道的商轮，遇到敌机，也未见得就非等待沉没不可。商轮或他种力弱的船只，遇到敌机投弹或扫射时，往往不走直路，而走曲线，可以大大的减少被命中的机会。凡此种种，都指明空军的发展并未使海军的地位显著的降低。英德之间的大西洋之战，虽然仍未结束，真实的情形仍未泄露，但由所能得的一点消息看来，商轮与小船在海上时的最大威胁，不是敌机，而是敌人的潜水艇与袭击舰，海船所最怕的仍是海上的敌人，而非天空的敌人。

人之常情，对于所不能深知的现象，易犯估价过高或估价过低的错误。一般陆上的人，大概都把海军的地位看得过低，把空军的地位看得太高。其实这完全是以个人为出发点的浅短之见。海军只能在水上活动，除神话中外，绝无陆地行舟之理。所以陆上人很难想像自身会受海军的攻击或危害。海军只是千百里外一种若有若无的力量。空军在一般人的想像中，是头顶上的一群铁鸟，善下铁蛋，使地上的人一想就心惊胆寒，对空军的威力不期然而然的也就放大不知多少倍。

当然不能否认的，空军有时可以严重的打击海军。此次战事中最重要的例，就是英国空中鱼雷击伤意大利主力舰的事件。但这与其说是英国的空军厉害，不如说是意大利海军的训练与技术太差，人才可怜。同时，大概意大利战舰的制造也有重大的缺陷。除意大利不足深道外，英德两方海上的重大损失，都来自对方的海军。一九三九年十二月，南美海外德国袖珍战舰哥拉夫斯比号与英国炮火较弱射程较短而总吨数较大的船舰作战而失败，证明有自然环境与历史传统的海军国，在海上是不可轻侮的。哥拉夫斯比号被击伤，战斗力丧失，最后为避免主力舰被俘的羞耻，只得自行沉凿。一九四〇年四月十三日纳维克海外之战，英国小有损失，德国则丧失驱逐舰七艘。这是英国海军给予德国海军的一个重大打击。虽不能说德国海军的元气因此而大减，但最少此后德国海军就不敢再公开大规模的出动，冒险与英国作战。本年五月二十四至二十七日，由格陵兰的海外以达挪威海岸的英德两个海军分舰队所发生的遭遇战，德国先击沉世界最大而装甲较薄的英国战斗巡洋舰胡特号，但不久英国就击沉属于世界最坚种类的德国主力战〈舰〉俾斯麦号。此次战役虽有空军参加，但两方主要的攻击力都来自海军。

空军的发展，或多或少，或好或坏，要影响海军的战术与地位，是无可置疑的事实。但若要作一个最后的估量，今日为时尚早。若勉强下一个尝试的结论，可说海军仍是一个主要的胜败决定力，海上最大的威力仍是海军而非空军。海军也绝未因空军一日千里的进展而降到整个战斗力中的附庸地位。最后我们还可说，要作世界上的一个第一等强国，而无相当可观的海军，至今仍是不可想像的事。

（原载：昆明《当代评论》第 1 卷第 9 期，
1941 年 9 月 1 日。）

论欧洲各国请英美善意保护
（1941）

　　九月二十四日伦敦电讯："第二届同盟国会议，今日在伦敦召开……各代表呼吁英美能于战后对欧洲采取善意之保护制……确保德国不再挑起另一世界战事。"

　　上面的一段消息，埋在紧张变化的全世战讯中，并未惹得一般人的注意，也未引起关心世局的人的评论，但在将来的历史上，很可能要比年来世界报纸上所大书的许多战讯，地位要重要多多。这简短数言中所表示的一种心理与认识，在十九世纪是不可想像的，在第一次大战时仍不可能，连到一九三九年时仍然不会成为实际政治中的一个节目。数百年来在欧洲国际关系上的一个坚定不移的原则，就是政治主权的绝对性：任何的一个国家，都有绝对自由自主的权利，绝无一国肯自动的牺牲自己主权的一丝一毫。但今日欧洲许多国的政府，大概也恒□□□□的政府，居然出于自愿的请求英美将来对他们要采取善意的保护制，在心理上与精神上是如何重大的一个转变！

　　由国际心理上看，这件事诚然是一个大的转变，但由国际实情上来讲，转变并不太大，只不过是一个客观事实的公开认识与正式承认而已。年代过远的，且不必追溯。专就十九世纪而论，许多自认为独立自主的国家，无形中实际是受英国的保护。奇怪的是，这种局面不仅被保护的小国不明了，连英国也不自知。英国在执行最高国策时，无意中保障了许多小国；而一般英国人的性情又有些古怪，非到万不得已时，对于一个比较复杂的问题，向来不肯把前因后果与旁及的影响，想出一个清楚的路线，所以英国人自己并不感觉他们最少自十九世纪以来对于别人曾经尽了一个莫大的义务。施惠的人既不自觉，受惠的人很自然的也就无动于衷了。挪威、瑞典、丹麦、荷兰、比利时、葡萄牙诸小国，能在德、意、法、俄各列强虎视眈眈的欧洲大陆立足，并且能使各自的人民安居乐业，在社会立法与日常生活上往往能达到相当美满的境界，主要的是因为英国在大陆上绝无领土的或政治的直接野心，同时也不容许任何其他一国把这些小国作为野心的对象。而英国在海上的绝对权威与工商业上的超绝力量，又使它有能力执行这种政策。所以一般的小国，虽然绝无自卫的力量，在十九世纪却大致能够坐享自由与太平。这些小国，因为无需直接参加国际的纵横捭阖，无需耗力于军备的过度扩张与国际的种种阴谋，反倒可以完全致力于内部的发展，以致专由内政言，它们往往比任何大国都能近乎理想。荷兰可做一个例证。在十九世纪晚期与二十世纪初年，荷兰在全世界是公共卫生最发达的国家，人口的死亡率在世界各国中为最低，国民的平均寿命在全世界为最高。关于每个国民的平均收入，荷兰亦处在最高级中。荷兰的教育也特别发达，在如此小的一个国中，竟有三个国立大学与三个私立大学，三个国立学校在全世界的最高学府中都是负有声誉的。在远东荷兰拥有一个广大丰富的殖民帝国，但十九世纪中惟一可以威胁这个帝国的就是英国，而英国对于自己的帝国已经感到满足，并无向荷属东印度扩充势力的野心。到十九世纪晚期以后，德国与日本两个新兴的海军国骤然盛强，惟一使它们不敢向东印度侵略的，就是英国的海军，荷兰自己在此方面可说是没有丝毫的自卫力量。

英国的无形保护制，并不限于欧洲。新大陆各国也无不享受英国的庇护。北美合众国在十九世纪初期曾经宣布门罗主义。但实际它在当时并没有执行此种政策的力量。十九世纪惟一可以向拉丁美洲侵略而门罗主义担保人将对它感到莫可奈何的，就是握有海上霸权的英国。相形之下，北美合众国海军的威力真是微不足道。但英国可说是自动的接受了门罗主义，甚至可说它也积极的拥护门罗主义，因为真正防止欧洲各国向中美南美拓展的，并非门罗总统的一纸宣言，而是大英帝国的强大海军。中南美各国百余年来尽管内政多不透明，各国互相间尽管时常捣乱，但始终并未感受外力的严重威胁，无形中也是受了英国的海权之赐。直到十九世纪与二十世纪之交，门罗主义发布者的美国，才有能够对付欧陆强国的海军实力；直到第一次大战时，它才有了可与大英帝国相比的海军。但是迟到第二次大战的今日，在英伦面对灭亡危机的今日，中南美各国以及北美合众国才彻底的认识他们过去以及现在是依赖大不列颠到如何的程度。美国现在领导新大陆各国，尽全力去帮助危机中的英国，就是因为它们已经有了此种认识。英国的保护，有如阳光或空气，平时不仅并不感到它的可贵，甚至连它的存在也容易忘记。然而一旦阳光被遮或空气将尽时，人们立刻就会明白它是生活的一个必需条件。

英国百余年来劳民伤财地维持一个强大的海军而施惠他人，当然并非出于舍己为人的心理，连最自是的英国人也不会如此的自辩自矜。真正的原因甚为显明：这种比较和平的政策，是对整个十九世纪间惟一高度工业化国家的英国最为有利的，它的商业与金融的势力借此可以蔓延全球。但无论动机如何，最少在结果上是使许多弱小的国家得到一种不劳而获的安全。然而十九世纪大致稳定的局面，并不是国际的常态，而是暂时的幸运状态。法国革命以前欧洲所保有的侠义精神，钩心斗角的十九世纪尚未完全忘记，国际的关系虽然唯利是图，惟力是视，但些微的封建时代的精神仍然使小国不致感到随时亡国的威胁。除英国海权的基本条件外，此种残余的封建精神是各小国的最大保障。若无此种精神力量的辅助，英国的海权未必能够十分顺利的维持国际的秩序。世事推移，一进到二十世纪后，中古以来的侠义精神渐趋消灭，德国最足代表新的野蛮精神，但其他各国内部也都有变质的趋势，十九世纪以上的玉帛相将与国际揖让的作风，到今日已经成了陈迹。不宣而战的新作风是新的野蛮主义的最佳象征。由此点看，希特勒可说是历史命运的操持者。正如拿破仑一样，他个人，甚至他所创造的政局，可以完全失败，但他所遗留的长久影响是不可磨灭的。经过希特勒的一度翻天覆地的活动，旧的欧洲已经无再度恢复的可能。希特勒若果获胜，未来的局面当然可不必谈。英美如果胜利，它们即或自动的愿意恢复一九三九年以前大小各国完全独立自主的十九世纪式的国际局面，也必定不能办到。最近同盟国会议中各国代表的请求英美将来采取善意保护制，可知即使英美要摆脱责任，小国也不容许它摆脱。从前任何小的一个袖珍国家都要坚持它的绝对主权；现在大小的一群国家居然甘心情愿的要求英美保护，这是如何可惊的奇变！多数的小国与较弱的国家，明白过去他们曾无形中受有英国的保护。德国代表一种新兴的霸道的力量，若不把它打倒，它们将来只有受它的"恶意保护"。即或把它打倒，若不早作预防，将来难免要有第二个并且尤恶的希特勒兴起的可能。惟一或可避免此种噩运的办法，就是把十九世纪隐覆的事实，公开的承认，并且定为正式的制度，以便把它的功能加强。现在北美合众国已与英国并驾齐驱，同为世间的强国，而在血统上、传统上与精神上，英美又为一系相传的姊妹国。所以各弱小的国家呼吁英美两国将来对他们要合同采取"善意保护"的制度。罗斯福与邱吉尔的大西洋宣言，虽不无宣传的意味，但大致是诚恳的。然而他们主观上无论如何的诚恳，客观的情势将来会使他们不能把他们的宣言中恢复各国独立自主局面的一点，不折不扣的实现。今日英美的远见之士，多已明了此点，时常有人讨论战后世界如何改造的问题。但至今尚无大家一致的见解。详细的办法，当然须度情察势，非今日所能预定。但一方面观察英美民族的特性，一方面顾到世界大局的实情，大体的轮廓或者不难推测。

将来胜利的英美，大概在名义上仍承认欧陆各国独立自主的地位，实际上对与它们一般的内政大概也不会多加干涉。但国际间必会产生以英美为重心的一个超然政府，一个赋有维持国际秩序的责任的政府。陆军大概仍由各国自理，但军队的数量与军备的种类恐怕要受限制。至于海军、战斗舰、航空母舰与潜水艇恐怕要成为英美所专有的舰种。其他的舰种，他国可以配备，但吨数也必受限制。最后，压倒优势的空军必操英美之手，别国只能各备有限数量的飞机，但无论海、陆、空的军力，都要受英美重心的国际政府的统制与监视。

经济的活动也必受统制。原料的分配，工业的区分，商业的流通，恐怕都要由太上政府去设计。这个问题当然比军备问题复杂得多，军备统一，比较容易实现。经济统一，却要大费经营。

以上的推想若能实现，并不是说欧美的世界从此就可太平无事，这不过是西洋文化的一个新发展，并不是黄金时代的来临。我们今日所不能见到的甚或不能想像的许多问题，一定会很快的发生。战乱也不会由此消灭，不过方式或要改变而已。我们中国对于欧美这种新的局面，无论是处在合作、对立或中立的地位，我们对它的关系，一定只有比过去更要复杂。我们对于国际问题的警觉，必须比过去与今日还要提高，方能应付未来的欧美世界。

（原载：昆明《当代评论》第 1 卷第 18 期，1941 年 11 月 3 日。）

历史的形态
——文化历程的讨论
（1942）

（历史形态学在学术上与民族实际文化改革上的重要性，本刊
曾经提及。雷先生此文可与第一期林同济先生《从战国重演到形态
史观》参照。本文系国立云南大学政治经济系主办之"现代思潮十
讲"中之一。先为刊载于此。——编者）

（一）

所谓历史，有特殊哲学意义的历史，并不是由开天辟地以迄今日演
变的种种。历史的时间以最近五千年为限，前此的发展是天文学、地质
学、生物学与人类学的园地，与正当的历史学无关。旧石器时代的各种
人类，与今日的人类，属于生物学上不同的物种，我们虽也承认他们为
"人"，但他们究竟"非我族类"，他们的活动与我们的活动在根本上大
异其趣，不能用同样的标准去衡量。进到新石器时代，有了一种新的人
类，那就是我们今日世界上已开化与未开化的各种民族的祖先。但在公
元前三五〇〇年以前，世界各地的新石器文化仍然一脉相通，北非与东
亚之间，或西欧与中亚之间的新石器文化，并无显著的分别。所以此一
阶段也仍属于人类学的范围。

但在公元前三〇〇〇年左右或略前，最早或可追溯到三五〇〇年左
右，不知由于何种外来的影响或内发的力量，在清一色的新石器世界
中，有两个地方发生了变质的作用，就是埃及与巴比伦。自此以后，地
面各处或先或后的都脱离了石器的阶段而进入历史文化的阶段。据今日
所能确知，五千年来的高等文化区域共有七个：埃及、巴比伦、印度、

中国、希腊罗马、回教、欧西。

直到百年之前，大家都认为历史为一元的。虽至今日，文化一元说仍然相当的盛行。这种观点甚为自然。各民族无不保有唯我独尊的态度，视四方为夷狄，认文化为以我为中心而一系相传的发展。在交通不便的时代，这是再自然不过的心理形态，前代的中国，古代的印度，古典的希腊罗马，以及远古的埃及或巴比伦，无不自视为天之骄子，无不自命为文化至宝的唯一创造者与维系者。直到如今，在欧美各国，连许多以客观自诩的学者，有意无意间仍不免以欧西文化为起发点而衡量古往今来的一切。但交通的大开与考古学的空前收获，使心胸宽大眼光锐利的一些学者，把前此的文化一元论完全放弃，认为历史是多元的，是在不同的时间与不同的地域各个独自产生与自由发展的。考古的发掘，使我们知道有许多被后人忘记的伟大文化；交通的便利，使我们发现远方有许多前所未闻的异样民族。这许许多多时间与空间都不相同的历史单位，经过多人与多方的探讨，虽无人否认他们各有特殊点，然而历史进展大步骤的公同点，现在已逐渐成为学者所公认的现象。这种公同点，就是历史的形态。

（二）

在一个文化的发展上，第一个阶段就是封建时代，前后约六百年。此时的政治、社会与经济的现象都很特殊。政治上的主权是分化的。在整个文化区域之上，有一个最高的政治元首，但这个元首并不能统治天下的土地与人民。所谓"溥天之下，莫非王土；率土之滨，莫非王臣"，在当时不过一种理论与理想而已。元首所直辖的，只有天下土地一小部分的王畿；并且在王畿内，也有许多卿大夫的采邑维持半独立的状态。至于天下大部的土地，都分封给很多诸侯，诸侯实际各自为政，只在理论上承认共主的元首。但诸侯在封疆之内也没有支配一切的权力，他只自留国土的一小部分，大部土地要封与许多卿大夫，分别治理。卿大夫在自己的采邑之上，也非绝对的主人，采邑的大部又要分散于一批家臣的手中，家臣之下，可有再小的家臣，以此类推，在理论上封建贵族的等级可以多至无限，政治的主权也可一层一层的分化，以至无穷。实际的人生虽然不似数学的理论，但封建政治之与"近代国家"正正相反，是非常明显的事实。

封建时代的第二个特征，是社会阶级的法定地位。有史以来，阶级的分别是一个永恒的事实。但大半的时候，这种阶级的分别，只是实际的，而不是法律所承认并且清清楚楚规定的。只有在封建时代，每个人在社会上的地位、等级、业务、权利、责任下至衣食住行一般日常生活的方式，都是由公认的法则所分派的，并且阶级的地位是世袭的，贵族的子孙，世世代代永为贵族，平民的子孙，世世代代永为平民。同一贵族或平民的阶级之内，往往又有许多小的等级或职务的分别，小分别之间的界限往往也是相当严格的。

封建时代的第三个特征，经济的特征，就是所有的土地都是采地，而非私产。自由买卖，最少在理论上不可能，实际上也是不多见的。所有的土地都是一层一层的向下分封，分封的土地就是采地。土地最后的用处，当然是食粮的生产。生产食粮是庶民农夫的责任，各级的贵族，由最高的王公以至最微的士子，都各把他们直接支配的一部土地，分给农夫耕种。由这种农业经济立场看，土地称为"井田"或其他类的名称。此中也有"封"的意味，绝无自由买卖的办法。井田可说是一种授给农夫的"采"，不过在当时"封"或"采"一类的名词，只应用于贵族间的关系上，对平民不肯援用此种高尚的文字而已。

在精神方面，封建时代是宗教的天下。国家的每种大典，婚丧生育的人生大事，以至团体或个人的许多例行事务，几乎都为宗教的规范所围范。宇宙间充满了神力，大小的神祇可以多至不可胜数。一般人对于神灵既然恐惧，又须依赖，有时敬爱的心理也能发生。无论是恐惧，或依赖，或敬爱，一概都要由崇拜的外仪来表现。

（三）

历史的第二个阶段，可称为贵族国家时代，前后约三百年，是一个以贵族为中心的列国并立时代。封建的晚期，当初本不太强的中央共主渐渐全成傀儡，有时甚至整个消灭。各国内部的卿大夫以及各级的小贵族也趋于失败。夺上御下，占尽一切利益的，是中间的一级，就是当初封建各国的国君。最后他们把封疆之内完全统一，使全体的贵族都听他们指挥，同时他们自己却彻底脱离了天下共主的羁绊。天下的共主至此失位，或者完全消灭，或者名存实亡。主权分化的现象已经不复存在。整个的天下虽未统一，但列国的内部却是主权集中的。社会上的士庶之分，在理论上仍然维持，在政治各部门辅助国君的也以贵族居多。但平民升为贵族，实际已非不可能，并且也不太难。在经济方面，井田一类的授田制尚未正式推翻，但自由买卖的风气已相当的流行。各国内部既已统一，小的纷乱当然减少到最低的限度；至此只有国际间的战争，而少见封建时代普遍流行的地方战乱。贵族阶级在封建时代已经开始修养的侠义精神与斯文仪式，至此发展到最高的程度，在不与国家的利益冲突的条件之下，他们对待国界之外的人也是尽量的侠义有礼。国际的战争大致仍很公开，以正面的攻击为主，奇谋诡计是例外的情形。战时的死伤并不甚多，战场之上也有不可轻易破坏的礼仪。战争的目的只求维持国际的均势，没有人想要并吞天下。国际的战争虽然难免，但天下的大局是大致稳定的。

在精神方面，宗教仍占主要的地位。但唯理的思想已经开始，渐盛，最后发展到极峰。一个文化对于宇宙人生问题的伟大解释与伟大答案，都产生于此时。伟大的哲人与诗圣，也都是此时的人物。

（四）

文化的第三个阶段，是帝国主义时代，前后约二百五十年。第二第三两期之际，必发生惊天动地的政治、社会与经济的大革命。革命的结果，贵族阶级被推翻，过去日渐得势的平民阶级，至此夺得政权。临时在表面上实现了一个全民平等的社会，最初的一百年间，政治社会生活的各方面，往往可谓大体美满，但社会的骚动与国际的大战很快的就把这种美满的境界毁灭。阶级既然取消，全民既然平等，大家就都有效命疆场的义务。当兵，在封建时代是贵族的权利，贵族国家时代的军队仍以贵族为主，平民的小兵完全要受贵族将官的指挥。进到帝国主义时代之后，全民皆兵的征兵制成立，大规模的战争，残酷无情的歼灭战，成了国际野心家所专研的战争方法。战场以大量的屠杀为最高的目的，以便消灭对方的实力，最后占据对方的领土，灭掉对方的国家。前一时代的斯文战争，至此已不再见。列国的数目，尤其是强国的数目，日渐减少，最后只剩三两个大战〔国〕，各自率领附属的小国，互作死拼的决战。

在不断的大战与大乱之中，文物开始遭受浩劫，战乱时无意的破坏，当然古今难免，但此时因战争的特别激烈，所以摧残尤厉。并且在无意的破坏外，还有由于各国政策所产生的故意的文化摧残。经过短期间思想自由的阶段之后，焚书坑儒一类的办法渐渐成为常事。与国家政策不合的文字，对于当权者不利的文人学士，轻则被弃，重则被毁、被逐或被戮。在思想方面，这是一个回光返照的时代。短期之间，百家争鸣，在表面上似乎非常热闹。但思想趋于派别化，伟大的创造思想家并不多见。最后连派别化的思想也趋于消沉，只剩下毫无中心见解的杂家，东拼西凑的去写许多杂乱无章的大书。

（五）

文化的第四个阶段是大一统时代，前后约三百年。长期的酷战与大乱之后，一个独强，并吞天下，实现了封建时代可望而不可即的理想，就是整个文化区的大一统局面。至此，无论名义如何，政治必然是专制独裁的。此时人心已感疲倦，精神渐觉不支，不能再过从前那种紧张悲壮的生活，不能继续维持过去那种丰富复杂的文化。专制的皇帝与他的左右，现在替天下的人解决一切的问题，个人无需再过分的努力自苦。天下大致是太平的，内乱当然难免，边患也不能却除；但兵荒马乱的事，的确较前大为减少。一般人的物质生活大致安逸，但这只是更加增进心理的松懈与精神的涣散。社会的颓风日愈明显，最后一泻千里，不可收拾。尚武的精神急速的衰退，文弱的习气风靡一世。征兵制不能维持，只得开始募兵。最后连募兵都感困难，只有强征囚犯奴隶，或招募边疆归化的夷狄来当兵。但在最后的崩溃尚未来临之前，帝国的疆域往往可以扩展到空前的程度。许多边外的夷狄，或因慕化，或因畏威，都归顺投降。帝国也自动的征服许多新土。但表面的庞大，并非内在的伟大。毁灭的命运很快的必然来临。

思想学术与文艺，都急剧的退步。思想趋于单调。政府受了潮流的影响，往往也推进思想一尊的趋势。或因政见的不同，或因文人的偏激，政府时常与思想界发生冲突，大规模的焚书坑儒都是此时所演的惨剧。局面稳定之后，思想学术定于一尊，真正的哲学消灭，文人全失创造的能力，只能对过去的思想与学术作一番解释、研究与探讨的工夫，并且其中时常夹杂许多附会、误会与望文生义的现象。一言以蔽之，文化至此已经僵化，前途若非很快的死亡，就是长期的凝结。

第五个文化阶段，最后的时代，是政治破裂与文化灭亡的末世。时间不定，可长可短。这是三百年大一统时代后无从幸免的一个结局。政治日愈专制、日愈腐败、日愈野蛮。社会的机构，一代不如一代；最后极端的个人主义、自私自利主义，变成社会生活的主要原动力。内乱迭起，外患也因而日愈严重。当初灿烂的文明帝国，往往被边疆的蛮夷侵占征服。古老的文化，从此可以一蹶不振，以致死亡。有时外族被同化，文化临时又有短期的生气。但同化的外族，不久也腐化，又被其他的外族征服。传统的政治文化，最后总有完全毁灭的一天。

这就是历程的梗概。如何提出具体的例证，再把它来观察中国的过去与复兴的将来，我们当分文讨论。

（原载：重庆《大公报》"战国副刊"第10期，1942年2月4日第4版。）

三个文化体系的形态 *
——埃及·希腊罗马·欧西
（1942）

（形态历史观，由林同济与雷海宗两先生在第一期与第十期分别作过大同小异的发凡。本篇是雷先生一篇"例证"之作。本刊不久尚要发表雷先生《独具二周的中国文化》一文。警醒之外，或更可予我们民族以鼓舞。——编者）

一、埃及文化

埃及文化是世界上最古的文化之一，只有巴比伦可与它比拟。因典籍亡佚，哲学的发达无从稽考，但古老埃及的政治社会演变，从我们今日所能知的约略情形，可见其也不出历史形态的范围。

埃及的封建时代，普通称为旧王国时代，又称金字塔时代（公元前二八〇〇至二一五〇年）。王室为政治文化的中心，诸侯分立各地。王权有限，"法老"只是名义上的天下共主。

埃及的贵族国家时代，普通称为中期王国时代（公元前二一五〇至一八五〇年）。王室衰微，诸侯独立，许多小国相互争衡。这就是许多西洋史学家所误认的"封建时代"。真的封建时代已经过去，此时最多不过只保留一些封建的痕迹而已。

帝国主义时代，称希克索斯 Hyksos 时代（公元前一八五〇至一

---

* 雷海宗所著《历史的形态——文化历程的讨论》和《三个文化体系的形态——埃及·希腊罗马·欧西》和《独具二周的中国文化——形态史学的看法》三篇文章，先后刊载于重庆《大公报》"战国副刊"1942 年 2 月 4 日、2 月 25 日、3 月 4 日。后三文合并，以《历史的形态与例证》为题收入林同济、雷海宗合著《文化形态史观》，18～44 页，上海大东书局 1946 年版。——编者注

六〇〇年）。希克索斯人是一种来历不明的外族。他们入侵埃及，很快的埃及化，临时成了埃及内部最强的势力，与旧日的埃及列国争胜。此时战事日烈，俨然一个具体而微的战国局面。最后，一个大一统的埃及帝国成立。

大一统时代普通称为新王国时代，或新帝国时代（公元前一六〇〇至一二五〇年）。此时埃及大拓疆土，西至今日利比亚的沙漠，南达阿比西尼亚，东抵巴比伦之地。

公元前十三世纪中期以下，埃及一方面内乱迭起，一方面又屡次被野蛮的外族征服。但因这些征服者文化幼稚，先后都为埃及所同化。公元前五二五年，波斯入主，这是埃及初次遭受一个已经开化民族的征服，埃及文化染上了不少的波斯色彩。公元前三三二年，亚历山大成了埃及的主人，埃及于是又与希腊同化。到公元前三〇年埃及变成罗马帝国一个行省的时候，在文化上已经完全是希腊的附庸了。不仅旧的制度文物荡然无存，连传统的语言文字也趋消灭，除了少数偏僻区域的人之外，所有的人都只说希腊语，读书的人也只读希腊书。埃及民族与埃及文化至此可说已经绝迹于天地间了。六七百年之后，公元六三九至六四一年间，埃及又被回教徒征服，就又毫无困难的亚拉伯化。今日所谓埃及人，无论血统如何，由宗教、语言、文字、风俗、习惯上言，其实大都是亚拉伯人了。

二、希腊罗马文化

希腊罗马文化的封建时代，历史上称为王制时代（公元前一二〇〇年至六五〇年）。小国林立，各有国王；但王下有贵族，限制王权的行使。在众王之上，有一时期曾有一个最高的共主；关于此点，荷马的诗中仍留有痕迹，可惜史实已完全失传了。宗教盛行，后世流行的神话都是此时的产物。

贵族国家时代（公元前六五〇至三二三年）的历史，大致以雅典、斯巴达与罗马三国为中心，就是历来史书中所称道的希腊文化的极盛时代。内部统一的列国，罗布在地中海世界的大部，外交的关系甚为复杂，国际的战争也时常发生。但各国的内部，除罗马外，始终不甚稳定。天下的共主早已消灭，多数的国内也已把王制推翻，同时又无固定的新制替代。王制最少可说是一种安定力，王制破裂，各国的政局时常都在动荡中。但无论如何的变化，各国的政治可说是贵族性的，因为多数人或为奴隶，或为没有政权的农奴。所谓民主政治，或全民政治，也不过是全体人口中少数自由人的政治而已。哲学由兴起而渐盛，晚期出了三大哲人，苏革拉底、柏拉图、亚里斯多德。

帝国主义时代，普通称为后期希腊与罗马时代（公元前三二三至八二年）。此时地中海沿岸只余五大强国，就是希腊化的埃及、希腊化的叙利亚、马其顿、罗马与制度罗马化的迦太基。此外尚有一些缓冲小国，以希腊半岛上为最多。五国中罗马最强，最少可说罗马的政策最为高明。它采取各个击破的策略，先毁灭了比较强劲的迦太基，然后吞并东方各国。迦太基之灭，甚为凄惨，不只国破，并且民族也全部被歼，仅剩下极少数的遗民，也遭流放异地的命运。至公元前八二年苏拉 Sulla 独裁，可说是地中海世界第一任的实际皇帝。此时的哲学只有旧日思想的演述，与几种时麾一时的人生观。斯多亚派、伊比鸠鲁派、怀疑主义派、犬儒派，算是比较新颖的人生学说，此外则有柏拉图与亚里斯多德主义的信徒。最后调和一切的，也可说毁坏一切的，杂家出现，而古典的希腊哲学遂告结束。

大一统时代就是罗马帝国的盛期（公元前八二年至公元一八〇年）。罗马的疆土不只扩展到整个地中海沿岸，并且在许多方面深入内地。今日意大利、希腊、保加利亚、土耳其、西班牙、葡萄牙、法兰西、比利时、与瑞士的全部、德意志的西境、荷兰、南斯拉夫、与罗马尼亚的大部、伊拉克与高加索的一部、埃及与沙漠以北的整个北非之地，都是帝国的疆域。此外并在海外征服了今日的英格兰、威尔斯、与苏格兰的南境。但希腊罗马人的颓风日盛，公民渐都不肯当兵。起初还有内地的游民入伍，最后就只剩边地的日耳曼人与其他的外族还有执干戈的能力。颓废的人心，除物质的享乐外，往往又向东方传入的许多厌世宗教去求安慰。思想知识，只有以雅典与亚历山大利亚两城为中心的古代经典的研究。

盛世一个最后的伟大皇帝死于公元一八〇年，帝国逐渐瓦解。不婚、婚而不育的现象相当的普遍。人口减少，品质似乎也退步。怠工与游手好闲成了社会的风气，许多人宁受国家的救济，而不肯从事正当的工作以自养。田地荒废，无人经营。整个的社会，呈显一种坐以待毙的征象。日耳曼人入侵，不过是用手指弹倒一个行尸走肉的帝国而已。传统所谓四七六年罗马帝国的灭亡，实际不能由日耳曼人负责。罗马民族与文化的消灭，更与日耳曼人无关。

三、欧西文化

欧西文化的封建时代就是普通所误称的西洋中古时代的大部（公元九一一至一五一七年）。名义上的天下共主，有两人争夺，就是罗马的教皇与神圣罗马帝国的皇帝。各国分立，国王无权，各级贵族分据国内各地。农业集中于佃庄，与中国古代的井田相类。精神生活全由基督教笼罩。每人由出生，直至临死，甚至死后，无不受教会的指导与约束。

贵族国家时代，历史上称旧制度时代（公元一五一七至一八一五年）。内部统一的列国成立，中央的共主失位。教皇只余宗教的地位，政权尽失；皇帝仅拥虚名，但他的傀儡权位直到时代末期才被拿破仑废掉。旧日独立的封建贵族，至此成为辅助王政的特权阶级。国际之间时起战争，普遍天下的大战，由十七世纪起，平均每五十年一次，三十年战争（一六一八至一六四八年），西班牙王位继承战争（一七〇一至一七一三年），七年战争（一七五六至一七六三年），拿破仑战争（一七九九至一八一五年）。除末期的拿破仑战争外，所有的国际冲突可说都是以维持均势为目的的。十七与十八两世纪间，伟大的思想家辈出，末期的康德与诗哲歌德可说是集大成的哲学家。

一八一五年以下，欧西文化进到帝国主义的阶段。北美合众国的地位日趋重要。所以我们可称此期为欧美文明时代。这个时代至今方逾百年，尚未结束，无从见其全貌，但大战国的景象已经非常明显。由大革命的法国开端，征兵制普遍了欧美的世界。英美因地理形势的安全，久想逃避现实，但今日也已被迫实行征兵。百余年来的战争中，歼灭战与屠杀战的形式，一次比一次的显著。纳粹所谓闪电战不过是最后为此种趋势找到一个动听的名词而已。炮火炸弹的威力，不分前方与后方。伤亡与俘虏数目的庞大，在人类史上真是空前。德国攻马奇诺防线后，法军被俘虏的在一百五十万人以上，除少数老弱残兵外，一般青壮的军士至今尚未释放。他们目前所遭的摧残，可以意度。至于他们将来的命运，谁敢设想！白起对付赵国降卒的手段，虽未必不折不扣的演在今日，但虽生犹死的遭遇，安知不会发生？纳粹在占领各国，因一二德人被暗杀而竟大批屠戮"人质"的惨剧，这岂非新野蛮时代已经来临的明证？这一切不过是开端而已，欧美世界未来的大流血与大悲剧，恐非今日仍未忘情于十九世纪比较斯文的景象的人类所能想象!

　　文物的破坏,在欧美也已见端倪。相生相克的道理,在文物破坏中最为明显。欧美钢骨水泥的各种伟大建筑,甚至中世纪所传下的纯石块的大礼拜堂,都非一般的"刀兵水火"所能破坏。但欧美的人类又精心的制造猛烈无比的炮火与炸弹,数十世代千辛万苦所积累而成的文化标帜,多在狂战中惨遭毁灭与损伤。到了大破坏的时代,文物的遭劫似为不可避免的命运。至于比较微弱的孤本古书、名贵雕绘、稀世乐器,无论如何的善为保藏,或大或小的损害更难逃脱。除了这种虽非故意却似有命运存乎其间的文物浩劫外,焚书坑儒的事件也已由德国作俑。犹太人的著作或与国社主义相违的作品,都被有系统的焚毁,犹太学者与非犹太而反纳粹的文人哲士,重则丧命轻则被囚,幸运者得遭放逐或逃亡国外。此种焚书坑儒的风气,将来恐怕也有日趋猖獗之势。十九世纪百年间比较自由的思想与学术,恐怕只是暂时的现象。目前宣传已经取代思想的地位,不久的未来欧美人士或将不知精神自由为何物。伟大的思想家已少出现,思想已经开始派别化:康德派、黑格尔派、唯实派、实际派以及各种巧立名目的派别。新的宗教精神也已萌芽,奇形怪状的各种新宗教,流行在欧美的各大都市中。一种新的巫术,所谓灵学,虽有少数人用科学的方法与态度去研究,但对大多数问津的人却成了自我慰藉与逃避现实的一服精神麻醉剂。

　　所以,无论由国内政治与国际形势言,或由精神情况言,今日的欧美很显然的是正在另一种作风之下,重演商鞅变法以下的战国历史或罗马与迦太基第二次大战以下的地中海历史。欧美在人类史上若非例外,最后的归宿也必为一个大一统的帝国。但这或者仍为百年以后的事。历史的发展,自有其节奏与时限,速成班之类的办法在历史上是轻易不见的。时机未到,野心大于希特勒十倍的怪杰,也不能使大一统的局面稳定的实现。

　　　　　　　　　　　　（原载:重庆《大公报》"战国副刊"第 13
期,1942 年 2 月 25 日第 4 版。）

独具二周的中国文化
——形态史学的看法
（1942）

　　除欧美的历史尚未结束外，一切过去的伟大文化都曾经过一度的发展、兴盛、衰败，而最后灭亡。（参看本刊第十期。）惟一的例外就是中国。

　　中国的文化独具二周。由殷商西周至五胡乱华为第一周。由五胡乱华以至最近为第二周。

一、第一周的形态

　　中国的封建时代，就是殷商西周，由盘庚迁殷至平王东迁，前后五百余年（公元前一三〇〇至七七一年）。中央有一个王，又称天子，当初是殷，后改周室。天子之下，各地有许多诸侯。诸侯之下，有卿大夫与各等各级的家臣。这是标准的封建金字塔。贵族与平民之间，界线森严。一切的农田、井田，都由贵族支配。分与平民耕种经营。殷周的宗教，虽多失传，但由甲骨文、铭刻与仅存的一点古代文献，我们还可看出当时精神生活的中心就是宗教。

　　中国的贵族国家时代称春秋时代（公元前七七一至四七三年）。诸侯多已统一境内，列国并立的国际局面成立。贵族阶级仍然存在，但只能在诸侯统制下操持国政，不似封建时代的随便自行其是。国际间列国争衡，天子已成了傀儡，只能承认最强的诸侯为霸主。齐晋秦楚是四方的四强，它们大致只求维持国际的均势，即或一国特强，也仅要作中原小国的盟主，并无吞并天下的野心，天下在理论上仍由天子统治。国际的战争虽多，然而并不酷烈，大家都服膺"适可而止"的道理。战场之上，有谦让客气的种种礼教，侠义之士无不遵守。战争并不是一种拼命的死争，而是一种有章有则的竞赛。在精神方面，宗教的形式仍然维持，但少数的哲士对宇宙人生的问题探索甚深。可惜早期或有的作品都已失传，我们今日所知的最早思想家是春秋末期的孔子与孔子早时的一些哲人。孔子是保守派，认为旧制破裂，人心不古，是一切困难的根源。若能恢复封建时代的先王之道，天下就可太平无事。与孔子相反的一派，可以邓析为代表。他是革命思想家，认为封建时代与春秋时代的旧制都已陈腐不堪，必须彻底扫除，代以全新的一套办法，方可解决各国内部的问题与国际之间的纷争。这种说法当然要遭在位者的恨恶，所以他终究被郑国的执政借故杀掉。第三派是消极的隐士。他们认为世事已不可为，不如一了百了，遁世埋名，独善其身，最少还可赚得一心的清净。孔子周游列国时，遇到不少这种的人，如长沮、桀溺、楚狂接舆、晨门、荷蒉、荷蓧丈人等，都属于此种自私自利的思想学派。

春秋末期思想界的矛盾与复杂，预示帝国主义新时代的来临，就是战国时代（公元前四七三至二二一年）。初期百年间，发生了政治社会的大革命。贵族阶级被推翻，国君独裁，最后都正式否认天子的地位，各自称王。战事日愈激烈，全民平等之后，各国都行征兵制。军队的数目扩大，战事的性质愈加残忍，在战场上奖励戮杀，对降卒与俘虏也时常加以不人道的大批屠杀，白起坑赵降卒四十万，是最惨的此种事例。许多古代的文献，有历史价值的建筑，恐怕都毁于此时的大战中。秦国已开始焚毁当政者所不赞同的书籍，别国有否同样的情事，可惜史籍失载。思想曾经极盛一时。杨墨庄孟，诸子百家争鸣当世。中期以下，阴阳五行与神仙的信仰兴起，是文化开始退步的明证。思想趋于派别化，成了后世所谓六家。最后杂家出现，《吕氏春秋》象征先秦思想的总结束。

中国的大一统时代，是秦、西汉、新与东汉中兴的三百年（公元前二二一年至公元八八年）。外表甚为辉煌，武功极盛，秦皇汉武奠定了二千年来中国疆域的规模，东北吞朝鲜，西北通西域，南达安南，西南并滇。天下太平，民生安乐，文景、宣元、明章之世尤为后世所称道。但征兵的制度到汉武帝时已不能维持，武帝的武功是靠募兵、囚犯兵与外族兵完成的，真正的征兵，反处次要的地位。东汉中兴，对外作战时已到了几乎只有胡兵可用的地位。独立的思想消灭，先秦的思想学术，真能明了的人可说无有。泛滥无归的经学训诂是当时学界唯一可能的工作。秦始皇大规模的焚书坑儒，并非文化退步的主因，只是时代作风与文化退步的一种自然表现而已。一种消极的宗教精神大盛，阴阳五行、黄老神仙、宗教化的儒学与东汉初传入的佛教，是当世的主要精神食粮。

东汉中兴过去之后（公元八九年以下），大汉帝国渐趋破裂，古代文化渐趋灭亡。接踵而起的内乱或边患、羌乱、党锢、黄巾贼之乱、董卓之乱，使帝国的机构全部瓦解。三国的群雄割据与西晋的粉饰太平，都不能挽回已去的大势。最后五胡乱华，中原沦陷，中国面对全部覆亡的严重危机！

二、第二周与未来

中国发展到五胡乱华时，若按人类史的通例，可说已到灭亡时期。当时中国也确有灭亡的危险。但中国当亡不亡，经过几百年的酝酿后，竟又创出一个新的文化，可称为第二周的中国文化。

在政治上并无新的进展，大致只能墨守秦汉所定下的规模，但在思想文艺上，却各代都有新的活动，并且可与第一周的文化相比。为清楚起见，可列表比较如下：

时代 \ 周	宗教时代	哲学时代	哲学派别化与开始退步时代	哲学消灭与学术化时代	文化破裂时代
第一周	殷商西周（前一三〇〇至七七〇年）殷墟宗教 周代宗教	春秋时代（前七七〇至四七三年）邓析 楚狂接舆 孔子	战国时代（前四七三至二二一年）六家	秦汉与东汉（前二二一至八八年）经学训诂	东汉末至五胡乱华（元八九至三八三年）思想学术并衰 佛教之输入
第二周	南北朝隋唐五代（元三八三至九六〇年）佛教之大盛	宋代（元九六〇至一二七九年）五子 陆象山	元明（元一二七九至一五二八年）程朱派 陆王派	晚明盛清（元一五二八至一八三九年）汉学考证	清末以下（元一八三九以下）思想学术并衰 西洋文化东渐

表中所列各项，可以自解，无需再加追述。讲到目前，我们这处在第二周末期的当代中国人士，一方面要面对欧美世界的现实，一方面要觉察中国文化的实况，才能明了我们今日所达的阶段与明日可走的途程。我们若能不自矜，也不自馁，平心静气的观察现局，大概对今日的中国以及与世界的关系，可得如下的几种认识：

（一）西洋世界今日正处战国的中间阶段。今日的大战虽然已够惊人，将来的战争恐怕只有更加酷烈，其程度规模与情景必有吾人所不能想像的。

（二）中国文化的第二周诚然是人类历史上的一个奇迹，但现在已发展到末期，它的前途是结束旧的局面，创造新的世界，实现一个第三周的中国文化。过去的文化为何一定都要毁灭，我们不知道。中国为何能够独存，我们也不知道。我们只知其然，而不知其所以然；强为解释，虽不太难，但目前可撇开不谈。若勉强作一个比喻，我们可说文化如花，其他的文化都是草本花，一度开放，即告凋死；中国似为木本花，今年开放，明年可再重开。若善自培植，可以无限的延长生命。第二周的文化虽在人类史上已为例外，但既有第二周，也就可有第三周。

（三）但由实力言，今日的世界是一个欧美重心的世界，这是无可否认的事实。所以我们不能完全摆脱欧美的影响与欧美的势力而独创自己满意的新世界与新文化。此后日愈残酷的战争中，任何一次中国也无完全处身局外的可能。

（四）但由文化大势言，欧美已至开始下落的时期。目前西洋任何一种思想、主义或学术的潮流，虽在中国都不免引起波动，但对我们的同化力恐将日渐降低。欧美的实力，在较近的未来我们虽仍不能漠视，但欧美思想信仰对我们的主动力或将日趋薄弱，我们对西洋文化中的一切可不至再似过去的崇拜盲从，而是自动自主的选择学习。然而这绝不是说我们将来可以松懈对于欧美的研究。盲从时可以不深知而不害事，选择学习时却非认真研究与彻底了解不可。我们将来需要更多更通的西洋学艺专家。

若对未来勉强拟定一个比较具体的方案，我们似乎可说：在实力方面，我们必须努力建起一个能够独当一面的军事机构，将来在欧美重心的国际上我们最少可不至完全被动，而能取得动不动由我而不由人的自由。此点如果能够做到，思想学术方面的前途就很可乐观。只要能有相当可靠的实力，政治上可以完全自由，则在国际上自由自主的空气中，相信我们此代与今后几代的中华儿女必能建立第三周的中国文化！

（原载：重庆《大公报》"战国副刊"第 14 期，1942 年 3 月 4 日第 4 版。）

近代战争中的人力与武器
（1942）

（上）

人力与武器，精神与物质，士气与装备，何者较为重要，这是古今兵家所常讨论的问题。在今日的科学战争之下，这个问题尤其为一般人所关心。注重精神的，称对方的意见为"唯武器论"；注重武器的又称反对方面为空谈之士，赤手空拳或步枪机枪何能抵御飞机大炮？

两种意见都有极端的提倡者。杜黑主义认为武器至上，尤其空军至上，相信大量的飞机可以单独致胜，彻底的歼灭对方。另一种推崇武器的说法，可以戴高乐在一九三四年发表的《未来的陆军》一书为代表，主张法国废征兵，改采用彻底机械化的职业兵制，以十万人为准，相信十万精兵虽未必能横行欧洲，但最少可以保卫法国。比较保守的军人，仍重视人力，尤其是步兵。但出乎一般意料的，是在各方面都最不保守的苏联，也有同样的看法。一九四一年一月苏联参谋部所主办的《红星报》中有一篇论文，特别提出今日战争中步兵地位的重要，认步兵为其他兵种取胜的必需条件。炮队、坦克、飞机的行动，都须以步兵的目标为指针，因为只有步兵能到对方的堡垒或工事中击败敌人。

两种说法各有道理。若不走极端，可说都是正确的。极端的唯武器论，只有在殖民地战争中才可实残〔践〕少数赋有近代武器装备的兵士，歼灭武器落后或毫无近代武器可言的乌合之众。这是典型的殖民地战争。杜黑主义在意大利征服阿比西尼亚时，算是证实。但今日世界上多数的大国，尤其是欧美各国，文化程度、机械技能与经济力量大致相等，杜黑主义是没有实现的可能的。在此种情形下，胜败之数要决定于武器发明的速度、武器制造的优劣，与武器数量的多寡。戴高乐的学说也是一偏之论。一般认为纳粹建军，完全抄袭戴氏书中的方案，可法国不听他的建议，以致亡国——这个看法只有一半是对的。德国采取戴氏彻底机械化的主张，但并没有废除征兵制，所征的兵反而多于法国。一九四〇年时，法国动员五百万人，德国动员加倍，达千万人。可见在武器日精的今日，人力，人的数量，仍有它的重要地位。至于《红星报》的论调，也只是站在某一立场说理，并非无条件的唯人力论或唯精神论。武器或许厉害，但一个地方的攻取与占领，最后必须步兵。没有步兵，其他的兵种最多只能扰乱对方，破坏对方，而不能攻占对方。红军实际是非常注重武器与装备的，并且，许多方面是新战术的先驱，例如在德军之先，红军已注重机械化与降落伞队的战法。《红星报》的说法应当与此类现象参看，而不可断章取义。

实际今日的战争既需数量充足与技能高超的人力，又需数量充足与品质优良的武器，两者缺一不可，工业落后的国家，难在今日立足。人口太少的小国，在今日更难生存于天地间。在大规模的陆战中，只有苏德之战双方都曾呈显此种两者兼备的情形。所以至今为止，苏德之战可说是叫我们认识近代战争真像的唯一例证。一般讲来，苏联的空军、坦克与大炮，在质量上并不劣于纳粹，在数量上有时超过纳粹，只在作战的经验上德国略占上风。远在一九三六年德国早已知道苏联的武器可与自己相比。英法方面实际对此也非不知，只是保守成性的军事首领故意的闭目不视而已。去年夏秋之际，纳粹在东线的胜利，大半由于战事初起时德国以全力进攻，而苏联措手不及，一时动员的人数与物力少于德国。但苏联所以没有一败涂地的，就是因为根本上它的武器在数量上与质量上都可与纳粹一拼。德国闪击苏联，其规模的庞大，与来势的凶猛，在人类历史上是空前的。去年夏季希特勒用在东线的军队，超过一年以前战败法比荷卢的军队，约有一倍之多。在第一次大战时，德国用于东线的尚未超过全部军力的三分之一，并且只有一九一五年大进攻的一次曾经用过三分之一的兵力。在一九一四年战事初起时，德国用以攻俄的只是全力的八分之一。但一九四一年夏间纳粹把他机械化部队与空军的大部分都拿到东线去使用。苏联屹不溃败，真是一种惊人的奇迹。一直到去年，可说只有苏联的参谋部真正明了纳粹的战法并且肯及时准备抵抗的策略。闪电战是一种预先清楚设计的战法。要冲破对方的某一防线，需要多少坦克，多少飞机，多少大炮，多少机械化的步兵，这些兵力要采用何种战术，方能达到目的——凡此一切都须预先确定，然后才进攻。法国失败，由战术言，就是因为它对德国这一套全不了解，当然也毫不预防。苏联的参谋人员熟知德国的把戏，纳粹所计算的，他们也都计算到，并且进一步的计算抵抗之道，同时他们又有充足的人力与武器叫他们能够尽量的抵御。闪电战是一种突破、包围与歼灭的战术，在西线这个战术步步顺利，但在东线纳粹始终没有得过一次大规模包围歼灭的机会。在无力反攻的局面下，对于纳粹式闪击战的唯一防御与击破的方法，就是在充足武器与足够人力的先决条件下去实行深纵的防御战术。单层或三两层的防线是无济于事的，一经突破，全线就都被包围，成了袋中之鼠。防线必须一层又一层的向后伸延，使全部防线没有被整个突破的可能。敌人每突破一线或两线，两翼与后面就缩紧迎击，如法炮制的使突入的敌人成了袋中鼠，早日将他消灭。法国的失败，其他一切不计外，在前方的主因就是因为在任何一点都只有稀薄的两三道防线，如此的应付闪击战，是十稳的自杀之道。苏联明了此理，对此早有布置，深纵的防线，由波罗的海到黑海，由苏波旧境到莫斯科的外围，是没有间断的，所以才能达到消耗纳粹精锐的目的。近代战术的布置与近代武器的构造，有许多可以沟通之处。军舰与坦克是进攻的利器，但同时也要装有厚甲，免为对方射穿。深纵的防御术与此同理，在今后的战争中，单线的防御是不可想像的，正如薄甲的坦克车或主力舰是不可想像的一样。

（下）

闪电战的一个必要条件就是"快"，时间一长，就不成其为闪电战了。七十年来速战速决是德国战术的一贯作风。普法战争，色当决战的胜利是在作战的第四十八日，这已是具体而微的闪电战。第一次大战时，德国在战场初创俄军的坦恩堡之役①是在战争的第二十五日。第一马恩之役，德国几乎取得最后胜利的第一大决战，是在战事过后的第三十二日。此次的大战，纳粹灭波兰，不过半月，灭法国，也不过一月。但去夏攻苏，不只未得速胜，并且根本没有得过一次歼灭大量苏军的机

---

① 即"坦能堡"战役。——编者注

会。这对纳粹是一种莫大的打击。闪电战取胜的机缘只有一次,此机一过,不能再来,以后就只有去作无限期的正面□战,这是纳粹所最畏忌的局面。所以不论将来的发展如何,纳粹在东线算是失败了。

去夏的苏德之战是人力武器大致相等的一种决斗。今夏希特勒发动新的攻势,最少暂时颇为成功。利比亚已经全部攻取,塞巴斯托巴尔港也已陷落。对于塞港方面,德国除集中坦克大炮外,几乎全部第一线的空军都调来使用。而自己后方的要地反倒任英国屡用千架以上的飞机去轰炸。这是不顾一切,人力武器大量集中围攻致胜的一个显例。至于北非沙漠的战事,真相至今不明,连邱吉尔在本月二日国会下院的应辩中也自承不知:"六月十三日以前,战事尚在相持阶段。然至六月十三日战局乃发生变化。当二十五日上午吾人约有坦克三百辆,迨至黄昏时分,除轻型之司徒□式坦克车外,仅余坦克七十辆。吾人对于敌军则不克予以相当之损失。余对于该日战事何以失败,并无所悉。余仅能以事实向诸君报告。"内中人如邱氏者既然不知,吾等局外人当然更感渺茫。但由三年来欧战的经验来看,此次的关键必在武器。本可与敌人相持的英军,一日之间而庞大的坦克队几被歼灭,这一定是德国有了意外锐利的平射炮,使英国的坦克车完全失效。我们如此说法,当然只是凭空的推断。但除非将来事实证明英国将领方面有不可想像的错误,或士兵方面有更难想像的疏忽,德国使用新的法宝,是惟一可能的推断。假定此种推断是正确的,埃及的战局若要在短时间挽回,只有依靠优势的空军,因为地面上的缺点是一时无法补救的,大量的新式坦克车绝非一口气可以吹来。大量的劣等武器,正如大量的血肉之躯一样,徒供无谓的牺牲而已。去年双方的武器不相上下,今年德国在利于机械战的沙漠中似乎先走了一步,英国眼前只有吃一个大亏。

由以上种种的推敲,关于人力武器的关系,我们似乎可得一种尝试的结论:武器非常重要,但武器不能代替人力,武器愈多,所需的人力也愈多,武器愈精,所需的人力也愈要智巧机警。若要偏于一面,由表面上看,似乎武器应当偏重,但若追根究底,人力仍然重于武器。武器而无人用,是死物,甚至徒然资敌。武器是人力表现的工具,甚至可说武器是人力的一部,武器就是人力。人力与武器的关系是有机的,并非机械的,人力与武器是一种力量的两端。武器的发明,靠科学的程度与整个文化的活动。武器的创造,靠工业化的水准与技巧的发展，武器的运用，靠一般国民达到的机械知识与整个社会中的机械意识。完全或大部靠外来的武器，只可作为一时的权宜之策，绝非长治久安的百年大计。一个民族必须能自己发明，能自己制造，能自己运用各种新式的武器，才算是真有武器的民族，也可说是才算有人力的民族。

（原载：昆明《中央日报》，1942 年 7 月 10 日第 3 版、7 月 11 日第 3 版。）

战后世界与战后中国
（1942）

　　对于战后的世界我们当然有种种的希望，但热心不可过度，以免将来事与愿违，失望而不能自拔。长期大战所自然产生的心理疲乏，使人对将来容易发生许多的幻想，有意无意间常将自己不切实际的希望或他人另有作用的宣传认为把稳的真实，因而看事太易，毫无根据的乐观心理支配一切。除眼前的一时快意外，此种心理全无是处，并且可以发生严重的后果。第一次大战时的各种口号，如"为民主的战争"，"消弭战争的战争"之类，当时何尝没有博得整个人类的热烈信仰，但事后证明须要大打折扣，后来一部分的发展甚至与这些口号完全相反。抗战中的中国，尤其在太平洋大战初起的时候，许多人不免认为最后的胜利即将到来，到来后一切皆有办法，无往而不顺利。胜利当然是绝对必需的条件，但胜利后问题正多，今日所难想象的许多困难一定会不断的发生。一时的热情过去之后，最近大家多已感到将来问题的多而复杂，因而消极与失望的心情又时常流露。这正是当初过度热心所引起的反应。我们若由一开始就保持合理的希望，当可免除此种自寻烦恼的心理起伏。我们试先推敲一下战后世界的可能局面，然后再看中国在此局面中可有何种合理的希望与实现希望的方策。

　　战后世界的第一个大前题，就是国际联合组织的问题。罗斯福总统所创的"联合国家"一词，已被所有同盟国的人士所采用，大家无不感到此词的意味深长，可见一种超国家的世界组织是多数人所企望的目标。但战后若真要实现一个笼罩所有反侵略国甚至也包括战败而改辙的轴心各国在内的国际组织，事实上是一个非常艰巨的工作。大国各有自己的传统，各有自己的最高国策，传统国策间的矛盾，在非常危急之秋可以暂缓谈起，危机一过，旧日的摩擦与恩怨必会重新抬头。在过去任何一次大战后的和平会议席上，当初并肩作战的同盟国没有不尔诈我虞，各为私利而争斗的，对于盟国的愤激有时可以超过对于当初敌国的仇恨。我们当然希望此次战后可免过去的覆辙，但至今为止，我们并未见到人性根本改变的迹象。欧美的盟国，以英美苏为最强，三国之间，除美苏过去尚无太严重的矛盾外，英苏之间与英美之间历来都有根本利益的冲突，若谓将来这些问题都可消弭于无形，恐怕是令人难以置信的。

从前的英俄与今日的英苏之间，问题非常复杂。一九一七年以前，英国嫌俄国太专制，俄国嫌英国太民主；今日英国又嫌苏俄太激烈，苏俄又嫌英国太保守。总而言之，两方在心理上与精神上始终没有互相信赖的基础。主义制度的差异大半只是互争的口实，两方即或有一天在名义上能互相同化，相猜相争的现象仍不会消灭。黑海、巴尔干以及整个的近东与中东，历来都是两国的角逐之场，将来这些问题也必仍是两国关系的阻碍。对于此种情形，最少英国方面并不讳言。前任英国驻苏大使，现任英国掌玺大臣的克利浦斯爵士，近来的发言非常率直，公开地承认两国间仍多猜忌。他虽不肯指出具体症结的所在，但我们由伊朗问题的解决迟缓，很可看出两国关系彻底改善的困难，伊朗问题发生，英苏合同进兵，已是半年以前的事。半年以来消息沉寂，直到最近英苏与伊朗间的合作条约才正式成立。我们很可想见，半年来两强之间必有不少的来往折冲，其内情恐怕非至战后无从知悉。

英美之间的问题，与英苏性质不同，在任何情形下英美大概也不致再正式地以兵戎相见。但这并不是说两国间的问题简单易决，更不是说两国将来可以完全合作无间。例如在一九一四年以前，英国的海军甲天下，有所谓"两强标准"的海军政策，那就是说，英国海军的吨位最少要与世间任何其他两国的总吨位相等。一九一七年美国参战后，海军骤强。到一九一八年英美胜利后，美国的海军已与英国并驾齐驱。战后英国屡向美国示意，希望美国减裁海军，认为一片大陆的美国并无与海洋帝国的英国在海上势均力敌的理由。但美国始终不肯接受英国的明言或暗示，照旧维持与英国同等的海军。第一次大战后两国间的紧张空气，根本都由此而来。最后在一九二二年华盛顿会议席上，英国才总算接受了既成事实，定了英、美、日三国海军的五、五、三比率，这等于正式承认美国的海军与英国相等，"两强标准"至此已降格为"一强标准"了。现在第二次大战又起，美国的海军有超乎英国之上的趋势，战后美国的海上实力将要强于英国，恐怕是无可置疑的。英国在海上是否肯屈居人下，连"一强标准"也肯虚心地放弃，大值注意，将来这种局面很可能会引起英美间的心理隔阂，最少可以影响国际联合组织的顺利进行。再如南美一向是英美资本的争胜之场，近年来美国的势力日强，将来除非英国愿意退出南美的场面，两国间必不免仍有明争暗斗的举动。美苏之间，明显的利益冲突尚不甚大，但思想与精神的矛盾也正与英苏相同。美国对于宗教信仰自由的特别注意，苏联为得英美的接济，对于宗教的压力已经减轻。但这是否永久的政策，今日尚难断定。战后的苏联若又恢复当初的反宗教政策，绝不是美苏合作的一种助力！

上列种种的基本矛盾，可使我们知道，战后的国际联合组织，无论短期间的或名义上的是如何的美满，最后的发展必有严重的困难。全世界可能会有一个暂时的整个组织，欧美三强都可以参加。但长久的与实际的组织，必有三分天下之势，英国与大英帝国，美国与新大陆，苏联。英美之间的可能问题，大致尚为简单，美苏之间大概也不致有太严重的纠纷；但英苏之间，除传统的竞争外，必会发生欧洲大陆控制权的争夺。可能苏联占有东欧，英国占有西欧，说定各不相扰。但除东西的界线根本难划外，苏联占东，鞑靼尼尔海峡与苏彝士运河就都直接或间接的成了问题，英国决难安心。并且德国到底属东或属西，其问题之复杂今日尚难想象。纳粹战败之后，德国内部必起革命，那个革命究竟是取英美的民主方式或苏联的共产方式，仍在未定之天，但这种革命的方式就必成为三强间的竞争焦点。第一次大战后，英美视当初盟国而后来革命的俄国为仇敌，进兵干涉，已是怪事。此次战后，英美一方或苏俄一方会不会因德国革命的方式转而视它为友而与它并肩对抗当初盟国的另外一方，这虽好似想入非非，但却是极可能的一种发展。发展的过程若过度的不幸，整个国际的公同组织就会连暂时的与表面的实现都不能达到。战后国际间的空气，比第一次战后还要紧张，并非不可能的事，虽然真能自主国家的数目远少于一九一八年以后的世界。

战后的中国，必须在此种变幻莫测的世界中，谋求自处之道。将来的世局，比过去还要严酷，所以第一前题，我们必须认清现实，决不可有一点的自欺自娱。我们首先须要明了的，就是中国并非强国。抗战前我们的自卑心理特别发达，事事感到不如他人，而外国的事物则无不美满。抗战后，尤其近来因太平洋战局的临时失利而许多外国的发言人对我们大赞大捧后，我们又有一种与前相反的自高心理发生。无理的自卑当然不妥，但缺乏根据的自高更要不得，两者都是精神不健全的表现。"四强"一词，使许多人听了得意忘形。外人先如此说，我们自己也就又惊又喜的拿来引用。我们在今日的情形下当然要以君子待人，相信外人如此说法并无不可明言的作用，但我们若认真起来，将来必吃大亏；即早猛省，还可免贻后悔。我们除地大人多外，其他一切强国的条件都极端的缺乏。轻重的工业与军事的工业，纯粹的科学与实用的科学，专门知识的造诣与一般知识的水准，专门的人才与一般的人才，凡此种种，我们无不落伍到可怜的程度，质既未达世界的标准，量更相差甚远。我们只能利用抗战的机会与战后的局面，使这些必需的条件赶快具备，不久的未来真能既不自愧又不招侮的列于强国之林。别人硬说我们是"四强"之一，当然有他们的苦衷。今日与将来的和平会议中，我们不妨善用此种苦衷，但无论在朝与在野的人士，心中却万不可真的如此自信。

第二点我们要切实认清的，就是"国家至上，民族至上"的道理。这在今日好似已成老生常谈，但实际不只许多甘心自外于国族的人不明此理，连自认为无愧于国家民族的人也往往未能彻底地认识国族的真谛。一切所谓世界主义、国际主义或阶级利益等等，当初虽或是少数理想家的真言，但今日已都成为国际勾心斗角中的虚伪口号。我们最多能把这些认为久远未来的一种渺茫希望，决不可作为今日国策的起发点。热血的青年容易接受动听的口号，对此尤不可不慎。希特勒被打倒之后，可有更大的混世魔王出现。日本被肃清后，还会有比日本尤为可怕的侵略国家在。千万年后的黄金世界，尽管如何的使人向往，目前的现实是立国于今世必须成为一个坚强的战斗体。只有真正的强国才有资格去谈大同，那不过是阔人的奢侈品而已。弱国而谈国际主义，弱国而真信大同，是十稳的自取灭亡之道。中国二千年来的大一统局面，使一般人都无外交的经验与外交的认识。春秋战国的外交传统，后人已经忘记，连读书人也根本不能了解。今日欧美的外交技术，我们也尚未彻底地学习，所以多数人极易为别人的外交辞令或主义宣传所骗，被人利用而放弃国族立场的人不必说，连忠于国家民族的人也常于无意间被人欺骗而不自知。我们一个最大的毛病是对内老练而对外幼稚。大一统的帝国，与近代化的国家不同，并无严密的组织，一切的公事多不认真。我们习惯于此种情形，所以对于一切人物皆知其在"作官"作戏，对一切言论皆知其为官样文章，甚至对于真的人物与诚的言论也不肯相信。此种世情，连一个比较成熟的中学生有时也能明了。但对外人的言谈举动，即或是一个老于事故的人也时常去不折不扣的接受，也就无怪许多青年死心塌地地去受外人利用了。我们对外似乎不妨提出一个口号，就是"先小人而后君子"。正式的外交也好，国民的外交也好，都切忌弄假成真，词令与事实必须分辨清楚。我们虽不妨希望各国将来都能改变过去的作风，却必须提防他们不改，只能假定他们将来还是一仍旧贯，一切必须及早预防。对于任何的甜言蜜语必须加以研究，研究的原则就是言语愈发甜蜜就必愈发可疑。我们若拿对内的聪明转而对外，就无大误了。国事与私事不同，宁可诬枉好人，也不可自作好人而入别人的圈套，以致国家吃亏。抗战后我们虽有自高心理的表现，但百年来的自卑心理仍未能全部剔除，对外人过度相信的心理，连正式负责的人士也仍有时刻预防的必要。今日要如此，将来和平会议席上尤其要如此。殷鉴不远，就在一九一九年的巴黎和会！

以上两点彻底的认清之后，将来建国的方案就容易决定了。根本的问题，当然是力的问题。实力的建设，是根本的条件，其他都是枝叶。军备必须充实，且必须近代化。重工业与国防工业必须能独立。我们此次抗战可靠外来的接济，下次对外作战时也可能就无外援。靠人不如靠己，根本的国防尤其如此。在陆地上我们有现成的强大陆军，但战后必须设法赶快的高度机械化。我们万不可因此次能以低劣的武器抵抗日本，就以为将来仍会第二次再有如此的便宜局面发生。我们此次诚然可说是精神战胜物质，但精神抵挡物质，有它一定的限度，超此限度，任何热度的精神也不过是徒供毫无代价的壮烈牺牲而已。日本在列强中是机械化强度最低的国家，我们此次抗战的盛旺精神，加以地形的便利，可说正足抵住此种低度机械化的日本军队。我们的精神若略动摇，当然要失败。但日本机械化的程度若略高一点，恐怕我们也就早吃大亏。英美在太平洋战事中的失利，主因就是所能移用的飞机大炮与坦克车太少，进攻当然不能，连退守也往往谈不到，大多时只有投降或被歼灭了。法国的战败与屈服，失败主义与精神颓靡当然要负很大的责任，但法国武器的落后也是一个战败的重要因素。对于一九四〇年夏的法德之战，今日虽仍不能作一个最后的判断，但许多目击其事的人都承认，法国一部的将官与大部的士兵仍然保有传统的英勇，仍肯为国牺牲。但法国的飞机与坦克车少得可怜，简直无从与德军接触。戴高乐远在一九三四年就大声急呼，劝法国军部彻底地采用机械化政策。法国不听，戴氏的计划徒供纳粹去作参考，六年后拿出来在法国作一次大规模的试验！法国的军人若不过度的保守，若肯及时采用戴高乐的计划，一九四〇年的法国尽管精神腐败，也未必就会不到两月而战败亡国。即或不能攻入德境，最少也可抵住德军的进攻。我们当然希望人类不再打大战，但中国将来若再打仗，对方一定是高度机械化的国家。国防可以久备而不用，却不可片时没有充足的国防。我们若不急速的发展重工业与国防工业，将来只有白白地去作英烈的牺牲，为异族的后世诗人留下一段悲壮史诗的资料而已。

陆空军虽然重要，仅有陆空军是不够的。历史上的中国虽为大陆国家，但今后的中国必须兼顾海洋，否则就只有永作他人所封闭的内地国。无海军而成强国，是不可能的事。我们当初只要有仅足防卫海岸的小海军，此次抗战的局面就必大不相同，很可能日本根本就不敢起衅。海军的建设，代价既大，时间又长，是建军中最艰巨的工作。我们应当极力设法使日本、德、义的海军作为我们战后所得赔偿的一部分。此点达到，决非易事，根本能否达到，或能达到如何的程度，都要看今后我们对于联合作战的供〔贡〕献，战事结束时中国军队摆布的形势，与和会席上我们外交家的手腕了。但这只是一时之计，将来我们必须认真地自造海军。制造军舰，尤其是主力舰，只有高度工业化的国家才能胜任。谈到"力"的建设，由始至终都离不开工业化。一个工业落后的国家，在今日的世界绝无立足之地。

物力的开发与地域有密切的关系，所谓工业化并非漫无计划的全国各地的平均发展，重工业与国防工业尤其要注意所在地的安全性。在去年十二月太平洋大战爆发后，后方许多离乡背井四五年的人士，都兴奋地猜想还乡的时日，以为日本不久失败，大家就都可回到平津京沪汉粤各地的安乐家乡。或者亲戚骨肉仍在故乡，或者田产家园远在东国；即或亲友已都来后方而乡里亦无财产可言的人士，梦寐之中也无不憧憬多年不见的风光景色。这都是人情之常，不只可原，并且可敬。但此外恐怕或多或少还不免另有一种心情，就是回乡享福的心理。除少数在后方曾发国难财的人之外，一般人流离失所，受尽了物价高涨与衣食艰难之苦，回想战前故乡的优裕生活，难怪令人神往。这一种心理，虽也很自然，却就不很可原可敬了，除非我们愿意中国将来仍似战前的醉生梦死，把多年艰苦抗战所得的结果全部付之流水，否则我们这一代的青年与壮年就绝不能再存享受战前清福之念。一切可以节省的物力，将来都要用之建国，而建国的初步要着重于重工业与国防工业。两者都不产生日常的直接消费品。正如第一次五年计划时的苏联一样，在偏重国防业与重工业的阶段，社会的生活必然痛苦，因为一切的制造品都是武器或制造其他物品的工具，而非直供享受的货品。我们中国，无论原料与人才，都极感缺乏，所以这种建设必定较苏联尤为困苦，大家对于生活享受的牺牲非达到人性所能忍受的最高点不可。抗战时期，政府因有种种顾忌，只得听任许多人去投机，去无谓的享乐，但大规模的建国时期，政府无需再如此的客气，物资的统制必较今日为彻底。不只国内的制造要偏重国防与机器，国外的输入也要特别严格的限制，不必需的奢侈品绝对禁止，国内所缺必需品的输入也要减到最低的限度。谈到此点，就又回到我们上面所讲大家急于还乡的一事。战前各种的建设都集中沿江沿海一带，因而不被破坏即供资敌，我们将来的建设要引此为戒。重工业与国防工业是国力的根本，特别要设置在比较安全的地带。在立体战争的今日，无论国防如何的充实，沿江沿海或太近邻国的地带也不安全。由整个国际的局面来看，建设大西南，在战时是一种口号，在战后却必须彻底的实现。我们将来一切基本建设，当以黔滇川康各省为中心。直接的国防建设，如炮垒、防线、交通路线之类，当然要特别注重江海一带，这是国防第一线的必需条件。但基本的国防建设，只能有一小部分设在这些地方，作为急需的接济站，主要的长久的供给来源，必须设在大西南。战时迁来后方的技工，将来不只不当减少，并且必须设法大量地加多。我们一面要用种种优待的方法鼓励原有的技工留在西南，一面要用速成训练与初级工业学校急速的训练大批的技工与中下级的工业干部。可供我们建设的时限，并不太长，我们必须抓住机会，尽量利用。大家且莫急于还乡，若把西南掉头不顾，且防一二十年后再仓惶地到此来逃难！

任何的建设都不能离开学术。西南既是工业建设的中心，也就当有几个全国性的最高学府，作为人才的产生地。平津京沪汉粤的局面，将来必须恢复，并且也正因这些地带以后仍是国防前线，有历史有供〔贡〕献的几个原有大学仍须迁回，以支撑国防前线的局面，正如"九一八"后平津各校的支撑中原残局一样。但一部的人才，甚至少数并无必须迁回理由的学校，不妨仍留在西南，例如构成西南联合大学的北大、清华、南开三校，因为各自的历史与北方需要的关系，将来仍须回到平津，但西南联大却不妨照旧的存在，作为西南学术建设的一个中心。四川的许多学校，也可斟酌各校的历史与原来地的需要，决定去留。学校的去留或新校的添设，与人才有重大的关系。如联大三校，原有的师资已感不够，更何能分留一部与西南联大？即以多数大学而论，一系只有一两人支持场面，并非太例外的现象，因需要迫切而对大学教师的资格不事苛求，更是公开的秘密。症结所在，当然是人才的根本缺乏。但过去人才产生政策的漫无计划或计划错误，对此也要负很大一部的责任。近代化所需要的各种人才，在过去与今日大致是由留学政策产生，清末民初的留学，失之漫无计划，滥送学生，不问程度与准备，也不干涉各自所习的学科。抗战前几年的政策又失之目光浅短，急求近功，专送实科工科的学生，送时又不得其法，以致实用的人才未见增加，而文法与纯粹科学的人才已经大闹恐慌。我们若以世界学术的标准为标准，国内现有的人才恐怕还不够维持五个像样的大学。但这并不是说我们就要因噎废食，停办高等教育，我们必须在不得已的情势下，另想办法。从长计议的留学政策即当划定，人才应该平均的发展，若有所偏，宁可略偏于纯粹学术方面。技术的人才，无论是工农各科的教师或工厂农场的技师，暂时不妨多聘客卿。只要管理之权在我，技术人才多用外人，并无大碍。苏联在工业化的过程中，就是采用此种政策的，其成功可由对德抗战看出。大学文理法科的基本人才，却非以自己的人为主不可，因为这是与国家民族的整个文化政策与文化行动有关的。但在万不获已时，也可聘请少数的欧美专家来协助。聘用客卿与留学政策，当然都是一时的权宜之计。但建国事业的完成，最快也需一二十年的功夫，在此期间我们必须不断地请外人协助或到外国学习。完善的计划与认真的实行，可使此种不经济的办法收到较高的效果。

假定建国的事业能够顺利地进行，在进行中，尤其在将近完成时，我们对外须有审慎周详的最高国策。此事微妙，在全世战火正炽的今日不便多说。但大体言之，我们的国策必须注重两方面，一南一北，东四省是我们天然资源的宝地，是工业化所必不可少的地带。工业的重心虽在西南，东北也须有第一线的工业建设。机械化的陆军与空军的建设，须特别注重此地。东北无论在过去与现在，国际关系都非常复杂，在将来也不会简单，我们必须计划周密，方能保障此地不再成为国际角逐中的牺牲品。国策的第二个方向就是南洋。南洋非我所有，我们没有直接的政治计划。但泰越与南洋群岛是闽粤人的第二故乡，在海外华侨的一千万人中，南洋约占七百万，南洋过去的开发与今日的维持多是华侨的功劳。在许多商埠的人口中，华侨或占绝对的多数，或操经济的实权。例如在新加坡，华侨占人口的百分之七十四，在西贡占百分之二十七，在海防占百分之二十四，在巴达维亚占百分之十七，泰京曼谷的华侨，据官方的统计为百分之三十二，但许多自认为华侨的，泰方硬说他们是泰人。实际华侨约占百分之九十。最近南太平洋战局的失利，因为华侨的关系，中国比英美荷兰尤为关心。并且由久远的立场来看，中国二千年来历史的主流就是向南的发展。南北朝以下的正史中汗牛充栋的记载，可说大多没有搔到痒处，皇帝的起居注，大臣的言行录，制度文物的技术问题，几乎都全不相干。先秦的中国是黄河流域、淮水流域与长江北岸的中国，长江以南仍是不甚重要的边地。自秦汉向南拓土后，六朝时代是江南之地完全中国化的时期。隋唐时代闽粤之地才变成中国不可分的一部。云南到明代才与中国合为一体。而由明代起，中国又开始向南洋开拓，大规模开拓的一个最大功臣就是一个云南人，三宝太监郑和。以二千年来的自然趋势而论，南洋与中国的关系可说是有必然性的。我们将来要建设海军，除一般的作用外，主要的着眼处就是南洋。东北与南洋，中国必须永久把稳，方有光明的前途。

（原载：昆明《当代评论》第 2 卷第 5 期，1942 年 7 月 24 日。）

平等的治外法权与不平等的治外法权
（1943）

  我们近来谈到治外法权的废除，无意中容易忽略一点，就是治外法权本有两类。一是正常的、国际互惠的治外法权，这种治外法权并未为新约所废，并且根本也不能废。一是反常的、单方受签的治外法权，这才是我们最近与英美签订新约时所废的外侨特权。

  不平等的治外法权，是过去百年外交史上所积成的反常制度，又称领事裁判权。与此有连带关系而性质并不完全相同的，尚有（一）关税协定，已于民国十八年废除。此次新约中只特别明订中国无再继续任用英人为海关总税务司的责任；（二）内河航行权；（三）内地驻兵权；（四）租界权。以上三种特权，一概取消，只有九龙新界租借地的问题，尚留待将来谈判。新约既已成立，此后外人通商居住就不再限于几个固定的通商口岸，全国各地在理论上都可华洋杂处，这是我们取得国际平等地位后所要负的一种新的责任。

  不平等条约既已废除，就成了历史上的陈迹，脱离了眼前政治的范围，我们似乎当对他作一番比较深入的探讨与认识。过去我们认定不平等条约是欧美各国侵略中国的象征。这个看法是十分正确的，但并不是全部的真理。除了十九世纪西方的帝国主义精神外，不平等条约还有两个其他的来源：一是我们自己的愚昧无知，一是历史的自然发展。在鸦片战争之前，中国的官庭就已一向不肯受理外侨的民刑案件，不只容许，并且要求外人自理自解。这是因为当时的人不明国际的情势，不知这是自动放弃主权的行动。《江宁条约》以及此后各条约中的规定，不过是把此种传统的办法正式化而已。我们今日的外交当然已远较百年前为高明，但回想从前因糊涂而误大事的情形，可使我们今日的国人在庆祝之余多加警惕。内政糊涂，已很危险；外交糊涂，危险更不堪言。将来中国既然在国际上自由平等，就尤其不能糊涂。以前欧美各国拿中国当殖民地看待，中国在外交上闹出许多笑话，还不碍事。今后若再如此，就是自甘暴弃，已取得的平等地位就有在事实上再度丧失的危险。

糊涂并不是清廷丧权的唯一原因。在人类过去的历史上，外侨自理民刑案件可说是常例，近世欧美各国严格清楚的法权观念是古来多数民族所没有的。各民族法律不同，习惯不同，所以各国多任外侨仍自奉行自己的法律习惯，并且权利与义务是相关联的。各国如要外侨奉行居留国的法律，就也应当容许他们享受居留国的公民权利，这在过去是多数民族所不乐为的。例如九世纪时的回教大食帝国就已给予欧西的侨商许多的自治权利。当时欧西各国在文化上与实力上都远逊于大食，这绝非欧西侵略主义的表现，而是大食帝国的自动政策。此后欧西人到回教的世界经商居留，都以此为例。土耳其帝国承袭了此种传统，于十六世纪以下在他的大帝国境内，也给予欧西侨商以同样的权利。十九世纪时美国也援例在土耳其帝国取得特权。第一次大战后，新土耳其兴起，在一九二三年的《洛桑条约》中才勉强列强放弃这种不合今日国际政情的制度。

中国历来与外族交通，也采取同样的政策。唐代中国南方沿海的各口岸都有阿拉伯、波斯、印度、南洋各国的外商杂居，到宋代中外关系更密，商埠中多划番坊，由外商居住，有如十九世纪的租界。每坊设一番长，由侨商中负有资望者充任，负责管理番坊内一切事务，非有特殊问题发生，中国官庭概不过问。这种态度与政策一直传到满清时代，很自然的就产生了不平等条约中治外法权的条款。

以上所讲的是单方面的治外法权，已为此次新约所废。此外还有一种双方互惠的治外法权，是国际法与国际惯例一向所承认，也是今日世界各国仍然遵行的办法。这是国人今后所当留意的一点，不要误认在中国境内治外法权已经完成绝迹，有的治外法权是列国并立局面下所永远不能取消的。第一，友邦的政治元首（帝王、总统或政府主席）若来中国游历或访问，他与他的眷属随员就都享有治外法权。他即或匿名来访，也同样的不受中国法律的约束。这里所谓"匿名"，当然并非绝对的，若真是无人知道他为友邦的元首，这事实上当然无从享受特权。但如果一位帝王到友邦游历时，为方便起见，自称为"某某亲王"或"某某公爵"，他仍照样的不必奉行所在国的法律。除他个人与随从人员的特权地位外，他们所携带的行李财产也不能由所在国检查或征税。但此种特权也有例外。友邦的元首若到所在国的法庭中告诉，甘愿自为原告，法庭就按法受理。二，在任何情形下，友邦元首都可自动的放弃治外法权的权利，特别声明服从所在国法庭的处理。三，如果他的财产在旁人手中时发生法律的纠纷，而此旁人又为法庭所可处理的人，法庭可依法受理。四，如果他在居留国中保有不动产，此项不动产不能享受治外法权。

代表友邦元首或政府的大使公使，以及使臣的眷属与馆员，也享有治外法权。他们携入居留国境内的货物，如完全为自己消费，可免纳关税与其他一切的税赋。他们仍算居留本国，若生子女，子女仍保有祖国的国籍。大使馆或公使馆的区域，也享有治外法权，居留国的警察或任何官吏人民不能随意入内。使臣与馆员免纳居留国一切法定的国家税赋，但除非双方先有谅解，地方税仍须缴纳。例如英美大使无需向国民政府纳所得税，但假定每个重庆市民对于重庆市府都有缴纳一种或几种税的责任，在法理上英美大使与馆员也当照缴。如重庆市规定每户纳税时，使馆就也当算为一户而纳税。地方税完全以居留为准，不问国籍与特权。但此种地方税普通也都由双方互惠免纳。此外使臣或使馆若在居留国保有与使命或个人消费无关的财产，无论为动产或不动产，此项产业仍受所在国的法律处理。

第三种享有治外法权的人就是友邦的军队。军队为国家主权的维护者，在任何情形下不能受外人的裁判。所以军队开进友邦的境内后，立即享受治外法权的保护。例如现在中国的美国陆空军，有美国的宪兵管束。同样的，中国现留印度的军队，也不受印度政府的管理。

一国的海军，得友邦同意而开入它的领海或港口时，也享有特权，理由与陆军相同。船上的人员与财产，一概不受所在国的处理。但海军事实上不会带宪兵到友邦，所以海员如在友邦登陆，在陆上时仍受友邦的约束。海员的治外法权只有他本人身在船上时方才有效。这种原来限于海军的特权，今日的国际习惯已推及于一切国有的船只，包括货轮与载客轮在内。官船好似国家的一块流动领土，生在船上的儿童就当然取得船只所有国的国籍。最近流亡英国的波兰政府，引用海军享有治外法权的国际惯例，在留英的波兰船舰上设有邮局，并且印发波兰邮票，专备船上使用。这也是别开生面的治外法权的特例。

以上所谓治外法权，除军队不分民刑事件外，普通是指民事问题而言。民事问题在事实上是随时可以发生的。刑事问题，比较复杂。在事实上一国的元首或使臣在友邦触犯刑法，几乎是不可想象的事。当然他们的汽车可能不按警章开驰，这种细小的事件普通只有置而不问。因为真正刑事的实例太多，所以固定的办法尚付缺如。一般的法理意见，认为友邦的元首或使臣对于刑事是要负责的。居留国若认使臣或馆员有阴谋不轨或破坏治安的嫌疑时，可以派警入馆搜查与拘捕。事实上，此种事件发生后，当然立刻就变成两国间的外交案件，最后交涉解决，并不经过普通的法庭，但连这种情形的可能性也不太大，普通各国对于友邦的使臣因为刑事或任何其他的关系不满意时，都是要求派遣国的政府把他召回而已，在理论上，元首触犯刑法，居留国也可拘捕，但事实上这可说是不会发生的事。

使馆界因享有治外法权，所以在国际习惯上，内乱时或其他情形下的政治犯可以逃入使馆避难，居留国的官庭不能勉强使馆交出，也不当入内捉捕，但在任何情形下，使节也不能收容普通的刑事犯，由此点言，使馆的地位与邻国相同，邻国可以收容政治犯，但对潜入的刑事犯有协助捉捕的责任。

最后有一点可以提出的，就是领事的地位，最近新约所废的治外法权，实是领事裁判权，所以此点更值得我们特别注意，按国际习惯，领事只是商务官，并非外交人员，所以领事、领馆以及所有的馆员都要受居留国的约束。过去欧美的侨民遇事要受他们本国领事的裁判，领事于是取得政治上的地位，无形中也成为外交人员。这是过去的反常现象。今后各国在中国的领事，也与中国派往欧美的领事一样，只是纯粹的商务官。但在事实上各国对于友邦的领事也非正式的与以特殊的待遇。前些年有几个未上轨道的小国派往美国各地的领事，时常做出不甚光明的事，当场被美国的警察拘捕。但在证明为某某国领事后，警察总是立即开释。在习惯上各国对于友邦的领事，都取此种态度。但这只是国际关系上的客气优礼，并非国际法上的正式规定。在民事问题上，领事要完全服从居留国的法律。遇到刑事问题，若微不足道，友邦普通都是置而不问，若较严重，就要求派遣国调回。

日前新约所废的领事裁判权，是所有外国侨民所享受的一种不正常的治外法权。此后各国的侨民，包括领事本人在内，都要受我国官庭的管理。但平时的友邦使臣，间或来访的友邦元首，特别情形下来游的友邦军队或海军，在中国仍享有正常的治外法权。这种特权是互惠的，我们的使臣、元首或陆海军在外国也同样的享受国际法上治外法权的待遇。

（原载：昆明《当代评论》第 3 卷第 9 期，1943 年 1 月 31 日。）

战后经济问题座谈会上的总结
（1943）

中国如要成为一个现代国家，必须于抗战之后继之以建国。抗战胜利，可以使中国得一机会（我们可以假定至少有二十年）努力建成一个现代国家。但这个机会转瞬即逝，我们必要善于利用，并迅速利用，然后中国才能真正地自由、独立、强盛，然后中国才能与世界各国共同担负世界永久和平与人类自由解放的责任。

建国的事业千头万绪，如要迅速完成，必须认清本末先后，集中力量于根本的和首要的工作。现代国家的最低必备条件，对外要能保障国家生存和抵抗外来侵略，对内要能维持社会安宁和全国统一。我们认为建国的工作应集中于这两点上。从经济的立场，要使中国能具备这两个条件，应从速完成工业革命、交通革命和社会革命。换句话说，工业化、交通建设和民生主义，应列为战后经济建设的目标。

为着达到这三项目标，在经济制度方面绝不宜采取放任主义。同时我国的政治情况、经济环境和国际局势又不允许我们采取苏联方式的计划经济。我们认为战后中国应采取一种"有计划的干涉主义"，一方面对经济建设拟有一定的计划，而另一方面在实施计划时只用干涉主义的方式而不用全面管制的方式。

战后经济计划的拟订，目前应即由中央设计机构聘请专家着手进行。此项计划必须基础于可靠的调查与估计，其时限最好为四年至五年。现在政府虽应对战后二十年的经济建设大体决定其纲要，但目前只能就战后第一个五年计划详细拟订其细节。在战争期间，并应有一个战后第一个五年计划的准备工作（包括调查研究人才训练等）的计划。战后工作乃战时工作的连续，我们是不应坐待战争结束后才开始经济建设的。

用干涉主义的方式去实施经济计划,当从发展国营事业和干涉私人经济两点着手。凡锁钥事业如交通事业、矿业、冶炼工业、机器制造业、电器工业、汽车制造业、飞机制造业、造船业、兵工业、动力及燃料工业、基本化学工业,都应用国营方式,迅速依照计划予以发展。要使国营企业能负担这重大的使命,所有国营事业应采公司组织,彻底商业化与合理化,此外并应采取健全的人事制度。其他事业可由私人经营,但政府应加以管理与干涉,一方面使民营事业能与国营事业配合起来,一方面使民间的生产能力能集中于有用的生产事业如粮食生产、原料生产、食品工业、衣着工业、建筑工业、轻化学工业、印刷业等。在干涉私人事业,应特别注意加强同业公会的组织,和用管制投资、金融控制及租税制度等间接但有效的办法。

战后的生产政策应以工业化为前提,无论工业矿业或农业均应尽力采取机械生产,用机械力来代替人力与畜力。工矿生产,应集中力量于前段所列举的工矿事业;农业生产,除用改良技术和发展水利的方法去增加食粮生产外,其中心工作,当在改种原料品及其他可以提高单位农田的经济价值的经济作物。无论工业或农业,都应注重发展输出物品的生产,使我国能有大量的物品输出以换取工业化过程中所急需的生产工具及交通器材。对出口商品,应规定产品标准,厉行商品检验制度,以提高国际的信用。所有生产都应该互相配合起来,并符合于工业化的目标。我们认为过去关于国防生产与民生生产的论争是不重要的。我们应该重视国防生产,乃是不容争辩的。不过这并不是说应该完全不顾民生,即使在经济建设的初期,政府还是应该使人民生活能够维持一合理的水准。到了经济建设的后期,工业化已到了相当的高度时,则不只国防问题得到解决,人民生活水准,也必因而提高的。当然,对于国防和民生都没有关系的生产,政府是应该用限制投资、增加租税及其他干涉工具去限减其生产的。

生产的区位,应采取"在分散中求集中"的原则。中国因面积广阔,战后生产建设可分区进行。只要交通建设能与分区计划配合起来,则分区的办法是可行的。战后中国应建立七个生产区,即(一)东北区、(二)华北区、(三)西北区(新疆)、(四)华东区、(五)华中区、(六)华南区及(七)西南区。在每一区域中,工矿区位应依照经济的原则,集中发展。

交通与水利建设,应与生产建设配合起来。战后政府应即兴筑铁路上之经济主要干线，及发展内河航运与沿海航运。水利工作，为中国历代政府重要工作之一，在战争结束后尤应加倍努力进行。对于治导河流的工作，应注重袪除水患及兼顾灌溉航运及水力发电。

根据各种因素的情形而定。①目前中国人力资源的缺点在质而不在量，因此在战后的最初二十年间，我国的人口政策应注重质的改进，而不应注重量的增加。关于改善人口品质问题，有人侧重遗传学说，主张奖励优生；有人侧重社会环境，主张提倡普及教育运动来提高国民的知识，民族健康运动来改善国民的体格，并实行社会革命来使所有国民都有平等发展的机会。站在工业化本身说，人力的最大问题是技术人员的缺乏。我们主张中国应于战后二十年内训练一千万个初中以上及职业学校以上毕业的人才，做新式生产的干部。

中国自然资源并不完备。铁藏的不足，是中国自然资源的最大缺点。此外橡胶、铜、铅、锌及若干其他物质，部分只能仰给国外。但我们不能因此就放弃了工业化的企图。只要我们有决心，只要我们能努力，则原料的贫乏决不能阻碍我国工业化工作的进行的。

工业化最大的问题是资本问题。战后中国工业建设和交通建设都需要大量的资本。我们认为筹措工业化所需的资本是应采用"发展国家资本"及"控制私人资本"两原则。在发展国家资本方面，应特别注重国营事业的盈余和国家租税的收入。国营事业如能商业化，是应该能有盈余的。此项盈利，在建设初期不会很大，但在建设的进程中将会因国营事业之发展而日益增多。国家租税的收入，至少在建设初期应该是国家资本的主要来源。在控制私人资本方面，应从增加国民储蓄及管制私人资本用途两点入手。我们主张成立一中央实业银行并完成全国金融网来吸收人民消费有余的资金。此外在城市方面可用强迫提存及强迫储蓄的办法来增加民间的资本，在乡村方面可实行减租政策使剩余资本离开农村而走到工业。这样地双管齐下，国民的储蓄不难大为增加。这些民间资本，其使用应由政府加以管理。我们认为政府对一切公司和工厂的成立，应采用执照制度，同时公司工厂资本的增减，亦应事先得到政府的批准。

人力、物资和资本的不足，都可以设法自友邦得到帮助。我们如要迅速完成工业化的大业，自不能不借助于国际的人力物力。不过我们的

---

① 此外疑为印刷错误导致的内容缺失。——编者注

根本态度，在将来的建国和在过去的抗战一样，应本于"尽其在我"的古训，保持"有诸己而后求诸人"的精神，无论国际局势如何变迁，无论友邦的助力是大是小，我们自己必以全力去完成建国的大业。我们相信，将来美英苏是会给我国以助力的。那么我国应极力欢迎外国技术人才的指导和欢迎外国资本的输入。只要外国愿意在不损害我国主权的条件下贷款给我国去从事工业革命和交通革命，则无论采取什么方式——特许外人举办某项事业、外人在华设厂、中外合办工厂、在外国出售股票债券、生产工具租借、商品借款或其他方式——都是利多害少的。

在战争初结束时，各国都要复员，我国应利用各国复员的机会去帮助工业化的工作。对于中国的军队复员，我们主张把军队有计划地分配于各生产部门，特别是新式工业，使工业建设和交通建设能够得到一批有训练有组织和有纪律的工人。对于外国的工业复员，我们主张向外国交涉，请他们把战时所建立而平时用不着的一部分机器厂、汽车厂、飞机厂、造船厂、兵工厂、化学工厂……让给中国，做中国工业建设的起点。同时为着赔偿日本在沦陷区对我国工业及经济的无理破坏与侵占，我国战后应自日本搬取我国工业化所急需的机器原料及交通器材。

战后我国对外既有许多方面需要外国的帮忙，所以对外经济政策应以不伤害友邦感情为原则。我们认为中国战后的外交处处应有远大高尚的眼光，应采严正坦白的态度。凡对人类福利及世界和平有益的，我国应极力拥护。凡对我国生存有关的权利，我国应坦白力争。第一、中国应切实遵守其所签订的大西洋宪章、中美租借协定及中美中英平等新约。第二、中国在原则上应声明反对帝国主义、反对侵略主义、反对殖民地制度及反对任何民族不平等的主张，并郑重声明中国的目的只在求本身的自立自强，将来必不于自强之后走上帝国主义的途径。第三、中国应及早明白提出中国对美英苏等国所希望得到的帮助及所希望取得的权利。这种希望主要包括中国能借用英美资本来完成工业化的大业，中国在出售商品，赎买机器原料交通器材，及聘请技术人员时能享有贸易自由及平等的待遇，中国人民在南洋等地带能自由移民与经商。

在对外商业政策方面，我国战后既不应采取十九世纪方式的自由主义，亦不宜用高度关税、输入定额、贸易统制、外汇统制、清算协定等过分阻碍商品流通及违反平等待遇原则的方法来保护新兴的工业。在这里我们还是主张采取有计划的干涉主义。干涉的工具，可以侧重于租税制度（特别是消费税）和生产奖助制度。只要这两种制度运用得宜，则在"门户开放"之下仍可给予中国生产以适当的保护。

货币整理和价格调整的工作，无论站在对内立场或对外立场说，在战争结束后都应从速进行。原有的法币因战时通货膨胀的关系单位实值已变得太低，最好能发行一种新的法币。可以采取美汇本位，其汇率我们建议定为每新币一元折合美金一角。为着便利外资及外国机器工具的输入，战后我国新币应维持一稳定的汇兑率。新币发行后，原有的法币应按战争结束时之对美购买力平价计算其与新币的比价，兑换新币使用。沦陷区现在流通的伪钞及日本军用手票，应全部不准使用，或由政府以伪币十元（或更多）折合原有法币一元的汇率于战后三个月内收回伪币向日本清算。在采用新货币单位时，应同时对债务关系、公务员教师军士待遇及其他价格关系，有一根本的调整，使这些问题能够得到合理的解决。

财政政策，应在战后经济占有特别重要的地位。财政工具（特别是租税）是一种极有力的干涉主义工具；我国战后既应用干涉主义的方式去实施经济计划，则对财政政策自应予以重视。我们认为战后的财政措施，应遵守下列几个要点：（一）增加租税收入来平衡国家的预算；（二）运用财产税及其他直接税来筹措战后经济建设所需的资本；（三）利用国内消费税、生产奖励金及其他财政工具来控制生产；（四）利用所得税、消费税来控制消费；（五）征收由富裕阶级负担的租税来平均国家的财富。

战后中国的经济建设，应不限于工业建设与交通建设，政府并应根据民生主义的原则，平均地权、节制资本、改善劳动阶级的生活、保障全体国民的生存权利，并使财富分配能够符合于社会正义。

经济建设，是一种很艰巨的工作，必须全国上下集中力量，用革命的手段来进行，然后才有成功的希望。

（原载：昆明《当代评论》第 3 卷第 15～16
期合刊，1943 年 3 月。）

大地战略
（1943）

　　传统的兵书特别着重陆地上的战略。例如中国自古以来的兵书，所讲的完全为陆地上作战的道理。欧洲与地中海世界自古以来的民族，大多都是海陆并重，但正式的兵书中普通也只讲陆战，没有人彻底的研究海军与海战。直到十九世纪，先由美国海军界开创，后又很快的传到欧洲各国，才有海军、海权与海战的理论出现。根据这个说法，海权普通可以决定国家的命运，陆军、政治、经济各方面无不深受海权的影响。海权的重要并不专在作战的海战，而特别在乎战时的封锁威力。一个海军国与一个陆军国作战，或一个大海军国与一个小海军国作战，有海军或海军强大的国家可以把无海军或海军弱小的国完全封锁。他自己可以尽量吸收世界各地的资源，又可以按战略的需要自由的运输军队。缺乏海军的国，相形之下，必致一筹莫展。拿破仑虽然横行欧陆，每战必胜，但因不能制海，最后仍被海上霸主的英国战败，根本的原因就在此点。一个大海军国，除了本土之外，必须在世界冲要的地点占有海军根据地，以便自由通行。一个海军国，专就海权方面而言，无需在海外保有广大的殖民地。例如大英帝国海权的基础并不在海外许多面积广大的自治领，而在直布罗陀、马耳他岛、苏彝士运河与赛德港、亚丁、新加坡等小的据点。同样的，美国的海权，除本国的海港外，最要紧的生命点就是巴拿马、珍珠港、中途岛、威克岛、马尼拉等地。

　　以上的一套理论，由十九世纪末一直到第一次大战时，是兵家所奉为金科玉律的。但最近二三十年来有一种新的理论出现，称为大地政治。大地政治，从一方面言，就是政治地理。所不同的，是政治地理是抽象学术的研究。大地政治以国际政治与实际行动为目的，学理不过是达到目的的工具。大地政治在各国都有人研究，但彻底钻研的是德国人，德国引起第二次世界大战就是根据这种新的理论。大地政治看旧大陆的亚西亚、欧罗巴与阿非利加三块大地为一个大洲，大洲分为三层或四层，中央称为中土。中土之外，一个大半月形，东与南为亚细亚边地，西为欧罗巴边地与北非洲（北非洲可算为欧罗巴边〈地〉的一部分）。边地之外，一个更大的半月形，分为二层。第一层为边岛，西为英伦边岛，东为日本边岛，都在大洲的边缘。再外一层为外岛，西为南北美洲，东为澳大利亚。所谓中土，西由苏联境内的窝瓦河盆地，向东包括西伯利亚的大部，以及蒙古、新疆、陕西、甘肃、阿富汗、俾鲁支、伊朗等地。这块中土大体为平原，乌拉山横贯其中，但也并不甚高，不足为交通的阻碍。中土多为沙漠或荒凉的地带，过去的人类与文化都集中于边地，中土无人注意。但过去历史上征服高等文化民族的游牧民族都来自中土，向东征服中国或印度，向西征服欧洲或非洲的开化民族。但过去因受交通的限制，这种危险总是例外的。然而自十九世纪铁路火车发达之后，尤其到二十世纪飞机发达之后，中土的重要性大大的提高。中土此后已成为一个积极的行动单位，但至今中土仍然没有一个可以自由向外发展的力量。反之东欧的强大力量却可征服，最少可以控制中土。据大地政治家的看法，东欧的统治者可以征服中土，中土的统治者可以征服大洲，大洲的统治者可以征服世界。征服中土控制欧罗巴边地与亚细亚边地大部的国家，一方面有大力建设庞大的海军，使英美等以小据点为基础的海军国望尘莫及，一方面可从陆地的后方夺取旧式的海军根据地，新加坡就是被日本由陆地袭取的，这正是大地政治家所认为当然的发展。

上面所谓东欧的控制者，当然就是德国，所以纳粹德国认为征服世界的第一步就是要设法征服或控制中土。中土的大部分都是苏联的领土，所以德国必须用军事征服或用外交控制苏联。德国的大地政治家多主张用外交的方法牢笼苏联，渐渐的控制苏联，因为苏联实力强大，不可力取，但可以外交取胜。待十年二十年后，苏联已经完全在德国的掌握之中，再向西攻取欧罗巴边地，就是整个的西欧与北非，西欧与北非克服后，边岛的英伦就可过海占领，最后亚细亚边地与东方边岛的日本也无大困难而攻取。待大洲与边岛完全到手之后，外岛的新大陆与澳洲已无能为〈力〉，攻略占领不过是时间的问题而已。

这个大地占领，希特勒只采用了第一点，就是联络苏联。一九三九年八月的苏德协定就是这个战略的初步实施。但希特勒性急，不能等待十年或二十年，他认为苏联已经到手，于是就冒然进攻西欧。结果到一九四〇年夏，西欧是全部攻取了，但不列颠之战完全失败，边岛的英伦不能攻取。这似乎是证实了大地政治家的推论，须下十年二十年的工夫，完全控制中土之后，方可西征。

西征虽只部分的成功，但已足使苏联惊慌失措，不再像一年前的那样肯与纳粹合作。西有英伦海峡不能通过，东有把握中土的苏联一天比一天的不可靠，至此希特勒必须两途中选择一途，或东征苏联或冒死过海峡征服英国。一年之后，一九四一年的夏天他最后采取了东征的策略。东征若能迅速的成功，也未尝不可补救过去的错误。但事实证明大地政治家的估计是正确的，苏联已非帝俄，不能很快的用武力征服，至此德国遂又陷于东西两线作战的地位，失败已无可避免了。希特勒当初若完全依照大地政治家的理论去作战，是否可以成功，当然无人敢说。十年二十年间可能的发展与变化甚多，未必不将他们的理论完全推翻。但希特勒未能履行大地政治的办法，因而走到今日的必败步地〔地步〕，大概是可以承认的。

虽然如此，我们绝不是说大地政治野心家的说法一定是正确的。专由大处讲，大地政治论有两个缺点，一是轻视空军，一是轻视新大陆。纳粹虽在战事初期握有空中的绝对优势，但对空军仍不能算为十分的认识清楚，若果认识清楚就不致轻视美洲为外岛了。因为由空中看，美洲距欧洲极近，绝不能称为外岛。这就牵涉到第二点了，就是大地政治家的轻视美洲，尤其美国。美国是二十世纪世界上威力最大的国家。绝不能以"外岛"一词把他轻描淡写的抹煞。

我们为要明了旧大陆与新大陆距离的密切，不能看普通以赤道为中心的地图，我们必须找一张以北极为中心的地图去看一看，最好是去研究一个地球仪。我们立刻就可发现，所谓欧亚大陆与北美大陆在北极圈的内外连在一起。由美洲与亚洲的关系言，北美的阿拉斯加与苏联的东北国境，隔海可以互相望见（这种关系在普通的地图上已可看出）。由美洲与欧洲的关系言，革陵兰岛与冰岛是欧美两洲间极便利的航空线，所以阿拉斯加可说是美亚之间的桥梁，革陵兰与冰岛可说是美欧之间的桥梁。旧大陆的力量若果控制两个桥梁，就可由空中威胁北美洲所有的重要地点。反之，美洲的力量如果控制两个桥梁，就可威胁旧大陆多数的重要地点。我们都知道阿拉斯加是美国的领土，革陵兰与冰岛的控制权也暂时转到美国的手中，同时美国又是生产力最大的国家，所以美国今日在全球战局中所居的中心地位，并非出于偶然，乃是地理形势与生产力量所造成的当然结果。在今日已不能专谈大地政治，大地政治仍有它的道理与重要性，但大地政治外我们还须注意天空政治，方能彻底了解今日的整个战局。同盟国由天空政治的立场言，是处于绝对的优势的，这在盟国必胜的许多原因中，不失为一个重要的原因。

（原载：昆明《当代评论》第 3 卷第 23 期，1943 年 8 月 20 日。）

欧洲战后人的问题
（1943）

欧洲的黄金时代已经过去，经过此次大战的摧残，物质破坏的可怕撇开不讲，人的戕害是欧洲文明无可补救的致命伤。正如俗语所谓："留得青山在，何愁无柴烧？"现在欧洲的青山都已渐成穷山，将来必定无柴可烧。历史文化，一切以人为本，而此次欧战是亘古未有的大规模的与有系统的毁灭才能之士与有志之士的战争。此次战俘的数目的庞大，是从前所不能想象的，法国屈服之后，被德国俘虏的军队有二百万人之多。法国不过是四千万人口的一个国家，每二十人中就有一人作俘虏。若只计男子，每十人中就有一个俘虏。若再只计壮丁，大概每三四个人中就有一个丧失自由，平均大概每两家就有一人在纳粹的集中营中苦挨岁月。这些俘虏始终未释。三年来纳粹又时常在法国自由募工或强迫征工。但无论为募为征，一到德国之后就与俘虏无大差异，回国的可能甚为有限。此种人的数目无从估计，但也不会太小。在所有的占领国中，纳粹对于法国还算比较客气，在其他各国几乎都是毫无忌惮的强迫征工。无论是俘虏或是征工，所过的都是一种奴隶的生活，饮食又少又坏，只足勉强维持生命，十九世纪欧洲人所自豪的自由气息对这些人已经成了不可想象的幻梦。一个人的身体与精神，所能忍受的摧残是有限的。这些战俘与征工，不只身体的健康难以再恢复，精神的变态恐怕也是终身的重担。战后的欧洲，由人方面言，到底要呈显一种怎样的情景，是今日所难预测的。

以上的情形若只限于战俘与征工，欧洲的前途仍可不致是完全黑暗的。但一般未被俘或被征的人民，所度的也是极不正常的生活。最普通的现象就是饥饿，除德国的多数人民与各国内极少数的高级国贼外，整个的欧洲几乎可说没有一人能够吃饱，即或勉强吃饱，营养资料也非常缺乏。据最近比较可靠的消息，法国今日施行食粮分配制，每人各有一张食粮分配证。但因无人能饱，家人父子间的天然情绪都已消灭，各人都把分配证时时刻刻随身携带，不敢放在家中，惟恐家人盗用。法国如此，别国也必同然。有的地方情形，比法国还要恶劣，希腊的人民大批饿死，雅典城内连老鼠都已吃尽。欧洲的儿童，由挪威到希腊，大多都已不会玩耍，营养不足，环境反常，普通只是在家中发呆或在街上晒太阳，儿童的天真活泼只在世外桃源的瑞士与瑞典还可见到。如此彻底的戕贼，即或战争能短期内结束，即或战事结束后一般状态能很快的恢复正常，恐怕也是永远不能完全补偿的。

我们以上所讲的，大半限于身体的条件与物质的关系。较此尤为严重的，是心理的变态发展。外国秘密警察的时刻压迫，并且往往是不可闻见而永远围绕左右的惨酷压迫，使每一个人，无论男女老幼，都有神经失常的征象。野蛮的人质制度与无辜者的时遭杀戮，一方面使一般人终日提心吊胆，一方面又使每人的心中愤怒仇恨。"恨"是戕人性毁人格的最大强力，全体人民度过多年的恨的生活，他们的性格恐怕永远不能再返回本来面目，并且此种恨的心理并不限于被占领国的人民，德国人民最少也同样的忌恨邻国的人。我们都知道被害的人恨恶害人的人。但害人的人同时也更深的恨恶被害的人。因为害人的人自知理屈，但又不能承认，惟一精神自卫的方法就是制造种种的理由证明被害的人的低劣、可恶与可恨。被害的人有时可以宽恕害人的人，害人的人很少能够宽恕被害的人的，道理就在此点，所以人格堕落的并不限于被占领国，德国人退步的程度只有更深。如此充满怨恨之气的欧洲大陆，安能希望它再恢复十九世纪与二十世纪初期的高度雍荣？

身心的退步还不是欧洲堕落的惟一方面。欧洲的人口也要大为减少。法国的人口多年来就在逐渐减少，二百万壮丁的长期为虏，当然更使人口的生殖率显著的降低。别国的人口近年来或不增加，或只小有增加。但连小有增加的现象也是假的，并不是人口生殖率的增加，乃是科学卫生所产生的死亡率的降低与老年人的特别加多。实际上除苏联与东欧少数的地方外，欧洲各国的人口都早已趋于减少。经过此次的大流血之后，减少的征象当然只有更加明显。

人口若只有量的减少，问题还不大严重。但此次大战是人类有史以来规模最大一次的反淘汰作用。在高度机械化的战争之下，无论陆上、空中或海里，都必须中上等与上等资质的人去作战与牺牲，平庸的人根本没有参加近代战争的资格。在杀人的武器日新月异的今日，各国人民的精华都迅速的被剔除淘汰。同时，纳粹在所征服的各国也专门戕杀才人志士，只留庸人去作奴隶。战后的欧洲人虽不能说都是庸人，但整个人口的品质水准要较战前降低，恐怕是无可置疑的。

人口问题的另一方面，就是男女两性的比例问题，战时大批牺牲的当然是男子，女子因战而死的是极少的例外。所以战后男女的比例必定失去平衡。假定到战事结束时，男子有一千万人牺牲，那就等于说，此后二三十年间，要有一千万个女子没有作母亲的机会。由人口增加的立场讲，这一千万个女子也等于死去。并且一般看来，男子不娶才智高于自己的女子，所以在婚姻自由而女子特别过剩的社会中，被男子所遗弃的女子大概是才力较高的要占多数。这也与战时男子的牺牲一样，是一种反淘汰的作用，是使整个人口品质退步的一种作用。并且这是明知其如此而莫可奈何的一种悲剧。一夫一妻制在欧洲根深蒂固，绝无打破的可能。女子无论如何的过剩，也只有听它去过剩。这是最惨的一种爱莫能助。并且节制生育的风气已经积重难返，才智愈高的人，无论男女，愈不肯生养儿女。此种趋势，战后也看不出会有改变的可能，整个的人口只有任它去量上减少与质上退步。今日文化的各种机构与技术，复杂万分，需要许多的高等人才来运用。战后的欧洲，此种人才必感缺乏，以后也难希望完全补充，机构必渐脱节，技术必渐后退，整个的西欧与中欧各国，在不太远的将来恐怕都要成为西班牙一类的破落国家。

在西方的各国中，英、美、苏三国可以部分的免脱上面所讲的厄运。美国始终不是战场，连轰炸的威胁都不感受，地大人多，最后人口因战事而消耗的也不会比例太大。英国的处境不似美国的优越，但除空袭外也始终未成战场，死伤的人数虽然可观，但不致像欧陆各国的严重。然而英美两国近年来都有人口减少的趋势，战后也无改变潮流的希望。至于苏联，人口最密工厂最多的部分沦为战区，前方士兵的死伤与后方人民的被敌戕害都非常严重，这是它处境不及英美的地方。但反之，苏联的人口是一向趋于积极的增加的，无论战时的损失如何重大，苏联的人口必定很快的补充满足，这是它胜过英美的地方。西方的世界，将来是英美苏的世界。目前北美合众国与不列颠联合王国两国的人口之合，约略与苏联的人口相等，但英美的人口似乎已达不再增加的阶段。苏联的人口仍呈有加无已的趋势。反之，英美的财力、物力与技术的能力，又远超过苏联。这种相对相反的情形，是我们将来观察世局时所须时刻牢记的基本事实。

（原载：昆明《当代评论》第 3 卷第 24 期，
1943 年 10 月 16 日。）

循环之理
（1943）

　　周年纪念，是小至个人，大至机关团体，再大至国家民族，都要举行的，一年一度是人类生活中最普通的周期。周期的观念，讲到最后，就是循环的道理。一年一次，好似机械，其实并不机械，寒来暑往的一年四季是人类在未开化时就已注意到的自然界的奇特循环现象。随着季节的周回，草木也一生一死，古人甚至将此观念普遍化，认为整个的天地都随季节而生死。再推而广之，就成了一整套的哲理，认为宇宙万象无不按照循环起伏的原则演化不已。古来传下的易经一书，由殷代纯宗教的卜辞开始，降至卜辞的系统化而成了仍为追求吉凶的周易卦辞爻辞，再降而成为纯哲理的所谓十翼，追根究底，不过是出发于循环之理，"易"就是循环。同样的情势，永远产生同样的局面，这是预卜吉凶的信仰根据。《系辞传》对此发挥的最为透彻："易与天地准，故能弥纶天地之道。仰以观于天文，俯以察于地理，是故知幽明之故；原始反终，故知生死之说；精气为物，游魂为变，是故知鬼神之情状。"宗教部分富于迷信，哲理部分富于附会的易经，三千年来不知为多少学人哲士所醉心，就是因为它的主题是这个循环消息的真理。

　　天下事物循环不已的信仰，并不限于中国，古今所有开化的民族无不对此感到兴趣。但过去信仰此说的人，所凭的都是直觉的观感、偶然的经验与随便的推论，无人作过有系统的探求，近些年来许多学者感到循环之理有彻底研究的必要，大家由不同的方向推敲，所得的结论出乎意外的互相吻合，并与天文学地质学所公认的道理完全相符。大致的结果可分为五方面叙述：

　　第一，自然现象的循环。四季、昼夜、月圆月亏、潮起潮落等等是自然界最明显最表面的变化，连野人与幼童也可看出，无需多赘。天变似属偶然，其实也有规律。雨量的多少遵循一定的曲线，美国许多区域的雨量每二十三年，由大雨至大旱，循环一次。有一位科学家在一九三九年就根据此理而预断一九四二年美国许多地方要有水灾。我们都知道去年美国果然雨大河决，为患不小。此外根据古树的年轮，我们可以看出水旱循环的自古已然，并非近世的特殊现象。太阳黑点，或多或少，约十一年轮回一周。黑点愈多，地面气温愈为低降。但地面由太阳吸受的热气，在十一年的大周内又有三个小周，每小周约四十一个月。再往远处讲，地球上曾有过几次冰川时代，大地酷冷，生物多数死去。冰川过后，大地回暖，生物繁衍。我们今日的人类与文化就是最后的一个冰川期之后的产物。将来是否再有冰川由北极冲下，毁灭人类与人类的一切文化建设？

第二，动物的繁衍也有节奏。加拿大的一种山猫与鲑鱼，每九零三分之二年间经过一度繁殖与稀少的周期。热带森林中的象，每六十二年特利繁庶一次。美国老鼠的周期为四年，每到美国总统的大选之年，老鼠世界必闹瘟疫，鼠类大批的死去。

第三，人身以及许多与人身有关的事也有循环。据美国宾斯斐尼亚大学某心理学家十五年的研究结果，人类心理中不知其然而然的兴奋与烦闷的周期有两种，长的一种每九星期轮转一次，短的一种只有两星期，每个人都属于两者之一。北温带人类的体重，一年之内也有起伏，阳历九月最重，二月最轻。生辰的月份有影响一人前途的趋势。二三两月生的人夭折的机会较少。学人哲士多生在二三四月的三个月内，艺术家多生在十月或十一月，大事业的经理人士多生在十月至一月的四个月内。各种传染病的流行也有波动。肺炎与恶性感冒每三年严重一次，白喉每六年或七年一度厉害。在印度孟买地方，鼠疫每一年零四天必猖獗一阵。

第四，人类经济生活的节奏，是连最保守的经济学家也不否认的。多数的商业部门都是每四十一个月盛衰轮转一次，这正与太阳气温射至地面的小循环完全相合，关系的道理何在，无人知晓。较大的商业周期为九年，最大的为五十四年。英国的麦价可以追溯到八百年前，八百年来几乎都是每五十四年涨落一次。据说，世界各地的商业虽为战争所扰，目下仍正在上涨的期间，一直可维持到一九四七年。过此时限，商业就要凋零，到一九五一年将达到不景气的低点。

第五，历史文化是人类最复杂最难捉摸的产物，但也不能逃出循环规律的控制。中国自古以来就有"五百年必有王者兴"或"五百年而圣人出"的信仰，孟子特别提倡此说。"圣人"或"王者"都是太理想化的名词，我们可以不必拘泥，只解为五百年而历史发生大变就可以了。就中国历史而论，渺茫的太古不管，南北朝以下的停滞阶段不论，由殷商至五胡之乱，五百年一大变的线索的确可以看出。盘庚迁殷，是中国历史上第一件可以确定的大事。也是真正封建时代的开始，事在纪元前一三〇〇年，由此至平王东迁为封建时代，前后五百三十年。平王东迁，进入列国，事在〈纪元前〉七七〇年。由春秋而战国，最后秦始皇于〈纪元前〉二二一年统一天下，前后五百五十年。秦汉的帝国由创立而极盛，而守成，而转衰，进到魏晋而达末世，最后由纪元三〇四年起而被五胡冲破，前后五百二十五年。这种五百年的长大节奏，是偶然，还是必然？

中国的例并不特殊，其他文化凡年代较为清楚的也都如此。希腊罗马文化的封建时代历史上称为王制时代，由纪元前一二零零年左右到六五零年左右共五百五十年。纪元前六五零年以下，地中海世界进入列国，到纪元前一零零年左右整个的地中海沿岸组成一个大一统的罗马帝国，前后又是五百五十年。罗马帝国也是由盛而衰，最后到纪元四一年罗马城被日耳曼人攻破，真正罗马帝国至此已经消灭，前后五百一十年。

今日的欧西文化，封建时代可由神圣罗马帝国□后正式成立的纪元九六二年算起，一五零零年左右结束，前后约五百四十年。一五零零年以后，欧西进入列国，一直到今天。过去其他的文化，似乎此后都需五百五十年的发展始能成立大一统的局面，但欧西的列国时代至今方才经过了四百五十年，似此欧西的局面必须再酝酿一百年方能真正统一。然乎？否乎？可惜这不是今日在世的任何人所可得见或否证的。

近年美国堪萨斯大学某教授，排比过去历史上各方面的事实归纳类较，最后的结论认为历史的循环最小的周期为四十五年，再大的加倍为九十年，最大的周期为五百一十年。这最后的一种似乎与孟子的五百年而有王者兴的说法不谋而合。据这位教授的推算，西方文化目前正在走下坡路，到一九六零年左右将要堕到黑暗的深渊。但其后文化再兴，到二零零零年左右黄金时代又要出现。按我们上面的推算，进入列国五百五十年而后大一统成立，欧美似乎当到二零五零年左右方能实现太平。那位教授的推算，其详不得而知，他的所谓二零零零本是约数，我们的二零五零也是约数，可能这两者是由不同方向推得的同一件事。如果欧美大帝国在二零二五年出现，两说就都证实了。

上列的种种循环轮转，都介乎可解与不可解之间。一般所喜引用的因果律绝不能解释此种现象。宇宙人生的任何最后问题，都不是理性与因果所能说明的，我们最多只能知其当然，不能知其所以然。据天文学的说法，整个的宇宙是一个大的圆体，各部分都时时刻刻在循着圆形或椭圆形的轨道旋转，周而复始，永无已时。一切的星球都不能逃出此理，我们人类所居的一个渺小行星，当然更无另辟一格的可能。人类以至一切的生物，究竟由何而来，性质到底如何，结局如何，生与不生的界线何在，由不生中如何有生，生如何又变为不生——凡此一切恐怕都是我们永远不能解答的问题。但一个道理我们或可以推想而知：整个的宇宙以及宇宙的各部既然都在旋转不已，我们这些细微的寄生之物恐怕也只有随着旋转，不仅是物质的或机械的跟着地理转动，并且一切的生长与发育也都是遵照循环之理的。若用一个比喻，宇宙好似大海，我们只是大海上的浪花。浪花尽管千奇万幻，却绝无独立自由可言。大海时刻流动，浪花也随着流动，只有把浪花看为大海本身的一部，浪花才能说是有自由。古今许多的诗人，包括西方的华兹华斯与东方的泰戈尔，都称宇宙为"永恒的寂静"，大概就是此义，宇宙万象循环不已，而宇宙本身永远仍然故我。所以就整个宇宙言，可说是寂静的，一切循环轮转都等于不存在。我由周年纪念而谈到宇宙最后的道理，似乎是离题太远。但这也可说是宇宙一体的明证。任何的事物，都与一切其他的事物互相关联，如果追根究底，任何一件小事一个小物都可引起我们到至大无外的太空六合。宗教家对于整个宇宙虔诚的接受，艺术家用慧眼看自然面与天地混一，都是参透了宇宙为一之理的至人。宇宙为一，可有种种不同的看法。最概括的唯理看法大概就是易经上所讲的"原始反终"之道。

（原收入：昆明《生活导报周年纪念文集》，
1943 年 11 月 13 日。）

四强宣言的历史背景
（1943）

莫斯科会议后的四强宣言，发表已久，国内与国外关心时局的人士已经多所论列，对于目前与未来的可能发展大家也已详细研讨，无需多赘。但关于四强宣言的背景，尤其较远的历史背景，似乎尚无人顾到。然而真正的意义恐怕只有历史背景才能指明。为清楚起见，四强的关系可分三层来谈，就是英美、英美苏与全体四强。

英美的合作今日已是不言而喻的事，假定无其他大国，在英美之间就绝无合作宣言的需要。我们都知道在卡萨布兰卡会议时，邱吉尔首相向罗斯福总统建议，两国正式定约，言明待美国帮助英国战败德国后，英国必出全力在太平洋帮助美国击溃日本。罗总统拒绝此议，不是因为他不信任英国，而是因为他无保留的信任英国，认为英国的诺言，尤其对于美国的诺言，是与条约相等的，这是不甚惹人注意，而意义非常重大的一件事。世局无论如何变化，英美绝不会处在对立的两个阵营。在许多问题上它们尽可常有纷争，并且因为它们关系太密，感情太深，所以他们往往可以毫无忌惮的激烈争吵，但它们永远不会真正对立。国际有事情，它们必并肩而立，这算是过去八十年间国际上最大的事实，今后也将是支配世界的最大力量。凡是不懂现实的人对此必须时刻牢记。英美历史同，制度同，语言文字同，过去因十三州革命而产生的恶感今日早已消灭，两方并且都看当初为主义为立场的多年内战为盎格罗萨克逊民族的无上光荣，华盛顿今日不只是美国的国父，也是英国人所诚心崇拜的英雄。因为过去的背景与今日的国情相同，它们认为两国的前途也完全一致，在太平时期和平相处，在非常时期并肩作战，是两国所公认的不言而喻的真理。

英美与苏联间，问题绝不似英美之间的单纯。问题的困难不在东欧，不在巴尔干，不在中东，不在印度，不在中亚，也不在任何的具体地方；并且问题的症结也不在主义的不同或民族血统的分别。这一切都是表面现象或不相干的事。真正的问题是文化问题。英美所接受的是中古以下西欧的文化传统，英美并且是这个传统的产儿，它们与其他的西欧各产儿不同的，因它们是一对孪生子。苏联的前身俄罗斯所接受的是中古时代东欧拜占庭帝国的文化传统，拜占庭与罗马虽同奉基督教，但它们的根本精神大不相同，发展到十六七世纪时，西欧方在开始大盛，东方的系统已呈衰老之象。但到十七世纪末期东方出了一个怪杰，彼得大帝，他决意要全盘西化，使东方可与西方在政治上在文化上并驾齐驱。他的事业相当的成功，政治的机构大体上抄袭了当时西欧盛行的君主专制，文化上也极力的摹仿西欧，尤其法国。但表面的机构易学，根本的文化是不能随意改变的。由大彼得到列宁的二百年间，俄罗斯是欧洲国际舞台上的重要一员，但我们若分析俄国与西欧的文学、哲学与政治思想，就可看出它们互相之间始终不能真正接近。西方各国对俄又疑又畏，又不明了；俄国对西方无论如何的学习，始终对西方文化也不能彻底的接受，甚至也可说不能真正的了解。一九一七年俄国发生共产革命，共产主义来自西欧，似乎又是接受了西方的一套新的理论，并且此次不是像彼得大帝时的接受西方的现成制度，而是把西方仅谈谈而已的理论认真的付诸实施。但西方人始终未想把共产主义认真实行，以致在过去二百年间东西的互不了解之上又又加上了一层障碍。结果是二十四年的时间，由一九一七至一九四一年，苏俄被西欧摒诸国际范围之外，其中虽有短期的合作，不久也完全失败。这不是任何人的错误，既不是西方资本主义者固执，也不是东方共产主义者乖张，而是历史与文化根本不同的当然结果。一九四一年纳粹攻苏，情势逼得英美与苏联密切合作，公同的危机使两方极力互相牵就，希望能够互相了解。本年五月苏联正式解散了东西之间表面上最大障碍的第三国际，这可说是东方极力牵就西方的一种表现。十月英美要人移樽就教，到莫斯科开会，也算是对于苏联的一种善意的表示。会议在苏军捷报频闻声中很快的并且非常顺利的结束，可见英美对于苏联的立场与主张，必会极力的设法了解与接受。此后四方的层面，专就国际的形态讲，可说又恢复到第一次大战以前的情形，俄国已又完全返回国际的圆桌，与其他强国共同主持天下大事。这当然是好现象。但虽在战时我们仍不妨承认历史的事实，东西两方文化的根本不同仍然存在，盎格罗萨克逊民族与俄罗斯民族之间的问题绝不会像前者内部的问题那样简单。

至于中国的名列四强宣言，意义就又不同。中国过去为列强的侵略对象，至今也仍是尚未开发的国家，虽有六年半的抗战伟绩，也不易为人所重视，这是所有关心国事的人所不可忘记的。除抗战的贡献外，国际情势也是使我们列于四强之林的重要原因。但国际情势随时可变，真要立脚仍是靠自己的真正本领与切实力量。我们的历史文化既与英美不同，也与苏联迥异，所以我们对两方都有苏联对英美所遇到的根本困难，这是无可避免的，也不必强求避免。但力若相当，此种根本困难不至影响我们四强之一的地位，否则一朝有变，我们就可骤然跌倒，又返回到过去的弱国之林。我们对于四强宣言要抱一则以喜一则以惧的态度，并且惧的成分须多于喜的成分，才有保持既得地位于永久的希望。

（原载：昆明《当代评论》第 4 卷第 1 期，
1943 年 12 月 1 日。）

战后的苏联
（1944）

对于苏联我们须要有一个基本的认识，就是他与欧美任何其他的一国都大不相同，他是自成天下的。由此点言，它正与中国一样。中国本是自成一个世界的，最近一百年来才被强有力的欧美拉入西方的国际局面之内，成为许多列国中的一员。俄罗斯当初也是欧西以外的一个独立文化系统，二百年前才半自动的半被迫的吸收西化，改组内部，加入欧西列国的政治旋涡。对欧美略作研究的人，都感到俄罗斯人与其他欧美人在风味上的不同，根本的原因就在此点。我们若极端的讲，甚至可说如果世界上没有任何其他的民族或文化与它纠缠，对苏俄将是最称心如意的事，正如在根本上我们中国也可说有此心情一样。

但事实上，欧西文化所创的列国局面是今日世界的最大前题，无论高等文化的民族如中国或苏俄，或未开化的民族如中非或许多岛屿上的弱小民族，都须自动的或被动的在这个局面中谋求出路。专就苏俄言，它在复杂的国际中有一个别国所没有的困难，就是国界线太长，邻国太多。欧洲方面的邻国有芬兰、波兰、罗马尼亚。亚洲方面的邻国有土耳其、伊朗、阿富汗、中国、日本（在库页岛），一国而有八个大小的邻国，这在今日的世界上是最高的纪录，所以苏俄时常有受人包围之感。此次战前它常说资本主义国家要向它阴谋围攻，除一部的宣传作用外，根本的原因就在这种特殊的地理形势，它的被包围说最少在主观上大体是诚恳的，并不完全是口是心非的宣传词令，况且它在文化上又自成体系，与他人完全互谅互解，不免困难，当然使它更容易发生八面埋伏之感了。

认清此点之后，我们对于苏俄过去的外交政策就不难明了了。此次战前对于集体安全最热心的，莫过于苏联。与大小的邻国都设法订立互不侵犯条约，由近处言，这是为的谋求内部建设的机会，但较远的道理是苏联整个地理形势使它自然的拥护集体安全制，理想的集体安全不能成立时，它就采取普遍的睦邻政策，以便建设以自己为中心的一个小规模的集体安全体系。

但专凭条约的睦邻，往往不可信赖，再进一步的安定边境办法是设法使邻国在精神上与自己相通。帝俄特别欢迎君主专制的邻国，第一次大战后的苏俄向世界各国，尤其接壤的邻国宣传共产主义，除了抽象的主义信仰外，主要的原因还是自求安全的政策。主义制度完全相同的邻国，容易成为善意的邻国，是很明显的道理。国境太长，不能每寸每尺设防，精神的防线是最经济最可靠的防线。

但主义制度的宣传，无论是君主专制或共产主义，都不见得能一帆风顺的成功，不得已时只有进而求更直接一层的安全保障，就是在界外的邻壤之上成立缓冲地带。帝俄在波斯北部，在中国的新疆、外蒙、东三省，都有此种企图，第一次大战后此种政策也未能全部改变。这种在邻国领土上建立缓冲地带的策略，虽在古今的历史上是常见的事，但帝俄与苏俄对此特别注重，因为它是自成天下的文化统系。中国过去二千年间每当盛强时都在国境的边缘设立许多朝贡的藩属，性质正与此相类。

此外苏俄在地势上又有一个特点，使它时常想在国境以外谋求发展，就是它总感到自己没有好的出路。自帝俄时代起，这个横贯欧亚的北方国家就是世界上疆域最广的第一大国，但它没有一个四季开放的良港，这更增加它的受人包围被人封锁的感觉。在西方它久想冲出黑海，最好是占有全世界有名良港的君士坦丁堡。在东方，帝俄的侵入东三省，除求缓冲求安全的政策外，另一个重要目的就是开发辽东半岛，打通常年不冻的旅顺大连。但帝俄追求温水港的计划，在东西两方都未成功，苏俄成立之后一时也无暇旧事重提，但温水港的缺乏仍是今后的苏俄所不会完全忘记的一种痛苦。

过去的俄罗斯既如上述，今后的苏俄又将如何？地理环境、历史传统与文化特征是任何民族的一切行为的最后推动力与决定力。苏俄在此种力量下，使它不期然而然的第一想要推行集体安全制或普遍的睦邻政策，其次就要推行主义宣传的自卫政策，再其次就要在邻国设缓冲区了。最后一种政策又与追求温水港的欲望时常打成一片。战后苏联的对外国策，大体仍难逃出上列的几种范围。由莫斯科与德黑兰两次会议的顺利结束，由近来苏俄对英美的日愈接近，可见今后的苏联所希望的仍是普遍的睦邻，最好是名称其实的集体安全能够实现。在飞机世界的今日，"邻国"一词的意义已经扩大，扩大到全世界各国都是邻国的地步。在所要睦的邻国中，苏俄当然特别注意富强的英美两国，希望与两国长期交亲，合作建立集体安全。况且苏俄此次作战，人力物力的损失超过世间任何其他的一国。只有中国的损失可与它相比，但中国是尚未真正开发的国家，而苏俄所损失的是三次五年计划的成果的大部。它此后需要长期的休养生息，以便重新建设。在建设的过程中，在许多方面不免需要英美的协助，这更增加它交睦盎格罗萨克逊民族的愿望。所以我们可以断定，第二次大战后的苏联的利益，是与其他各国的利益完全一致的。大家都需要和平，都需要养息，最近未来的世界没有呈显不安景象的理由，普遍全世的集体安全制是应当不难成立的。

但惟一理性动物的人类，往往也是最不讲理性的，有十足的理由实现的局面，人类未见得就让它实现。我们不可一厢情愿，不快的可能我们也须勇敢的加以研究。集体安全制如果不能顺利的建立，任何一国，无论大小，当然都无好处。我们现在是谈苏联，所以也就专由此点推敲苏联的可能局面。集体安全如不能建立，或建立不久而又破坏，苏联必将被迫再去采取中策或下策，就是主义的宣传与缓冲区的追求，因为那是它惟一的自保之计。苏联尽管损失惨重，但它在物力与技术能力方面仍不失为与英美鼎足而三的大强国，它的向背是可以举足轻重的，它虽在国力大耗之后，仍是有自行其是的资格的。我们常用"地大，物博，人多"一词形容一个大国，但由十足近代化的立场讲，只有美苏两国是能符合此种形容词的。美国不论，我们试看苏联是如何的大，博，多。

苏联的领土占全球陆地的六分之一，与整个月球的面积相等。由东至西，太阳需要十一小时穿过苏联的国境，中国与美国都只有四个时区，苏联若再多一个时区，它的领土就绕地球半周了。由北至南，北起北极，南达半热带的印度北界不远的地方。这一大块地面并且是一个整个的大平原，除不甚高的乌拉山外，只在边地才有山脉，内地全是一望无际的原野。苏联不只是实际的大，地大的印象也只有在苏联的大原上才能彻底的获得的。这个实际大而印象更大的现象，使苏联每个公民锐敏的感到小我的渺小与大我的重要，俄人的一向勇于牺牲，尤其此次抗德战争中所发挥的不可想象的全民视死如归的精神，是苏俄的大地所给的神秘力量。

苏俄的可能富源，在今日的世界恐怕是占第一位的。二十年前美国还是世界最富的国家，但经过最近二十年勘查的结果，证明苏俄可与美国相比，在许多方面并且超过美国。除乌克兰农田的肥厚不计外，苏联煤矿的蓄藏量占全世界的百分之二十一，铁矿占百分之二十，森林占百分之三十三，在今日世界最宝贵的油矿方面苏俄占全世界藏量的百分之五十五，达美国的三倍。这大半都是过去二十年的发现，将来可能还可勘出新的矿址。这些富源，大部尚未开发，所以今日苏联的实力尚还在美国之下。但由苏联过去二十年进步的速率看，它的赶上美国恐怕并不是太远的事情。

物须有人利用，物力与人力是分不开的。苏联最近的人口为一万〈万〉九千三百万，较英国本部与北美合众国人口之合尚多一千万。这当然不能与中国的四万万五千万相比，但人口多不见得就等于力量大，在今日的世界人与物的适当配合才是真正的力量。帝俄时代的人口尽管多，但仍未成为强大的力量。今日情形大不相同，苏联国境之内，新的工厂与新的工业城市有如幻术的由地出生，并且工厂多属最新式的，可与英美德高度工业化的国家相比。工人的训练也非常见效，对机器已能了解，能运用自如，制造与利用都能达到最高的标准，此次战争中的表现是此种全新发展的明证。二十年前的帝俄乃是世界上一个有名落伍的老大帝国。此次战事初起，连最同情苏联的友邦人士都替它担心，就是由于大多数人不能想象此种惊人的进步，因而很诚恳的低估苏联的力量。纳粹当然也犯了这个毛病，否则就不致冒险东侵了。今日苏联工业化的程度，仅次于英美德三国，就工业化的规模言，它只次于美国一国，因地大物博，在规模上已经超过英德两国。

此次大战无意中并使苏联工业的发展采取一个新的方向，就是西伯利亚的大事开发。为求躲避纳粹的初期攻势，许多的工厂东迁，昨日的旷野，成为今日的工业城市。垦田、开矿、开河渠、修铁路，都是最近两年在西伯利亚特别显著的新发展。由工业化方面讲，一九四一年的苏联仍是一个欧洲的国家，但今日它已是横贯欧亚的大工业国了。此次战后苏联不只是欧洲的大强，它在亚洲的地位也较前更加提高。

以如此的一个强大力量，而由种种方面表示要尽力谋求国际合作与集体安全，解散第三国际，屡次表示与英国二十年同盟条约的诚意履行，在莫斯科会议中使一向对苏联不能十分谅解的赫尔国务卿转变为艾登外相同样亲苏的要人——也无怪英美两国，无论政府或舆论，都表示要与苏联力求合作，维持未来世界的和平了。中国一向就有和平的传统与大同的理想，苏联以及英美最近的发展正与我们的传统理想相合，这当然可使我们战后对于世局的应付容易多多。但我们是地大人多而物不甚博并且仍未开发的国家，所以由近代的立场讲，仍是一个力小的国家，将来对于世界各国，尤其对于近邻的苏联，必须轻重得体的善于自处，尽可能的与它合同实现普遍的集体安全制，使它不再感到有采取中策下策的必要。这是中国的自保之策，也是中国对于世界和平的最大可能贡献。

（原载：昆明《当代评论》第 4 卷第 8 期，1944 年 2 月 11 日。）

历史过去释义
（1946）

　　历史学研究的对象，普遍称为"过去"。对于过去，无论我们详知或略晓，普通的感觉总以为过去本身是简单的，只是从前曾经发生的种种事物而已。但实际问题并不像一般人，甚至许多历史家，所想像的那样简单。我们若细加推敲，追问从前发生的一切究竟如何，问题立刻就来了。并且是愈钻研，发现问题愈多。太复杂的问题不必讲。专就根本的名词言，我们用"过去"或"历史"一词时，实际就有两种不同的意义，而用时又往往把两义混用而不自觉。这种不自觉的混淆，是许多误会的来源。

　　过去有二，一为绝对的，一为相对的，把过去的事实看为某时某地曾经发生的独特事实，而不问它与再远的过去或再后的未来的关系，把它看为超然而独立的既成事实，那个过去是固定的，是已定的，是一成不变的，是万古如此的，是绝对不可挽回的。例如长平之战，秦败赵，白起坑杀赵国降卒四十万；汉武帝征服南越，设置郡县；唐太宗威震四方，称天可汗——凡此种种都已过去，就已经过去的方面言，是永不会再改变分毫的：已经如何，就是如何，任凭后人的如何赞成或如何反对，也不能再把这些事实取消，修改，或增删。但这种绝对的过去观，是完全抽象的纯理智看法。当为一种哲学的见解则可，作为一种文学的慨叹对象也可，然而这却不是普通历史学里的历史知识。史学的过去是相对的，是瞻前顾后的。一件事对于已往的关系，对于未来的影响，在当时的地位，对今日所仍有的意义，都必须研究清楚，那件事实才是真正的历史知识，才成为历史学的事实，才有意义，才是活的，但一谈到活的意义，与此时此地此人此景有生动关系的意义，问题就复杂了。没有任何一种事实能有百世不变的意义。此代认为第一等重要的事，彼代认为无足轻重。此地认为可赞的事，彼地认为可憾。此人认为平淡的事，彼人认为意味深长。我们生于现在，创造未来，这是人所共晓的，一般人所不注意的，是我们也创造过去，每一个时代所认识的过去，都是那一时代的需要、希望、信仰、成见、环境、情绪等所烘托而出的。以上种种，没有两个时代完全相同，所以同一的过去，也没有两个时代对它的看法完全相同。我们试以孔子为例，而引伸此说。

孔子之为孔子，已经过去，万古不变，但这个绝对的孔子，我们永远不能知道。不只文献漏载的孔子生活事实或日常琐事，我们无法求知，专就文献可征的孔子嘉言懿行而论，某一嘉言，某一懿行，孔子说时作时的心情、原因、背景与目的，我们大部也永不能知。历史上所谓"知"的孔子，是后世对于上面所讲"不可知"的孔子的主观认知。例如在孔子死后百年左右，在《论语》一书的编纂时期，我们可以看出再传以及三四传的儒家弟子把孔子看为圣人，看为诲人不倦的大师，看为不得志的大才，看为中国传统与正统文化的提倡者。凡此一切，有多少是合乎百年前孔子在世时的实情的，我们不必追问。所可注意的，是《论语》一书中所表出的这个孔子，正是战国初期政治社会开始大乱时主张保守以求安定的儒家的理想。他们是都希望借着复古以安定社会的，所以也就描写出一个好古博古的大师与圣人。再进一百年，到了战国晚期，如以《荀子》一书中的孔子为代表，孔子已作了鲁国的摄相，七日而诛少正卯，威风十足，是《论语》中所不见的。孔子又为鲁司寇，断案的方法奇特，为一般人所不能了解。鲁君向孔子问难，有时问的不得体，孔子竟然不答，其傲气之高，不可向迩，这几件事无论或多或少的有否根据，我们可看为战国中期以下百家争鸣，群士争胜，各思谋得一官半职的热中之士所特别标榜的故事，这个孔子已远不如《论语》中孔子的超然，其分别就在战国初期的儒家尚不似战国中期以下儒家的急求仕进，而急求仕进也正是战国中期以下诸子百家的公同特征。

再进一步，到了汉代，孔子又一变，成为素王，成为代后世定治平大法的未卜先知的神人，成为黑帝之子，有人母而无人父，成为微言大义的《春秋》作者。这是汉代，列国之局变为大一统后，一般士子为新时代的需要而造出的一个孔子。这个孔子比起前两个孔子，显然的距离事实更远了。但却是合乎当时要求的一个孔子。汉代为此后二千年创立大一统的规模，一部也就靠当时的这种孔子观。至于其中的神秘部分，如黑帝之子以及相关的许多鬼话，那是与大题无关而却十足表现汉代宗教精神复盛的现象。也正因为这一部分与大题无关，所以进入东汉后，这一部分渐渐为人放弃，此后只注意孔子为后世历法，为生民未有的超绝圣人的一套理论。此后二千年中国的政治社会无大变化，大体维持汉代所建的局面，所以二千年间的孔子观也未再变，除神秘部分减轻外，孔子始终是汉代儒家所创的孔子。

今日中国的社会以及整个的环境却在大变之中，为二千年所未有之局，各方都流动不定，所以对孔子的看法也无奇不有。由最保守甚至近乎汉代素王的陈旧看法，到五四时期打倒孔家店口号下的孔子万恶观，无不应有尽有。由对于孔子看法的如此混乱，也正表出中国整个文化的仍在动荡之中。若欲对孔子再有大体一致的看法，那必须等到中国文化已大体又有定型之后。此日的到临，恐怕仍然遥远。以上历代孔子观的一段追述，只是略举一例而已。今日我们对于过去的种种，都有黑白相差很远的估价，也正如对孔子的看法有天壤之分一样。

有人或因此而要对历史学发生疑问：是否历史学根本为主观的，为不可靠的，为远离事实的。由一方面看，也未尝不可如此说。但由另一方面看，以上的相对过去观，也不过是说历史学是活的，是人生的一部，我们对于过去的了解，也是我们今日生活不可分的一部。其实何只民族的历史如此，个人的历史又何尝不如此。我们每个人已往的经验，经验本身一成不变，一去永不复返，不只在客观上任何的经验不能重演一遍，就是在主观上我们也不能把任何已过的经验在心中不折不扣的重度一遍。时过境迁，过去的情绪、感触、思想、好恶等等都已消灭或变质，今日又有不同的情绪及其他种种。用今日的不同人格去追忆过去的另一种情景，其意味远非过去的意味，其中不知有多少增减、修改与有意无意的新解释。这正与我们对于身外大历史的时刻改观，如出一辙。例如一人在中小学读书，在当时不过是遵从父兄之命，按照社会的习惯，当然入学。入学之后，求学一方面为求知，一方面为好胜的表现，希望在成绩上出人头地。中学毕业后进入大学，对中学时代就要看成为大学的预备时期，对于当初的亲命与竞胜现象渐渐不免忘记，最少渐不注意。大学毕业，入社会服务，对中学的看法又将一变；在中学曾交了三两个挚友，中学时期同学间的喜怒哀乐与悲欢离合，中学教师的循循善诱或无理督导，中学校舍的一花一木，上课时的庄严，放假时的轻松——凡此种种，将为中年人所时常忆起。总之，中学时期只是一个富于可以追忆的温暖经验的时期，其求知求学或准备升学的方面已成为勉强尚未忘记的淡薄感觉。再进一步，一人到了晚年，退休之后，想起了中学时代，大概只是充满了可笑的追忆而大体模糊不清的一片印象，只是人生过程的一个必需阶段，谈不到特别浓厚的意味。这三种不同的中学时代观，何种是合乎事实的？若绝对的讲，恐怕都不合乎事实，最少不合乎全部的事实。但就三个不同时期的需求与情绪讲，各在当时都是合乎事实的。民族的历史也正是如此，绝对的真实永难求得，即或求得也无意义。有意义的过去，真正的历史知识，是因时而异，因地而异的对于过去的活动认识。这个认识当然是主观的，它的价值也就主观。

生而为人，不能脱离主观。如果历史有客观的意义，那个意义不是人类所能了解的。宗教家的上帝，哲学家的天理，文学家的造物，可以刹那间而纵观过去，俯视现在，明察未来，一眼而见全体，能明了历史的整个意义与绝对意义。由这个超然的观点来看，过去与未来浑然一体，根本没有先后久暂之分：千年如一日，一日如千年；天地初开与天地毁灭为一时一事。但这只是人类理智推到尽头，认为当有之理，而不是人类心灵所能具体把握的实在。此种绝对的实在，是上帝所独知的秘密。只要仍为人，他对未来只能摸索，对于现在只能猜测，对于过去只能就他对于现在的看法与对于未来的希望而给他一个主观的意义。

（原载：昆明《中央日报》，1946 年 1 月 13 日第 2 版。）

欧美民族主义的前途
（1946）

一九一四年间，甚至一九三九年间，任何人若说欧洲各国的民族主义有消灭的一日，必要见笑大方。有人在两次大战中间的二十年间，在随便的谈话或学术的讨论时，确曾提到此种可能，没有一次不被旁人视为神经过敏或故作奇论。第二次大战以来的欧洲突变，或者可使看民族主义有绝对永恒性的人，略为修改意见。有起必有落，有生必有死，今日欧洲的任何民族都没有千年以上的历史，短的甚至只有三百年，如荷兰或比利时之类。如此短暂的现象，而定要认为万古不变，岂非太不认识历史？过去且不讲，专看我们中国，先秦时代的齐、楚、秦、晋、燕、鲁、宋、吴诸民族，而今安在哉？若说当时的民族观念，不似今日西洋各国的那样强烈，那只是数典忘祖之谈，春秋战国的民族主义绝不下于今天的欧美各国。因为文字的一致，语言分别的较少，先秦各国的民族主义在表现上或者不若欧洲各国的狂热。但最少也与古希腊半岛各国间的尔我之别同样的清楚，由任何方面言，都是人类历史上可备一格的民族主义现象。

宇宙间的一切，包括人生，包括人生一部的政治，是有节奏的，生死起伏是必然的。中国古语所谓"日中则移，月满则亏，物盛则衰，天之常数也"。看似老生常谈，却实含有至理。这种古语并非只是观察自然现象而得的结论，乃是深察一切事理之后所得的彻悟。明眼人在第一次大战后，就可断定欧美的民族主义已到了盛极转衰的时会。民族主义自十五六世纪成立，到十九世纪已成为弥漫全欧的热潮，已独立的大小民族集团当心满意足，未独立的无不以独立为最高的要求。果然，经过一九一四至一九一八年的大战后，可说一切被压迫受限制的弱小民族都被解放，达到政治独立的目标。至此民族主义已登峰造极，上无可上，只有走下坡路，有如今日大家所共见的情形。

至于专就民族主义讲，为何必须衰退，其事谈来话长，我们只能简略的述说一二。封建时代尚无民族观念，只有阶级观念，不必多论。十五六世纪以下，各国由国王统一，国王成了国家的象征，所以才有"朕即国家"的名句。此时封建的贵族仍未消灭，但他们只能在国王统一之下维持地位。政治上活动的，仍以贵族为主，他们自视为国家的"人民"，也只有他们是"人民"，别人都不算数。这是最早的国家主义或民族主义的形态，是以贵族为中心的，此时中等阶级，商人与知识分子，已经兴起，也要参与政治，进入"人民"的圈内，但普通即或不遭贵族拒绝，也被贵族视为第二等公民。到十八世纪末与十九世纪初，法国大革命爆发，推翻贵族，中等阶级开始占了上风，成为不折不扣的公民，贵族或完全消灭，或也随着中等阶级作公民。农民、工人，以及其他的人，在心理上也都追随中等阶级，成为公民。至此可说是一国之内所有的人都是平等的公民，国家思想与爱国精神发展到鼎盛的阶段。一百年后，到第一次大战，而民族主义在民族自决的口号下征服全欧。但民族自决喊遍全世的声浪，实际就是民族主义丧钟的第一声。第二次大战已证明民族国家不能再照旧维持下去，今日的民族自决呼声，已是尾声，世人在心坎深处，已不再对它发生浓厚的兴趣。在十九世纪，每一个独立国都有自己的对外政策，政策也能多少得到他国的尊重。然而时至今日除了极少数的大国外，一般的国家根本谈不到独立的外交政策。试看欧洲大陆，除苏联外，是否尚有一国能说仍有政策？连法国恐怕都已没有此种资格。再如拉丁美洲各国，也同样的没有政策可言，阿根廷想要自己独当一面，但也只是想想而已，在世界上并不发生任何实效。一般的国家只有追随某一个大国，若对某一个大国不满，也没有自由改变方针的可能，最多只能转而追随另外一个大国，但多数国家连这种选择的自由也不能享受，地理或经济决定它们只能依附限定的某一大国。国际情势既然如此，民族主义岂不只是理论，民族自决岂不已成清谈？

以上是专就国际实力中心已经限于少数力点而言，但若谓多数国家不能维持真正的独立自由，是由于大国的太少与太强，那也只是真理的一面。另外还有一面，也很重要，但容易被人忽略：就是民族主义的衰退，是因各民族内部先有腐烂趋势；并不限于小国，大国也受同样的影响，不过靠实力尚可勉强维持旧观而已。我们若作价值的判断，可说这是民族堕落的现象，若只就事论事，不计善恶，可说这是一般人民心理变化的表现，这种心理变化，是都市生活的自然结果。在整个人类史上，不分古今，不分地域，文化都是兴于城市，最后都是毁于都市。封建时代贵族已有聚于城市的趋势，政治活动与文化潮流也都以城市为主。国家由国王统一之后，贵族与一部的中等阶级在城市度政治的生活，作文化的活动。这些城市都是自然长成，所占面积不大，人口也不太多，大家可以互相认识，城市仍是一个有机体。但到大革命爆发，全体人民都成平等的公民之后，少数的城市，或旧有，或新建，急遽的扩大面积，大量的吸收四乡的人口。大而无当之后，市民互相认识已不可能，时势所趋，连同屋同院的人也可共住一年或多年而始终不交一言。经济权有集中的趋势，使得大多数市民没有恒产，没有恒业，因而也没有恒心。传统宗教的势力至此大衰，知识的发达使得多数人没有宗教信仰，但同时也没有任何其他可以支配人格的基本主张，脑无所不知而心漫无归宿。一人生在熙熙攘攘的都市之内，前后左右满是人类，但仍觉得有如处身沙漠，寂寞至极，都市人民的追求各形各色的狂欢，正是内心空虚与苦闷的表现。空虚与苦闷，使得人渐渐对一切都丧失真正的把握与兴趣，生活压迫与多年习惯虽使他们克尽厥职，但一遇到非常的变故，往往就难以站稳。第二次大战期间第五纵队的遍满全欧，与内奸充斥各国，直接的是民族主义的末路，间接的而尤其重要的是人心无主的明证。此种大的趋势，是无从挽回的，若再遇到大不景气或新的大战，我们就必可见到民族主义与整个十九世纪局面的烟消云散。曾经热心于国家思想一百年的人民，现在已感到厌倦，无论物质条件如何，精神条件已不足继续维持旧局。

西洋文化今日已发展到一个大的歧路口，民族主义的末〔没〕落只是歧路口上一种彷徨的表现。与此相关的，公民渐渐完全变成群众，是最严重的新现象。自主的是公民，由人摆布的是群众，摆布的现象一旦普遍之后，历史的趋势就到了难以逆料的时候，我们只能说："自今以后，任何事都可发生。"所怕的是发生的"任何事"不只是仍有旧理想的人所深恶痛绝，也是摆布群众的人所始料不及。今后的欧美是一个变幻莫测的欧美，较第一次大战后尤怪的怪事恐将连续不断的发生，凡仍有冷眼观察能力的人，必可得到丰富的观察机会！

（原载：昆明《中央日报》"现代"第 7 期，1946 年 2 月 12 日第 3 版。）

东北问题的历史背景[*]
（1946）

　　诸位也许有些是历史系的同学，也许有些不是；但我相信并希望大家都知道，当年日本人曾作过的宣传说："东北与中国历史的关系，开始发生于满清入关之际"，是多么的幼稚和无稽。现在我先从过去中国的历史关系说起。

　　史载商末曾有箕子逃至朝鲜为王，这虽不一定可靠，亦不一定无稽；那时所谓朝鲜或者不完全是今日的朝鲜半岛，大概才是半岛的一部及东北的南部。自完全可靠的记载讲，中国与东北的关系约起于纪元前三世纪初，其时战国时代的燕国用大将秦开，向东北拓展，征服辽东（就是辽宁省的大部）。三世纪末，秦统一中国，燕亡国之君，还曾在辽东维持政权二年。此后二千年来，东北从未与中国断绝关系，尤其是文化与民族始终是一体的。三国时期起中原大乱，历数百年，东北有外族入侵。唐时东北属中国，宋时东北为辽金所占。但元明两代东北仍属中国的领土，以后满人统治，曾编占当地人口大多数的汉人为汉军旗。这些历史关系，昭在史乘，今日日本虽已失败，还希望任何国家，不要抹煞事实，将来再作幼稚荒谬的野心宣传。

　　最早东北发生问题，乃起于俄人向东发展：一方面欲向东方寻求经济上的利益，一方面欲在太平洋上找一安全的出海口。一七〇〇年左右，遂与清廷发生了接触，其时东北比现在的广大得多，依尼布楚（一六八九订）、恰克图（一七二七年）两条约，乃西以额尔古纳河为界，北自黑龙江支流格林必齐河，沿外兴安岭以至于海，岭南属中国，岭北属俄国。

---

　　* 雷海宗先生讲，木金笔记。

今日俄国的阿穆尔省与东海滨省，当日全是中国的版图，其时中俄边境虽时时发生小规模摩擦，但以是时俄国方有事于波兰，无东顾之力，俄商也只在谋利，故曾无大战，此种局面约维持了一百五十年之久。

清咸丰间，英法联军进攻北京，又值中国内有太平天国之乱，俄国反乘机欲在东方找出路，乃屡向清廷要求定界；清廷既屈于实力，又未能事先防预，终于一八五八年订立《瑷珲条约》，以黑龙江为界，白白的送掉数十万方里的土地。然而俄人还不满足，一八六〇年清与英法讲和，俄以调人自居功劳，更向清廷要索缔结送俄巨利之《北京条约》。俄人又未费一兵一卒拱手而得乌苏里江以东十九万三千万方里的土地，这地带包括北满全部海岸，而海参崴就是这地带的重要海港。同时又约定俄国可自由在黑龙、乌苏里、松花三江航行，这就是第一次东北问题所发生的严重结果。

日本兴起，图向大陆发展。甲午之役清廷大败，一八九五年中日订《马关条约》，允高丽独立，并割辽东半岛与日。俄人对此大感焦灼，因辽东为日所占，彼之东洋海口将尽为所扼也，遂邀德、法，出而干涉，共迫日本退还辽东。是时三国各有用心，法国因刚挫于普法之战，图对俄表示好感；德国则欲引俄专注于东方；日本因实力不强，只得允诺。清廷对此甚感激俄人，俄人复假谓，本欲出兵相助，惜以交通不便，俄军未到而中日战争就完了，为预防日人再侵中国而能给与及时之援助计，乃要求修筑中东铁路与南满铁路；李鸿章提议由中国自防，俄不允，不久铁路由俄人筑成，旅顺、大连及附近地区与海面也以防日为借口一并租占。

一八九九年俄在辽东半岛设关东省，与俄本国地方行政机关无殊。一九〇〇年庚子之乱，八国联军攻入北京，俄人更进兵东北，说是为了保侨护路，并宣称一俟满洲秩序恢复，俄国即行撤兵，断无占领满洲之意。一九〇一年清与各国议和，东北俄军独不撤退，清廷与之交涉总是搪塞，拖延了一年多还无结果；且更充实力，图长居久占。英、日嫉之，英欲以外交压力使俄退兵，不果。一九〇二年英、日缔盟，中国舆论日趋激烈，尤以京师大学堂主张最力，教授上书政府建议中国加入英日同盟。俄国见国际形势不利稍感恐慌，乃改变态度，诿称愿与中国商量，订分三期（以半年为一期）撤兵，但终不切实履行，且屡次提出新要求。越一年，局面缓和，中国加入英日同盟之机会已去；而日本则因私利关系，在一九〇四年对俄宣战。两国战于中国之境内，中国反倒宣布局外中立，真是历史上的滑稽插曲。日俄之战，俄虽失败但因日本势力并不及俄国亦不敢要求太苛。一九〇五年，美出调停，两国订立《朴次茅斯条约》，以其中第五、六条规定：俄将长春、旅顺间铁路及其支线以及旅顺、大连之租借权等，无条件让与日本。自此日俄等于平分了东北，也自此有了所谓南、北满之称。此约订定后，才通知中国，迫中国承认之。自此直迄"九一八"局面大体不变。

第一次世界大战俄国革命党高唱反对帝国主义，宣称放弃帝俄时代一切在外权益，但实际并未兑现，在华虽放弃治外权外，在北满满〔始〕终维持旧势力。一九三二年，伪满洲国成立，日本压迫苏联退出北满。一九三四年苏将中东路及沿路权益，廉价出卖。自此东北全部属日〈一〉直维持至第二次世界大战终了。

九一八直接引起中国抗战，间接引起第二次世界大战。国际间咸认为在战后将全部东北归还中国，是没有问题的；我们中国每个人，更以为应当且必然如此。国际上在一九四三年《开罗宣言》中，明白规定了这一点，并无人提出异议。但一九四四年却有人唱出新的调子来了，一九四四年在苏联有一本叫做《旅顺》的小说出版，以日俄战争为题材，称是役为"爱国战争"，说那是保卫"祖国"之战，"旅顺是我们（指苏联）祖国在太平洋上的重要港口，是被帝国主义的日本夺占了的"。此长七百页的小说，译成各种文字，在舆论的奖励之下，毫无限制的风行全苏，在当时，在苏联就是印一本小册子，也要受到许多审查与纸张消费的限制，那是在战争紧张的时期啊！而对此何独竟毫无限制，这究是什么意图？显然的是因为过去将近三十年叫得响亮的反侵略口号，已经使苏联人民在意识里有些相信了，而欲做与这口号正相反的事之前，必先对这些人有所交代，而预作心理上的布置，以使他们在有一天看到他们的政府作出侵略的行为来时，不致太感惊奇。

一九四五年苏联又作了外交上的准备，一月三巨头（罗、邱、史）在克里米亚举行会议，二月十一日签订了《雅尔达秘密协定》，规定在击败日本之后，把过去一切帝俄在东北的帝国主义利益，完全收回，无论当时英美作何看法，但毕竟是拿他人的东西，毫不顾惜的允许了这个要求。

八月十四日，《中苏协定》签订了。官方现在虽然总说否认那个秘密协定，然而实质上中苏盟约至少等于抄袭那个秘密协定，而且有以过之。因为密约中的所谓外蒙古现状，应该是指一九二四年《中苏条约》中规定了的："外蒙古为中国领土之一部分"，则所谓外蒙现状，并不是如此"独立"的，《中苏盟约》公布以后，许多人互相谈起来，都感觉迷惑而不了解，中国苦战八年，惨重的牺牲，是为了什么？而今所谓得到胜利了，却还又是这么不明不白的，再作有损主权的牺牲。但总以为这是最后的牺牲了，也就无可奈何地忍痛不言。但是请看看今日事实的严重性，并非任何宣传所可蔽掩的；今日苏联在东北的举动，何异于庚子以后的情形？这次又是不肯撤兵，若有撤兵的一天的话，也必等到它一认为满意或时机已成熟了之后，才会撤兵的！《中苏协定》签订不过半年，就已成了废纸。

　　不必说，我以中国人的立场来讲这个问题，就是只站在人类一份子的立场，我也觉得，目前东北问题的危机，并不止对中国是灾难，就是对全世界甚至苏联自己也并没有什么好处。日本有眼光的人当年有句话说："这些少壮军人进占东北，简直是使日本吞下了一颗炸弹"。今天这话应验了，这颗炸弹粉碎了整个野心的日本帝国。

　　凡是一个人，谁敢再想象或是希望再来一次世界大战？在这原子能的时代，战争是会毁灭一切人类文明的，而在第三次世界大战结束以后，是不是还可能有人类余存？即是有，恐怕也是要陷入半开化的洪荒时代去了，而在今天，只有东北最可能引起再一次世界大战！

　　我们不希望而且应该绝对阻止任何国家，再把东北从中国抢夺过去，或意图在东北攫取过份的权益。同时，东北只有完全在中国手里，才是世界的和平的保障。因为自世界的眼光看来，东北在军事上、在经济上实在太关重要了，如被一强权所占有，必将引起其他强国的争夺，因而促成第三次世界大战的爆发！

（原载：昆明《再创》第 2 期，1946 年 3 月
29 日。）

时代的悲哀
（1946）

　　今日的世界正处在一个大的动乱时代，到处都是问题，每一个问题又好似都没有妥善的解决方策，以致人心普遍的不安，被一种莫可名状的忧郁心理所笼罩，一若非常的大祸随时就要临头的模样。但我们若随便找一个警觉性锐敏的人去问，今日世界的问题究竟何在，他恐怕又将无辞以对。若问一百个人非要答案不可，很可能要得一百种不同的说法。若说今日的问题，是社会不公道；诚然无人否认。但过去较今日尤不公道的时代尚多，当时似乎并无今日的普遍的失望。若说是经济的不景气，生活有困难；这也是人有同感的。但就经济上讲，过去的时代很少能与今日比拟，今日经济问题的严重性并不超过历史上多数的时代，恐怕多数人的生活还远优于前代；但过去的人并无今日的不满与悲观。若说是政治不合理，那也是任何人都可接受的说法；但政治的完全合理，一向只在理想世界存在，并不属于实际的世界，而从前生在实际世界的人类并不如我们这样的总有不可终日之感。

“哀莫大于心空”

　　根本的问题究竟何在？或者无人愿意武断的作答。但我们为备一说，不妨认为今日世界最大最根本的问题就是缺乏信仰；“哀莫大于心死”，似可改为“哀莫大于心空”。今日的人心，普遍的空虚无主，所谓对政治、对社会、对经济、对一切的不满与反抗，主要的都由空虚而来。我们为清楚起见，若极端的讲一切不满的表示，一切反抗的行动，一切清楚的或不清楚的，说得出的或说不出的欲望，可说都是借口，都是内心烦恼状态下向外找发泄对象的一种活动。一般人所喊的、所作的、所追求的，并不代表他们内心中真正的要求。所以他们表面所悬的目标即或达到，他们仍是不会满足，恐怕还要找其他的发泄对象，以便排出他们心中的无穷闷气。

基督教维系不了人心

我们以上的话，并非专论中国，也非特指欧美而言，这种时代症是有世界性的，中西各国都不能免。先讲西洋，过去支配欧美的人心的是基督教。任何痛苦，任何混乱的时代，人心中都有基督教的信仰作为生活的指针，最困难时也不致完全无望。心安理得，身外的一切问题都比较的容易应付。即或应付不了，也不致有漂泊无主之感。这种局面一直维持到十九世纪。十九世纪是最后的有信仰的时代，大体上讲，十九世纪是浪漫主义的时代。对于三四百年前盛行的，法国革命才完全推翻的封建制度，与封建制度下的宗教神秘、社会状态、人生理想，欧美的人类发生最后一次的回忆与无限温情的向往。对于封建时代的历史，欧美人士是到十九世纪才彻底研究的；对于封建时代的文化，欧美人士是到十九世纪才真正赏鉴的。十九世纪的人不一定都信宗教，然而都有宗教的精神，靠着宗教传统所赐予的余力，一般人对世界仍然乐观，对宇宙仍有希望，对人生仍认为是有无限的前途，半宗教的半科学的无限进步论可说是十九世纪的中心信仰。所以有人称十九世纪为"希望的世纪"，能说清楚的人或者很少，但每个人对于未来都怀有无穷的希望。这个心理的乐园，及今思之，已是梦境。点破这个幻梦的就是二十世纪初期的第一次世界大战。第一次大战的欧美人类，都渐渐感到十九世纪只是一种回光返照，是末世前夕的一种盛世追忆。这种感觉，到第二次大战的今日更为普遍，普遍到无人认为值得多谈的程度。今日欧美的人心是没有希望的，没有信仰的，没有前途的，只有对于身外的一切乱事抨击，以求得一种临时的虚伪安慰。这种安慰有如雅片所给的安慰，没有真正满足之时，并且恶瘾愈来愈深，终极的前途是整个的毁灭。

中国的家族主义也失了效用

中国的历史背景与文化传统虽与欧美不同，但因受了强有力的西洋的一百年的动荡，我们今日已经不由自主，在大潮流上无法逃脱欧美的影响。欧美的精神空虚，在中国也同样的出现。中国原来也有宗教，就是家族主义或家族的崇拜。所谓拜祖，并非拜祖，而是拜祖先所象征的过去现在与未来的整个家族，就是"拜子孙"也无不可。周代的铜器上，多刻有"子子孙孙永宝用"一类的字句，这是家族主义最清楚的表现。讲孝道，讲三年丧，讲繁复丧服制度，这都是以家族为中心的宗教行为。个人之前有无穷世代的祖先，个人之后有无穷世代的子孙，个人只是个无穷之间的小点，个人的使命不是自己的发展，而是维持无穷的长线于不坠；有助于维持此线的个人发展，才是有意义有价值的发展。人生不能专为自己，必须有大于自己的理想目标，作为自己追求的最高目的。这是古今一切宗教的共同点。中国自四千年前文化初开起，就选择了家族生命与家族发展为人生的最高目标，四千年间并无根本的变化。佛教本是一种反家族的或非家族的宗教，但传入中国后，就很快的中国化，轮回因果变成家族盛衰的一种解释与保障，超脱七世父母的盂兰盆会在一般的意识中是佛教的最大典礼。至于与家族无关的佛学奥义，那是少数人的研究题目，并非一般人的信仰对象。这是家族主义根深蒂固的明证，把一种反家族的外来信仰也变成维持家族的一种助力。

但这种局面今日已经过去，或将要过去或已微弱不堪，不能再作为满足人心的一种精神力量。过去一个中国人的全部需要，全部欲望，全部的精神要求，都在家族的园地内得到满足。成年后，就结婚，生理的最大需要已无问题。娶妻后就生子，自己上下衔接，自然感到成为无穷世代中的一环，精神已有寄托，无须再有更抽象更超然的理想或信仰。娶妻生子后若有新的发展，也不过是作一番光宗耀祖扬名于后世的以家族为中心的事业；否则只在家门之内安分度日，身体精神两方面已都可没有空虚之感。但今日情势大变，成年后不一定娶妻，娶妻后不一定生子，即或娶妻生子，因为家族的环境已改，也不能再满足一个人的全部精神需要。凡是一个中年人以上的青年，总有空虚之感。仅打个人的小算盘的终属少数，多数人都要把自我扩大，追求超然的理想。而可悲的就是旧的理想已不适用，西洋也不能给我们一个完全满意的新的理想，许多青年只有左右彷徨，无所适从。

俄罗斯民族的新生力量

西洋的发展如彼，中国的发展又如此，按理今日是到了宗教复兴或新宗教创立的时会。但最少在目前，所有旧的宗教都无复兴的生力，新的宗教也无创立的征兆，人心最大需要无从满足，这是今日全世界各地莫可名状的动乱的根本原因。心地空虚的人，对于外界的一切都会感到厌弃的。但饥者不择食，渴者不择饮，饥渴至极的今日人心必要寻找一个止痛救苦的力量。逢巧今日世界上有一个富有信仰力量的民族，有创造新宗教的潜力，自然成为许多人的向往之路。这就是俄罗斯民族。

撇开至今没有前途的非洲的许多民族不谈，俄罗斯人是今日世界文化发展上最年轻的民族。中国、印度、回教世界、西欧北美，就文化的过程言，都已到了早期的或晚期的成年时代。惟一尚未成年的，距离成年尚远的就是俄罗斯。年轻的民族是必有宗教的，无论为自创或外来，宗教必是民族的最大支持力与支配力。俄罗斯民族没有自创宗教，它的宗教是由拜占庭帝国接受的希腊教。不幸自大彼得受西化实行变法之后，希腊教日愈腐败，成为政治的可耻工具，引起有心人的深刻反感。十八世纪以下的俄罗斯文豪无不秉有深刻的宗教精神，但同时多数人都厌弃正统的希腊教会。这是一极不幸的矛盾。矛盾的最后结果就是一九一七年的布尔塞维克的革命。在精神上讲，布尔塞维克是一个宗教运动，是一个浑厚的原始民族创造新宗教与新文化的革命运动，但它所打的一个重要的旗号却是一种强烈的反宗教主义。一个根本上属于宗教性的运动而喊出反宗教的口号，岂不是最可悲的一种矛盾？这个矛盾完全是希腊教的罪恶所造成。一个宗教运动而唾弃宗教，它就只有把信仰的目标转移到政治社会经济制度之上，以实现没有阶级的社会，以实现此世的乐园，为宗教的信仰与宗教的目的。然而实际的政治总是一种妥协的勾当，永远难满人意，把实际政治作为理想与信仰，是注定失望的。神秘的基督教回教及其他类似宗教不必说，连中国的宗族宗教，把信仰的对象也寄托在已死的很容易理想化的祖先身上，以及未生的更容易理想化的子孙身上，所以家族主义也不失为鼓励人心的一种活力。但实际的政治与此不同，眼前所见的都是古今政治场所的不美现实，在这种情形下而要人长久维持宗教热诚，显然的大非易事。

布尔塞维克主义何以轰动世界

而我们现在所要谈的不是俄罗斯，而是俄罗斯所影响的外面世界。无论如何的不满人意，一九一七年的革命显然是适合俄罗斯民族的一部分要求的，解放了民族一部分的潜力，使他能在一种奇特的政治性宗教之下发挥出宗教的努力精神与奋斗精神。宗教性尤其显著的，就是它的宣传精神与同化能力，在人类历史上这是新宗教所独有特征。第三国际存在也好，废除也好，布尔塞维克主义的向外传播是一样的。逢巧今日世人之望宗教，有如大旱之望云霓，所以俄罗斯民族的向外宣传特别顺利。真正讲来，许多人所接受的，主要的不是任何的政治经济理想，而是这种理想背后的宗教精神与宗教安慰。所以对于一个已信的人，他人若想用辩理的方法来证明它政治理想的错误或不妥，那是最愚不过的企图，因为整个事情根本不是理性的问题，而是信仰的问题，用辩理去推翻信仰，是向来没有成功之望的。今日世界各国，正式加入共产党的人都属少数，往往是极少数，但接近共产主义的所谓左倾思想或左倾心理，今日却相当普遍。青年人尤其多受此种影响。一个人在二十岁左右，是最需要信仰的时候，在旧信仰都已失效的今日，各国的青年很自然的就群趋于这唯一的新信仰。今日许多青年的醉心于苏联的一切，为苏联而忘身忘家，忘国家民族，都可由此中得到解释。这是一种宗教现象，一种不可理喻的而最自然不过的人类行为。

但悲哀也由此而来

但时代的悲哀也由此而来。把信仰寄托在实际政治上，总是非常危险的。在短暂的狂热时期，可以只求理想，不问实际，闭眼而不看实际，看见而仍否认实际。但很少人有长久维持这种超绝狂热的本领。迟早要有一天，信徒们要了解政治终是政治，不只在策略上不择手段，在目标上也往往要违背本心，要倒行逆施。愈是诚恳的人愈易感到失望，失望的程度也必愈深。凡是与青年接触较多，并以同情的态度观察青年的人，心中都有一种不可磨灭的痛苦印象：就是热烈几年之后的一些青年面孔，一种任何的物质打击所不能产生的面孔。双目无神，面部全无表情，象征精神之几乎全部死去。并且这种青年都是最有希望的青年，神经最敏，理想最高，热情最奔放。一般的青年可于失望后摒弃一切信仰，专心从事个人的事业，不再过问难以捉摸的问题。他们当然也有痛苦，但痛苦是暂时的，是有止境的。少数特别诚恳的青年，却不能忍受失望的打击。深的创痕终生不能治疗。他们为生活的驱使，或能机械的从事一种事业，但他们永不能再有自发的振作。"哀莫大于心死"一词，可以改变意义而应用到这种青年身上，他的心已因不堪摧残而死去，他们已成了行尸走肉，不是可耻的，而是可怜的、最值得同情的行尸走肉。这种人各国都有，并且不在少数。这是二十世纪的时代悲哀。尤其可悲的，就是这种时代悲哀短期还看不出解脱的迹象，使人对整个局面发生最痛苦的爱莫能助之感。我们只能相信人类文化尚未发展到尽头，只能希望人类的自寻烦恼仅是一时的现象，只能认定人类的创造力量还有新发展的可能，在黑暗中的短期摸索之后，不久可以发现一片光明的无限前程。

（原载：上海《智慧》第 4 期，1946 年 6 月 14 日。）

举世瞩目的阿拉伯民族*
（1946）

　　大英帝国的生命线，苏联最注视的地带，美国也表示关心，这世界两大势力的角逐场！这夹在亚欧非三大洲之间的大阿拉伯区域，是列强虎视眈眈的一方肥肉！

　　提到阿拉伯，我们所想到的，大概就是亚洲西南角的一个大半岛：东临波斯湾与阿拉伯海，南为印度洋，西边是红海，红海的对岸，就是非洲，只在北面，是亚洲西部靠近地中海的陆地。专看地图和仅就地理的名称讲，的确这就是阿拉伯，但我们若扩大眼光，看民族、看文化、阿拉伯的范围就远大于阿拉伯半岛，土耳其以外的整个亚洲西部，整个的非洲北部，都是阿拉伯民族的聚居地，这些地方的文化与生活方式，都属于同一的阿拉伯类型。

　　若追溯到一千三百年前，阿拉伯民族与阿拉伯文化，仍只限于阿拉伯半岛的范围。但自默罕穆德创立伊斯兰教以后，情势大变，阿拉伯的地位立即提高，并且从此阿拉伯开始积极的影响人类文化与人类历史；直到今日，无论在政治上，在经济上或在文化上，阿拉伯仍然占据一个非常重要的地位。我们若要了解今日世界的局面，对于阿拉伯的明了，是一个必需的条件。

　　伊斯兰教，我们中国的通俗用语，又称回教。回教成立后，一方面代表一种政治势力，一方面代表一个新兴的文化力量，创教后的一百年间，就发展到整个的西亚与北非，在公元六三二年至七三二年的一百年间，阿拉伯先后征服了叙利亚、巴力斯坦、埃及，以及整个的北非洲。

---

　　* 原文附有5幅照片，因原版印刷质量不好，过于模糊，此次编选时予以删节。——编者注

此外，阿拉伯的势力，极东到了印度西北部与中央亚细亚，极西到了西班牙，与法国南部。这个发展并不是纯粹的军事征服，而是民族的与文化的向外扩张，半岛的阿拉伯人大批的向外移殖，同时各征服地的人民，在宗教信仰上，在生活习惯上，在语言文字上，也很快的，并且大多是自动的阿拉伯化。今日西亚、北非的大阿拉伯局面，就是公元六三二年至七三二年间的扩展运动与同化运动所造成的。我们现在请把这个大的阿拉伯世界分区略为说明。

先讲阿拉伯半岛本身。半岛的大部为沙特阿拉伯，也就是普通所谓阿拉伯国。阿拉伯国由两个区域组成，当初是两个分立的国家，一为汉志，一为内志。内志就是半岛东北与半岛中央的地方，大部为沙漠。汉志就是半岛西南的红海东岸的地方。汉志境内有回教的两大圣地：一为麦加，是回教至圣默罕穆德的诞生地，又是天方所在的地方；一为麦地那，是创教的地方，又是至圣陵墓的所在。汉志的第三个大城市是叶达，靠近麦加，是红海上的最大商埠，又是外国的使馆所在的地方。麦加是汉志的首都，但是按照回教的习惯，非回教徒不得进入麦加圣城，所以欧美各基督教、国家所派的公使或大使，都驻在靠近首都的叶达城。

沙特阿拉伯之外，半岛上还有三个比较重要的半独立地带，一是叶门，在半岛的西南角，名义上为独立国，实际在沙特阿拉伯的控制之下。另一个是库卫特，在半岛的东北角，是英国的势力范围。第三个为欧曼，在半岛的东南角，也是英国的势力范围。

半岛之外，今日在亚洲，还有三个重要的阿拉伯区域，就是伊拉克、巴力斯坦、叙利亚。伊拉克在阿拉伯东北，是古代的巴比伦，但在今日的世界上，我们已找不到一个巴比伦人，今日的伊拉克人都是阿拉伯人，与半岛上的阿拉伯人完全一样，在第一次大战后，伊拉克为英国的委任统治地，今日伊拉克已是独立国。

巴力斯坦在半岛之北，是古代的犹太国，今日世界各地许多的犹太人仍认为那是他们的家乡，但实际上一千三百年来，巴力斯坦是一个阿拉伯地带，连少数信犹太教的犹太人，所说的也是阿拉伯语。第一次大战后，巴力斯坦成为英国的委任统治地，世界各地的犹太人大批的迁入巴力斯坦，他们并且恢复了古犹太语，所以今日在巴力斯坦，官方承认三种正式语言，就是阿拉伯语、犹太语、英语。犹太人虽然大批移殖，阿拉伯人仍占巴力斯坦人口的大多数。

　　叙利亚在巴力斯坦以北，在第一次大战后，成为法国的委任统治地，后来划为两国，叙利亚与利巴嫩。在第二次大战期间，叙黎两国都发动独立运动，法国也表示承认。今日这两国已是两个独立的阿拉伯国家。

　　北非洲的阿拉伯区域，由东而西，为埃及、利比亚、突尼西亚、尔阿基利亚、摩洛哥。普通讲到埃及，就想到金字塔，与金字塔所代表的六千年前的古老文化。其实"埃及"两个字，今日已完全是地理的与政治的名词，表示地图上的一个地方与国际上的一个国家，但并不代表一个完全独立的民族与文化。今日所谓埃及人，都是阿拉伯人，在生活的各方面，都与半岛上的阿拉伯人毫无分别，埃及语言及埃及文字，今日只是少数专家所研究的古语与古文，今日埃及地方所说的是阿拉伯语，所写的是阿拉伯文，连少数信基督教而以古埃及人的嫡系子孙自居的人，也只会说阿拉伯语，除宗教不同外，在生活的各方面，都与阿拉伯人完全一致。

　　利比亚在战前是义大利的殖民地，将来如何支配，美英苏三强，仍在折冲之中。这次我国代表极力主张利比亚应该独立。突尼西亚与阿尔基利亚两地，是法国的殖民地，摩洛哥分两部，南部属于法国，北部属于西班牙，这四个地方的人也都是阿拉伯人，大多数也都信仰回教。

　　北非面临地中海，西亚就是地中海的东岸，北非西亚之间夹有红海，这是自古以来的兵家所必争之地，今日这是大英帝国的生命线，又是苏联所注视的地带，美国也对这个地方表示关心，除了地势外，西亚又是油矿特别丰富的地方，所以列强更加注意了，无论讲军事或讲经济，这个夹在亚、欧、非三大洲之间的大阿拉伯区域，在今日联合后的世界上，都要占不可忽视的位置。（昆明台播）

（原载：南京《广播周报》复刊第 3 期，1946 年 9 月 15 日。）

和平与太平
（1946）

我们今天常讲"国际和平"，过去中国总说"天下太平"。这两个名词不能互换使用，如果说"国际太平"或"天下和平"，那在文字上与观念上是不通的。"和平"是一个相对的名词，相对的观念。和平有两个假定：假定有列国，假定有战争，和平只是列国两次战争间的中间时期。既有列国，必有国际政治、国交与外交。有国际政治，必有利益冲突，利益冲突迟早必要引起战争。战争是列国世界必不可免的现象，几乎可说是自然的现象。

"太平"是一个绝对的名词，绝对的观念。太平也有两个假定：假定世界统一，假定没有战争。过去中国称实际所知的世界为"天下"，在主观上"天下"就是整个的世界，所谓天下太平在主观上就是全世界的稳定安静，并且在理论上这个局面是永久的，战乱只是临时的与意外的变态现象。天下既已一家，当然没有国际战争；失调时可以发生内乱，但那只能说是美中的不足，不能影响"美"之根本为美。

人类历史，就大的政治轮廓言，只有两种类型，就是列国世界与大一统世界。先秦的中国，罗马独霸以前的地中海世界，今日的欧美，是我们知道较为清楚的三个列国时代。罗马帝国与秦汉以下的中国是两个有名的大一统世界。列国时代，战争为正常，和平只是旧战争后的休息时期与新战争前的准备时期。大一统时代，太平为正常，战乱只是脱离正轨的短期现象。今日的世界，实际包括整个地球的世界，是一个以欧美为中心的世界。欧美仍在列国，它把世界也组成一个大的列国；连当初自成大一统的中国，今日也不过是欧美列国中的一员。列国没有太平，没有太平的观念，所以也没有太平的名词，今日在欧美的各种文字中找不出一个相当于中文"太平"的名词。但第二次大战后的欧美人类，似乎已开始有大一统的模糊感觉，可能不久要有与"太平"意义相同的名词出现。但这是后话，暂且不必多加揣测，我们仍然继续讨论比较抽象的道理。

和平与太平，除了根本的性质不同外，时间上也有很大的差异。和平时期总是甚短，太平时期却可以很长。和平很少能够维持五十年的；两次大战之间，最多不过五十年，五十年间并且一定有几次小的战争，十年的完全和平在列国世界是不可得见的。就欧美言，过去每一个世纪间都有两次大战，如三十年战争（一六一八至一六四八年），西班牙王位承继战争（一七〇一至一七一三年），七年战争（一七五六至一七六三年），拿破仑战争（一七九九至一八一五年），统一战争（一八六一至一八七一年），第一次大战（一九一四至一九一八年）。进入二十世纪后，大战的步调加紧，一九三九年第二次大战爆发，距离第一次大战的结束仅有二十一年，现在似乎是已有二十五年大战一次的趋势，将来是否更加急促，也很难说。至于太平，其长可抵和平的许多倍。西汉盛期二百年，其间大体是安定的。唐初有百年以上的太平，满清的太平也超过百年。这是列国时代所绝不可得的现象。今后的欧美除非是意想不到的根本变质，在大一统未能实现前，必难免周期性的为战魔所困扰。

战争的必然性，来自利益的冲突，是人所共知的。此点无需多谈，学历史的人不必说，生在此时此世的每个人，每日所见所闻的，都是国与国间的摩擦与冲突，只要留心每日的新闻，对于国际利益冲突的道理就可看得清清楚楚。我们只推敲一下由和平进入战争的具体方式。

把和平世界引入战争旋涡的，就是均势制度。列国并立，没有一个安全，连最强的国家也不能有绝对的安全感。安全既有问题，各国自然求友；求友的自然结果，为国际间两大壁垒的对立。至此，友邦的事也成了自己的事，自己的事当然也是友邦的事。自己的事已够复杂，再兼管友邦的事，所以国际两大壁垒之间的空气总是紧张的，双方都时时刻刻准备兵戎相见。"武装和平"的一个名词非常恰当，那是列国和平的绝妙形容。和平是外表，武装是实际，迟早必有一个问题使两大壁垒火并。所谓国际均势，总不能"均"，因不均而不安，因不安而必战。就理性讲，这是愚不可及的事，因为战后还是不均，但就人性言，这是自然不过的事，因为各方都有侥幸之心。

虽然如此，每经一次大战，必有一个或长或短的追求和平的阶段，热心人士奔走号呼，希望战争能够绝迹，和平能够永久。连为政的人，无论是出于信仰，或出于投机，往往也口口声声的拥护和平。今日的事，距离太近，关系太亲切，我们撇开不谈，上溯第一次大战，我们的观察或者比较的容易超然。当时各国组织国际联盟，以消弭战争永保和平相号召。在具体的步骤方面，限制军备，主张裁兵，最后到一九二八年各国并签订巴黎非战公约，正式声明放弃战争，永不再用战争为国策的工具。但没有人对于这一套真正放心，表面的文章尽管去作，秘密外交与均势主义活动仍旧。由法国发动，组织包围德国的集团，要使德国永世不得翻身。一九二〇年，国联方才成立，法国就联比利时，希望西线安全；一九二一年以后，又联东欧的新兴小国，在东方包围德国。法国的集团引起义大利的反集团，一九二七年联匈牙利，七年后又联奥地利。到一九三四年，这就引起再反集团，就是希、土、罗、南四国签订的巴尔干公约。日愈复杂的国际政治，给了德国一个乘机再起的便利，不久就形成联德与反德的两大壁垒，五六年后就引起第二次大战。在历史的透视中，和平运动只是一种插曲，是战后人力疲乏的临时反应。临时的疲倦一过，新战争的酝酿又起，不出几年，就又来一次大放血。

　　未来的事我们不愿多加揣测，但有一点应当提出的，就是大国的数目今日极少，已少到不能再少的程度。今日能够单独作战的只有美苏两国，连英国都已丧失此种资格。若以往事为例，我们可以指明，在中国大一统实现的前夕，只剩了秦楚两大强国；在地中海世界的列国末期，只剩了罗马与迦太基一决雌雄。如此看来，以欧美为中心的今日世界，也已发展到列国时代的最后阶段。下一个阶段是否新的大一统与新的太平？谁敢肯定？谁敢否定？

（原载：上海《观察》第 1 卷第 9 期，1946年 10 月 26 日。）

近代化中的脑与心
（1947）

近百年来我们谈维新、谈变法、谈西化、谈新文化、谈科学救国等等，有意无意间可说都是一种使中国成为一个近代的国家的企图，对于近代化的方案，容或还有许多不同的看法，但对近代化的目标，今日已无人否认。然而我们一向对于近代化中人的因素，似乎只是偏重脑，而忽略心；偏重近代文化的认识，忽略近代人格的造就。传统的心理学，认为人格有三方面：思想、感情、意志。由常识的立场来看，这仍不失为一种便利的人格分析法。思想虽然重要，但一个人格的特殊点，往往在乎情感与意志。受了外物的刺激，情感被冲动，因而发动意志，表现为行为。在这全部的过程中，思想不过是情感与意志的工具而已。我们判断一个人，说他好或坏，善或恶，和气或粗暴，慷慨或吝啬等等，这都是关于情感与意志的评判，与思想并不相涉。我们即或说一个人头脑不清，实际也不专指他的思想混乱而言，乃是说他对于情感的冲动与意志的运用不能善自驾驭，因而行为失常。并且按最时髦的心理学的说法，认为我们的思想大半只是情感与意志的辩护者，我们作一件事，往往只是高兴如此，并没有充足的理由，所举的一切理由都是意志决定之后，甚至事成之后，自圆其说的辩解而已。可见无论按传统的说法，或按最新的学说，人格的要点都不在思想，而在情感与意志。

要中国近代化必须中国人近代化，空由西洋各国搬运许多制度名物的架格，绝不足以谈近代化。例如近些年来，谈民主或立宪的人很多，许多专家能把欧美各国一切的民主理论、宪法发展、政党组织、立法程序，说得清清楚楚，如数家珍。但他们一旦从政，把这一切很快的就忘得干干净净，举止行动无意间又返回到中国传统政治的旧轨。他们即或不从政，在一般日常的生活与行为上，往往也不能发挥民主的或守法的精神，旧日士大夫的许多恶习大半仍不能去掉。此种矛盾的现象，原因何在？就是因为连多数所谓专家也只是脑中充满了一堆专门术语与抽象知识，他们的心，他们人格的最深处，情感与意志，并没有近代化。

又如生活须有规律，精神应该振作，这是每个近代国民都当具备的习惯。这个道理大家都能明白，国中人少数得有机会到欧美去留学或服务的人，也都亲眼见过一个比较规律振作的社会，他们自己或者也会无形间度过几年规律振作的生活。但回国之后，这一切也渐都忘记，饮食起居并无定节，在职服务并不振作。职务机关的刻板工作应付过了之后，剩余的时间大多不能用于自修与晋修，上焉者平白虚度，下焉者则在戏院、赌桌消耗了大好的光阴，把大有可为的才学弃置荒废，丝毫不知顾惜。虽然不是所有的人，一闲起来，就手足无措，但如此类型的人物绝非例外。原因也很简单：他们对于规律振作只有抽象的认识，但规律振作的精神一向并未渗入他们的人格深处。

又如自重与互信，是近代复杂社会的必需条件。人人自重，分内的事无需别人督催而自动去作，非分的事不去偷〔投〕机妄作。同时大家都能互相信赖，相信别人都能自重，自己也当然自重。许多国人所崇拜的民主国家，此种精神特别发达，民主精神所以能浸入这些国家的政治社会的，也就是因为多数的国民都能自重互信。否则人人都投机取巧，相互猜忌，各人大半的精力都费在互相的防备与明争暗斗上，各种的努力都相互抵消，更有何近代化或民主可言？这个道理，我们何尝不明白？但明白自明白，却不能见诸实行。学校的团体较小，各份子的程度较齐，应当是发挥自重互信精神的最好环境。撇开一言难尽的中小学不论，专讲最高学府的大学，在有的学府中，考场往往是一个令人痛心的场所。一二十人的小班大致还无问题，百人左右或再大的班上，夹带与各种作弊的现象是时常发生的。一部分人既不能自重，互信的风气何从产生？比较单纯的学校中尚且如此，我们何能希望复杂的社会中能养起自重互信的精神？在真正近代化的国家中，考试作弊虽非绝无，但的确是例外的现象。考试时教师不监堂，是很平常的事；因为学生自重，师生间能够互信，同学间也能互信。美国某校有一名教授，双目失明，但他的班上多年之间向无考试作弊的事发生。这不只是自重的问题，并且也牵涉到侠义的问题，教授失明，是弱者，若在他的班上作弊，就是欺侮弱者，是不侠义的行为，是不自重的极端例证。所以连在其他健目教授的班上或可作弊的人，到这位盲师的班上也绝不肯作弊。一般学生的此种态度，与思想毫无关系，完全是情感与意志的根本问题。

类此的例，可以继续列举，多至无限。但举一反三，大家都可体会。从政的人，各种的专业人员，大学学生，都是政治社会的领导者或候补领导者，对于近代化的理论都有相当清楚的认识，但表现在具体的行为上的，仍多是传统的一切。这并不一定是可令人悲观的现象。文化的惰性，传统的魔力，并非一朝一夕所能打破的。所谓近代精神的种种，中国在春秋战国列国并立互争的时代，大半都有。荀子在《疆国篇》讲到秦国的情形说："入境，观其风俗，其百姓朴，其声乐不流污，其服不挑，甚畏有司而顺，古之民也。及都邑官府，其百吏肃然，莫不恭俭敦敬，忠信而不楛，古之吏也。入其国，观其士大夫，出于其门，入于公门，出于公门，归于其家，无有私事也；不比周，不朋党，偶然莫不明通而公也，古之士大夫也。观其朝廷，其间听决百事不留，恬然如无治者，古之朝也"。我们若把上面这一串"古"字改读为"近代化"，仍照样的通顺！并且此种"近代化"的情形，不会是秦国所独有；列国莫不如此，最多也不过有一些程度上的分别。秦汉大一统以下，中国的社会日趋沉寂，政治日趋消极，战国以上"近代化"的精神已没有维持的绝对必要。二千年来，近代化的各种道理，如诚意正心修身齐家治国平天下，如仁义礼智信，如礼义廉耻，虽仍谈的很热闹，但大半都成了文章资料与口头禅，实际一离开家族的范围，就几乎完全是尔诈我虞敷衍了事的世界。我们在此种僵化的世界度了二千年的生活，今日忽然又被卷入与春秋战国相似的一个新的近代化世界，一统独尊之下的传统办法当然全不适用。但根深蒂固的陈旧风习，一时又不能全部改变，各种使人不满意的现象自然发生。此种缺憾的补救，并无捷径可循。思想与知识，可靠教育来充实。情感与意志，虽也可受教育的影响，但教育的影响究属有限，最少也是很慢的。抽象的知识，可以灌输；人格的转变，须靠潜移默化。灌输可以速成，移化不能性急。大家若能自觉，认识自己情感上与意志上的弱点，这种移化的过程或者可以稍微缩短，十足近代化的中国就可比较早日的实现。

（原载：《北平时报》，1947 年 7 月 13 日第 1 版。）

史实、现实与意义
（1947）

　　历史学特别注重事实，某年某地曾发生一个重要战役，二百年前的某政治家曾在某种情形下作了某一种决议，这都是历史的事实。再如群众暴动，宗教家的牺牲与宣传，哲学家的辩理，文学家的创造，科学家的发现与发明，也是史实。我们在史书中读到这种所谓史实，普通就自信已经"知道"这些事实，"知道"历史。但一般人所谓"知道"究竟能否称为"真知"？例如《史记·秦本纪》中记载秦穆公薨，"从死者一百七十七人"，这件事实看似很简单，然而我们心中如果只有一百七十七个人为秦穆公殉葬的一个数目的观念与凄惨的情景，那不能说是真正"知道"这件事；当时的人对此事的看法绝不如此简单。我们必须深切了解古代对于死后的全部信仰，此种信仰如何必然的产生了殉葬的惨酷办法，再由《诗经·秦风·黄鸟篇》中想像殉葬时的图影，并把这一幅图影在想像中放在当时整个的宗教环境之中，然后这段史实才算在我们心中发生"意义"，不仅是表面的"知道"而已，不再是抽象的印象，而成了具体的活的景象。

　　不只过去的史实如此，目前的现实也同一理。我们每日在报纸上所见到的消息，即或是从头至尾逐字阅读，也未见得我们就真正了解前一天世界各地所发生的一切大事。例如据十月中旬伦敦消息，恐怖分子曾企图谋杀英国外相贝文，一般情绪颇为震动，警探出发，严加戒备。消息简单，没有任何说明，我们的第一个印象，恐怕很容易认为这是英国政治上的一个不合理的波动。笔者不敢说这个看法一定不正确，但英国虽已大不如昔，然而英国的政治尚未发展到以暗杀为手段的程度。所以我们可以假定，想要暗杀贝文的不是反对他的政策的英国人。既不是英国人，唯一可能采此下策对付贝文的恐怕是犹太人。这个推论如果正确，只有犹太人要暗杀贝文的一个模糊印象，仍不能说是明了这段消息。我们必须认识有史以来犹太民族所独有的宗教狂热与百折不回的精神，认识巴力斯坦为三大宗教的公同圣地的根本事实，认识中东地带在近代史上的军略地位，认识第一次大战时期英国由于种种原因所发动的犹太移民政策，认识大英帝国今日非收缩不可的重大苦衷——把这种种认识综合为一之后并将那个综合认识放在今日世界大局的适当位置中，然后我们才能说是明白了这段简单消息的真正意义。

无论谈往事，或讲近事，必须那件"事"经过我们的"心"的观察与消化，外物与内心发生一种活的连系，甚至可说外物须变成内心的一部，与我们人格发生不可分的关系，然后外物在我们心中才有意义，无意义的机械"知道"不能称为真知。由此点言，一切的历史知识与现实认识都是主观的。事实的判断与辨别可以客观，事实的了解与认识必须主观，并且非主观不能算为彻底明了。既然如此，只有抽象的知识是不够的，一个人必须情感发达，想象活跃，经验丰富，方能明了过去与现在。论情感，一个人如果生性冷酷淡薄，除了维持生活最低限度的努力外，全无野心，他可以读破万卷书，仍然不能了解拿破仑的横行，或希特勒的蛮干，也不能认识一些南北极探险家的事业。他对这些可以肤浅的"知道"，但这些在他心中不能发生意义，他根本不能感觉这些究竟是如何的一回事。严格的说，只有我们自己曾经有过的经验，我们才能了解。一个没有经验与拿破仑相同的事业的人，不能了解拿破仑。但如果如此，世间将不能有一个历史家或政论家。由这个严格的观点着想，必须一个亲自经验过人类一切可能的经验的人，方能明了历史或论断世事。但这显然是不可能的，一个人无论能力如何高，机会如何好，也不能把人间一切可能的经验都——尝试。补救这种不得已的缺憾的，是想像力。我们不是拿破仑，也没有作过近似拿破仑的事，但多数人都有自己的野心、志向与奋斗精神；举一反三，对于拿翁的心情我们应当可以想像得到。我们不出家，也不想出家，但每个人在一生之中总有一次或几次或长或短的时期对人生感觉厌烦，恨不得摆脱一切，一了百了。我们若凭想像力使这种心境重现于自己的心目中，对于释迦牟尼的人格与行为就不难发生同情的了解。许多人没有上阵打仗的经验，但任何人一生之中，尤其幼年，都有过打架的机会，最少见过别人打架，也见过团体竞赛与儿童或真或假的群斗；若运用想像力，我们不难由此而意会过去历史上的战事情景。

　　但一个人的经验终究有限，不只许多具体的经验我们没有，连类似的经验我们也往往没有。例如一般的中国人大概很难想像一个海战的情景，因为大多数的中国人根本就一生没有见到海洋或搭乘海船的机会，安能想像海战？读书的最大用处也就在此。一个人可以未曾见海，但如果有想像力，可从他人描写海洋与海战的书中使自己的心里浮出一幅海洋图与海战景。一个人亲自经验一切事，是不可能的；但一个人广事涉猎，由他人的经验之谈中想像人生的一切经验，是不太难的。读书当然是作任何学问的必需途径，但要明了历史或观察世局的人尤非多多读书不可，不只数量多，种类也要多。必须无书不读，方能无事不解。否则对于往事与现实的知识容易成为心中的模糊印象，不能成为自己人格化一的亲切意义。自己人格中完全无有的事，外界发生此类事实，我们也不能了解。历史与时事的彻底认识，可说是一个人自己人格的一种内发的发展。人格的贫富不一，相差可以很大。所以有的人可以明了自己民族全部的历史，并进而与整个人类的发展精神连贯，在想像与意识中自己为这一切的一部，也可说这一切成为自己人格的一部。这是最高的历史警觉。然而这始终是理想，没有人能够完全达到，但在知识流通的今日，我们可以把它变为一个追求的目标。反之，有人正如陶渊明由另外的立场所推崇的桃花源人士，不知古，不知今，不知眼前之外尚有世界，他们的宇宙限于现今与此地的一点，对于古往今来的一切全无意识。此种人遍世皆是，未受教育的人当然属于此类，已受教育而过度专一的人，专到本门之外一无所知也一无兴趣的程度的人，也与此相差不多。往古来今的一切，只是每个人的心里乾坤，每人的心中各有乾坤，乾坤的大小就要看心胸的广狭了。

　　　　　　　　　　（原载：《北平时报》，1947 年 10 月 19 日第
　　　　　　　　　1 版。）

春秋时代的政治与社会
(1947)

　　传统中国所谓帝王专制的政治制度与所谓士农工商的四民社会，实际成立于战国时代。不过当时的列国局面，使专制好似并不专制，使社会好似仍无定型，经过了秦与西汉二百年的大一统之局，战国时代已经成熟的一切才完全表面化，呈显一般所公认的传统中国文化的政治社会形态。在此之前，穿过春秋时代，有殷商西周五六百年的封建时代。封建时代有两个大的阶级。权利阶级称士或士族。士受封土或爵禄，称贵。所以贵人是士族阶级中积极参加政治的一部分。贵是政治的名词，士是社会的名词。若撇开政治地位不谈，由天子以至一般士子，大家都是士，甚至可说都是平等的。《仪礼·士冠礼》讲的最透彻："天子之元子，犹士也，天下无生而贵者也。"但只有士才可贵可贱，平民永是贱的。士都有贵的机会，最少可说都有贵的资格。与士族相对的平民阶级，称庶人，黎民，或黎庶，分而言之，又称"农商工贾"。① 工与商贾占庶人中的一小部分，多数的庶人都是农夫。农夫都是佃奴，附属于田地，不能自由离开，须世代的为士族农耕，士族也不能随意的剥夺他们的农耕的权利。

　　介乎这个阶级严明的封建时代与阶级不明的传统中国之间的，有春秋时代。就政治社会制度的根本上言，春秋时代是中国文化发展上一个大的过渡时代。此时士族仍为政治社会的重心，政治仍操在士族之手。但士族至此已失去西周以上自立自主的地位，列国内部已经统一，现在士族是在国君的笼罩之下当政。士族阶级的发展，由礼制方面言，达到

---

　　① 《左传·宣公十二年》夏，有"商农工贾"之词。《国语》卷一《周语上》："庶人工商各守其业，以共其上。"所谓"庶人"就是农夫，"上"当然是士。

成熟的阶段，"君子"的观念发展完成，成为一种富有内容的理想。但同时士族阶级的衰微也由春秋时代开始。宗法制度是士族社会的基础，至此渐趋破坏。平民也渐兴起，平民有的起而为"士"，士族也有的降为平民。工商业兴盛，平民中出了一些资本雄厚的商人，即或未能干政，在社会上已成了不可忽视的一种新兴势力。最晚到春秋末期，平民中已有人出来议政，而特权的士族不敢随意干涉或禁止。

（一）世卿

世卿的制度，就是少数士族之家世世代代为大贵族并操国政的制度，在封建时代就已成立。例如王畿之内自周初就有周公、召公，世传不绝；春秋初年齐国即有高氏，也是西周时传下的世卿之家。世卿之家的子弟得为高官，但并非必为高官或每个子弟都为高官。西周时代"世官"的制度恐怕非常流行，父为司徒，子子孙孙往往袭职。郑桓公为王室的司徒，子武公袭职，后来又升任卿士。武公子庄公又为卿士。这个西周末东周初的例，大概可以代表西周时代一般的情形。[①] 春秋时代，国君统一列国，不愿士族享受"世官"的权利。齐桓公在葵丘之会的盟书中规定"士无世官"，禁止官位的当然世袭"官事无摄"，不准大世族之家兼职揽权，"取士必得"，就是封官必须"得"人，"得"的标准当然操在国君之于。[②] 前此士族，尤其世卿之家，可以把持全国的政治，现在国君大致统一全国，国君靠世卿与一般士族帮助他维持国运，世卿与士族由国君得官得权。但现在官位的支配权操在国君之手，不再似封建时代官位的当然世袭或多数世袭。到春秋时代只有世卿子弟才能为高官的制度，是西周时代世官制度的仅余的痕迹。

世卿的制度各国不同。晋国自献公屠杀公族后，世卿中没有近亲的公族，远族的姬姓也只有韩魏二氏，其他的世卿似乎都是异姓。但晋国地势多山，利于割据，所以世卿特别发达，势力也特别的大。鲁国最为保守，宗法制度盛行，所以世卿都是公族。在春秋时，出于桓公的三家，所谓三桓，地位特别重要，其中季孙氏尤强。其他的鲁国世卿也都是公族出身。楚国也重用公族与公子，但有罪必诛，权势不似鲁国三桓

---

① 郑伯世为王官，见《国语·郑语》、《左传·隐公三年》。
② 葵丘之会，见《左传·僖公九年》，盟词见《孟子》卷十二《告子下》。

的强大。其他各国大概都不出以上三类，或为三者的斟酌损益之制。只秦国的情形无考。春秋时代秦与中原的关系，最少在文化上仍然不深，所以《国语》、《左》以中原为重心的作品对秦国的内情都少提到。①

春秋时代政治已甚繁复，官位甚多。一般的士族子弟只能占有政治上的次要地位与下层地位。较高的地位多由世卿之家的子弟包揽。执政的首相之位，尤非普通士族所能企望，春秋各国的首相都是由公子或世卿担任。

（二）君子观念

"君子"为士族阶级男子的尊称，本是纯阶级的名词。但在封建时代恐怕就已有许多伦理的与理想的意义渐渐渗入其中。进到春秋，理想的君子观念发展到极点，有许多士族子弟也极力想要达到理想的标准。周代传下的六艺教育仍旧，但至此这只能说是士族子弟最起码的训练。六艺之外，此时又添了各种比较高深与专门的科目，最少一部士族子弟是要学习的。一种流行的课目是春秋，就是本国的历史，是各国史官所修的官史。第二种新的科目称"世"，就是天下各国的通史，也为士族子弟所习。两种历史，除供给史实的知识外，又有以过去的事实作为劝戒的作用。三、"诗"是古代与当时诗品的选集，选本甚多，最后才标准化为传到后世的三百篇。政治活动与外交折冲常须赋诗，所赋的都是古诗，所以诗教是政治教育的一种必修科目。四、"令"是国家的官法时令，《国语·周语》中提到夏令，先王之令，周之秩官，都属此类，性质近乎宪法与法律的研究。五、"语"是古人的名言嘉句，战国时代传到后世的《国语》仍有此种意味，等于一种实行的伦理学。六、"故志"或"前志"是私人的作品，是半历史半哲学的文字，所讲的是政治思想与政治哲学。《左传》、《国语》中所屡次引到的史佚之志属于此类。七、"训典"是尚书类，乃天子诸侯或卿士的正式训词或记事的档案，或后人附会的此种作品，传到后世的《尚书》中有尧典，佚书中有伊训与高宗之训，古代所传的三坟五典大概都属此类。②

以上这一切的科目，王侯的子弟或世卿的子弟都有专请的师傅在家

---

① 世卿制度的记载，散见《左传》、《国语》二书。顾栋高《春秋大事表》中分析颇为精到。

② 《国语》卷十七《楚语上》"庄王使士亹傅太子箴"一节，讲到士族教育的高深科目。

教授。另外，学校的内容大概也渐充实，除六艺外，最少这些新科目中的一部分成为多数学校的教课，凡士族子弟想要成为理想的君子的，都可入学受教。

教育的目的是训练理想的君子，君子的人格，据当时的一种说法，应当合乎下列的十二条标准：

一　忠——"明施舍以导之忠"。

二　信——"明久长以导之信"。

三　义——"明度量以导之义"。

四　礼——"明等级以导之礼"。

五　孝——"明恭俭以导之孝"。

六　事——"明敬戒以导之事"。

七　仁——"明慈爱以导之仁"。

八　文——"明昭利以导之文"。

九　武——"明除害以导之武"。

十　罚——"明精意以导之罚"。

十一　赏——"明正德以导之赏"。

十二　临——"明齐肃以导之临"。①

君子的人格在理论上应当完善无缺，所以郤縠因"悦礼乐而敦诗书"而得将中军，就是作晋国的首相。② 由《左传》、《国语》中所记载的许多故事，我们可与上列十二条理想的标准对照，知道春秋时代君子人格具体表现的大概。例如君子当知识丰富，一事不知也是君子之耻。第二，"士可杀，不可辱"。士大夫有罪，多自杀，不待国君或国法的制裁。如果自认有罪，君虽不加责备，君子也往往自罚或自戮。君子受辱必报，但如受君上的诬枉，义不得报，就自杀以示抗议。第三，忠于君命，从一而终，也是君子行为的一个标准。已受君命，必须将使命完成，否则死于君命。此外对朋友，对他人，也要言而有信。第四，君子勇而不鲁，粗野的蛮勇是可鄙的；君子绝不畏死，但也不似野人的横冲直撞。第五，君子善于辞令，在国内，尤其在国外，须能应对如流，不辱君国。第六，君子绝不自矜，一个人尽可文武全才，但不骄傲，也不在不适宜的场合显示本领。第七，君子必须有礼。古诗中所谓"人而无

---

① 《国语》卷十七《楚语上》"庄王使士亹傅太子箴"一节，讲到士族教育的高深科目。
② 《左传·僖公二十七年》。

礼，胡不遄死?"可代表理想君子的最高行为标准。其他即或皆合标准，如果没有礼法作为陪衬，一切皆属枉然。君子的一言一行，一举一动，必须处处合节，方是春秋时人所佩服的标准男子。

（三）士族之渐衰

历史上向来没有能够维持永久的权利阶级。撇开一切其他的问题不谈，生物学上的自然趋势就是无可飞渡的难关。权利阶级生活优裕，人口增加率必定高于社会平均的标准。最后多数的士族子弟必定也无土地，也无官位，实际与庶人无异。粥少僧多，争夺必烈，失败者往往降为庶人，甚至堕为奴隶。春秋时代此种例证甚多。据《左传》，襄公二十七年齐国的庆封灭崔氏，"尽俘其家"，世卿之家的士女一旦都堕为奴婢。昭公三年，追述晋国的情形："栾、郤、胥、原、狐、续、庆、伯，降在皂隶。"据《国语·晋语九》，晋国的范与中行二氏失败后，族人逃往齐国，降为平民。昭公三十三年，"三后之姓，于今为庶"。所谓夏商周三代的子孙到春秋时代也多已成为庶人。

到春秋时代，连未降级的士族子弟也多有贫贱不堪、非克苦求禄不可的。《左传》宣公二年，追述赵宣子田猎时遇到灵辄的故事，讲到灵辄在外求学三年，自己几乎饿死，同时也不知母亲是否仍然在堂。这种贫苦的士子，在当时恐怕并不是例外的。

在士族趋于衰微的春秋时代，士族所依赖的宗法制度与大家族制度也渐渐不能维持。大家族制度是士族阶级与封建社会的基础，主要的象征有二：一为婚礼与严明的嫡庶分别，一为三年丧与丧服制度。这些制度本身无大关系，但它们是大家族与封建社会的维系绳索，一经松解后，整个的封建机构与士族团体就随着倾倒了。齐桓公召聚葵丘之会，盟约中明载混乱嫡庶的禁条："无易树子，无以妾为妻"。[①] 前不久周惠王曾想废太子而立庶子，葵丘的约条虽直接对此而发，但春秋时代废嫡立庶或以妾为妻的事相当普遍。这也是士族阶级中纷争日多混乱日堪的一种表现。三年丧的制度，据《孟子》的记载，保守的鲁国就早已不行此礼。[②] 孟子虽未明言三年丧由何时废弃，但由春秋末年孔子的极力提倡，

---

① 《孟子》卷十二《告子下》。
② 《孟子》卷五《滕文公上》。

正可看出三年丧早已不为一般人所遵守。天下通行而毫无问题的事，是不需任何人提倡的。三年丧一词是只就守丧的极期而言，族中每死一人，少数人守丧三年，其他按血统远近，守丧九月、五月、三月不等。封建的基础在家族，庞大家族的基础在礼制，最足表示礼制精神的就是远近分明的三年丧制。三年丧的废弃，象征整个封建社会的趋于破裂。

（四）平民之渐兴

士族之衰与平民之兴是一种变化的两方面。春秋时代，少数庶人升为士族；平民出身的工商阶级势力渐大，由侧面开始参政；士庶趋于不分之后，士庶的生活标准与生活方式也渐混淆。这三种发展，都象征庶民的开始得势。

管仲变法的齐国是最早允许平民的子弟进入士伍的。[①] 管仲规定，凡农家出身的优秀份子皆可为"士"。"士"在当时有两种含义：一是"兵"，一是"特权阶级"，两者是一而二二而一的。封建时代只有特权阶级能当兵，所以"士"字既可解为"特权阶级"，也可解为"兵"。正式进入国家军队的人，无论出身如何，当然就成为特权阶级。齐国以外的情形无考，但大概有同样的发展。然而在春秋末期之前，此种情形恐怕仍属例外，各国的士族仍多为殷周时代传下的旧族，世卿阶级没有例外的全为旧族。

工商业在封建晚期必已开始发达。平王东迁，西周之地的商人有的随迁，许多都随郑武公到东方建设新的郑国。[②] 进到春秋，商业愈盛，最少中原一带，尤其郑国，有少数富商活动的范围已遍天下。僖公三十二年，秦师袭郑，适逢郑商弦高、奚施二人将往周畿经商，路遇秦师，遂矫郑君的命劳师。一面奚施回国告警，一面由弦高冒充使臣。能够摆出使臣的架子，随从的人必多，商业的规模相当的大。犒师时，辞令得体，举止自然，使秦人不能看出破绽，证明商人的知识程度甚高，对士族的礼制也甚熟习。此外，弦高、奚施的行为并可证明商人已有爱国的思想，对于国事的热心已不是士族所专有。[③]

---

① 《国语》卷六《齐语》。

② 《左传·昭公十六年》，子产说："昔我先君桓公与商人皆出自周，庸次比耦，以艾杀此地，斩之蓬蒿藜藿，而共处之，世有盟誓，以相信也。"

③ 秦袭郑的故事，见《左传·僖公三十二年》及《吕氏春秋》卷十六《先识览第四》悔过篇。《吕氏春秋》的记载较详。

《左传》成公三年，追述晋卿荀罃在楚的故事。荀罃在楚为战俘，一个郑国的商人暗中谋将荀罃救回晋国，事未成熟而楚已将荀罃释归。后来郑商到晋活动，荀罃把他当恩人看待。但郑商不肯无功受禄，赶快离晋往齐。此事证明国际商人的活动并不限于两国之间，此商由郑而楚，由楚而晋，最后由晋而齐，已经走遍当时天下的大半。同时我们又可看出，商人也有士族的道义观念，并不专以利为事，无功不愿受赏。

商贾的地位并且受有国家的保障。昭公十六年，晋卿韩宣子聘郑，要强向一个郑商购买宝环，郑商不欲出卖，宣子请郑国的执政子产代为设法，子产不肯，并说明郑国的政府自从随平王东迁之后就与商人立有誓约，政府绝不向商人强制购买。

大商贾并不限于郑国，晋国首都所在的绛也有富商，"能金玉其车，文错其服，能行诸侯之贿"，可以富埒王侯。① 其他各国也必有同样的富商大贾。但这些人尽管阔绰，却"无寻尺之禄"，在政治上仍无地位，春秋时代的政治大体仍操在士族之手。

平民在法律上虽无政权，但于社会上的地位提高后，很自然的也要干政。孔子曾经愤慨的说："天下有道，则庶人不议"，可见最晚到春秋末期庶人议政的已经很多。② 但此种风气的开始，恐怕早在孔子之前。并且议政的当然不限于平民。据《左传》的记载，郑国的人常到乡校谈论国事，似乎是士庶都有。此段记载，在襄公三十一年，其时孔子方十岁，可见议政的现象来源甚远。据《左传》的语气，乡校议政并非方才发生的事，而是已有相当时期的历史的一种风气。

平民中一部富庶之后，封建时代士庶之间日常生活的贵贱之分必定难以维持。衣服文绣，每日肉食，是士族的特权。布衣素食，是平民的本分。但富商大贾在生活习惯上要摹仿士族，是很自然的事，国家虽想禁止，也难生效。子产主持郑国，规定"上下有服"，衣裳的制度要恢复旧日的上下之分。郑国的人当初对此极力反对，后来子产的政策虽然相当的成功，但这种成功恐怕也是暂时的。③ 饮食为各人家中的私事，更难管理，所以子产根本未曾规定。

一部平民的生活豪侈，同时许多士族之家的生活反倒趋于寒酸。季文子历相二君，为鲁上卿，衣食节俭，"无衣帛之妾，无食粟之马"。有

---

① 《国语》卷十四《晋语八》。
② 《论语·季氏篇》。
③ 《左传·襄公三十年》。

人劝他不必如此自苦，文子说："吾亦愿之。然吾观国人，其父兄之食粗而衣恶者犹多矣，吾是以不敢。"所谓"国人"，就是鲁国首都曲阜城中的人。首都中的人虽不见得都是士族，但士族必甚多。并且平民当然"食粗衣恶"，不足为奇，季文子所谓衣食甚苦的父兄必指鲁国士族中的贫苦长老而言。①

（五）大革命的开始

春秋时代已不是纯粹的封建时代，但封建的士族阶级仍然存在。上面所举的各种社会变化，象征半封建的春秋制度到后来也不能维持。彻底的革命是春秋末战国初的事，上列的变化是大革命将要来临的征兆。

春秋时代工商阶级势力日大，到末期政治社会渐趋混乱，各派竞争时必不免有人援引工商为同党，工商阶级也自动的想乘机参政。此种经过，可惜记载简略，只关于周室的王子朝之乱有较易捉摸的痕迹。周景王（公元前五四四年至五二〇年）崩，太子猛立，为悼王，不久又崩，弟匄立，为敬王（〈公元前〉五一九年至四七六年）。王子朝争位作乱，同党的人除近族的子弟外，尚有旧日因故丧失职位的失意百工。王室本来养有许多工人，在法律上为佃奴，此种工人繁衍之后，有人不免失业，成了现成的捣乱份子。百工的势力甚大，人数必定很多，可能也有未失业的百工加入，所以王党也极力拉拢，与他们定盟，强求他们背叛子朝。不久百工又反复，仍与子朝同乱。〈公元前〉五一八年晋遣使到王城问明周乱的曲直，召聚民众大会，请公意表决。看当时的情形，所召的不只士族，平民百工也在内。民众大会拥护敬王，盟主的晋国于是也决定承认敬王。到〈公元前〉五一六年晋败王子朝，乱平。但王城中子朝的余党仍多，须靠诸侯派兵戍守，敬王方能安于其位。〈公元前〉五〇九年晋率诸侯重修规模较小或已残破的成周，请敬王迁都，诸侯的戍卒始得归国。②

子朝之乱，因记载不详，意义不甚清楚，但平民参加春秋末期的内乱，则是无可置疑的事。〈公元前〉四七〇年卫乱，也有匠人参加，许多工匠没有兵器，以斫木所用的刀当为兵器。一般平民，尤其是工商

① 《国语》卷四《鲁语上》。
② 敬王与王子朝争位之乱，见《左传》昭公二十二年至定公元年。

人，参加各国的内乱，在春秋末战国初大概是很普遍的事。可惜关于这个时期，前后一百年间，史料非常缺乏，不知多少惊天动地的故事千古湮没，不知多少轰轰烈烈的人物名氏无存。我们所知道的，只是最后的结果：到历史的局面又比较清楚的时候，以血统为标准的士族阶级已不存在，天下各国的人民在法律上已都是平等的国民。若再有高下的分别，那只是职业的不同与身份的差异了。在根本上，这已就是我们后日所熟知的士农工商的所谓四民社会。

政治与社会相辅而行；社会既变，政治必变。春秋时代，各国的国君虽然统一境内，大权虽已在握，但因一切的行政必须经由士族出身的官吏之手，政府的高位必须由世卿之家的子弟占有，士族与世卿对于君权有形无形间是一个很大的牵制力量，春秋时代的诸侯绝不是专制独裁的国君。士族推翻，四民的社会成立，全民平等之后，"平等"的含意或者很多，但在实际政治上的一个重大含意就是全民在国君前一律平等，平等的受国君的统治。战国时代各国的国君，是中国历史上最早的专制独裁的国君。秦始皇帝统一天下后的种种设施，并无新奇，在根本上是战国时代已经成熟的现成制度。

（原载：清华大学《社会科学》第 4 卷第 1 期，1947 年 10 月。）

自强运动的回顾与展望
（1947）

过去百年的历史，是中国的一部自强史，自强失败史，与失败再图自强史。在内乱不已，全国焦心的今日，对过去百年的温习，或者是纠正错觉，供给透视力，加强我们对于前途的信念一最好办法。近一世纪的发展，约略可以分为六个阶段。由鸦片战争到英法联军，中国大体上仍闭关自守，仍以天朝自居，不肯承认有向外人学习的需要。这是近百年发展的第一阶段，仍呈显千年以来停滞不动的状态。

一八六〇年英法联军之后，中国初次感到非向西洋学习不可，但学习的以坚甲利兵为限。认为在一切其他方面，就是后日〈所〉谓"精神文明"方面，中国当然是领袖万国的，只有欧美向中国学，绝无中国反学欧美的道理。这是第二阶段。

一八九四年的甲午之战，证明此种办法之下的甲也不坚，兵也不利，海陆两败，国家濒于灭亡。这是图强后，初次失败。失败后有识之士认为中国须要变法，除坚甲利兵外还须学习西洋的政治、经济与一般学术，政治制度尤其须与西洋合流。于是一八九八年康有为上书请求变法，光绪皇帝竟然很热心的实行了一百天的新政。但新政无根，等于纸上谈兵，不久，慈禧太后听政，倒行逆施，最后于一九〇〇年并要用杀尽洋人的拳匪办法来达到救国的目的。结果是八国联军入京，与丧权辱国的《辛丑条约》的签订，这是图强后的二度失败。庚子失败后，辛丑下诏变法。此后几年间，停科举，兴学校，准备立宪，但始终未脱表面文章的旧套，最后一无所成，满清的帝祚也不可保。这可说是三度的失败。这种一而再再而三的失败，是自强发展史的第三阶段。

清廷变法而不彻底，且无诚意，是辛亥革命爆发并且很快成功的一个重要原因。当时大家认为清廷的腐败昏聩与帝制的不合潮流是中国富强的惟一阻碍，只要逐清室，建共和，天下就从此永庆升平。不料民智未开，经验缺乏，一切的旧心理与旧习惯丝毫未改，结果是袁世凯假借共和而私图帝制。袁世凯失败，而他手下的北洋军阀从此就打了毫无意义的十年内战。这是图强后的四度失败，也可说是图强史的第四阶段。

政治革命的收效，未能如热心人士所预期，知识青年尤为失败，失望之余发动了新文化运动，认为表面的政治改革不够，须有文化上的彻底更新，中国方有前途。大家在对文化过度热心之下，一时认为政治是根本污浊不堪的，绝对不可染指。当初颇为健全的文化运动，后来不免成为泛滥无归的清谈与门户之见的主义之争。苏联革命初期的宣传不〔也〕加深了清谈的成分与门户的界线。这可说是图强运动的五度失败，也是图强史的第五阶段。

一九二六年国民革命军北伐，图强的事业又返回到无从避免的政治、军事的路上，一时全国振奋，达到前此任何一次图强运动所未有的程度。国民革命可说是辛亥革命与新文化运动的合体，是牵动文化各部门与社会各阶层而以政治为手段的革命运动。这是百年来近代化过程的第六阶段与最后阶段。困难仍然甚大，弱点仍然甚多，但所走的已是不偏不依〔倚〕的正路，照此方向走去，富强的目的必可达到。若问证据何在，证据就在日本的阻挠与破坏。辛亥革命，日本未加反对。讨袁运动，日本暗中协助，因为最少在主观上日本认为这都是使中国增加混乱的举动。日本近代立国的一大原则，就是与中国势不两立，对于中国的任何正轨运动必千方百计的加以破坏。所以北伐之初，日本就于十六、十七两年间两度出兵山东，不使革命军顺利北上。待阻挠无效，张作霖又不肯坚守北京后，日本就制造皇姑屯事件，炸死北遁的张大帅，希望造成东三省的混乱分裂，以便借口进兵。不意东北不仅未乱，并且很快的易帜，表示服从国民政府。至此日本知道中国新的革命运动不是小施诡计所能破坏，非大下毒手不可。于是暗中准备了三年，乘著世界的大不景气与长江的空前水灾之际而发动九一八事件，进占了东北全境，制造满洲伪国。中国国力未充，抵抗无从，五六年间日本于是制造察北、冀东的伪政权，强迫冀察自治，强占交通枢纽的丰台，提出较二十一条尤为毒辣的广田三原则，想由外交的压迫而沦中国为附庸。国府尽可能的艰苦应付，同时也作万一的准备，决定于退无可退是〔时〕而赌国命与敌周旋。征兵制度的初试，空军的开始兴建，铁路的加修，公路的布满全国，法币推行，都是使中国近代化的条件加强加深的措施。当时国内热血有余而冷思不足的人对政府颇多误会，恨不得马上对日宣战。但日本却视察甚清，也恨不得中国能像热血人士所希望的而认真开战，以便短期间彻底解决中国。正在此时，西安事变发生，当时全国上下对于政府的竭诚拥护，与事件顺利解决后举国的欢欣若狂，使日本忧惧愤恨，因为它在此以前尚不肯相信中国在精神上已经如此的统一。日本至此才下了最大的决心，决定早日制造使中国忍无可忍的事件，逼使中国非于准时全面作战不可，所以半年后而〔有〕卢沟桥边的炮火引起"地无分南北，人无分老幼"的全国全民抗战。当时日本声称要三个月间灭亡中国，日本人做梦也未想到东亚大陆旷古未有的大战要继续八年之久，更想不到最后屈服的不是中国，而是日本自己。日本如此冒然间的赌国命而发动全面侵略，就是因为北伐后中国的真正开始走上正轨；中国抗战的能不于三月内失败，国家民族不至灭亡，就是靠的建都南京后短短几年间的艰苦建设与努力准备。这是大战之后，物质损失惨重，精神疲乏过甚，内乱外患，相交煎迫之下，我们对于抗战的背景与意义所当切实把握的认识。

日本现在已倒，已成了他人的囊中玩物，但中国的苦难并未过去。"弱国无罪，图强其罪"，日本非打倒中国不可，就是因为我们敢于认真，图强。日本制造南京伪府，就是因为当初的南京政府已成为中国发挥实力的有机重心。八年的大战已把这个重心拖得疲乏不堪，但重心、地位仍然维持，仍有恢复抗战前甚至超过抗战前的坚强地位的可能。大战的消耗与战后的混乱，使我们自己往往忘记这种可能，漠视这种可能，但外人并未忘记，绝不漠视。他们看的非常清楚，绝不让这个可致中国于强大的政府得有致中国于强大机会。战后自然发生的混乱与人心不满，正好是他人的混水摸鱼之资。正如日本从前的专为中国制造分裂，今日不仅是武装的政党，也不仅是热中的文人与失意的政客，即或是伊哑学舌的小卒，外人也无不奉为至宝，无不公开的鼓励或暗中的提携。日本在"王道"、"吊民伐罪"、"同文同种"、"共存共荣"、"膺惩某政权"、"讨伐某军"的种种美名之下，所作的是如何的一套把戏，无人不知，无人不晓。但我们如果以为这一套把戏已是陈迹，就大错特错了。今日已经换了一串新的美名，更好听，更动人，外面的糖衣更厚，内里的毒素更烈，中外报纸上每日满是这些名词，只可惜战后过度疲敝与充满怨望的人心不能识破真正机关。过去日夜暗算中国的，只有一个笨伯的日本。今日暗算中国的既不是笨伯，也不只一个：蛮横的其蛮横远较日本彻底，狡诈的其狡诈远较日本可怕。他们尽管互相戒备，但在中国却是难兄难弟，同一的目的是暗算中国，即或不能把实力的政权拉垮，也要把它拉弯，使中国永远不能挺立于天地之间。

我们仍在图强的第六阶段中，八年的大战并没有使这个阶段打断。然而战后的今日，可怕的外力，在各种的内应之下，正在企图这个阶段，要使此次的图强运动与前几次同样的失败，要完成日本所未完成的毒辣阴谋。今日我们已临千钧一发的关头，为生为死，只在国人的一念之转！

（原载：北平《北方杂志》第 2 卷第 5 期，1947 年 11 月 1 日。）

《周论》发刊词
（1948）

在刊物已经很多的今日，又出一个新的刊物，似乎当有充份的理由向社会说明。今日的中国，今日的世界，都处在政治兴趣特别浓厚的时代，刊物的众多也就是由于此种兴趣。政治兴趣使人热烈，使人动感情，使人把热烈的感情当思想看待。感情是需要的，感情是重要的，但感情不能代替思想。我们承认政治兴趣的正当与必需，我们也要时常谈到中国的与外国的，理论的与实际的，美好的与丑恶的各种政治问题。同时我们也要谈其他的问题，政治无论如何重要，政治仅是整个文化的一部而非全部。并且我们无论是谈政治，或谈人生的其他方面，希望都能采取科学的方法，保有客观的态度，维持冷静的精神。主观与热烈可以表现于行为，不能表现于思想。主观热烈而表现于思想，思想就成了信仰。我们不反对信仰，但信仰不可当作思想。信仰也是思想的一个研讨的对象。正如中古的欧洲一样，今日的世界似乎又走入一个新的信仰时代。我们愿意请求社会，不必强要我们追随信仰的潮流。追随潮流的人已经够多，似乎不妨有少数人从旁向大家报告一下，究竟潮是如何流法，前途有无阻碍，有无困难，有无危险。因为我们愿尽这样一个从旁报告的责任，所以希望社会不必要叫我们像潮流中人的那样热烈的肯定与热烈的否定。我们不是不敢肯定或否定，而是不愿轻易肯定或否定。民主、自由、平等、前进……谁不欢迎？谁不希望？独裁、奴役、不平、反动……谁不反对？谁不诅咒？但是无论好的名词，或坏的名词都已被人用烂，都已在潮流中撞破，今日几乎已经无人知道这些名词究竟还余有多少意义。滥用名词的结果，坏的名词使人无动于衷，好的名词使人发生反感，所有的名词都有变成笑柄的危险。这是如何令人惋惜，如何令人悲叹的一种意外发展。这些名词，以及同类的或有关的名词，我们仍然要用。但是我们用时，是要分析概念，研究问题，不是要把名词本身作为目的。我们的武器是思想，是概念，不是名词，不是口号。在一切名词都已变成口号的今日，千篇一律的话我们不愿再说一遍。我们只以科学，客观，冷静自勉，尚祈国人时予指教是幸！

（原载：北平《周论》创刊号，1948 年 1 月 16 日。）

政治的学习
（1948）

民主政治是今日政治的主流，每一个人对于民主政治都当设法有比较切实的认识。我们都知道，在大国中，英美是两个民主国家。另外，在欧洲大陆，有几个较小的国家，或多或少的也已经实现民主政治。我们现在，根据这几个已有历史根底，并且今日仍把民主政治维持不坠的国家的实际情势，对于实际民主政治的特色，试作一个概括的叙述与说明。

第一，先讲民主政治与人民程度的关系。要实行民主，人民知识的水准必须相当的高，并且相当的整齐。知识较高与整齐，不一定就能实现民主，维新之后的日本是一个很显明的例证。但人民若知识程度太低或太高低不齐，民主政治就难以谈起。我们无论研究过去的历史，或观察今日的世界，都能发现人民程度高而政治仍然专制的例，却不能发现人民程度低而政治真正民主的例。在人民程度低的情形下，政治若名为民主，即或不完全是空有其表，也必很不彻底。这或者是许多人所不愿听的话。但事实终是事实，我们愿听与否，并不能修改事实。谈到民主政治，这是第一点我们须要认识的。

但所谓知识，并非专指识字而言。读书识字当然必需，但全体人民都能识字，只是一个起码的条件，并不是一个充足的条件。在宣传已经成为专门技术的今日，我们很可想象，一个人因为识字，反倒更容易接受违反事实或歪曲事实的宣传，太天真的看一切白纸黑字的宣传品为千真万确的事实。一个文盲，反倒没有这种危险。我们并不是反对识字，而只是说，识字还不够，在识字之外，一般人民必须有切实的知识，有自由判断的能力，有辨别是非的训练。必须如此，一个人才算是一个民主国家的公民；否则即或一切的外表与名义都是民主的，那个国家的实际情形也必与民主政治毫不相干。

第二，可讲民主政治与人民修养的关系。知识是理智的问题，可以学习。修养是作人态度与整个人格的问题，不是由书本中可以学来的，必须由日常的处世为人与实际经验中练习得来。比起知识，这是一个不可捉摸的条件。也正因如此，它比知识或者还要重要。在过去与今日，有许多知识程度相当高的民族而不能实行民主政治，根本的原因或者就是修养有缺。简言之，民主政治所需要的人格修养，就是心地开扩，互相容忍，每个人都能尊重他人不同的意见与主张。凡是以自己为绝对的是，看别人为绝对的非的人，他即或终日民主不离口，实际却是一个极权主义者，与古今的专制帝王及各形各色的独裁者是同类的人。此种人只在自己势力小的时候才讲民主，一旦得势，极权的原形立刻毕露。我们所谓容忍别人，并不是说对于自己的主张缺乏信心，而是说每个人都当承认政治问题以及一切人世问题的复杂性，任何人都必有所偏，都只能认识真理的一面，没有人能认识全面。这是民主政治的根本态度，无此态度的民族必不能实行民主政治。我们应当自问，中国民族是否有此态度。若有，当然很好。若没有，由今日起，就必须好好的练习，好好的互相勉励。

第三，可讲民主政治的方法。民主的方法就是妥协，在互相让步下求一切问题的解决。这与上面所讲的容忍态度，密切相关。因为态度容忍，所以在方法上力求妥协。西方有一句名言说："政治为实现可能的事的一种艺术。"这句话深堪玩味，特别可以作为民主政治的注脚。既然对于任何重大问题都难求各方意见的完全一致，而重大问题又非解决不可，最合理的想法就是在互相妥协，互相让步下求解决。在讨论的进行中，各方都不妨尽所欲言，但同时也要大大方方的接受异己之见的可以采纳之点。只有如此，一个问题才能面面顾到，最后的方案才是在客观上最合理的方案，而不是在主观上满足任何一偏之见的方案。坚持己见，是不可能的。调和异见，是可能的。为这种可能的事求得最合理最满意的办法，就是最高的政治艺术。

以上是由抽象的原则方面来讲民主政治的方法。具体的讲，实现民主的妥协政治，要靠代议制度。人民不能每人直接参政，必须有代议制，议会就是民主政治具体实施的场所。议会政治是一种政党政治，正常的情形是一党代表人民在朝主政，其他各党代替人民在野监政。两者缺一不可，缺一就不是民主。在朝主政固非容易，在野监政也不是一件很易胜任的事。在一个民主国家，从事政治的人不只能够主政，并且也要练习真能代替人民监政。

第四，讲到民主政治的根本性质。民主政治是一种变的政治，变而不乱的政治；换言之，就是一种和平革命的政治。按宪法，美国每四年大选一次，英国每五年大选一次；论者常说，美国每四年，英国每五年，要经过一次不流血的革命。因为每次大选，各政党各自提出政纲，向人民说明，请人民选择，人民多数所拥护的一党就上台执行自己的政纲。历史上所谓革命，不过是对现状不满的人用武力推翻现状，另成立一种新的现状。这在没有民主方式的国家，在积久不满之后，是不可避免的。在民主国家，经常的给人民一种改变现状的机会，所以民主国家是时常在变的。但是变而不乱，是用和平的，合法的方式，按步〔部〕就班的去改变。这恐怕是民主政治最可宝贵的地方。

我们都要民主，但要民主并非就可以民主，民主政治并不是呼之即来的。"要民主"只是"可以民主"的初步，前面的路途还远得很。但行远自迩，我们只要虚心学习，终有达到目的的一天。今年是我们的行宪年，也就是我们开始学习民主之年，以上根据西方少数民主国家长期的经验，略述民主政治的特点，谨与国人共勉！

（原载：北平《周论》创刊号，1948 年 1 月 16 日。）

如此世界·如何中国
（1948）

世界大小六十余国，撇开法理与表面的名义不谈，专就实际而论，可以分为三类，就是强国、自保之国与殖民地。强国为"力"的中心，其力的自然趋势为向外发展。殖民地为强国之"力"的发展对象，在法理上已成殖民地的区域不必说，连许多名义上仍有独立主权的国家实际也属于此类。自保之国介乎二者之间，其力勉强足以自保，不致成为他人的殖民地，同时也不能向外发展，不能自有殖民地。以上是就事理而言。具体的逐国推敲，任何一国都不是注定的要永久属于三类中的一类。强国可因内在的消蚀或外来的打击而成为自保之国，甚至降为殖民地。自保之国如果努力不辍而又善于利用机会，也可成为强国；相反的，当然也有堕为殖民地的可能。殖民地要改变自己的地位，比较困难，但如一方面奋斗不懈，一方面紧抓机会，有时也可跃为自保之国。各国间此种地位的蜕变与升降，就是国际政治的主题。由此立场去观察，是我们明了世界与认识中国的最简便的方法。

为更透彻的了解战后的今日世界，我们必须对于战前的世界先认识清楚。战前的强国或可称强国的有七个，就是所谓侵略主义的德义日三国与所谓爱好和平的英美苏法四国。其中法国的强国地位颇为勉强，法国实际上已成为介乎强国与自保国之间的一个灰色国家。德义两国合称轴心，有如连环，可以合观。德国在当时把握全部的中欧，西向威胁法国，东向威胁苏联。义大利于德国的支持之下，在欧洲向近东发展，占有阿尔巴尼亚，威胁希腊；在地中海与英法争衡，经地中海而达非洲，攫夺或威胁英法的殖民地或势力范围。中东也在轴心的侵略计划中，但直到欧战爆发的一九三九年，德义的力量尚未能有效的进入中东。

日本有大陆与海洋两方的侵略政策。在大陆上日本一面威胁苏联而未能得手，一面伸入中国，强占东北，分化内蒙，压迫华北。在海洋上日本一面向南洋扩充，一面在太平洋与美国抗衡。苏联此时大体仅能自保，东西两面受日德的威胁，时刻自危；但对中国则始终不肯放松，外蒙完全席卷以去，新疆也在掌握之中，只有多年垂涎的所谓北满不得不忍痛让与日本。

在西方，名为强国的法兰西岌岌堪危，东境受德国的包围，南境有义大利窥伺，海外虽有帝国，北非各地义大利时思染指，越南已被日本认为当然的侵略对象。英国仍是真正的强国，在大西洋上与美国维持平衡；地中海的大部属于英国，近东巴尔干为英国的防线；经地中海，出印度洋，控制中东遥领印度。在过去，英国的势力经印度洋而达中国，但到第二次大战之前，英国在中国的势力已大减色。

新大陆的美国，除稳制拉丁美洲外，在大西洋上保有西半的一部势力，在太平洋上与日本对立，东太平洋可以控制，西太平洋的优势属于日本。至于对中国，美国虽自四十年前就已积极注意，但任何可能的发展都因日本的拦阻而归于停顿。

战前的中国，在过去百年已是列强的公同殖民地，列强也始终不容中国彻底改变殖民地的地位。但自民国十五年北伐之后，中国极力的想要发展为自保之国，英国在中国的原有势力一部退出，美国最少在表面上势力仍不甚大，只有苏日两国对中国不肯表示死心。苏联为大局所限，当时的活动限于外蒙与新疆，日本则倾全力以对付整个的中国。列强对中国都无善意，但最忌中国脱离殖民地地位的则为日本，它自认为与中国势不两立，对于任何可致中国于完全独立自主的运动它必千方百计的阻挠破坏。国民革命军的北伐正是这样的一个运动，所以日本不惜于十六十七年间两度出兵山东，不使革命军顺利北上。迨阻挠证明为无效，三年后而九一八事变爆发，又过六年而中国被迫发动全面抗战。中日间的大战可说是不可避免的，日本坚要中国永为殖民地，中国决心要进为自保的国家，最后只有用战争来决定中国命运的路线。

日本与德义的无限扩展政策，引起了中国八年、欧洲六年、太平洋四年的第二次大战。这次全球战争是国际局势的一大革命，战争结束之后，德、义、日三大强国等于消灭，或可说都已成为殖民地。三国都很少有再起的机会，德国今日的东西分裂可能成为永久的局面；义大利的实力消耗过重，除地势的冲要外，义大利已是一个无足轻重的国家。日本今日名为由盟国合同占领，实际乃由美国单独占领，此种一国独占之局即或非为永久，也必为长期无疑。日本将来可以作为工具，再主动的兴起为强国的可能甚难想象，连成为自保之国的机会也微乎其微。

战前的重要国家，在今日仍值得注意的，为美、苏、英、法与中国，恰巧就是联合国安全理事会中的五个常任理事国。法国的地位已经明朗化，战前尚可保持强国的空名，今日法国只能说是一个自保之国，并且连自保的地位也有随时丧失的可能。共党一旦得势，法国即将消灭，或成为国际战场，或成为国际性的内战场所。反之，如果戴高乐一类的人上台，法国就必积极企图恢复强国的地位，最少要摆出十足的强国架子，结果东西两大对法国将都不表欢迎，如果处理不善，可能会有内乱发生，以致连今日的地位也不能保。

战后的英国，与法国所差无几。它优于法国的有两点：一，它没有严重的共产党问题，因而无论局面如何发展，它内部的统一性不致发生动摇；二，它有永远可靠的美国援助，美国最少要支持英国的自保地位，如可能时，它也希望大英帝国不要全部清算，而是在美唱英随之下维持一个笼罩全世的盎格罗萨克逊帝国。英美之间可以时常发生误会，但在根本政策上两国总是互视为兄弟之邦，这是今日与今后国际政治中的一个基本事实。也就是因为这个基本事实，英国好像仍是一个"力的中心"的强国。然而英国因元气消耗太甚，纵有美国的支持，也无力再维持太阳不落的大帝国，多数重要的地带英国或撤退，如印度半岛，或请美国全部或一部接防，如地中海与中东。大西洋更不必说，在欧战初期的一九四一年，英国就已全部的转让与美国了。

苏联与美国为第二次大战中的孪生骄子，所谓盟国胜利云云，仅是一句空话，胜利的只有美苏两国。其他参战各国的流血流汗，劳民伤财，为谁辛苦为谁忙？就结果言，显然的都是为美国与苏联。各国都只有损失而无收获，或收获微不足道。美苏两国虽然也有损失，但收获之大不知要超过损失多少倍。战后的美国，除照旧控制整个的拉丁美洲外，接收了不列颠帝国的大部，接收了日本帝国的大部，包括日本本部在内，接收了纳粹帝国的一部，此外并无形间承袭了法国与荷兰的南洋帝国。整个的大西洋，整个的地中海，整个的近东与中东，都是美国的天下，太平洋与南洋也是清一色的美国世界。战后的苏联，接收了纳粹帝国的大部，就是东欧与中欧，只把西欧留给美国；又接收了日本帝国的一部，就是中国的东北与太平洋边缘的南库页岛与千岛群岛。此外苏联想要进入地中海，插足近东与中东，但都为美国所阻。在最后还有一个全新的地带成为美苏的争夺对象，就是北极圈内外的冰天雪地世界。因为飞机要走近路，因为世界的陆地、资源与人口集中北半球，因为恰巧苏联与美国（包括加拿大）在北极边上对立，所以北半球中心的北极地带就成了地中海与近东中东以外两强所最注意的争夺焦点。美国除自己领土的阿拉斯加外，在战时已捷足先登，进入哥林兰岛与冰岛。苏联方面，只有自己少数的岛屿可用，但重要性都远在美国所控各地之下。所以无论是在近东中东，或是北极圈上，苏联都是居于劣势的；只有在欧洲大陆，苏联稍稍占优势。

在英法仅能自保，美苏到处对立的今日世界，中国居于何种地位？中国与朝鲜，一向不可分，今日仍然如此；就世界性军略政略言，我们可视朝鲜为中国的一部。自日本投降以来，苏联除在外蒙与新疆势力仍旧且加强其控制力外，并代日本而进入东北与朝鲜北部。法理如何，表面如何，名义如何，全不相干；今日东北的大部与北纬三十八度以北的朝鲜全在苏联的控制之下。至于美国方面，既已握有太平洋，既已占有日本，又安能不进一步而迈上东亚大陆？朝鲜南部的有形进占不必说，今日整个中国的美国关系，也只能说是无所逃避的执拗事实。过去因有日本，美国无从具体的触及中国，所以只能与中国发生抽象的道义之交。因为这种道义之交曾有四五十年的历史，也就是说，因为今日每一个中国人或美国人都是在此种道义之交的空气中生长成人，所以在心理上多视此种空气为当然。然而此一时也，彼一时也，个人的希望，尤其弱者的希望，安能影响实际的国际政治？今日诚然已经没有像日本那样彰明较著的非制中国死命不可的侵略国，但同时也绝无人会善意的赞助推进中国自强自保的运动。我们最多只能希望，在我们自求上进时，没有再像日本那样的外力出来蛮横干涉。求人不如求己，在个人己〔已〕经如此，在国家尤其如此。被日本中途打断的建国运动，我们若要继续完成，只有依靠自力。"自力更生"并非空的口号，而是我们求生的唯一途径。

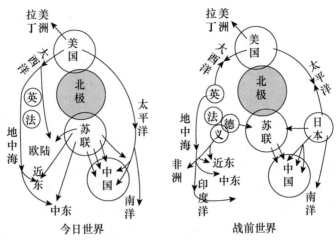

今日世界　　　　　　　　　战前世界

有人或者要问，我们若认真图强，安知没有第二个日本暗中干涉，安知没有第二个日本已在干涉？此事诚然无人敢武断的作答。但在以北极为中心的航空时代，中国占有一便宜，就是中国过度偏南，也就是说，中国的地位偏僻。今日强国所虎视眈眈的地带都在北纬四十度以北；只有中东，虽大部在四十度以南，但因与近东及地中海密不可分，仍为大国所不肯放松。至于中国，除东北外，可说都在北纬四十度之南，所以别人对我们本可漠视；而别人不肯漠视，就是因为中国太大，惟恐中国真正统一强盛后不易对付。但我们只要真肯努力，同时又多抓外来的机会，别人对我们或者可以勉强放过，对于我们的图强运动不再暗中破坏，使我们能够成为一个足以自保的国家。世界如果不幸再有大战，中国惟一聪明的态度就是绝不参战，地位偏僻的中国本也无需参战，但这要假定中国的全部或大部已经统一安定；否则我们必将听人宰割，随人作战，最后无论孰胜孰败，中国都将消耗殆尽，濒于死亡。国际局面一张一弛，随时可以完全破裂，我们中国谋求自保的机会恐怕甚为短暂，只有全国人士痛下决心，紧抓机会，发展自力，方能应付未来的大难，中国才有永远自保的希望。

（注——附插图"战前世界"及"今日世界"，可与本文互相解释。）

（原载：北平《周论》创刊号，1948 年 1 月 16 日。）

侵略定义
（1948）

何谓侵略？过去的侵略现象，今后是否仍可发生？如果再有侵略，其方式是否会自出心裁，与往昔迥然不同？自出心裁的侵略方式，今日是否已经出现？今日是否可能，为侵略一词下一个有实用价值的定义？这一连串的问题，在真正强国已经减为两个的目前世界，恐怕是所有其他国家的人都急欲知道的，积弱混乱有如中国的一个国家对这些尤其关心。

侵略问题本甚简单，一般的侵略者或是明目张胆的向邻国用兵，或是制造非常幼稚的出兵口实，并不希望别人真正相信那些口实，实际也无人相信，大家只是公认制造口实为出兵前应当有的文章而已。侵略变成一种复杂的行动，口实使人不知为口实，或知为口实而无法点破，是第一次大战以后的新现象。始作俑者是日本，一九三一年的九一八事变，是第一次新式的侵略行为。日本偷偷的自炸铁路，强指为中国地方当局所为，以此为借口而进占沈阳。此后侵略行为扩大，又宣称为剿匪。最后炸路剿匪的话都不再谈，简直了当的强占全部东北，制造满洲伪国。此后六年间，日本对中国不断侵略，所用的口实也日愈离奇。最后到一九三七年七月七日，日本在根本没有驻兵权利的宛平城外作军事演习，并制造借口，说日兵一人入城失踪，引起炮轰宛平城的所谓卢沟桥事件。双方来往磋商后，日兵失踪的事也不再讲，日军乘机攻占平津，引起喋血八年的中日大战。

以上是日本的作风。德国的作风类似而不尽同。一九三八年春，希特勒要求奥地利政府准许在德国控制之下的奥国纳粹党人进入内阁，奥国的政府无形中成为傀儡，政府中的纳粹党人主张奥国并入德国，摇旗呐喊的纳粹走卒在各地煽动捣乱，不久德军开入奥境，吞并奥国。同年夏秋之际，德国又利用捷克斯拉夫境内少数德国血统的人的民族自决口号，占有捷克的国防要地。至此捷克门户洞开，次年春纳粹于是毫无借口的吞并整个捷国。一九三九年纳粹又以波兰境内少数德人受压迫为辞，向波国采取高压政策。波兰虽表示情愿让步，也不生效，第二次欧洲大战于是爆发。

归纳上面的侵略经过，侵略者的入手方法似可分为四类：（一）利用或根本假造一个微不足道的事件，如炸路或兵士失踪之类，以此为敲门砖而攻占邻国的土地，待深入成功，事件扩大后，对当初的借口就不再谈起，只以已经扩大的事件为解决的对象。（二）以邻国的情况危及自己的秩序、安全或利益为辞而发动侵略，如日本在东北的所谓剿匪以免危及南满铁路的利益之类，待真正的目的达到后，把当初的说辞也就很方便的搁置一边。（三）以弱小邻国的人民乐意与自己合并而被自私或愚顽的政府阻止为辞，而进占邻国，如德国的并奥之类。此事从头至尾为纳粹以武力为后盾而玩弄虚玄。（四）以民族自决的大题目为借口，鼓动邻国的少数民族要求"返回祖国"，再进一步而把邻国全部吞并，如纳粹的并捷攻波之类。民族自决本为崇高的理想，近年来竟被野心家用为侵略之资，这恐怕是过去许多为民族自决而奋斗的志士仁人所未梦想得到的一种发展。

以上种种，都是最近过去的新发展，近在十年前，那都是令人谈虎色变的奇异现象。但今日看来，那都是如何简单，如何天真，几乎可说是如何可笑的举动！我们很难相信，今后的野心家会再采取上面那一套办法去夺人家国。日本可怕，德国可怕，但它们无论如何可怕，那种可怕是可以捉摸的。它们都要流血，并且都是亲自出头露面，去流他人的血。今日的侵略者，不再攻人，而只攻心，利用邻国现成的弱点，制造社会的混乱，制造政治的纠纷，如可能时，也制造军事的对立，使邻国不成国家，以便任意操纵，最后最好是半自愿的傀儡政权出现，使邻国名存实亡。如机会便利，侵略者也可亲自采取直接行动，但主要的还是幕后活动，以宣传为武器而攻取邻国的人心，使邻国的人心对内分崩离析，对外崇拜备至，国不成国，随时可亡。今日世间的多数国家，或多或少都在遭受此种最难抵抗的威胁。今日世界的普遍不安，最少一部分是这种莫可名状的威胁所造成的。

如果勉强具体的讲，这种攻心术的新式侵略，主要的方法是搅乱是非，颠倒是非，歪曲事实，伪造事实，凡是足以增进邻国人民自信心的事实必极力掩盖，使人把它忘记，凡是足以激动怨望心理的事实必极力宣扬，使人终日忙于互相指摘，结果是互相抵消，永不成事。以今日的中国为例，我们以积弱之国而向第一等强国抗战八年的无上光荣，今日已无人谈起；而无人否认的各种弱点，一向就有的弱点，今日占满了全体国民的全部心灵，使一般人除了间或胡乱发泄一场外，根本丧失任何真正振作的能力。凡此一切，当然都有中国自己内在的种种因缘，但是若无侵略者从中利用，中国的人心绝不会像今日这样一面偏激有如脱缰之马，一面绝望有如丧家之犬。我们惟一的安慰，就是与我们同病相怜的国家遍世皆是！攻心的侵略方式在今日已是普遍全世的现象，很少国家能得幸免。过去在国际联盟，还有许多人想要为"侵略"一词下一个清楚的定义，那正足证明侵略仍是奇特的现象。今日侵略普遍到一个程度，使人不知如何解释，因为一般人都在受外力侵略而不自知，欲下定义，殊不可能。如果原子弹是一个随时可以毁灭整个人类血肉之躯的一种恶力，攻心侵略术今日已在开始毁灭人类的心灵，今日普世人心的恶化是史无前例的，除非侵略者彻底反悔，或被侵略者彻底觉醒，我们很难想象人类能有若何值得向往的前途！

（原载：北平《周论》第 1 卷第 4 期，1948年 2 月 6 日。）

国际谣言与自我检讨
（1948）

　　美苏之间的宣传战，数月以来日趋尖锐，最近好似已有非决裂不可之势。然而在剑拔弩张的当中，忽然传出双方代表在柏林举行秘密会议，研讨德国、欧洲，以及其他问题的消息。在一度缄默之后，华府方面已经正式承认曾有此种会议。目前又有更进一步的消息，谓美苏刻下正在华盛顿会谈，并且美方已准备允许苏联在韩国北部及中国东北自由活动，交换条件为苏联在欧洲让步。这种进一步的消息，尚未为任何负责方面所证实，然而已经引起各方的注意，在中国已经引起不少的惊异。此讯确否，须待事实证明，我们此时不愿乱加猜测；但即令是无稽的谣言，所引起的问题已经很多，并很重要，这正是我们这个富于被人宰割资格的国家提高警觉，自我检讨，并放弃一切错误与幻想的良好时机。

　　首先，对于国际"冷战"的根本性质，我们须有较为深刻的认识。虚张声势，买空卖空，讨价还价，虚虚实实，以进为退，以退为进，凡此都属国际政治中万变不离其宗的惯技。在时机未到，局面尚未成熟时，声色最厉的表演往往就是和颜悦色的前奏，在一九三九年八月，在德苏之间互骂之声始终未息的当中，而两国的互不侵犯协定出现。我们如果认为此事可怪，此类可怪的事在人类史上不知有多少，只怪我们自己多怪！我们并不是说德苏协定有任何的必然性，在当时欧战本有两种可能的爆发方式，一为德苏战争，一为德对英法的战争，最后何者实现，人的因素关系颇大。我们所要指明的，就是任何方式成为事实，都不足为奇。今日美苏之间的关系，已发展到一个三岔路口：或继续冷战，或谋求妥协，或干脆的兵戎相见。第三种的可能性不大，真正的选择恐怕是限于前两种之间。冷战自去年外长会议失败之后，日愈激烈，今日已发展到难以忍受的程度，所以只要能够求得勉强可以满意的方式，双方恐怕都乐于享受心安一时的幸福，根本问题即或不能解决，也留待日后再说，现在大家实在过度疲倦了，若有万一可能，都希望能得到一个休息的机会。物质的疲乏已够严重，长期大战与战后紧张局面所产生的精神疲乏尤其难以忍受。所以美苏间的妥协究将采取何种方式虽难断定，但短期妥协的可能性是相当大的。如果妥协不成，冷战就要更加激烈，不久恐怕会作新的妥协的尝试。国际政治中此种虚实变幻的根本道理，凡属现代人都当了解，作为一个中国人尤其须了解。

假定美苏妥协，将采何种方式，无人敢作武断。但我们所须研究的，就是在妥协尚未成为事实的今日，国际间为何会发生中国将要成为妥协过程中的牺牲品的流言。美苏相形之下，美强于苏，所以任何妥协的方式，若要实现，必须美方特别乐于接受。最近的流言如有根据，虽与苏联的根本国策并不相违，但主要的还是代表美国的政策。美国在中国究是实行何种政策？积极方面，说来话长，我们暂不必谈。消极方面，简单一句话，美国根本轻视中国，中国在美国的世界政策与整个算盘中根本不占重要的地位。每个国家在主观上都自认为重要，那是很自然的，也未可厚非，但那只能作为自我的抱负与自勉的动力，若漠视事实而一味的自往情深，就要陷于莫大的错误。只有强国的重要性是内在的，弱国的重要性是外来的。一个弱国只有在强国的算盘上占有地位时，才能算为重要。无论过去的情形如何，今日的中国根本无此地位。日常耳闻目睹，不知有多少人由各种不同的立场认中国为美苏所日夜焦虑的地带，并有人断定，甚至希望，第三次大战将由中国问题引起，在中国境内爆发。不必说此种希望的罪大恶极，它所代表的判断是一种与事实完全不符的判断。假定中国对苏联重要，它早可多费一点力气，把中国赤化的范围扩大。假定中国对美国重要，它早可大显身手，把中国握得更紧。正因中国在美国对苏的算盘上，在苏联对美的算盘上，都无地位，所以两强在中国都只肯拣现成的便宜，绝不肯多下本钱。今日的世界是一个北半球的世界，并且是北半球北部的世界。中国是一个北半球南部的国家，地势偏僻，并非必争之地。美国所不能放弃的是英伦，是西欧，是地中海；苏联所不能放弃的是铁幕之后的东欧。两国所争持不已的地带是希腊、土耳其、伊朗与整个的中东。美苏互相监视，互相防备的区域，是杳无人烟的北冰洋。在这些区域，双方的既得地位，绝不考虑放弃。至于中国，在两强的政略与战略上本是处在次要又次要的地位，所以正好是讨价还价的对象，正好是踢来踢去的足球。雅尔达密约并不奇怪，新的雅尔达密约随时可以成立。雅尔达密约还有人来征求中国形式上的同意，今后若有新的雅尔达，可能连这样的一点客气都不再有！

抗战胜利以来，环顾国内，亲美的人不可胜数，亲苏的人更是遍地皆是，所不得见的就是亲华的人士！大家一方面争先恐后的媚外，一方面惟恐不逮的仇内，我们两三年来的自侮自毁已经打破人类历史上的纪录，我们又有何面目去指摘外人的任意宰割？

（原载：北平《周论》第 1 卷第 7 期，1948年 2 月 27 日。）

国际谣言中的中国[*]
（1948）

  近两个星期以来有很多消息都是谣言，到后来有的谣言成为事实，有的还未证实，其中最早的谣言是说，美国和苏联在德国的柏林秘密谈判，这消息在苏联是无法证实的，可是后来美国承认在柏林确曾举行一次会议，谈了德国的问题，也谈到了其他的问题。接着在中国传出一个消息说：苏联出来调停中国的战事。有的说美国大使重新促使两方恢复和谈，甚至有的报纸还登载出双方和谈的条件，外国报纸也这样记载着。并且说美苏正在华府谈判美苏间所有的问题，其中关于中国的是美国允许苏联在北韩及中国的东北自由活动，而其交换条件却是要求苏联在欧洲的让步，但是双方究竟让步到什么程度就不可而知了。最重要的，要算四天前美国国务院的记者招待会上的消息了，这会是由马歇尔主持。新闻记者问他美苏曾否在华盛顿谈中国问题，但马歇尔则回答：美国和苏联并没有在柏林谈关于中国的问题。这固然是所答非所问。但是美苏在柏林没有谈中国的问题，在华盛顿和别处是否谈到这个问题呢？便值得怀疑了。我们并不是神经过敏，将来的新发展如何，以后自会知道的。

  我们今天所要谈的，并不是谣言能否实现或谣言的性质如何。今天要谈的主要点却是为什么会有这种谣言的发生。我们可以说这谣言的发生是非常自然的。自从四外长会议破裂以后，双方都在进行着宣传攻势，即是所谓"冷战"，也就是用文字或用口头攻击对方，尤其是最近几个月来，双方的冷战越来越激烈。本来大战刚刚结束不久，双方都在要求休息，然而，事实上却是大战刚刚结束冷战接着就来了，现在双方

---

  * 《正论》讲演会第五次讲稿，虞大宁记录。

既然不能立刻打起来，因而都觉得不妨安定一时，休息一下，到打时再打。所以说这样的谣言，不久之后，可能再产生的，不管他的发展和他的性质如何。因为双方都感到"冷战"的无聊，所以要妥协，哪怕仅仅是口头的、表面上的朋友，因为要妥协，所以谣言就跟着出来。

可是在过去不久的谣言中，为什么有中国呢？在中国的立场看来是很不公平的，好像双方都可以随便的谈中国的问题，好像是中国的问题是可以由他们来决定的。为什么有这现象的发生呢？是中国人非常奇怪的问题，但是我与你却可以从这谣言中认识了中国的国际地位。抗战时期，胜利以后，我们可以常常听到人说，或看到报纸杂志上的记载说：中国的国际地位很重要，以为中国足以左右整个的世界现势，所以那一方面都不能不重视中国，甚至有人替美国着想，说美国一定欲使中国成为一个统一而民主的国家，在亚洲建立一个安定势力和商业市场。为苏联着想的人也说：苏联一定使中国成其友邦，在政策上和他站在一面。这种说法，未免把中国估计的太高了。在世界如此的局势下，所谓重要不重要，是和他的强弱有着绝对关系的。假如中国是强国，别国自然不能轻视你，同时也不敢轻视你。但是，假如你是弱国就不同了，弱国重要与否全看强国的政策如何来决定，要看他的地理情势和经济资源及商业的地位重要与否而来决定的。假如是一个战略地带或是资源丰富的地方，纵然是弱国，也很重要的。反过来说，一个弱国不论其大小如何，假若他不是重要战略地带，他的军事价值就不重要。从资源及商业方面讲来也是如此，假如不是一个重要资源的丰富出产地及特产品的出产地或不能做为强国的重要市场的话，那自然在资源及商业方面就不重要了。现在为了讲述方便起见，让我们先从商业资源来分析，最后再说到军事。

一、商业方面

美苏都是工业化的国家。工业化的国家是不会把中国看成一个重要的市场的。中国人往往把中国估计太高了，认为中国是世界上重要的市场。实际上，中国的商业地位是极其不重要的。中国一直到现在还停滞在农业社会的阶段，工业化的程度非常低。抗战以前的一些工业，也都未能运用，所以现在的中国的工业化的程度，比抗战以前还要低得许多。然而现在的市场，唯有工业化的国家才配充当的。纯粹的农业社会的国家根本没有能力去购买工业产品，因为他的生产力太小，他所生产的物资根本不能和工业的产品交换的。假如到乡村去，可以清楚的看到这个现象，农民们谁有能力去购买外国货呢？

我们知道：加拿大是美国的最大的市场，他仅有一千多万的人口，和我们比较，不知相差几许，而他消费的美国产品，不知高出中国多少倍，英国人口不过是四千多万，而其消费美国物资，数目更无从计算。同样的，美国也是如此，他每年中也不知消费了多少外国物资。

如此说来，现在的中国既不能成为一个市场，却只可说，将来的中国是一个有可能性的市场，而这可能性却是远得很。所以中国在强国的政策里的商业地位是绝对不重要的，外国人虽然说中国是一个市场，但也只是一个可能性的市场而已。

二、资源方面

中国人对于自己资源方面的误会比较更多，我们常听到中国人说：中国"地大物博"的说法。中国地大是真，物博却不见得准确。况且"地大"和"物博"这两方面的关系，并不是连带的必然的。也就是说：地大物并不一定博，物博地也不一定大。中国就是如此，同时，中国并没有一种资源，是中国独有而外国绝无的，也没有一种资源是外国必须取诸于中国的，不论是在平时或是在战时。中国的大量产品就是食粮，可是因为人口太多，所出产的食粮尚不足自己消费，而且尚需加拿大、美国、澳洲、暹罗、缅甸、安南等地的农产品的接济。其次的要算煤铁了。煤和铁虽然比诸一般小国的产量高，但是，却还远不如美苏两国，而且中国的产量并不能被他们重视。也就是说：他们绝不肯为中国的煤、铁资源而在国际外交上下工夫。讲到近世最重要的东西，要算石油了，因为不论在平时或是在战时石油是总不可或缺的，尤其是在工业化的国家，然而中国却没有。近东所以被重视，而成为美苏角逐地带的原因，除军事外资源是极重要的因素。原因是因为他出产石油，而且是世界上石油出产量最丰富的地带。所以美英两国对之恭恭敬敬而不敢开罪，苏联的势力虽然还没有建立起来，但也是极力攒〔钻〕营，从事拉拢。中国既然没有这些条件，而且是弱国，所以我们对国际情势里的中国，不应只看到今后中国的资源如何发展，而自觉重要；却应当清楚的知道，外国人对中国的资源如何看法。

三、军事方面

最后讲到军事方面：中国人把中国看成了重要的战略地带，这完全是吃了历史的亏。在十年前，外国人只要考虑到国际军事的问题，就不能忘掉中国，那完全是因为日本：日本和中国的关系是非常密切的——这所谓"密切"不是说必须友善，而正是说，可以是最密切的朋友，也可能是死对头——然而今天没有一个强大的日本了。过去，日本为要增加他的国力，而要征服中国，进而帮助他征服南洋。所以他建立了强大的海军，而对岸的美国也有控制太平洋的打算，因此而成了死对头。他们为了在太平洋上争霸，所以不能不在中国建立陆地的基础，因而中国成了战略地带，所以，中国的军事价值就提高了。然而，今天的局势和十年前不同了。由于强大日本的不存在，如今的中国并不能被看作国际上必争的战略地带了。但是人类是不容易在短短的一个时期内忘掉旧的观念的，中国人把中国在战略上看得太重要，便是这种旧观念的影响。

今天的局势和十年前不同了。世界上只有两个强国在对立，那就是美国与苏联，战后的英法等国，都不能在世界上有独立的政策的，他只不过是跟着别人走而已。他们的所谓独立的政策，也仅不过是选择的自由而已。或是与美国配合，或是与苏联配合。世界上只有两个强国在对立，这是人类历史上从来没有过的事情。

再看美国与苏联这两个国家，都在北半球，今天已没有人分地球为东半球和西半球了，而都在说南半球和北半球。南半球多为海，北半〈球〉多为陆地，南半球人口少资源也有限，在将来的作战计划上并不重要，世界上最重要的三个大洲、亚、欧、北美，可以说都在北半球，世界上的重要国家也都在北半球。世界上所有的重要资源和世界上人口的95％也都在北半球。北半球也可以分成两部，如果拿北纬四〇度作为界限的话，则苏联几乎完全在北纬四〇度以北，美国的重要资源也完全在北纬四〇度以北，英国法国也都在北纬四〇度以北。可是中国不然了，中国是北半球南部的地方，中国在北纬四〇度以北的只有东北和华北的一部分。所以说：如果有战争，这战争也一定在四〇度以北，所以中国绝不是他们的战场。但是如果他们不费力，而有中国人愿意替他们打的话，他们当然是极力欢迎的，假如他们战争而中国中立的话，他们也必不如何重视，据我们大略的估计，未来两个主要的战略地带距离中国都是很远的。一个是在几乎没有人烟的北极的上空，一个是地中海、中东、近东一代。从地图上可以看得出，美苏两国之最近的距离就是经过北极上空。如果有长距离的武器时，都可以直接攻击对方，如果双方武器相差不多，如果双方的飞机性能相差不多的话，则北极就将是一个极重要的战略地带了。在今冬，巴尔干半岛、非洲东北部、中东，这些靠近地中海的地带，有一部分是在北纬四○度以北的，有一部分是在北纬四○度以南的。这地方为什么重要呢？

从苏联讲，他的产业精华是在西部，也就是在欧洲部分，不论从人口从资源，从产业或从其他各方面来看，都表现出乌拉山以西比较更重要，虽然在这次大战以来苏联尽量用人力开发东方，然而有的情形，你无论如何开发别处，也减不了他原来的重要性，例如乌克兰的农业，和外高加索的石油等，就是明例。

在这里，可以看出黑海的重要性，黑海和地中海是一体的，黑海仅不过是地中海的一部分，但是两海交通必须经过土耳其所有的鞑靼尼尔海峡。控制海峡就可以控制整个的黑海，也就是苏联最重要的生命的边疆，所以几十年来苏联对土耳其不放心的原因也就在此。加以今天，虽然巴尔干的一部分，已成了苏联的势力圈，可是最重要的却莫如希腊，现在英美共同控制之下，谁有希腊，谁就可以控制东部地中海，进而控制近东一带重要的地区。苏联虽然用各种人为的办法来改变这些，例如很多的新兴工场都设在北方和东方，但是无论如何，工场总不能和资源的生产地距离太远，因为太远时，运输就会发生问题。铁路在战时是最靠不住的东西，因为他很容易被破坏，如果运输工具真被破坏，工场自然就无用了。虽然苏联建设是谁也不知道的事实，但是从今天的局面看来，如美苏开战，土耳其和希腊是非常重要，也是最危险的地方。

从美国方面讲来，（英国在政策上可以说是美国的附属国）他如愿意维持其地位，则西欧大陆是非常重要的。西欧和美国，文化是相同的，美国和世界各地讲感情的也只有此地，在别处——包括中国在内——都是讲利害的。所以中国的一部分人对美国犯着单相思是绝对错误的。苏联如果利用东欧为基地而向西冲的时候，美国就可利用西欧大陆为其根据地，因为他是和苏联距离最近的根据地。同时，那地人口严密，资源亦丰富，所以美国看为最重要的，要算西欧和英国了。

反观中国，假使中国开辟了战场同时也假定美国战胜了，但是，胜利以后又怎样呢？能够继续的占领西伯利亚吗？反之若苏联战胜了，他又怎能隔水进攻美国呢？所以中国地位不如希腊、土耳其、近东各国。

四、结论

所以我们说：谣言中的"中国为美苏交换条件的牺牲品是可能的事情"也就是说"美国很有可能牺牲中国来交换西欧的安定"。因为苏联即或把在中国的势力全部撤出去，虽然不能说她不受影响，但是却绝不重要。同样美国在中国的势力全部撤出去，也不会因而发生重大的作用的。这当然不是说中国在国际上毫无价值，如果白白的得到手，当然是最欢迎的，这里的意思是说两方都不肯费很大的代价来夺取他。

在中国唯有在东北——是北纬四〇度以北的地方——苏联还看得比较重要些。而在美国看来，中国的任何地区都可以为讨价还价中的牺牲品。所以我们说：强国自然是重要的，而弱国的重要与否却全要看强国间的政策如何而来决定。过去雅尔达会议中，牺牲了中国，今后更可能把中国牺牲了换取美苏间片刻的安定。今天的美国，不仅可以牺牲中国人中的反美人士，也可以牺牲中国人中的拥护美国分子。同样的，苏联也可以牺牲中国人中反苏的人士，也可以牺牲中国人中拥护他的人士的。

最后，我们所要说的还是老生常谈，中国的事情还得靠自己。在未来的战争，中国的地位既然并不重要，可以说是非常幸运的。因为双方都不把中国看得重要，所以才有自求安定的可能。我们如果能安定，将来最低限度能和英国一样重要的，或可能过之。现在所以美苏两国还对中国不放手的原因，所以还向中国进取的原因，不过是预备作将来讨价还价的余地而已。唯其如此，所以我们更必须抓住机会，自强不息。假如真有第三次大战的话，我们一定要在大战之前整理一个局面来，到那时如果我们能不参战（一方面是无需乎我们参战，一方面的〔是〕中国没有能力参战），则很可能建设起我们的力量来，而不再为人所左右。假如中国内部有人替苏联打，有人替美国打，无论将来美苏那个得到胜利，结果必将中国打完无疑，苏联打胜了，中国将是苏联统制下的中国，美国打胜了，中国将是美国控制下的中国，中国人是不会得到丝毫的好处的。在这国际谣言纷传中，我们中国人要提高警觉才对。

（原载：北平《正论》第 3 期，1948 年 3 月 1 日。）

捷克已矣！
（1948）

　　凡有政治感觉的人，早知道要有此一天，但许多人或者没有想到这一天来到的如此之快。在整个的东欧，捷克斯拉夫本是惟一的民主国家。捷克的人民，知识程度在东欧是高的，并且最为整齐，工业也特别发达，精神与物质的条件使捷克在第一次大战后成为沙漠中的绿洲，在民主其名而极权其实的东欧世界，捷克是一个可与大国如英美、小国如瑞士的〔相〕媲美的国家。但在强权横行的世界，政治的清明、人民的康乐、政府与人民的融洽，都不能作为小国的保障，在一九三八与一九三九两年间，纳粹德国先是蚕食，后是鲸吞，竟将这个举世钦佩的小国奴役灭亡。无数的志士仁人，对纳粹前仆后继的反抗，最后到一九四五年德国失败时，捷克不仅国土光复，并且开明的民主的政治也随着恢复，捷克仍是东欧沙漠中的一个绿洲。

　　旧的极权主义虽倒，新的极权主义因利乘便，反倒更盛，东欧各小国都很快的被苏联的极权主义冲没。捷克境内虽也有共产党，但信仰民主爱惜自由的人仍占多数，捷克仍然保有名实相符的民主制度。但欧洲的大局已变，被地理位置所限的捷克非尽可能的与苏联妥协不可。在内政上，它步武英国，尽量的用和平方式施行社会主义，但同时仍保留个人言论思想的自由，希望苏联看在社会主义的面上，不要仇视捷克人民所珍惜的自由。至于在外交方面，三年以来，无论如何的违背本心，捷克始终毫无保留的向苏联看齐，在联合国各种会议中没有一次不追随苏联去投票，在一切的外交措施上无不事先问明莫斯科的意旨。小国事奉大国，到此地步，按理应当没有问题了。但国际势力支部的捷克共产党绝不如此想法，在布置成熟之后，共产党籍的内政部长与无党无派而受共党控制的国防部长发表声明！说"受国外反动派指使的捷克国内的反动党派要发动叛变"，以此为借口而压迫政府内各民主党派的阁员辞职，并利用群众大会的威胁，强迫总统接受此项辞呈，至二月二十五日新内阁已经组成，虽非清一色的共党内阁，却是完全在共党控制之下的内阁。至此东欧最后一个尚有自由气息的地带，也成为警察国，在"英美间谍"的罪名下，倾向自由的分子正在大批的被捕入狱。首都布拉格的青年学生，不畏强暴，举行抗议游行，遭警察开枪射伤。今后除钦命的歌功颂德或公式排外的游行，捷克境内恐怕将不会再有游行。回想捷克三年以来的委曲求全而仍不免亡国惨痛的悲剧，使我们不禁记起战国时代政论家对于秦国的评语：

> 秦之欲并天下而王之也，不与古同。事之虽如子之事父，犹将亡之也。行虽如伯夷，犹将亡之也。行虽如桀纣，犹将亡之也。虽善事之无益也不可以为存，适足以自令亟亡也。然则山东非能从亲，合而相坚如一者，必皆亡矣！

捷克已矣，候补的捷克不知有多少，希望自己的国家成为捷克的人更不知有多少！

（原载：北平《周论》第 1 卷第 8 期，1948年 3 月 5 日。）

本能、理智与民族生命
——中国与英国民族性的比较
（1948）

　　本文题目中所讲的本能与理智，并非心理学上的严格术语，只是人类常识上的传统名词。理智为一套一套的能自圆其说的道理，持之有故，言之成理，至于与实际关系如何，能否实行，都不在计较之内。本能是根本上不成套的，只是不知其然而然的感觉；但力量甚大，人类大部的行为，尤其利害攸关的重要行为，几乎整个由本能决定。

　　本文所要谈的不是个人，而是民族。民族之间，有的理智发达，有的本能发达。一般讲来，理智发达本能退化的是衰弱的民族；理智无论如何而本能强劲的是生气勃勃的民族。今日世界本能最强的民族是英国。"国家至上，民族至上"在别国或多或少的总有口号的成分，英国人根本不讲此类的话，因为那是每个英国人的感觉，可说是每个英国人的人格的一部。英国人是以多出怪人著称的，各种各类的怪人都有，只有一种非常少见，就是为一种任何的理论而牺牲国家利益的自圆其说到底的怪人。人世间任何狂言谬论，英国都可有人信仰，在平时也可热烈的研讨辩论。但一到紧急关头，一切理论都可放弃，只有国家的利益不能丝毫损害。外国人时常骂英国人为伪君子，为口是心非的人，就是因为这个道理。其实这是冤枉。今日世间能把人格分为水泄不通的两间独立密室，一面为本能，一面为理智的，只有英国人，别的民族总不能使两者全不相混。第二次大战以前几百年间英国在世界上的主宰地位，就由此而来。

　　若欲举例，第二次大战时期恐怕是最好的机会。在英国，国会议员言论完全自由，在国会中的发言绝对不受任何的制裁或限制；投票也是完全自由的，并不受党纪的绝对控制。但在英国历史上不顾大局而滥用此种地位的例几乎无有，例如在大战晚期，英国进兵希腊，推行英国传统的近东政策，到一九四四年年尾希腊内战爆发，英国迫不获已而出面干涉。此事在国会中引起大的风波，议员中对政府表示不满的甚多，所根据的是"民族自决"、"民主"、"自由"、"公道"等等一套一套的理论，但到最后表决时，就近处言，这些议员不愿在作战时期与政府为难，就远处言，他们都在心房深处感到国家长久利益的重要，于是有的人不顾前言而投赞成票，有的人为求在形式上不违前言，或退席，或弃权，让赞成政府政策的人获得绝对多数的胜利。这一类的事，在第二次大战期间屡见不鲜，在几百年来的英国历史上也是常事。三百五十年前，欧洲宗教竞争仍盛的时候，罗马教领袖国的西班牙开无敌舰攻英，英国民族中的少数人信罗马教，但绝不为西班牙所代表的国际主义所诱惑，都无条件的为祖国作战。连英国海军高级将领中也有罗马教徒，但一般英国人对他们仍表示信任，他们自己也绝不自外，毫无为理论而牺牲国家的心思。所以英国人的本能胜过理智，并不自最近始，三四百年前已经如是。

我们可以想像任何国家战败亡国，而不能想像英国被外来的强力击灭。我们并非说这一定是不可能，而是说不能想像那将是如何的一种景象。一九四〇年纳粹灭法兰西，威胁英国，当时的首相邱吉尔曾在演说中有一段名言："我们将在海滩抵抗，我们将在田间抵抗，我们将在市街抵抗，我们将在山丛抵抗，我们永不屈服！"这不是空话，不是邱氏个人的见解，邱氏在说此言时是最代表英国民族的，这是英国全民的感觉，在抵抗绝对无效而全民仍将赤手空拳战斗到底的，我们只能想像英国，英国人是生存本能最强的民族，若讲口头禅，可说英国人是最爱国的。但英国人的爱国超过一般所谓爱国，所以典型的英国人向来不讲爱国，正如普通的人类很少提到自己的呼吸、走路或睡眠一样。那是人格的当然部分，又何必谈？又有何可谈？

战后的今日，旧大陆各国，不分战胜与战败，无不百孔千疮，困难重重。在这所有的国家中，最肯吃苦，最肯不计任何牺牲而求国家的恢复的，就是英国。英国今日一般人的生活，较战事未了时尚苦，但人民并不怨望，甘心忍受一切，以求把握国家的前途。英国因为战时的消耗过重，若以常理而论，英国当与法国一样的实际成为三四等的国家。英国今日之能维持美苏两大之外唯一的二等强国的地位，纯粹是因为求生的本能使它肯于拼命苦撑，在人类历史上这是没有前例的一种求生本能的表现。

　　相反的，今日世间本能最为衰弱，衰弱到几乎消灭的程度的，就是中国。这并不是说中国理智发达，我们的理智并不发达。但所可惊心的，是稍有理智的人就本能更差，其本能在人格中的地位尚不及一般无识的乡民。除英国外，大概为理论而牺牲国家根本利益的人各国都有，有的多，有的少，最多的恐怕是中国。许多在西洋本有内容，有具体含义的说法，移到中国后，就都变质，成了纯粹理论，既与过去的历史无关，也于近日的现实无涉，而许多人竟可为此而牺牲一切，牺牲自己不算，并要牺牲国家。我们自与欧美接触以来，就犯这个毛病，病根至今未除。这种行径，在别国人看起来大概都很难了解，最感大惑不解的恐怕是英国人，因为英国人不能想像这是如何的一种心情。

　　理智是本能的工具，不是本能的主人。推动历史，支配社会，控制人生的是本能，绝对不是理智。理想家如果认此为可憾，那也是莫可奈何的。事实是如此，慨叹无济于事。理智不怕发达，只怕喧宾夺主。只要本能始终居在主位，理智是愈发达愈好的。但一旦本能退化，弱化，无论理智如何，民族的生命就将危殆。理智与本能的调和，大非易事。英国是世界上唯一理智程度甚高而本能不为理智所掩的民族，始终没有为理论所误的危险。这样一个本能为主的民族可因外力太强而得横死，而不会自毙。凡是无外力摧残而有覆亡危险的，一定是本能先死的民族。这是凡欲明了历史，认识现在，展望未来的忧国忧时之士所须时刻不忘的真埋。

　　（原载：南京《中央日报》，1948 年 3 月 7日第 4 版。）

号角响了，曾受美国教育的自由
分子赶快看齐！
（1948）

　　本月十日，美国国务卿马歇尔在答复记者询问时，称："美国对华政策，仍为企求该国能有一更广大基础的政府。杜鲁门总统曾于一九四五年十二月十八日声明此点，根据此项声明，所有党派应共谋解决其异见。自该时期以还，美方未再发表对华政策。"但马氏又补充一句说："共党目前既已公开向政府叛变，美国未便指定条件，应由中国政府予以处理。"马氏的词句大体仍是不厌其烦的弹了已经两年的旧调，只是关于所谓扩大政府基础时究竟是否仍如两年前所坚持的包含共党在内的一点，含混其词，令人莫测高深，但给人的印象，最少是没有否认此点。这恐怕是中国所有关心时事的人，无论属于何党何派，或无党无派，都很乐于闻知的，因为这最少叫我们知道美国的政策两年以来并未改变，各方都可依此自作打算。

　　然而出乎意外的，次日杜鲁门总统发表谈话，说："美国政策绝非坚持中国政府包含共产党人在内，并且也从未希望共产党参加中国政府或其他任何政府。"杜氏并进一步，坚称马歇尔从未建议将共产党包含于扩大后的中国政府。这真使我们惶惑了，自己与自己的第一把助手，所曾屡次郑重申说的事，一旦竟可推得一干二净，我们只能说这是"贵人多健忘"了，同时，国务院也发表了一篇正式声明，解释国务卿前一天的发言，既未像总统的干脆否认前言，也未说出一句明白话，兜了许多圈子之后，我们仍是不知声明的用意何在。我们不禁的要怀疑，美国这两位最要的要人是否事先商定故意制造一串的谜，使别人永不得猜透！

　　但在一点上，杜氏的发言无谜可猜，清楚极了。他说："中国共产党与自由分子两名称之间具有若干混淆。共产党员为相信自上级经由极权政府治理国家的人，但中国颇多自由分子，其中许多人曾在美国受教育，吾人希望此辈人士能包括在中国政府扩大的基础中。"好了，心坎的话已经说出来了，美国教育的无穷妙用当无人再有丝毫的怀疑了。过去也曾有外人号召中国的自由分子奋起，许多难得天真的人居然相信那是出于个人的热心，与任何方面用意深远的政策无关。现在机关点破，幕已揭开，凡属曾受美国教育的自由分子当可毫无保留的自拍自庆：我生何幸，而为自由分子，并且还是受过美国教育的自由分子，前途头头是道，处处光明，好不开心煞人也！祖国如此不竞，山河如此残破，尚有何可留恋？把它当作一只破鞋丢掉算了。花旗招展，景象万千，令人如何能不一心向往？过去有人曾走日本路线，有人曾走德国路线，有人曾走苏联路线，及今想来，那都是如何的可怜？那安能抵上美国路线的万一？有的是钱，有的是势，有的是民主，有的是自由，有的是四者合而为一的靠山，何物中国政权，还不是马到擒来！识时务者为俊杰，花旗为记的号角已在响了，凡有抱负的人赶快看齐罢！

　　不过有一点，忽然想起，不能不提请注意。今日中国政府中，岂乏受过美国教育的分子？但说来也奇怪，只要一进入政府，马上就丧失"自由分子"的资格，立刻就染上"反动"、"贪污"、"无能"甚至"法西斯"的嫌疑。为保有"自由分子"的清名，为维持吹号角者的恩宠，自由分子最好是永远站在局外，从旁多说风凉话，在相抵相销上多下工夫。那才不辜负彼方千辛万苦所施的自由教育，那才合乎施政者不可告人的最高要求！

（原载：北平《周论》第 1 卷第 10 期，1948年 3 月 19 日。）

对国民大会献言
（1948）

　　首届国民大会的第一次会议即将召开，此次会议的主要任务为选举总统副总统，成立新的政府，此外是否能有其他的重要表现，事前尚很难说。但国事紧急，世局逼人，国人多有惶惶不可终日之感，首届的国大必须认真的有所作为，方能收拾人心，扭转大局。大选无论如何重要，只是一时的作为，国大的长久责任与根本责任是代表全体人民襄赞政府，督促政府，批评政府，指摘政府。襄赞有它的地位，督促也属必需，但作为人民的喉舌，批评政府的错误，指摘政府的弱点，在一切有关国家的事务上知无不言，言无不尽，那才是人民所付托于国大的核心使命。在过去，因为没有代表人民监督政府的正式机关，在许多重大问题上政府往往考虑不周，动作或失之操切，或失之迟缓，铸成大错而不自知，或虽知而已难补救，国家民族不知吃了多少不必需的大亏。此种现象，今后不能再容发生；若再发生，政府中人固然不能逃责，国大代表也将无从辞咎。我们谨就观感所及，举出两端，献与国大诸公，供作今后监督政府的参考。

　　第一，明是非。是非不明，今日已达极点，这恐怕是人心萎靡不振的最根本的原因。"官吏贪污，政治无能"，这已是喊的人喊疲，听的人听疲的呼声。凡属头脑清醒的人，都知道此种呼声，无论是出诸国内，或来自国外，尤其是来自国外时，往往是别有作用；任何人都知道，多数的官吏是清白自守的，是努力从公的，绝无贪污或无能的嫌疑。但我们必须承认，贪污与无能是确有其事，并且程度相当严重，严重到叫一般国人难再忍受的地步。别有作用的渲染，我们仅可指明攻击，但自我批评，自我检讨，自我改革，在今日已是刻不容缓的要图。在抗战时期，还有一二地位较高，靠山较硬的贪官遭受严峻的处分；胜利以来，这已成了不可想象的事。发国难财的人，尚有的在国法前丧生，但何曾听到一个声势赫赫的发复员财的人受过国法的制裁？日本人所留给我们可以作为工业化的基础的一个工厂网，已在复员大员的接收之下烟消云散，连许多私人的财产也连带遭殃，公私搅在一起，大量的流入接收者的私囊，至今没有下落。这是就接收中的"贪污"而言，尤其令人愤慨的是接收中的"无能"：敌人所建设的一个整个体系，接收者把它割裂支离，未入贪污者的腰包的部份也被一批愚不可及的无能者破坏殆尽。想到百年良机的平白错过，能不令人痛哭而长叹息！对于这些可怜的无能者，或者不便苛责，但最少今后不当再委以重任。至于那些贪污者，于情于法，都在不赦之列，不仅对于本人要尽法以绳，连当初推荐他们或任用他们的人也当连带负责。政府在过去纵容姑息，国大如果称职，如果尽责，如果对国人真有交代，就必须彻底澄清，不顾情面，不畏权贵，尽可能的向大头下手，必须责成新的政府严惩贪污，小来头的人可以从宽发落，大来头的人必须不惜当为"杀一警百"的对象。制度的更革，新政的创立，都很好，但都缓不济急；若欲挽回人心，非重治贪污不可。好话已经说尽，任何的好话今后也已听不入耳，只有不打折扣的行动能使丧失反应的人心再度振奋。物穷则变，今日已到非变不可的时候，任何近乎作文章的变都不会再发生效力，要变就必须脚踏实地的变。必须如此，埋没已久的是非才能重见天日，国家大势才能真有转机。这是国民大会所须坚持不放的第一要义。

第二，知独立。上面所讲的是对内的问题，现在要谈一谈对外的根本立场。我们弱，我们穷，又加上十年来不停的对外作战与内部战乱，使我们有心无力，在许多方面对国际强有力者不能不低头。但低头与作尾巴不同，作尾巴是受制于人的表示，低头是待机而动的态度；前者是被动的，后者是主动的。一心一意要毁灭我们民族与文化的国际势力，我们当然要誓死反抗。但千方百计要抓我们就范的国际势力，我们也不能就认为恩人。大势所迫，我们在国际上或者不能不站在一边，但这并非我们就可死在所站的一边之谓！一个国家尽管贫弱，但立国的最低立场却不能放弃；有的侮辱，有的压迫，是在任何情形下也不能接受的。例如雅尔达秘密协定，本是强有力者所唱的双簧，压迫我们非跟着去唱不可。但试想，在全球战争尚未结束，德日两大强敌仍然拼死作战的当中，以盟国自居的国家是否能用武力强迫我们接受条件，政府诸公，尤其直接负责外交的几位要人，究是受了何种的麻醉，而轻易接受这种使十四年的抗日完全丧失意义的国际阴谋？压力如果太大，我们为何不敢把秘密公诸全世？在当时各盟国的，尤其英美两国的舆论，绝无承认此种最可耻的卖友行动的可能，也绝无因此而容许他们的政府背弃中国的可能。其实何需真正宣布秘密？我们只要微露此意，英美就非马上打退堂鼓不可。即或退一步想，我们接受如此重大的牺牲，究竟从慷他人之慨者的口中与手中获得如何的确切保障？及今看来，我们是一点保障也未要求，只是仁至义尽的为"盟友"牺牲，请问这是出于何经何典的外交！

　　一个国际阴谋的教训还不够清楚，继之而来的第二个国际阴谋我们又囫囵吞枣的一口咽下。主要的代表国际阴谋，仅是附带的代表国内阴谋的政治协商会议，我们竟又不能察觉，把别人的甜言蜜语当作肺腑〔腑〕之谈，把别人的黄金钓饵当作真可到口的养生补品。而实际所收获的，是人心分裂，军心涣散，混乱是非的宣传弥漫全国，不要国家的武力乘机坐大。等到混乱、分裂与对立的局面已经发展到最适当的地步时，渔翁把金饵收得影信无踪，准备反身报命。但渔翁善于作戏，在反身之前，仍然对着你的脸把你痛骂一顿，口头所骂的是"顽固"、"反动"，心里所骂的是"可怜"、"蠢货"；面部的表情是失败的愤怒，内心的情境是胜利后的微笑。然而国内有几人已经看出愤怒背后所藏的微笑，一年以来日愈显明的发展是否仍然不足使外交当局认识这个世间最可怕的微笑？

　　可能真是仍不认识，一直到如今，我们的尾巴主义仍然是神气十足。例如对于几个月前发生政变的暹罗，我们第一所要考虑的应当是寄人篱下的华侨的利益与安全，只要事实证明新的政权稳定，我们就该不问别人如何，自己率先对它承认。此种对己有利，对人无损的行动，我们为何竟不敢作？为何必须等到最近，别人已决定承认之后，我们才敢表示承认新政权？连在这一点小事上，我们都无独立自主的立场，请问我们是否已经决定以身作则，自动的放弃主权，以求大同世界的早日实现？国无实力，办外交本是最难最苦的差事，头脑冷静的人无不对我们这个贫弱国家的外交当局深表同情。但实际的困难是一事，因气馁而自己制造的困难另是一事。如果更进一步，纯因认识不清而举措失当，误国之罪实属难辞。外交人员必须早日摆脱"好好先生"的作风，此种作风在私人的关系上已经不足为训，在尔诈我虞的国际社会更是万要不得的懦弱表现。中国是独立国，无论如何弱，事实上无论如何的受牵制，但内心的独立精神却必不可放弃。这是国民大会今后所当督促政府,尽可能的保持于不坠的第二要义。

　　对内铲除贪污,对外保持独立,这是今日全国国民最低的两条要求,也是全国国民所赋予国民大会的双重使命!

　　　　　　　　（原载:北平《周论》第 1 卷 12 期,1948
　　　　　　　　年 4 月 2 日。）

对参政会致意

（1948）

  国民大会行将召开，十年来非由民选而仍能代表民意的参政会，决定于三月二十七日在首都励志社举行惜别会，由驻会委员会招待各界，说明该会的创设，并宣布该会的结束。另外，在前一日，三月二十六日，行政院院长张群决定邀请参政会主席团及全体驻会委员，就最近国内国外的情势，作一有系统的报告，政府各要员也都将出席，向这个支持抗战的民意机关表示敬意。

  在抗战史上，以至在近百年来的全部政治发展史上，参政会自有它的不可磨灭的地位。它向政府转达民意，襄助抗战的贡献不必说，它的真正重要处在乎它的实质的代表性。参政员都是全国各界的负有众望的领导人物。他们的领导地位是靠资历、才能与实际的贡献，并不靠政治的活动。其中许多人根本没有政治兴趣，在当时肯于出席会议，完全是由于对外作战时期的国民责任感；若用选举的方式，这些人是很难被选的，恐怕很多人根本就不会出来竞选。他们并不要问政，他们只求发展自己的事业或学业。也正因如此，当责任感使他们参政时，他们也最能一心为国，他们没有为自己的政治前途设想的需要。因此他们很少为私利而说对自己有利或不说对自己不利的话。正因他们不靠人民的投票，他们说话反倒多一层自由，他们只说心之所安就是了，不必考虑人民的接受与否或赞成与否。他们的发言代表他们的知识与信仰，不受外力的影响。其实，民选的议员本也当如此，选民为他们的投票，主要的是看中他们的人格，并非一定仅是接受了他们任何的具体见解。这是代议制的最大长处。议员不仅是代表选民，他也当领导选民，开导选民，使选民对于一切政治问题兴趣日浓，认识愈清——必须如此，议员才算尽了他的最高的责任。

　　然而参政会终是一时的权宜之计，为求民主，为学习民主，我们愿意放弃圈选的或指派的参政会，而试验一下由人民直接选举的国民大会。我们谨望国大代表不要因依靠选票而令自己的言行受有牵制，能够公而忘私，不仅是代表人民，并且也能领导人民。我们并愿乘此机会，向富于美满联想、即将宣告结束的参政会，深致钦佩之意！

　　（原载：北平《周论》第 1 卷第 12 期，1948年 4 月 2 日。）

认识美国对日政策的一贯性
（1948）

　　近来美国扶持日本的政策日愈显著，美国似将不问其他主要对日作战国家的态度如何，而自行负责赐予日本正常的承平地位，把签订和约的手续根本免除。日本公民将要获得出国旅行的权利，赔偿的要求将要大打折扣，日本并将获得美国大量的信用贷款。美国显然的是要将日本建为西太平洋的一个经济堡垒与军事重镇，用以控制北亚、东亚与东南亚的大陆。在中国，许多人对此发生突如其来之感，有的人在日常谈话中或在报章文字中甚至专门给自己拆台，专门为他人开脱，说美国如此作为，是因为中国太不争气，不能成为美国的坚强有力的友邦，美国迫不获已才去扶持日本。作此说的人如果诚恳，其理智大有问题；如不诚恳，其用心真不堪问。我们必须头脑清醒，须知美国的扶持日本是在日本未败以前就已决定的政策，正如近年来在中国的一切举措是抗战未了前就已决定的政策一样。例如前耶鲁大学教授斯皮克曼氏，一向对于广土众民的中国不能完全放心，在珍珠港偷袭之后，仍然主张日本并不可怕，只要把它战败就够了，至于中国的富强则是令人不能不担心的发展，美国最少不能扶持此种可能的发展。我们如果认为这是斯氏个人或少数人的怪论，那就又错了。我们只要详读斯氏一类人的文字，再细心观察近年来的实际措施，其吻合处使人不能不感到惊奇。

　　专就战事未了时而论，我们或者还记得在一九四四年十二月罗斯福总统任命格鲁为副国务卿时所引起的舆论界的波澜。格鲁为职业外交家，在战前任驻东京大使十年，经外交人员交换返国后，不久即继中国通霍恩贝克氏为国务院远东司司长。格氏著有《东京归来》一书，报告大使任中的经验，全书的结论中有一段话，颇惹美国以及国际许多读者的注意：

你想，假如我不知道日本人除去是强而有力的军人外，还具有其他良好的品质时，我还会以全副力量，经年累月的奋斗，以防止战争么？我希望美日两民族间，不要有仇恨的传统；不管日美间的友谊如何淡薄，我总以为它是值得保存的传统。

上引的一句话，其他相类的字句，以及全书各部中所流露的对于日本的热烈同情，使战时美国相当自由的舆论对于格氏的出任副国务卿颇表惶惑，认为在日本尚未战败前，美国就已在布置如何使日本复兴。在当时虽也有人看为这是过虑，但即今想来，来龙去脉，都很清楚明白。初期入占时对于日本的严峻作风，是必不可少的节目，是题中当有的文章，最近一年以来日愈显著的扶持、姑息与爱惜，才代表真正的政策。他人对于中国的种种表现，何者是作戏，何者是当真，我们也当如是观。

最近美国当局的对华政策，正在遭受国会的批评与修正。当局要拖，国会要援助。当局要推行新政策，国会认为五十年来的中美友谊弥足珍惜，不可让结果难测的政治权谋把此种友谊毁灭。这两种根本不能相容的政策，今日正在并行的实施，但如此矛盾的现象是难以持久的，不太远的未来一方面必占上风。我们自己究当如何应付，以度难关，也不似许多人所想的那样简单。我们努力向上，则遭人忌；我们上人圈套，终日互相抵销，则遭轻蔑。只有政府当局下大决心，彻底改革；只有全国上下痛自觉醒，公而忘私，才有挽回悲运的希望！

（原载：北平《周论》第 1 卷第 13 期，1948年 4 月 9 日。）

北平的学潮
（1948）

　　四月上中旬的北平学潮，先是学生罢课，讲师助教罢教，职员罢公，工警罢工，后是外来的力量突击校内的员生，最后是教授罢教，许多院校陷于停顿的状态，整个的发展真可谓一步紧似一步，一段比一段严重。教授罢教，不只在上轨道的国家是未闻的事，即在三十年来始终不得安定的中国也是极其少见的现象，学潮而演变为教授罢教，其严重性已非寻常可比，各级政府当局必须痛自反省，审慎处理，无比严重的事态方有解决的希望。各校教授会决定罢教时所发的宣言，虽是发于学校遭袭之后，说理仍然透彻明了，措词仍然锻炼公正，不让感情遮掩理智，这是使社会人士不能不深表钦佩与同情的。我们认为各宣言中所表示的态度，可代表一般社会的态度，北京大学与师范学院为直接被袭的学校，所以两校教授会所发的宣言特别恳切，使人特别容易发生共鸣之感。北大教授会于简单的叙述事态之后，声明态度与立场：

　　　　同人等处此情势，殊感教学工作时在威胁之中，难以进行。十二日北大教授全体会议，对目前之情势，及将来之发展，详加检讨，决定自即日起罢教七日，对连日暴行之发生，与高等教育之受摧残，表示严重抗议，要求政府惩罚凶手，并严令地方当局保证此后不再有类似事件发生。同人等献身教育，绝不愿青年学子荒废学业；但教育需要安定与自由，学府之地位必须尊重。师生既无保障，校舍时受袭击，同人自难安心教学。宪警无故包围学校，武装暴徒于深夜戒严时间，捣毁学校，制造血案，地方治安当局纵非主使，亦难辞纵容之咎。各校同人一再苦心劝导学生，学生亦一再接受劝导，然暴行与血案叠出不穷，势非刺激学潮，到达摧残教育之目的不可，用心何在，实非同人所能了解，自不能不要求政府予以解答。罢教决非同人所愿，然为情势所迫，不得不暂时忍痛出此，以维学府之尊严，并争取安全之保障，与讲学之自由。希望全国教育界及其他各界人士予以支援，共图挽救。特此宣言！

师范学院教授会先后三次发表宣言，大意与以上相同，其第三次与北大宣言同于十二日发出，除缕述事实外，并特别强调，态度完全是为人师长的态度，用心完全是维护教育的用心：

> 国家设置学府之谓何，而可寇仇鱼肉视之耶？本会对政府之要求，已详第一二两次宣言，区区愚见，乃就事论事。本院为国立学校，院长办理不善，教部可以撤换；同人教导无方，院长可以解聘；学生在校不守校规，学校可以开除学籍；出校逾闲荡检，自有司法制裁。私拘暗审，于理何居？夫学生有其合法学籍，同人忝为师长，营救保护，义不容辞。且祸出无名，人谁不畏？捕逮私行，纪纲何在？同人不敏，既已献身教育，自应保护学府，爱护青年，为国家留一线之命脉。惩凶赔偿之请，保障将来之呼，特为此耳。计虑虽远，用心甚纯，诚恐传言失实，特此郑重声明！

把以上两篇宣言合观，可以明了各校教授的根本立场。他们的地位，他们的责任感，他们的是非之心，使他们自然的要采取此种立场。当局只要认清此点，一切的困难就都可迎刃而解了。

此次整个事态的发展，归根究底，是因为政党没有退出学校；近年以来，学校中的政治气氛过度浓厚。政治的斗争，是容易激动感情，容易引起越轨的行动的。此次学校内部的情形，似乎已超过学校当局所能控制的范围，学校以外的情形似乎也超过地方当局所能控制的范围，内外相激相荡，最后竟引起各校内部惟一没有政治意味的教授会宣布罢教，无论由学校的立场，由地方的立场，或由国家的立场来讲，这都是最不幸，最可痛心的发展，最感痛心的无疑的就是各位教授。我们希望今后大家共体时艰，不要再任意发泄感情，引起难以控制的事态，教育幸甚，国家幸甚！

四月十六日

（原载：北平《周论》第 1 卷第 15 期，1948 年 4 月 23 日。）

所望于新政府者
（1948）

国民大会闭幕后，一进五月，继依宪产生的首届立法院成立之后，蒋大总统与即可选出的副总统将于五月五日正式就职，各院部也将按照宪法的规定顺序成立，年近不惑的中华民国至此将要第一次有遵依宪法条文而出生的一个政府。对于宪法，对于国大，对于新政府，过去与今日都有不少的怀疑、阻挠与破坏。但就全国而论，多数人所采取的可说是一种善意观望的态度。他们因过去叫他们失望的事太多，此次也不敢多存奢望，所以只有观望，但他们仍是希望此次一切真能兑现，使三十余年始终找不到正确方向的中国最后能走入康庄大道。若果如此，善意的观望将要很快的变成热烈的拥护，连少数怀疑、阻挠与破坏的人也可能要改变态度。反之，此次如果仍是敷衍门面，少数人不必说，连多数根本善意的人也将发生可怕的反感，国家的前途真将不堪设想。所以今后几个月内实际的表现如何，所关极大，我们愿指出下列四点，提请行宪政府注意。

第一，政治人事须要刷新。过去二十年来，政府机构的变换不能算少；但变来变去，在台上的始终是原班人马，这是令人深感不解的一点。政府也与任何机构一样，必须新陈代谢，方能发生活力。今日政府中，有的人或因年事太高，或因用脑过度，已不适于再负独当一面的责任。为适应事实，新的政府不妨多设咨议、元老、高等顾问一类的员额，卑礼厚禄，以待老成；至于须要用心，须要动手的工作，则当尽可能的交与新进之士，以振人心，以增效率。所谓任用新进，必须采取唯才主义，少凭援引，少靠情面，少顾任何的私人关系。必须如此，全国的耳目才能为之一新，善意观望的人才能相信新的政府是认真的要有所作为。

第二，财政经济方面，必须大刀阔斧的作去，并且愈早愈好，不能再犹豫，不能再拖延。二十一日国民大会第十四次大会中曾通过二百六十七位代表所提"限期实行耕者有其田，立即开征累进财产税，争取民心，提高士气，充裕国库，改善经济"的一案，并送政府限于六个月内筹划实行；同时又通过有关征借豪门资本，征收豪富特捐的提案，建议政府限于三个月内制定办法，切实执行。国大这两个提案，是最足代表人心的要求的，若能认真实行，目前严重的局势可说已解除了大半。

第三，在外交方面，须要确立独立自主的立场。国民大会曾通过关于对苏外交与对日和约的提案，送请政府办理。国大的议案甚为恰当，只是尚嫌不够。我们在整个外交上，须有积极自主的立场，不能毫无抉择的追随他人。在外交上过度的客气，不只不能招人怜惜，反而适足招人轻侮，所得的结果与所企望的正正相反。我们弱则弱矣，但在法理上尚未成为任何外国的殖民地，我们自己不可先存殖民地的心理。过去百年的不幸发展，造成普遍全国的殖民地心理；但在政府机构中，一向是外交部门最受此种心理的支配，因此不知吃了多少不必需的大亏。国与国交，岂是私人的社交可比？私人之间，事事都好商量；国与国间，事事都要认真，锱铢必较，不可稍存客气，更万不可因弱而气馁。既往不咎，外交当局今后绝不容再因气馁而误国。

第四，在根本心理上，政府须要恢复自信。四五年来国内的，尤其国际的，有计划的宣传攻势居然成功，政府中人往往对于自己、对于国家，也已丧失信心。这是最严重、最可怕的一种精神现象。人有人格，国有国格，政府既然代表国家，遇到任何问题，都当有坚定不移的最后立场。不可轻率从事，但也绝不左瞻右顾，表示畏缩。过去几年，在许多表现上举棋不定，因循敷衍，政府根本不成一个政府，又何怪国内国际一致的侮蔑与轻视？自侮者当然要招人侮。现在新政府即将成立，在根本心理上必须彻底觉醒。遇事审慎考虑，周详计划，考虑计划之后，就要不必顾虑多端，只在事实证明当初计划错误时再虚心接受批评。此种虚心，并非示弱，正是自信力的表示，绝不致因此招侮；若将错就错，一错到底，反倒要招致反感了。惟自信者能够虚心，惟虚心者能够自信，望政府今后能两者配合得宜，挽回徬徨无主的人心，挽回危机四伏的国家命运！

（原载：北平《周论》第 1 卷第 16 期，1948 年 4 月 30 日。）

理想与现实：政治兴趣浓厚时代的两个世界（1948）

五月下旬，国际间有两段消息，我们中国多数的报纸似乎都未登载。这两段消息，代表今日世界问题的阴阳两面，深值注意。我们简单叙述如下，作为本文的引言。

第一段消息来自旧金山，据谓华来士于五月二十三日提出弭止战争的一个计划，内容包括四点：（一）军事部分——包括一个可实行的世界性的原子能管制办法，军略地区的国际化，杀人武器的解除，及整个世界法西斯主义的最后肃清；（二）按照联合国宪章的原则，消弭希腊与中国的内战；（三）使不自由的人得到自由，使流离失所的人有家可归，增助世界性的人权法案的完成，最后希望能达到世界法律系统的目的；（四）经济部分——利用美国资源，在联合国的管理之下，推行一个全世界重建的十年计划。

第二段消息来自华盛顿：关于美国东大西洋及地中海舰队司令康纳利将军对于伊朗与土耳其两国首都的访问，路透社驻华府的采访主任兰金氏于五月二十五日发表显有所本的评述。据兰氏的报导，华府的官方人士相信，根据康纳利将军所采得的资料，美国对于希腊、土耳其以及中东油区的美国生命线，可以拟定一个全新的军略计划，包括三点：（一）美国实际已等于与希腊土耳其两国订立同盟条约，只要苏联的扩张政策一日不变，美国对此区域的责任也不会改变；（二）中东区域为美国在战争时间所必需的石油来源，所以在任何情形下，也不能容它落在苏联的势力圈内；（三）国务院与军政部意见一致，认为鞑靼尼尔海峡为危险的焦点，该峡一旦遭受威胁，美国将不惜以武力抵抗。

上面两段消息的强烈对照，是再清楚不过的。华来士所发表的一套仁至义尽的建议，有一点可以注意，就是从头至尾所讲的都是"应当"

如何，对于利害的关系撇开不谈，或只附带的论及。第二段消息与此相反，出发点是利害与力量，只讲实际"究是"如何，根本不问"应当"或"不应当"。本文的目的，不是要评判两种观点的孰是孰非，因为这个是非根本是无从评判的。我们叙述上面两段消息，目的只在举例，这两件事洽〔恰〕巧代表古今一切国际关系的两面：一面是人类的希望；一面是人世的现实。要明了国际关系的实况，必须两者兼顾，同时又须认清两者之间的界线，若把两者混为一谈，对于国际政治，以及一切政治，就永无了解的希望。

理想与现实，是人生的两种境界，有的人注重现实，有的人倾向理想，两种人所处的实际是两个世界，在政治兴趣特别浓厚的今日，两个世界的分野格外的显得清楚。少数人想要同时住在两个世界，在理论上虽非绝不可能，在事实上可说是不可能的。宗教与哲学，以及各种高超的主义，都属于理想的世界。一切事业的经营，就事业而论事业，都是现实的。但人生最现实的，莫过政治：离开现实，根本无政治可言。就对内而言，政治，即或是历史上或今日最上乘的政治，也不过是勉强调和大多数人之间的兴趣矛盾与利益冲突；如能使矛盾不太严重，使冲突不表面化，就已是政治尽善尽美的境界。等而下之，就不必问了。就对外而言，只要有列国的局面存在，国际的政治必为尔虞我诈互相排挤的世界，诈虞排挤的最后结果总是战争，若极端的讲，甚至可说玉帛相将的和平时期只不过是两段战争期间的休战状态而已；和平为疲乏后的养息，战争才是正常的状态。

撇开专为现实辩护的冒牌思想不谈，一切理想，无论为哲学的或宗教的，都不问现实如何，而要否定现实，化现实，超现实，打破眼前丑恶的世界，实现合人心意的世界。如中国先秦的道家，如今日西洋的自由主义者，不问事实，认定人性至善至美，因被难以解释清楚的人生种种所蒙蔽而变为丑恶，只要去蔽还真，理想就可实现，哲人的企望就可称为庸人的实在。理想家如只提倡理想，不积极的企求实现理想，还不致多逢烦恼。最可怜的是比较高尚的热中人士，抱有理想，同时又坚要用理想改变现实。先秦的儒墨二家都属此类，结果当然是整个的失败。墨家最后完全消灭。儒家到大一统的汉代为人主所利用，但至此早非孔孟荀之旧矣。今日西洋化的世界，又逢新的列国之世，滔滔者天下皆是，热中的新儒新墨多至不可胜数，最后的命运恐怕也不会大异于先秦的儒墨。若暂且不论救国救民甚至救世的大题目，专言个人的态度，我们究当何以自处？最重要的，恐怕是每人都要先有自知之明，知道自己是属于理想类型，或现实类型，是宗教家、哲学家的质料，或事业家、政治家的质料。历史上虽有两质兼备的人，但那是例外又例外的，普通的所谓才智之士都有一偏。一般来讲，理想不能渗入事业的领域，最多不过有时可作事业的护符与工具。事业的目的是成功，理想的目的是至善。普通的成功与至善无关，一切的至善都难成功。哲学与宗教为心灵上的永恒境界，不受现实的支配，就本质言，谈不到成功或失败。现实的力量可以迫害哲学家或宗教家，耶稣与苏革拉底都是牺牲于现实强力之下的理想家，但现实对于理想本身却无力伤害，耶稣的教义与苏氏的哲理至今仍为世人所推研不绝。但反过来讲，两位圣哲的主义，就主义本身言，从古至今向未影响现实的发展，现实既未因之改善，也未因之更为丑恶。政治的对内争夺与对外欺诈，古今相同，绝无二致。战争的频繁，今日与二千年前无异。人性的难测，今与古同。所不同的，是知道耶稣或苏革拉底的政治家，有时可多有一些响亮的名词供他们利用而已。

理想家与现实家所处的是两个世界。两个世界永远对立。理想家视现实家为不可救药，现实家视理想家为愚不可及，两者发生真正的接触或联系，可说是不可能的。有的哲学家可以提出"现实的就是理想的，理想的就是现实的"一类口号，这只能说是莫可奈何的自慰自娱。又有的哲学家想象乌托邦，或置于远方，如培根的"新大西洋国"；我〔或〕置于远古，如先秦诸子的种种托古思想；或悬诸未来，如韦尔斯的"彗星的时代"。这是聊自慰娱的另一种类型。此种思想最发达的，莫过中国，我们早先在先秦时代就把这种说法人格化，提倡"内圣外王之道"。并且古往今来，不知有多少自以为"圣"的文人以此自许，虽然那仅是可怜的自欺；又不知有多少已经为"王"的当局以此自命，虽然那仅是夸大狂的表现。降至今日，中国虽然处处落后，只有在这一点上我们既可超迈前代，又可媲美西洋：我们今日所最不缺乏的人才，就是利用西洋新名词而提倡各形各类内圣外王之道的理论家。由此点言，中国文化可称为人类历史上思路最不清楚的一个文化。

既然如此，是否我们就可下一个人类无希望无前途的结论？却又不然。今日人类之所以异于一切其他动物或已经消灭的各种远古人类的，就是因为它有理想；除了现存的人类外，一切的有生之物都只有现实。理想与现实的冲突矛盾，就是人类历史人类文化的最大主题。最后的结果尽管是毫无结果，这种冲突矛盾的过程却正是历史文化的意义。将来人类的发展是否可以更上一层楼，不停滞在好似毫无结果的矛盾中？我们最少不妨如此希望。在此日未达到前，事业者只有发展事业，理想家只有发挥理想。只要不违本性，不强求己所不能，一个人或追理想，或求现实，都可以成为推动历史的力量，在个人都是成功，如果违背本性而强求自己所不能，在个人为可悲的失败，在历史为可惜的浪费。苏革拉底的智慧的结晶，仍值得我们记取服膺："知道你自己"！

（原载：《独立时论集》第一集，北平独立时论社 1948 年 4 月版。）

航空时代、北极中心与世界大势
（1948）

　　近年来一般人喜欢谈原子能时代，原子能占有了人类想象力的全部领域，使许多人忘记了有史以来一个重大的道理：就是交通路线与交通方法对于政治关系与文化形势的决定性。今日诚然已进入原子能时代，但最少与此同样重要的，是今日也是航空时代。飞机虽然已有四十四年的历史，虽然在两次大战中都是重要的作战武器，虽然已成为平时的一种重要交通工具，但人类的想象力对于飞机似乎仍然不能完全了解。为适合航空时代的现实，我们许多的日常观念都须改变，否则我们在精神上只能说是十九世纪的遗民，不能算为名实相称的二十世纪中期的人类。

　　第一，是交通观念的革命，人类自有史以来，陆地上的交通要受高山、森林、沙漠、沼泽的阻碍。海上的交通阻碍较少，但一望无际的海洋本身就是使人望洋兴叹的一种困难。并且无论是水上行船或陆地行车，交通都不能脱离地面。但现在人类已能凌云升空，过去地面上的一切阻碍都已不复存在，因为我们今日是在太空的大气中翱翔。过去交通限于地，现在交通是起于地而行于天，天地已成为一体。所以近来有人画图表示此种情形，先画一个小圆形代表地球，外边再画一个大圆形，称为天球、天洋或天空世界，就是飞机所遨游自如的世界。人类今日已不再被困于平面的地面，而是名符其实的生存于立体的天地间。

　　第二，方位的观念，今日也要改变。前此所谓东、西、南、北的方位，在事实上我们虽不详细推研，但在理论上是我们站在地球上的某一点，面向北极：面前为北，背后为南，右手为东，左手为西。我们总是假定北极为我们永远不会亲身到达的一个标准点。普通的地图也都以赤道为中心而将地球画为平面，于是一个点的北极也成为与赤道同长而并行的一道线。因为这个道理难以说通，所以多数的平面世界图总是不把南北极画出。但今日新的地图多以北极为中心。因为地球上陆地的大部，尤其在人口、经济、政治与文化上最重要的几块陆地，亚洲、欧洲与北美洲，都环绕在北极的周围（在人口上，北半球占全世界的百分之九十以上），所以北极中心的北半球图就可表出世界要地的绝大部分。至此方位就发生问题了。我们现在需要假定我们时时刻刻是站在北极之上。北极是地球的顶点，无左无右，无东无西，本身为北，为绝对的北，此外并无其他的北，由此向外观看，任何方面都是南方。只有一方，等于无方。前此相对论只在天文学上影响空间的观念，人类对于圆面的地球仍可当作平面使用。今日航空发达后，圆面不能再当作平面，非认真为圆面不可。地理学上的空间观念因此也发生革命。走路最怕迷失方向，现在我们可说是根本丧失了方向！讲到最后，方位当然只是一种人为的概念，与宇宙的实际无关。但因为四方的观念是文化初开以来的一种意识，在人心中已经根深蒂固，一旦这种观念不再与实际生活的情形完全相合，一般人不免发生迷惑之感。我们必须运用想象力，克服这种迷惑的感觉，在精神上才能说是生活在航空时代的世界。

最后，第三个发生革命的就是距离的观念。前此以里计的路程，今后要以时刻计。世界上远距离的交通，所需的时间，最初须以年计，十六七世纪以下仍须以月计，到十九世纪已可以星期计。进入廿世纪，普通可以日计，时至今日，"日"已是太大的一个计时单位。第二次大战以来，世界多数重要据点间的距离，只以钟头计就够了。在过去，交通的时间以年计，以月计，以星期计，或以日计的时候，两点间的里程仍为人所注意。但今日情形大变，里程的观念在人类意识中已日趋淡薄，惯于旅行的人已不再问由甲地至乙地里程若干，而只问需时若干。在一百个知道由北平到南京需要几小时的人中，不见得有一个人能说出两地距离为多少里。这也正如天文学上讲星球间的距离，普通不讲里数而讲光年一样。光的速度每秒钟为一八六三〇〇英里，它一年所走的路程，若以里计，绝非人类心灵所能体会。只有讲光年，才能使这种远至不可思议的距离在人心中发生些微的作用。因为飞机航率迅速，距离的计算采用时刻，也是同样的道理。量布用尺，量行程用里，量航程用时刻，这是当然的递进的理。就交通言，世界已经急遽的缩小，可说已缩小到过去一州一县的程度。我们今日已可更亲切的体会到，地球只是太空中至小至微的一粟。

　　归纳上面所讲已经发生或最少应当发生的三种观念上的革命，我们可以得到一个结论：就是今日的世界，是一个以北极为中心，各点之间距离甚近，交通迅速便利的一个渺小世界。明乎此理，我们就很容易了解，北极圈的内外近来为何成为少数大国注视的焦点了。事有凑巧，今日世界最强的两个大国，美国与苏联，经北极圈而相望。美苏间的空间距离，远较任何地图上所画的关系为近。加拿大与美国密不可分，等于一个单位，在战时两国已经联防，战后的今日联防的办法不只并未取消，并且更为加强，在最后的国际关系上，美加已与一国无异，美加与苏联，北疆都远伸入北极圈内。双方若能合作，合作的地理条件非常便利；若不能合作，如此近的距离是一个莫大的危险。双方距离最近的地方，在阿拉斯加。经白零海峡，美国的阿拉斯加与苏联的西伯利亚，仅有五十英里的一水之隔。这是就双方的大陆而言。若看两方海岸之外的海岛，距离最近的美岛与苏岛，相隔仅有二英里半！在第二次大战期间，阿拉斯加是美国武器援苏的最大最重要的空运中间站。战后的今日，美国许多的论者，称阿拉斯加为美国的第一道防线，并非出于偶然。

　　在双方自己的领土之外，北极圈上的土地而成为问题的，尚有冰岛、哥林兰岛与斯比兹卑尔根群岛。冰岛是欧洲与北美之间的中间站，是北大西洋的中心点，在第二次大战期间是美国接济英国的一个重要据点。哥林兰与冰岛的功用相似，不过地位不像冰岛的适中而已。现在美国的武力已从两岛全部或大部的退出，但就利益与文化传统言，两地仍然倾向美国。冰岛为独立国，哥林兰属于久已接近英美的丹麦。

　　斯比兹卑尔根群岛属于挪威，在第一次大战后由国际条约规定为不设防地带，最近苏联向挪威要求在该地取得设防的权利，英美提出抗议，挪威经过一番考虑后，最后于本年二月十五日在国会秘密会议中决定拒绝苏联的要求。国际间一有风云，斯比兹卑尔根群岛是值得注视的一个地方。过去列强所争夺的是苏彝士与新加坡一类的海上据点，新时代的苏彝士与新加坡大多集中在北极圈上。国际间若不能实现永久的和平，这块一向宁静的冰天雪地世界终有一天要成为全球上最不宁静的所在！

（原载：《独立时论集》第一集，北平独立时论社 1948 年 4 月版。）

伊朗问题
（1948）

　　一度紧张而突趋沉寂的伊朗问题，经过将近一年的外弛内张之后，最近又开始引人注意。据九月廿七日安哥拉方面的消息，伊朗似乎即将被列入杜鲁门抑止中东共产主义的援助计划范围之内。美国国会武装部队委员会委员十六人已经抵达伊京德黑兰，并与伊朗首相举行会谈。另一被称为赴伊军事代表团的组织，也同时抵德黑兰。在苏联方面，据《真理报》的报导，说伊国北部邻近苏境的亚塞尔拜然省已开始大规模逮捕亲苏分子，并谓此种行动乃出于伊朗宪兵队美国顾问的指使。此外九月二十八日，在伊朗国会中，因一部议员反对苏伊石油协定的批准，会场秩序陷于混乱，协定最后能否批准，尚不可知。伊朗显然的又要成为美苏斗法的一个场所。

　　缘于一九四一年纳粹攻苏后，一方面为防止纳粹在伊的阴谋，一方面为开辟英美接济苏联的一条通道，当年八九月间英苏协议进兵伊朗，苏军在北，英军在南。一九四二年一月，两强与伊朗签约，声明承认伊朗的独立与领土完整，两强在战事结束后六个月，全部撤兵。一九四五年九月二日，日本正式签降，是全球战争结束的日期，所以若讲条约与法理，一九四六年三月二日为外军撤离伊境的最后限期。美国在伊原无驻军，正式参战后，曾有少数负责运输对苏接济品的军队进驻，在日本投降后不久就全部撤退。英国的驻军，在战事结束后的半年中陆续离去，到去年三月二日按约撤尽。至于苏联军队，直到英军撤净时，仍维持七万人的庞大驻防数目。所以苏联在当时是显然的居于优势。但英美两国，尤其美国，不甘示弱。这是伊朗问题，在过去一年半以来一弛一张的根本原因。

　　伊朗北临外高加索与里海，南临印度，自十九世纪以来就是英俄两国所注目而视的地带。除了这种陆地上介乎两大的地位外，伊朗并且面临波斯湾，遥望红海与苏彝士运河，其位置的重要，不容列强不表示关切。所以进到二十世纪后，英俄两大帝国相约划定势力范围，除留中部为缓冲外，伊朗的北境归俄，南境归英。一九一七年俄国发生革命后，代起的苏联一时无力跳上国际政争的舞台，同时又有民族自决的潮流风靡全世，于是在两次大战的中间期内，英国也由伊朗退出，容它又成为一个十足独立的国家。但地理位置的影响，是无从逃避的，所以第二次大战爆发后，英苏又南北入占。航空时代的今日，过去列强争夺的许多军略焦点虽已丧失重要性，但地中海与外围的中东区域仍是一个必争的军略地带。英国虽已开始衰落，但同文同种的美国已经继起，凡冲要地区而英国无力维持的，美国无不出来维持到底。所以过去英俄争夺的伊朗，今日已成为美苏竞胜的舞台。

地理的位置已足使伊朗不得安生而有余，不幸它的地面之下又有二十世纪至宝的大量石油。"小人无罪，怀璧其罪"，小国也是一样，石油的宝藏使伊朗欲求与此无争也绝不可得。在面积相等的区域中，伊朗的油产在世界是最丰的。不计面积，以国为单位，伊朗也处第四位。今日产油最丰的国家中，美国第一，苏联第二，委内瑞拉第三，伊朗第四。伊朗的油权大部属于英国。一九〇一年一个英国人在伊境西南发现油矿，取得开采权，至今英国控制下的英伊石油公司握有伊境油业的霸权。后来美国的勘查家在东境发现油矿，于一九三七年也取得让予权。近年来大家渐知北境也有油可采，近邻的苏联认为这是责无旁贷的事，所以乘着进军北境之便而向伊朗提出要求。远在一九四四年冬，苏联已开始向伊朗交涉。伊朗在当初并未断然的拒绝，只称不能在外军压境时谈判让与的问题。苏联不听，继续要求。伊朗为表示坚决，于一九四四年十二月六日由首相向国会建议，禁止任何内阁阁员、部长或代理部长与外国官方或非官方谈判石油让予权问题或签订石油协定，违者处三年至八年有期徒刑，剥夺公权终身。这种严峻的法案，当时虽有少数议员反对，终究多数通过。至此谈判之门已闭，于是苏联方面传出消息，谓伊朗北境已经发生反德黑兰当局的运动。但当时大战尚未结束，所谓反当局运动云云，制造一种空气则可，若认真作去，究竟仍非其时。又过了将近一年，大战已经全部结束，到一九四五年十一月，在苏军占领下的亚塞尔拜然省果真起了革命，要求地方自治，领导自治运动的是旧日的伊朗共产党，至此已一变而成民主党。德黑兰政府派兵北上平乱，为苏联驻军所阻，但同时苏联又声明绝对不干涉伊朗的内政。英美在起初并未公开的表示态度，整个的问题陷于僵局。

条约所订最后外军撤退期限的一九四六年三月二日之后，英国首先向苏联提出抗议性的询问，三月七日美国又向苏联提出措词相当严厉的照会，要求苏军撤离伊朗国境。对于英美的照会，苏联不肯致答。同时，亚塞尔拜然省在自治的名义下，已等于脱离伊朗而独立。三月十九日，伊朗向联合国安全理事会申诉，请求解决苏伊之间的纠纷。苏联先要求安理会对于伊朗的申诉不予受理；失败后，又不肯出席会议，以示反抗。进入四月，虽有联合国的声援，伊朗决定暂时承认眼前的事实，与苏联签订协定，主要的条款有三：（一）在北境组织一个苏伊石油公司，苏联占有股票百分之五十一，伊朗保有百分之四十九；（二）二十五年后，两国平分公司股票；（三）德黑兰政府同意考虑亚塞尔拜然省的自治地位，并应许与该省自治运动领袖开始谈判。至此苏军陆续撤离，苏伊问题好似已经解决。

但德黑兰政府与亚省自治领袖的谈判始终无成，到去年五月中旬完全决裂。同时，美国明白表示，不认为苏伊问题已得到合理的解决。在此种情形下，伊朗内部谈判一经决裂，德黑兰与亚省就进入战争状态。自此时战时和，到今年春，亚省的自治运动已被扑灭，德黑兰的政府已又统一全国。此中有美国的协助，是显然的，苏联只有默认失败。至于去年所定的石油协定，始终尚未由伊朗国会正式批准，此事看来已经希望甚微，正如在希腊与土耳其一样，美国已占了上风。今后若有变化或新的发展，必须由苏联方面发动。只要有机会，苏联也必发动无疑。

在过去，国际间勉强维持均衡时，小国尚可在两大之间缓冲，苟且求生。在均势已破，两强尖锐对立的今日，凡不幸处于军略地带的弱小国家，都将不再有丝毫的独立自主可言。两年来成为篮球，被人夺来夺去的伊朗，清楚的证实此理。

（原载：《独立时论集》第一集，北平独立时论社 1948 年 4 月版。）

两次大战后的世界人心
（1948）

　　由日本投降正式算起，第二次世界大战结束已经整整两年，短短的两年期间，世局真是千变万化，对于线索太多，情节太繁的变化，人心颇有应接不暇之感，猛然想起，好似已经过了半世。惯于此种紧张局面的人，往往不易想象另外一种局势。其实，太远的不必说，近如第一次世界大战后的几年，情形并不如此，最少并不完全如此，两相比较，使我们对于今日可以更亲切的感觉，更深刻的认识，更显著的明了眼前人世的悲剧性。

　　在第一次大战的晚期，美国威尔逊总统提出十四原则的呼声，认民族自决为天经地义，认民主制度为政治发展的当然目标，认为此后可以免除战争，人类可以永久的安居乐业，在无限的进步之下，达到美满的人生。当一九一八年十一月十一日德国投降时，以上一套的观念可说是普世人心的公同信仰，这种信仰是和平再临时期的精神背景。在这种精神背景之下，许多民族国家在欧洲出现：奥地利、匈牙利、捷克斯拉夫、南斯拉夫、波兰、芬兰、拉脱维亚、爱斯脱尼亚、立陶宛、土耳其等国，先后都在民族自决的大原则下成立，并且这些国家，最少在名义上都是以英美或法国为标准的新兴民主国家，多数国家也努力的去作民主的试验。当时一般都认为，民族国家与民主制度是万古不变的永恒真理，丝毫没有可以置疑的，短期间即或不能实现，不久的未来必定全部实现无疑。

　　以上是理想的一面，此外还有现实的一面，就是列强的争夺土地。在欧洲内部，国界的纠纷非常之多，义大利与南斯拉夫的复杂国界问题是一个特别尖锐化的例证。欧洲以外的战败国殖民地，也成了列强争夺的对象，最后用委任统治的方式，列强把德国与土耳其的殖民地全部瓜分。除美国因特殊原因在那一次未肯参加此种分赃行为外，亚洲、非洲与太平洋的战败国属地，都由英国、法国与日本分别据为己有。列强的争夺土地，未尝没有使许多人失望，但大体上一般人都认为这是旧习惯与旧观念所造成的一时不美现象，整个的前途仍是乐观的，不满人意的一切很快的必可全部克服。

一九一九年一月的巴黎和会，是在这种乐观的心情下召开的。会中虽发生了许多关于土地与其他问题的争执，但到当年六月，凡尔赛条约成立，条约中并包括建立国际联盟的一点。一般的人，包括威尔逊总统在内，都认为只要国际联盟一旦成立，就可解决一切的问题，小国可不再受压迫，大国不敢再去横行，即或大同世界不能一蹴即至，最少一个合作的国际社会可以很快的成为事实。这种热情的看法，前后维持了十二年之久，到一九三一年日本侵占东北而国联束手无策，才开始动摇了世界人心对于国联的信念。

以上是第一次大战方才结束后的世界态势与人心形态，足供与今日比较处甚多。今日也有它的精神背景，就是英、美所签订的大西洋宪章与罗斯福总统所宣布的"四大自由"，若讲理想，这些只有较比十四原则还要崇高，它们包括十四原则而又超过十四原则。所不同的是人心的反应，不必等今天，早在德、日两国都未签降的两年以前，多数的人已对大西洋宪章及"四大自由"发生淡漠之感。民族主义已不像从前那样受人崇拜，至于自由、民主等等，更成了宣传的借口与口号。真正爱惜自由民主的人已在开始减少，许多人已根本不知自由民主为何物，他们所喊的自由实际等于奴役，他们所倡的民主实际就是独裁。第一次大战后的根本精神是"爱"，今日的根本精神是"恨"。第一次大战后的人，每喊一种口号，无论客观条件如何，最少在主观上是诚恳的，今日一切的口号都仅是口号而已，是达到某种目的的策略，在本身上绝谈不到丝毫的诚恳。

态度的不同，可以使人对于同样的事实发生完全不同的反应。两次大战后，国际间都有争夺土地的表现，有欧洲内部，像义大利与南斯拉夫的疆界之争，今日仍与一九一八年后无异。对于殖民地，对于弱小国家，大家也正在勾心斗角，明争暗夺，但二十七八年前的此类现象，世界并不认为值得特别挂在心头，今日却把这一切都认为是前途黑暗的明证。较此尤为严重的，是对德与对日的和会至今不能召开，并肩作战的胜利各国之间的矛盾日愈加深，这是第一次大战后所没有的反常现象。

所幸代替国际联盟的联合国机构在战争结束前就已准备成立。但世界人心对它始终没有像二十七八年前人类对国联的那种热烈的期待。大家好似是在做戏，是在作不得不作的文章，今日很少人相信联合国机构能达到联合国宪章中所标榜的目的。国联在成立前，人心对它有热情的希望，在成立后，人类曾拥护它到十二年之久。至于联合国，在未成立以前已不能打动人心，在成立后的今日，许多人对它几乎已经忘记，必须看到新闻纸上的报导，方才记起联合国的存在。第一次大战后的世界是根本乐观的，今日的世界是根本悲观的。

对于今日的普遍悲观，可有两种解释，一好一坏。坏的解释，认为人世已经绝望，没有信仰，没有前途，眼睁睁的走向毁灭之路，第一次大战后还能有二十一年的和平，今日的世界好似时时刻刻都在准备毁灭一切的第三次大战的到来。与此相反的，也可有一种好的解释，认为上一代的人心完全是被幻想所支配，不肯面对现实，所以才有幼稚的乐观情绪，但幻想的结果必是失望与打击，侵略主义的兴起与第二次大战的爆发未始不是幻想所造成的恶果。今日人心已经老炼〔练〕，能够把握现实，不怕面对现实。自古以来，现实总是难满人意的，所以今日的人心才如此的悲观。这未必不是健全的现象，承认现实之后，才有控制现实的希望。好似随时可以爆发的第三次大战，终久可以避免也未可知。我们希望，这种好的解释是比较接近事实的！

（原载：《独立时论集》第一集，北平独立时论社 1948 年 4 月版。）

五四献言
（1948）

民国八年五月四日，北京大学及其他首都各校的学生三千余人所举行的游行示威，就动机与结果言，有双重的意义：一为爱国运动，一为新文化运动。时间虽已过了二十九年，我们今日纪念五四，不仅是例行故事的纪念，就那双重的关系讲，五四仍有活的意义，仍大有纪念的价值。

爱国运动的五四，是由外交的刺激所引起。在第一次大战期间，日本乘着国际的空隙，向中国提出二十一条，并强迫自顾不暇的协约国承认它得以继承德国在山东的一切权利。在战事结束后的巴黎和会中，中国虽以战胜国之一的资格出席，但发现强国之间的秘密协定是支配国际的最大力量，战胜战败的关系反居次要，我们的代表虽然力争，仍不能改变山东问题的强权政治条款。当时普遍全国的忧郁愤慨之情，我们这有过类似经验的第二次大战后的一代国人，应当不难想像与了解。但空的忧愤无济于事，代表全国把忧愤之情发泄为有效的行动的，是当时政治中心兼文化中心所在地的青年学子。他们本于爱国的纯诚，无需任何人鼓励或领导，完全自动的聚有三千人之众，到总统府请愿，并到英美法义各公使馆，表示国民的真正意见。首都的学生登高一呼，全国各界群起响应，上海学界首先继北京后而罢课，全埠的商界并联合罢市，无组织与无从用行动表示态度的一般人民，也无不对学生完全同情。宣传的技术，当时尚未发达；谣言的制造，也尚未成为群众运动的工具。学生所得的普遍同情，是完全自发的。也正因如此，所以效力特别大，到六月十一日，政府只得顺从舆情，罢免亲日的曹章陆三人，巴黎和会的中国代表，在国民的督促与援助之下，也得以拒绝在和约上签字。这是国民外交成功的显著例证；无论今日或千秋之下，只要是一个中国人，必都承认这是学生运动的一大功绩。

专就爱国的意义言，五四运动已是不朽。但以五四为机缘，引起对于旧思想旧传统的重新估价，对于新思想新潮流的热烈介绍，这就是所谓新文化运动。少数人虽然在言语上或行动上不免走极端，但运动的主流是正当的与健全的，在蔡孑民、胡适之及其他各位大师的领导之下，智识青年用最开明的态度研究一切，批评一切，考量一切，希望对一切都能得到合理的与应合时代的新标准与新结论。当时对于一切学术文化问题都运用科学精神，也就是不顾一切的求真精神。在全部中国历史上，能以大无畏的精神求真的，除了先秦诸子外，恐怕只有五四时期的少数有名学人与一群无名学子，及今思之，仍令人不胜其向往之情。来中国讲学的英国哲学家罗素，在以友人的态度对中国作种种的逆耳批评之后，曾毫无保留的承认，当时中国学术界的自由探讨精神，虽在以自由自豪的欧美各国也不多见。这在当时的确并非过誉，摈弃一切成见而惟真理是求的态度，的确普遍于整个的学术界。中国之能有今日，一部要靠新文化运动。对于今日的文化现状，我们无人满意，但我们开始追随世界潮流，还是来自五四以后一批学人的勇于介绍与勤于研讨。我们今日仍然落伍，但已知道落伍之处何在；在五四之前我们只是感觉自己落伍，而不知究竟如何的落伍。这种民族的与文化的自知之明，是五四运动的另一大的功绩。

今日追忆既往，纪念五四，同时也当展望未来，发扬光大五四的精神与五四的事业。爱国运动是弱国的现象，强国无需公开的表示爱国，爱国就包含在国民的日常工作中。二十九年后的中国，仍是弱国；第二次大战后的中国，在许多方面也颇似第一次大战后的中国，仍在秘密协定、阴谋破坏与花样不断翻新的强权政治之下委曲求全。时代不同，爱国表现的方式或也无需尽同，但凡属国民，今日必有民国八年五月四日青年学子的心情，方能无愧于衷。讲到文化运动，五四时期的热烈情绪当然没有永久保持的可能，但我们都当承认，文化运动尚未结束，文化运动的使命尚未完成，我们今日仍需珍视自由探讨的精神，虚心学习。五四之后，是我们彻底近代化运动的开端，今日全国公认的建国需要，就是学理的新文化运动的具体化的表现。文化的巨流，曲折甚多，外相时变，但内里的线索是恒久的。我们纪念五四，须认清它的恒久部分，各尽所能，完成五四一代留给我们的重大使命。

（原载：北平《周论》第 1 卷第 17 期，1948年 5 月 7 日。）

真是

——教育究为何来？

（1948）

当今之世，恐怕是人类有史以来教育最盛的时代，教育已成了专学，今日已有"教育学"一科，这是前所未闻的现象。以全世而论，学校的众多，学校制度的完备，学生数目的庞大，都是过去的人类所不能想像的。教育发达一至于此，按理所谓教育也者应当没有太大的问题。但实际则正相反，许多好学深思的人对于近代教育确在发生极大的怀疑。所有的人似乎都在忙于教育，教育别人，教育自己，却很少有人多想一想，在根本上，教育究竟是所为何事？

一个最普遍，一般人甚至认为当然的说法，就是教育是为的服务社会，造福人群，增进学术，发扬文化等等。很多人即或不清清楚楚的如此说，心里也很容易如此想。所可注意的，就是这一套服务、造福、增进、发扬，都是对外的，而不是对内的，都是对别人如何如何，而不问对自己如何如何。好似是你为我服务，我为你服务，我们为第三者服务，第三者又为我们服务——如此这般，就是教育与人生的最高目的。若说一句笑话：与其如此服务来，服务去，何不各自为自己服务，岂不简直了当，最后的结果岂不也是一样？这是笑话，却又不是笑话。自己与别人是一样的人，为何自己必须向别人服务，而无需向自己服务？并且我们所容易忘记的，就是服务价值的高低，服务目的的正确与否，当然与服务者有非常密切的关系。一个人如果把自己未弄清爽，而侈谈服务他人，其价值与正确性也就大可怀疑了。我们如果说服务他人是对于自己缺陷的一种掩盖作用，或者未免过度刻薄；但我们最少可以说，一心一意要向外表现，结果必至把自己忘掉。这正如古人所说，搬家而把太太忘掉的人并不算最善忘的人，最善忘的是把自己忘掉的人。一般人都知道漠视别人是不对的，但很少人知道漠视自己也是不对的，并且是更不对的。人生如果能谈到目的，目的就是要作人，要尽可能的作一个完人，一个情感意志与理智完全协调的人，而在这三者之中，理智是最不重要的，一个人格的品第与味道，主要的在情感的陶冶与意志的锻炼，比较起来，理智倒是可多可少，可高可低的。然而今日的教育，几乎纯粹是理智的教育，并且连所谓理智，也还不一定是经过哲学的溶化的一以贯之的理智，而是支离破碎，专为达到某一种具体目的的技术知识。今人往往以为工农各科的实用之学为技术的训练，这是只知表面而不知内里的看法，实际今日的教育，连文法各科的所谓纯理之学也早已成了技术的训练。文学与哲学应当是距离实用最远的了，然而在今日的学校中把文学哲学也当作专门技术去传授，与陶炼性情修养人格无大关系。教者自视为传授知识的技师，学者视学校为知识的传授所；教者不认为在传授知识外尚有其他责任，学者不知道在接受知识外尚有其他要求，这才是真正的教育破产，相形之下，设备简陋程度低落等等反倒是次要的问题了。比我们富饶，比我们安定的国家的学校，设备整齐，程度高超，但也与我们的学校有同样的根本缺陷，教育的病症是有世界性的，并不限于中国。

前些年教育当局提倡教师同时也作导师，这虽是少数人一时的心血来潮，却无意中抓到教育的中心问题，只可惜各方都无准备，导师云者也只是具文而已。从前的书院，知识的讲述与人格的薰陶打成一片，并且是认真的教学相长，大家相处如家人父子，在知识与性情两方面都可以互相勉励。今日聚数百人以至数千人于一校，不必说教师不识学生，学生不识教师也已成为常事，连教师之间也可互不认识。如此教育，除了专门知识的传授外，一切的大道理又何从谈起？如此教育，在承平之世已是大可忧虑，在长期对外作战而继以剧烈政争的内乱的今日，又何怪一般青年的不是彷徨无主，就是有如马之脱缰，奔放而无止境？长期的战乱，使他们往往未得享受正常安定的家庭生活，至于学校，就制度与办法言，又是冷酷如冰的知识传授所，青年时期自然的热情无所寄托，无从发泄，就只有紧抓普世流行的"服务社会，造福人群"的似是而非的那一套，使他们勉强可以忘记自己人格深处的彷徨与空虚。所以目前青年的奔放，可说是一种逃避作用，不是逃避外物，而是逃避自己。正如万籁俱寂的原野可以成为最可怕的景象，空洞寞寂的内心一定成为最大的恐怖，必须远逃，必须外奔，才能免除此种莫可奈何的恐怖。明乎此，一个中年人即或遇到一个最典型的不可以理喻的青年，也当对他表同情的，因为他是最需要同情的，并且他之所以如此，中年人最少也要负一部的责任。专就教育的领域讲，一部的中年人，教师，没有在技术知识以外再给他们更重要与更基本的教育，另一部的中年人，有实际政治目的的人，乘虚而入的夺占了他们的一棵〔颗〕空心。实际政治者不择手段，自古已然，于今为甚，但古今中外一致的要选择手段的教育事业者却急需反省，从事教育而未能尽得教育者的全部责任，那是最对不起自己的一件事。教者的只知传授知识，对于青年的空虚与务外是难以辞咎的。至于有的教者，因自己失职而致青年脱缰之后，竟反转过来而虚心的"向青年学习"，这如果是诚恳，实在叫人啼笑皆非，如果不诚恳，真令人欲哭无泪了。

前人谈教育，有"为己之学"与"为人之学"的说法，认为"为人之学"，专为取媚于人的学术，若用时下的名词，就是"服务社会，造福人群"的技术训练，是要不得的。一个人当求"为己之学"，根本上必须自己站得住，才能谈到其他的问题，一切"其他的问题"都只是"自己站得住"之后的附带发展，可有可无。如果有机会，局面许可，一个"为己之学"的人也可从事于服务与造福的工作，绝不亚于"为人之学"的专家。反之，如果身外根本无法可想，他心中也自有乾坤，自有外力不能摇撼的境界。至于专门"为人"的人，一旦没有"为人"的机会，立刻就要迷惑丧志。所以此种人不能无事可作，本来无事，他必须找事，本无问题，他必须制造问题，别人不需他帮助，他非帮助不可。所以"为己"的人看似自私，其实是最体贴他人的人，他人若不欢迎，他绝不勉强他人接受他的教诲或他的服务；专门"为人"的人看似舍己，其实是最自私的人，他的服务根本不是为他人，而是为自己，为解除他自己内心空虚的痛苦，至于他的服务对他人是否真有好处，他根本不问，他人欢迎与否，更是不值得考虑的问题了！

本刊上期出"青年苦闷问题专号"，由"青年自述"各篇中，可看出今日青年苦闷情形的普遍与严重；本期首篇专论又谈到教育的根本问题，与青年苦闷的可能一部来自教育的失调。若要根本改革教育制度，进而使教育接近理想，恐非短期间所能办到。若要青年自反自省，那也是可能性甚少的。惟一的希望恐怕还在教师，教师如在学制许可的范围内，自励自勉，不视技术的传授为全部的责任，进而自任青年的导师，为人为己恐怕都是大有裨益的！

（原载：北平《周论》第 1 卷第 18 期，1948年 5 月 14 日。）

谨防学潮的另一种变质
（1948）

　　最近天津南开大学发生了最不幸的学潮。平津距离，虽然近在咫尺，我们承认关于事件的曲折我们还不完全清楚，大概的轮廓似无问题：学校当局为减少男生对于女生宿舍的穿行，决定叫男生走旁门，学生贴标语抗议，学校派职员去撕标语，学生与奉命撕标语的人发生争执，学校开除负责的学生，学生要求学校收回成命，并以无限期罢课相威胁，暂时则以"总请假"代替罢课，以待发展。直至五月十三日，事态仍在僵持中。

　　我们希望上面简单的叙述无大错误，即或与事实略有出入，也无关系，因为我们并不是要就事论事，我们是要因事论理。根本的事实无人否认：此次是一个有历史有地位的高等学府的学生，由于学校当局所采取的职务上的措施，而与学校当局对立，以罢课为要挟，以总请假为手段，要求学校当局收回成命。五四运动的纪念日方才过去，使我们不禁想到五四事件后学生运动的发展。当时政治性的学生运动本由山东问题所引起，以山东问题为中心的排日运动前后延续了两年，每有关于山东问题不利的消息传出，或中日之间每发生新的问题，如九年十月的珲春事件之类，学生总都有所表示。十年秋，华盛顿会议召开，山东问题已有解决的途径，至此政治性的学生运动可说已到了应该结束的时候。但任何运动都是易发难收，本是为国为民的学生运动，迨目标已达之后，外面不再有自然的目标，于是转而内向，学生运动开始公开的或暗地的对准学校射击。或对学校行政表示不满，或对某一教师表示反对，要求不遂，不惜罢课示威，有时甚至公然聚众，以暴力驱逐当局或教师。至于某一当局或某一教师是否有被反对的理由，那是另一问题；根本的问题，是此风一起，学校就不成其为学校，坏的学校不必说，好的学校也有根本动摇的危险。中国的社会虽无组织，对于大事的观察却相当清楚。前两年的学生运动，一般人都忽略它间或难免的越轨表现，而专注意它爱国纯诚的中心事实，大体上都是对学生同情的。但对于民国十年以后借名罢课动辄示威的学生界，社会开始侧目而视，富于讥讽成分的"丘九"一词即于此时造出，证明社会视学生为仅次于北洋职业兵的可怕集团。日后学生运动的无以为继，也可由此中得到解释。

前事不忘，后事之师。历史诚然是往往趋向于重演，但重演并不是绝对必需的。抗战胜利以来的学生运动，在性质上与五四以后的学生运动大不相同，一对外，一对内，绝不能同日而语，但就消极方面讲，其不以学校本身为对象，则两者完全一致。前一代的学生运动，因爱国的目的已达，而转身向校门之内射击。此次的学生运动，是否要因门外的阻力太大，也转身向校门之内瞄准？兴念及此，使人不禁悲从中来，不知尚有何话可说。学校为教育机关，没有武力，也绝不会假借任何方式使用武力，所以若对学校发动聚众要挟的策略，学校当然没有好的对策。在此种要挟之下，只有两种可能的结果。一是学校当局屈服，承认遇到重大问题时须唯学生之命是听，至此学生诚然可以快意于一时，所容易忘记的就是自身所寄托的学校，从此要身价一落千丈。求学的人，从前讲究择师，今日讲究择校，一个青年既然列籍某校，总是以列籍该校为荣的。我们不能想像从前一个读书人会追随一个师道扫地的业师，不知今日的读书人为何不惜把自己的学校打落为一个校道扫地的学校！反之，如果学校当局不畏要挟，不肯屈服，而学生自认为颜面攸关，不能下台，此种僵持的局面一经成立，学校最后只有关门。这当然不是任何人所希望实现的结果；若竟不幸而实现，最吃亏的还是学生自己。所以学生"成功"也好，"失败"也好，都是自己吃亏，高等学府的青年而考虑如此不周，能不令人痛心？

胜利以来的学生运动，当初多少还有企求改革的意味，后来一扭而成为推翻现状的运动。这种变质是非好坏，与本题无关，可以不论。多数的青年，尤其学生青年，苦闷万端，凡略有想象力的人，既或是对于变成政争武器的学潮深恶痛绝的人，也对一般青年无不深表同情。但如果青年非重演历史不可，使学生运动再度变质，成为校门之内的打倒推翻运动，重演的历史的必定是全部重演，其中的一部就是丧尽各方面的一切同情，与自身所寄托的学校的彻底毁灭。恶劣的趋势方才开始，悬崖勒马，尚不为晚，望青年深思。

（原载：北平《周论》第 1 卷第 19 期，1948 年 5 月 21 日。）

美苏交换照会，冷战又一回合！
（1948）

最近美苏之间的交换照会，是国际现局中一件大事。此事由美国发动，五月四日美国驻莫斯科大使史密斯将军以备忘录形式致书苏联外长莫洛托夫，说明美国政府的根本立场。全文甚长，值得关心国际政治的人细心追研，其中有的话极关重要，例如论及苏联对美认识的问题时，说：

> 我国政府对于苏联政府对美国现行政策究已获致何种结论，并无概念。惟曾注意一点，即苏联报纸对我国态度之叙述，系属歪曲错误而且达危险之程度。苏联政府人员本身是否相信此种歪曲说法，或相信至若干程度，我国政府无法加以估计。职是之故，本人希望就我国政府认为极端重要之若干点加以说明，俾在此时不致发生误会。

以上一段话并无若何深奥处，似乎就是此次发文的真正动机。苏联内部的舆论，全由政府控制，外国任何的意见，无论是外国政府的或外国人民的，不经过苏联政府的同意，根本不可能达到苏联人民的耳目，同时苏联政府当然很容易对于在它统治之下的人民的心中造出对于外国的任何印象。纯就对内的控制言，这当然是非常便利的，但问题就是，一种印象造成之后，不易马上改变，即或其印象与事实不符，政府也须假定它合于事实，在非采取行动不可时，也只得以此为出发点。所以世界各国比较客观的论者，常常认为苏联政府人员居然相信原备自国人民所独享的宣传，这恐怕是不正确的，苏联负责的人并不如此天真，他们对于世局认识的相当清楚，不会自欺一至于此。实际上他们往往是不得不如此。因为他们曾使他们的人民相信其他各国都充满了弱点，只有苏联无比的健全与不可抵御的强盛，遇到非表示态度不可或非采取行动不可时，苏联政府人员就只有作出目空一切的表现，否则对于一往情深的人民实在无法交代。也正因情形如此，美国才决定要通过苏联政府而达到苏联人民，使苏联人民明了美国国内的实际情势与美国政府的真正政策：

> 美国政府在国际问题方面之政策，在最近几月与几星期中已明白加以说明，此项政策获得美国人民中极大多数之支持，并将继续予以有力与坚决的执行。苟他国人士臆测美国国内问题之种种考虑，诸如未来之选举等，将在任何方面削弱美国支持其认为准确之行为之决心者，将属严重错误。同样，我国政府深知各地之共产党组织迄在散布宣传，认为即将到来之美国经济危机，不久可造成美国政策激烈变更。经济恐慌，无论如何不致影响吾人基本生产能力，亦不能影响决定吾人外交政策基本国策之观念。

这一段话恐怕是全文的重心所在。以为今年的大选可以影响美国的对外基本国策的人，遍世皆是，此点倒不能由苏联人民专美。我们可说一句极端的话，即或是华莱士当选为美国总统，他也绝对不能改变美国的国策；任何人如果认为人的因素可以改变一个近代大国的国策，那只能说是可怜的幼稚，是对于近代世界根本缺乏认识的表现。此种幼稚的见解在我们中国特别流行，今后急需纠正。至于所谓经济危机即将到来并将迫使美国改变政策的一种说法，也是今日最时髦的一套八股。美国是否会有新的经济危机发生，或何时发生，的确无人敢作任何武断的答覆。但假定经济危机果然发生，美国却一定会改变政策；只恐怕改变的方向要与八股专家所希望的完全相反；经济危机如果发生，美国不只不会在国际舞台上打退堂鼓，并且还会表现得更为积极，甚至马上引起战争亦所不惜！史密斯氏实际已等于如此说了，他所谓经济恐慌"不致影响吾人基本生产能力"一点，其"基本生产能力"若解为"军事及与军事有关的生产能力"，恐怕并无大误。过去因为总有其他强国打头阵，使美国没有骤然遭受攻击的危险，所以美国在国际的表现上时常显得懈怠。此种情形已经完全成为过去，近两三年来美国政府与人民的言行与态度，已再清楚不过的指明美国已有不计一切而维持世界首强地位的决心，此种地位若遭威胁，就必不惜一战。这个道理，深值凭着主观的希望判断世局的人多加消化！

最后，史氏说明："就美国言之，充分讨论并解决异见之门户，始终洞开"。莫洛托夫在覆文中，除为苏联的政策反覆辩护外，特别抓住这一点，声明随时愿与美国进行谈判，解决两国之间的一切问题，其意似乎是要由美苏两强交谈的方式来决定世界的命运。但此点马上被美国拒绝，马歇尔说明美国不能与苏联谈判有关他国利益的问题，此类问题须经由联合国机构或其他已有的国际性机构予以处理。在外交折冲上以惯于取胜著称的苏联外交界，此次恐怕只有承认输了一著〔着〕，因为此次给人的印象，是苏联要用强权政治的方式与美国谈判如何支配世界甚至瓜分世界，而美国却显得仁至义尽，表示对于一切国际机构的尊敬与重视。过去曾视马歇尔为军人不懂外交的人，若需要反证，此次是最好的反证了；在国际冷战中而能轻描淡写的制胜苏联的人，其外交本领非同小可，也难怪中国以及世界各地的苏联同路人多抓住马氏不肯谈判这一点而大施挞伐！

专就中国而论，其实我们哪有资格作左右袒？冷静的研究，以求明了复杂万分的国际政局，是我们惟一可以作又值得作的事，认识清楚而犹恐于国无补，以积弱之国而于外国发生问题时还乱是此非彼，岂不显得太可怜相！在两年来的冷战中，美苏互有胜负，苏联占上风时较多于美国。此次美国占了便宜，仅此而已，其他全不相干！

（原载：北平《周论》第 1 卷第 19 期，1948 年 5 月 21 日。）

弱国外交与外交人才
（1948）

　　真理不会害人，真理即或给人痛苦，那痛苦也是暂时的，最后的结果总归有益。十足的谬论也不会害人，因为任何人一见就知其为谬论，不致被它所诱惑。害人最甚的就是半真半假的冒牌真理，因为它容易使人认半真为全真，引人走入歧途，始终不悟。"弱国无外交"的成语，是有名的一条真伪参半的论断。

　　此语的反面就是"强国的外交必无阻碍，更无失败"。正反两面都与史实绝不相符。所谓弱国无外交，只是弱国人士的愤慨之辞，因为弱国若想在国际上大出风头，事事称心，当然是不可能的。但弱国若要维持自由与独立，却大有赖于外交手腕的灵活运用。反之，强国若一味的逞强，不讲求正常的外交，平时必不顺利，连武力取得的权益也未必能如意的把握。无论强国弱国，在一般的外交事务上，成功与失败大半要看外交人员的本领。有的外交，为任何人所不能办通。例如你若无故去向地位力量相等的邻邦要求割地，你的外交无论如何高明，也难以发生效力。反之，许多的例行公事，任何人都能办通。但这种公事，一个使馆馆员或外部录事即可胜任，并非真正的外交案件。介乎不可能的事与不相干的事之间，却有许多可办须办的事，事的成败就全在人为了。例如你要接洽借款，要请友邦作一种对你有利的投资，要为你的侨民取得额外的便利或权利，要想友邦作你与第三者交涉时的声援……诸如此类无可无不可的事项，友邦的肯否协助，一个大的关键就是你的外交部与驻外使馆负责人的人格、资望与本领。本可成功的事，即或是强国，也可因外交人员的平庸而失败。本无把握的事，即或是弱国，也可因外交人员的超绝而收得效果。本可白白奉送的人情，也可因外交人员的不为友邦欢迎，而须经过种种的故意刁难之后，方才极不痛快的到手。

国与国之间的关系虽然复杂，但道理也同人与人之间的关系相类。一个人在社会上活动的成功与失败，或成就的大小，主要的当然是靠他的真正本领；但除非是入山修道，任何人也不能关起门来独自活动，一切的活动都直接或间接的与他人有关，并且需要他人的协助，最少需要他人的合作。一个本领有限的人，若对人应付得宜，也可收到中人以上的成就。一个本领超绝的人，若处世接物，到处见罪于人，也必左右碰壁，一事无成。国际之间的交往，何尝不是如此？两国间所发生的问题，大半可东可西，可左可右。实际到底为东为西，为左为右，双方外交家折冲时所运用的才能与手法是最大的决定因素。例如中国于民国成立之初，多年根本无外交政策可言，外交上的人才既然缺乏，所有的少数人才也无施展的机会与自由。先是对列强一味的谄媚，徒遭国际的轻视与玩弄。后来又一贯的倨傲，误认虚张声势为盛强，结果是四面树敌，在国际上陷于完全孤立无援之境而不自知。日本敢于发动九一八的袭击，这虽不是惟一的原因，却是很重要的一个原因。当时中国诚然是一个积弱之国，容易招侮。但日本的野心早可看出，田中奏折的秘密早已公开，若非对于外交的过于幼稚，也就早该设法防患于未然。若果在国际上多下功夫，后来的国难虽未必能全部避免，最少其发生时的严重性可因外交上的实际声援而减轻，恐怕是无可置疑的。

这一切都早已成为过去，不必追求责由谁负。今日以后的事，局面与前不同。今日国际上只剩了美苏两个强国，局势更显得紧张，从中应付更为困难。要想运用外交，必须在外交事务上有相当多的可用之才。过去我们向不注意外交人才的培植。自清末以来，我们的教育政策就以英文为第一外国语，按理我们最少对于英美两国应当不致感到困难。但若平心静气的考量一下，今日国内到底有几人可称为真正的"英国通"或"美国通"而无愧？对于英美尚且如此，对于他国更不必说了。派往某国的使节，对那国的文字、文学、哲学、历史、宗教、艺术、风俗、习惯，以致偏见与成见，尤其是偏见与成见，要能彻底的认识，最少要有认真学习的资格与能力方能胜任。使臣对于驻在国必须能够同情。心怀敌意的使臣，或秦人视越人式的使臣，或对驻在国文化的各方面根本没有了解能力的使臣，必定失败。外交上虽间或不免欺诈，但使臣若存心根本不正，却极少成功的希望。这也是人事上的一种奇特的矛盾。前些年法国驻英的一位大使，在他的使任期内，曾对英国中古史上的一个小题目下过功夫，最后写出一本至今被英人认为有学术价值的作品。这位大使非常成功，他的成功并不在那本著作的本身，而在那本著作所表现的态度。他是诚恳的要参透英国民族的精神的。一个使臣即或无此能力，最少也要有此志向和襟度，方有尽量完成使命的把握。

使臣必须具备上列的条件，才能对上中下三等人都可谈话，谈话而不隔膜，不外行，不贻笑大方。使臣必须如此，方能在驻在国交友。交友是使臣成功的一个必要条件。使臣对于驻在国的真正舆论必须详细明了。但真正的舆论，时常因忌讳、客气、故意的不客气或其他的关系，而在报纸上不能见到。驻在国的朋友可以补救这个缺陷。使臣的消息来源必须丰富，除了秘密来源外，驻在国友人的谈话往往是意外消息的重要泉源。

欧美各国派驻中国的使节，多数不能达到此种标准。但我们却不能因此而认为也可照办。今日的国际政治与世界文化是以欧美为重心的，欧美外交人员昧于我们的情势，也要吃亏，但不致吃大亏。我们若昧于欧美的情势，在平时就不免要吃大亏，在非常时期就有招致意外祸患的危险。此种欧美为重心的局面，在我们今日所能照顾得到的未来是不会改变的。这是历史发展的结果，莫可奈何，我们只有认清事实，承认事实。

最后还有一点心理的关系可以注意的，就是驻在国对于派遣国的看法，最少在政府人员与舆论界领袖方面，往往是以派遣国使臣的人格为标准。一人的一举一动，可辱国体，一言一行可为国家增光的，只有驻外的使臣。所以使臣的人选，应当特别注意人才主义。强国已当如此，不强的国更当如此。

（原载：北平《周论》第 1 卷第 21 期，1948
年 6 月 4 日。）

再认识美国的对日政策
（1948）

　　美国扶持日本的政策日愈显著，最近美国军部竟宣布了一个日本五年经济计划，把日本的军事工业重建，并大量的削减日本应该付与各战胜国家的赔偿。此种计划公布后，引起所有参加太平洋战争国家的不满，在中国所引起的反应尤为强烈，全国舆论一致的予以抨击；政府并已电令驻华府的顾维钧大使，向美国当局严重洽谈，希望美方取消这种扶持近在咫尺的中国敌人的计划。

　　远在两月之前，在美国扶日政策开始表面化时，本刊即曾提请国人注意（见本刊第十三期社论：认识美国对日政策的一贯性）。美国扶日，绝非偶然，其决策也不自今日始，而是远在日本未败之先就已划定的政策；美国初期入占时的严峻作风，大部是在作戏，最近的表现才真正的出诸本心。这是最根本的一点，我们必须抓住此点，才能算是认识美国对日的政策。最近半年来，美国的负责人士，无论是在日本的或在美国的，都在不断的说日本已经民主化，这正是为今日方始表面化的政策预作布置。我们如果以为美国人天真，过度的相信日本人，那就是我们自己太天真了。我们万不可因果倒置；美国并非因为相信日本已经民主化而决定推行扶日政策，乃是因为预先决定扶持日本才不厌其烦的说日本已经民主化。这正如在其他地方，决定拿出颜色给人看时，必说他们不够民主一样。"欲加之罪，何患无辞？"若改为"欲加之惠，何患无辞？"也同样的通顺，两者可说是同一道理的阴阳两面。美国人民中一部的个人，对于美国国境之外的地方是否民主，或者认真的关心，但美国政府对此可说是丝毫无动于衷，政府所考虑的是利害，不是理论。其实这是当然如此的，任何政府的对外政策都是如此决定，只有在政治上最不成熟的中国人才始终固执的否认这个道理。这是我们中国人今日的最可怜处，使人痛心疾首而莫可奈何的。

美国的扶日政策，当然不是对中国而发，美国绝未把破烂有如今日的中国看在眼里。在美苏到处对立的今日世界，这是对苏政策的一部，是任人皆知的。但其附带的结果，却严重的影响中国：赔偿削减，理应得偿最多的中国当然最为吃亏；恢复日本的生产能力，当然威胁中国的工业。凡属中国人，对于如此不利于中国的美国政策，自然要表示反对，并督促政府向美国严重交涉，抵抗日本最久，牺牲最大，在东亚大陆对所有盟邦贡献最多的中国也可毫无愧怍的向任何人或任何国提出有关日本的主张。国家尽管残破，在利害攸关的根本问题上，仍须有挺身而出的勇气与决心。由此点言，最近全国各地对美国扶日问题的密切注意与热烈讨论，可说是应当令人兴奋的现象。

但有一点，心所谓危，不敢不言。多数同胞的一心为国，是丝毫无可置疑的。但使我们不能不感到奇异的，就是此次热烈反对美国推行不利中国的对日政策的人士中，有一小部分是在苏联拆洗东北工业设备凌虐东北男女同胞时从旁喝彩的人物。只要是不利于中国的行为，来自美国也好，来自苏联也好，中国人都当光明正大的表示反对。既是中国人，就当然采取中国的立场。美苏两国都很够强大，无需不争气的中国人去凑热闹。美苏之间的冷战诚然有趣，但可怜如中国的只有资格远远观阵，绝无资格加入战团。如因美国扶日政策不利于中国而表示反对，并督促政府尽力提出交涉，那是凡有中国血统的人所可作并且当作的事；但是如果以此为借口而对外人效劳，甚至作为对内政争的工具，我们不愿相信任何仍然自认为中国人的人会如此的自暴自弃！

（原载：北平《周论》第 1 卷第 21 期，1948
年 6 月 4 日。）

巴力斯坦的无上惨剧，
英美合演的无比双簧！
（1948）

　　自五月十四日午夜，英国正式结束巴力斯坦的委任统治权后，巴境之内的发展甚为惊人，列强之间的表现尤其使人感到头昏目眩。英国撤出后，犹太人立即宣布成立以色列，十分钟后杜鲁门总统即发表声明，对于新政府作事实上的承认。承认之速，不仅打破过去历史上的一切纪录，在相当长的时期之内恐怕也可毫无问题的保持最速纪录的地位。普通认为美国政府一方面要得国内犹太种人民的欢心，一方面要抢在苏联之先承认以色列国。这两种解释都是对的。在大选之年，在朝的民主党自然的要利用一切机会去赢得任何部分选民的欢心。苏联措手不及，迟至十七日才承认新国，心中只有自认输了一著〔着〕。

　　较承认的速度尤为引人注意的，就是英国的坚不承认新国。岂仅是不承认，并且是积极的帮助阿拉伯民族各国去破坏立足未稳的犹太民族国家。英国一退，巴境之内立刻大战爆发。犹太人想要紧抓良机，扩充领土；阿拉伯人、外约但、叙利亚、黎巴嫩、埃及、伊拉克各阿拉伯民族国家的军队，纷纷的开入巴境之内，向犹太人进攻，在各国背后，尤其在外约但之后，有英国的军官、军械与鼓励。美国想要叫联合国出面干涉，也为英国所阻。美国一部舆论与少数议员，并认为美国应当调查英国是否在把美援转入阿人之手，如调查属实，美国即可考虑减少援助的数量。但这也仅是说说而已，国务院对于英国则无清楚的表示。然而美国却已宣布可以考虑利用第二次大战期间的租借方式去大量的援助以色列国。事态若非如此悲惨，这真将令人不禁为之发笑。试思英国援助阿人的物资是否来自美国的一点，又何需去调查？若无美国的援助，英国根本就要有冻馁之虞，又安有余力去帮助阿人？所谓英国助阿云云，岂不是等于美国助阿？但同时美国既已对犹太人给予精神的鼓励（十分钟后承认新国），又说可以考虑物质的援助，这岂不正如《圣经》上所说："不要叫你的左手知道你的右手是在作甚么？"此外再看较为次要而仍极可注意的发展：渺小如黎巴嫩的，竟敢从海船上扣押大批犹太种的美国人，而美国仅作了外交上例行故事的抗议；埃及与叙利亚宣布封锁巴力斯坦的海岸，美国一方面声明否认此种封锁，一方面又说没有美国船开往圣地海岸，而同时却又放出风声，说或可考虑向圣地运输军火。天哪！这是在玩弄一套甚么把戏？

表面的现象过度复杂过度矛盾时，我们必须紧握背后的一点或几点根本道理，方不致为外象所迷惑。第一，英美的根本政策决不矛盾，今日的英国离开美国就不能生存，所以在大事上无不唯美国之命是听；在关系重大的中东而英国竟与美国对抗，那简直是绝无此理的事。第二，美国在巴力斯坦真是有苦说不出：中东是世界上最重要的军略地带，又是世界上最丰富的产油区域，对于控制中东的阿拉伯人美国绝不敢过度开罪；但困难的是自己国内又有数目相当大财权尤其大的犹太种国民，在平时已不能漠视，在大选之年又安能不谋求他们的欢心？既然如此，对于已经逼到眼前的巴力斯坦问题，两个盎格罗萨克逊国家只有约好各站一边，英国祖阿，可以保障中东的继续控制，美国祖犹，可以顾到本年的大选。第三，美苏的根本对立，虽然普遍全世，最剧烈的对立却在中东。美有中东，可以随时威胁苏联的腹地；苏有中东，就将等于控制整个的地中海以至整个的欧洲，这是美国所绝不能容的。过去二三十年的犹太复国运动，使犹太人与巴力斯坦占多数的阿拉伯人不断发生磨擦，但英国大体还能应付。第二次大战后，情形突变。苏联利用东欧各国未被纳粹杀掉的残余犹太人，把他们彻底赤化成粉色化之后，暗中送入巴力斯坦，渗入复国运动的阵营中替苏联工作。至此，英国也就等于是美国，对巴力斯坦感到难于控制，中东的铁环有在巴境被苏联冲破的危险。这个危险非同小可，是英美所必须设法克服的。

明白以上三点根本的道理之后，数月来以巴力斯坦问题为中心的纵横捭阖，就不难了解了。英国宣布准备退出巴力斯坦，美国在联合国中提议在巴境内划出阿犹两国，这已可保证阿犹之间要成立无可调协的对立状态。对立的状态与对立的心理已经制造成熟之后，美国在联合国中又提议取消分国的计划。阿拉伯人从此得到鼓励，历来狂热的犹太人则于气愤之余更积极的准备成立民族国家。最后英国撤退，犹太人宣布成立以色列国，美国立刻承认，犹太人从此又得了鼓励，更可勇往直前。

但一向自信一向尚武的阿拉伯绝不会因此气馁，只有因激怒而更积极，何况尚有英国从中给予物质上与精神上的安慰？这就自然造成今日犹太教、基督教、伊斯兰教，三大宗教公同圣地的巴力斯坦的无限悲惨的大流血。

英美最后的目的究竟何在？这真令人不忍言者。巴力斯坦境内六十万左右的犹太人，受了少数赤化份子的激动之后，已成了英美治下中东世界的一个大患，非彻底铲除不可。应付大选年的需要，只不过是偶然的巧合，真正的作用较此远大多多。我们不可忘记，专就巴力斯坦境内而言，阿拉伯人就两倍于犹太人，至于在整个的中东，阿拉伯人的数目在三千五百〈万〉以上。今日的局势继续发展下去，不出数月，巴境的犹人除了国亡人灭外，又何能有其他的下场？除非中东成了清一色的状态，英美又何从防止苏联势力的侵入？苏联既不惜使犹太复国运动变质，英美又何惜彻底毁灭复国运动？在强权政治的你争我夺之下，区区六十万犹人的生命又何足爱惜？可能数目相等的阿人的生命又何足挂齿？

若要明了今日世界的根本悲剧，最好看巴力斯坦。弱小者，不动则不甘心，一动则成为强大者的工具与牺牲品，往往至死而不自知。一天到晚作梦与狂喊的人，只消看巴力斯坦一眼，就可认识今日世界的真面目，就可获得大书中与小册中都谈不到的真智慧！

（原载：北平《周论》第 1 卷第 21 期，1948 年 6 月 4 日。）

反美扶日运动与司徒大使发言
（1948）

关于美国对日政策，本刊三个月来已屡有所论列，现在没有若何新的意见，所以对于问题本身不拟再讲甚么话。不过最近两三星期以来，先由京沪发起，后又传到平津，有所谓反美扶日的一种学生运动出现。不知是否因为天气太热，各方面似乎都表现的火气很盛，该斟酌处未多斟酌。学生反政府，本属司空见惯，但前此向未如此彰明较著的反美，这恐怕是有欠斟酌。美国当局，上自总统，下至使领馆中的打字员，一向对于中国的学生以及一般智识份子本是企望甚高推崇备至的。此次则先由美国驻上海的总领事发表了多数中国报纸未肯登载的一篇演讲，未登载的原因可能是因为全篇演辞太不像外交家的讲话。不久司徒雷登大使又发表了长达二千言的书面声明，除反覆申辩美国绝不使日本再有威胁中国的能力外，并警告此种学生运动可能要招致不幸的后果。当记者询问所谓不幸的后果如何解释时，大使答称："将有碍援华"。同时大使又直率说明，认为中国政府对于此次学生运动不负任何指使之责。这不知是否暗示中国政府，若压制此次学生运动，美国将不视为"独裁的"或"不民主的"行动。因为近至五月二十四日，美国新闻处仍在有系统的向中国传播美国报纸上批评中国政府压迫学运的言论，其中介绍美国全国知名的某大报的社论，说："国民党官员之行动，似乎以为压制评论即可加强政府，足以克服共党，尤其注意威吓各大学中自由份子。此事对于美国人，至为重要，盖全中国民主理想之主要支持者在于各大学。诚然，各大学中确有少数共党份子在内，但中国大多数教授与学生均热烈赞成自由、诚实政府及民主主义，一如美国之情形。国民党若果继续攻击中国各大学，即反对援华之美国人将愈见增多，殆无疑义。"

对于最后这一段社评，我们倒是感到非常熟习，因为这是最近四五年来，尤其胜利后的三年以来，美国新闻处所不厌其烦的向我们耳中灌输的论调，识字的中国人几乎都能背诵。美国是中国学生与中国智识份子的朋友，中国学生、智识份子是美国的朋友，这在一般人早已认为是天经地义。海可枯，石可烂，此理绝不能改。公同的敌人，只有一个，就是这个不成器的政府。但最近或因天热，或因其他仍不清楚的道理，敌友的界限，亲疏的关系，似乎有些混淆不清。我们以息事宁人为怀，奉劝各方冷静考虑，不要因小失大，不要轻易断绝源远流长的友好关系。学生运动而带有反美的意味，由来已久，又何庸大惊小怪？从前本只注意其远者大者，对于一些细节并不计较，今日大可不必因反美成分稍见浓厚而改变态度。自学潮以昆明为中心时起，凡是接受反政府的大前题的人士，自称为各党各派也好，自称为社会贤达也好，自称为自由分子也好，自称为民主斗士也好，美国原能兼收并蓄，无不爱惜；他们即或在言论上，甚至在行动上，对苏联不免柔情，对美国小开玩笑，也无伤大雅。好在如来佛法力无边，任你跳来跳去，总也跳不出那一只手掌心。你说你反美，并无损美于分毫；你心里亲苏，对苏并无甚大补益。至于大家心照不宣的反政府的一点，却有无穷的奥妙处；看在这一点的面上，一切小的反美逆流都可宽恕，何况那还可有掩护真相的作用呢？最近的反美扶日运动，诚然是有在美苏的冷战中为苏联助威之嫌，但它更大更根本的目的岂不仍是万变不离其宗的反政府么？大的前题既然始终未变，多年朋友，又何必忽然恶声相向呢？

上海的总领事，恕我们孤陋寡闻，我们不敢冒充认识，对于他的发言我们也不敢置一词。至于生在中国，以中国的友人自豪的司徒大使，略有知识的中国人无人不知，对于他的书面谈话我们就确实的深感费解了。大使不是曾经不只一次的号召中国智识阶级中的民主份子奋起么？难道中国的大学生不就是几年以来美国的当局与舆论所拥护扶持的自由份子与民主人士么？试思自昆明时期起，无论哪一次学潮发生，不是有人加油加醋之后，把一面倒的消息长篇大论的打回美国？迨在美国制成一面倒的舆论之后，不是总有人不辞劳瘁的把消息再打回中国，在中国造出更为一面倒的舆论么？如此相激相荡，来回几转，不是把本已可怜的公同敌人打到永世不得翻身的境地么？如此顺利，如此成功的联合阵线，最近究有何种新的发展叫它发生裂痕呢？难道是怕中共从中取利么？然而使中共最少成为与公同敌人势均力敌的一个实力，本是大家最高的一种默契，中共得利又有何妨呢？左思右想，对于几年来被捧上天的民主份子，何以忽然又被骂得一钱不值，我们不怕承认自己糊涂，无论如何我们也不得其解。

在总领事与大使的分别发言中，有一个公同点，就是都作了一种美援可能受妨害的威胁。美援之来，本属不易，若非国会中肯说话的人太多，美援云云，正不可知！是否有人在寻找借口，减少美援或根本取消美援？或以此为威胁而使已经不得翻身者更为柔顺？若果如此，我们一开头所谓怕大家因天热而考虑不周，甚至发愿息事宁人，希望大家照旧的言归于好，就都成了幼稚可怜的自讨没趣了。联合阵线仍是联合阵线，不过是临时换上一个"矛盾的统一"的形式而已！

（原载：北平《周论》第 1 卷第 23 期，1948 年 6 月 18 日。）

出路问题

——过去与现在

（1948）

在纯农业社会的传统中国，所谓太平盛世，都是人口比较少，生活比较容易维持的时代。并且在这种所谓太平盛世，不仅整个的人口少，人口中的人才也少。按中国的惯习，人才惟一的出路就是作官。在人才少的治世，每个人都可得到安插；少数不能安插的人在家作乡绅，在生活普遍安定之下，也可不致感到太无聊赖，况且随时尚有一官半职的希望。但太平日久之后，随着人口的增加，读书人也增加，有出身的人也增加，想作官的人也增加，求官而不得的人也当然增加。至此人口的密度也总是已经高到一般人求温饱而不可得的时候，所以人口压力最大时也就是读书人中失意分子日愈加多的时候。秀才造反，诚然是三年不成，但秀才若与别人联合起来造反，其力之大却不可轻视。历代的乱事，发起的虽非读书人，但事后谋划而使乱事扩大的都是读书人。民国初期的军阀内战，每次都有读书人从中挑拨，这是人所尽知的一个近例，其他较远或更近的例可以毋需列举。人才没有出路，在过去必定造成大乱。历史中若有教训可寻，这是再清楚不过的一个教训。

今日的中国如何？人才是否过剩？由近代国家的标准讲，我们的人才显而易见的仍然贫乏的可怜。但所可惜的就是我们至今仍未成为一个近代化的国家，由中国现有的条件讲，我们社会中求官或求其他职位而不得的人，实在是太多了。在一个近代化的国家，作官，作公务人员，只是读书人许多出路中的一种，作官以外的出路还多得很。但在中国，作公务人员仍是一般读书人最宽最大的一条途径。若有其他的途径，都是又狭又小，能容的人极为有限。就根本上讲，政治社会的近代化是惟一的解决办法。至于目前的救急办法，讲起来似乎很不中听，其实这是无从逃避的结论：就是各公务机关对于各项人才应当尽量的予以吸收。

讲裁员，讲减政，这是任何人都可讲出一大套无懈可击的道理来的。但这些大道理无补于实际，只有增加社会的不安。半年前政府曾有裁员之议，当时本刊即曾指明其必不可作（见第三期社论），幸而试行后逢到困难，政府未曾严格的执行裁员的计划。各级政府一方面维持一个相当庞大的教育体系，每年送出大批的毕业生，另一方面对于这些毕业生又不设法积极的予以安插，这岂不是最不可解的一种矛盾现象？与其如此，何不少办学校，少收学生？人才既已造成，就不能再听其自生自灭；听其自然，必定招致大祸。每年暑期，必有大批的青年出离校门，奔走前程。盼望政府各机关，社会各部门，都能给予他们最大限度的同情的考虑。这是助人，也正是自助；这是为个人，也正是为国家。

（原载：北平《周论》第 1 卷第 24 期，1948 年 6 月 25 日。）

南斯拉夫事件
（1948）

在多事之秋的今日世界，一般人每日阅报时虽都早已惯于接受各种惊人的消息，但最近南斯拉夫事件所显示的东欧铁幕的裂痕，仍使许多人发生意想不到的感觉：一向歌颂铁幕者恐怕绝未想到铁幕会如此的不够坚实，一向怀疑铁幕者恐怕也未想到铁幕会有如此迅速的被揭开的一天。对于此事的内幕与意义，我们不敢玩弄虚玄，摆出获得任何特殊消息的模样，我们所知道的也就是大家在报纸上都已读到的，所以我们也没有什么惊人的判断，只能根据人所共知的过去历史与最近实况，为这个好似突如其来的事情寻求合理的解释。

第一，巴尔干半岛是民族主义最发达的地方，最近百余年来欧洲最严重的一个不安地带就是巴尔干，而这种严重状态的最大推动力就是巴尔干大小各国热烈无比的民族主义。苏联前身的帝俄，过去对此也曾有过不少贡献，或以大斯拉夫主义为护符，或以大希腊教为借口，极力的火上浇油，公开协助或暗中鼓励巴尔干各民族反抗奥匈帝国与土耳其帝国。在这种长期反抗外力的过程中，民族思想几乎成了每个巴尔干人的第二天性，非任何花言巧语所能抹煞，非任何强力政策所能压制。你说它是落伍的思想也好，你说它是布尔乔亚的偏见也好，你给它起一百种恶名也无不可，但那一切都是理论，理论是无法取消事实的存在的。关于铁幕后的情形，我们即或不折不扣的接受一般职业歌功颂德者的全部描绘，但一点是任何人所无从否认的，就是在苏联半公开的控制之下，巴尔干各国一向所衷心皈依的民族主义是得不到表现的自由的。不必说巴尔干人民的物质生活并未见得能比战前改善许多，即或是真的已与工业化程度最高的西欧北美并驾齐驱，民族主义的横遭压迫迟早必要激起反抗。而在铁幕后的各国中，在许多方面以南斯拉夫最为强大，所以首由南国发生裂痕，是很自然的事情。除非国际特务无比的加强控制力，其他各国何时会发生同类的问题，是慎重的人所不敢担保的。

第二，消息无论如何封锁，仅就常识判断，我们就可知道铁幕后的经济状况与生活情形是大有问题的。第二次大战时期的破坏，纳粹人占后有系统的抢劫，苏联解放军同样有系统的就地征饷与强迫慰劳，苏联技术人员所划定的一面倒的贸易协定——把这种种合并观察，我们若仍然相信巴尔干人民所过的是一种像样的生活，那我们就必须证明每一个巴尔干人都是点豆成金指石为饼的魔术之士！在长期破坏与民生凋弊的情况下，各国都急需重新建设。所可惜的就是建设须有资本，而巴尔干各国最缺乏的就是资本，铁幕后的民主人士又自顾不暇，或有暇而不肯他顾，对于这些自己治下的保护国不肯稍加怜惜。这种弱点当然难以逃避西方大〔列〕强的紧抓。美国当初宣布帮助欧洲经济复兴的计划，是对全欧而发，并无东西欧之分。在东欧各国的本心，它们何尝不想急于得到美国的援助，以解除燃眉之急的需要。但第一个敢表示接受美援的捷克斯拉夫，就受了克姆林宫的申斥，只得赶快打退堂鼓，其他各国也就当然不敢再有一毫声响。一向使我们大惑不解的，就是在根本主义上空前强调经济因素的一个有国际野心的势力，为何在紧要关头竟能如此的漠视经济因素。第一次大战后的苏联，在自己大事建设的期间，并未拒绝万恶的资本主义国家的机器、金钱或任何其他的资本。今日对于一群同样窘困的小弟弟，自己既不肯伸出援助之手，又不容他们向家门之外想办法，安能望小弟弟们心服？即或是一个最无志气的民族，对此也将感到难以忍受，何况巴尔干各国历来是志气甚人爱国心特别强烈的国家呢？今日铁幕后的各小国，在第二次大战时期得到英美的接济最多，对于英美的工业水准与经济实力认识最清的，就是南斯拉夫，由此点言，南国在铁幕背后首先"发难"，也可说是再自然不过的事。

或者有人要问，我们是否有过度天真的危险，安知整个事件背后没有预先布置停当的双簧，铁幕并没有真正破裂？在阴谋诡计超过前古的今日世界，诚然是无人敢否认这种可能。但此事即或当初有假，假的背后却有千真万真的固执事实，如我们上面所分析。古今许多事情往往弄假成真，此事当初即或是双簧，时势推移，在前面装腔作势的人也有不顾后面的人如何导唱而自出心裁唱出离谱的新剧的可能！

（原载：北平《周论》第 2 卷第 1 期，1948年 7 月 16 日。）

僵至无可再僵的柏林局势
（1948）

由于苏联封锁柏林与德国西区之间的水陆交通所引起的英美法与苏联间的对立状态，愈演愈僵，到七月半前后，局势似乎已僵到无可再僵的程度，双方都已声明了最后的立场，表示丝毫不能让步，使人不禁为之忧虑恐惧。我们且研究一下双方的立场，及其可能招致的后果。

美英法三国，也就等于说是美国，声明绝不因任何压迫而自柏林撤退。这不是一个军事问题，而纯是威望问题。如真有战事，西方势力不仅不能守卫柏林，整个西欧大陆的防守也殊无把握。但在武装和平仍然维持的今天，美国在西欧大陆的地位，除经济援助外，主要的就是靠威望来维持。美国如在苏联压迫下撤出柏林，在欧的威名马上扫地，西德不必说，所有西欧各地的共产党及各形各色的外围份子、游离份子与投机份子都将联合奋起，捷克事变很可能要在西欧多数的国家内重演，不列颠将成为全世界最可怜的孤岛，文化传统与民族性虽使它没有短期间极权化的可能，但赤一色的欧洲大陆对它将是二十四个小时内一刻不停的一种可怕的压力。北美的巨强将等于退回新大陆，再不折不扣的服膺孤立主义。但以上这一切，都是绝不可想像的发展；与其如此，美国宁可出诸一战。这是由美国方面言，今日危机的所在。

再看看苏联，它能够让步么？有人认为南斯拉夫事件对苏联非常不利，苏联在柏林只有退让，据说连美国负责方面都有人如此看法。对于这种看法我们实在不敢苟同。南斯拉夫事件不仅不会叫苏联软化，并且只有叫它更强硬到底。苏联也有苏联的威望问题。它在铁幕后的地位，并非完全靠共产机构与国际特务来维持，它过去几年成功的记录所积累起来的威望也是它很大的一笔资本。但这笔资本最近被南斯拉夫掏了一个大的漏洞，这是克姆林宫一时所无法补救的一种损失。然而可一不可再，这个已经动摇的威望不能让别人把它再打折扣；反之，今后在任何国际场合中，声音只有喊得更大，颜色只有作得更厉，因此而引起战争，也在所不惜。若不如此，苏联如在柏林示弱，铁幕后继南斯拉夫而起的恐怕将大有人在，时间恐怕还会相当的早。铁幕后只要再有一国携贰，整个的铁幕就等于被撕毁净尽，苏联将被迫退回自己的本土。苏联虽与美国同样的都有过一段孤立的历史，但时至今日，美国固然是孤立不起，苏联尤其的不敢孤立。美国的威望问题，主要是对外的，对内的关系比较轻微，最少没有影响美国根本机构的危险。至于苏联，因为是一个独裁的极权政体，对外的成功是政府维持对内威望的最大武器。民主国家可以对外失利而内部不发生危险，极权国家对外是有进无退的，一退则内部立刻可以发生动摇。果真如此，今日世界各国各形各色有党籍或无党籍的亲苏份子，极大多数也不免要转转念头。这对苏联将是如何不可估计的一种重大损失。所以我们无论如何想，也难以相信苏联会因南斯拉夫的突变而趋于软化的，即或它在当初没有硬到底的决心，今日为时势所迫，也只有硬着头皮甘冒一切危险了。读过中国历史的人大概都记得吴王夫差在黄池会中争霸中原的故事。原来吴与晋在会中争为盟主，相持不下。正在此时，吴国的后方发生了重大的变故，守国的军队被越国打败，首都也被越国攻破占领。当时交通不便，消息不灵，但中原已有人猜疑及此，然而夫差如何？他不只不向晋国退让，并且争盟更烈，不惜以武力为后盾而强迫中原各国承认他为盟主。中原各国被迫承认后，夫差又故示镇静，不立即回国，带着吴国的大军在中原各国举行一次大规模的游行示威，然后才回到残破不堪的吴国，向越王屈辱求和。固然是此一时也，彼一时也，然而人同此心，心同此理，重大事故临头，人的想法总是相差不多的。我们只要一不被过去的繁文琐事所弄昏，二不被今日的花言巧语所蒙蔽，过去的历史对于今日的世局，教训正多。

我们假定接受上面的推论，承认苏联在柏林绝不能退让，而同时美国也不能退让，最后的结局究竟如何？是否非兵戎相见不可？如果双方都决心避免战争，像今日这样装腔作势互作鬼脸的悲喜剧仍可维持一个相当的时期而无大害。但这要假定双方都不再向对方增加刺激。然而据七月十六日的消息，苏联正在制定法规，限制西方国家的柏林空运，似此苏联势非逼出事故不可了。今日军事准备的秘密性非一般人所能想像，我们局外人无法知道双方军力的对比究竟如何。假定苏联认为今日的局面对它比较有利，旷日持久，只有对它更为不利，它在柏林今日可能是要逼着美国或屈服或干脆对打。美国的计划，是否正在待苏联如此作，以便向国内向世界作出一个"被迫应战"的交代，当然无人敢武断的答覆。

我们希望我们上面的一切推论都是杞人忧天。我们希望，我们愿意相信，华府与克姆林宫中的一二十位要人都是手腕非凡智力过人的超人，能在山穷水尽的当口，为岌岌堪危的人类找出继续活命的坦途。

（原载：北平《周论》第 2 卷第 2 期，1948 年 7 月 23 日。）

北大西洋联防在酝酿中
（1948）

在柏林僵局不能打开的紧张状态下，七月上中旬间西欧五国联盟各国的代表与美国及加拿大的代表在华府开会，商讨对策。据七月中下旬间透露出的消息，北美的美加两国与西欧的五国可能要在北大西洋区域实行联防。消息并不清楚，恐怕也是故意的叫它不清楚，使苏联摸不着头脑。对于这件事，我们可以有或深或浅的许多层次的看法。第一，最浅的与最明显的看法，这是一种姿态，作给苏联看，这仍是两年来冷战中的一个节目。这个看法当然是对的，即或背后还有更深的意义，作姿态给苏联看也是很重要的一个附带作用。此点大概无人否认，不必多论。

第二，一个比较严重的可能看法，就是所谓西欧北美联防是英美在准备作战的表示。柏林问题，的确危险万状，随时有由冷战变为热战的可能。就欧陆的态势言，苏联是占最绝对的优势，战争的危险既然存在，英美就不能不作万一的准备，以免临时措手不及。最近如不幸战事爆发，主要的战场必在西欧与地中海。若再过几年，北极上空将是一个大的战场，但今日双方，尤其苏联，似乎尚无足够的远程轰炸机队使他们能够在那冰天雪地的世界一决雌雄；今日若作战，欧洲大陆的地面，地中海的海面，与这两处的天空的控制权，将是双方争夺的主要对象。美国因远处大西洋的彼岸，所以必须与大西洋此岸的各国预先取得密切的技术上的联系，将来才能应付急变。看到日前美国的轰炸机群又飞到英伦去"练习"与"访问"，使人恍然如置身于三年前纳粹尚未投降时的世界。我们希望这都是我们的神经过敏，我们希望背后的情形并不像表面的情形那样严重。

第三，一个不似上面那样严重，而比上面还要深刻的一个看法，就是北大西洋两岸各国的联防，代表一种历史的自然发展，柏林封锁事件不过是早日促成此种发展的一个契机而已。我们日常所称西洋文化，就是自中古以下在西欧发育生长起来的文化，今日主要代表这个文化的就是大西洋两岸的西欧与北美。在代表另一生活方式的苏联日愈强大所造成的对立局面下，西洋世界很自然的趋向于在最大最富强的美国领导之下走上密切合作以致于实际混一的道路。这不是任何人愿意或不愿意的问题，而是时势所迫的自然发展的问题。但在这个大西洋的世界里，就各部分与美国的关系而言，也有层次深浅的不同。关系最深的就是加拿大，我们如果说加拿大今日等于美国的一部分，并不能算太过火。但我们要慎重，要公平，千万不可搬出帝国主义阴谋侵略的那一套口头禅，世界上有许多地方把侵略之名加给美国而毫不冤枉，加拿大却不是这样的一个地方。美加同文、同种、同环境，大体也同历史，两国间今日的密切合作是本于双方的利益并出于双方的自愿的，美国绝未因强大而对加拿大施以压迫。他们互相之间完全是一家人的心理，许多事情是靠心照不宣的默契去作，根本无需讨论或正式签约。我们都知道，一家人感情无论如何融洽，有时也不免会斗小气，我们若把美加两国有时斗小气的事件过度看重，那将是最可怜的错觉。

与加拿大相近而关系略微疏远一点的就是英国。就大轮廓的同文同种言，英美也是一家。但两国究竟隔着一个大洋，自然环境不同，历史的发展也不尽同。我们若说美加等于一国，我们可说英美无形中已合成了一个二元国家，互相扶持，在大问题上无不合作。我们可看美援：得援最多，条件最客气的就是英国。英国若真有需要，美国只要是可以为力，无不尽量帮忙。凡遇英国海外帝国某一部分不能维持，只要是重要的政略或战略地带，美国无不挺身而出，替英国维持，英国也无不乐意的让美国去替它维持。英美之间有时可以发生问题，但任何问题都好解决，只要一方坚持，对方无不让步。英美之间无论发生何种问题，绝无第三者从中取利的机会。

西欧各国与美国的关系又疏远一层。但对西欧，美国仍肯卖力气，仍有善意的感情。今日美国的援助西欧，保卫西欧，固然是为自己打算的成份相当浓厚，但其中的确有因文化渊源关系所产生的热情。在西欧以外，我们很难想像美国对世界任何地方尚有热情。在所有其他的地方，美国的政策都是以利益为出发点；只有在西欧，除利益外，感情还是影响美国政策的一个因素。

今日在利益与感情的并行推动之下，美国要把大西洋两岸组织成一个可与铁幕后的世界对立的力量。这个组织将要采取何种方式，尚很难预料；但我们可以推论的，就是即或柏林的危险不引起战争，北大西洋各国的联防系统恐怕也是要建设完成的。

（原载：北平《周论》第 2 卷第 3 期，1948 年 7 月 30 日。）

由西藏派代表赴美说起

——美国接收大英帝国的又一例证

（1948）

　　七月中旬，西藏代表六人到了华盛顿，与美国探讨发展贸易的问题。此事中国政府预先并不知道，其事来得可谓非常突然。假定阿拉斯加或夏威夷于神不知鬼不觉中派代表到莫斯科去谈贸易，不知华府将要发生何种反应。中国政府的反应可怜的很，我们除了由外部向美国正式抗议外，可说是一筹莫展。美国究将如何答覆我们的抗议，不得而知，就马歇尔对中国的一贯作风而加以推论，他根本不正式答覆，也甚可能；反正前例已经造成，今后"拉萨"在国务院的参考资料中将开始占据不少篇幅，自顾不暇的中国又有什么好办法可想？

　　不过华府如果认为中国的抗议还值得答覆的话，也很容易答覆。印度仍在英国治下时，印藏之间不是早已发生不明不白的外交关系么？对于私通英印，中国既然无法可想，私通华府又有何不可？中国又何必如此小题大作，向有一百多年和好传统的友邦提出抗议呢？

　　第二次大战以来，英伦无力继续维持的大英帝国，已在逐渐的由美国接收。地中海、希腊、土耳其、巴力斯坦、阿拉伯世界、伊朗——这些地方美国已都从英国手中接防过来。但印度，据说是英国已经退出，美国也没有进去，所以中国人总以为今后西藏可在中国的主权下安稳的自谋生理。然而现在事实证明，盎格罗萨克逊民族对于西藏并未忘情。这颇使我们怀疑，所谓退出印度者，其最后的意义究竟何在？今日印度与巴力斯坦间的大体相安，究竟是预计的结果，或意想不到的发展？对以上这些问题，我们本来就不能全无怀疑，最近西藏的突发事件更加挑动了我们怀疑的心情。美国对于大英帝国的接收，似乎是有全面性的：自治领也好，殖民地也好，势力范围也好，只要其地稍有可取，美国直接的或间接的一股脑都接收过来。连西藏尚未被遗忘，世界上可被遗忘的地方也就微乎其微了。试思在大战期间，美国曾替我们把东北卖掉，现在它自己又对西藏打主意；我们很愿意知道，下一步友谊的表示，将在何地演出！

　　一般中国人，尤其读书人，尤其知识最高的读书人，对美国本是富有幻想的。近几年来美国不知是故意的或无意的，不必需的或不得已的，似乎是专门与这些人开玩笑，使他们欲保留些微的幻想而不可得。这可能仍然是出于善意的。美国一向以曾教育出中国大批的知识份子自豪，现在它或者认为过去所施的教训过度抽象，容易制造幻想，现在决心用最具体而无从误解的事实作为补充教材，使它的学生们接受完整无缺的一套教育！

　　（原载：北平《周论》第 2 卷第 3 期，1948 年 7 月 30 日。）

人心向治良机勿失！
(1948)

自八月十九日总统颁布财政经济紧急处分令，并自二十三日开始兑换金圆券以来，一般人民所表现的真可说是出乎意料的好，这恐怕是对于现状最具善意的人在事先也不敢希望的。试想，假定没有人肯拿金银外币去兑换，只是笨重的大捆法币换出轻便的单张金圆，其对于人心，对于观听，对于国家的整个前途，将发生如何恶劣如何绝望的影响！然而事实上是人民拿出好像是尽其所有的黄金、白银与外币，兑换新的金圆，这是对于政府的信用表示如何的信任，对于国家的前途表示如何的爱惜！一般人民都深切的感到，无论其他因素如何，只是膨胀不已的天文数字的法币，就可使整个国家根本没有前途可言，所以只要政府表示决心，拿出办法，多数人民情愿不计私利而尽量促致新办法的成功。今天尽管尚有许多政治欲望太烈的人，政治幻想太多的人，与在自家门内大玩其纵横捭阖的把戏的人，仍在希望国家混乱的程度加深，一般人民对这些人已经发生厌弃；买空卖空的摆弄，可以激动人心于一时，经过一个相当的时期，必定招致反感。留心观测世道的人都可看出，此种反感已经开始，最近半年以来此种反感的表现日愈明显，恐怕只有一些善于自我催眠的纵横家自己，尚未觉得一般人民对于他们已经如何的厌恶。纵横家愈说前途无望，人民愈要用行动表示对于前途的信任。在一年以前，在人民尚无此种反感的时候，假定政府颁布同样的紧急措施，人民的拥护与合作很可能没有今日这样踊跃。今日的人心，普遍的望治，只要政府拿出任何一种可致治平的具体办法，人民是无不热烈的接受的。这就今日的当局言，是如何难得的良机。然而机会愈良，愈要紧紧把握，良机的条件复杂微妙，稍纵即逝，古语所谓"良机难再"，确为至理名言，今日负责执行紧急措施的高级人员，必须大公无私，任劳任怨，切实完成使命，方有以对殷切望治的人心，方不至成为千古的罪人。

我们以上所谓人民，是指一般人民而言，未把豪门大户包括在内。一般大户的表现如何，我们至今还不知道，必须等到本国人民存放国外的外汇资产的登记结果清清楚楚的发表之后，我们才能判断大户是否也像与任何外国事物无缘的一般人民那样富于爱国心。登记国人在外国的存款，在手续上本有许多不易克服的困难（见本期邵循恪先生专论），所以此项措施的顺利执行，主要的要靠存户个人的爱国心与责任感，否则政府是难以为力的。然而政府只要真下决心，仍然大有可为，只看政府的决心如何了。

自紧急措施令公布之后，举国上下都曾一致的说，此次"只许成功，不许失败"。诚然，此次也只能成功；若再失败，前途真将不堪设想。一般人民已决心尽他们"只许成功"的责任，豪门大户是否也肯尽他们所当尽的"不许失败"的责任？如果不肯，政府是否有在可能范围内强制执行的决心？良机不再，万不可失，愿当道与大户其共勉之！

（原载：北平《周论》第 2 卷第 8 期，1948 年 9 月 3 日。）

欧洲统一问题
（1948）

八月下旬，法国政府建议西欧联盟的五国，就是英、法、荷、比、卢，开会讨论全欧各国进一步联合的问题。美国国务院的发言人立刻声明赞助。九月初，西欧十三国的代表二百人在瑞士境内的因特拉肯开欧洲议会联合大会，九月二日提出议案，请付讨论，大意如下：

> 我们认为现在时间已经成熟，欧洲各国应当成立一种经济与政治的联合，各国把自己主权的一部转移予一个新的全欧的政权，以便由公同的政治经济行动去调整，计划，与发展公同的资源。

具体的计划，大致根据北美合众国立国时的办法。联合议会分上下两院：上院议员以国为单位，参加各国不分大小，议员数目相等；下院议员，各国数目不等，其比例与分配方法另定。行政权属于一个联合委员会，委员会自选主席，并向议会两院负责。最高司法机关为最高法院，处理有关条约案件，宪法解释的问题，各国间的纠纷，及与整个联合机构有关的司法问题。各国间的关税全部废除，整个联合机构只有一个公同的对外关税。联合机构并得答应新国加入机构。

在变化太多消息太乱的今日世界，上面一段消息，猛看起来，或不免显得突然。其实我们若静心想一想，就可知道这不过是旧事重提。太远的过去不必说，只在第二次大战期间，最少就曾有过三个相类的计划、说法或企图。在一九四〇年夏，法国战败屈服之后，纳粹认为最后的胜利已无问题，于是提出统一欧洲大陆的计划，西面把英国除外，东面把苏联除外，整个中欧西欧的大陆，在德国的主持之下，要组成一个欧洲联邦。当时苏联仍是纳粹的盟邦，对此未置可否。英国当然不肯示弱，表示最后必可战败纳粹的信心，并假借牛津大学一位教授的口，提出一种半官方的计划，将来打倒纳粹后，要组织一个西欧中欧联合国，包括战败而民主化的德国在内。

一年之后，苏联已因纳粹袭击而参战，美国虽尚未加入战团，但也已在积极援助英苏的方式下等于参战——就在此时，一九四一年九月，同盟国第二届会议在伦敦召开，欧陆各国的代表在会中通过议案，正式"呼吁英美，能于战后对欧洲采取善意的保护制，确保德国不再挑起另一世界大战"。关于这个呼吁，所可注意的，就是另一强大的同盟国，苏联，并非呼吁的对象。字里行间，很容易看出，各小国固然是怕德国再起，但同时更怕莫测高深的苏联；德国若已打倒，尚可设法使它不能再起，胜利国之一的苏联的可能威胁，却只有靠英美来帮助抵挡的。

绝对主权国的观念，在今日的欧洲已经无法维持。过去大国较多，并且大国与小国之间力量的差别并不太大，小国尚可在国际均势制度之下维持真正的独立与主权。今日大国只剩下两个，并且大小之间的分别已不再是程度的不同，而可说是类别的不同，今日小国而仍图维持独当一面的独立，岂不等于白昼作梦？

依小国的本心，当然愿意继续独立自主，但完全自主既不可能，只有两害相权而取其轻。在美苏两大中，美国与中西欧各国在文化上是一脉相通的，在美国的笼罩下组成一个欧洲合众国，精神上尚不感到过度的痛苦。至于俄罗斯文化，其主流来自希腊教，与发祥于罗马教的西欧北美，在根本精神上甚难融合，今日所谓资本主义与社会主义的对立，只不过是此种根本分别的二十世纪式的表现，任何主义就其纯理论的方面言，都是不相干的事。今日的西欧，即或是米纳社会主义，除非是由变相的第三国际标榜的共产主义，苏联不会承认的。反之，苏联即或放弃共产主义而恢复资本主义，除非成为华府的附庸，美国也不会认为满意的。今日的论客，尤其中国的论客，每多拘泥于表面的名相而忽略根本的事实，对于大的变动往往不能获有正确的判断。中西欧在美国监护下联合的运动，方才开始，前途的发展如何尚不可知，但这个运动值得我们密切注意，在注意的过程中并且必须放弃任何一套现成的口头禅，方能正确认识每一步的发展。

（原载：北平《周论》第 2 卷第 9 期，1948年 9 月 10 日。）

论中国社会的特质
（1948）

我们普通所谓传统的中国政治社会，是秦汉时代的产物，先秦的中国与后世大不相同，可以不论。我们一般人所认识的中国，是秦、西汉、新朝、东汉中兴，前后三百年间所建立的一个局面。这个局面一经定型之后，永远不再改变。二千年间只有治乱兴衰，而无政治社会的革命。治乱是人民生活比较内定或比较痛苦的问题，革命是生活方式改变的问题。由秦汉到满清，我们的生活方式始终未变，最治的盛世与最衰的乱世之间，并无根本的分别。大体上讲，一般的人民，俗话所谓"老百姓"，是完全消极的，除了个人或家族的直接生活问题外，对于任何事务都不感到兴趣：他们没有公众利益的观念，对于政治更是不愿过问，在不得已的纳税当差之外，他们只求为政的人少干涉他们，他们对于政府是取一种敬鬼神而远之的态度，无为而治的政府是他们心目中最理想的政府。

但所谓政府，或可能参加政府的，或虽非政府而可能行使治权的，又为何人？二千年来，在一盘散沙的社会中，有两种人是比较有组织的，就是士大夫与帮团。两种人的组织都不严密，但在整个无组织的中国社会，他们些微的组织已足使他们操持一切。两种人相违相抗，相生相成，颇合阴阳消息之理。普通所谓治世，就是士大夫得势的时代，此时帮团消声敛迹，只在秘密中存在。普通所谓乱世，就是帮团比较得势的时代，此时他们由秘密而公开，最少是半公开，与士大夫分庭抗礼，有时士大夫要向他们低头，甚至向他们屈服，也加入帮团的组织，以求保全。

太平治世，皇帝是士大夫的领袖，军政大权都操在皇帝一人之手，士大夫在这个最高威权之下为官治国，维持一个大体安定的大一统局面，皇帝的治权可以稳固，士大夫的社会地位与经济利益可以保障。此时不仅一般老百姓为顺民，连帮团分子也只有作顺民。士大夫在朝为官吏，在野为乡绅，在朝在野都是维持全局的上层阶级。

所谓乱世，都是在帮团分子，或大部在帮团分子领导之下，在各地起兵，在各地割据的时代。由汉代的黄巾之乱，到满清的义和团之乱，多数的大乱都有民间带有宗教性的秘密团体在背后主动。乱象普遍之后，皇帝失去军政的统治大权，各地的官吏与擅自起兵的人都可各自为政，一群土皇帝取代一个大皇帝的地位。在丧失了大皇帝的护符之后，士大夫不能维持过去比较超然独立的地位，必须与各地的割据分子拉拢，身家性命方有保障。同时，大一统的控制力削弱之后，秘密的帮会出头活动，本与他们有关的割据势力不必说，即或是不由帮会出身的小朝廷，多多少少也要与帮会周旋，方能保证地方的稳定。一般的士大夫更无善策，或为割据势力及帮团势力奔走，或积极参加他们的活动，也成为推动大乱的一个力量。不肯如此合流的人，只有闭户读书，或隐遁山林，再不然就只有自杀。

此种一治一乱的循环，原因究竟何在？问题当然极为复杂，但根本的原因或者不外两种：一为人口的过剩，一为人才的过剩。在大家族主义下，中国的人口总是趋向于急剧的增加的。治世都是人口少的时代，土地财富的分配即或不够，但大多数的人总可求得温饱，社会中没有生活恐慌的心理。一般人心地坦然，社会的空气自然是一片祥和。但在所有的男女无不结婚，无不尽量生儿育女的制度下，人口很快的就要达到饱和点，土地财富即或最平均的分配，大家也只能在饥饿线的上下旋转，若略有不均，再加上必不可免的水旱之灾，每年总有些地方总有些人连最低限度的温饱也不可得。至此弱者死于沟壑，强者挺〔铤〕而走险，走险群中当初即或分子单纯，不久必有秘密社会的势力渗入，由无目的的求食运动变为有目的的割据作乱。正统的政府当然看这些人为乱民，有时也可把几批乱民平定。但在人口过剩的根本问题不能解决之前，总是一波未平，一波又起，剿不胜剿，抚不胜抚，非到天下割据，各地混战，相砍相杀几十年以至百年不可。

人口过剩，食口太多，问题已够严重，与此并行的还有一个人才过剩官瘾难偿的同样严重的问题。太平盛世，不只整个的人口少，人口中的人才或以人才自居的人也少。按中国的习惯，人才的出路只有作官，在人才少的治世，每个人都可得到安插，少数不能安插的人在家作乡绅，在生活普遍安定以下，也可不致感到太无聊赖，况且随时尚有一官半职的希望。但太平日久之后，随着人口的增加，读书人也增加，有出身的人也增加，想作官的人也增加，求官而不得的人也当然增加。所以在一般人求温饱而不可得的时候，也是读书人中失意份子日愈加多的时候。秀才造反，诚然是三年不成，但秀才若与别人联合起来造反，其力之大却不可轻视。历代的乱事，发起的虽非读书人，但事后谋划而使乱事扩大的都是读书人。民国初期的军阀内战，每次都有读书人从中挑拨，这是人所尽知的一个近例，其他较远或更近的摸鱼之例，可以毋需列举。人口过剩与人才过剩必定造成大乱，大乱的结果必是人口的大批杀死、饿死与病死。等到人口减到相当的程度之后，减到财富分配即或不均也无饥寒危险的时候，天下就又太平了。二千年来，我们就是在过这种千篇一律的，社会一治一乱、人口一少一多的单调生活。

今日中国是在乱世，这是毋庸讳言的，人口的过剩与人才的过剩都远迈前代。由近代国家的标准讲，我们的人才或仍贫乏的可怜，但由中国现有的条件讲，我们社会中求官而不得的人，实在是太多了。至于我们的人口，是由任何的标准看，都已多到没有办法的程度。所以若按过去二千年的史例衡量，中国今日的混乱可说是再自然不过的一个趋势，过去乱世的角色，今日都已齐全。政府大体仍然代表求治的士大夫的势力。但也如一切乱世，已不能维持单纯的士大夫型。各地有许多的半秘密半公开的组织，也有许多割据或想要割据的离心势力。惟一好似新奇的角色，就是共产党，其实共产党若剥去外来的一些名词与口号，不过是一个半秘密半公开的、带有宗教性的、以饿民为基础的割据势力。它的惟一真正特点，就是依附外力与否认国家民族，这也是它始终不能取得其他秘密团体的信赖与合作的基本原因。由此点言，中国今日的局面可说较过去任何的乱世更为复杂，但根本的形态仍是历来乱世的形态。

今日与过去乱世的最大不同，不是内在的，而是外来的。假定今日我们仍能把大门关起，那我们就必再费几十年以至百年的时间去痛痛快快的砍杀一场，以求传统形式的解决。但我们的大门显然的是关不起，我们今日根本已经没有大门可关，到处都是外力可以长驱直入的通道。外力今日正在直接的或间接的，拙笨的或巧妙的，用敌意的姿态或用友情的姿态，来尽量利用我们的弱点，使我们既不能安定，也不能彻底大乱一场；所谓"求生不能，求死不得"，正是外力玩弄之下的中国的绝好写照。然而事在人为，我们尚未到绝望的时候。人口问题，今日不能用过去黄巢、张献忠的方法去解决。但我们若尽量利用近代知识，使农业科学化，在可能范围内发展工业，使财富的分配比较合理，同时最重要的，设法使人口绝对不再增加，我们仍可实现一种小康的局面；必须先有小康，才有回旋余地，容我们策划长治久安的百年大计。但这一切都要假定人才问题同时解决。每当乱世，读书人的捣乱、起哄与发狂，是中国历史上所独有的现象。遍阅人类史乘，任何其他民族或其他文化的读书人，其乱世的表现都不像中国这样令人痛心疾首而莫可奈何的。自私自利的与热中无耻的一群固然祸国，所谓正人君子，其祸国殃民的罪行往往也不在邪僻小人之下。远事不论，专看今日：今日的读书人集全世美名巧言之大成，而实际在毫无自觉中所作的是义务的替外力分裂中国，搅乱中国，削弱中国的地位——这在全部人类历史上恐怕将成为最不可解的怪谜。

　　传统的社会已经不能继续维持，中国的文化已经到了非变不可的时候，同时外力的威胁也是前所未见的。我们不能只注意自己的内部，而忽略门外的局势，尤其要防备被外人催眠，以致对全局发生错觉。先求小康，后求大定，是中国社会、国家与文化的惟一出路。对于外来的阴谋，叫我们为任何一种莫须有的大定而放弃可以把握的小康，我们全国人士必须提高警觉，密切堤防！

　　　　　　　　（原载：北平《周论》第 2 卷第 10 期，1948
　　年 9 月 17 日。）

睡梦已久，可以醒矣！

——国庆期中，本刊再申立场

（1948）

本刊自问世以来，时常收到读者的来书，对本刊的言论表示赞成，声明反对，或提出讨论。另外也有许多读者，认为本刊立场不明，希望本刊把立场详详细细的述说一遍。在发刊词中，关于立场已有概括的说明。九个月来，承各方指教，自信已寻得更清楚的自己的立场，趁国庆的机缘，愿向国人综合陈述，既以就教，亦以自勉。

第一，本刊绝不追随时髦，绝不迎合任何人任何方面的心理，绝不以意义不明的口号标语作为千古不移的真理。本刊尊重多数，却不崇拜多数，群众取宠的行径本刊绝不屑为，中外历史上多数人（多数说话的人）把国家引入歧途的例正多。人言固然可畏，后世之言尤为可畏，本刊宁作今日的罪人，绝不作后世的罪人。就消极方面讲，这是本刊的根本立场。

第二，在积极方面，本刊认为自抗战晚期以来，我们全国的人，全国有知识的人，都在不知不觉间作了外国的精神俘虏，无意之间都在替外国工作。中国人的天赋智力并不弱于任何其他民族，只因一向我们是太喜欢以空言为事实的民族，一方面我们又吃了二千年大一统局面的亏，使我们对于今日虚虚实实，诡谲万状的国际社会，根本没有能力应付，别人另有作用的甜言蜜语，我们总是奉为绝对真理，只要别人说出一两句动听的高调，我们马上就可五体投地向那两句符咒焚香礼拜，而不知别人在我们闭眼合十时要把我们托命的脚下实地席卷以去。在日本正盛的时候，中国人都知道北边还有等待机会的另一外力，这个外力今日在中国的势力已远超过十年之前，也是有目共睹的。但有几人见到，在日本之后还有一个外力更深谋远虑的等待机会？过去日本要独吞中国，使日本背后这个较远的力量无机可乘，他只有奉行古今不移的"远交近攻"之道向中国表示了五十年的好感，把我们全国的人，尤其是有知识的人，几乎个个迷醉。今日日本既倒，"远交"的阶段已过，他安有不进到"近攻"的阶段之理？然而此次的"近攻"，其高明与巧妙，简直不可思议，相形之下，日本是三岁小儿还不如。此次是"借刀杀人"，是"以毒攻毒"；崇拜他的人固然为他所用，反对他的人同样为他所用而不自知。日本人愚蠢拙笨，只能叫一批不齿于人类的人出来作汉奸，这些人知道自己已是汉奸，心虚至极。此次被利用的，都是知识高、地位高、人品高、自信力也高的人，他们自己不知道是在被人利用，一般社会也未感到他们是外力的傀儡，所以他们理直气壮，绝不虚心，诚诚恳恳的认别人的手掌心为跳舞的地板。岂只是自由分子、民主人士、各党各派、社会贤达、名流学者被利用而已？连自以为天之骄子的中共也在同样被人利用而丝毫没有觉悟！中共及其同路人尽可在民主观上是替他们所衷心皈依的一种外力奔走，而客观上却完全是在替他们所满心憎恨的另一外力作傀儡而不自知。

以上的话太过火么？愿国人洗净外力在我们脑筋中所散播的名词罗网，平心静气的观察一下实际的世界大势。环视全宇，西半球不必说，欧洲、地中海、非洲、近东与中东，都已是囊中物，只剩下一只赤熊须待下次世界大战时解决。然而麻烦的很，此外在东亚还有一条黄狗，这条黄狗今日虽很容易解决，但整个局面不容许解决，所以惟一的办法就是不叫这只黄狗吃肥养壮，以免将来解决时太费力气。简单一句话，抗战时期的中国，表现的太好，人心太统一，战力太可观，政府的控制力尤其太大。这一切都必须破坏。所以自抗战时期起，就开始在中国贩卖民主，贩卖自由，整套整套的贩卖名词。事有凑巧，在完全不同的背景与不同的作用之下，中共也在开始作同样的贩卖。两种民主虽然根本水火不相容，然而没有关系，反正八股传统的中华民族所要的就是名词与口号，实义与真价根本是不相干的事。长期抗战打得弱点毕露的一个现状，在外力的巧妙摆弄之下，就成了民主狂潮的进攻目标，抗战时期的万众一心至此一变而为分崩离析的精神状态。然而近代政府的机构，其控制力非前代可比，普遍全国的发言盈庭，并不能真正削弱一个政府，最多不过能使那个政府提心吊胆，不敢放手作事而已。政府代表实力，要真正牵制一个政府，必须靠一个对立的实力派，中共正好可以担任这个角色。所以在全世界都可反共，只有在中国不能反共，因为在伟大的计划中中共是有无穷的妙用的，只有中共能够保障现状的疟疾性可以延长下去，忽冷忽热，不死不活，绝对不能统一。既不能让中共致胜，也不能让政府统一。至今为止，政府仍嫌太强，所以军事的援助绝不能轻易拿来，只能在财政经济上略施小惠，作为打气，使战争能得长久延续。至于中共，在调解之下听它发展，在宣传之下赞它为"农村改革者"，既已培起实力，也达到打气的目的，一拼死活的战斗至此就百稳千稳了。人事布妥之后随时有机会，顺著血气方刚者的自然发展，利用可能的中共活动，在间接又间接的策略之下鼓励学潮，制造反现状的舆论，提拔各种各类的民主斗士，愿每次学潮的主动分子想一想，是否有非共、非苏、非同路人、非中国人的人士，在公开的或暗中的给予你们鼓励？愿名流们想一想，是否在无意中以结交外人为荣的殖民地心理之下，你们就不加思索的接受了外人许多富有作用的暗示？你们可也知道，战前与战时曾与你们过从甚密的客人，至今你们可能仍当高贵朋友看待的人，正是在暗中划定与推行分裂中国搅乱中国的纵横之士？你们可也知道，别人为中国所炮制的命运，是在第三次大战后不费吹灰之力就可一把抓去的命运？你们可也知道，你们即或主观上自以为是排外，而实际仍然是等于媚外？因为你们的排外于"外"无损，而正巧可以达到"外"的最高目的就是削弱现状，分裂中国。我们多数的知识分子，精神作人俘虏太长太久，习惯成自然，竟以为真理，竟以为光荣，我们不敢说这是绝后，最少在人类历史上这是空前未有的怪局！

时间已经太晚么？回头还望得见岸么？谁知道？但最恶的恶梦，终有醒时。我们这一觉实在睡得太长，这一梦实在作得太可怕；醒来不管是如何的景象，总到了该醒的时候了，愿国人睁开两眼看一看罢！

（原载：北平《周论》第 2 卷第 13 期，1948
年 10 月 8 日。）

国际和平展望
（1948）

在名义上推进国际合作的联合国大会于九月下旬召开声中，国际间实际的空气已发展到胜利三年以来所未有的恶劣状态。巴力斯坦、朝鲜、希腊、印度半岛、东南亚、印尼，到处都是不能解决的问题，柏林问题尤其使人感到四面碰壁。苏联出席联大代表团团长维辛斯基氏所谓联合国似乎将要变成"不联合国"一语，恐怕是有任何色彩的人与根本无色彩的人都有同感的。与国际会议中乖戾气氛相配合的，有强国备战的消息。英伦遍国警备，已是传了一月以上的新闻。联大开会之初，伦敦广播又谓美国驻欧洲的舰队已接到有关最近将来任何可能危机的训令。苏联的作风不同，一向不对外宣布它的军事设施与军事计划，但我们可以相信，它必定也在作着万一的准备。这以上可说是代表强权政治的一面。

菲律宾代表在联大所作的呼吁，可代表弱小国家与一般人类的希望。他建议各弱小国家联合，成为第三力量，防止强国玩弄强权政治或走向战争，为人类解除战争的恐惧与毁灭的威胁。这位代表的呼吁，无人反对，问题是如何使这种呼吁发生效力。所谓第三力量，是否能够组织成功；即或真能组成，是否能够发生作用；即或发生作用，其作用将为推进和平，或只是添上了第三个作战力量——根据对于今日国际政治的判断，根据对于过去历史教训的认识，以上这些疑问都是自然的要发生的。我们生当今世，对身临其境的局势，因希望、因恐惧、因利益、因成见，往往不易得到清楚的认识。我们若采取超然的眼光，不专看今日，而把过去与现在混为一谈，等量齐观，或者可以不动感情，认识与判断也可比较的切合实际。

首先我们要认清的，就是"和平"是一个相对的名词，一个相对的观念，和平有两个假定：假定有列国，假定有战争，和平只是列国两次战争间的中间时期，既有列国，必有国际政治。有国际政治，必有利益冲突，利益冲突迟早必要引起战争。那也就等于说，国际政治一定是强权政治。战争是列国世界必不可免的现象，几乎可说是自然的现象。在列国并立之下，我们甚至可称战争为正常，和平只是旧战争后的休息时期与新战争前的准备时期。

把和平世界引入战争旋涡的，就是均势制度。列国并立，没有一国安全，连最强的国家也不能有绝对的安全感。安全既有问题，各国自然求友；求友的自然结果，为国际间两大壁垒的对立。至此，友邦的事也成了自己的事，自己的事当然也是友邦的事。自己的事已够复杂，再兼管友邦的事，所以国际两大壁垒之间的空气总是紧张的，双方都时时刻刻准备兵戎相见。"武装和平"的一个名词非常恰当，那是列国和平的绝妙形容。和平是外表，武装是实际，迟早必有一个问题使两大壁垒火并。所谓国际均势，总不能"均"，因不均而不安，因不安而必战。就理性讲，这是愚不可及的事，因为战后还是不均。但就人性言，这是自然不过的事，因为各方都有侥幸之心。

虽然如此，每经一次大战，必有一个或长或短的追求和平的阶段，热心人士奔走号呼，希望战争能够绝迹，和平能够永久。连为政的人，无论是出于信仰，或出于投机，往往也口口声声的拥护和平。今日的事，距离太近，关系太亲近，暂且撇开不谈。上溯第一次大战之后，当时各国组织国际联盟，以消弭战争永保和平相号召。在具体的步骤方面，限制军备，主张裁兵，最后到一九二八年各国签订巴黎非战公约，正式声明放弃战争，永不再用战争为国策的工具。但没有人对于这一套真正放心，表面的文章尽管去作，秘密外交与均势主义活动仍旧，由法国发动，组织包围德国的集团，要使德国永世不得翻身。一九二〇年，国联方才成立，法国就联比利时，希望西线安全；一九二一年以后，又联东欧的新兴小国，在东方包围德国。法国的集团引起意大利的反集团，一九二七年联匈牙利，七年后又联奥地利。到一九三四年，这就引起再反集团，就是希、土、罗、南四国签订的巴尔干公约。日愈复杂的国际政治，给了德国一个乘机再起的便利，不久就形成联德与反德的两大壁垒，五六年后就引起第二次大战。在历史的透视中，和平运动只是一种插曲，是战后人力疲乏心理疲乏的临时反应。临时的疲倦一过，新战争的酝酿又起，不出几年，就又来一次大放血。

　　未来的事，我们不愿多加揣测，但有一点与过去不同而应当提出的，就是大国的数目今日极少，已少到不能再少的程度。今日能够单独作战的只有美苏两国，连大英帝国也只能作配角，其他各国更不必说了。大国只剩下两个，那就等于说，任何即或暂时居中调停或中立缓冲的势力都已不再存在，已经没有任何可以勉强称为"第三力量"的一种力量。两大短兵相接，国际局面当然显得特别紧张。这是今日与过去最大的差异。过去每次大战之后，人心还可作一个或长或短的和平梦，今日心中真正有此梦想的人恐怕举世也找不到几个。今日已经没有人问，和平能否永久维持，今日大家所要知道的只是这个朝不保夕的和平何时破裂。自十七世纪初到二十世纪初的三百年间，西洋世界平均每五十年发生一次普及全欧甚至普及全世的大战。进入二十世纪后，大战的步调加紧，一九三九年第二次大战爆发，距离第一次大战的结束仅仅二十一年的功夫。看日前的情形，今后的步调是否将要更加急促，无人敢肯定或否定。列国局面只要是一日存在，西洋世界，以至受拖累的整个世界，就一日难免为周期性的战魔所困扰。（作者系清华大学历史系教授）

（原载：《天津民国日报》，1948 年 10 月 11 日第 4 版。）

学者与仕途
（1948）

　　最近行政院院长翁文灏先生在首都对十科学团体联合年会演讲时说："科学家宁可饿死，也不能去作别的事！"翁先生以学者而作官已到首揆之尊，竟说出这样的话，其惹人注意是很自然的，话中含有无限的感慨与隐痛也是显然的。但我们不愿对个人多所揣测，我们只愿趁此机会谈一谈翁氏所提出的一个根本问题，就是学者入仕的问题。

　　学而优则仕，甚至学尚未优也要勉强去向仕途钻营，在过去的中国本是常事，也是大家所认为当然的事。这在过去，确也有它不得不如此的道理在。过去一个读书人，除了作官外，的确无事可作。今日一切的社会事业以及其他与政治无关的工作机会，在过去根本不存在，除作官外并无任何事业可言。固然，一个人既然读书明理，尽可关起门来修身养性，但这种过高的理想不能望之于一般的凡士。所以我们站在今日的立场而对过去整个的局面下断语尚无不可，若不顾其他而专指摘"学而优则仕"的现象，则为不负责任与忽略实情的苛论，不可为训。

　　近代的中国，尤其民国以来的中国，整个的政治社会局面都在发生剧烈的变化，我们的国家虽尚未达到十足现代化的境界，入仕虽然仍是读书人相当重要的一条途径，但我们确已超过非"学而优则仕"不可的阶段。今日一个人如果自信有此能力，又有此机会，同时又有此兴趣，即或是一个学有专长的科学家，仍不妨去作官。翁氏的话似乎是有所为而发，不可视为正常之理；如果把翁氏的话推到尽头，那就等于说把国家大事都给不学无术的人去管，对此恐怕翁氏绝不会首肯。但反过来讲，无此机会，尤其不敢十足自信有此能力的人，大可不必发展此种兴趣，不必转弯抹角的去求官作。今日的时代已非学而优则仕的时代，但过去养成的学而优则仕的心理仍然深入人心，稍有机会即由学场跳入官场的现象未免太多，没有机会而千方百计去钻营的现象尤其令人发生无穷的感慨。翁氏的话，除了可能的个人隐痛外，大概也就是有见于此而发的感慨。默察今日求仕的士群，我们可以发现三种不同的类型。第一种是走直路的，干脆的奔走请托。这些人尚不失为老实人，最值得人同情。第二种是走曲线的，由骂入手，希望骂得对方不能忍受时而一纸官诰送上门来。第三种是直路曲线一齐走的人：先走直路，企望甚高，一旦任命发表而嫌官阶太低时，马上一变而为清高的论客，愤激的名士，前进的导师。此种人远较第二种人高明，第二种人心里明白，知道自己是在走曲线，此种曲直并进的人却很善于自欺，沉重的怨气往往能使他们相信自己真是富于正义感的忧时之士，自己对自己也不承认所"忧"的只是官阶的高低。第一种人可令人同情，第二种人尚可令人原谅，只有第三种人既不能引起同情，也更不能叫人原谅。追根究底，这还是"学而优则仕"的传统观念在作祟，所以在根本道理上我们虽不能完全接受翁院长的说法，但为矫正目前种种可憾的表现，我们仍愿承认翁氏的话是值得有政治兴趣的学人反复咀嚼的。

（原载：北平《周论》第 2 卷第 15 期，1948年 10 月 22 日。）

联合国纪念日
（1948）

　　十月二十四日为联合国宪章实施的三周年纪念日，世界各国皆定此日为"联合国日"，以示纪念，我们中国特别表示重视此日，前不久曾由政府明令定为国定纪念日。在人类都希望联合，在外交人员都用外交术语拥护歌颂联合，而实际的世界日趋分裂的今天，国际机构的整个问题的确值得我们放弃不切实际的幻想，撇开混乱是非的术语，心平气和的考虑一番的。回想三年来的种种，对于联合国机构我们大概都可承认下列三点：一，联合国机构，就其计划与组织言，虽非尽善尽美，也总算难得，问题只是这个机构并未按原意而充分加以利用；二，联合国机构似乎缺乏足以制裁侵略或防止战争的实际力量；三，联合国机构似乎已成了美苏两国的争辩场所，别国都成了帮闲的角色，有时甚至连帮闲都谈不到，只能说是两雄相争的一出惊险剧的喝彩的、叫倒好的或不甚开心的观众。

　　第一，把联合国看为一个维持国际和平的机构，若由理论上吹毛求疵，其中可以指摘的缺陷恐怕很多，但大体上这个机构不能算坏。并且古今的一切政治机构，无论国内的或国际的，在理论上向无达到至善之境的可能；机构实际是次要的，主要的还是看如何运用。表面上同样的机构，在此地可以运用成功，在彼地可以运用失败。在理论上相当完善的机构可以运用失败，在理论上荒谬不通的机构可以运用成功。无论研究过去的历史，或观察今日的世界，我们都可很清楚的看出上面的道理。无论理论上如何，在事实上可说没有必定成功的制度，也没有必定失败的制度，"事在人为"的一句老生常谈的确含有超乎一般所想像的至理。就政治言，国内政治尚且是一种各方时刻妥协的活动，国际政治更无一方面任何完善的立场占得优势的可能。如果各国的政府，尤其两大强国的政府，决心利用联合国的机构而达到和平的目的，国际和平就必可维持，否则一个天衣无缝的联合国也不过是一只告朔的饩羊而已。

第二，第一次大战后的国际联盟没有自己的武力，而须依赖会员国的军队防止战争，会员国若不肯出力，国联就完全束手无策。第二次大战晚期的各盟国有鉴于此，于是在计划新的联合国机构时决定要成立一个国际武力，在制度上这是胜过旧国联的一点。但我们却又不可忘记，没有武力的旧国联在"九一八"之前也曾解决过许多可以引起战争的国际纠纷，日本侵略中国东北三省的事件发生后，国联的多数会员国仍诚恳的想用正义原则谋求解决，无奈少数强有力的国家另有自己的想法，对事件的解决全不热心，热心而无力的多数会员国只有徒唤奈何。可见少数大国的合作与否，热心与否，是战争与和平的最后决定力。有一个国际武力，当然方便许多，即或无此工具，也未见得和平就不能维持。今日的联合国，在当初计划上虽有武力的设施，然而就是因为强有力的国家不能合作，这个国际武力仍只是计划而已，至今尚未成立，也没有能够成立的迹象。

第三，旧国联无论如何的以大国为转移，但在许多事务上与在各种的会议中，小国仍有它们不可忽视的地位。一方面小国尚有它们理直气壮的自信心，一方面大国对小国也尚有些微的客气，未把小国完全当喽啰看待。今日联合国中的小国却满是一副可怜相，有的甘心作附庸，有的被迫作附庸，有的被利用作附庸而不自知，实际五十几个国家只是干望着两个大国争吵不休而丝毫不能为力。两个大国，一个相信"有钱可使鬼推磨"，赖着自己得天独厚的富庶就可囊括世界，一个相信"人尽可欺"，认为词令与宣传就可诱使天下归心。总之，两大对于小国都采取玩弄的策略，只是玩弄的方式各自不同而已。

在联合国纪念日，按理应当只说歌颂称赞的话，但世界各地，尤其联合国机构的圈子之内，这几日大概都在异口同声的称誉，似乎不妨有人出来，不参与近日清一调的一片赞美声，而说许多人日常对于联合国机构心中常想到而口中未说出的几点疑虑。

（原载：北平《周论》第 2 卷第 16 期，1948年 10 月 29 日。）

东周秦汉间重农抑商的理论与政策
（1948）

殷商西周的封建时代，商业的情形无考。在封建时代，农业为社会的基础，当时的商业，范围一定甚狭，势力一定甚微，除西周晚期由封建将转到列国的时候，商业或已开始抬头外，在大部的商周时期，商业是不成问题的。进入春秋，商业逐渐发达。到战国时代，商业才有独当一面的地位。秦汉大一统，商业虽盛，但国家的政策与社会的心理都已对商业不利。秦始皇统一天下，似乎就已开始推行重农抑商政策，自此在人心中造成商业为末业的观念。这种观念一直维持了二千年，近世与欧美接触日繁，轻商的传统才发生动摇。春秋战国秦汉间的商业理论与商业政策，是经济方针与社会心理上的一件大事，史料虽然不多，现有的史料已足使我们看出一种发展的道理。

（一）春秋时代

春秋时代，封建制度方才崩溃，商业方才开始重要，当时无论在各国政府的行政设施上，或在一般人的意识中，对工商业与农业一视同仁，并无歧视的痕迹。当然农业仍为社会的经济基础，当时的一个人如果探讨或分析社会的情况，毫无疑问的是要承认农业的重要性远在工商业之上。但那只能说是事实问题，在国家的政策与时人的思想中，工商业似乎并未被认为是应当特别限制或压迫的一种活动。关于行政方面，可以卫文公与晋文公两个国君为例：

卫国遭受狄祸，国家临时灭亡。复国后，卫文公"务材，训农，通商，惠工，敬教，劝学，授方，任能”①。

晋国经过长期的混乱，公子重耳归国即位，就是历史上的晋文公，晋国开始安定富强。文公的设施为“轻关，易道，通商，宽农，懋穑，劝分，省用，足财”②。

以上两段记载，用意都在称赞两君政策的正确，两段中都把工商业与农业并列，看不出有丝毫的轻重之分。由当时人说话中所表现的时代意识，也可举二例：

有一次，周室的内史说：“庶人工商，各守其业，以供其上。”③ 又一次，晋国的世卿随会论及楚国时说：“商农工贾，不败其业。”④ 第一段中的“庶人”，就是指农民而言。两段谈话中，都把农商视为当然的同等重要。然而农人与商人之间有一点分别，须要指明的，就是商人在政治上仍无地位，而农民中少数的优秀子弟则可假借入伍的机会，取得贵族阶级的地位。⑤ 然而此种办法所影响的，恐怕只是农家子弟中的极少数；就全局而论，农商之间所受的待遇仍可说是相同的。

（二）战国时代

春秋末，战国初，商业开始大盛。特别可以注意的，就是经商的已不仅是平民；士族子弟，甚至曾为高官的人，也可成为最成功的大商贾。前此《左传》、《国语》中，每次记载商人的故事，那些商人似乎都是庶民。晋卿荀罃在楚国所遇到的一位郑国商人，自称为“小人”，显然的是平民。⑥ 此商足迹遍天下，但书中并没有提到他的名氏，出身卑贱的“小人”，在当时的心目中并不感到他的名氏有记载的价值。在春秋末以前，只有两位商人的名氏传于后代，就是弦高与奚施。这是因为他们二人解救了郑国，直接影响了政治。⑦ 这是一个特殊的例外，由这例外更可清楚的看出通例：凡是经商的，无论是大贾或小贩，都是无名

---

① 《左传·闵公二年》。

② 《国语·晋语四》。

③ 《国语·周语上》。

④ 《左传·宣公十二年》。

⑤ 见《社会科学》第四卷第一期拙著《春秋时代的政治与社会》一文的第四段："平民之渐兴"。

⑥ 《左传·成公三年》。

⑦ 《左传·僖公三十二年》，《吕氏春秋》卷十六《先识览第四》悔过篇。

的小人。

春秋战国之交，情形大变。孔门大弟子之一的子贡，在历史的记载中，是第一个士族子弟而经营货殖的人。子贡善于辞令，在孔门四科中列于"言语"之科，《左传》中屡次记载他的应对之辞。在孔子的眼目中他是颜回以下的第一人。① 颜回短命，所以后来子贡可说是孔门的首席大弟子，这或者可以解释孔子死后子贡单独守丧六年的逾越礼制的表示。② 子贡才气甚盛，不够含蓄，喜欢臧否人物，孔子有时警戒他不要锋芒过露。③ 如此一个才盛气露，热情爽快的人，对于过度恶劣的环境感到不耐，不肯消极的忍受，而要积极的克服。《论语·先进篇》孔子有对于颜回子贡二人比较评论的一段话：

> 回也其庶乎，屡空。赐不受命，而货殖焉；亿则屡中。

这一段话，短短几句，把两人形容得极为透彻，真可谓知徒莫若师了。孔子一面称赞颜回的庶乎近道，虽然一贫如洗，仍然无动于中〔衷〕，一面又指出子贡的不肯乐天知命，安于贫困，而不惜去经商以求物质生活的优裕。但孔子不得不承认，他这位弟子是经商的能手，善于判断行情，"亿则屡中"，所以很少亏折，每每赢致厚利。由这一段话可知孔子生时子贡已开始经营货殖。孔子死后，子贡的商业活动更为发达，最后他竟结驷连骑，聘享诸侯，所至列国之君无不分庭与之抗礼。④ 可见在春秋战国之交，重财富之风已起，士族子弟已不视货殖为贱业，因货殖起家的人也已为人所尊重，甚至可与人君"分庭抗礼"。

与子贡同时而经商行为晚于子贡的一个人，就是范蠡。⑤ 据谓范蠡在辅越成功后，告老隐退，化名经商，屡致巨富。范蠡弃官从商的故事是否完全可靠，已难确考，但所可注意的就是在春秋战国之交能有这样的一个故事。再早，此事为不可能的；再晚，此事也就不足为奇。只有在这个当口，此事才有历史的意义。

---

① 《论语·公冶长篇》，孔子问子贡："汝与回也孰愈？"是孔子认为他可与得意的门生颜回相比。

② 《史记·孔子世家》。

③ 《论语·宪问篇》提到子贡"方人"，就是批评人，孔子用讥词警戒他说："赐也贤乎哉！夫我则不暇。"

④ 《史记·货殖列传》。

⑤ 范蠡晚年退隐，化名经商的故事，见《越绝书》及《史记·越王勾践世家》、《史记·货殖列传》。

战国时代，富商大贾遍天下，流动资本成了一个不可漠视的力量。关于化名陶朱公的范蠡，有他以金钱影响楚国的政府，使楚国发布大赦令，以便他自己的儿子出狱免死的故事。此事虽未成功，但非金钱不灵，而为奔走的人拙笨之过。① 战国晚期，大贾吕不韦在赵国看到一位留作人质的秦国公子，不禁的喊"奇货可居"，真是十足的商人口吻，语妙千古。他靠着金钱的势力，竟能使这位可怜的公子成为秦国的太子，他自己也借此封侯拜相。这是历史上有名的一笔一本万利的生意。②

也就在商业发达，富商大贾特别活跃的战国期间，重农抑商的理论在思想界出现，思想家开始称农业为"本"，称工商为"末"，"舍本逐末"成了许多思想家所共同攻击的一种趋势，认为国家应该尽量提倡农业，扶持农民，压抑商业，管制商民。③ 这种重农抑商的说法，最早倡于何人，颇难断定；战国时代各国是否已开始实行重农抑商的政策，也不得知。普通所谓商鞅变法时秦国就已提倡本业管制末作，颇有可疑，司马迁在写商鞅传时，大概是根据《商君书》中的理论而认为商鞅已开始实行此种政策。《商君书》乃后日的法家以商鞅为题目而发挥自己的思想的书，例如其中有名的"农战"一篇，所讲的道理就是《韩非子》中的所谓"耕战"。就人言，商韩二人相隔百年；就书言，《商君书》较《韩非子》恐怕早不了许多。《商君书》究为何人所撰，今日已无从稽考；为慎重计，我们仅能说，这是战国后半期，在商鞅死后恐怕已经数十年，由一个或几个志同道合的人所写的历史与理论参合的一本书。此时国际的战乱日多，战争的规模日大，农事有时不免荒废，而投机取巧性的商业行为成了战乱环境之下的一种既时髦且易致暴富的途径，成了增加社会的不安与推进财富分配的不均的一种恶势力。所以此时新兴的一派思想家，就是所谓法家，极力的攻击商人，推崇农民，"本末"的名词大概就由他们这一批人所创。在战国时代，我们不敢说一定没有任何一国曾经实行抑制商业的政策，但由战国将近结束时的《韩非子》一

---

① 《史记·越王勾践世家》。

② 《战国策·秦策》、《史记·吕不韦列传》。

③ 以农为本、以商为末的说法，见《荀子》：《富国》、《君道》、《天论》、《成相》；《韩非子》：《诡使》、《八说》、《五蠹》；《吕氏春秋·上农》。《吕氏春秋》竟也提倡重农抑商的说法，未免奇怪。但《吕氏春秋》并非吕不韦个人所撰，乃是他一群门客的集体写作，他自己对全书究竟了解到如何的程度，颇成问题。并且他既已位极人臣，也不妨摹拟斯文，不惜忘本！

书仍极力批评当时各国不知重农抑商的一点看来，似乎这一套理论始终是理论，没有任何一国能够认真的把抽象的理论化为具体的政策。韩非痛切陈辞，说：

> 夫明王治国之政，使其商工游食之民少而名卑，以寡趣本务而趋末作。今世近习之请行，则官爵可买；官爵可买，则商工不卑也矣。奸财货贾得用于市，则商人不少矣。聚敛倍农，而致尊过耕战之士，则耿介之士寡，而商贾之民多矣。①

当时手中持有流动资本的"高价之民"甚多，他们有时甚至可以金钱买得官爵。把这种情形与陶朱公行贿影响国政的事合观，可知资本的作祟在战国时代已成为一个引起有心人注意的问题。我们不可过度强调此点，资本的势力绝未达到近代欧美的程度，但其发展已使有些人感到不安，则不可否认。法家反对工商业的说法，就是在此种情形下应运而生的。荀子虽属儒家，但接近法家，所以也倡导此说。

（三）秦汉时代

汉代，自汉高帝起，就有管制商人的记载。汉朝草创时的一切，几乎都是抄袭秦朝，这件事也必有所本。可惜秦朝的史料传于后代的太少，我们寻不到关于此点的具体叙述，惟一的痕迹就是始皇二十八年（统一天下后二年）的琅邪台刻石，其中有如下的几句：

> 皇帝之功，勤劳本事；上农除末，黔首是富。②

上引第二句中的"本事"就是第三句中的"农"，第三句中的"末"当然就是商业。秦始皇如何"除末"，不得而知，但汉代的"除末"政策，尚可知其大概如下：

（一）服饰的限制——高帝禁商人衣锦绣，操兵器，乘车骑马。③

（二）商人不得为官，文帝曾有此禁令。④

（三）商人不得名田——商人及家属皆不得有田产，违者没入

---

① 《韩非子·五蠹》。

② 《史记·秦始皇本纪》。

③ 《汉书·高祖纪》八年。

④ 文帝禁商人为官，见《汉书·贡禹传》。《景帝纪》后元二年也提到此令。

田货。①

（四）市籍——商贾须正式取得市籍，方得经商。② 市籍的功用有三：便于管理，便于调遣，作为征税的根据。

（五）管理与限制——商人多兼营金融业，称子钱家，也有人专营金融。国家似乎以二成为利息的定制。③ 但息重有达一倍的，政府恐怕是防不胜防。④ 列侯营子钱，取高利，时常被发现，因而受处分。⑤

（六）商贾的调遣——汉代名为征兵，但很早征兵就不能维持，时常有强迫调遣的事发生。按制，有七科谪：

（1）吏有罪；

（2）亡命；

（3）赘婿；

（4）贾人；

（5）故有市籍；

（6）父母有市籍；

（7）大父母有市籍。⑥

按法，在随时可以调遣从军或守边的七种人中，商贾居其四：现有市籍，旧有市籍，上一代有市籍，上两代有市籍，都是被调的资格。汉一统后，人渐视当兵为畏途，国家把这个苦差事特别加在商人身上。

（七）征税的繁重——汉代政府管的事多，所征的税也远较后世为繁重，在这繁重的税制中商人纳税尤多：

（1）市籍租——市籍租是每年缴纳的营业税，税额不详，似乎甚重，例如临淄的市租，一年千金。⑦

（2）算赋加倍——汉代成年人的人丁税称算赋，每人每年一百二十钱，在谷最贱时可到五个钱一石的情形下，这在当时是一般人民最重的一种担负。有市籍的人要加倍缴纳算赋。⑧

---

① 《汉书·食货志》。

② 《汉书·何武传》。

③ 《汉书·货殖传》："岁万息二千。"

④ 《汉书·食货志》中引晁错语。

⑤ 《汉书·王子侯表》。

⑥ 《汉书·武帝纪》太初四年注。

⑦ 《汉书·高五王传》。

⑧ 《汉书·惠帝纪》六年，应劭注引汉律。

（3）缗钱——是汉武帝新添的商业税。① 一般商人二千钱纳一算，就是一百二十钱，小本营生的"诸作"四千钱纳一算。

（4）算车船——也是武帝的增税。② 人有车船，每年一算，商贾有车船，二算，正如算赋的加倍。商人本不许乘车，但此禁后渐废弛，最后法令承认事实，只不过向商人征收较重的车税而已。

法令虽如上定，但自战国以下日趋活跃的商业并不是专靠法令就可压抑的。晁错曾向文帝上书，说：

> 商贾大者积贮倍息，小者坐列贩卖，操其奇赢，日游都市，乘人之急，所卖必倍。故其男不耕耘，女不蚕织，衣必文采，食必粱肉，亡农夫之苦，有阡陌之得。因其富厚，交通王侯；力过吏势，以利相倾；千里游敖，冠盖相望；乘坚策肥，履丝曳缟。此商人所以兼并农人，农人所以流亡者也。今法律贱商人，商人已富贵矣；尊农夫，农夫已贫贱矣。③

商业的本质，惟利是图；只要有利，任何阻碍都可克服，国家正式的法令也很少能够真正限制商业的活动。上面晁错的话，诚然是慨乎言之，但思想家的反对与法令的拘限都不能牵制商业的发展。晁错后将近三百年，王符的观察大体仍是如此：

> 今举俗舍本农，趋商贾：牛马车舆，填塞道路；游手为巧，充盈都邑。务本者少，浮食者众。④

汉代无论政府，或读书人的言论，都一致的压抑商业与商人。原因仍与战国时代相同，此外或者还有大一统时代所独有的原因。商人即或不影响政治，不暗中有时操纵政治，专其囤积居奇一项就是一个大的扰乱力量。汉朝初立，因方经过长期战乱的破坏，社会物资匮乏，商人居奇，米到每石万钱，马到每匹黄金百斤。⑤ 这是汉朝开国时的情形，所给予新政权的印像当然恶劣。高帝限制商人生活享受的几条法令或者与此不无关系。

此外可能还有一个很重要的原因，就是大一统的皇帝力求社会安定的心理。农业社会凿井而饮，耕田而食，根本不问政治，更谈不到积极

---

① 《汉书·武帝纪》及《食货志》。
②③ 《汉书·食货志》。
④ 王符《潜夫论·浮侈篇》。全篇所描写的，都是商业，投机，与社会的奢侈习惯。
⑤ 《史记·平准书》。

去影响政治。此种社会是凝固稳定的。反之，商业社会本质上是流动的，易变的，不仅可以无形中影响政治，有时甚或要有意的操纵政治。这在专制大一统的皇帝看来，当然是要不得的，拥护皇帝制度的士大夫也认为这是要不得的，所以两汉四百年间文人一致的诅咒商业，政府一致的压抑商业。武帝虽曾短期间用一些经商出身的人为官，但那只是他在财政需要浩繁时利用一批商人的经验与才能，并不代表政策的转变。①

汉代的政策，最后可说是成功的。汉代商业始终发达，重农抑商的政策，既不能解除一般农民的痛苦，也不能压倒商业的活动，政策的成功是心理的，不是实际的。重农抑商，自此成了深入人心的一种看法。一个自尊自重的士大夫之家宁可与一个"清白"的小农之家联婚，而不肯与富商大贾论婚。钱仍有通神的力量，富商大贾有时可以勾结官府；但一个富埒王侯的商人仍是衷心的以得接近斯文为荣，一个穷措大的士子也感到接近商人为耻。以子贡、范蠡资格的人而经商，在汉以下为不可想象。"世业耕读"或"耕读之家"是荣誉的称谓，但绝无人以经商炫耀于人。由两汉到满清，两千年间，此种心理没有再变，形成此种心理的就是汉代重农抑商的理论与政策。

（原载：清华大学《社会科学》第 5 卷第 1
期，1948 年 10 月。）

---

① 《汉书·食货志》。

蒲立德又要来华调查
（1948）

美国国会对外经济合作联合委员会主席勃里奇氏，最近决定派遣一向主张援华的蒲立德氏，以该会顾问的资格，于十一月九日由美动身，再来中国调查各方面的局势。凡仍记得蒲氏上次来华情形的人，大概都能逆料，蒲氏再度的奉命调查，必将在信赖美援人士的心中引起许多幻想，也必将在反对美援人士的心中引起许多恶感，正反两面大概都将在言词上甚至行动上有不少的表示。本刊以美援问题为起发点，已屡次论到美国的对华政策，惟一的目的就是希望每一个中国人都能头脑冷静的站在中国人的立场去了解整个的美国对华政策，希望惯于幻想的人少作幻想，幻想是无济于事的，希望惯于愤怒的人减少愤怒，愤怒也是同样的无济于事的，幻想与愤怒并且都同样的会发生一个最恶劣的影响，就是削弱理智的活动能力。

本刊关于美国的对华政策所谈已经够多，现在不拟再有所赘述。但因不愿再见国人消费许多冤枉精神，我们只用最简单的几句话说出根本的道理。"分而治之"是大对小，强对弱，从古至今不移之理。"治"是目的，绝不会有所改变。"分"是手段，运用之妙，在乎一心，时常可以有所变化。如果"分"的程度还未达到强大者所需要的地步，他仍会用种种方法使"分"的程度加深的。如果"分"的程度已足，他可暂时不再有所策动。如果因策动过度，或因意外的发展，而"分"的程度已超过最洽当的标准，强大者会施展神通，使"分"的程度减轻。任何可能的行动，都是以强大者的利益为出发点，弱者的喜、忧、愤或任何的表示，都不足以影响强大者的政策。他不要援助时，你全国向他磕头，他仍是不睬。他要援助时，你全国向他指骂，他仍会把援助品送上门来的。就今日的情形而言，"治"的目标当然不会改变，但"分"的运用可能已到稍改作风的时候。但我们如果认识，一切可能的改变都仅是作风的改变，而不是目标的改变，我们对于任何的改变就不必喜，不必忧，不必怒，不必动任何的感情。一个自己不争气的人没有资格喜，一个自己没有办法的人没有资格忧，一个自无主见而对他人的动作乱发脾气的人，简直是可怜。中国弱不要紧，穷不要紧，乱也不要紧，但中国人对于自己的国家总当保有最低限度的自尊心，任何以他人之喜怒而决定自己的立场的行为，都是要不得的！不知自尊而求别人尊重，那是人世所必无之理。

大选时如果共和党获胜，蒲立德氏将是两三位可能被派为驻华大使的人物中之一位。到那时，我们大概可以不再听到外国大使号召驻在国自由份子奋起的奇异呼声；但我们如果仍是不能叫人相信我们是一个有自尊心的民族，谁都难保将来不会有另种方式的奇异现象发生，令人同样的有啼笑皆非之感。

最后一句话：盼望大家多一番经验，长一番见识，任何方面千万都不要再演上次那些令人欲哭无泪的怪剧！

（原载：北平《周论》第 2 卷第 17 期，1948年 11 月 5 日。）

可注意的美国未来发展
（1948）

　　无论在美国国内，或在世界各国，美国大选的结果都使许多人感到惊异。这种惊异，是由于美国内部的报纸、杂志、广播电台、民意测验机关，都异口同声的预测杜鲁门一定失败，杜威一定入主白宫。美国以外的人很自然的相信如此一致的推测，必有其确定不移的根据。现在事实推翻了一切的预测，不仅杜鲁门个人获胜，国会上下两院的选举与各州州长的选举中，民主党也都占上风，今后几年的美国几将成为清一色的民主党天下，这如何能不令心理上没有准备的许多外国人士感到惶惑？

　　但我们如果不太善忘，还能记得，当一九四四年罗斯福四度竞选的时候，美国的言论机关与民意测验机关也曾预料，罗氏与杜威二人竞选相差的距离甚近，因之最后的结果或须迟至数日或数周之后方能揭晓，当时仍然散布全世的军人投票可能要发生决定的作用，票数的计算因之更将稽延。然而事实完全出乎意料，罗斯福竟以压倒的优势立即获胜，海外军队的投票成了不必考虑的一个因素。此次又发生了同类的情形，一连两次发生如此重大的判断上的错误，我们只能有两种可能的结论：或仅是判断的错误，或是有意的宣传攻势。如为纯粹的判断错误，那将证明美国言论机关的愚昧与无能，没有资格代表人民或代表任何方面。如为有所作为的故意错误，那将证明多数的美国重要言论机关必定是只代表一方面的利益，在教育发达知识程度较高的一个国家而报纸错误无能，很难令人置信。惟一可能的结论，就是言论机关是有所为的在替一方面宣传。民主共和两党虽都不能与资本绝缘，但大体上说，共和党比较接近雄厚的资本势力，民主党尚能比较的注意到劳工以及一般人民的利益。十六年来实行新政的民主党，其新政无论已经如何的冲淡，但仍为资本势力所憎恶，仍为劳工势力及普通民众所拥护。前后四年间，大部操在资本势力手中的言论机关，一连两次故意的，最少是半有意半无意的，对美国全国发动宣传攻势：第一次因罗斯福的号召力大，不敢说他一定要失败，而说他要与对方胜负难分；此次对人格比较平庸的杜鲁门则可不留余地的说他落选无疑。两次都是希望选民接受暗示，不必把票投给一个不定能够成功的候选人，甚至是一个注定要失败的候选人。但此计两次都未得售，证明宣传的作用是有限度的。

以上的推论如果正确，美国内部未来的可能发展颇值得我们一加研究。共和党背后的支持者对于两次的失败可以甘心，可以不甘心。若果甘心，共和党就要改组，甚或变质，变到不再是第二大党的程度，或者虽仍勉居第二位而长久不得执政，只能安于主要反对党的地位。果然如此，民主党就可能旧话重提的再大规模施行新政，有似今日英国工党政府的实行温和渐进的社会主义。过去一百年来，英美两国的政治发展，在根本上大致相同，只是美国往往略慢一步，所以五年十年之后的美国呈显今日英国的政治景象，是有可能的。反之，如果背后主持人不甘心，共和党可能要发生另一种变质，变为更极端，更"死硬"，甚至要采取较宣传攻势尤为激烈的手段，以求达到目的。若真有那一天，其情景将难以想像，最少美国将不再是今日的美国，连今日不能尽满人意的民主制度恐怕也将难以维持，无论表面的名义如何，实质上或将不免染上一些极权的色彩，已够黑暗的世局将更加深一层黑暗。然乎，否乎？只有待未来证明。我们希望我们的推断完全是错误的！

（原载：北平《周论》第 2 卷第 18 期，1948年 11 月 12 日。）

美国大选后的世界
（1948）

　　自本年六月间美国两大政党召开党员代表大会，推定总统及副总统候选人，前后五个月的功夫，各国人士对于美国大选进展的注意，对其可能结果的关心，有时几乎超过各自对于本国内政的注意与关心。十一月二三两日间，世间只要是有收音机的人，恐怕无不收听美国大选票数积累的消息。及至三日下午（美国时间）杜鲁门竞选胜利的消息最后证实后，恐怕全世每一个对时事有兴趣的人都不能完全无动于衷：有的忧，有的喜，有的称庆，有的暗骂，也几乎没有一个不感到惊讶。五个月来，举世似乎已不约而同的认为民主党一定下台，共和党在清闲了十六年之后一定可以回掌白宫。现在事实竟推翻了所有人的预测，对于把希望与计划建设在预测结果之上的人，安能不是一个大的打击？对于盼望杜鲁门留任而认为杜氏不幸已经无望的人，安能不是一个强烈的兴奋剂？美国为祸为福的力量如此之大，举世的关心也就很易了解；至于世人对此的喜怒好恶之情的表现，却大部有自寻烦恼之嫌，不可不办。

　　例如无论杜威本人或国会中的共和党议员，都有比较明显的不满于苏联的表示；反之，当权的民主党则大体对于苏联尚知小心应付，于是惟恐天下不乱的人就希望杜威当选，以便第三次大战早日爆发，恐惧战争的人也就自然的希望杜威失败。实际上一个上轨道的强大国家，其战争与和平的政策是决定于国家的利益、已有的实力、军部的计划、国际的情报诸因素，何人何党主持国政反倒是次要又次要的事。并且一党竞选时无论表示求战或表示望和，都不足为凭。在三十二年前的一九一六年，欧洲第一次大战爆发已经两年，威尔逊在二度竞选中的一个主要口号就是"美国继续处于战团之外"。但竞选获胜后，立即暗中布置参战，次年春也就正式向德国宣战。这是过去口中望和而实际求战的一例。反之，我们也可以想像，如果条件没有成熟，一个满口火药气味的政党，在登台之后也可为事实所迫而成为和平的爱护者。世界和战的前途，固然无人敢过度武断的作任何预测；但最少有一点却可肯定的，就是和战的可能是与杜鲁门或杜威当政没有多大关系的，世界各国好战的份子与反战的份子将来都需要修改他们的想法。

再如对西欧，对希腊，对巴力斯坦等地的政策，都已根据美国利益的考虑而推行了已经三年，即或新党上台，也不会多有更张。反之，如果局势改变，需要重作考虑，即或是旧党继续主政，它也是要改变政策的。我们并不否认"人"的因素，但我们必须指明，一个国家愈上轨道，其政策的推行，尤其对外政策的推行，愈与"人"的因素无关。只有在一个完全脱离正轨的国家，"人"的因素才能决定一切！

在关心美国大选的各国中，恐怕以我们中国最为认真：希望杜威当选的人，好似认为杜威只要当选，中国马上就头头是道；恐惧杜威当选的人，好似相信杜威一旦当选，立刻就要使中国发生翻天覆地的变化。这都未免过度天真，过度可怜；一百年的国际训练，仍未能叫我们比较有知识的人，甚至是决定国策的人，认识国际政治的基本道理。此次我们天真的态度与尤其天真的行为的表现，只有更加深别人对我们的轻蔑与鄙视，过去对于我们的玩弄已难忍受，今后恐怕更将呼挥随意，予取予求，求再受过去尚有分寸的玩弄而不可得！

但人一日未死，总可学习；国一日未亡，也应当可以学习。盼望大家今后多少要打起一点自立自主与自尊自重的精神，在国际间学习作人。

（原载：北平《周论》第 2 卷第 18 期，1948 年 11 月 12 日。）

盎格罗萨克逊联合国在形成中
（1948）

据本月十日伦敦传来的消息，直布罗陀（西班牙南岸英港）、普兹穆斯（英伦南岸）、斯加巴佛罗（苏革兰北部）三地，即将为英美加三国大西洋与地中海舰队的联合海军基地，此一计划并将于明年初拟议中的北大西洋七国安全公约签字后立即实行。按直布罗陀与西地中海的英属马尔太岛及法国南岸的土伦港相连，普兹穆斯与法国北部的布勒斯特、圣那最尔及罗利翁等地相连，斯加巴佛罗为不列颠本部距北极圈最近的大海港。英美加海军在三港的联合如一，将使三国的海军完全控制北海、北极圈外的水面、北大西洋及地中海。上述三港均有大型军舰的修理设备，为理想的大海军港。另讯，美国并可能请求英国将英国境内的海军基地一处完全交与美国舰队使用，由其自由处理。美国国防部长福莱斯特尔已于十日抵巴黎，日内将转伦敦，商讨军事基地的整个问题。

英美之间的关系，若作长期的历史透视，可说是先合、后分、最后再合的三部曲。北美仍为英国殖民地的时期，尚无所谓美国，那可称为原始的合一时期。自一七七六年十三州发动独立战争，战争成功而独立的美国出现，这是由合而分的过程。此后又经过一度一八一二至一八一四年间的英美战争，直至一八二三年美国宣布门罗主义，这个分的过程才开始结束。门罗主义是在英国的同意与赞助之下宣布的，宣布后的实际施行也靠英国海军的支持，否则仍然弱小的美国是无力推行这个志向远大的政策的。一八二三年以下的英美，发展到了第三段，就是分而复合的阶段。这个阶段又可自分三期。第一期为一八二三到第一次大战，此期的英美合作以英国为主，美国仍是小弟弟。第二期为两次大战的中间时期，英美的力量与地位已经平衡。第三期是我们所特别要提出来请大家注意的，就是第二次大战以至今日，而仍在继续发展的一个段落。此期英美的地位整个掉换，正如英国人今日时常半慨叹半好玩的所说："英国终久要成为美国的第四十九州"。将来成否第四十九州，不必管它，但今日英国人民的根本生存，一部要靠美国维持，大英帝国已大部由美国接收，英国现有的实力已不能再对这个太阳不落的大帝国负责，中东、近东、地中海、大西洋四区的英国权益，现在都已全部或大部的在美国控制之下。最近在东西对立的刺激之下，英美与两国间最大联系力的加拿大又要以联合海军的方式控制北极圈至地中海的广大世界。英美今日的关系，已密切到欲分无从的程度。这个发展尚未到尽头，将来必还有我们今日不易想像的情形出现。

过去的大英帝国，其主要的部分最后发展成为以英伦为中心的许多平等独立国家合作的一个不列颠联合国。今日美国等于无形中参加了这个联合国，但参加的方式很特别，真所谓后来居上，靠着它雄厚的人力物力，一加入团体，立刻执其牛耳。就趋势讲，我们可以说，一个盎格罗萨克逊联合国在我们眼前正在形成之中。

（原载：北平《周论》第 2 卷第 19 期，1948 年 11 月 19 日。）

人生的境界（一）
——释大我
（1948）

　　大我小我本是佛家语，今日用为普通的哲学名词，把个人看为宇宙的缩影，个人就是小我，把宇宙看为个人扩形，宇宙就是大我。我们现在谈大我，就是由人类的立场来看宇宙。这本是古今哲学家谈了几千年的问题，本文不敢自谓能有新见，不过是根据我们今日所有的知识作一个常识的探讨而已。

　　宇宙一词在今日普通是指物质世界的总体而言，但原来此词含意较广："上下四方为宇，古往今来为宙。"宇宙为空间与时间无限连续之意，有机动性，与最近西方的"时空"观念相同。宇，空间，整个的太空，是天文学的领域。宙，时间，有机的发展，是历史学的领域。这两者当然是分不开的，是同一现象的两方面，但为人心思维的便利，两者可分别观察。在空间，在物质方面，是因果的世界，大至天象，小至落叶，无不有前因，无不有后果，无不与整个连续不断的太空息息相关，没有任何的一事一物能够真正消灭，大小的一切都在六合之中永留痕迹。太空是没有意识，没有明显目的，而永远堆积不已的一本大账簿，没有一分一毫的遗漏。在时间，在心灵方面，是意志的世界，高至人类，低至变形虫，无不有与生俱来的欲望，无不有追求不已的目的，鞠躬尽瘁，死而后已，至死而仍有信仰与希望。空间是一笔大账，一个无穷的记忆；时间是一出戏剧，一个无穷的希望。太空与心灵，尤其是人心，是古今哲人所永不能解的两个大谜。康德有一句名言："有两种现象，使人愈想愈发生敬生畏，就是头上的星天与心内的良知。"讲到最后，星天、良知是人类一切思维的对象。

　　星天之大，大而无外，超乎人心所能想像的范围。人眼所能见的星球，不过几千。但实际专就我们直接的星天而言，就是所谓天河，星河，或银河，其中的星辰就有一千万万，整个银河之大，难以道里计。光的速度为每秒钟十万八千英里，须要十万年方能穿过银河。这就是天文学上所谓十万光年的距离。但银河只是"我们自家"的六合，此外天文学家已经清楚发现的尚有三万星河，天文学家知道存在的有十万星河，推定存在的有十万万星河。这十万万星河，平均各有星二百万万，合共有星为"二"后面加写十九个"零"的数目！这就是我们今日所知的世界，是最富于幻想的印度人的"大千世界"也望尘莫及的一种洋洋大观。然而这个推知的世界恐怕绝不代表全部太空。全部的太空究竟有穷或无穷？若说无穷，这根本是人心所不能想像的玄奥。若说有穷，到底大过我们今日所知的多少倍？任何人都可随便猜想，没有人敢下断语。若有穷，既穷之后又为如何的境界？有穷似乎又变为无穷了！并且星球还非太空的惟一天体，星球之外尚有许多残碎的物体、沙粒与气体，好似是制造星球后所剩的残余废料。但废料却非常丰，专就我们的天河而言，其中的废料就足再制一千万万星球之需，可使我们星球的数目加倍！

太空的形相原为浓厚的热气，云雾弥天，实际为无量数的原子运动不已。弥天的云雾澎涨分裂为云块。云块缩为圆球。因中心吸力的关系，圆球缩小，成为星宿。星宿经过相当的时期之后，冷酷死亡，孤悬太空。今日的六合之中，以上的各种程序都同时存在：气体、气体成星、星宿死亡。我们依这万万千千星宿中的一个为生，就是我们的太阳。像太阳这样不太大也不太小的一个星宿，寿命约为一百二十万万年，至今它大概只出生了二十或三十万万年，前途尚有九十或一百万万年，人类短期间尚不致无依无靠！我们与一切的有生之物，直接寄托在太阳的一个行星之上，我们除了确知地球上有生物外，太空中任何其他的角落是否尚有生命，我们完全不知。据今日所知，只有附于一个恒星的行星之上，方能有生命。但太空的星辰，绝大多数是孤星，没有成为太阳系。依概然律推算，在这极少数的太阳系中，又是极少数演化出有生之物。在这极少数赋有生物的行星中，又只有极少数演出有似人类的高等灵物。在无限的太空之中，地球虽不见得是惟一的有生天体，但可能是惟一产生了像人类这种彻底摸索的动物的一个天体。反之，当然也可能在我们的银河中，或另外的银河中，尚有更高于人类的灵物存在，对于宇宙六合的了解力远在我们之上。

若由上面的观点设想，整个的人类虽有二十万万之数，但全人类与每个人在太空中是同样的孤单，同样的渺小，同样的进退失据。英国从前有一个故事，比人类于一个孤岛，比世界为狂风暴雨的严冬，比人生为冬野中孤立的一间温室。鸟在冬夜飞行，忽然穿窗户开放的温室而过，刹那的光明温暖后，就又返回冷酷黑暗的世界。以宇宙为起发点，我们绝难断定人类由何而来，往何处去，有否使命，有否归宿。这是使许多神经灵敏的人感到无穷痛苦的一个大谜。地球与太阳大概同时产生，至今已有二十或三十万万年。过去的时间，大半无生命可言，最低的生物大概是三万万年前才有的。至于初有人类，为时更晚，不过是三十万至五十万年前的事。然而那种所谓人类，并不是我们今日人类的祖先，所谓爪哇猿人、北京原人、海德堡原人等等，以及许多可能今日尚未发现遗迹的古人类，都是今日早已消灭的许多各自不同的物种。至于今日人类的成形，只是两万年以前的事，可能尤晚。假如生命有目的，先前的各种人类似乎代表屡次失败的尝试。最后一次的试验就是我们，此次是否成功，只有未来的人类或更高的动物能够判断。

以短促不过一两万年的人生，处在太空一粟的地球之上，而与寿命不可思议的全部六合相较，人类的渺小真是小无可小的。为达到伦理的目的，为培植谦德，这种看法也未可厚非。但反过来讲，这种看法也可说是极不正当的。有生以前的一切，所代表的只是简单的存在，机械的因果，一笔无特殊意义可言的旧账。生命，尤其人类生命，尤其最近一两万年的人类生命，所代表的是复杂的意志，无穷的希望，无限的追求，整个是有意义的。时空无限的宇宙能有意义，那个意义是人类给它的，否则宇宙只是狂风暴雨的黑暗严冬而已。无再高的意义可言。人之所以为人，就是因为他知道自己为动物。其他的动物都无此种知觉，所以永为动物。人类是动物而又超动物，所以为人。由六合而观有生之物，任何有生之物无不渺小。但其他动物都不自知渺小，所以真正渺小，只有人类感到自己渺小，所以伟大。也正因如此，所以人类在一切的有生之物中是惟一有精神上的痛苦与悲哀的。人类力量有限而知识甚高，欲望无穷。小不足道的地球诚然不能满足人类的欲望，但无边的太空又何尝能使人类满意？宇宙尽管大，但人类所希望的，所追求的，较宇宙尤大。他上知天文，下知地理，中知人事，希望由天文、地理与人事历史之中找到一个使他心满意足的答案。但两万年来答案虽然很多，却没有一个能使他满意。上下四方古往今来的一切，都在人的方寸之中，这一切赋有意义，也就是因为经过了方寸的融化，这就是理学家所谓"宇宙即是吾心，吾心即是宇宙"的道理。人类总想在方寸所造的宇宙中求解脱，求出路。人类对于比较不切实用的天文学与历史学发生浓厚的兴趣，最后的原因在此，这两者是对空间与时间要追问到尽头的学问。追问后所得的解脱与出路，各代不同，但至今尚无一个令人长久满意的解脱方法或最后出路。

人类的无穷追求，是否自欺，是否永无达到目标的希望，是否无最后的意义可言？今日的人类，用今日所赋有的理智，对于这个问题恐怕是永无得到可靠答案的可能的。我们如果设身处地，想像一个变形虫的世界，即或假定它有理智，它的世界的简单与渺小，也几乎是我们所难以想像的。再往高处讲，我们试想犬马的世界，它们的世界与人类的世界已有一部的交错点。我们所见的天象，它们或者有时也能看见一部，但印象必非常模糊。地面上的一切，人类所见的它们也都能见，但对它们大概只代表饮食、阻碍与不相干的触眼物而已。连最初所有的几种原始人类，他们的世界恐怕也比犬马的世界扩大或复杂不了许多。至于今日人类的复杂世界，不只是变形虫与犬马所不能了解，连爪哇人与北京人也不能梦想。同时，我们也可想像较远人类世界为复杂的心境，不是今日人类所能理解的。生命既是宇宙而生，必与宇宙有密切的关系，虽然我们今日无从知道关系何在。看到这一层高于一层的心界，我们如果勉强下一个肯定的猜想，宇宙中大概有不知是一个如何的力量，要自知自觉，要观察自己，要了解自己。生命就是此种力量的表面化。经过种种的试验与逐步的前进，最少在太空的一个角落里有了我们这样的人类，代表一种相当高的自觉力与自知力，人类的一切快乐与痛苦也就由此而来。但人类是否代表自觉生命的最高表现？想到生命史的长久，想到我们降世的短促，使我们难有理由相信地球上将来不会再有高于人类的动物出现，或宇宙的其他角落里没有高于人类的灵物已经出现。这些将来可能会有或他处可能已有的有生之物，对于宇宙人生的了解力必在我们之上，他们的"大我"必更伟大，更清楚。我们不能想像他们方寸之中的世界，正如犬马不能想像我们方寸之中的世界一样。这当然是猜想，甚至是幻想。但人类在今日地球之上是惟一赋有幻想能力的动物，我们为何不可尽量发展我们的幻想？

是幻想，也可说并非完全是幻想。所有的人大概都有一种经验，就是在大体平常的生活过程中，有时忽然有超过普通人生之感。因生命中过度可悲、过度可喜或过度奇异的遭遇，使日常的人生丧失意义，而有一种超脱一切又明了一切的感觉。伟大的诗品，不朽的艺术，超绝的音乐，都是此种心境下的产物。诗人与艺人是常在此种心境下生活的人，他们的作品能感动我们，也就是为此原因。一般人此种一纵即逝的心境，是生活中最浓厚的段落，只有在此种段落中我们才有超尘之感，好似与宇宙化而为一，明白了宇宙最后的真理。然而此种心境最浓厚最深刻的，是宗教家。所谓宗教家，不是烧香拜佛或作礼拜的宗教信徒，他们不过是利用与误解宗教家的发现而已。真正的宗教家是人类历史上少数的创教圣者，如耶稣、释迦、庄周之类。他们都是生于此世而又超过此世的非常人物。他们并非厌世，而是看此世为无关宏旨，宇宙间另有高尚道理的所在。南北朝隋唐的佛教盛期，中国有许多释子能有此感。禅定修行，不起知情意的作用，一时杂念完全消失，倏然之间一片光明，内不见身心，外不见世界，见山不是山，见水不是水，但见道心，不见外物，最后达到无碍自在，不生不灭的永恒境界，与宇宙化一，明了宇宙人生的一切。这个境界可以意会，不可言传，释家称它为顿悟，为成佛。战国时代的道家也有同样的说法，称为天乐。基督教称此为神化，为与神合一。凡是有此种经验的人，一切怀疑全部消逝，自信已知最后的真理。我们这些无此经验的庸人，若平心静气去观察，对这少数特殊人士的经验当如何看法？无聊的讥笑不必，全部的接受不能，最好是看它为宇宙之中自我表现力可能高于今日的预示。今日的人类绝不代表最高可能的知力与觉力。或进步不已的今日人类，或高于人类的新的灵物，对于宇宙必有大于我们的了解，终有一天有物能彻底明了宇宙，与宇宙化一，小我真正成了大我，大我就是小我。

（原载：北平《周论》第 2 卷第 19 期，1948年 11 月 19 日。）

雷海宗年谱简编

1902 年　0 岁
出生于河北省永清县，父亲是当地基督教中华圣公会牧师。

1910 年　8 岁
入蒙学堂读书。

1917 年　15 岁
入北京崇德中学。

1919 年　17 岁
入清华学校高等科学习。

1922 年　20 岁
从清华学校毕业，获得公费赴美留学资格。
9 月，入芝加哥大学历史学系，主修历史，副科学习哲学。

1924 年　22 岁
9 月，入芝加哥大学研究院历史学研究所攻读博士学位，导师是詹姆斯·汤普逊教授。

1927 年　25 岁
6 月，以《杜尔阁的政治思想》为题的博士学位论文通过答辩，获得哲学博士学位。同年归国。

8月，入中央大学历史学系任教，为副教授。

1929 年　27 岁

任中央大学历史学系主任。同时应邀为金陵女子大学兼课。

开始为《时事月报》撰写有关国际局势动态的文章，翻译英美学者史学文章，撰写书评推介史学名著。

1930 年　28 岁

与张景莳结婚。

1931 年　29 岁

生一女，名崇立。

受聘金陵女子大学中国文化研究所研究员。

9月，辞去中央大学历史学系教职，入武汉大学，为史学系与哲学教育系合聘教授。讲授欧洲通史和中国哲学史课程。

在武汉大学《文哲季刊》第 2 卷第 1 号发表《殷周年代考》一文，引起广泛关注。该文考证盘庚迁殷为公元前 1300 年、周室元年为公元前 1027 年的记载是可靠的。这一论断至今渐成学界共识，著名史学家何炳棣认为，应称之为"雷海宗的年代"。

1932 年　30 岁

7月，辞去武汉大学教职。

9月，进入清华大学任教，为历史学系教授。讲授中国通史、中国上古史、西洋史、史学方法等课程。

1934 年　32 岁

10月，在《清华学报》第 9 卷第 4 期发表《皇帝制度之成立》一文。

1935 年　33 岁

10月，在清华大学《社会科学》第 1 卷第 1 期发表《中国的兵》一文。

1936 年 34 岁

7 月，在清华大学《社会科学》第 1 卷第 4 期发表《无兵的文化》一文，初步形成其对中国文化结构的批判性认识体系，是"中国封建社会长期停滞"学说较早提出者之一。

10 月，在清华大学《社会科学》第 2 卷第 1 期发表《断代问题与中国历史的分期》一文，提出了具争议的"中国文化二周说"，并与世界文化发展分期进行了综合比较，在理论方法上受斯宾格勒（Oswald Spengler）"文化形态史观"的影响明显。

1937 年 35 岁

抗战爆发。随校迁往长沙，11 月，任长沙临时大学历史学系教授，并就任"临大"历史社会学系教授会主席。

1938 年 36 岁

5 月，任新成立的国立西南联合大学历史学系教授、系主任。

同年，与林同济参与由钱端升主持的《今日评论》的编辑工作。与陈雪屏轮流主编《当代评论》杂志。

1940 年 38 岁

2 月，整理旧作编成《中国文化与中国的兵》出版（商务印书馆）。此书分为上下两编，上编侧重对中国文化的批判及展望，下编则是雷海宗对于中日战争在中国文化发展史、中国近现代历史上举足轻重地位的分析，集中体现了雷海宗所借鉴"文化形态史观"的独特理论方法、"中国文化二周论"的文化思想及敏锐的社会批判意识，是其作为"战国策"派核心人物的代表作品。

4 月，与云南大学林同济教授等共同创办《战国策》杂志。

1941 年 39 岁

7 月，因"空袭频仍，印刷迟缓，物价高涨"等因，出刊 17 期的《战国策》宣告停刊。雷海宗在该刊上先后发表了《张伯伦与楚怀王》、《历史警觉性的时限》、《中外的春秋时代》等文章。

12 月 3 日始，雷海宗等人与大公报社商定开设的"战国副刊"出刊。

1942 年　40 岁

春天，应林同济邀请，雷海宗赴云南大学讲演历史周期论。

7 月，在重庆《大公报》上开辟的"战国副刊"，出刊 31 期后结束。雷海宗在此先后发表了《战国时代的怨女旷夫》、《历史的形态——文化历程的讨论》、《三个文化体系的形态——埃及·希腊罗马·欧西》、《独具二周的中国文化——形态史学的看法》等文章，雷氏依文化形态史观提出，文化发展可以分为封建时代、贵族国家时代、帝国主义时代、大一统时代和政治破裂与文化灭亡的末世等五个阶段。世界上如埃及、印度等多种文化依此分析均告灭亡，中国文化则因外来文化因子的融入而获得新生并进入第二个发展周期。

1943 年　41 岁

1 月，经姚从吾、王信忠介绍，加入国民党。

美国洛克菲勒基金会邀请雷海宗赴美研修，雷海宗以"学校正在最为困难时期，自己不宜出国"为由拒绝。

西南联大和战地服务团成立昆明译员训练班，共 9 期，雷海宗无偿为其授课，直至 1945 年 8 月抗战结束。

1944 年　42 岁

1 月，出任国民党西南联大区分部执委。

1946 年　44 岁

2 月，参加在重庆举行的"反苏大游行"。

3 月，蒋介石视察昆明，雷海宗与姚从吾等 7 位西南联大党部委员受到召见。雷海宗直言物价通胀，建议增加学生公费。

5 月，与林同济合著的《文化形态史观》出版（上海：大东书局），收录了雷海宗在《战国策》杂志和《大公报》"战国副刊"上发表的 4 篇论文。

6 月，随清华大学复校回北平。

7 月，闻一多遇害。雷海宗任"丧葬抚恤委员会"委员。

8 月，清华大学在北平复校。任清华大学历史学系教授、主任，代理文学院院长。

1947 年　45 岁

在北平为独立时论社撰稿。

1948 年　46 岁

1 月，受国民党北平市党部主任吴铸人之托，主编《周论》杂志。

年初，入选中央研究院院士初选名单。

年中，列入国民政府"挽救北方学人"计划名单。

11 月，主编的《周论》停刊。

12 月，拒绝国民政府南下台湾的邀请。

1949 年　47 岁

9 月，辞去清华大学历史学系主任职务。

1950 年　48 岁

春季，到北京郊区参加土地改革运动，并提交《参加土改总结与一年学习总结》和《我的思想转变》两篇参加土改运动及学习的总结汇报。《光明日报》分别在 3 月 29—30 日刊出。

3 月，办理反动党团分子登记，随后被宣布为管制对象。

1951 年　49 岁

3 月，赴西北地区参观土地改革运动。

4 月，北京市公安局宣布对其解除管制。

1952 年　50 岁

3 月 1 日，思想检讨经群体大会讨论通过。

1953 年　51 岁

出任《历史教学》编委。

1956 年　54 岁

加入九三学社。

在全国率先开设"物质文明史"课程。

受教育部委托，编写出《世界上古史讲义》。

1957 年　55 岁

4 月，在天津市委工作会议及《人民日报》召开的座谈会上，认为"马克思主义在 1895 年恩格斯逝世后即停滞了发展"。（详见《天津日报》，1957 年 5 月 22—23 日。）

6 月 22 日，在天津市史学会讲演"关于世界史的分期问题"时，提出人类历史发展中没有奴隶制度这一社会发展阶段。后被批判为"反对马列主义社会发展的基本规律"。（详见《人民日报》，1957 年 6 月 5 日。）

夏，在天津市反右大会后，被补划为"右派分子"。停止一切教学与科研活动。精神遭受打击，开始便血。

秋，开始翻译斯宾格勒的《西方的没落》部分章节。

1958 年　56 岁

3 月，中共南开大学党委、整风办公室确认，雷海宗的问题"按右派予以结论"。在待遇上保留教授职务，由二级降至五级，撤销其一切职务。

1960 年　58 岁

经检查，患有慢性肾炎。

1961 年　59 岁

年末，被摘除"右派分子"帽子。

1962 年　60 岁

3 月，抱病重上讲堂，讲授外国史学名著选读、外国史学史两门课程。

12 月 16 日，因尿毒症发作，送医院抢救。

12 月 25 日，因尿毒症及心力衰竭等因，病逝于天津。

林同济卷

《日本对东三省之铁路侵略：
东北之死机》序言
（1930）

自华盛顿会议以来，日本对华政策愈集中于满蒙。而其对外宣传方针亦另开新方向：（一）解释日本在东三省之一切经营及其目的，全属经济性质，毫无政治意义。（二）夸张东三省二十余年之经济展进，全借日本之努力；而满铁会社之功绩尤为独一无二。其宣传之地域，则以美国为中心。其宣传之方法，则或用个人的名义向各方作非正式的谈述，或由团体的活动向大众卖大批的蛊惑。但其最有功效的办法，却为管辖国际新闻与雇用美国宣传家。《远东时报》（*Far Eastern Review*）之武利（G. B. Rea）、满铁会社涉外课之钦尼（W. K. Kinney），皆为虎作伥的美国人中之彰彰较著者也。就作者本人所知，其中钦尼诸人，除正式发表文章讴歌日人功德之外，尚时时非正式向美国各界要人暗送"通讯"，衬映着政治的宣传，近来日本且有所谓"文化演讲员"者分赴驻美各领事馆，划区而游说。

一方否认其政治的野心，一方铺张其物质的建设，日本数千年来对一般商业化的美国心理可算是舞弄尽致。谓日本为满蒙之肥料，谓日人为满蒙物质进化之原动力、指导者。每有一书出世，便是团团统计，色色画图，极辉煌灿烂之大观，一若我们二千八百万同胞之血汗农功，我们东三省之一切工商业建设，皆借日人擎天之手而告成。在此巧宣传之积压力下，我们现显看出近来美国之舆论界与实业家，最少对东三省问题，渐趋入"亲日"之方向。两年前纽约银行家暗中分担满铁会社借款一事，虽说是资本盈溢下暂求宣泄之举，然以视当年议筑锦瑷路时眈眈欲扑的美金圆，已显是前倨后卑之表示。在现时东三省之国际逐鹿场，英美两国已渐由落后者变为旁观人。此后长途的奋斗，更是中国单骑苦抵日俄两国之夹攻！

本文自政治方面，叙述并分析日本二十余年来在东三省之铁路经营。我们益见得，日本所谓经济活动乃步步与政治活动相寻，而其实经济活动即是政治活动之本身。现时日本所巧号为"开发满蒙"即是明治"灭亡满蒙"之别名，更是昭和"灭亡满蒙"之最新毒手段。铁路经营仅为"开发满蒙"之一面。本文只就此一面揭出个中之政治把戏。对日本侵略东三省之全体观，末章略为总论。至于俄国对东三省之剥夺史，本文因范围之限制，一概从略。同丘之貉，本是相生相成。对此种日俄在东三省之根本关系，读者不可须臾忘！

一因田中积极政策之推行，二因中东路所引起之中俄纠纷，东三省问题已惹全国之注意。最近在日本西京太平洋国交会议中，该问题乃成为讨论之中心。事关东亚和平，尤关我国生死。其情势之严重，正是与时俱长。日俄的洪水奔来，日高千丈；飘荡欲淹的中国，有如逆流行舟，不进则退。穷究到底，我们若求保东北河山，最后胜利，绝不在空腔的呐喊，亦不在外交的争执，乃全在实际的努力与真相的创造。数十年来内讧外患之国家，生气销磨殆尽；对四疆屏障，几漠不关心。而所恃以壮我边色，固我主权者，乃在数十百万无衣无食、号哭出关之灾民！此最可值我青年们深思之一点。

本文对编年一层，采用民国纪元为单位。对民国以前之年时，则以"民前"两字为识。编年之用意本在表示历史上"时间的距离性"。袭用前代帝王年号，不免杂乱无章。采用耶教西历，又觉彼此背景不同。现时国内各机关各团体之文书案牍，既尽用民国纪元；则按民国纪元推算，似为最当。此外，中国地名亦是时时改变。本文务求采用现行名称。但于直接称述他书或抄录公文之处，则概依原文。五花八门的中国地名、人名与编年例，实在有统一化之必要。想此是中国出版界之同感。

作者因环境关系，未能得国内"直接的史料"。本文内容大半根据英文各书籍。缺误之处，在所不免。惟读者改正之。东三省研究，在日俄两国已是无微不至，在我国却尚着手未遑。此后，除参校各国书籍外，我们当筹备"自家的资料"。实地之调查，事实之统计，前程漠漠，大有待于青年们之努力。时已晚，危机已迫；我们不可不兼程急趋。本文寥寥几章，只当作一封告急书也可！十余年来我们青年揉作一团，死傍着黄河长江两畔，过其拥挤倾轧的生活。毫不知环绕长城以外，东西横亘，还有两倍于十八省的江山。中原灾民，今已先驱往矣！大中华生命已点缀遍白山黑水之间。而同时在天山南北之新疆，亦开始见新文明之创造。我们落后者，绝不容再事踌躇，徘徊路左！

民国十九年三月三日，林同济自序于美国里佛尼亚大学。

（原收入：《日本对东三省之铁路侵略：东北之死机》，上海华通书局 1930 年版。）

边疆问题与历史教育
（1934）

说起来是"九一八"后，大家都注意边疆问题了！

但是吴晗君的《中学历史教育》一文（《独立评论》一一五号）给我们一个惊人的消息：投考清华大学的四千中学生里，能答出"九一八"国难是发生于民国几年者还够不上半数！

我记得两年前在美国，曾听过日本新渡户博士演讲。他便是欧美人士所推许为"日本的胡适"那一位著名的学者。他对美国听众说："中国一般人就不把满洲当作中国土地看。你们美国人对这次满洲事变，却真比中国人还关心。其实你们可以用不着大惊小怪。中国人本身就不见得真心的惊惶。我两月前曾经冒昧发出预言，谓在两年内中国必定要向日本和好如初。可是我今天也改换主张了。我今天以为两年的工夫太长了。只须六个月，中国就会与日本携手！"我当时听下，大愤此君欺人太甚。中国人虽是素以"五分钟热度的民族"腾名天下，但亦何至无耻健忘，如新渡户所言！

然而后来事实证明了。新渡户不幸言中了！对我们"官家"的行动，此刻暂且不论。请根本上看"民间"的事实。两年来买日货者是增加一两倍了！问以"九一八"，就是那莘莘学子，也瞠目相视，不知其岁月了！嗟乎新渡户，知我者深！

说来也怪极了！中国人记忆力之强，是世界闻名的。我们背诵"诗云"、"子曰"的本领，早为洋人所拜倒。我们士大夫和太太们打了通夜的麻雀牌，一星期后还可以记着一五一十的牌张，彼此用"心算法"津津的讨论。何以一到了"边疆失土"、"国难"、"仇货"……便立刻"言下忘记"呢？

我看中国人恐怕还不是忘记了什么"边疆失土"了。他们脑海里，就"压根的"没有边疆之一物。本来就"没有"边疆，边疆何从"失"？本来就"没记过"边疆，更何从"忘"？

此中毛病，更有进一层者。我们不但"没记过"边疆，而且我们脑袋里所"记"的东西，都是口口声声的叫我们"不要记"边疆！所以讨论中国人对边疆的态度一问题，并不就是"忘了"的问题，也不全是"没记过"的问题。根本上乃是"不要记"与"记了错东西"的问题！

数千年的中国教育，就是一个"不要记边疆"的教育。我无以名之，名之曰"反边疆的教育"。我这话并不是"故甚其辞"。中国一向的旧式教育是限于所谓"文字的教育"Literary Education。而这文字的教育，是根据在习惯上所承认的"必读"的各种经史子集之上。这种"必读"的经史子集，无形中成为一批"正宗的文学"，支配一切"读书人"的思想。这一批正宗的文学内，乃撒遍了种种轻视边疆、厌恶边疆的言论。秦始皇、汉武帝开边之罪，差不多每部史书都要重加"贬斥"。杜甫的《兵车行》，李华的《吊古战场文》那一种文章是"代有才人"出来重唱一道的。我们平日随便开卷一读，我们的潜意识内就不知不觉的起了一种深深的"默化"作用，使我们轻视边疆，厌恶边疆！这些到处逢源的"反边疆"的宣传文字，自初识字的儿时便开头把我们围住，捆着，直到了老病花眼的年龄，还是一分不肯放松。结果是：反边疆的态度，竟成了中国人的第二天性！

大家莫轻谓这问题容易解决。天性最难移。据一般心理学家所说，第二天性，尤其难移！"反边疆"的心理既是数千年来教育的结晶体，那么，铲除这种心理，也只有靠教育。说起来是二十年来的新教育已与从前不同了。可是我们这新教育，对边疆一方面的种种难题，果然有一贯的、断然的、有系统的政策了吗？对数千年来所留下的遗产，要下一个翻案，这决不是半推半就的情态所能当任的。我们不翻案则已。若要翻案，则非实行整个的"亲边疆的教育"不可！

什么叫做整个的"亲边疆的教育"？我将来有机会再来详论。现在只要就历史教育一方面谈谈一个很是根本的问题——就是"亲边疆"的国史观之提倡！

此地我要说明一下。我所谈的是国史，不是一花、一石、一人、一事的专门研究。所谓国史者，是国运的演进史。一国的国运是文化、政治、经济、社会各种条件互相动应的总结果。所谓国史者，即是对这总结果作个断代的或整个的记述，道其"然"与"所以然"以指点将来的

"或然"。因为本篇所谈的是历史教育的问题，我所谓的国史也不是那些"藏诸名山传之其人"的国史，乃是为普通国民的教育而写的国史。这些国史，在作者的用意，原来是要与国民思想生直接的影响。不论其为学校中的课本或是民间的流行本，都是与当时国家所施行的教育政策有不可分开的关系的。凡是这些的国史都应该采取我所谓"亲边疆"的立点与态度。

因历史上自然的演进与文学上有意的灌输，"亲边疆"的心理早成了欧美各国人的第二天性。所谓德法两国间的来茵河互争问题不过标示他们重视边疆的常态，并不算是稀奇的事实。除了那些别有用意的理想家本与宇宙间生命的实情漠然两隔之外，欧美国史家的眼光与气脉有意的或无意的都是与他们的政治家实行家同其节奏的。他们认现世界的各文明国家是若干"生命力的集团"。各国家的"生命力"是具有无穷的膨胀性，不断的由国家势力的中心向国境的四周出发。边疆是本国的生命力与他国的生命力接触之地带，是两团膨胀势力相冲相撞之区。有如两雄相遇，边疆正是剑拔弩张之境。有如两电条相碰，边疆正是抵抗力极大而白光芒然之处。全国的土地，最惹人注意促人爱重者，即在于此。他们的国史观如此，他们国家势力发展的形势也是如此。一方面讲求它是离心的，是积极的，是无限制的膨胀。他方面看去，它又是警醒的，实际的，承认对手国的阻碍力的。

中国的历史家（中国恐怕就没有所谓国史家者）是一向抱着一种消极的"中国中心"的观念而写史的。他们认中国为天地间唯一的文化发源地。但是他们并不认这个文化有无穷的膨胀力，亦不愿其有无穷的膨胀力。文化的势力有限，而地上的方域很大。所以各地"文化光"的强弱乃全靠其距离文化中心的远近而定。据他们的立点，边疆乃是离中心太远而文化不到之地。它是个黑暗之乡，陋不可居。它是个穷徼荒服，王政不达。在盛世时，则到边疆是"下乔木而入幽谷"。拓边地是"穷兵黩武"、"用夷役夏"。待到末世，则割弃边疆，乃成为一种"适足自豪"的妙策，所谓"弃无用之地以厌夷狄之心"是也。这种观念是向心的，是消极的，是收敛的。简言之，是"反边疆"的。

最危险者，这种"反边疆"的立点，并不是根据于畏惧边疆的心理，乃是根据于轻视边疆的态度。它的根本错处是误〔妄〕自尊大、目中无人。它是一种"夜郎"心理，不肯承认天地间会有一个对手国，不肯承认中国之外也许还有强于中国之势力在。这种态度的结果当然是要看边疆为"莫须有"。无形中使我们不注意国防,不感觉国防之必要。数千年来除了少数绝世的英雄外,我们的政治家一到了内政紧张的时代,第一着卸肩的步骤就是撤退边防!在外无劲敌的时代,还可以无灾无难,苟安一时,一到外境民族势力崛起之时,那便是边境束手无策,敌马踏碎中原了!你若谓近年来我们的新口号、新宣传,以至新教育,已把这观念改革过来了,则请看最近的"九一八"。敌人一击,我们绝无"防"之可言,只轻轻拱手断送四省。这并不是现代特有的奇象,实不过随历史的惰性而"率由旧章"而已。我们当然可以归罪当事者,然而试问"关心国事"的先生学子辈,在九一八事前有几位是"关心边事"?祸之至不至于祸至之日,实至自数千年来"反边疆"的国史观!这话是穷探病源,不是为任何人解嘲卸责。

其实这种轻视边疆的态度与我国历史上实际的经验完全不符。这种观念并不会曾根据在环境的事实,乃根据在心中的幻想。我们现在只要稍稍静心研究一下,就晓得数千年来边疆各地对中国国运的影响,真个是大到无边,深到无底!这并不是虚张声势之语。本来边疆是我民族与他民族生命力接触之区,是两方贸易、思想、文化、武力……互相交加的必经之地。我们上古的基本文化,恐怕大半是由西域外输入。我们二千年来无孔不入的佛教势力是踏南北边疆而来到,至于边疆境内的匈奴、东胡、回纥、吐蕃、契丹、女真、蒙古等民族,对于中国政治、经济、文化之直接间接、积极消极的影响,那更是不用饶舌了!中国人不断的受惠受害于边疆,恐怕是国史上一桩绝等重要的问题。我们对丁这一层岂可以掉头不顾了之?

固然,中国人"反边疆"的国史观,并非无因而然的。它虽是一种对环境的误解,然而环境中亦有一二特别情形足以致此误解者。并且,若由抽象的真理论观察,"反边疆"态度所根据的消极文化论,也许亦有可辩论的价值,但是这些都不能谈了。现代国际形势的变化,已绝对不容我们之依旧误解。而目下国际危机的迫压,乃竟有不容我们清谈抽象的真理者!我们的惟一出路,是求此时此地的生命!

因此我所谓放弃"反边疆"的而采取"亲边疆"的国史观者,含有下列两原则:

(一)放弃惟我独尊的心理所产生的"轻视边疆"的幻想,而采取承认有对手国的阻碍力后所得到的"尊重边疆"的态度。

(二)放弃向心的、收敛的"中国中心"的消极文化论,而采取离心的、膨胀的"向边疆去"的积极国家生命观。

前者是一种实际主义与警惕精神，后者带一种浪漫色彩与发展生机。两者不但可以并行不悖，还可以相得益彰。

近年来国内也有一批学者专门研究中国边疆民族及中西交通史料等等。这都是一种好现象，表示新史学的倾向。对这些先驱的人材，我们要额手表示十二分的敬意。同时我们要希望有一批新人才能本"亲边疆"的精神，〈把〉专门的材料，化为通俗的文字以贡献与一般的国民。通俗史的内容是根据于专门研究的结果，但它的写法是明白易喻而有引人入胜的能力。它不是一行十注的专名词文章，更不是那互相抄袭，肤浅投机的芜作。广义说来，历史学是一种科学，但是历史学更是一种艺术。要熔化国民的思想，激动国民的精神，历史是一个最有力的工具。在这个"日蹙千里"的中国，我们来借用历史的艺术性以培养些"亲边疆"的精神，当不算是历史学之罪人！

二三，九，三十

（原载：北平《独立评论》第 127 期，1934年 11 月 18 日。）

生死关头[*]
（1935）

在介绍斯宾格罗这本最近的作品以前，我们要谈一谈斯宾格罗的根本著作——就是《西方文化的末运》（*The Decline of the West*）一书。因为《生死关头》内的结论都是根据于《西方文化的末运》而来的。要估量《生死关头》的价值，必得把《西方文化的末运》连带的一起下批评。

斯宾格罗于一八八〇年生在德国布兰肯堡（Blankenburg）。他在苗尼墟（Munich）和柏林学习数学、哲学、历史等等。一九〇七到一九一一年，在汉堡（Hamburg）教数学与物理学。阿加地事变（Agadir Crisis）发生后，他目睹欧洲时局之不安，遂发奋穷究欧西文化的来源与发展。他辞去教职，专心著作。欧战发生时，他的《西方文化的末运》一书，已写完第一卷了。但其出版日期则延至欧战告终之年。其第二卷则于一九二二年问世。

在这部惊人的伟作内，斯宾格罗宣布他的"文化命运循环论"。这种论说并不是斯宾格罗的创品。古代希腊学者中即有主张此说者。近代如斯宾格罗所最推崇的尼采，也就是文化循环论者之一。但是斯宾格罗有他的特色在。他的贡献是把这段空泛的观念，化作一部有声色而有条理的学说。他把东西古今的政教文物咀嚼得烂熟融化，再由他的胸中一一吐出而绕成一幅灿烂琳琅的文化循环图。他相信宇宙间的一切生命都有他们发育的节奏，都要经过生长老死的程序。即号称极含继续性的文化之一物，也不能逃出此定例。因此，一切的文化，虽有东西古今之不

---

  * *The Hour of Decision*，by Oswald Spengler，translated from the German by C. F. Atkinson. Alferd A. Knopf, N. Y.，1934，pp. xvi＋230＋xiii.

同，但是他们在"形态变化"的路程上却都现出一种根本相同的节奏，一种起承转合的程序，并且在每一程序上都有种种必然的现象产生而构成所谓时代的精神。换言之，所谓时代的精神即是某文化命运行到某程序时的必然的象征。我们根据这些象征，便可断定某文化的命运何在。斯宾格罗所特别留心研究的就是印度、欧洲古代、阿拉伯与欧洲现代的四种文化。本着他所探得的文化命运的定律，他判定欧洲现代的文化已开始走到最后的一期，而这一期的第一幕就是他所谓凯撒主义时代（Age of Caesarism）——个人独裁下的帝国时代。

《西方文化的末运》一出版后，便风行全欧。销售九万册。各方面专门学者彼此群起纷纷讨论。即就徐洛特《关于斯宾格罗的论战》一书（Manfred Schroeter，*Der Streitum Spengler*）计算，所登录的批评家已不下四百人。一个赋闲的中学教师到此竟然成为一位思想界的中心人物，也可见斯宾格罗这部著作的价值与影响了！虽然书内所罗列的事实，时有欠当之处；但其整部的结构，内容的丰富，思想的伟大新颖，实令我们感觉他是天马行空，终究要超出一切批评与批评者之上。

现在让我们谈一谈《生死关头》。

《生死关头》这本书可说是斯宾格罗的实际政治文章。他应用他的文化命运循环论，来直接的解释现代世界的形势与事情。站在西方文化中一份子的立场，他大声疾呼的向白种人世界下个严重的警告，而他的主要用意尤在提醒德国人。如果我们怕读那部深奥难懂的《西方文化的末运》，我们至少要阅一阅这本浅显易明的小册子。我们不必都要接纳他的结论，但是我们不可不略懂一点他的见解。

对于现时代的实质与意义，斯宾格罗用大刀阔斧式的笔法，给我们一个干脆的断案：

> 我们已经走到世界战争的时代了！这时代在十九世纪早已开始，现已达到本世纪，也许要包括下世纪在内。我们正在这个过渡时代。天下的大势，渐由十八世纪国家的分立，走进将来世界帝国的形成。恰如古代史中坎那夷（Cannae）到阿克田（Actium）二百年间，希腊各国分立的形式终究变成罗马帝国的局面。（二十四页）

这是个伟大惊人的时代。"惟其伟大，所以惊人。前途绝无我们求乐的余地。伟大与快乐本是两不相容。我们取彼则舍此。无两全之可能。"（序言，九至十页）据斯宾格罗看来，历史的演化到了现时的地步,任何国家只有两条路可走:不是积极的参加国际逐鹿场而应时显个好身手,就是俯首帖耳,供人家的宰割。换言之,任何国家、任何民族,如果不能为世界政治的主人翁,便要当世界政治的牺牲品。所谓不为历史上的主体即要流为历史上的副体者(the subject or the object of history)即是指此。世界政治是以全世界为舞台,他早已把全世界的各民族揉作息息相关的一团。一切人皆是舞台上的角色,根本上就无所谓旁观者。"即使一个国家自愿退出世界政治之外,她也不能避免世界政治的影响。"(七十九页)

当日罗马帝国是由凯撒独裁。将来的世界帝国,要由何人何国来当主人翁?斯宾格罗把现时各列强的国情,逐一观察而批评,可是终究不敢决定将来天下鹿死谁手。"不过最少我们可以断言:支配将来世运的势力无以异于支配过去世运的势力。这些势力即是:强者的意志,健全的本能,种族蓄孳的意识,所有权与威权取得的决心。至于公理、快乐、和平等等,终不过是人类的梦想,实际上无能为力也。"(八页)据斯宾格罗的判定,僵化的民族如印度、中国等等已失去独立活动的机能,绝无运用世界政治之希望。他们终要被人统治。即使他们能够逐出旧主人,也必另有强有力的外族乘机而入,取得新主人的地位。(六十五页)这种武断之谈,固是斯宾格罗"循环论"所必至的结论,但是我们对此逆耳之言更不可不有一番自惕自奋的精神。

在目前这个世界帝国的酝酿时代中,西方各国已经是彼此战战兢兢,大有朝不保夕之感。在此生死关头之顷,却偏有两种世界革命运动乘机崛起,特来威胁白种文化的生命。这两种世界革命运动,斯宾格罗认为〈是〉目前西方各国的最大危机。如果无相当的对付方针,则西方各国不配担当时代的责任,只有束手就毙,永古不复!

第一种的世界革命运动,即是由下而上的阶级革命。斯宾格罗名之曰"白种人的世界革命"。这种革命的意义可说是下层民众的兴起。所谓下层民众的兴起,当然不是如浅见者流之所谈,误认为欧洲大战的结果与苏俄革命的余波。它的来源乃远溯于十八世纪的理智主义。卢骚(Rousseau)的政治论,亚丹斯密(Adam Smith)的经济谈,皆是理智主义的结晶品。百余年来世界的政治与经济皆受其支配。可是理智主义本为"城市智力"(urban intelligence)的结构品。而城市智力乃是宇宙间"最顽蠢"之物。他本漂泊"无根"(rootless),毫不理会"生命的意义"之为何。所谓"自由平等""最多数人的快乐"的种种论调,都是城市文明的产物。一般"脱根"（uprooted）的人民，离开农田而入城市。早已失去固有的"活泼本能"。只知运用所谓"冷静的头脑"而作字面的空谈，抽象的理想。这些空谈与理想乃与天地间真"生命"、大"气运"，漠不相关；既无实际的背景，也无实现的可能性。本来社会组织的意义，据斯宾格罗的意见，即是"品级的规定"（order of rank）。社会之所以成社会者，即在于此。有之则社会生，无之则社会亡。这种主张与尼采相合。所以在斯宾格罗看去，"一切皆平等"的提倡，简直是要铲除品级，也就是要消灭社会。"权利平等是反天性之谈。一个社会内若发现此等反天性之谈，便是这个社会由成熟时期直转入衰微时期的现象。千百年间所产育的社会组织，从来就为习惯所拥护，今乃欲一旦变计而另求替代物。天下之愚，莫此为甚。生命本无可以替代者。生命之外，只有死而已。"（九二至九三页）所以铲除品级就是宣布社会的死刑。民治主义，以至社会主义，再至共产主义、过激主义，皆一本于理智主义而顺次发生，皆算是平等自由学说之必然的发展形式。发展之所及，终必至于虚无主义，终必至于纪纲荡然无余，社会全体崩坏。所以目前阶级革命的趋势已大有虚无主义的色彩，也就是社会崩坏到了不可救药的时期了！

斯宾格罗这种反工业、反城市、反民治、反共产的论调是根据于他的哲学与历史观。我们不能指他为右倾或是左倾。因为他把资本阶级与无产工徒并为一团，等量齐观。他认民治制度与无产专政皆为"文化末运"的产品。但是我们如果称他为中古派的学者，他也不见得愿意接收〔受〕，因为他并不主张"复古"。据他的根本文化论看去，每个文化只有一个命运，只有向前履行其生长老死的程序。无开倒车的可能，也无复古的机会。这种带定命观的见解，有时使大家误认斯宾格罗为悲观派。但是斯宾格罗只是自认为求真的历史家，无所谓悲观，也无所谓乐观，不过是实际观（Realistic）而已。

与"白种人的世界革命"同时发生者为"有色人种的世界革命"——即是有色人种向白色人种的进攻。斯宾格罗说：欧战的战胜者并不是协约国。真正的战胜者乃是有色人种。欧战的结果，欧系各国化为"荒墟"。而亚洲却乘时勃起，极其活动之能事。俄国自列宁革命之后，已抛却欧洲文化的假面具而显然成为"亚洲势力"。日本则蒸蒸日上，正在准备太平洋的独霸。"苏俄与日本是现世界最活动的势力"。而同时整个的有色人世界也都已无形中凭借这两国的势力，向白种国家节节进迫。

上列的两种革命运动，恰恰构成西方文明的内忧外患。为消除这种内忧外患计，为准备参加眼前世界帝国的大政治计，斯宾格罗以为西方各国到此关头，非采取"普鲁士主义"（Prussianism）不可。何谓普鲁士主义？斯宾格罗以为：（一）必须有个强有力的政府，按着国家大计之需要而严厉的对全国经济加以训练与约束。（二）本着贵族主义的精神，按个人成就的区别而规定其在社会上的品级。（三）对外政策是一切对内政策的大前提。内政是绝对的为外交而存在，要视外交的需要而为转移的。（四）最后的条件是要有一位绝等伟大的人物，主宰一切而又能绝对的自克自持。（一九一至一九三页）据斯宾格罗的判定，普鲁士主义是应时之需，也是世界文化命运必然的趋势。现时法西斯蒂主义不过略开其端，将来演化的形式还要因时而变易。国家界限到彼时也要一概消灭，只有"普鲁士精神"到处蓬蓬勃勃。最后，这种精神要附着一两个极伟大的人物，重演凯撒军团征服天下的故事。茫茫大块〔地〕都要变成个人独裁下的帝国局面！（二三〇页）

《生死关头》是一部极富挑战性的著作。句句惹人注意。句句值得讨论。但是书中所论，其间也有荦荦数端，大体已成为当代的事实者。我们不能否认，而亦无须否认。即如世界政治之包罗一切，世界战机之日趋紧迫，外交之绝对重要性，经济生活之统制化，纪律观念之风行，自由平等学说之衰退等等。在最近的数年来已显然成为时代的精神而次第化作眼前的真象。这些事实，也许人人皆知，正无须斯宾格罗的饶舌。然而我们若想到斯宾格罗这本新书乃是根据他欧战前所写就的《西方文化的末运》而来，则这本新书实大有"未来先知"的价值。此外，我们所尤当注意者，这书的重要尚不在于他的结论，乃在于他的理论的基础与观察的立场。斯宾格罗虽然自命为实际派；但是照普通的标准看来，他的学说乃极含有神秘的色彩与浪漫的精神。他谈"生命"（Life）而不谈抽象的问题，注意整个的"气运"（Destiny）而不注意琐碎的事实，重意志与本能而不注重理性与智力。在目前实验主义高张的中国，读斯宾格罗之书，也许可以略新耳目。并且他的气魄的宏厚，眼光的远大，态度的热烈，措辞的严肃，对我们现时所崇拜的幽默文章，笑骂小品，恰好是一个对症的针砭。

（原载：南开大学《政治经济学报》第 3 卷第 2 期，1935 年 1 月。）

国防的意义
（1936）

林同济先生为南开大学政治系教授，南大十二月十三日时事研究周开始，请先生以此题对南大全体同学作首次讲演，可知其意义之重大，虽时过境迁，而其价值未尝稍减，故笔之以饷校友。

——编者识

我们的时事研究周以这个题目作开宗明义的第一个讲演是很有意义的。中国人感觉到国防的重要不自今日始，鸦片战争之后早已有人提倡。但是九十多年来，中国对于政治经济的改革案试行过不少，讨论了不少，例如同治维新，光绪政变，张之洞之中学为体西学为用，五四运动，以及最近讨论的中西文化本位问题等，可是对于国防偏偏忘却。说到我国现在的国防，反不如林则徐和李鸿章的时代。

中国古代无国家思想而有天下思想，对国防的认识微弱。每朝代创业的第一二个皇帝尚稍注意边防，后嗣皇帝便不关心，而认边防为不关紧要。

现在我们痛感国防之重要了。痛感没有国防别的都不能谈了。俄国革命之后先建立强大的红军。基马尔的土耳其亦先从巩固国防起。自鸦片战后世界情形已由梅特涅维持现状主义一经普法战争而成为分割亚洲、非洲殖民地时代，再经欧洲战争而造就成今日莫沙里尼、希特拉、荒木、多田、土肥原这班人的咆哮局面。当前的时代，是公开的抢殖民地建大帝国的时代，你我在这时代，因为没有国防，已成为时代的牺牲品。

例如就经济方面说，无国防则本国之幼稚工业无由保护。执政者受外人干涉，一切改革无从谈起。无国防实际上便等于亡国。九一八以后，中国已由政治经济中心时代，转入国防中心时代。四五年来国防为各国所特别注意。中国为革命的国家，国难的国家，国防不消说是更形重要了！

国防与国家

国家就是战争：有人说国家就是战争，这话有许多人斥为过甚之谈。但考察人类过去历史，战争却占了大部分。某俄国史学家把过去历史事实加以计算：从纪元前一千五百年到现在，这三千四百年间，只有三百三十余年是和平的日子。换而言之，十三年半的战争，始有一年和平。欧洲过去三百年内有二百八十八年战争。虽然小国参加战争者渐少，大国参加战争者反形增加，我们可以下结论说道，强国是由战争而致强，欲继续维持其强国的地位，必常常准备战争，常常磨炼其战斗力。

国家就是国防：有国家便须有国防，国家的会成立是因为有国防。谈到国家，自然就包括了国防。中国过去谈天下一家便没有国防，明以后中国谈边防者渐多。但国防之认识乃最近事。国家是含多数的意义，本国之外，还有许多国在这世界上求生存求发展，还有其他国家和本国竞争，阻止本国的发展，妨害本国的生存。

既为国家则必有对敌国。本国为要求生存，必须有自卫能力。近百午来中国存在是依赖各国的均势。这不是真正国家的本色。真正国家须有独立求生存的本领。国防是国家求生存的必需工具。国家是能动的有机体，不断的要求生存，要求发展。国家的生存如逆水行舟，不进则退。要达此种目的，非有自卫能力求生存与发展，以对付仇力不可。简言之，国防是国家起源的先决条件，是国家维持生存继续发展的必要工具。

国防的意义

国防的定义，随时代而变更，今所谈者为现代国防之意义。

一、狭义的国防：狭义的国防就是军事。军事分为：

陆军：人类大都生活在陆地上，政治经济的组织也都建筑在陆地上，故陆军当为国防之基础。中国为大陆国家，素知注重陆军，十几年的内战对陆军稍有训练，稍有进步。

海军：古代国家多以陆军为主。海军自古已有但较不重要。然而有些大帝国和小国战争而失败，却因为无海军。元代陆军所向无敌，西占欧奥及全俄，南攻华北亦长驰直入，但是攻及长江便不甚顺利，两攻日本皆败北。波斯攻希腊亦以无海军而失败。

现在第一等国家都有强大的海军。二十世纪之初，美海军学大家马翰著一本书述海军对历史的影响，将海军对国际政治之关系加以分析。战前德国即以该著述为其海军学校的课本，使全德海军读之，俾知海军之意义。此盖亦时代精神之表现也。

世界形势自地中海发展至大西洋，又自大西洋发展至太平洋，现代国家随此种趋势发展了海的意识。中国古籍有"东至于海，西至于流沙"的记载，可见中国古代发展至海滨即停止。中国人的海的意识不大清晰。对海发生一种畏惧心理。海外发展多赖南方人，但即南方人，对海的认识亦甚肤浅。

海为今日国际交通大孔道，能控制海之国家，即能控制国际的发展。战前英人对海之认识最清楚。战后日美兴起。中国对外作战无海军。所需之海军又应如何建设，此雅片战后至今尚无认识者。李鸿章稍有此种认识。方彼在北洋练海军时，适值日本维新。彼时日本即开始占领中国沿海岛屿。中国海岸线自鸭绿江口至广州湾，可谓长矣，然自琉球至台湾沿海岛屿今皆落日人手中，致中国陷于大陆封锁的状态下。将来中国欲在海上有所发展，日人所占之群岛线，是我们的当前大阻碍。

空军：空军发展之后使国际战争由平面改为立体。同时亦取消所谓战线一事。欧战时两军以壕战相持，战后空军的发展是取消壕战。敌机可随时飞至后方，实行轰炸。任何地带可受敌人袭击。对飞机施行炮射效果微小。预防空军只有发展空军为根本办法，无空军便不能守。必先有空军始能谈到防线。

二、广义的国防：广义的国防包括文化的各方面，认识国防须了解世界文化，故本节所述各点，大有解释现代文化的意义。

国防与政治：国防不惟军事而已，只有海陆空军而国防与政治之概念认识不清，亦难免趋于谬误。国防的政治：第一须完全独立，有明确的国界线。在此线范围内，本国主权独尊，外人不能钳制。中国无国界线，外人可以随意来往。各地要塞概为外人占领，内河概由外人航行，致感到处皆边疆，无处可设防的状态。

国防政治之第二义便是统一，国家统一须有国军。顾名思义，国军为防国军队。如果割据独立，便成私人军队。中国在目前尚有地方军，成一种私人军和党派军。实际上割全国为数段。国内不能统一，国防无从谈起。即使政治统一而军权不统一亦无国防可言。

国防政治之第三义为集权：战争须集权而有最高发令机关，大元帅的命令每个人必须服从。在欧战时协约国号令初不统一，战事极形困难。后乃集中号令，听命于法将福煦。现各强国，表面上有中央集权与地方分权之别，整个看来，实际上却都是集权的。在战争时有立刻变为集权的机能。

国防政治之第四义为统治人才之继续存在：政治设施由人办理，领袖人才须继续存在。国家对外政策须有连续性。统治人才亦须有继续性，以执行固定的政策。

以拿坡仑和腓特烈相比，拿坡仑的政治能力便不如腓特烈，拿坡仑死后无人继其功业，腓特烈则训练出死后继续维持政局人才。孙中山先生个人实际政治的能力也许不如袁世凯。孙先生却能训练出继承人才，这是孙先生伟大的地方。现在党的地位非常危险，国家命运只归一人荷负，一人的不幸也许会使国家纷乱，复陷于革命以前的状态。意大利和苏俄都注意于继续人才的训练。这是我们所当注意的。

国防与经济：现在国际战争为经济战，为耐久战，现时的战斗不是争胜，乃是争不败，先败者为败。经济国防须有工商业、交通等。因时间的关系，今只谈工业。国家的战斗力和工业成正比例，必工业发达，军力始能发展。化学工业、制船工业、金属工业、交通工业等，都是战争所必须。许多种的工厂随时都可以变为兵工厂。美国汽车厂两日内可变为坦克车厂，染厂亦可成为火药毒品制造厂。法国怕德国。不怕她的常备军而怕她的潜势力。德国的许多工厂可在短时间内变为军用品制造厂。

欧战时，法工厂制大炮二万一千门，机关枪八万八千架，飞机五千架，炮弹三亿四千万发，步枪子弹六十三亿发。中日战争与日俄战争相隔十年。中日战争所用子弹全数，仅足供日俄战争南山一战。日俄战争所用子弹全数，仅足供欧战半日而已，以此知经济与战斗力之关系为如何？

国防与教育：现代战争为知识战，声光电化知识不如人，则战斗力不如人。现代战争为精神战，为团体战，团体组织力强，团体组织坚固，则战胜的可能性大。

各国都有奸人：希腊波斯战争时，希腊奸人甚多，波斯攻希腊第一战队便是用希腊人。十九世纪拿坡仑时代，亦有很多德人媚法攻德。民众教育普及，国内爱国者有组织，汉奸自然减少。

尚武精神和尚武习惯亦为国防所必须。武风为爱国之真义。战争须有尚武不怕死的精神。现代所谓爱国必得肯死。不肯死，怕死，便无法谈爱国，故爱国即是要命的事业。现代战争为全民战争。每人都须参加。都须准备一死。作现代公民须准备授国家以性命。中国人只谈爱国。却不知以死为先之真义。

现代国家要求生存须有尚武精神。中国人尚武精神太差。自幼童时代即无好斗精神、抵抗精神。耶教新约中虽有掌以右脸再予以左脸的故事，实际上西方却没有代表此种文弱精神的国家，中国国难严重到这样地步，仍不能决定"和""战"。要是西方，不论任何国家，当不能决定"和""战"的时候，必定以"战"来应付。日本的抵抗元兵也是不顾成败利钝首先抵抗。

现代国防的特征

现代战争非军队战，乃国力战。全国人民及各种工商交通都参加作战。全国动员，整个国家为参战单位。兹述现代国防特征如左：

一、多方面的：国防包括政治、经济、教育、交通、化学工业、机械工业、思想活动、精神状态等，现代国防是多方面的。

欲了解现代国家，首须知科学文明的真义，科学的结果是把自然现象分成专门的学问。由专门的学问，遂发生专门的技术。此是科学之"分的作用"。但同时彼此专门技术，又须相依为用，缺一不可。此是科学所生的"互赖关系"。换言之，科学文明是分化人生为多方面的结构而同时成为彼此互赖的整个机体。

一般人谓科学目的在求知，我以为科学的目的尤在力的发展，求知是为求利用，多知始能多利用。科学的最后目的为用。培根说"知识即威力"，此语在现代文化黎明时期道出，最能表现科学的真意。现在是力的世界。科学不仅是"知"，乃是发展人类管天然的能力。我们所当注意者，如果人们可以用科学管天然，同时也可用科学管中国。于是所谓科学的问题，不是求知，乃是国力竞争之必要工具。

二、全民的：现代国防须整个人民参加。欲了解全民国防，须明解民治运动的意义。民治运动并非让人民参政，实际上人民不能真正参政，参政者只政党而已。但是人民有了选举权便觉得政治上好像有他的份儿，国家是他自己的国家。所以比较的勇于应战。

民治国家实行全民教育，予大家以受教育的机会。由义务教育，训练公民的爱国心。这是民治运动的第一重要产品。实行全民军事服务，训练全国人民在危急时服兵役。使全国皆兵。这是民治运动的第二重要产品。所以民治不是让人民作国家主人翁，而是使人民精神上和肉体上成为国家的战士。所谓民治运动只是民族主义运动的一部分，爱国主义运动的一部分。

全民经济：欧美社会之经济组织，其趋势是富者愈富，贫者愈贫。全民政治于国民生活无实惠。于是社会主义者提倡全民经济，使人民实际享受经济利益。

现在各国战争一旦爆发，国内被统治阶级有起而推倒统治者之趋势。故国际战可与阶级战同时俱来。企图国内团结坚固，须予人民以经济利益，内部始克免于分化。俄国实行全民经济，内部无分化危险，在此方面说来，国防组织较他国为坚固。

健全的国防须注意平民政治经济之享受。欲人民爱国首先须予以经济利益。平时国家对人民无好处，战时平民能否一齐对外，实成问题。欧战时俄国克伦次基政府成立，前线士兵，不肯作战。列宁举起一呼，叫他们回国内分得土地与面包。后来各国围攻俄国压迫革命，红军死力抵抗。孙中山先生之民权主义目的在全民政治。民生主义目的在全民经济。这都是谈国防所应当注意的。

三、进步的变动的：国防应随国内外的情势共同变化。中国的长城是一成不变的国防设备。在现代文化转变很快的时期，国防变动的很快。自从哥伯尼卡的地动说问世之后，人们对世界的看法一改以往的态度。变动是宇宙的定律。

在变动局面下，国防应注意维持改良，维持以求军事设备不捐坏，改良所以期军事器械不落武〔伍〕。中国历史上不断的有创造人才，可是没有守成人才，结果创造之后，无人维持，无人改良。火药由中国发明，外人以火药用于新式战争，中国只以火药燃放爆竹。指南针是中国人发明，外人以罗盘用于航海，中国人只以罗盘用于风鉴。印刷亦中国人发明。现在外国印刷术，却远胜于我。创造国防诚属不易，维持改良更应注意。

四、机械化：古代战争以人多取胜，现在完全靠机械，一人便可杀几千人，一人开出坦克车可以杀死许多人。现在飞机可不用人驾使〔驶〕而掷弹敌人阵地。九一八后英、美、俄对军事机械化极端努力，毒气的应用，使人口众多在现代国防上毫无用处。拥众四万万的中国，不可妄自称豪。

五、相对的：国防是相对的，不是独立的，所以要有对敌，不能随意闭目设置，国家是承认有外头的阻力的。故国防之充足与否乃以假想敌而定。世界国家固皆可为我们的敌国，然须择环境中有阻止本国发展者为假想敌，以作国防设备的标准。日本以英、美、中、俄为假想敌，其海军以英美合作为标准，陆军以中俄合作为标准。我们中国的假想敌其何？

六、竞争的比例的：现在的国防是竞争的，成比例的，海军更是这样。十九世纪欧洲的军事，是国防相对性之表现。华盛顿会议确定日美英海军比率为三、五、五，伦敦会议日美英海军比率为七、十、十，现在日本要求平等。不得要领而退出，在此种情形下，有一种重要的心理状态，即各国对危险的认识是也。各国外交都谈安全问题，以感觉危险故也。在危险的世界欲求安全，只有武力。中国对力的认识不清楚，对国难和危险的感觉也非常空洞。所以过去对国防的相对性，毫无了解。

七、攻势的：顾名思义，国防乃为防人之攻，非所以攻人，应该是守势的。可是现在的国防已成攻势的了。除保护本国外，遇外人进攻时，须有抵抗能力并有战胜的可能。国防是具有能压服、欺负的性质，有强烈超过敌国的性质。

各国之军事改良进展神速，行军亦异常敏捷，从前行军大体用士卒两脚，今则机器运送，速度增加，日进千百里，致使取守势为不可能。惟能攻始能言守。此攻势国防之真意。

八、超本国的：现代国防，其国防渐有超在国外之趋势。日本在欧战后假想对美作战，以哈尔滨至汉口为其国防线，现时日本又以全中国为其对外作战之根据地。英之国防线前在莱茵河畔，今又有扩充至全欧的倾向。英国是代表"集体安全"的国防观。日本是代表"侵略主义"的国防观。两者皆是超本国的。

结　论

世界因交通工具的应用，空间的距离日见缩小，人类接近太甚，一方面极易冲突，一方面合作亦成必须。将来世界各国合作乎？冲突乎？
这是目前的问题。我们所能说者弱小的国家无资格与人谈合作，强国间
可否合作，不可预测，如果过去史实有默示的价值，恐怕只有冲突之
一途。

（原载：南开校友总会《南开校友》第 1 卷
第 4～5 合期，1936 年 2 月 15 日。）

书评：《满洲发达史》[*]
（1936）

本书第一版是在日本大正四年问世的。内容疏漏欠妥之处虽多，但总算是泛述东北全史的创作。其志殊足称，而其用心亦殊可畏。该增订本则系于去年出版。凡二十年来日本学界努力研究的收获，稻叶氏大体尚能尽量采用，斟酌编入。除了著者时时发挥其"大和主义式"的论调外，本书结构，大致不差。称述亦较详于前版。我们若提及东北泛史的著作，恐怕此书还是首屈一指。

说来令人抱惭！中国书坊中，至今尚无一本国人自著的东北全史。九一八变后，国内也有三五学界权威，奋笔欲试。然而日月居诸，五年的好光阴已过，却是遍索出版界，只孑然有傅斯年氏《东北史纲》一书。而此书所论，只限于魏晋以上。其内容亦难满人望。以较稻叶氏此次的增订本，虽持论有殊，而工夫上仍不免相形见绌！

《满洲发达史》初版，有内藤虎次郎大正十二年的序言。增订本仍将重印。内藤为日本国内的汉学大权威。对于东北史的研究，内藤氏亦可算是日本学界的前驱。他一九〇〇年所发表的《明东北疆域辨误》一文，根据永宁寺的碑拓，以证实明代的东北疆，确是远至黑龙江口一带。同时亦揭出《满洲源流考》的记录，显为清廷删削之余，不堪作据。该文出后，极引起日本学者对东北史的兴趣。后起之秀，乃日有其人。

稻叶氏是内藤门下的高徒。对满鲜史地，著述甚夥。所写的《清朝全史》一书，早经译成汉文。在萧一山氏《清代通史》未出之前，稻叶之书，几可说是泛述清史的唯一作品。原清代诸帝，为欲隐讳其祖先事

---

* 稻叶岩吉，日本评论社，东京，昭和十年"25"＋584pp. 26 插图。

明，受封建州的史实，对明代关于建州的记载，删除殆尽。内藤氏因此主张：研究东北，须由朝鲜档案下手。稻叶氏奉此衣钵，贡献了不少有价值的文章。关于东北史地研究的大部分精华，多在白鸟库吉氏所主编的《满洲历史地理》内发表。《满洲发达史》的内容，采录《满洲历史地理》之处甚多。但关于汉初朝鲜四郡的位置以及一二其他问题，稻叶氏与白鸟氏却大有参差之点。(《满洲历史地理》系于二十五年前完成的。其中虽大有误谬之处，但大体可为参考之用。与最近 Lucien Gilbert 的 *Dictionnaire Historiqueet Geographique de la Mandchourie* 均为研究东北史不可缺之书。)

《满洲发达史》增订本算是九一八事变后改编之作。字句行间，时露出咄咄迫人之态。日本人心理，经九一八而有显然的变化。九一八前，尚有一般谦抑之风。过了九一八以来的狂哮乱噬，东邻士夫之俨然天职自命者，固不止荒木、真畸一流军人。稻叶氏宿称客观的史家，到此亦情难自持，而不禁亦摇笔以推波助澜矣。书末所附《汉民族在满洲之地位》、《满洲国创成之历史的认识》各文，皆足代表彼邦所谓昭和时代的历史家精神，非复求真求实，不抑不扬的史学作品也。

全书始于战国，终于一九〇〇年，在此期内，东北可算是纯粹亚洲民族的天下，纯粹亚洲政治的舞台。欧风美化，虽说是十九世纪中叶已经吹到这边，但是影响尚微，未足轻重。是故此期虽上下绵长一千三百载，而实际上确成一个完整的单位。稻叶氏绝笔于二十世纪的前夕，恰予该书以当然的结束。并且二十世纪来的档案史料，收罗较易，非若古代史实之散漫零落。稻叶氏之书，详古遗今，亦即其价值之所在。九一八以后，日本出版界，关于东北之著作，层出不穷，直令人应接不暇。其中关于当代问题者多，而类皆是投机之品。关于历史方面，亦有多种出世。如矢野仁一的《满洲史》，及川仪右卫门的《满洲通史》皆较佳之作，然内容要不出稻叶氏所论述的范围。

稻叶氏说："满洲及东蒙古的诸民族为经，汉民族为纬。经纬相交，而文化织成。"换言之，氏亦承认汉族文物以及汉人经营，乃东北文化形成的原素。所谓东北史者实不能离中国全史而独立。氏之此论尚不失求真的态度。其实汉人的种族与文明，从古以来，即是东北一切发展的原动力。只须一读稻叶氏书内各章各段的题目，即可看出此点之不谬。书共十二章，除了首章为总说，最后两章为东蒙问题与北京政情以外，其余各章，可大体分成四篇。(一) 第二章，泛论"明以前的满洲"。其中小题目，大半是论汉人的东北经营或其与东北的关系。（二）第三至第五章，论"明代的满洲经营"、"明人的辽东拓殖事业"以及明人与女真贸易的经过。就此三章而论，我们几乎可以说，除了汉族活动的事迹以外，便无所谓东北历史。此亦理之当然。盖明代女真势力甚微。明初东北全域是中国版图的一部。即至中叶以后，亦名义上臣服于明也。（三）除了第七章泛述满洲交通大系的变迁之外，第六章述清朝的兴起，第八章述满洲的封禁。清朝之封禁东北，自始即是官样文章，不生效力。故（四）第九第十章乃分述封禁的失败及潜垦的经过。千三百年的演化，到了本世纪，全东北的河山，实际上皆变成汉民族的田地。

说来令人痛心！恰恰当全东北种族上、文化上完全汉化之时，中国在东北开始丢失推动力的资格，主动力的机能。二十世纪以来，东北政治上、经济上的重要主动力一变而转移入俄人日人的手中，再变而成为日本所独占。三十年来，中国在东北的动作设施，直可说是消极的反动，而不可谓为积极的主动。

所以大体说来，东北历史，表面上虽是事态复杂，实际上只有两大期的分别。第一期是中国势力主动一切的时代。第二期，是世界政治侵入远东范围，中国与东北一齐卷入漩涡的时代。第一期内的匈奴、鲜卑、蒙古、满清的扰寇与第二期内的日俄侵略，其性质大大不同。前者不过是游牧民族的侵犯。来势虽凶，然终究不出两种方式：（一）掠边式。掠夺边城的财物，事毕即退回策源地，并不占领任何侵地。（二）深入式。深入内地，占据城池，但结果却大有脱离策源地之虞。中国的经济文物，对游牧民族而言，乃具有莫大的吸引力。游牧民族之侵中国，实是一种向心的运动。表面上似乎是主动进攻的行为；根本上，却是被吸被动的举动。其进攻农业地带愈深，则其离根愈远，失据愈甚，而受汉化的危险愈大。他们高唱克服全中国之顷，即是中国宣告吞并他们之日。此中真消息，雍正、乾隆诸帝皆极领略。我们只看他们在位时种种反对汉化的工作，即可了然。就此节而论，我们可以说：中国对边地民族，虽在战败亡国之顷，而仍不失其为主动的势力，总握气运的枢纽。

而今情势大非，西方诸国，经工业革命与民治运动之后，已产生出绝大的政治经济威力。此种威力，断非游牧民族马上立国者所可比。它一方面迫于内在的必须，与其发展的速度，而不得不向外膨胀。一方面却具有无穷的伸长性、渗透性，不会因勤远略而发生离根失据的危险。

此种新威力之来犯中国，不是受中国的吸力而来，乃是吸中国的精力而去。盘据其固有的策源地而伸其政治经济的长臂于我地，以削我而肥彼。只有我们被吮死的日子，而无他们被同化的机会。此现代帝国主义式的"侵略"与古代游牧民族式的"侵略"之所以绝对不同，而不容我们混为一谈而侈然自诩同化力之特强也。读稻叶氏之书，再参判以三十年来的东北命运，有不得不耸然自省，而深惧后之视今，不复是今之视昔矣！

（原载：南开大学《政治经济学报》第 4 卷第 3 期，1936 年 4 月。）

书评：《福罗特与马克斯》[*]（1937）

这本小书，值得我们的注意。一则因为它可以表示英国新兴的马克斯学派之一般研究热情。一则因为在英语出版界中，对于马克斯与福罗特作一番有系统的比较论者，此是第一遭。

马克斯学说所讨论的范围，偏于经济演进的客观现象。福罗特的心理分析，却专注意在个人的主观生活。两者之间，一向有种种误会，歧视，以至公开的攻击。心理分析家往往指摘马克斯学徒为迷信环境的预决力，把人们只当作客观情况的产品，毫无意志之自由。马克斯学的著作者，亦往往厉声斥骂福罗特学说为一种资产主义的文明衰落之表征。沃斯奔本书之用意在说明：（一）马克斯与福罗特两种学说并无冲突；（二）马克斯学徒对于福罗特学说所阐明者应当尽量利用；（三）福罗特学说的全部结构，即是根据在辩证法之上而创成。换言之，沃斯奔用意是要调和两派，尤是要一般共产学者与革命员多般利用心理分析家的发明，以增补他们对于社会现象的了解与他们对于革命进行的能力。

本书分两大编。第一编述说心理分析学的大略。首论人们心里的结构；次论梦的解释；次论常态与变态心理；次论性的发展。其中虽无独立的见解，但把福罗特学说之荦荦大端，说得简明赅括。一般读者如果对于心理分析学未曾领略，阅此数章后，可得其概。吾人此处所欲提出一谈者，即是福罗特近年来所创造的 id，ego，super-ego 之说。id 可译为"阿物"，是人们性心中的一种迈进力，一切本能冲动后的原动力。它是无意识的，无理性的；是一团情欲，被禁制的情欲，不断地要求满

---

* *Freud and Marx*, *a Dialectical Study*, by R. Osborn, with an introduction by John Strachey. Victor Gollancz Ltd., London. 1937. p. 285.

足——立时的满足,无条件的满足。在其盲求满足中,它是不顾实际的利害,更不顾道德上的是非。ego 或"自我",是大体上有意识的,是逻辑的。它是人们心中的灵明,认识环境,认识实际的。它的作用在驾驭"阿物",使其精力得相当的宣泄而又不致与外面的环境发起正面的冲突。孩童之期,这个灵明的"自我",尚未十分发达,十分强健。其时驾驭"阿物",禁制"阿物"之处,每有不得不借力于父母的权威者。于是父母的权威,不期然而然地成为孩童心理中的一部分。所谓 super-ego 或"超我"者,即由是而生。"超我"可说是孩童最初的道德观,可与一般人所谓"良心"者比拟,但其严肃不假借的精神,只有过之而无不及。如果"阿物"行动的原则是"享乐",是"愉快"(pleasure principle),"自我"行动的原则是"利害",是"实际"(reality princi-ple)。社会与文化,根据在相当的公共生活、公共行为之上。"阿物"之相当禁制,乃文明生活之必需。但禁制太甚,则个人身心上摧残过度而要起种种变态的变化与表现。如何在"阿物"、"超我"与环境三者之间,寻求一种适当的关系,这是"自我"的永久问题,也是"自我"的最难职务。人类的问题,就在如何使"自我"得充分的发展与运用,以防避"阿物"、"超我"与环境在任一者之畸形的发展与过度的肆威。中国传统伦理下的社会,如果用福罗特的名词来形容,可说是建立于"超我"淫威之上。崇拜先生,敬从长老,率由旧章,遵守习惯——何一而不显出"超我"的威风!在此四面紧包的"超我"势力下,"阿物"摧残已极,而个人的迈进力,个人的生机热情,也当然消磨殆尽。五四以来的种种解放运动,一方面可说是灭杀"超我"的权威,一方面也是要促进"阿物"的发泄。"阿物"的发泄是一种极含爆发性,极含离心力的现象——它是冲散的,不是团结的;它是破坏的,不是建设的。然而在"世纪的末造",不破坏哪能建设?有"超我"万能的当年,就不得不有"阿物"冲荡的今日。这种形式,大似文艺复兴时代的欧西。有中世纪的"超我"世界,便有文艺复兴后的"阿物"怒号。此点明甚,毋容多论。吾人所当细察者,欧洲大战后的西洋诸国,似已显有压制"阿物"而建立"新超我"的趋向。(其实在欧洲,此种趋势,当拿破仑时代,已有显著、普遍的表现。)苏俄、意、德诸极权国家,形式上有阶级基础的不同,而精神上则无一而不是谋建"新超我"。纪律、组织、服从领袖之呼声,已高似自由、平等、个人快乐之口号。前途的发展难料。所可断言者,欧洲将来的"新超我"世界,与中世纪的,必定绝不相同。盖欧洲人的"阿物",已经一番充实的解放,自觉与发挥。将来的新超我乃是赫格尔所谓"反后之反"(negation of negation)与反前之正,必定迥异其趣。在此人家已高步踏进"反后之反"时,我们今日中国人是否已得有充分的"阿物"解放?是否已配得随人之后踏进"反后之反"?抑或时机已迫,无论配与不配,我们总必须创个我们的"新超我"以求有所应付此急转直下的世界潮流。这不但是我们个人的问题,也是民族存亡的关键。读沃斯奔泛论"阿物"与"超我"各节,不禁令人作反省。

本书第二编,是论福罗特与马克斯学说的关系,共分七章:(一)原初社会;(二)唯物史观;(三)唯物史观与个人心理;(四)宗教;(五)辩证法的唯物论;(六)辩证法的唯物论与心理分析学;(七)应用问题。沃斯奔对于两种学说的调和,即在此数章内说明。沃斯奔自己的创见,也在此数章显出。详细内容,只好由读者自寻于书中。斯缺齐(John Strachey)序言的一段云:

> 沃斯奔本书,理论上最能夺人耳目的发现,在其指出心理分析学之辩证基础。然其最重要的提议,尚在其论述唯物史观的两章。其主张吾人研究的重心当由现今社会环境的性质,移入到吾人对环境反应的性质一节,乃极有意义之言。

究竟沃斯奔种种见解有当与否,读者容各有意见,未必能一一赞同。吾人所不能否认者,社会文化之生,基于个人与环境的相应。马克斯对于环境影响心理一节,剖说甚明。至于个人反应环境的心理步骤与动力,则有不可不有借于福罗特而了解者。这两种学说实为任何社会科学学者所必须留意的。例如政治学,如果是要超出描写政治体构的范围而成为寻求实际政治的学问者,绝便不能蔑视马克斯与福罗特的发明!

(原载:南开大学《政治经济学报》第 5 卷第 3 期,1937 年 4 月。)

大政治时代的伦理
——一个关于忠孝问题的讨论
（1938）

四月十六日昆明市各界在省党部举行民众讨逆大会，我陪着几位名流的末座，作几句关于中国文化的演讲。

我当时曾提出三点平凡之见。（一）是谈到中国"孝为百行先"的流弊，主张我们此后应当以忠为百行先。（二）是谈到中国"猎取功名"观念的流弊，主张代以"创造事业"观念。（三）是谈到中国"容忍苟安"的习气，主张此后应当特别注重"勇"的提倡。

后来有署名"迪身"者在报上发表文章反对我们意见，他以为忠孝本一贯；我们尽可"沿传统之观念，仍曰孝为百行先"。按他那篇文字本身价值，我们实无费神辩论的必要。但是自另一方面看去，他这种论调实可象征近年来乘着各种机缘而暗里抬头的旧势力。在这方面看去，我们却觉得此中却有　论之必要。并且忠孝问题确是我们二千年来实际生活上待决未决的大悬案。在某立场观察来，我们一谈到忠与孝的关系，我们便直挖着中国文化的核心，牵连到中国文化的命运。此空前的抗战局面，我们对任何种问题必须具空前的锐眼与决心。我们应当不避现实，奋把中国整个的文化，下一个彻底的、忠实的再一度反省，再一度估量。我们正无妨以忠孝问题为我们反省的起点。

我们不要怕反省。抗战需要自信力。但是自信力必须建在"自知"之上，建在"知己知彼"之上。惟其自知之明，才能有自信之深。此中固有一番的连带性在。我们在此死中求生的关头，容不得败北派的盲目自馁，亦容不得义和团式的盲目自夸。战是个现实，是个力量伟大的现实。战的需要将要迫着一切的一切随它转移。也就是说战的影响将要使国人的整个生活，变更旧习。不管你个人是欢迎或是反对，只须我们这个民族是有"灵机"、有生气的话，我们的文物制度，我们的思想与人生观，迟早总要随着此次抗战的大潮流，抗战的大需求，而蜕新而变换。现在问题就是：盲目无见的被动的变换吗？还是看清途径的自动变换？我们主张对中国文化的反省，并不是喜欢多事，乃是在战的现实，战的必需与迫求下，企图一个自动的变更，健全的适应。

但是这种健全适应的企图，虽是因抗战而发生，却并不当只以对付一时战局为目的。乃应当探求一个较普通、较根本问题——就是如何能使中国配做现代世界上的国家。因此我们本篇的忠孝论，也并不只是一种战时特有的伦理观，乃是现代国家应有的、必须的伦理观。我无以名之，名之曰大政治时代的伦理。兹且把我的立场简单的申说如下。

（一）我承认现代世界是个大政治世界。我不愿谈八千年前的太古洪荒，亦不愿谈八千年后的所谓"大同"世界；我所注意的是此时此世的现实。对我们这个现实的世界，我以为我们当有切实、忠实的认识者数点：

（甲）它并不是缓带轻裘、揖让上下的世界，乃是一个激烈竞争的世界。

（乙）这个竞争的根据，最重要的是"力"，不是所谓"法"与"德"。

（丙）竞争力的单位，最主要的、最不可缺的、最有效的是国家；而不是个人、家庭，也不是教会或阶级……换言之，最主要的竞争是国力与国力的竞争。

（丁）这个国力是正在急速的走向全体化。就是说，国内一切精神物质的力量，一方面极端的分头发展，一方面又极端的组成一体。所谓大政治者，就是国与国间凭着彼此极端全体化的力，以从事于平时的多面竞争与战时的火拼决斗。这不是我故作恶语。大家只须不要幻想，只要定眼看着现代世界实际政治的趋势，对此语必表赞同。

（二）在此种以全体化国力为竞争单位的世界，最重要的是每个人民都要成为国家的有机体的一份子。个个"人民"都得练成一个得力的"公民"。换言之，在大政治世界上，公德比私德重要，政治德行比任何德行都重要，这不是说公德与私德必相冲突，两者往往相成，但有时却相冲突。所谓公德重于私德者，就是说两者冲突之时，我们当全公德而灭私德。两者往往并行不悖，但是如果有相悖的倾向，我们当存公德而舍私德。

（三）一切的公德，一切的政治德行之中，忠为第一。所谓忠者，不是古代忠于君或忠于朋友的忠。忠于君或忠于朋友的忠不免含有五分私德意。大政治时代的忠，绝对忠于国。惟其人人能绝对忠于国，然后可化个个国民之力而成为全体化的国力。忠是国力形成的基础，形成的先决条件。忠是一种纯政治的德行，与伦理原则有时吻合，有时冲突。例如本国与他国冲突时，即使在伦理上本国未必是，他国未必非，我们为履行政治道德的需求，必须为本国作战，与他国相拼杀。我们为求对得住国家，有时乃对不住人类。然而现代国家的组织，就是根基于此纯政治的德行——忠——而建立、而运用、而维持、而发展的。换而言之，就是忠为百行先。这并不是我个人新奇之说，乃是现代各国实际上认为当然推行、必须推行的根本大计。其实现代事实所指示，不但政治时常脱离伦理的羁绊，并且伦理本身大有日趋"政治化"的倾向，日趋"国家立场化"的倾向。自国家立场而有利的便是"好"，便是"是"。自国家立场而有害的便是"恶"，便是"非"。国家的利害，变成伦理是非的标准。这在往时超然的伦理眼光看之，是何等的"不道德"、"反道德"。然而大政治时代需要大政治的立场。国力竞争局面，需要政治化伦理，不要伦理化政治。换言之，忠不但为百行先，乃不可遏止的逐渐成为百行的标准，一切价值的评员。也就是说，大政治时代的伦理乃含有"反伦理"倾向之可能。

总而言之，大政治时代是以全体化的国力而从事于国际竞争的时代。在此时代中，必须树立"忠为第一"主义，必须以忠为中心以建立我们全民族思想系统，以忠为基础建造我们国家的社会制度。这是我主张忠为百行先的立场。两大不能并立，既是忠为百行先，则孝当降格，在此立场下，我反对孝为百行先。

我此刻要声明的，我反对孝为百行先，与五四运动时代"非孝"之说有点不同。五四时代的非孝大抵以个人解放、个性解放为据本、为目的。我的主张却是以国力组合与政治集体为立场。五四时代正值西方欧战之后。欧战后的西方政治与思想，是一种欧洲文化的支流对其本流的暂时反对。时势到了今日却已把西方的现代文明的主要意义，赤条条显在目前；绝不容我们再事"自催眠"指鹿为马。三百年来的欧西文明的发展自大政治的眼光看去（大政治眼光是对现代世界生活最重要、最不可缺的眼光），只是国家力量的发展与集中。个性解放自现代的现实看去，可说是国力发展的基础，也是国力集中的导线。就中国二三十年来的经历而说，五四运动的解放个性正是我们从今而后国力发展运动的先锋。如果我们的立场及目的与五四时代不同，那是我们随着时代〈车〉轮的前进，把"五四"运动向前一步推行；也可说是应大时代的呼唤，把我们酝酿未熟的思想猛向现世界的本流合奔。在这方面看去，个人与集体之两宗，质虽异而用则合。他们对过去的"孝为百行先"的家族主义、宗法制度，皆同样地采取对立的态度，革命的精神。

我们不反对孝：如果孝只作为"敬爱父母"解，我们不但不反对，并且赞成。无奈中国之孝，并不是一种纯净的德行，一种自然人情的流露，也不是一种简单的哲理概念，乃是二千余年来特殊阶级，因其特殊渊源与特殊利益，而矫揉造作铸成的一种思想系统，而更铸成的一种庞大复杂的社会制度。如果像迪身君一般，只背诵三四句圣人之言，而便指为"孝"尽是，那是太看轻我们过去数百代祖宗的脑力能力了！我们对孝并无什么惊人的主张。我们只主张把它简单化、平民化，把它"天真化"。我们只主张"返真"，只主张把那些假的、伪的、虚张的、辉煌的、物质的、肉体的、血统的、迷信的一概取消，好留下那可爱可实的纯净敬爱之赤诚献给父母！

其实我们期期所不能不争执者，只是"先"之一字。我们并不反对孝，真而朴的孝。但是我们不能不反对任何人在这个时辰还在那儿"埋头沙里"，把孝高高抬起，放在百行之"先"。你孝敬你的父母，本是你的私事，本是你"自尽良心"的事，何必扬扬然向社会鼓动，大吹大擂，自鸣为惊天动地的大德呢？谈到这里，我们却谈到问题的核心。原来孝之为物，是个私德，是子女私人对父母所自认为当行的一种精神上或物质上的责任。本是一家之事，不必惊动外人。那些二十四孝及其他世传的割股尝粪等事，且莫管它是迷信行为与否，根本上就是那般王某、庾某的私事，何必我们动驾来替他向社会鼓吹，向后代宣传呢？人家房中阃内的琐闻，偏要由政府或社会人士殷勤的、炫耀的为他们立坊著册，高标为民族行为的模范——这确是十足地显出宗法社会里难产出大派头的人物。他的眼光与想象力死不超出萧墙之内，总喜把他私事当作公事看，让大家齐把家事当作国事办！公私辨别不清。私德与公德胡混。也许在那专制时代，在那文人与士大夫支配社会里，这种看法与办法有它特别的作用，有它意外的用意。但是在此大政治临头的时代，哪能再堪此子女小派头的把戏？大政治时代，政治德行为先，公德为先，最重要最根本的，忠为一切先。孝乃私德，它固有它的地位，但是坐第二把交椅尚嫌不胜任，莫说是要占百行的上风了！各国人往往认中国人无政治能力。这话当否，且莫论。我所要问的，二千余年溺于"私德的伦理观"的中华民族，可能了解此二十世纪纯政治时代的意义？可能于此空前的民族战之中，领略些崇拜公德的精神，体验些"政治化伦理"的雄心？

以孝为百行先，便是以孝为国民伦理的基础。绕着孝的观念，自然而然的要建成一个特殊的、"一贯的"思想系统。它不但以孝为百行先，它还要把孝字来解说一切人生的价值。所以祭义有曰："居处不庄，非孝也。莅官不敬，非孝也。朋友不信，非孝也。战阵无勇，非孝也。"迪身君于此却说得不错："夫莅官战阵已属乎忠之范围，而必纳之于孝者，盖举孝以赅忠。"这种"必纳之于孝"的强手段，我们当注意的。它也许是古圣哲企图以孝助忠之威，坚忠之志。它也许是古圣哲看出孝的范围太狭小，孝的用途有不逮，于是把孝的意义勉强地扩大，而包括家庭以外的公德。但是它的最大意义，是要以孝解释一切的价值。夫唯一切的价值"必纳之于孝"然后孝的思想系统成。此于现代各国的趋向，要把一切价值必纳之于忠一样。孰优孰劣，是玄理上不可决的问题，我们不谈。我们所要穷究的，哪一个适应于现代的生存？分明时代要求是公德，是政治德行，是忠为第一。为什么不直截了当奉忠为第一，而偏要向那宗法社会的残余堆里，抓出那孝的一套，然后把忠纳之于孝，然后再评三议四，看看这个忠是否有合于孝，然后才敢下个判语，决定这个忠究竟是否"有当"，是〈否〉"合道德"呢？为什么我们必要把忠放在孝的胯子下？为什么我们必要苦向孝之中、孝之下寻出忠来？为什么我们不让堂堂之忠独立于光天化日之下以直接应付此大时代的来临，而偏偏要把这个二十世纪最重要的公德，硬当作儿女私德——孝——的注脚呢？

私德为先，公德为后；私德为主，公德为副。这是二千年来，我们宗法制度下的伦理之不可免避的倾向，不可免避的流弊。二千年来社会的整个现实与二千年前二三圣人的训话正不必相符而竟可往往相背。谈到此地，忠孝不两全的缘故，可以明了了，忠孝的冲突是中国历史上永未解决的事实。尽管二千年前的圣哲登席高呼"求忠臣必于孝子之门"，苦喊大家"移孝非忠"，却是实际上我们观察社会一般人的行为，总不免觉得在我们家庭主义的绑缚下，"移孝"一功夫，难赛"移山"；孝子之门，忠臣鲜焉，其中原因就是由于中国不但以孝为中心而组成一套的思想系统，还凭此思想系统而组成一批"吃人"的礼法，构出一个庞大的宗法社会，复杂的家庭制度。这个制度又自有它实际上内在的因素，使它实际上的逐日发展与原初的理想论训愈离愈远。本来实际与理想的差别，在人类文化史中不一其例。中世纪末马丁路德所反抗的罗马教会与二世纪的原始耶教，实有天渊之别。中国的家庭制度何莫不然？反而观之，制度的本身也不是全不受理想的影响，思想自有极大的力量的。古圣贤学说之中，实含有不少种子，为后来制度上积弊之原，甚且成为制度上积弊之护符。那些"父母在不远游"，"孝子不登高，不临深"，"身体发肤，受之父母，不敢毁伤"的孝的哲学，乃与经传"明哲保身"之训混合，而在那家庭势力膨胀的环境中，竟结成一套"怕死的人生观"磅礴于"神州"的全部！至于那些"莅官不敬，非孝也"，"战阵无勇，非孝也"的公德化的孝论，欲在历史上求其实行者乃亘千秋而落落如晨星。中国民族观念与政治存在，尚能屡经大难勉强支持者，也就靠此少数又少数的成仁取义的英雄。然而大政治时代的迫来，所需要的是全国国民个个都担起英雄的责任，哪还容把此大好河山尽托诸几个人的手里？对此空前的局面，我们迎头赶去，还恐不及，哪里有时光迁回萦绕，模仿那闭关时代学究们的老态，来徐敲孝子之门搜寻出一二忠臣呢？老学究的办法是要教孝而求忠。我们的提议是教忠而求忠。其实教忠而求忠，犹恐不给；况乃教孝而求忠，则宜其十扣世俗所谓孝子之门而不免九度弛然返也！

忠与孝二千年来的实际冲突，既不是二千年前圣人口头上训为"一贯"之所能掩，也不是这些圣人之所能防，则凡现在负责指导我们国民思想者不容不对此紧加注意。历史的经验显然告诉我们：二者往往难兼。我们当有警惕。事到今日，我们已不堪盲目地再蹈古人之覆辙。让我们大家认清主要目标，决然把孝放开少谈，多多提倡忠字。其实在此"孝的制度"积弊丛生之下，我们最好的办法是干干脆脆把孝一套旧理论、旧制度轻轻的束之高阁，只留下"敬爱父母"的干净四字作我规模，好把这民族所有的有限精力直接灌输到"忠"的伟大工夫上！

细察孝的"危险性"，即在迪身君所举赵苞、王陵两例上，便可反证出来。在现代西方各国两军对战，绝对无人会异想天开，来设法执敌将之母以胁其降。盖在忠为百行先的社会，国运为重，私情为轻。那些执母胁降的手段，无疑的是缘木求鱼，一切落空。而独在我们的中国，像那项羽挟王母以招王陵，鲜卑劫赵母以胁赵苞者，几于史不绝书。可见孝的势力之大，不但是与忠难两全，而且"用孝破忠"竟成为对我民族可望走通的战略！这是何等可虑！再者，王陵、赵苞之守忠不降，未必不是仰承母命尽忠之故。如果二母而不明大义，王陵、赵苞之是否弃忠全孝，正未可知。曹操执徐母以挟徐庶，徐庶立刻"方寸乱"，弃刘备而归母。卞庄子为欲全身以养母，战而三北。你看我们这个单弱的国家，碰着这般"养母全孝"之徒，果能挡得住它们几多番的弃职，几多番的逃阵，而不循底于亡呢。

我说中国重孝轻忠，便是说它以孝为先，以忠为后。孝为百行先之说，自汉以后，坚牢不拔的深入民间。而忠之一字，无形中成为次要之次要结果，大家的心目中总认得不孝之罪大于不忠。所以在我们的社会里，逆父母者乡党不齿，而卖国者反可取得一般亲友的优容。抗战以来，我们的头脑已显然的得到一番的改变。抗战愈久愈烈，我料知"忠为百行先"终要成为全民族深深体验深深了解的信条。如果此外再能得一般思想界的人们出来说透此中的道理，则此正在形成的思潮便可变为一种有意识有系统的运动，而我们民族的前途必可有一番新光彩的焕发。企予望之！——完——

（原载：武汉《今论衡》第 1 卷第 5 期，1938 年 6 月 15 日。）

抗日军人与文化 *
（1938）

诸位：

上面说过文武分离下来的结果，使武人只会打仗，文人只会读书，这是中国数千年来最大的缺点，即是说一般国民没有武人的风气与文人的榜样，造成一些没有国家观念没有牺牲精神的军人，只知自己打自己。而一般文人也不知自己的使命，和文人的任务，这样一来军事文化，便成了消耗性质、抢夺性质的工具，为私人把持利益、争夺地位的武器。所以我说过去的文化是文人的文化，今日的文化呢？则是变成了战士化的文化了，但是我不是说"文"不好，而是因为中国的文太文了。

什么是战士化的文化呢？照字面解答，战士是为国家为民族而能用武力去抵抗侵略的战斗，故将文化应用到这上面来，非一种宣传的工具，便是战士化的文化。现在的中国——遭遇着困苦艰难的中国，正需要这种战斗的文化。

诸位是将来出征的战士，我希望每一位都〈是〉准备成功了〈的〉战士。就是说要每一个人都要战士的武器和工具。假如诸位问我这武器和工具是什么？那回答我便说是不自乱，能勇敢。

已往的武人和文人，不能成为战士的原因，就是为了自私自利的乱而不为公谋，乱的利益而放弃了大众专为自己。现在一个战士最基本的条件，便是能热情的将自己献身给大众，为大众的利益事业——解放的事业而牺牲。这就是说：要能将利己的私心改变为利大众利别人的公德心。这种基础于哲学上，换句话说：在目前要做一个真正的战士，就必

---

* 省大教授林同济讲，朱嘉锡记录。

须得为大众为国家来谋福利，且更要放弃自私自利的成见。

勇敢在现在是非常必要的一种精神武器，尤其是军人当中十分之十都要能做到勇敢，换句话说：凡是军人，人人都要有不怕死向前迈进的决心，已往文化的勇敢人，便是好汉不当兵，这样的处世哲学，来适应环境，许多青年的战士，都受这毒汁的种子麻醉，所以要做一个战士，（军事文化）就是要勇敢，假若怕死，那便不成其为战士。

以后我希望大家都能勇敢，社会上一切不平等之事，常常发生，就是好老生先生太多，有胆量的人太少。目前大家都知道是一个新旧交替的时代，假若不勇敢，便不能送旧迎新，在这里只有大胆的干，冒险的干，新历史的日程才会来到，最后的胜利，才会有确定的把握。

（原载：昆明《军事月刊》第 2 卷第 11 期，1938 年 6 月 30 日。）

抗战将士对我引起的反响 *
（1938）

诸位：

中国这个国家能生存在世界上三四千年，其中是有不可磨灭的文化历史的远因。就是说在整个世界文化的过程中，它是有着不同的独立性，中国在过去很早的时候，便采用着不愿与他人来往的"闭关自守"的政策；自然在前一个时代，前一个社会，它是有着一定的好梦。而到今日在中国的历史上，已发生了空前的被侵略被宰割的事件，大家都感觉到需要走向新的道路。当然我们的文化也不能停留在前一个将崩溃的旧阶段里。最近前方台儿庄军事的胜利，这里的牺牲是高度的新的文化意识的成长了，这便说明了这一点。

过去中国有一个不好的现象——就是文武分离，直到现在一般人才感觉着这种现象的不好。试见西方国家的人民任何一个人，都有一个健全雄伟的体格，而且都有个一次的军事训练。我到了美国求学的时候，看见他们国里普通大学的教师，尤其是政治方面差不多全是武人。

中国文武分离的现象，是从秦汉以来才非常的显明，而春秋时代还是文武并重的过度时期，一句话说完，便是当时时代的文人也能动武，武人也能动文。就以孔子来说：他是中国的文人，但他也能动武，这便证明中国文武分离的现象是秦汉以后到现阶段以前的过程于〔以〕内的事，这事的变迁，原是经过战时的混乱死亡后，文人转变为说客，武人转变为勇士，就是说后来文人只会拿笔，武人只会拿枪。自此以后，文人视武人为鲁夫，武视文为病流，互相忌视，乱时武人专权，平时文人登台，各不相让，遇事必争，造成分而合、合而分的局面。

---

* 省大教授林同济讲，朱嘉锡记录。

只要是到过欧洲的人，便知道西方的女子，每个都有战士的风格——能牺牲、能忍苦耐劳，反过来说：中国呢？莫说女子，就是知识阶级，又何尝有一点武士风呢？只会写点文章，发牢骚，最大可能的还是纸上谈兵罢了！

可是到现在呢？则不然了，自民国以来，由政府积极的倡导与改革，文以武化武以文化的呼声一天高似一天。目前在最前线打仗的军人，便是政府苦心经营的新文化磨练的新军人的新人物，这是很可喜的。

现在的抗战，已将两千多年来文武分离的现象由分支而流〈为〉一体联合起来，完成了这历史矛盾的统一的事实，我们希望他能够负起了神圣抗战的使命，争取最后胜利的任务！

如果中国要在这宇宙间占一个生存的岗位，让子孙繁荣下去，那么我很希望将全国的学生、文人、知识分子都给以相当的军事技术的训练，像今天的抗战中的那一批新人物一样的来努力抗战。国民需有军事的头脑。这是中国将来尤其是现在不可少的正确的已走的道路。

今天在座的诸位，可以说是代表现在的新人物，新军人是受文学校训练出来的，新军人也是将来担负新历史任务的人物。我愿真诚的提告诸位：

第一，中国过去的军队，只认识自己是某人的军队，某部的军队，而不会认识自己是国家民族人民的军队，这是大错而特错的心理。希望纠正过来。

第二，自抗战开始以来，各党各派都认清了"抗战失败了，是任何阶级层都没有幸福的"，唯有抗战到底，争取最后胜利，尤其是军人，更应该有随时牺牲的观念，才对得起自己，对得起国民。

第三，中国人素来只有家族观念，且过以〔于〕轻忠而重孝，这是抗战中最不好的现象；它只能妨碍抗战，并不能帮助抗战，在这生死存亡斗争的过程中，只有着重以忠，要造成忠为百行先，这样才能发展抗战，支持抗战呢！

再次，诸位在中国的历史上，造成了很光荣的历史。就是文武分离的现象，都由诸位合成一体了，二千年来的孝为百行先，也由诸位改造过来而以忠为百行先了，我很希望每一位新军人，都能这样做到，都要做到文武双备的军人，以忠为百行先的军人，担负新历史使命的新军人。

（原载：昆明《军事月刊》第 2 卷第 11 期，1938 年 6 月 30 日。）

抗战军人与中国新文化
（1938）

一　抗战军人在中国历史上的地位

中国民族是伟大的民族，这是世界公认的事实，用不着我们再费精神来自夸自耀的。它是东亚蛮荒的开化者，它是整个东亚文明的创造者，传播者。它这个文明，有它的特色，有它的独具的价值而为其他系统的文明所未充分见到，充分发达到的。

抗战需要自信力，而中国民族尤不应该缺乏自信力。我们民族过去的伟大成就，是我们自信力的源泉。我们根据这些过去的成绩，更可以相信我们民族此后的成就必尤有独到之处者。所以我们的抗战，不但对过去自信，对将来尤须自信。

但在另一方面，抗战尤需自省。我们这系统的文化是我们民族数千年来在特有的环境下发展出来的，是我们民族比较的与其他文化中心长期隔离而发展出来的。这种独立发展的文化，自有它的特色，它的特色往往就是它的好处也往往就是它的弱点。这种弱点，在闭关自守的时代，尚可不至尽量暴露，但是到了现代，四方八面的潮流、的势力，都凑在一块，苦作无情的竞争，拼命的角斗，我们那些弱点乃赤条条的暴露出来。横在眼前乃涌出一个大问题：如果我们对我们的某种弱点不加改革，也许我们文化的优点竟或失掉生存的机会。

我们一方面要自信。我们一方面要自省！

我看中国的文化有三个致命伤。

（甲）文武分离是中国文化的第一致命伤。春秋时代我们是文武合一的。那时代当政的卿大夫也就是那时代的军事官长。你看那些晋、齐、楚、郑的上层阶级哪一个不是在战场则执干戈以卫社稷，在朝会则执玉帛而诵诗书的？经过战国的无数战役，与社会上政治上的变迁，这种文武兼全的贵族们，死亡消灭。到了秦汉统一之后，文武乃逐渐的分离。文武分离的结果就是武人目不识丁，粗暴不堪，毫不知国计民生之为何，文人力不缚鸡，萎微不振，毫无有效力疆场的本领。流弊之极，武人无术，文人无行。持此文人无行武人无术的国家，我们如何而可驰骋于现时代的国际竞争舞台之上呢？流弊还不止此。文武分离，积有年所，便发生文武嫉视的现象，文人不懂武人的心肠，武人不明文人的头脑。文武派在中国政治上的不和，是几千年始终未决的问题。虽说是这问题各国皆有，在中国乃其患特深。是了，智识阶级，类皆是咬文嚼字之徒，战斗职业，变成为游手罪犯之事。文的多半是胆小畏死，武的多半是政治常识毫无。知识与胆量分离，教育与兵制分离。这是中国文化的大毛病。

（乙）四千年的国家，严格说来，只有个人的军队，地方的军队。即当汉、唐、宋、明升平统一之世，我们军队的心目中恐怕最多亦只有刘家天下、李家天下……的思想，而无为中国而战争、为民族而战争的雄心。迨到了每朝的中叶末造，我们的军队，却立地公然的四分五裂，五花八门，尽量的显出它们个人的色彩与地方的性质。互十数朝代，我们始终没有创出一个机构上、精神上完全国家化的军制，于是权臣握军政，便成篡逆的局面，藩镇握州兵，便成割据的局面。中国历史上之所以治少乱多，军队未曾国家化，便是祸阶之一。民国成立，对此点亦未能改革。二十余年来的大毛病，也就是只有个人的军队、各省份的军队，与夫党派的军队；而无全中国的军队，全民族的军队。我们都晓得军队的国家化、民族化，是现代任何国家的第一要素。无国家化的军队，便不成其为国家。过去我们缺乏一元指挥下的为民族为国家而存在的国军，这是我们文化的第二致命伤。

（丙）说来也不足怪。中国向来缺乏民族思想，缺乏国家观念。我们的政治哲学，与社会制度之立场与目标，是在一个假想的"天下"内，发挥我们的家族主义、宗法精神。在缺乏国家观念的社会中，当然产不出国家化的军队。反而言之，在家族主义盛行的社会中，也当然只有私人化的军队，也只有刘家军、李家军、张作霖的军队、吴佩孚的军队。说到此地，根本的问题，是民族主义与家族主义的对立问题，是家庭第一与国家第一的问题。家庭意识重，国家意识轻，这是中国文化的第三致命伤。关于这点，一般人本早看到，亦早谈到，但是家族意识终是根深底〔蒂〕固不易铲除。这是因为中国的家族组织，不但只是一种实际的社会制度，并且还有一番严密的伦理哲学在那里为他维持，为他掩护，这个伦理就是"孝为百行先"的思想系统。孝本不失为美德，但是把孝大吹大擂，高高抬起，认为百行之先，则不免弊端百出。然而在家族主义所支配的社会中，孝为百行先也是一种当然的趋势，也就像在那西方各国的国家主义的社会中，忠为百行先是一种当然的结论一样。到了今日听说还有些大学的教授在北方接受傀儡组织的封爵，他的理由是奉养老母，不得不屈节一时！可见旧思想的恶作剧，还在活动。

然而究竟近数年来一般的情形已开始转变了！尤其是抗战以来，我们社会上发生了极大的变化，显然的中国的文化已初步的踏进一个新纪元，抗战的军人在此伟大的变化中，实占个向导的地位。尤堪注意的，这种向导的地位，不是由他们空言呐喊而掠得，乃是由他们实践实行的工夫换来的。

我们看那到处受训练的壮丁，我们再看那些正在前线浴血苦战的无数将士，我再想到那些壮烈牺牲了的数十万忠魂，我不禁的要承认抗战军人在现时中国文化的行程中是占了一切的顶峰。他们本身的品质与实际的行为是恰恰把中国文化的三个弱点、三个致命伤，一举而推翻之，而为我们民族的精神发展，别开个空前的生面。

中国的新军人，中国的抗战新军人，与从前的传统军人大大不同了。数年来各处陆军学校以及种种特期训练，都是代表我们由文武分离走入文武合一的倾向。一般下级军官与干部亦都是学界的过来人，他们都是以知识界的本质，受战士们的锻炼，以文字的底子，做武的工夫。二千余年文武分离的畸形变态，到此一旦革新。中国的新军人是文武兼合的新人格。

听说各处的军队都争先恐后的希望到前线抗战。他们是为谁而抗战呢？为何而抗战呢？对此问题，他们心目中已有新认识，已有新答案。他们决不是为姓刘、姓李的而抗战，也不是为云南或湖南而抗战，也不是为某党某派而抗战。他们抗战，用不着说，是为全中国的生存、全民族的生存与荣誉而抗战，换而言之，他们的头脑已无形中完全的国家化。数千年没有国军的中国，到此乃一刹那间而组成一个万众一心的国军，一致杀敌的国军。凭着这些军人们的新认识凭着他们的思想解放、精神革新，中国乃不可遏止的取得现代国家的资格。

抗战的涵义，军人最明了。它的背后，是需要一个决心的。他们要经过一种心理上的超化，决心跳出家庭的小范围而为整个的国家服务，不顾父母妻子之如何而决心以身献国，这实是他们确切认清在此大时代中，孝的人生观已不够用。我们如果要担起新时代的责任，必须赶紧大无畏的跳出"孝为百行先"的圈套而踏进"忠为百行先"的大道，数千年家庭第一的气习到他们手里乃一变而成为民族第一、国家第一的决心。

把数千年文化的三个致命伤，一踢而翻之，建个新秩序、新人格，这是抗战军人在抗战过程中所建立的伟绩。

二　抗战军人与中国今后的变化

现在再谈一谈抗战军人与中国今后的文化。

我们分析中国过去传统的思想与文化的气质，感觉得其中有个大缺憾，就是我们的传统思想与文化中，太缺乏了军人的影响、军人的贡献。

我此地所称的军人是真正的军人、合格的军人，不是那些鲁莽无知、蛮横乱行的丘八与老总。

任何健康有为的国家，它的思想与文化都必带有军人的成分，武德的成分。反而言之，如果一个国家的一般思想与文化是太缺乏了军人的色彩与武德的因素，其国必弱，其民族必不免萎微不振。

中国传统的思想与文化，所以没有军人的成分者，其中不是无因。自从文武分离以后，中国军人与知识脱离日远，因而品质也逐渐降低，除了汉唐初叶与宋明全盛时代以外，中国大体上直可说无军人，只有丘八，无战士，只有老总。你看前此那些蠢而冥顽的丘八与老总，那里会有本领来影响到民族的思想、民族的文化呢？不但无影响，并且发生一种反作用，他们无天无帝的行为，使一般人发生无限的厌恶之心，遂至连真正军人的武德，也都一概抹杀不提了！所以中国的正宗思想不但缺乏了军人精神，并且充满了反武色彩。这是当然的结果，却也是大不幸的事实。

在这种环境下，控制思想文化的权威乃完全归到文人的手里。中国的思想文化，可说是一个文人的专品，文人的产物。文武分离的一个结果，就是文字成为文人阶级的垄断工具，抱着这个工具，文人阶级可以把他们特有的念头与见解，尽量的笔之于书，传之后世，一代又一代，火上加薪，结果当然是势力弥漫，布成个天罗地网，到处尽是"文人之声"。

中国的思想与文化是个文人化的思想与文化。藏诸心者为思想，表诸事者为文化，中国人的表表里里皆类不能脱文人的气味与气习，中国人之所以为中国人，即在于是。

何谓文人呢？这是不容易答复的问题。你可以拿理想化的眼光，把文人形容得天花乱坠，惟圣惟贤。你也可以本着深刻嘲讽家的态度，把文人描写得如鬼如蜮，一钱不值。这都是主观的界说法，未足为凭。我想客观的办法，是把"文"之一字分析起来，竟"文"之一字有何等的意义，有何等的涵义。那么，一般所谓文人究竟大体上是何等之人，也就可知其概。

文与质常对用。质是指一切自然或天然之物，文是指一切人为之物。与质字对照而说，则凡世界上一切人工创造的物件，与夫一切人群发明的制度，都叫做文，所谓礼法仪节者可说是文的中心物。由此节看去，文人之所以为文，也可窥见一斑。文人之所以为文者，以其专以礼法仪节为事也。

中国文人之重视礼仪，天下闻名。重视礼仪的结果，往往不免过分的注重形式。礼重而意不逮，形式做到而诚心缺乏。于是文之一字乃与"虚"字结合，而成"虚文"一名词，文之一字乃带有三分虚伪之意！

再者，文与武常对用。文之一字实合有"不武"之义。其实中国之文人乃大有反武的气味。文与德合，而成"文德"一名词，武与力合而成"武力"一名词。文德与武力在中国思想史上是对立相反的概念，声势所及，对中国实际的政治有莫大的影响的。

文之一字因此而含有"反力"、"无力"的色彩，而文乃与弱合而成"文弱"一名词。我们平常一提到文人，便想到文弱二字，所以我们常说道"文弱书生"。提到书生，我们心目中便仿佛看见一副青黄面孔，柴立骨架！文之一字乃染得弱之意义——生理上之弱，且或是意志上之弱。

此外，文雅一名词，也是常用的。文与雅合，是文含有雅意。传统的中国读书人，都要文雅，都希望变为文雅。整日琴棋书画，不时游山玩水，此之谓文雅。文雅者乃有脱俗之意。脱俗成性，往往有与现实隔绝的危险。

　　最后还有一点，就是"文章"之一物。文人的拿手好戏，就是文章。所谓文章者，满纸云烟而不见一点内容是也。中国官员好做文章而怕做事，文章做得愈多而事乃做得愈少。你看那些堆案如山的"等因奉此"，究竟做几桩"惠我黎民"的事体出来？"计划"与"方案"，我们是应有尽有，但是实行者究竟是何岁何人？本来文人的把戏只是"具文"，文人的政府也不过"具文"而已。

　　好做文章而不愿做事，好炫文雅而不近现实，弱不禁风而看不起强者，高谈文德而排斥武力，斤斤礼仪，殷殷人事，十分貌敬，三分假意，这是我们一般的文人，大体上也就是我们文人化的文化。

　　已往者如此。今后者如何？

　　我大胆的判定：今后种种有如明日生。今后的思想与文化必不可遏止的脱开文人化的藩篱，而奔入一条崭然新颖的途径，这条新途径，我无以名之，名之曰"战士化的途径"。

　　如果过去的中国思想与文化，是个文人化的思想与文化，今后的中国思想与文化将要是战士化的思想与文化。

　　这就是这次抗战的最重大最深远的意义。抗战不只是把日本的侵略主义打倒，抗战也不只是把祖宗的土地保存，抗战也不只是救着民族的生存，甚至可以说抗战也不只是伸张人类的正义。抗战的最重大最深远的意义，是在此战的苦撑中，建个新的思想来，新的文化来！是在战的锻炼下，立个新的人格来！

　　这个新的人格，就是战士化的人格。从今而后，无识无疑，我们晓得了我们前进的方向。我们今后的思想与文化是背着文人化的残垒走，向着战士化的大寨奔。

　　这个战士化的大寨，贮藏着无数的宝物。各个宝物都是光芒万丈的，那些宝物的种种色色将来在我们的历程中要一一展开，要一一发现。我们现时无从全数说明，我们只要指出三四点：

　　（甲）完全为公的精神　战士的存在理由就是为公，他的职业与职务是在为公，他是为整个民族的利益而存在，为整个民族的利益而斗争的。战士的为公，与他人的为公不同，农工之为公只须劳其手足，知识份子之为公只是劳其心思，战士之为公，是准备送其生命。拿性命来为公，是纯净的为公，完全的为公，所以战士可说是为公精神的象征。有人说过，中国人最大的毛病，就是自私。关于这点，此刻不能多说。我所要指出的，就是中国人不能为公的恶习是与中国失去战士的风格大大有关的。中国人的思想一天比一天的文人化，便是一天比一天的脱离战士的风格，战士的风格愈失，为公的精神愈微。我们此后若要打倒自私心，奋起为公的旗鼓，办法固然是多方面，而必须多方面的。不过我们可以断言，如果我们能把战士的风格竖立起来，把全民族"战士化"起来，为公的精神油油生矣！

（乙）铁般纪律的习惯　做一个真正的战士，必定有严格纪律的习惯。军人的纪律与平常人的纪律不同，平常人谈纪律多少总带些"相对性"，军人的纪律是绝对的，是铁般的不能通融的，不能"讲情"的，所以军人也可说是纪律的最好象征。一个思想军人化、战士化的民族，对纪律之一物必易了解，亦易实行。中国人缺乏纪律的习惯，是中国"反战士"的文化之当然结果。换而言之，文人化的文化，在归也，难免懒慢疏松，纪律精神扫地。将来战士化的文化来临，跟着到门者即是纪律的认识，纪律习惯的建立，这是必然无疑的倾向。

附着纪律问题，我们可一谈"服从与领导"问题。服从与领导两概念是纪律的一个中心问题，任何军队作战，必要将官的领导与兵士的服从，这是当然的道理，凡有一点战争的经验的人，都明白的，凡有战争的了解的民族也都理会的，只有"反战士"的文人化的中国，对此不时瞠目。一般西方人都晓得服从包括领导，领导亦包括服从。无服从者，何从领导？无领导者，何从服从？服从与领导是二而一、一而二的东西，是纪律生活的两方面，是团体生活，公共企业的必然形态，是组织问题，是职务问题，绝不是"面子"问题。譬如踢足球，各球员有各球员的职务，你不能认守门者就是占上风，占便宜，其余却尽是走狗，尽是跑腿。我们中国人不懂得团体生活中的分工意义，事事必由个人的"功名"着眼，看着人家在上头，立刻眼红。服从一事，认为"丢脸"，既不能令，又不受令，结果成为天下之"绝物"。既是一群绝物，哪里谈得上组织？更哪里谈得上组织现代的国家？

（丙）"勇为人本"主义　在现时代的国力竞争的世界中，最重要的德行就是"忠于国"。换言之，忠为百行先。关于这点，我不久前曾发表一篇文章略略讨论过了。此刻不谈。愿得些许篇幅，略谈一谈勇之一问题。

忠是战士意志的目标，贯彻这个目标，必须有勇。换言之，忠的实行靠勇，满腔忠诚，无勇无由实现。从来真正战士都是实行家，战士谈忠，必求其"行"，而勇乃成为绝对需要的因素。战士而无勇，不知其可也。大车无輗，小车无軏，其何以"行"之哉？

勇的界说不多。但是中山先生说得好，勇即俗语"不怕"之谓。谈到此地，我们便晓得勇之根本重要了，任你一切善德，应有尽有。忠孝仁爱……无一不备，但是你说："我怕"，你不敢实行，那岂不是一场空话，一场笑话？那些忠孝仁爱……哪里是你的东西？不过挂在口头，何曾在你心头？即是在你心头，也可曾有点用处？我们于此可了解得西方各国认"勇为人本"之理由了！勇为一切观念的实现力，无勇则一切落空，根本上即无资格来谈任何事物，根本上即无资格来谈任何道德，无勇便无行动，无勇便是僵物，不但不配"做好"，而且不配"做恶"！做好者为好人，做恶者为恶人，不配做好、不配做恶者谓之废人，盖有人若无人焉。在西方人的眼里，无勇即非人，勇为人本，即是此义。在欧西各国，你可执一人而骂焉，骂他为恶棍，骂他为豺狼，他都可忍受，但若骂他为懦夫，骂他为"怕事"，他必奋起拳头，与你拼个死活。怯懦是最可鄙的心理，其中是有深理的。

战士尤须有勇。战士之必须有勇，亦犹文人之必须知书能文焉。天下无不知书之文人，斯天下无不能勇之战士。不知书之文人，不能谓之为文人，谓为文盲。不能勇之战士，不能谓之为战士，谓为夫，所以勇与战士，概念上与实际上都是打成一片而分不开的。西方各国以勇为人本，也就是因为他们的思想与文化，本极含有战士的因素，骑士的遗风的。

（丁）敢死的决心　勇是不怕。不怕之最后的试金石，就是"不怕死"。战士人格之最后的试金石，也是不怕死。假使有一战士于此，平日自诩他能为公，他守纪律，而且他是有勇，但是到了两军交战，枪弹横飞之时，他便抱头鼠窜，逃之夭夭，你还可谓他为战士吗？战士之所以确证其为战士者，即在不怕死三字。勇的后盾，勇的基础，乃在敢死的决心。

说到此点，我们不禁要提出一个问题，请大家注意。

中国过去的传统哲学，在我们社会里握有最大势力的，可说就是一种"怕死哲学"。这种哲学的萌芽虽远在上古时代，但是它的势力之膨胀，与其影响之深入民间，乃是秦汉以后之事。上文提过了，春秋时代，统治阶级的卿士大夫都是能武，就是孔夫子也是会射御的。勇的风气，还遍行于一时。战国以后，武士阶级没落，文人阶级渐兴，怕死的人生观乃随着文人阶级在统一王权下所夤缘取得的优越地位而逐渐的抬头而风行，逐渐的巩固而滋长，"明哲保身"遂成为中国社会上的立身标准。我们检点历代名人的家训，乃见得其中最重要的圭轨就是"勿多言"与夫"祸从口出"之一套。记得芦沟桥事变的前一月，北方某大学毕业班行典礼。一位先生上台训话，他就是一五一十的叮咛吩咐道："你们行将踏进社会去了。紧要的是到处小心，出门看天色，少说些话，免碰钉子！"中国的父兄教子弟，最要其学"涵养"。涵养的意义，就是少说话，少露锋芒。其实青年人就是需要露锋芒，需要敢说话，碰一碰钉子亦复何伤？我们也晓得世界历史上曾有碰了十字架的钉子之人，结果是为人类种下一个伟大宗教的种子吗？苏格拉酰死于狱中，卜容瑙Bruno 烧死于大庭，可是他们的真理反因而流传万代。碰钉子乃大幸，我们怕什么呢？

我们中国人所须要的，不是小心，乃是大胆！

我们整天的在那里喊小心。"慎之哉，慎之哉！"我们整天的在那里害怕，在那里发抖。我曾到过一个家庭，它的大门六扇，便高高的刻着六个红漆字："出惧之，入畏之"。真晓不得这个光天化日之下，他所害怕的究是什么？

"怕"是中国人日常生活的主宰，我们的社会里充满了"怕"。我们做一桩事，往往不是因为此事之该做，乃是因为不做便遭人言。我们不做一桩事，也往往不是因为事之不该做，乃是因为一做出去，又怕有人说话。我们一动一静一举一止的动机，都是个怕字——怕人言，怕闯祸，怕不得上司的垂青，怕不博乡党的称誉，患得患失，畏首畏尾！归根到底，还是一个"怕"！

我们晓不得人生乐趣正在放胆做去。看得到，做得到。管他三七廿一，管他青蝇之营营，宵小之指摘，我且凭我的良知，做将过去，怕什么呢？

原来中国的怕的人生观，怕死的哲学，与中国孝的学说的某部分，发生大关系。"孝子不登高，不临深"的一套，意也许是欲求一种矜持的态度，但终不免是鼓励那"可怜虫"的战战兢兢的丑样子。我们说，孝子〈不〉登高。西方人专门喜欢爬高。我们说，父母在不远游。西方人专门喜欢探行危险百出的地方。

福建人有一句顶坏的骂人话，就是"半路死"。有子有子行远方，死在半路莫还乡。这是个大不幸，大不祥，这不是前生作孽的结果，也是此生阴德有亏之所致。

记着美国人"西迁"时代，无数的人，步行或驱车向那远僻的西部推进。经沙漠，逾大山，不少的人中道殂殇，于是他们创出一句赞扬尽致的恭维话，就是"穿着靴子而死"Die with his boots on。在他们的眼光里，穿着靴子而死者，英雄之徒也。

换言之，我们生怕半路死，他们专要半路死。这十足的显出两个民族性格的不同。

中国人生怕半路死。中国人必得死在家乡。所以从前许多走到海外的侨民，临死之时，都要赶回国来。

中国人生怕半路死。必求寿终正寝。所谓正寝者，就是那正式的卧房，其实我们的正式卧房大都是空气肮脏，臭味勃勃。死在那里，正不知有何妙处？

寿终之意即是终其天年。"父母全而生之，[人]子全而归之"。冒险而死，被杀而死，自杀而死，皆是"不得其死"，世之所悲。换而言之，中国社会所认为最合格的死法，就是老病而死，也就是说最合格、最"无憾"的死法，就是死被微生虫咬死！在这种的人生观的压力下，你看探险而死，打不平而死，革命而死，为国抗战而死的精神是如何的难于发展啊！

然而大时代的推进，已把最后的关头迫到了我们的头上，迫着我们改换那旧有的人生观。犹幸我们这个民族，终究"生机"未熄，竟然于万国惊讶之中，拿起枪杆来，拼命地一致抗战。我们已应着大时代的呼声而发扬出一种新精神——我们不怕死！此次前方的数十万战士一致的做猛烈的奋斗，壮烈的牺牲，不但是表示他们的无上忠勇，而且已为着整个的民族，建立了一段大无畏的精神。今天的中国人已不是昨日的中国人了，我们已体验了敢死的豪气，已具有敢死的决心。

为公的精神，纪律的习惯，勇的崇拜，不怕死的决心——这就是抗战以来我们所憧憬的理想，这更是抗战军人所履行的事实。

这些数十万、数百万新军人的可歌可哭的行为已震动了四万万人的头脑，已震动了四万万人的心弦。一个活泼泼的崭新时代，已涌在中国思想文化界的面前。如果过去二千年，是个文人控制之时期，此后的种种，将或称为战士薰陶的境界。如果过去二千年只看得文人气味暗中侵蚀战士的心灵，从今日起，将见得战士风格开始攻入文人的脑筋！

二七，六，十五，昆明

（原载：上海《东方杂志》第 35 卷第 14 期，1938 年 7 月 16 日。）

优生与民族

——一个社会科学的观察

（1939）

潘光旦先生在《妇女与儿童》一文内（今日评论第十四期）提出三大原则以为他所谓"新妇女运动"的指南。第一原则是要看清男女分化的科学事实，承认子女的生、养、教是妇女无可避免的任务。第二原则是要转换价值的观念，把生、养、教三字标为新妇女的根本价值以与男子们的各种传统价值抗衡。这两原则都有相当的理由，也吻合世界的新趋势。虽然其间容有应当补充之点，我们大体上愿作共鸣。

刺人眼的却是他的第三原则。原文如下：

> 第三，要改变（妇女）运动的目标，以前的目标是个人的解放与发展，今后的目标应当是民族健康的推进。民族健康的根本条件不是外铄的公共卫生，而是内在的遗传良好；而遗传良好端赖民族中中上分子能维持与增加他们的数量，此外更没有二条路径。

本来讨论问题，全靠立场。站在纯优生学的立场来看，潘先生这段的论调都是意中事。我们这里所要提出的是"社会科学"的看法。纯优生学的看法不能免基本派的倾向，社会科学的看法，却可以注意到事物间相对的关系。如果前者不免见其偏，后者或许见其全。前者容易流为超时空的理论，后者往往可以得到贴现实的方案。

要把妇女运动的目标，由个人的解放与发展改变为民族健康的推进，似乎对健康两字应当有明白的界说。把健康只当做生理上的健康解，不免狭小之嫌。如果把它广义化，而包含心理上的健康在内，则这种宽博正大的目标，莫说是榜作妇女运动的招牌，无人置喙，即扬起来当做全人类一切工作的最终目的，也何尝不得体，何尝不合宜？问题的关键似乎在如何推进。说到如何推进，那便说到实行问题，步骤问题。我们的眼光便要脱离纯理论、纯逻辑的层级而进入现实的范围。下手应当孰先孰后？注意点应当何去何从？这却不复是主观的学理问题，乃要看客观环境的情况而定。内在的历史遗产，外在的潮流压力，都要结算在内。

用这种的眼光看去，则所谓民族健康的推进也许与妇女个人的解放与发展是发生有不可切断的关系。进而言之，在现有的中国社会状况下，妇女个人的解放与发展也许乃正是潘先生所谓民族健康推进的必须第一着，也许竟是民族健康推进的大前提。

个人的解放与发展是五四运动的主脑母题。五四运动在国史上的意义，不一而足；但是个性的解放，恐怕是它最重要的使命。中国传统的文化太发展了群体的压制力，太伸张了社会制度的权威。"五四"运动揭起来个性解放的旗子，煞是一种极有价值的反动。如果用福洛特的名词来说，中国数千年的文化，太发挥了所谓"太上我（Super-ego）"的威力，所以必须要唤醒"阿物（Id）"的活动。"阿物"固然是极富危险性的东西；但是把它压制得太紧，势将又不免要摧残整个人的生气与灵机。中华民族的生理与心理，颓萎到今天的田地，是不是直接间接都与个性的被压——尤其是女性的被压——发生根本的因果关系呢？这是优生学家与任何家都应当首先自问的大题。

数千年来女性太受压迫了，太受摧残了——由缠足说起，以至小老婆制度与夫社交上、机会上的不平。就用纯优生学的眼光，你看我们那些生理心理层层桎梏的妇女们，如何而担得起潘先生所要来的"生、养、教"的责任呢？且莫忙谈儿童健康，民族健康。也许先决问题，乃是把儿童所自出的妇女们尽先健康化起来！要把女性健康化，也许在中国现有的历史遗产下第一步工夫就是要他们个人的解放与发展！

固然的，五四到今天已经整整二十年。我们抚往思来，当然也可以问一问：中国妇女们到今天是不是已经解放够度了，解放过度了？尤其是在此抗战时代，我们所当侧重的，似乎应当是集体，不是个体，是民族，不是个人。五四时代所提倡的个性解放到今天是不是应当告一结束？

我们不能不承认五四以来的解放运动，流弊孔多。但是这些流弊，与其说是解放本身的错误，不如说是解放未得其方，未得其向。功过对抵之后，解放运动，终究还是二十年来最有意义的史实。即就妇女方面而言，女性在轮廓上的进步，恐怕不能不说是民国以来差强人意的成绩了。

女性解放够度了吗？我的答案是"决不够度！"我看那家家虐待的丫头，我看那到处逢源的变态的纳妾，犯法的重婚，我看那下层丈夫的打老婆，上层女子的无职业，我看那整个社会的依旧重男轻女，我晓得这个古老文明的中国，说到解放女性，蓬山前路，远隔万重呵！须知真正的个体解放并不与集体团结冲突。两者本来是相得益彰，相辅而行的。抗战期间的文化动向，一方面必须辟出新途径，把集体组织化；一方面却也必须继续五四的作风向个体上作进一步的合理的解放。如果个体解放必须在集体组织的范围内推行，集体组织也必须在解放了的个体上建立。在这点上着想，五四运动与抗战时期内的精神总动员，乃在一条直线上，并不是对垒而立的。

这不是一个纯理论的问题。看看四围的大现实，再抓住这些大现实中心的意义，即使站在优生学立场，恐怕所谓民族健康的推进，大前提还是女性的解放。根本的原则是人格尊严的树立与社会机会的平等。不消说，所谓人格尊严绝不是女性男化，所谓机会平等并不必是男女同工。这两点不但不与潘先生的第一第二原则冲突，并且，我看，还是他那两原则的基础的必要前提。

"民族健康的根本条件不是外铄的公共卫生，而是内在的遗传良好。"潘先生这句话，确是道地的优生学家的口头。背后的假定，当然就是遗传比环境为根本。Nature 与 Nurture 孰本孰末，本是学术界纷纷莫决的老问题。种瓜得瓜，种豆得豆。恐龙不会生狗，狗不会生人。在这点说好像遗传是根本，环境无能为力了。然而同一个生猴子的祖宗，为什么也会生人呢？大家公认的理由据说是"突变"。突变的来源又是什么呢？此处却没有人敢断说其不由于环境的作用了。最少这点是无疑的：即使种类的本身是出自遗传，种类的生存与消灭却不免是由环境决定，你说那一个是"根本"呢？

社会科学的看法是要看出了物间相对的关系。根本不根本，从无绝对的定评。卫生为根本吗，还是遗传为根本呢？你说你的大少爷是个天生的玉树，但是卫生不讲，不成人而殇，好遗传有何用处？卫生与遗传，本是互相为用，缺一不可。这点就是优生学家也不否认。

社会科学家从不凭空下问：哪一个为根本？他只问一问：在某一空间，某一时间内，哪一个比较重要？此处"重要"两字，乃充满了"人"的价值，并不是一种超出时空的真理。换一句话说，浓带着实验派的气味，而不是基本派似的主观评论。知识上孰为根本的问题，于是乃化行为上孰轻孰重，步骤上孰先孰后的问题。

所以要问的并不是公共卫生与良好遗传孰为根本，乃是在中国现有的状况下，孰为轻，孰为重，孰当先，孰当后？怎样问法，我们的答案，却要正与潘先生相反，要改良民族的健康，目前最急需的（因此也可以说是目前最根本的）条件便是公共卫生。良好遗传尚是次等问题，至于"外铄""内在"之分，只不过是一种形而上学的微妙而已。

公共卫生的不修是中华民族最大的罪过！痰到处吐，小便到处撒，垃圾门外倒，马桶当街倾。哪一个日括万钱的市长想到整城沟洫的改良？哪一个招牌堂皇的卫生所做出来，一件切实的工夫？走遍神州四千县，东西南北，哪里不是虎烈拉，猩红热，痨病，痢疾，花柳病？切莫管你先天如何雄厚，就让你生下便具有希腊天神的模样，你能经得起几次虎烈拉，急疟症的摧残？在我们这块的土上，正不知有多少的希腊天神都化作了标准的东亚病夫！我并不求你们个个都可以到奥林璧显身手；我只求你们做得成普通寻常人，不残废，少抽鸦片，国家已经消用不尽了。据说，最近某学校招生，报名四百人，沙眼，扁胸，体轻，脚软，七除八扣，只有五名合格。毛病尚不在先天不足，乃尤在后天失调。如果用潘先生的名词，中国民族健康问题，大部分的症结尚不在"生"，乃尤在"养"与"教"！生是我们民族的专长。即使大多数先天不足（其实先天不足的原因大半是父母本身的养教不足），最少也可得一万万"像样"的人。闹得今天四万万一概都变为尼采所谓半人，小半人者，养与教不足之过也，公共卫生不修之过也！

其实论到良好遗传，最困难的问题就是审别。谁来审别？用什么标准来审别？这些都是难赛上天的问题。古希腊的斯巴达曾经勇往绝行了。它用生理强壮的标准，由国家来强制审别。据说斯巴达的倒台，与它这种迷信遗传乃大大有关。诚然的，现时的科学关于可遗传的生理与心理的病症，已有相当可靠的知识。禁止这些病态人们的传种，可以不难办到。但是由此以上，谁当生子，谁当绝后，目前的生理学、医学，自问尚是茫然。

谈到此地，我们便要评一评潘先生的最后一点了。

潘先生说："遗传良好端赖民族中中上分子能维持与增加他们的数量，此外更没有二条途径。"

这是关键句子，因为这是说明潘先生审别遗传的标准。换言之，潘先生相信"中上分子"具有良好遗传，所以主张中上分子多多生育。涵隐的反面意思，也就是"中上以下的分子"遗传欠善，应当多多节育。究竟"中上分子"四字作何解释呢？

谅不出下列二者：（1）中上二字是指体质（生理的）与智慧（心理的）的程度而言；（2）中上二字是指经济或社会的地位而言。若作前者解释，那就是说体智上中的，应当多多生育。这句话可说是常识的真理，谁能反对，谁不赞成？关键还在审别的标准。你所用来以审别那些上中下的体智的，究竟是什么？我说过了，要寻出几种最浅显的可遗传的病症，不至发生偌大的困难。过此以往，在常态的人们中，要挑拣出而下品题，把上中下的太古三格式硬套在人家的头上，那就恐怕大有流为希特拉"量鼻子主义"的危险，结果却要禁止爱因斯坦成婚生子了！审别体质，已是难事。有骨架的不必有气力，有气力的不必有精力。至于审别智慧，以至审别性情品格，那只有拜请上帝亲身出马——就是你那风动一世的时髦统计学、"测量术"也是无能为力的。这是事实问题，不是你我个人意见所能左右。

只说中上体智的分子，而提不出任何适用的标准，那就等于说体智良好的，应当生育；也就是说，有良好遗传的，应当遗传。此之谓遁词，此之谓 Tautology，此之谓虽解释而未解释。

如果潘先生的解释而有确实的意义的话，恐怕只得作第二说解。"中上分子"恐怕是指经济或社会的地位而言。换而言之，就是有钱的人，有身分的人。且莫管你赞成或是反对，钱与身分比较地尚是近于客观化的标准。并且在一个健全社会里，钱与身分，大体上说，尚能与"才德"相符，尚能表征体智健康。在无可奈何中，它们或尚可算是差堪应用的价格。

只是在中国的现时，这价格，这标准，是绝对不可用了！我们社会中现有的中上层分子，你看他们的面目头颅，他们的心肝五脏，究竟是合于哪一格的标准呢？他们钱是有的，而且愈来愈多。他们身分更是高的——只须头衔是官。却是他们中间，有多少个是眉目清秀？有多少个是双肩阔方？有多少是心肠中正？有多少是指头老实？潘先生要请这些人来尽量发挥他们的生育性，你想他们所遗传与民族的，是天鹅还是乌龟呢？

其实一向的中国社会，本来就是他们在那里繁殖。老百姓添儿女，一大半都是死亡。所以五口之家确是农村的常态。大人先生们却不够了。有了老妻不算数，金房子还要储娇。大姨太、二姨太的产品，加上正房的成绩，一五一十，四个手的指头，转瞬间已不够数了。然而生出来的，大都不是豚犬，便是豺狼。到了近年来，十之八却都做成鸦片王了。我看城市里所谓上层的红男绿女类皆是青脸黄皮，我晓得如果要改良民族的健康，还是请农村的"下层"父母，多多努力。所谓中上层的夫妇，即使全都罢工，民族未必不收"失马"之福。

最后让我们再提出一点来。潘先生目击现时渐有独身、迟婚、少生子或不生子的案件，便惶惶然认为民族自杀的恶征。其实这个拥有四万万五千万人的老国，愁的不是人少，乃是有了人而却不当人看待！

独身、迟婚与节育——这些事实，毋宁是可喜的新气象。社会上会发生这些事实，最重要的原因，当然是经济的不给。目前国内，旧式的大家庭逐渐崩溃，生计也逐渐由成年的子女自当。独身、迟婚、节育等等是必然的现象，也是自由意志的一种表现。人家财力不够，为什么你偏要迫着他非做姑爷，非做爸爸不可？

数千年来，有脑力、有知识的国民，都被迫着个个非做姑爷、非做爸爸不可。我们文化中的破绽，恐怕就是端为这点出来！我们整个的文物制度，整个的人生观，太"姑爷"了，太"爸爸"了。也许民族目前所需要的，正是一大批无妻无子（或是无夫无子）的人，胸中一虑不挂，凭着一己的直觉，赤脚双拳，躔步踏来为大社会创造，为大社会努力！

（原载：昆明《今日评论》第 1 卷第 23 期，
1939 年 6 月 24 日。）

战国时代的重演
（1940）

我们必须了解时代的意义。

民族的命运，只有两条路可走：不是了解时代，猛力地推进，做个时代的主人翁，便是茫无了解，抑或了解而不彻底，结果乃徘徊、妥协、失机，而流为时代的牺牲品。

现时代的意义是什么呢？干脆又干脆，曰在"战"的一个字。如果我们运用比较历史家的眼光来占测这个赫赫当头的时代，他们不禁要投龟决卦而呼道：这时期是又一度"战国时代"的来临！

说来虽奇怪，却不是无因无缘。历史自有历史的逻辑，快眼可以抉发。历史上自成系统的文化，大半都有过了它的"战国时期"——与我们国史上二千多年前的"战国七雄"一段落，作用大体相等。在古希腊史，则自巴洛伯尼沙战争以至马其顿帝国的出现，为期大约一百年。在罗马史，则自腓尼基战争以至该撒时代，为期约二百年。我们国史上的"战国阶段"则时间较长，上自吴越战争的结束，下至秦始皇六国的兼并，为期约二百七八十年。

欧洲文明崛起于希腊罗马的古典文明之后，经过了文艺复兴、宗教改革、地理发现、工业革命的各幕热剧，乃不可遏止地成为现代全世界文明的动力，并且还决定了现代世界史——人类第一次真正的世界史——的发展的模型与方式。我们细察二百多年来的世界政治，尤其是过去半世纪的天下大势，不得不凛然承认你和我这些渺小体魄，你和我兢兢集凑而成的中华民族，是已经置身到人类历史上空前的怒潮狂浪当中了！我们的时辰八字，不是平凡，乃恰恰当着世界史上战国时期第一次露骨表演的日子。这段热剧，在十八、十九两世纪内已经渐露萌芽；却是充量的揭发，最少还要包括此后的三五百年。

战国时代的意义，是战的一个字，加紧地，无情地，发泄其权威，扩大其作用。

战本来是任何时代都有的现象，并不是战国时代的专有品。战国时代之战，所以大异于其他时代之战者，有三个大趋向在。这三个大趋向，因为了各个文化系统的内在与外在环境之特殊，主观与客观条件之互异，不免也有和缓与极端发展之不同，部分与充分表现之差别。却是演化的形态与发挥的作用，大体上都能够绰约相当。旷观中外古今，战国时代之所以为战国时代，战国的战之所以为战国的战者，理由都在这里。

（一）战为中心。——每个时代有每个时代特具的中心现象。这个中心现象一方面决定了那时代的"体相"Gestalt，一方面也就说明了那时代的意义。宗教时代，信仰中心。经济时代，企业中心。革命时代，社会改造中心。战国时代，战争中心。所谓战争中心者，战不但要成为那时代最显著、最重要的事实，而且要积极地成为一切主要的社会行动的动力与标准。在宗教、经济、革命各时代，战的动机，多出于信仰、企业、社会改革等等事实；战的进行也并不积极地干涉到信仰、企业、社会组织等等的主要内容。到了战国时代，则一切的一切，都要逐渐地向战的影子下取得存在。一向所谓信仰、企业、社会改造等等大事情，都要逐渐地失去了独立发展的自由；战的需求、战的威力，乃反要加紧地、加速地取得主动的地位，而积极地决定其他一切的内容与外表。

（二）战成全体。——其他时代的战，性质不免"偏面"。参战员人数有限，作战物的品类也不多。到了战国时代，战乃显著地向着全体化一条路展进。尽其文化内在条件的可能范围内，人人皆兵，物物成械。这种气象，在中国的战国七雄时代，就露出相当的规模。比较最能彻底推行的，便是秦国。现代所谓全能国家如德、义、苏联，都可说是"秦之续"，而变本加厉。正所谓时代的产儿，一方面是应运而生，一方面是还要挟时而进的。浅见者流，到了今天还要坐在讲座上，奔走市尘间，死把整个全能组织的意义，认作为一种专对民治潮流而生的反动，就好像宇宙间森罗万象，除了维克多利亚的民治政体，便没有更大的事情！这并不是看不起民治，乃是说事到今日，实在险恶到可怕的程度，就是轰动一百多年间的民治问题，也竟然落到次等地位。把占着时代的核心的乃是"全体战"三字。有没有本领作全体战，作战国之战，乃是任何民族的至上问题，先决问题。

这更不是说民治必定与全体战的需求两相冲突。在某种的解说下，民治乃正是全体战的部分条件（这点将来再论）。我们此刻所需要指明的：德、义、苏联，尽管他们的发言人如何解说，在客观的历史作用看去，他们绝不为反民治而全能，乃是为全体战而全能——就仿佛商鞅废井田，改税法，抑贵族，明赏罚，目的是要把秦国彻底地变成个道地的战国时代的国家，哪里是要斤斤然拿着"反封建"来当他的大前提？

"一切为战，一切皆战"，这是全能国家的根本意义。我们要知"时势"已经用不着再捧出那班实验派的专家，请他们调查统计，来一五一十地在纸上苦作推敲。但看十数年来全能国家，一个跟着一个呱呱坠地，我们可以无疑地判断天下大势，是不可遏止地走入"战国作风"了。

（三）战在歼灭。——这恐怕是最重要的一点。战国的战，最惊人的色彩在这里；战国时代在人类历史上最无情的作用，也在这里。战有两种，一曰取胜之战，一曰歼灭之战。前者的结局，止于取胜。后者的结局，则非到敌国活力全部消灭不止。在我们国史上，春秋时代五大战，都是属于前者。吴越战争，开始露出歼灭的倾向。到了战国时代便愈战而愈显出歼灭的本色。齐桓公"兴灭继绝"的封建作风，有如岳阳黄鹤一去不返了。

所以然者，春秋时代之战，大国对大国，只求名义上让步；大国对小国也多半只要它"听命"，而不对它占领。到了战国时代乃有一种崭新的欲望产生——即所谓"囊括四海，并吞八方"之心了。换言之，就是独霸世界的企图。

惟其如此，胜者对败者的要求，绝不是割城赔款所能满足；即使满足，也是暂时又暂时，不转瞬间，又来"迫命"了。如此一次又一次必到了你全部消灭而后已。所以战国时代之战，其特别可怕处，尚不在乎歼灭战多而取胜战少，乃尤在乎一切的取胜战都是着意地为着歼灭战作先驱！演到最后一阶段，两雄决斗，一死一生，而独霸独尊的"世界大帝国"告成。我们的古代国史如此。希腊罗马史，也是如此。目前以欧洲文明为基础的世界史，它此后的发展，是否可以独成例外呢？

一个文化，演到某阶段而便有战国时代的来临，并不是偶然之事，神秘天工。物质条件、精神条件，发达到相当程度，各地域、各民族间的接触也就日繁，互倚赖、互摩擦的情节也就日多。在这种相吸相抵的矛盾境界中，较大的政治组织，成为了逻辑的必需。并吞的欲望就在这里产生。由欲望而企图，由企图而行动，于是战乃不可免。战到了相当尖锐化，战国时代遂岸然出现于人间！

用战的方式来解决民族间、国家间的问题，论理是不道德，也不经济的。在这一点上，我们的孟子、墨子的反战论，与现在各国理想家的和平论，初无二致。只无奈理论自理论，事实自事实。理论家和平呼声喊得最高之时，也正在战国局面急转直下之顷。原来战国时代的国家自具有战国时代的气质。它固然也想平心静气，来"解决"国与国间的各种实利问题，但是——它更想要逞力制胜，取得独霸独尊的地位。战国的灵魂乃竟有一种"纯政治"以至"纯武力"的倾向，充满了"非道德""非经济"的冲动的。战国的气运，仿佛是定命似的一般，都要向着世界大帝国一方向拥进。其所采取的手段，好像也都不自由地要出于歼灭战之一途。所谓和平手段，世界共和，在战国时代，侃侃能谈者总是最多，实行的可能性也总是最少！这不是说和平不"应该"，无奈战争是"事实"。

运用全体战、歼灭战，向着世界大帝国一条路无情地杀进——这是战国时代的作风，战国发展的逻辑。如果我们眼下展开的世界史上的战国时代有以异于古代中国、希腊、罗马史上的前身的话，那就是：

（甲）古战国之战，还未能充分发挥其全体性；今战国之战，可以本着空前的科学发明以及科学的组织法，而百分之百地把国家的一切物力人力向着一个中心目标全体化起来。

（乙）古战国的歼灭方法尚不免粗而浅，今战国的歼灭方法却精密而深入得多。坑杀降卒，收兵铸像，秦始皇的办法也。把迦太基烧成荒墟，五十万人口所剩下的五万残遗，尽数卖为奴，卖为隶，西比欧的办法也。今战国的作风，则经济榨取之外，还加上微妙的奴化教育。日本则更本着它的"准武士道"的原始残忍性而推广其毒化政策。古今中外，方法确有精粗之别，而其为歼灭，为"活埋"则同！

（丙）继承古战国而发展的若干"世界大帝国"，其面积究竟不过全地球一角。今战国的魄力，如果能尽量发挥，其所形成的大帝国，规模无疑地必定广大。详细的过程，无由预测。也许开始是一种大洲式的若干集团，最后乃再并而为全世界的"大一统"。

莫谓这种"大狂妄"，绝对没有实现的可能。现在这个由欧洲文明扩大而成的世界文明，是充满了所谓"浮士德的精神"的，是握有一种无穷的膨胀力，无穷的追求欲的。像我们这般"中庸为教"的中国人，也许对这种大企图，始终难于了解。尽管我们同样不断跟着人家大喊，说某国某国包藏征服天下的野心，却是许多人的脑子后头总不肯相信天地间果会有如此的大狂妄。然而成吉思汗，就凭着他那种游牧文明的原始工具，还可以霹雳一声创出来兼跨欧亚的大帝国，谁能保这个踏进了"金属混合品"时代的二十世纪科学文明，不会有达到世界大一统之一日！技术的基础，经济的需求，已经开展到一个程度，竟使二三"狼子野心"的国家不自由地在那里跃跃欲试了。客观条件，主观心理，已经酝酿到初步的成熟期。所欠的只是时间——虽然是目前还看不出谁为六国，谁为强秦。

这正是世界战国的初期。生于斯世，为斯世人，我们所要关心的尚不是五百年后谁得天下。最重要的，我们要认自今日起，列强已经无情地开始了"战国式的火拼"！

两种程序已经展开了：强国对强国的决斗，强国对弱国的并吞。

英法德的交战是前一种程序中的一幕。它的历史作用，和上次欧战一般，乃是要在西欧的第一陆权国（德）与海权国（英）之间，决个雌雄。这种海陆权的决斗在欧洲地域内，早有先例。雅典与斯巴达，罗马与迦太基的争霸，都可说是英德争霸的前身。毕竟欧洲幅员狭小，不容两大并立。打个分晓，好使其中一个，跳出来世界舞台上充分地耍它的身手。英德争霸，正不必可以在这一次就得到截然的结果。如果罗马与迦太基的争持，前后不下三次，为期一百二十年，英德战争大可以时断时续，绵延两世纪下去。这是张伯伦与希特拉都能看到的：英德这次的争端，决不在捷克波兰，乃在世界霸权。尽管两国中也有不少的人提倡妥协，却是事实上的形势恐怕是必向歼灭一条路推进的——就好像罗马当日也有那西卡一般人主张保全迦太基的命运，而实际上罗马兵团还是终究把迦太基扫荡得片瓦不留。历史的逻辑，有时是有这般铁版〔板〕似的。

强国对弱国的吞并，由日本侵夺我们东北以后，有如暴风雨一阵一阵地连括〔刮〕起来。自东北四省，而阿比亚利亚、而奥大利、而阿尔比尼亚、而捷克、而波兰、而芬兰，其意义都是一样的。并吞弱国是对其他强国争霸的一种必须的准备，此所以战国时代凡是"强侵弱"的战事，迟早都要走到全部歼灭之一步的。

这次日本对我们的侵占，是他们图穷匕见的一着。它与一般的"强侵弱"的战事，有一点不同的性质，就是：不但被侵略的国家——中国——的生死在此一举，即是侵略者——日本——的命运，也孤注在这一掷中！此我们所以必须抗战到底而日本对我们也特别具有歼灭的决心也。

歼灭战是无和可言的。汪精卫所称"天下无不和之战"，对取胜战，可说得通；应用到这次日本对我的歼灭战，便是妖言误国。战国式的歼灭战是无和之战；和便全体投降，男为臣，女为妾！偏偏有一辈惯为臣妾之徒，以为天地间总有侥幸可图，只须三跪九叩，人家即可饶命。于是联袂接襟，相率东渡，凭着双手空空，向人家"还我河山"。我们传统的文人心理，政客鬼胎，真是无聊极了。天下事那有如许便宜！人家举国来扑，你竟梦想"三寸舌以退秦师"。生在战国时代而要妄效春秋时代的烛之武，无怪乎弄巧成拙，签卖国契者签卖国契，仓皇逃命者也只得仓皇逃命也。

这是我们必须认清的：战国时代来到，再也没有一个国家可以躲避歼灭战的尝试。在这种情势下，小国弱国终没有幸存的余地；即是幸存，也不过我们"战国七雄"时代的宋、鲁，对当时的大政治，毫没有过问的能力，到了最后一顷刻，人家挥刀，他们只有引颈就戮而已。

是无情的时代，充满了杀伐残忍之风。却也是伟大的时代，布遍着惊人的可能。惟其无情，所以伟大。惟其伟大，所以无情。人类的大运所趋，竟已借手于日本的蛮横行为来迫着我们作个最后的决定——不能伟大，便是灭亡，我更不得再抱着中庸情态，泰然抚须，高唱那不强不弱、不文不武的偷懒国家的生涯！

最后还要肯定者：如果这次欧洲战局明确给了我们以教训的话，那就是战国时代的国际政治绝不是根据于所谓意识形态之一物。十年来满耳哦哦的意识形态的对垒——民治对全能，社会主义对资本主义等等——到今日已烟散云消。意识形态是战国作战的一种手段，合用则留，不合用随时可以弃捐！如果你我把它当作天经地义，还捧着它以解释国际的合纵连横，那就不免死眼看活戏了。

我们文化的生命，早已踏过了我们的战国时代而悠悠的度过了二千多年的"大一统"的生涯。我们的一般思想的立场，无形中已渗透了所谓"大同"局面下的"缓带轻裘"的态度。直到今天，我们还不免时刻刻要把大一统时代的眼光来估量新战国的价值。这点恐怕是我们最大的危险。时代的意义，我们必须彻底地接受。象征地说法，我们必须要倒走二千年，再建起战国时代的立场，一方面来重新策定我们内在外在的各种方针，一方面来重新估量我们二千多年来的祖传文化！

（原载：昆明《战国策》第 1 期创刊号，1940 年 4 月 1 日。）

力！
（1940）

（一）

〈力〉是中国全部字典上最堪赏玩的一个字。结构简单，两划了事。不管你对书法有素无素，只须大清早起来，在朝日浴光之中，铺一大张纸在大书案上，拈出一枝大笔（愈大愈妙）饱濡墨汁，奋起天然腕势，一拐一撇，便俨然一幅生龙活虎的好画图！别的不谈，但就纯形式上审验，力之为字乃充满了古朴气象，原始天机的。有线之美，有空之美，实而虚，虚而实，仓颉得意之作也。

我每次看到"力"字，总要联想到古代希腊雕刻品。莫谓我想入非非。此中有一番大道理的。《说文》云：力，筋也，象人筋之形。徐注云：象人筋竦其身，作力劲健之形。原来中国"力"字，就是从人体得灵感，就是由人体的劲健肌筋蜕化出来的，与希腊雕刻，恰恰同一渊源。如果希腊的人体雕刻品是美而力，中国的"力"字是力而美。晓不得为什么仓颉这个意匠独到的作品，悠悠数千载，居然赏识无人。踏遍神州全土，不管是达邸还是穷户，只见得门楣墙面，红红黑黑，都是那结构复杂，含味俗臭的"福、禄、寿、喜"的涂鸦；竟没有一个有心人，能够看出来这个简简单单的"力"字之美妙，把它大笔一挥，高挂明堂。真是个民族憾事！

不但无人赏识，数千年来不肖的子孙，凭着他们如豆的眼光，庸庸乡愿式的逻辑，对老祖宗这个神机制出的绝妙好字，一味地藐视、曲解、诬蔑、唾骂。到了今天，胆敢提出"力"字者，前后左右，登时就要拥出一群大人先生，君子义士，蜂起而哮之。鸦片可抽，"花瓶"可搂，公款可侵，国难财可发，而"力"的一个字，期期不可提！

无疑地，我们这个古老古怪民族已是人类历史上对"力"的一个字，最缺乏理解，也最不愿理解的民族了。这朵充满了希腊美之火之花，在我们一般人的心目中，竟已成为一个残暴贪婪的总称。"力"字与"暴"字，无端地打成一片。于是有力必暴，凡暴皆力。一个天机纯净的神品，硬贬为人间万恶的别名。蠢煞！冤煞！

让我们在这里肯定地说一句话：一个民族不了解，甚至于曲解误解"力"字的意义，终必要走入堕萎自戕的路程；一个文化把"力"字顽固地看做仇物，看做罪恶，必定要凌迟丧亡！

力者非他，乃一切生命的表征，一切生物的本体。力即是生，生即是力。天地间没有"无力"之生：无力便是死。诅力咒力的思想，危险就在这里。诅力咒力即是诅咒生命，诅咒人生。口头上诅咒人生乃是生理上厌倦人生的征候。诅咒愈烈愈久，其反响到生理上的健康，也愈大愈深。到了最后的阶段，不是不能再生，便是虽生若死。此所以人类历史上诅力的文化，命运若出一辙：不被人家格杀，自家也要僵化若尸。漫夸数千年的存在，是无意义的。关键在：是不是能够维持活泼泼的生命，热腾腾的自主自动的生活？诅力的文化，偶尔"幸存"则有矣，"生活"则无也。

原来一切初期的文化民族，对"力"的意义，本来都有个直截了当，清清楚楚的了解，不会在那里枝枝节节，是是非非。他们生活简朴，接近大自然。所以心机不杂，目光净锐，对宇宙间的生机天道，倒反能够做一种忠实的认识，敏捷的领受。"力即是生"的真理，他们都能够凭着清洁的天赋本能，直接地深深体验，把它认为当然的事实，初不加理智的衡量于其间。即就中国而言，由说文所称"力，筋也，象人筋之形"一语，便可以推想在中国，力字的原始意义，不过作"人筋"解，是一个纯生理的普通名词，并不含任何道德观念，人为价值。后来人们的观察力逐渐地深入，由筋之"体"而看到筋之"用"；于是力的意义也就逐渐地抽象化。即如韵会云，"凡精神所及皆曰力"。这种解释，与英文之 Energy 或 Vitality 之意相等，依然认力为宇宙间一个客观现象，不含有任何主观的伦理价值。精神所及，即力所及，也就是说力者是一种生命的"劲儿"，就像生命一般，无所谓善，无所谓恶，只是一种存在，一种必须的存在，It simply is and must be。有之便是生，无之则为死。

中国"动"字从力，是大有意义的。一切的"生"都要"动"，一切的"动"都由于"力"。在原始的生活状态里，自然的环境正在初步的克服之中，最不可缺的条件就是"动"字。初期的文化民族是不断地在"动"中，也就是不断地在"力的运用""力的表现"中。动是力的运用，就好像力是生的本体一样。生、力、动三字可说是三位一体的宇宙神秘连环。开始创造文化而未被文化所束缚桎梏的脑力，都能够领略并体验个中滋味的。

所以，如果我们太古先民对"力"字而抱有任何主观的审断见解的话，只有赞叹、欣赏，绝不会歧视或诅咒的。是一种静肃无声的赞叹，深沉的歆赏，知之而不知所言，言之乃反觉"破味"者。于是乎辗转反侧而发泄之于画，而发泄之于书。中国书画（象形）式的文字所以充满了宇宙秘藏意义者，就是这缘故。这不是提倡象形字必优于拼音字，乃是说在我们的"六书"里，时常可以找出许多极有意义的史料与哲学。

我们回想先民筚路蓝缕，启发山林的当年，每一个"动"都是一个"战"，一个"斗"——与天时斗，与地利斗，与猛兽斗，与四邻的民族斗。在这种不断的战斗生活中，我们可以想像得，最重大最可歌可颂的事情就是胜利、成功；最必须最可贵的本领就是勇敢。而我们的功字、胜字、勇字都是从力，我们便大可以看出先民对"力"的态度如何了。反而观之，劣字从少从力。"少力为劣"——是一个直截了当不枝不节的"训词"，十足地流露出我们先民在当年"如日初升"的时代所抱有的一种天然的焕发襟怀。

此外，意义更深的，也许就是男字。男字从力，不啻昭示千秋万世，男子之所以为男子，全靠其有力。也就是说，男子无力，不成其为男子。男性是力的象征，乃一种原始人类的共同感觉。恰巧碰着中国民族，因为采用了象形文字，居然刻意中为了这个原始人们的基本感觉，留下来一个永古不灭的表征——男字从力。这确是一桩快事。回念到太古之上，标准男性必定都是希腊的赫巨力士（Hercules）的弈弈〔奕奕〕威风——身长九尺，猿臂狼腰，与后世多愁多病的张生，绝对两种人类。

（二）

为什么后来我们对"力"字会发生如许的歧视、轻视、仇视呢？

我以为儒教要负大部分的责任。

据说孔夫子本身，就忌讳不语怪、力、乱、神——就好像力之一物，根本上就和那般怪、乱、神各现象，一样荒诞，一样不堪挂齿。但影响最大的，恐怕还是孟轲的几句话。这位"母教有方"的邹国先生，也许本来带着三分女性的。他看不惯韩非子所称"当今争于力"的那样战国作风，于是乎对了齐宣王高谈一套王道霸道的不同，硬把"以力服人"与"以德服人"对称，极力恭维"以德"手段的高明。诚然，他老先生当日是有所为而言的，可是他无意中影响所及乃促成了中国民族对力的两种"先天"的偏见：（一）看不起：说力总不如德之有效；（二）认为恶：说力是"不德"的，"反德"的。

谈到这里，我们不能不重新估量中国思想系统上的一个关键问题了——就是所谓德感主义。

德感观念，中国最初的文献里，本来已略见端倪。把它充分地发扬传播而成为一种民族信念的，那是儒家之功。儒家是德感主义的正统宣传者。儒家在社会上逐渐地占上风，也就是德感主义在各社层的意识里逐渐地占优势。力的精义的泯没，与德感主义的流行，在我们文化史上是恰成正比例的。因此，如果我们要把"力"字在一般中国人的意识里，恢复了它原有与应有的自然净洁，自然光彩，我们对那根深蒂固的德感主义，不容不在此略略检讨一番。

所谓德感主义者，并不是仅仅主张我们"应当"以德感人，乃是进一步的肯定，相信德"必定"感人。把"应当有"的（What ought to be）武断地认为"必定有"（What is）。中国人的思维习惯，通常都犯这毛病。尚书所称舜舞干羽而有苗格，武王垂拱而天下治等等，可以说是一种胚胎式的"唯德史观"，表示德的伟大能力。即是孔孟的德治论也不是仅仅提倡为政"应当"以德，乃更肯定有德便万事亨通的。

这种唯德的政治观、历史观，还有一个规模宏大的"唯德宇宙观"为其根据。这个宇宙观认定宇宙间一切事物的本质都是"德的"，一切事物彼此间的相互关系也是"德的"。所以山崩、川竭、日食、月蚀的各种"灾异"，风调、雨顺、岁丰、年和的各种"祥瑞"都可以因"君德"的厚薄而发生变化的。无疑地，这种看法大是原始民族"物灵迷信"Animism 的遗留。但到了汉代董仲舒的手中，"天人感应论"出而一个集大成而有系统的中国宇宙观，便告成了。整个宇宙的结构与运行，既然全靠"德"来维持，则"力"之一物，根本无地位。换言之，在"德的秩序"中，只有"德约〔的〕因果关系"而力反走不通的。所以穆王伐犬戎而荒服不至，远人不服，必须修文德以来之。德感主义，按其内在逻辑，必定要自然而然地向轻力主义、反力主义的路线走的。

其实德感主义，在任何文化发展的过程中，都要发生的。儒家的特殊的历史作用乃在把这个主义的寿命延长到二千多年之久，遂使我们的文化留滞在某一阶段之中而不能突破藩篱，以进到更新的另一阶段。

原来一个民族，由野蛮到文明，通常要先经过下列两阶段：一为"自表"阶段，二为"自觉"阶段。在自表阶段，民族是充满了创造活力，发酵于脑中，终要发泄于身外——于是遂发泄而成为种种无数的"表征"Symbols，是所谓"创物""制器"时代。各形各色的文物制度，有如雨后春笋，争先出地。在这种热闹的自表阶段，大家只知自表，只知创造。创造者既不知为什么而创造，也不问创造后又为什么。一切的创造只是"力"的表现，活力的"自成"Self-realization。到了某一时，创造出来的种种"表征"，乃逐渐地向创造者的心身上增加压力，引起种种待决莫决的问题。创造者到此时乃开始恍然环顾，在四围堆满了自家的作品之中，脑后不免要发生一种"追问"Arriere Pensee：这一大些的东西，研〔究〕竟是什么？研〔究〕竟为什么？这些"是什么""为什么"的追问，就是"自觉"运动的起始。如果前一阶段出现的是形形色色的文物制度，这一阶段所产生的就是非非是是的议论文章，是所谓"学说"时代，自觉后理智作用的结果，与前一期的"表征"纯为活力的本能涣〔焕〕发者截然不同。

"为什么"三字是自觉阶段的标帜。那时代的风气是必定要在万般"表征"的后面，穷究出它们"意义""目的"之所在的。自表阶段的情绪，就好像旧约里上帝创世时的心理一般，只是兴高采烈地连声喝道："让它有！"（Let there be）。自觉阶段的精神却要在每个"有"的里面，说出来它的"应当有"ought to be 或"不应当有"。所谓价值学者，就在这里出现。最重要、最能代表这阶段的整个精神的，就是"道德学"（价值学的一部）。其实，自觉阶段的中心意义可以说是"道德头脑"的产生。

道德头脑的产生，在一方面看去，当然是个进步的运动——由自表阶段的"不觉"，进而入于"自觉"。却是此中也含有大危险的。道德头脑的倾向都是要拿我们主观所定的"应当有"与"不应当有"来观察、评量、解释宇宙间的"有"与"不有"。结果所及，乃发生两种逻辑上的错误，其为害实多方而无穷的。

（一）把主观的价值，引伸到纯客观的事实里。——一个纯客观的现象，本无所谓善，无所谓恶，而我们却必定拿着道德的眼光来评定个"应当有"与不"应当有"。

（二）把主观的价值，即当做客观的存在。——不管客观上是果"有"与否，但若主观的理性或情感认为"应当有"或"不应当有"，我们便相信事实上是"必有"或"必无"。

前者的结果是错解真象，后者的结果是丢失现实。道德头脑，太注重了主观的价值，势是要向"反现实"的路径上走的。儒家的德感主义就是这个反现实的道德头脑的表现。它本来是应着自觉阶段的需要而产生，后来却无形中把中国的思维术永远地局限在主观的价值论的畴范里而不使踏进了客观的科学境地。

中国目前所急急需要的，是由"自觉"阶段再进到所谓"他觉"阶段，撤开内在的"我（自）的价值"，而力求体验外在的"物（他）的真相"。这种运动，在欧西文明中，四百年前早已由柯伯尼卡斯 Copernicus 发动了。其结果所演出的宇宙观，乃恰恰是个"力的宇宙观"，与我们的"德感主义"针锋相对。

柯伯尼卡斯的宇宙是力的一字构成的，是一个无穷的空间，充满了无数的"力"的单位，在"力"的相对的关系下不断地动，不断地变！"德"的一个字并不在这个方程式之中。

德是价值论上的一个"应当有"。力是宇宙间万有所"必定有"，"必须有"！（完）

（原载：昆明《战国策》第 3 期，1940 年 5 月 1 日。）

学生运动的末路
（1940）

五四之日，国内各学校循例开纪念会。我应着某大学的学生自治会的邀约，于早晨八时到会。入会堂，则见得堂内寥寥几个人，零星散坐。等候了二十多分钟，同学珊珊〔姗姗〕来到的，不过半百。会序照例：主席读遗嘱，教授演讲。会堂外细雨潇潇，寂寞打庭树，十足地象征了当时冷落风光。我不禁感触于心——感触到今日的五四，与二十年前的五四，竟有如是的区别。二十年前的气象，如彼热烈，今日的气象，如此销沉！

无疑地，大家都应当承认今日一般大学生处境的困难。在物价狂涨之下，起居饮食，在在发生问题；然而他们了解时代之维艰，抗战之必须到底，都能够咬着牙根，忍苦，镇静，坚持。这不能不说是可赞可扬事。还有一部分青年，更能够把这个消极的忍耐，涣〔焕〕发为一种积极的奋斗，到战线上，到战区里，直接间接担起抗战工作。这更是可歌可泣的英风。在今日的中国社会里头，最令人起敬的，就是英勇作战的农家子弟；最令人感得有希望、有光明的，依然不出学生。

然而同时横在我们的眼前的，也有一个不可否认的事实。学生还是可爱的青年，却是学生竟然完全丢失了推行青年运动的活动力。青年运动是二十年前学生界的光荣，到了今日，只成为了学生的一页婆婆回顾的历史。

细察目前各大学内的学生思想生活，有两三点值得特别提出批评的。

（一）动力不在本身的自觉，而在外来的迫促。——五四时代的青年运动，是学生界自觉自动的运动，发起于学生界而磅礴于各社层的。换而言之，学生站在社会的前面，来领导社会的。所以尽管内容五花八门，深浅互出，却都是学生自有活力的表现，充满了朝气，充满了创造欲望、创造机能的。现在好像是恰恰相反了。大多数学生除了每日逐队上班，对付月考期考之外，本无所谓思想生活之一物。其余少数同学们，虽然也颇有种种的组织，种种的课外活动，但是十之七八都缺乏独立性、自动性。动力不发自学生的本身，而发自社会中各种势力的发示与督促。也就是说学生不再领导社会，社会反而领导学生。

社会虽然站在学界的前面，从一方面看去也许是中国进步的表征。但是从学界的立场看去，学界所处的天然地位，最容易与世界各种新潮流接触，让社会来领导学界，是学界之羞。

这点恐怕是必然的：此后我们的民族文化，如果要求作再进一步的崭新表现，学界还应当再迈过了社会，担当第二度的前驱。这使命学界应当认清。像目前忙无主意，只是半醉半醒地随着公例开会，听着部令游行，发冠冕堂皇的宣言，喊陈腐不堪的口号，如果这是表现社会的起色，同时也表示了这起色不会有偌大的将来。我们青年们必须认清自家的岗位，再深深体验目前抗战局面的各面涵义，本着自觉自动的力量，为民族呼唤出一个伟大的思潮。时代比二十年前更伟大，到处都有"新大陆发现"的可能。我们没有理由雌伏在那里苟安、丧志、销沉、颓萎。

我们绝对不能对有一般学者的主张，表示同情。他们主张是一种"温室"主义，一面反对社会上一切政治经济的潮流侵犯到"校园的纯净"，一面也反对任何大学生越过了校园的界限而参加到社会上的是是非非。把学生当作一盆冬日之花，紧紧地封藏在温室里。这种作风充分地表现出"象牙塔"的心理，不但事实上是不可能，并且功用上也毫无足取。温室之花是没有独立的活力的。我们必定要把窗户洞开，让四方八面的烈风暴雨飒飒地打将进来，在那无情的撼荡之中，建立起一副铜筋铁质的头脑。要恢复学生思想生活的创造机能，用古教会的老办法，把生徒锁在和尚庙尼姑庵里面，苦诫其非礼勿视、非礼勿听，是绝对误谬的。办大学，不是要制造尼姑和尚的：要的是锻炼出一种顶天立地之人。让青年们在外力的万般尝试之中自家决择或镕化出一个满意的宇宙观！我们要扶助他们的，只是一个独立衡量的意志。

（二）对象不在社会上的现实而在校头墙头的壁报。——这是可怜的现象。五四时代的学生运动，充满了向外发展的魄力；它是由反抗外侮内奸而转到整个民族文化的改造。五四时代青年们的眼光绝不肯局限于校园的四壁。他们是以整个校园为单位，聚精会神地向社会的传统，社会的现实进攻。且莫管他们见地如何，他们的派头是大的。惟其如此，所以能浩浩襄襄蔚为一时的新的领导力。不论是消极的打倒，积极的提倡，一举一动都含有历史上的价值。目前的抗战局面，它的伟大性，刺激性，比五四时代的山东问题，晓不得要加强若干倍？却是三十三个月苦战死战的结果，迫出来的学生运动，模样究竟如何呢？在各个大学的墙头到处发现的是壁报。在千篇老调之中，时不时就爆发出学生各会社间互相攻讦，互相谩骂的文章。谩骂之不已，诉之于武剧。于是你撕我的纸张，我涂你的字句，闹得目红耳热，直令人联想到衰败家庭里一群丫头子的吵嘴忙！莫须有的细故，便可以把五六个团体混起来殴打一场。二十年前堂堂皇皇的运动，难道就剩下这几出丑角戏？

青年们，抬起头来！看一看宇宙的广漠！打架也要找个大对头。只看四围的社会里有多少罪恶、虚伪、丑秽，比五四时代更是变本加厉！为什么不向着这些进攻？为什么不跳出卧房校墙外，把五四时代所赠予的真美善的希腊三宝，向四周的环境散播？如果不能为社会除一个害物，打一场不平，何妨且提起一个锄头，把你们房前那块烂土，犁成了一片菜园？纵然不能影响到民族的命运盛衰，以比于那些墙头笔战，床下张拳，岂不是还可以增加点生命的活力？空间究竟无限的，"欲穷千里目，更上一层楼"。大家可能登高一层楼，放一放眼界？

（三）在这里，我们要提出第三点了：就是思想右倾与左倾问题。青年们的思想生活，动力既然不能够操在自己的手中，对象又不能够发展到社会的现实，究竟内容是不是可以差强人意呢？青年们之所以为青年们，最基本就是思想上必须富有冒险性、进取心。今日的中国青年们，思想太陈腐了，太口号化，公式化了。哀莫大于心死。傀儡是做不得的，思想上做傀儡是最不可原谅的罪恶。五四时候的青年，思想尽管深浅不齐，精神始终迈进。今日的青年，来得却安闲省事了。无论天文、地理、政事、文学……拿过手来，统用两字对付——不为"左"，便为"右"。左右两字是解释宇宙间万象的神符，就譬如中国八卦先生只紧握着阴阳两字便可以由天地解说到五脏心肝。

整个的思维术，停滞在"左右"两字的平面上，而恬然贸然还在那里指天画地，自命为时代先驱——这是个可哀的现象。

是可哀更可怕。因为十数年来世界大政治的演变，恰恰是把"左倾"、"右倾"两名词弄成为毫无意义的空符号。这是个世界历史上的大转变时期，一切的一切已经迥非十年前的一切。如果我们还是一味地苟安自足，偷懒因袭，苦抱前期的神话供奉为最新的真理，天演律是无情的，终要把我们淘汰于人间。

左右两字在马克斯、俾斯麦时代是有它的意义的，在列宁、克拉孟梭时代还有意义的。到了希特拉、史太林的时代，则完全失去了当日的社会背景而成为国际大政治上的一种方便的面具了。目前各国，最左的是苏联，最右的是纳粹德国；然而把这两国的政治经济制度相较，比那一国的，都近似得多。名义上，为策略方便起见，可以自命为左，自命为右；实际上整个世界的中心潮流，只有朝着一个方向推进的——要建设道地的"战国式"的国家。因为了内在传统、外在环境之不同，各国推进的速度互异，取决的形式也有差；但是如何把整个国家的力量，组织到最高度的效率以应付战国时代势必将临的歼灭战、独霸战，这必定是，也必须是，此后一切有作为的国家的无上企图。左右倾是不同的口号，国力集中化，组织军事化乃公共的路途。战争经济（Warfare Economy）可以与厚生经济（Welfare Economy）并行不悖，则厚生经济可以存在。战争经济如果与厚生经济冲突，则厚生经济必当牺牲。哥布罗说过了，二者不可得兼，舍黄油而取炮弹。这话是不好听，不应当；但是历史的逻辑从来就不会是一个悦目称心的女郎。如果这次欧洲战局有一个必然的结果的话，那就是继续着上次欧战所展开的"战国作风"，把它在各方面更加强地"战国化"。理想家梦想国际大同，政治家必须厉兵秣马！

在这个注定的世运上，青年们只有一条路可走——向"深"处"高"处努力，好挟着国家兼程"前"进，再也没有机会在路旁蹒跚，"左"倾"右"蹩！

左右倾原来是十九世纪自由主义、资本主义时代的奢侈品。廿世纪的全能战、歼灭战的无情时代，已不允许这个奢侈品的存在。如果时代是无情，人生的理由即在无情中求意义。（完）

（原载：昆明《战国策》第 4 期，1940 年 5 月 15 日。）

中西人风格的比较
—— 爸爸与情哥
（1940）

几天前，有一位英国人到我家里来，据说是信佛教而且准备出家的。握手坐下，他登时便对我赞述佛法的奥妙，痛骂基督教的肤浅，侃侃然，滔滔然，整一个半钟头而不尽。我一方面点着头听，一方面盯着眼看，看他那满脸红光，眉间意气腾腾，总觉得这位西来的高士，尽管自命为释迦弟子，终究还保留着十足的基督传教师的心肠。热腔有余，似乎修养未到。

同日晚上，我拜会了一位旧同学。记得多年前，在美国某城的中国留学生年会场上，讨论到中国劳动问题，此君登时跳起来演说，指天画地，义愤填胸，两眼灼灼生光，固一时绝好的普罗革命家也！如今对谈之下，当年的热血全销，剩下来的只有五尺长袍，袖间两手。问他对抗战的去路与前程，有何观感，他乃漠然耸肩："有什么观感呢？"只伸手敬着江西瓷的小壶子，请我进茶，一面慢慢地抽着五华牌的烟卷。隔着一层氤氲的烟缕，则见得一副倦眼，两膀垂肩，这位留美时代的革命家无疑地已是不折不扣回到他本来那小产户的支那人的故我了！如果热腔洗尽，修养煞是到家。

"东方是东方，西方是西方"。吉卜令恼人的诗句，不觉又涌到了我脑中。

终究是两种风格：中国人还是中国人，与西方人显然异趣——虽然是上列所述的两个例子不算是最恰当的象征。

也许是我的武断。平日静思，总觉得中国文化的整个精神，中国社会上一般人的风格，战国以前是一个样，战国以后又是一个样。历史的延续性，文化因素的"留后"与"遗存"，我们都承认。但自大体的实质上估量，我们这种看法，或许不是无稽。此地无由细论，且搁置以待他日。

本篇所论的中国人风格，是指秦汉以还所兆萌，宋元以后所确定的中国人的一般心理倾向、性格类型，与春秋时代的，不容轻易混谈；也就像西方人风格有中古与近代的大处分歧，本篇所谓的西方人风格，也就是指文艺复兴所兆萌，宗教革命以后所确定的类型。

当然的，这并不是说秦汉以后的中国与春秋时代的，毫不相干。也不是说文艺复兴以后的西方与中古的，截然因果两断。反之，我们正要承认此中本大有因果互应的关系在，本大有前后相生的系统在。不过那两阶段本身的显著实质、的中心精神、的主要母题 Leitmotif，确确可以容许我们把他们分别看待。

近年来一般浅见者流，苦凭着他们一知半解的唯物史观，嚣嚣然应用一种极粗浅化的（所以极方便的）公式，前来解释人生的一切，解决人生的一切。在这些人的眼中，民族性问题，民族特有的性格风格问题，只不过是工业化问题的另一方面。在他们看去，中西人的人生观以及生活风度的不同，只是农业经济与工业经济的不同；好像只须多筑几条铁道，多建若干座工厂，中国人不欲变为西方人，也非变为西方人不可者！

工业化当然有它相当的作用，并且有很大的作用，这点任何人都不容否认。但是我们此外必须认清的：经济因素对于民族性的大作用，往往只在浮面处发生最显著的痕迹；到了更深处，更潜藏处，也就是更关键处，你如果还要搬过来那套经典的辩证公程式，刺刺盘说，那就不免幼稚的嫌疑了。

这不是说唯物史观无价值。唯物史观是一个（也只是一个）天才的发现，在近代社会科学的方法论上，它确有极含意义的贡献。然而我们不能不注意的：马克斯生世，正在近代心理学昌盛之前。他是十八世纪孟哲斯德派经济学与十九世纪黑格尔形而上学交生的孩儿。对威尔斯所谓二十世纪的最大发现——心理学——马克斯还没有机会领略滋味，虽然是他的论著内，就像他同代的许多人物的论著，确也时时对心理方面，露出零星的有见地之谈。

当然的，我们更不是主张工业不重要。中国必须工业化，赶急工业化。这是建国的基石。我们所要指明的：要把中国民族性，中国人为人的态度与风格，改变过来——如果我们认为必须改变，或最少必须修正的话——只斤斤然搬出来你的铁路里数、工厂统计，是不济事，是半济事的。你必须向再深一层探察；经济学之外，你必须殷勤应用其他一切的新科学，如生物化学、优生学、心理学等等。二十世纪对于"人"的了解已有了空前的进步：对人的了解的工具与方法，已有了无数的新发明，已展开了无穷的可能。科学知识的现有成绩已容不得我们死抱着亚当斯密士——马克斯——恩格斯的残经，固步自封！

原来中国人与西方人风格的不同是有个极微妙、极根本的底基。这底基几乎是与彼此民族的初期文化一齐插根。在中国则远在殷周之际已经微露萌兆，在西方则在原始渔猎时代已经见了初征。换言之，这个底基是大带有太初色彩，在西方固然是远在工业革命之前而发生，在中国也是先农业经济的稳定而呈现的。也就是说：工业革命以前的西方人甚至农业出现以前的西方人，与历史上任何时代的中国人，本来已有了根本不同之点。西方越过农业阶段而迈进到工业化的路程以后，把某方面的不同点，愈加推远下去。中国停滞在农业经济层，也会把中国人特色，变本加厉。反而观之，即是中国之所以滞留在农业层，西方之所以开辟出工业化的途径，这问题与我们所要讨论的根本的底基，恐怕也不是没有一种深处连缀的关系。

这个根本的底基是什么呢？

是不可以逻辑解释的人的肉体与灵魂的两种原始要求。叫做本能也罢，叫做天性也罢，这两种要求乃位在人的最深邃处、最蕴藏处，握有极强大、极永恒的力量，在人的本体上，不断地活动、指使，而且必要取得相当的满足的。简言之，一是性爱的要求，一是有后的要求。

西方人发挥前者，中国人发挥后者。积之日久，结果遂确实铸成了两种母题互异的风格或类型：西方人是情哥，中国人是爸爸！

不消说，我们并不是主张西方人毫无爸爸癖气，中国人毫无情哥风韵。本来求偶与求嗣是任何人都有的一种情难自己，欲罢不能的欲望。无论中西，个个人都想做情哥，个个人都想做爸爸。（若站在女子立场，那就是做爱妹，做娘娘。）无论中西，差不多个个人多少都是情哥，都是爸爸。却是同时我们也不能否认：西方人着意地偏重爱情，中国人着意地偏重生子。男女的爱情，在西方社会里，占取了他们有意识的生活中最显著的地位；至于生子一事只当做家常现象，不足大擂大吹。在中国人的传统生活中，适得其反。爱情是莫须有，生子却是惊天动地的事业了！

如果儿子是中国人梦寐祈求中的福星，情人是西方人一生心魂上的渴想。西方人死去而没有儿孙环立亲视含殓，并见不得有若何了不得的遗憾。但是死去而不会尝过爱情的甜味苦味、酸味辣味，那真是不可原谅的蠢才，可羞可哀的笑柄。生而不曾"爱过"，等于不生，等于空生。反之，能一爱则永古可以自豪。

记得是一位著名的英国作家吧？他临死吩咐在他墓牌上镌刻了庄严八字："Here lies one who has lived and Loved"（此君活过，并且爱过）。最后的 Loved 一字，便是他整个墓牌的用意，也充分表见他所代表的那个文化的特有精神。把这个八字墓志铭，向那城外垒垒的中国坟头的龟子碑，略略对照一番，就晓得我们中国人的墓志铭必定郑重宣布有子若干人，有孙十几个，我们的目光注射点，与西方大是不同了。西方人临死，目光似乎多是朝向了他们所谓晴空天使似的"她"。中国人垂终的一睋，却必要转绕床环泣的"豚犬"。

"有子万事足"。中国人之毕生目的，这点最高。这点是他的 dominating passion（如果我们可以用 passion 一字来形容中国人的任何的情绪的话）。如果再能目击儿女婚嫁，向子平一生更是愿了。他老先生曾经"爱过"没有呢？这节却是小事，是不当有的事，也许是不曾有的事，至少是不当提起的事了！

再进而言之，在西方人的眼中，几乎可说：爱的不管是何如人，有爱便佳。只要你真爱，她就有真价值。就像在中国人的脑中，生的哪怕是男盗女娼，贪官王八，（其实到了这个年头，差不多有官便贪，贪官之贪字大是多余，）但使能生，即可以上告无辜于祖先，下瞑两目于九泉了。

在西方，"爱情"两字，几乎是人类至上的价值：为了爱情，可以牺牲一切，似乎也应当牺牲一切。牺牲一切，不是开心事、容易事。西方人实际上能够办到这点的，正不见得太多。但是他们的民族道德感觉，以及社会上的一般舆论，对这个问题是有极截然直觉的判断的：不能为爱情牺牲一切，根本上就不是男儿。

在他们的历史上，只有两个东西可以与"情人"争衡的：从前是"上帝"，现在是"国家"。如果不能兼全，应当牺牲哪一个呢？这煞是极费心、极焦心的问题。许多西方的小说、戏剧、诗歌，创出了一种所谓动天惊地的"悲剧的冲突"的，都是由这三位神人出来做主角——情人、上帝、国家！

近年来，上帝两字渐渐地失去了当日的权威，一是因为上帝的存在与否已经发生疑问，二是因为在许多西方人的脑筋中，上帝与情人好像只是一体——大写的"他"（He）与大写的"她"（She），本来是极容易混一的！至于国家两字，却大有威望日隆的形势。国家与情人冲突，在往日或有商量互让的余地；到了今天，恐怕军部喇叭紧吹之下，红颜有泪也须立刻拭干。不过喇叭的吹声，终带着三分强制性。情人的眼泪，总耿耿在心头。如何在为国捐躯的荣誉观念与心心相印的恋爱深情的中间，寻出一种调和协剂，这点即在他们那骑士道遗风犹存的社会，仍然免不得是个难题。好在他们的情人，不少的还能够假装了解人生（至少是他们的人生）的苦迷，一手撒开，促郎就道；而郎君也者，到了这当儿也就大可以愤然勇步 Colonel Lovelace 的后尘，高歌着开到前线：

> 此中矛盾的情景，
> 你也晓得是可哭可歌；
> 我不会爱了你到那田地，
> 如果对荣誉不爱得更多。

在中国人的精神生活上，爱情两字却一向不占有，也不应占有何等惹人注意的地位。无上的价值，绝对不是爱情，乃是延嗣。为了延嗣，牺牲了一切，好像都是应该。所以整个的家庭可以闹得天翻地覆，糟糠的老妻可以吞鸦片，上吊梁；延嗣的小老婆，却是非娶不可。如果连娶了五个金屋之娇，还索不得一夜熊罴之梦，那么，最少也必须"过"了一个人家的种子，来当老子的承祧。就好像西方人取不得夫人之"爱"，那就恐怕非移山涸海地找出一位外遇的情人便不能甘心了——纵使这位情人不幸而是友人之妻！

中国人死要儿子，西方人死要情人，这是两方根本不同的途径。顺着这两条途径，劳燕西东，各引到彼此自有的文化田园。且莫问两者之间，孰优孰劣。在任何品题之先，让我们把他们彼此特色，察验一番。详情如何，尚容他日分解。本篇所要提醒的：爸爸式的田园，情哥式的田园——中西人风格的不同，关键全在这里。如果我们对民族性一问题要取得个彻底的，中肯的认识，这个关键之关键必须说清。让济济的时贤们去包写那些冠冕堂皇的"正经"文章。我们却必须咬定纯客观的精神，敢向这个迹近"俚亵"的题中求出一番不磨的真理！

（原载：昆明《战国策》第 5 期，1940 年 6月 1 日。）

萨拉图斯达如此说
——寄给中国青年
（1940）

你们抗战，是你们第一次明了人生的真谛。你们抗战，是你们第一次取得了"为人"——为现代人——的资格。

战即人生。我先且不问你们为何而战，能战便佳！

当然，你们抗战，自有你们的理想，自是为着你们的理想。我愿你们的理想永远是你们最高的企图。如果晓不得什么是"最高"，至少也要抓到一个高过你们自身的鹄的。

就是你们自身也必要日大日高，更大更高。我看你们的父兄，究竟太矮小！高大事必须高大人担当。要担当这次的战争，以及此后一切的战争，你们最少还得高过你们的父兄一倍，大过你们的父兄两围。

必须超过了你们的父兄，摆脱了你们的邻里乡党！他们那种小朝廷小市井的宇宙观，适应不了我们这个大时代的需求。他们最高的目的，是要把你们"修养"成第一号的小侏儒。然而大时代的来临，已宣告了小侏儒的末日！

所以呀！我不劝你们做循良子弟。我劝你们大胆做英雄。但能大胆，便是英雄。弟兄们，且牢记着我开宗明义的这句话！

我最厌恶的，就是他们那小心翼翼。我最看不过他们那战战兢兢的模样。不为善，我无闲言。只是那一为善一回头，使我发羞发怒。不为恶，天不谴。只是那偷偷摸摸，鬼鬼祟祟，作孽也不敢放胆，括地皮总躲在暗中，真可叫昊天唾弃。

为善的，是善人。为恶的，是恶人。怕为善又怕为恶的，"压根"不成人。

是了，只怕之一字！弟兄们，试看一看你们一般人的生活，岂不是全由怕之一字为主宰？白昼怕人，夜间怕鬼，做事怕人言，说话怕招祸。奴才们，也晓得人生大乐趣，端在"不怕"两字中得来？所以——

你们问：何为善？我说：不怕即善。只有姜妇儿女们当着这个大年头，还要死向墙角咕噜：善乃温良恭俭让！

你们问：何为孝？我说：不怕的〔即〕孝。让那批怕首怕尾的圣人们，紧关在臭味腾腾的"正寝"，不断地摇头摇手，苦念着那些"不登高，不临深"！

弟兄们，我不劝你们安居乐业，我劝你们危言危行。危行是你们的安居，危言是你们的乐业。

他们说，多言多祸。我告诉你们吧，多祸所以必要多言。有所"不为"，姜妇皆能。大丈夫有所"必为"！尽管出门，莫看天色。尽管前行，莫问后步。

大事化小事，小事化无事——原来是二千年来乡愿病夫息事宁人的法宝。我教你们吧，有一分气力，有一分热情，便应当即刻无事化小事，小事化大事。多少不平的案件，都紧压在他们那息事宁人的手腕下，永古不得揭穿！多少可能的伟事业，都是从他们那"化小"、"化无"的圈套里，云散烟销！

弟兄们，必须伟大，才配战争；不怕战争，便是伟大。打开伟大之门的钥匙，你们晓得吗？那就是——

做你们平生所不敢做的事情

——萨拉图斯达如此说。

——同济拟——

（原载：昆明《战国策》第 5 期，1940 年 6 月 1 日。）

花旗外交
（1940）

美国外交，在世界列强中，是有它的特殊性质，特殊风韵的。从某方面下说，它的确"德谟克拉西"——它和纳粹外交恰恰占着两极的位置。纳粹外交是由一个极端集权的中心，本着它所谓的国家最高需要而一气呵成的。目标专一、清楚，手段迅速、秘密。美国外交乃是由社会上各种"利益团体"，本着他们个别的动机而多方怂恿的。目标模糊、错杂，手段迟钝、易测。

美国外交，就像美国一般内政一样，是国内形形色色的"压力团"Pressure Groups 的产儿，是各方面复杂势力，综错意志的反映。十之九都要结成一种标准的"杂碎"Chop Suey（相传是李鸿章介绍的中国菜，实乃美国特产，与中国烹饪术无干!），这里一块肉，那里一片鱼，这里一条骨，那里两条葱，咸的、酸的、甜的、辣的。显然，当炉者不是名手独烹，乃是一群喧哗之众，自命为阃第的主人翁，你动一手，他交一脚，最后送上桌来的，竟是一团矛盾，不四不三。我无以名之，名之曰"花旗外交"。

花旗外交者，盖自成一式的美国外交也。如果这是德谟克拉西，那么，我们可以断然下一句判语：德谟克拉西是应付不了二十世纪的"战国局面"的!

（一）

请先从欧洲方面谈起。把亚洲政策留在下期再谈。

你我都晓得，目前美国对欧洲的外交，开宗明义第一点就是怕战、反战。反战情绪本是人情之常；却是美国人之反战乃有它的特殊历史背景，所以也有它的特殊心理意义的。且不管他们理由充足不充足，一般美国人都感得上次参加欧战是一桩"上天下之大当"的勾当，既破财（放出几十万万外债，始终算不清），又伤命（好好的美洲健儿，送死十二万，受伤二十万），换到手的代价，竟是一个赛洛克叔叔 Uncle Shylock 的绰号，和独裁者蜂起的欧洲！到底还是国父华盛顿眼光准确："莫要加入旧世界的纠葛！"在朝的，在野的，共和党也好，民主党也好，二十年来搔首焦思的问题，就是如何可以避免卷入欧洲漩涡。

一九三三年，希特勒上台，战的空气登时弥漫于全欧。一九三五年，意阿战事发生，美国便提出来她的法宝——就是"中立案"的宣布了。原来上次参战，最大原因在美国硬要维持"中立国的传统权利"。那么，这次办法，必定要釜底抽薪：把一向所要坚持的中立国权利先行自动放弃。所谓中立案的内容，荦荦大则中有，（一）禁止军用品出口；（二）禁止美国商船驶行战区；（三）禁止借款与交战国；（四）实行现购自运政策 Cash and Carry。这些大原则，经以后逐年复议重审，大致不变，似乎已经成为美国对欧洲的外交《可兰经》了。"孤立"情绪，膨胀到最高峰，美洲对"旧世界"似乎已经决定采取"不过问"的政策了。你为你，我为我，办法倒也简单、直截、了当。

可是——去年九月霹雳一声第二次欧战爆发，美国是不是即把原有的中立案全部施行？不！她连夜赶程地把它修正：军用品禁运一条，一笔钩消！

这是什么缘故呢？缘故在里面有个沉重的矛盾 ——

尽管美国人口口声声不断地申说欧战是欧洲人的事情，与美国"无关"；实际上，这几年来，除了国内经济复兴一问题外，再也没有比欧战更"有关"于美国的事情。至于最近九个月，老实说句话，欧战这个老题目几乎变成为美国上上下下的惟一事情了。

原来美国人绝对不愿卷入战涡，却也绝对不愿袖手旁观。尽管条文上郑重宣布中立，事实上显然"不甘"中立，显然"不是"中立。罗斯福老早就大告天下了：法律上虽然中立，良心上尽可有左右袒的自由。这句话，威尔逊在上次欧战初夕是不曾说过，也不愿说、不敢说的。其实禁运的删除，并不仅仅是一个良心上的偏袒，乃是活灵活现地事实上对同盟国公开援助。这一点的"现实政治"，张伯伦、邱吉尔晓得，希特勒也晓得（希先生的作风只是咬着牙战，不说一句话），你和我也清清楚楚地心中明白，本来用不着一般美国的国际法律家在那里盘三论四地，解释"中立"两字（Neutrality）在法理上、条件上，都无须与"不偏"两字（Impartiality）相符。

美国所谓"中立"，本来不是一个形而上或道德学的名词，乃是一个——不，实是两个——极具体的外交方案。中立者，（一）不要卷入战涡；但（二）要尽量援助英法。这两个方案，根本上是充满矛盾的作用的。欧战未发展到某程度之前，两者还可以马马虎虎鬼混过去。欧战发展到某阶段之后，两者乃非冲突不行。只是实验派的美国头脑，一时无暇问及！

<h1 style="text-align:center">（二）</h1>

为什么必要援助英法呢？

理由复杂——就和"不卷入"原则 non-involvement in war 一样，背后有了无数的形形色色的"压力团"在那里"或推或挽"。但是从大处看，可先提出两点：精神的，与政治的。（经济的，下段再谈）

精神上着想，美国是必须援助英法的（必要记着，"援助"两字，在目前的美国人的脑中，总是带有"作战除外 short of war"四个字做条件），尽管你可诅咒美国人是宇宙间道地的"物质"膜拜者，在许多方面，他们却来得特别"精神"。论到"民治主义"（此处作广义的"德谟克拉西"解），就是一个例子。究竟美国国内的政治与经济是否确确实实和民治主义的各种理想原则吻合，这是一个题外事。我们这里所要认识的：在斯密士或乔温士 Smith and Jones——美国一般人——的脑中，美国"就是"民治；更畅意的说法，民治"就是"美国！

民治主义，民治精神，在英法各国，不过是他们近代的政治组织，近代的生活风度。民治未起之先，老早就有了英国、法国。民治消灭之后，英国人仍然还是英国人，法国人也当然还是法国人。不消说，现下的英法人都要爱重自治，爱重所谓"平等自由"；但是他们并不见得要直挺挺地指认民治"就是"英法人。

十数年来我个人接触所到的，总叫我觉得英国人脑海中、灵魂中最宝贵的观念，如其说是"民治"，不如说是"帝国"——The Empire 英牌儿。英国人而没有他的"英牌儿"，根本就恍惚不是英国人——紧好像三十年前许多中国人非有"小辫子"吊在背后便感觉不得他们的确是个中国人一样。唯其如此，邱吉尔的话是对的，英国必定要拼下去，尽管法国可以投降。理由简单：没有"英牌儿"，便没有英国人。如果德谟克拉西与英牌儿二者不可得兼，你试问一问邱吉尔，问一问艾登，看他是不是要紧搂着他的"英牌儿"，他的帝国，而谢天谢地着欣〈然〉把"德谟克拉西"送回西天！英国这次"作战的目标"war aim，据说是要打倒希特勒主义。为的是"民治"吗？为的是"帝国"呢？还是邱吉尔最近说得直截了当，坦白动人："我们的目标，只有一个字——胜Victory！"

法国人的"帝国"观念就来得差了。（法国这次是可以，也必须，把所有的殖民地一齐吐出的。英国就失掉了三岛，也必定要保住他的殖民地——英帝国。这点希特勒也看清的：打倒"英国"不能说就是打倒"英帝国"。）这里是法国人的价值表格 table of values："自由平等"重于"帝国"，"自由"重于"平等"。自由——个人自由——似乎确是法国人的国宝了。然而法国人之所以自觉是法国人者，尚不在此。法国人心灵上的金刚钻，如其说是平等自由，不如说是一种"为人风度"savoir vivre——如何审美，如何风流，如何谈吐，如何品酒，所谓 Vie francaise 是已。（法国此后的历史命运，恐怕也只有专顺着这方向发展。）

美国人那就"憨戆"naive 得多——所以也就"精神"得多了。他们不折不扣地直认美国就是民治（大写的德谟克拉西）：美国离开民治，便没有什么美国之可言。这里头是有它的历史原因的。民治是先美国之开国而存在，美国的神圣大法——宪法——便是由民治蜕生出来的。在英国，在法国，论土地则有千余年宅居的背景，论民族则有数百年血统的意识。美国呢？她在短短百数十年间，淹有一个大陆，汇合一百三十万的庞杂人口，"土"与"血"（soil and blood）都不足以为民族意识的团合根据，所借以融合一切，团结一切的，乃是民治的思想！林肯说过了，"我们先民在这个大陆上建立了一个新国家，她是托胎于自由，奉信'人人平等'的原则的"。且不管客观的事实如何，美国人直觉上都感得"民治"两字，就是他们民族的灵魂，民族的标志。有此则为美国人，无此则是亡国奴，无魂鬼。

因此，美国人对一切"反民治"的主义，都要特别神经过敏，极致其疾首痛心。对共产如此，对纳粹也如此。个中实隐藏着一种极微妙而极强烈的心灵上自卫作用 defense mechanism 竟不是其他民治国家所能比拟的。像纳粹那样虐待犹太人，纳粹那般密探政府，那般惟力主义，那般反理智的思维术，强制性的宇宙观，在美国人的眼中，真是个万恶撒旦，专和他们清教祖先所苦心遗留的整个民治传统针针作对了。

此美国人所以感得必须援助英法者一。

就政治上说，美国也的确感得纳粹是一个极可怕的威胁。希特勒的大日耳曼主义是要直接冲入西半球的。阿根廷、巴西的德国人当然要构成为将来"第三帝国"的美洲先锋队；即是美国国内的德国移民的子孙也必要变成纳粹的细胞。本来上次欧战时，德国参谋部就公开否认美国人是"整个"的民族，极容易被人分化。希特勒几年来更利用了德美联欢社以及种种类似的组织，暗中明里做了不少"撒种"的工夫。凡是属于日耳曼的"血"的，都应当对第三帝国"效忠"。这种作风是充满侵犯门罗主义的意义的——尤其是在南美洲若干国，好像已得到初步的成功。最后，还应当提起的：纳粹的半政治的现货交易政策也是一向是惯于自由贸易传统的美国人的眼中钉。美国人始终感觉得这种统制性的办法，是一种"不公允的竞争"，道德上就"欠妥"，且莫说它骨子里根本与美国的"金圆政策"Dollar Diplomacy 水火不相容！

从精神立场着想，美国人厌恶纳粹，从政治的利害计较，美国人畏惧纳粹。在畏惧与厌恶的两层心理的撼荡中，德国势力的扩张，早已成为美国人直觉上、情绪上，所不能承受的事实。但看张伯伦死心死意拉拢希特勒的当儿，罗斯福就已对德"撒脸"，召回大使一节，我们便可以测到美国对纳粹仇视程度之深了。

有一点，美国人近年来确能愈看愈清的：英国海军实际是充了美国国防的第一道。"多谢上帝设了一个大西洋"，美国自来都喜欢这样说。近来才发觉：没有英国海军，欧陆上五花八门的危险势力早已飞渡天堑了。百余年来，英国海军无形中替了美国在那"恶浊不堪"的欧洲外围，安排着一道"防疫带"。记得若干年前在密西根大学时，梵太音教授就告过我了："宣布门罗主义的是美国的门罗，执行门罗主义的是英国的肯宁 Canning。尽管美国外交到今天还在高唱着一套老招牌——孤立也罢，门罗主义也罢，门户开放也罢——这一点是铁般的事实：一切的一切都建设在英国十四五艘主力舰的上头。有了英国海权约束着欧洲，美国省去了两海洋独立舰队的维持。有了新加坡，菲力滨成了美国在远东的瞭望台。这不是说没有英国海军，美国便毫无办法，乃是说现有的美国各种办法都是以英国海权的现状为前提。打破了英国海权，美国整个的外交形势立刻要起了空前的革命。

此美国人所以必要援助英法者二。

（三）

援助的办法如何？最具体的就是取消军用品的禁运。

但就取消禁运本身说，还看不出美国的偏袒。理论上，交战国双方都可以向美国购买军火、飞机等等。却是因为另有"自运"条目的规定，没有海权的德国实际上享不着购买美国货的权利。同盟国（现在只是英国了）独霸海面，可以源源不绝，向新大陆取给取资。虽然这次三叔叔 Uncle Sam 政策是"恕不赊账"，但只须牛约翰 John Bull 有钱买，三叔叔就有货交。论到钱的一节，牛约翰自来不愁无着的。于是一批一批的飞机、军火、基本原料，也就像百川朝宗地东渡三岛了。而同时，一切平稳，三叔叔还是"中立"。只须有英国海军在第一道"防疫"，希特勒的狂风是扫不到纽约、华盛顿的。真是个公私两得，一面援助"得道"的友邦，一面又可以免避"卷入"的恶境。中立案不愧千秋的"巧结构"哉！

然而关键就在这里。中立案的巧处也就是它的矛盾处。无情事实的展开，已经逐步地把那潜在的矛盾咄咄迫将出来！

原来最近修正后的中立案，它的作计是以上次欧战的形势为张本的。换言之，大陆上有法国陆军抵住而造成胶粘式的壕沟战，大海上有英国海军独步而维持蛛网式的供养路。有了这两道稳定化的战线，美国除了供给军火之外，无须乎再作进一步的处置，美国尽管可以尽量对英法送货，也可以不怕犯触着希特勒军事上的报复。整套的打算毕竟还是在"马奇诺头脑"Maginot Mentality 的笼罩下蜕化出来的，如果它不是以马奇诺为前提，它最少也是以英国海防线为前提的。问题在这些前提是不是站得住？

法国陆军已是一败涂地了。与德义停战之后，不但一九一四至一九一八年的壕沟战已成为过去的"幻想"，就是法国整部的富源也成为希特勒攻英的资料。三五日后大举扑英的序幕便要揭开。英国的海军支撑得住吗？这次英德间的形势与上次根本不同。上次英国海军，始终是做大陆上壕沟战的副战队，这次却成为德国扑攻的主要对象了。孰胜孰败尚不可知。但我们回想一九一七年英国在德国潜艇战的威胁之下，差两星期便皇皇然将要绝粮，我们不能不感得在新战具——飞机、U 舰、快艇——上下夹攻之下，德国即不能直登三岛，重挪曼克英的故事，恐怕也大有完成"封锁"的可能，把英人饿死于粉山 Chalk Cliffs。邱吉尔说：虽然英国飞机不及敌人，大家不要忘记了英国海军还是金瓯未缺。其实问题也正在这里：优势的海军是不是可以战胜优势的空军？这问题此后两三月内战事的发展可以决断。目前英国是颇吃紧的。看她海运军火与粮食已经忙不过来，（到今天食粮的蓄积不过数星期，）以致想要移出二十五万儿童于各自由殖民地，船只已愁不给。史汀生提议由美国商船出来帮助移运儿童，军舰出来帮助护送粮食，便是看出来英国海运吃紧而谋接济的。如果现刻已感到美国海权出助的必需，到了德国"反封锁"肆威之时，美国却当如何处置呢？不出助则英国循至沦亡，出助则美德战事不免。

看看欧洲战事不久就要达到一个关头：美国对英不作进一步的援助，就等于不援助。那时辰的美国，不是要忍气垂头地承认它整个欧洲外交的崩溃，便是要根本抛弃"不卷入"的立场，把"援助"索性引申到"参战"的一着。美国那时刻何去何从，暂且不论。我们所要指出的：这个无情的决择是包含在目前政策的矛盾中！

（四）

取消军用品禁运一案，还有一个极现实的动机：就是借飞机军火的大批出售来救一救国内经济的不景气。

七八年来罗斯福的新设施 New Deal 用意无非都是要刺激工商业的复兴以减少失业人的数目。费尽了回天转地的气力还免不了"不时的回折 Recession"。难得老天爷睨赐第二个欧战，美国人哪有还不肯赶快投机？从这方面看去，欧战并不是完全罪恶，乃是一个求之不得的千载因缘——特别是军火商人、飞机厂主，早就在议会接待室孜孜运动（lob-bying）取消禁运一案了。

利用"战时繁荣 war boom"来拯救经济的不景气，当然是个办法。不过经了有名的"奈意调查 Nye Investigation"的揭发，美国政治家也都能晓得战时繁荣不宜过度，这里有一个经济的矛盾：赶快解决多年未决的不景气问题，最方便的办法是无限制的战时繁荣；但无限制的战时繁荣，一方面可以惹起生产消费的脱节，一方面又可以引出物价暴涨的危机。物价暴涨对大企业家、大金融家是"不大在乎"，吃亏最重的却是薪俸阶级。所以美国现在是一面欢迎战时繁荣，一面又生怕战时繁荣的！这个经济矛盾与上段所述的政治矛盾，恰好双双对衬。

对付这个经济矛盾，美国办法又是一种不即不离，半推半就的"中庸之道"。战时繁荣是非要不可的，只是要慢缓些，少量些。从这点看去，所谓"现购自运"政策，作用不仅在预防参战，乃亦在预防过急的繁荣，过大的繁荣。

无奈自由资本社会的经济律在这里又另创出一个恶性的循环。"现购"政策，迫使英法与不列颠自由殖民地的现金不断地流入美国。目前美国已拥有价值美元一百七十万万的黄金，等于全世界现有量百分之六十。过剩的黄金实是通货膨胀的一个最好条件。如此则似乎美国应当不欢迎黄金入口了。但是除了要求"现购"之外，美国为援助英国起见，正在无限制地以每两三十五元的重价购买南非洲与坎拿大的金产额。长此以往，全世界的黄金都要集中于美国。到那时候，无金的国家也许要取消金本位，只有三叔叔高坐在金山的顶峰，黄金的价格岂不是要一跌而成为现价格十分之一，廿分之一？那么，目前三叔叔的"唯金"政策，实际上乃等于赔钱政策，与上次欧战借款被人赖债的情形，岂不是名异实同？却是事到今日，如果忽把金价贬低，产金的国家——尤其是不列颠帝国——将要立刻受到影响。

谈到这里，我们可以看出美国现下处境的复杂性了。她要利用战时繁荣，又怕繁荣过度。却是任何节制繁荣的办法都不免有妨于援助英国的效率。有一位美国学者曾说过：在自由资本的社会组织下，原来找不出一个妙术，能够对这几个矛盾的动机予以同时的满足！

这也许是暗示：必定采取统制经济或是全能组织，才能够跳出这个恶性的循环？

（原载：昆明《战国策》第 6 期欧战号，1940 年 6 月 25 日。）

中饱与中国社会
（1940）

（一）

"中饱"两字是中国社会上、政治上，最关紧要的现象。

尽管你可以装作时髦，把西洋近代——不，西洋此时此刻——所流行的种〈种〉"戏法"，奉请过来，民治也好，独治也好，行政调整也好，产消统制也好，如果你不能先对"中饱"两字弄得清楚，想出办法，一切一切的"革新"都是落空的。不但落空而已，一切的革新都要扩大了中饱的机缘！

抗战到了今日，我们一方面尽管可以自夸成绩不错，一方面却不容不凛然感觉这个千钧一发的局面愈来愈不可"马虎"。千条万绪之中，关键的关键还在"中饱"两字。中国是不可亡的——除非了中国人自亡中国。自亡之道甚多；二千年来所制造出来的"自亡单方"，最灵验的，恐怕就是"中饱"。宋之亡，明之结局，根本的膏肓，都在这里。你我抚今思昔，不禁惕然！

中饱这个现象，古今中外都有。不过中饱而成为社会上生活常态，成为政治上默认的制度，这是我们贵国"独有之光"。习惯浸注人心，中饱中饱，乃竟是民族第二天性了！

"中饱"这个名词，起源于韩非子：

> 薄疑谓赵简主曰：君之国中饱。简主欣然而喜曰：何如焉？对曰：府库空虚于上，百姓贫饿于下，然而奸吏富矣！

真是个绝妙好辞！"饱"字所以描写其状态，"中"字所以说明其方法。奸吏之所以"饱"，全靠其"中"。以"中"取"饱"是为中饱。

何为中？中者，中间地位之谓也。上有人君，下有百姓，中间有官吏。用现代术语说，一边是政府，一边是人民，中间有官僚 Bureaucracy。政府与人民彼此间的行动，不能直接达到对方，于是乃必须有一般人在中间媒介一切，料理一切。凭借着，或利用着，这种政治上的中间地位，对一切经手的事件或接触的人物取得了法外的收入——这个微妙勾当就叫做中饱。

（二）

原来任何社会，发展到某种程度之后，一个行为往往不能够很有效地很迅速地由发动者直接达到受动者。行为所牵连的人数愈多，所笼罩的面积愈广，则直接达到的可能性也愈少。于是乃必须组织"机关"以为传递行为的工具。"机关"这个名词，可说是现代文明生活中最流行最象征的一个字样。其实一切机关，种类虽然是五花八门，作用却根本一致。机关的作用，根本上在"传递"行为，也就是说，把一个意定中的行为，由一个发动点推行到一个或一些受动点。推行的方法尽管可以因事而异，而推行的目的都是要达到"传递"的职务。所以，在这一点上看去，一切的机关原来都是一种"中间人"，就好像阴阳电间的导电体，男女间的媒人一般。英文字来得妙：英文的媒人就是 go-between，盖遨游于两造之间的一种动物也。是多余的，却也是必须。盘据着这种"必须"的中间地位，他可为善，可为非，能令公喜，能令公悲。势力非同小可！机关者，文明生活中所必须的各种 go-between 也。

这里恐怕就是人类文化的中心问题了：文化愈进，机关愈多；机关愈多，中间人的势力也就愈大。换言之，组织生活愈发达，中间人愈不可缺；中间人愈不可缺，他们乘势欺人的可能性也就愈来愈凶！如果整个文化问题可以说是生活的组织问题——也就是说行为的机关化问题——那么，我们尽可以说整个文化问题实在就是"中间人"问题。如何需要中间人，不断地加紧需要中间人？却是同时又要如何训练中间人，驾御中间人？如何能利用中间人而不为中间人所利用？如何能得到中间人的好处而同时又可以免掉了中间人"从中取饱"？文化愈进步，这个问题之待决愈迫切。解决有方，则社会的生活可保健全，文化的生命可求展进。解决无方，则社会的生活脱节，变为畸形，变为恶性，而文化的生命也就萎靡、僵化，而渐就消灭。古今来多少的民族，多少的文化，都是消灭于"中间人"势力畸形发展之中！

中间人的种类繁多，但两种最重要。在经济领域内，则为商人。在政治领域内则为官吏。两者相较，官吏尤重于商人。凭借着他们的政治上的中间地位，官吏乃握有控制经济中间人——商人——的能力。官吏可以叫做任何文化或社会中"最枢纽的中间人"。官吏之良否，实在是任何文明社会先决的问题。官吏良则社会生活入轨道而文化可以有焕发灿烂的机会；官吏不良，贪、暴、狡、昏，则一切的一切无从调理。

中国社会的症结便在没有把官吏问题弄清。政治的中间人集团（官吏）利用着他们扼要的地位来天罗地网似的向社会各种团体搜括剥削。结果"府库空虚于上，百姓贫饿于下"。谁占便宜呢？曰，官吏的私囊！政治中间人饱腹便便，当然国家和老百姓要饿肚子了！大家都说中国贫穷不堪。其实中国不贫。中国者，实乃中饱之国也。"中"饱，所以"国"贫矣。

（三）

前面说过了，中饱这个现象，中外古今都有。在我们国史上，什么时代才开始变为一种普遍现象，变为一个严重的社会问题呢？在我看去，其兆在战国末期，其成倘在秦汉之交乎？

何以故？曰：以官僚制度正在这个时代完成故。

中国历史的划期问题，近年来颇有一番热闹的讨论。史前期，无论矣。只好让济济的考古专家去挖地掘墓，搜寻那碎石片陶。我们目光的对象，还是在有史后的民族文化的推移。就史后期说，因为立场不同，结论也复五花八门，言人人殊。尤其是一般器器不休的唯物史家，拿着一二时髦公式，硬划出什么奴隶时代，什么亚细亚式时代，什么农业时代，商业资本，前资本主义时代。诘屈聱牙，勉强附会。一年前我曾经说过了，真正有意义的历史必定要采取"文化综合"cultural-synthetic 或"文化摄相"cultural-configurative 的方法。（参阅《云南日报》廿八年十一月十二日拙作《中国学术的第三阶段》。）用这方法来为中国史划期，结论简单得很。第一期是殷商之交至春秋时代。第二期是秦汉以至清末。在这两大期之间，则有二百七八十年的战国时期为其转换。战国以前，我想把它叫做"大夫士时代"Nobles-knights。战国以后，我想叫做"士大夫时代"Scribes-officials。中国整部历史的演化，可以用荦荤八字扼要说明：由大夫士到士大夫！用简陋的西洋新名词说，便是由世族政治时代 Aristocracy 到官僚政治时代 Bureaucracy。（参阅《云南日报》廿八年五月拙作《士大夫与大夫士》。）

官僚制度是在战国时代建立的，到了秦汉大一统的皇权下乃集其大成，定其骨架。此后历朝互有更易，但总打不出秦汉的轮廓。世族政治下，统治者的地位是世袭的，是特权的。官僚政治下，除了皇位以外，统治者的地位是人人以平等资格，通过一种旌拔手续后，皆可取得的。任何社会，在世族政治崩溃之后，多少都必须建立官僚制度。官僚制度的建立，是任何文化内的战国时代之特征。官僚制度的大成，是战国时代进入大一统时代的兆象。战国时代，因为有了"对外战"的需要，还有贵族文化背景的关系，其官僚制度比较都能够维持它的运用上的健全性。一进到大一统时代，外患既消，贵族风气日加远隔，官僚制度往往表面上愈加辉煌，实质上乃反要起始展开腐化颓萎的程序。中饱这个现象，在战国时代或许是变态，是例外，到了大一统时代却就逐渐变为普通惯例了。我们中国历史上所表现的命运是如此。如果将来全世界而果有大一统之一日，除非人类能特加警惕，施用精密方法及坚强意志来思患预防，恐怕也免不了要重蹈中国的故辙。不过这些是未来的事，我们这一辈子的人还用不着关怀。我们的身世恰当着世界史上战国时代的高峰。我们所要注意的，世界列强的官僚制度，正发展到他们战国时代所应有的强度效率的标准，并且这个标准是一本着欧西文化的浮士德精神而充分发展出来的。内在的矛盾，仍然不免。但以比我们当日的战国七雄时代，目前列强的官僚制度已经是健全完善得数十倍；以比我们秦汉以来大一统局面下的官僚制度，那就真是一薰一莸，根本上无从计较了。

当然，我们并不是主张二千年来的中国官僚，没有一个秉公尽职，廉洁持身。二十四史所特加褒扬的循吏，岂不是百世流芳，千秋照曜？然而例外正足证明一般，尽管杨震能够四知辞金，范柏年高唱廉泉让水，中国的官僚传统，整个地说法，终不免是一个中饱集团。你骂它不应该贪污，殊不知贪污就是它的先天的职务。历朝开创之初，中兴之际，也不是没有一番治本治标的努力，只是大运所趋，有如江河日下，一代不如一代。唐以前犹可说，宋以后真不堪提及了。

拿着我们二千年大一统局面下日就萎靡的官僚制度，要来同现时血气方刚的新战国的官僚制度争担时代的使命，必败无疑！我们惟一的出路只有在新的猛省中把我们整个的官僚传统按着新战国的需求彻底地改头革心。中国的官僚制度必须由庞大的"中饱"集团改革为民族的"中坚"工作者！

（四）

不久前，我曾经论到中国官僚传统的特质，以为有三点应当注意：

（甲）官僚制度与专制皇权配合，养成了"臣妾"的派头。

（乙）官僚制度与家族制度配合，树立了"任用私人"的习惯。

（丙）官僚制度与商侩社层配合，发展出"贪污舞弊"的风气。

（丙）点属于本题范围内。我想要申说并补充几句话。

说到中国文化，一般一知半解的"专论"写作者，类皆能鹦鹉式地跟着王公大人们的后头大喊什么中国自来以农立国，所以中国文化根本是农业的。这种说法，充分地表现了形式分析派的结论往往得粗遗精，似是而非。须知自战国后期，最少自秦汉以来，商人在中国整个的社会经济里早已取得主动的地位。在数量上、形式上，尽管农重于商；但在作用上、动力上，商是主体而农为副。自从土地由"世守"而变为"自由贩卖品"的那一天起，中国经济便向着"商人中心"的类型溺入，社会上实用的一般道德标准也早就向着市侩化一途径堕落。最能够代表这个市侩化的文化的象征，就是"钱"的一个字。"钱神"的力量在两晋时代已经发展到惊人的程度。在钱神权威磅礴熏陶之下，中国官僚再也不是世族时代的"君子"，用"玉"以表其威仪，用"剑"以表其荣誉了。玉与剑所以象征古代"大夫士"一心一意要以"统治"为志愿。后代的"士大夫"毕竟只是官僚，只是精神市侩化的官僚，"中饱"实其所大欲，"孔方兄"是他们的宗教。

然而如果中国官僚能够彻头彻尾地市侩化，中国文化或许还可以找出一个新出路。西洋资产主义社会的诞生，原因不一而足。其中一个重要的条件可说是商人团体有了机会充分表现他们的机能。这是欧洲一段极关重要的历史：商人以中间人的地位来懋迁有无，逐渐积蓄了一批剩余"资本"来兴办种种的"企业"。商人的行为本来是与生产过程没有直接关系的——虽然是他所完成的"中间人的任务"大有间接促进生产的价值。到了商人握有资本而成企业家，他却是堂堂大步直接踏入"生产领域"了。欧洲社会所以能够由商业革命进到工业革命而蔚发为现代资产主义之花者，这是一个大关键。

中国商人的命运大大不然。他虽然以中间人的地位操纵了中国经济的命脉，但是他始终不能摆脱政治中间人——官僚——的钳制，而充分发展其机能。欧洲的"商"，压倒了"官"而由资产主义的形式创出来现代的富豪政治 Plutocracy。中国的"商"，始终受制于"官"，而官乃应用"中饱政治"的形式挫阻了资产主义的诞生。中西历史模型的最大不同点，就在这里。

中饱这个现象何以能挫阻了资产主义的诞生呢？

上面曾经说过了，中饱的意义，是凭借或利用着政治上的中间地位，对一切经手的事件或接触的人物取得了法外的收入。由此看去，中饱是一种政治手段。以政治手段，取得经济利益，在个人的享受说来，当然是占便宜，在社会的立场看去，却千真万真是一个"经济损失"。工人以劳力趁钱，企业家以资本致富，商人以贩卖取利。三者，直接间接都是经济行为，都有经济价值。有经济价值的，都可以增加社会的财富。官僚发财，乃由"中饱"。其发财也，不但没有出相当经济性的代价，乃还要妨害了人家的经济行为。

好像是奥本海末 Oppenheimer 提到的。以政治手段取得经济利益的，它的经济上的作用等于抢劫。在"中饱政治"下，受抢劫的是农工商。商虽然可以把负担转嫁于农工，但本身始终打不出一块头地来而成为欧洲所谓企业家者。一则剩余资本太小，二则法外干涉太多，三则"官家"竞争的可能性太大。资本太小根本谈不上企业。法外干涉太多，则即有企业，也要"枯涸"于层层勒索之下。勒索犹为小事，进一步的办法乃是化"商办"的企业而为"官办"或"官商合办"。即就十数年来的情形说，多少商办的企业，辛苦经营之后，略形起色，官老爷立刻大摆而来，接收而去！接收以后，这些企业的命运，多半没有下文。

我们这里并不是主张"官办"不应该。我们所要指出的：在中饱问题没有解决以前，中国的"官"是没有办事兴业的资格的。没有资格，却大步前来，颐指气使，既然收不到政府经营政府统制之效，却反把资产社会的诞生机会全部窒死了。欧洲的资产主义最少还解决了"生产"问题，中国传统的"官办主义"只加强了"中饱"的机缘。不能"生产"，更说不到"分配"。分配分配，"府库空虚于上，百姓贫饿于下，然而奸吏富矣"！

（五）

论到这里，我们想连带谈一谈民族性问题。官僚与商人都是中间人。他们立身、行事、思维，确确有种种相同之处。中国社会是官商中心社会，也就是说中间人得势的社会，所以中国人实际的人生哲学以至中国人的民族性都大大沾染上了"中间人的色彩"。妥协、折中、好讲价、喜取巧、恶极端、反彻底、善敷衍、厌动武……处处都题〔呈〕显一种道地的"中间人精神"，"官商者的模样"。

然而官商之间究竟也有异点。这个异点，我无以名之，名之曰"坐享癖"与"投机癖"之别。商要投机，官却要坐享。两者目的都在发财、取利。但是"坐享法"比"投机法"高明得多。最要的一点：投机法需要三分"冒险性"，坐享法却是十分安全。投机法有得有失，坐享法必得无失。

记得是奈特教授 F. H. Knight 吧。他写了一本书叫做《冒险，叵测与营利》 *Risk, Uncertainty and Profit*。据他的意见，商人取利，究竟要花费一番经营的苦心苦力。最重要的因素就是"冒险"。凡是做商人的，自己不是生产者，没有固定的收入，只能利用他的中间地位，来懋迁有无买贱卖贵。这种居奇赶市的行为，我们叫做投机。投而中则为富家翁，投而不中则为破家子。行市是没有一定的，是极端"叵测"的。有可知之数，有不可知之数，在两者之间要及时及地下一个决断，不是容易的事。一须敏锐的感觉，二须精细的分析力，三须坚捷的意志，四须迅速的行动。最后还有一点：轻险之心，换言之，不怕冒险。古语云：胜败，兵家之常。商人也必须有这种精神，看"得失" profit and loss 为常事。这种精神不但是"投机"的必须条件，并且也可以部分地当作商家赢利的伦理说明 Justification。

中国官僚发财的方式是一本着万全主义而形成的。此中绝无"危险"。一来，他们不出本钱，根本就不怕"亏本"。许多官僚可以凭借他们的政治中间地位，向各种"民间"企业取得"干股"的，都是无本可亏而却有利可赚。二来，他们可以假公济私。即就近年来的情形说，一般"近水楼台"的"公仆"大半都理会纽约伦敦各种证券大是发财的捷径。当然天字第一号的大财还是碧眼黄胡子专有品；却是桌下散落的面包碎，到了支那人手中，也自称豪一世，吃嚼一生。于是不少的摩登官僚，也就紧巴着上海香港的小市盘，显身手于世界金融大舞台的尾角。名为投机，其实还是坐享。因为中国官僚式的投机是不含"冒险性"的。中则钱归我，败则账归公。至于国内市盘上，则更是一操一纵本来都在王公大人的掌中，当然百无一失。

我们提出干股、市盘两例子，不过要表示中饱的路径大可以随着经济组织的现代化而取得"现代化"的方向。然而根本的意义，还是与从前的"受苞苴"，"括地皮"以至"吞公款"等方式一样——以政治手段取得经济利益，有百得，无一失；是坐享，不是投机。用美国俗话说，"赚舒服钱"，make easy money。惯赚舒服钱的，不肯冒险。中国的官僚与欧美的商人，心理上、精神上的根本不同，恐怕就在这里。

我们上段说过：中国人的民族性处处都显出一种道地的"中间人精神"，"官商者模样"。我们此刻好像又应该修正一句："官"的模样更要浓厚于"商"的！中国士大夫多少都喜欢投机，都善投机，但是他们更想"坐享"。就是投机，他们也无形中以坐享方法出之。官商是中国社会的中心，而官更为中心之中心，无怪乎"官的坐享癖"蓬蓬勃勃，差不多要演成全民族的第一希求，第二天性也。

这种坐享心理，万全心理，不但于得财的方法上显出来，于守财的方式上更可以看出。传统的方式，最主要的是"买地"。我们官老爷括完地皮还乡，仍是要归钱于地皮，因为地皮是最稳固的财产，有了数百千亩地，一生坐享其成，此外更不愿冒险企业了。有一个事业，却确确时常副带做着，那就是"开当铺"一类的勾当，因为高利贷也是一种"舒服钱"，吻合官僚的脾胃！

摩登的方式，如出一辙，所不同者，就是添了一层"外国势力"的关系。在官僚的眼中，外国势力是二千年来求之不得的"安全保障"。于是买地则在租界，存款必定外国银行。甚至情愿倒出一笔"安全手续费"（safety fees），只须他那批累万"横财"得以安存于花旗、汇丰、正金各银行。最近数年来，受了欧美商人化潮流的薰动，"投机"的念头逐渐活跃，居然也买起来种种外国的证券，股票也好，债票也好，都是"发财妙道"，购之若趋。无奈宇宙间本就没有绝对安全。数年前美国钢铁公司证券惨跌，我们京沪一带富家翁，不少的空号嗬痛哭！

传统的守财方法，埋钱于国土之下。摩登的守财方法，却送钱到外人之手。前者把资本"凝固"起来，后者把资本"倒流"出去。在任一的形式下，不但所谓自由资本主义的社会不会诞生，就是官僚资本主义的秩序也不能出现。二千多年来只是中饱集团混耍着中饱把戏,留下来的却是一个"府库空虚于上,百姓贫饿于下"的国家!

> 硕鼠硕鼠,
> 无食我苗!
> 三岁贯女,
> 莫我肯劳!

抗战已是三年,我们对这问题可有彻底的办法?(完)

(原载:昆明《战国策》第 12 期,1940 年 9 月 15 日。)

千山万岭我归来
（1940）

（一）

八月十二日我准备由重庆搭川黔滇公路车回到昆明来。川黔滇公路的完成算是抗战前后数年硬迫出来的一个大成绩。这条一千一百多公里的交通线，一纵一横，紧缝着我们最基本的腹地上，无疑地已与国运的现在与将来如胶如漆地打成一片了。我老早以前就想沿着这路线亲走一遭，这次却无意中达到目的。

事前如川君就约着我同行。我们于八月十三日晚同到海棠溪向家坡友人家住一宵，第二日破晓便由海棠溪车站动身。如川与我在抗战前一年曾经因为了北平故宫建筑保管事通信一次。年来在昆明时常在各种会场中晤面，但始终没有机会深谈。这次和他促膝并坐着公路车中，由海棠溪一行八十四公里到了綦江，足足四个钟头，一面看风景，一面谈吐随心，乃发现他是一位绝等妙人。他在军、政、学各界都富有经验，但他根本是斯普朗格（Spranger）所谓艺术型的一种人物，对一切事物，不期然而然地，都要从"美"的一观点去体验。平日间所遇人，不是淹着头逐逐功名，汲汲富贵，便是摆起死面孔，专谈世道人心，仁义道德。厌烦极了！同如川谈，好像读希腊艺术史一般，令人顿生清莹明爽之感。

綦江的中国旅行社招待所被敌机炸毁了。我们在街头一个北平食堂匆匆午餐罢，便继续行程，晚六时左右抵东溪。东溪是一个小村镇。据说三年前只有零星的民房数堵，贫乏不堪，现在却旅馆、食堂、杂货店、日用品铺子，排列街道的两旁，居然一幅"小繁荣"的图画。我们到一个新开张的交通旅馆第四层楼歇下。洗个脸，洗个脚，走出街头散步。回想在重庆旬日，天气热不可堪，街上，汽车、洋车、滑杆、行人、骡马、冠盖，促促皇皇，络绎不绝。抗战工作在陪都好像最显得紧张，人才也最显得济济。却是另一方面，我心中不免暗怨着这个"小上海"，真是烟多、尘多、开会多、宴会多、名人多、忙人多——多得太多了。倒是东溪小村镇的晚凉清静，洒净了我心口上的三寸灰尘！当着我和如川在这小村镇街上摇摇摆摆、逍遥自在，我忽然体验到尼采所谓"岑独无人知"的境界，其清甜味道，煞是可心领而不可以言喻。

散步到街之尽头，对面是山，山上月如钩，一切皆清平气象。陡然间发现无数星辰，罗布天中，出没不常，好像是千百万人群在那里争光、争大、争空间、争时间，俨然热闹的战国局面也。不到两分钟，便见有两星坠落，一向北，一向东。一切气运的起没，本来只顷刻间事。天地不仁，以万物为刍狗！然而未为刍狗的，还是必须不断地争光、争大、争空间、争时间。我和如川不觉同声叫道："伟大！伟大！"

转回来，村人正在举行盂兰会，原来节近中元矣。男的、女的、老的、少的，都在那露天祭桌前，焚香烧纸，招无家鬼。同时锣鼓杂喧，依然数百年来的旧俗。

（二）

十五晨起，吃三个"和包蛋"便上车。由东溪到松坎，再由松坎到桐梓，整一天的路程。这一段路程，可说是天下奇观。我们是置身在"内亚洲"大山脉的边际。一座山翻过一座山，前面依然还是一座山。我们的公路，就在这山丛中迂回盘绕，上上下下。差不多一切的转弯都是三百六十度，尤其是对面卡车忽忽驶来之顷，稍不留心，便有撞车的危险。翻过一座山，有转廿多次之弯者。后来过贵阳，由安顺到平彝间的一段路程情形也与这一段相若。那些蜿蜒起伏的大岭，就好像是泰顿巨人（Titan）的筋骨，抓着地轴，怒发紧张。我们这条曲折绵长的公路，闪烁于日光之下，乃大似天女舞裙的白长带着意落到地面，在那危险叵测的泰顿手背上，费尽心思划出一条生路，含笑着引导我们的车辆前行。我一面感觉得我们车辆的渺小，车里坐客的更属无能，但一面不禁又要自豪自喜，毕竟人们还是天生骄子，与泰顿天女共同舞蹈于大宇宙之间。

　　危险是有的。由重庆到昆明，整个路程中，我们所遇见的翻车不下十二辆。但十二辆之中，只一辆是客车，其余都是货车。据说，开客车的司机都是经过特别挑选的名角。由安南把我们直开到昆明的司机名叫张梦华，的确是个好手。形状魁梧，阔背方肩，燕北人也。我看他不动声色，双手拿着车舵，左转右拐，不断驶进，二十一位坐客的性命都寄托在他掌中，我晓得抗战的一个结果，必定是产生了一批控制机器，控制物质的新人物，与往日咬文嚼字的秀才们，绝对两异其趣！

　　危险是难免的。在永宁安南之间，我们的命子几乎要送在一位广东司机手里。就和一般南人一样，他伶俐有余，稳健不足，在拐那些三百六十度的弯子时候，他老先生对于速度的控制，便不能像张梦华那样十分如意。有一辆货车由上面拐弯，冲将下来，我们的车拐不上去，直向路的边际冲出。差两小寸，则车身连人一齐倒下山来，底下便是九百尺深的岩谷！我们相顾失色之余，却要多谢这位司机给予了我们一个欣庆再生的快感。危险是一路都有的。只是在那不断的经险当中，我们五官特别敏锐，情感特别热烈，刻刻的生命好像都特别充满了历史意义的。危险原来有它的妙处！

　　川黔交界最险处，名叫钓丝岩。曾经翻了许多次的车辆。所以现在乘客到此，必须下车步行一段路。公路局正在另辟一条新路。数百工人用铁椎、木杆丁丁不断地在那里凿山通道。夕阳斜照着那块大黑岩，映出来一段深紫气。工人的唱声与椎声打成一片，居然一出浩荡之歌，与天地同其壮。不少的西南公路都是同样地由老百姓双手寸寸制成的。我和如川又不禁同叫"伟大！伟大！"

　　要欣赏人间各种颜色，各种形式的，不可不［可］走一遍这条公路。一路尽是山。山形千百种，竟出争妍。圆椎〔锥〕的、尖塔的、断墙的、飞檐的、驼背的、狮头的、卧虎的、睡牛的……山色也不一，鲜绿的、深青的、叶黄的、淡紫的、海蓝的、枫红的……在日光掩映与云块飞行之下，颜色更可一刻百变。行将到花秋坪时，天空忽两分，东雨西晴。西方的群峰，妩媚荧朗，曲线清明。东方的诸岭，包裹于沉云之中，云云迷迷，若隐若现，竟是醉汉入睡的神气了。东西对称，俨然阿波罗（Apollonian）与谛阿尼刹斯（Dionysios）两派之分立。妙极神极！

　　到著名的花秋坪，东方天忽朗，一望千里。西南群山好像都列在眼底。腾胸呼吸，乃觉天之高，地之厚，中国之大，中国人之必定大有为！一个怪念，忽然涌到我脑中：三十年来国家大事，不知有多少败坏于小政客小官僚的手中，毛病只在"太小"——气魄太小、眼光太小、做法也太小。此后中国政治人才的训练，除了一切时髦办法之外，必须派遣个个学员到花秋坪住居三个月，好使他们那偏狭的心胸，放成为"海阔天空"的怀抱。也许现下许多王公大人所需要的也正就是花秋坪一放眼界！

桐梓有中国旅行社的招待所。设备简单，一切方便。大家晚餐后，安睡一夜，有蚊帐，无臭虫。整天的仆仆风尘，到此真是"宾至如归"。中国旅行社的创办煞是中国旅行历史上的一大革命。过去旅行，不受臭虫之咬，便要到洋旅馆——如果有洋旅馆的话——去受洋人之"气"。记得三年前到昆明时，便找不着一个干净的旅馆。结果到商务酒店求宿。老板娘娘是一位法国人，有人说她是希腊人，有人说她是白俄，无论如何，她对着我一看，态度冷淡，言语支吾，好像支那人唐突来此，洵属怪事。我消受不了那副冷眼，仍然回到正义路一个国粹式的栈房，去支持一夜臭虫的"肆威"！现在到丛山村落中，竟然随处都找得安眠的场所，我们不能不对中国旅行社致谢致敬。除了綦江的招待所被毁外，桐梓、贵阳、安南、平彝，都有中旅社的招待所。昆明的招待所便是由那位法国娘娘手里接收过来的商务酒店。听说中旅社的创办者十八年前开创招待所的用意，本来就不在做生意，一来是要切实解决中国一部分的"行"的问题，二来是一扫洋人积年的威风。法国娘娘的商务酒店变为中国旅行社的招待所，可以象征中国十数年来社会上一般杰出人才挽回国权的成就，与长江的民生轮船公司，水陆并辉。

这就是我们所谓大政治了。你问战国策所提倡的"大政治"是什么？简单得很！能够为国家做一桩事业，销敛洋人的威风，或进而由洋人的手中取而代之，便是大政治。不然的话，哪怕你横行二十八行省，手斩群雄而做皇帝，充其量，也不过是一个第一流的"小政治"家！

（三）

十六日到遵义。浙江大学所在。我们见不少的旧友。也有了几位新交。遵义在清朝本是贵州省文化的一中心，文风颇盛。浙大迁此，恰得其地。在那青山绿水掩映交阴之中，加倍显出师生们雍雍穆穆气象。好好为之，其后必大。有个现象最惹我们注意的，就是遵义街道之清洁。县长孔福民，孔子后裔也，举止谈吐，毫无"官气"，充分表现出新式县长的仪表。遵义特产有二：曰银耳，曰兰丝。银耳质不及川产。兰丝甚佳，惟量不多，发展的可能性颇大。

勾留数日后，二十晨动身赴贵阳。天气颇热。午时到乌江，摆渡过江，在路旁茶店休息。与同车的几位青年军人及一位中学女教员环坐笑谈，并互论抗战事。阅一小时，司机生匆匆又促上车。出店口，瞻望山川，有触于怀，口占四句赠如川，不敢云诗，聊以抒情：

> 风日苍茫古渡滨，
> 相看一笑满衣尘。
> 栖栖未是忧时者，
> 日本东西南北人！

在贵阳，被各种团体拉去作演讲。如川讲艺术，我照例谈"战国"。白天避警报，晚间演讲，倒忙得出意外。最堪纪念的，恐怕还算是花溪之一游。花溪距贵阳城十九公里。某机关吴、黄两君约与同游，并有许夫人偕行，皆邂逅相逢者。然而一谈之间，相视莫逆。吴君痛快人也，富于情感，两眼充满思慕之情。他能够充分欣赏现身量，却同时又好像始终在那里憧憬着天之一方另有更美满的一角落。黄君最热心不过，一切野游应该准备的事件，都由他包办。没有他，我们没一个走得成的。许夫人则永远微笑，对一切的一切，就好像创世记里的上帝一般，都赏它一个"好"字。

九时出发。半路卡车出事。于是大家有的步行，有的坐洋车，珊珊向目的地走去。不久，如川看见一辆熟人的汽车驶过，呼而止之，与许夫人同登，结果比我们早到一小时。风光先赏，心私妒焉。平日印象认贵州为一个贫瘠不毛之地，荒凉无足观者。花溪一走乃发现了崇山峻岭的雄放当中，更有清莹妩媚的隐伏。碧树、青山、流泉、绿野。有一个字可以形容——"秀"！花溪风景之"秀"可与江南任何名胜争衡。省政府已开辟一个公园。许多富有或小康人家皆筑有"别墅"周末幽居。我们承何君某的预约，在他的别墅午饭。揽景物之异常，愈觉中国国土之可爱。当即留赠诗一首：

> 主人留客花溪东，
> 溪光浸树玉玲珑。

郊游莫问春消息，

山自青青酒自红！

写罢自吟，不知诗格何属？初唐乎？晚宋乎？普罗乎？布尔乔亚乎？这套的比长较短，于今不耐烦矣！

出何家别墅，不到十分钟，暴雨倾盆倒下，衣裤尽湿。大家走到一个人家檐下避雨，正愁没办法时，忽然背后柔锐声音叫道："林先生，你怎么也到这里了？"回头一看，原来是西南联大学生虞女士。她的父亲，本来是清华老校友，彼此都认得。正是喜出望外，鱼贯入屋内，有椅坐，有汤洗脸，有茶喝。我和如川，衣服特湿，还借了虞先生的短裤子换得半身楚楚。虞先生是牧畜专家，二十年如一日。现在贵州，也是担任该省牧畜事业。据说大有发展之可能。因为畜瘟尚不能大规模控制，并且贵州山地结构特殊，集体畜牧尚非所宜，最好暂用农家分牧方式。牛、山羊、马、猪皆可养。据虞先生估计，即就牛一项说，可一年一千万头。此外，松子、胡桃、栗子都可大批发展。松子与胡桃可成为出口大宗，运销美国，以供他们制造可可糖之用。

"留得青山在，不怕没柴烧！"我们中国文明，一向是在平原上发展，偏重于利用平原；对"山地"的价值，始终不了解。我们这次经过了一千公里的山地，尽是牛山濯濯，不见一座森林。我心中起个怪感：一个民族，数千年来，对一切崇高的天然遗产——山——不断地摧残、剥削、蔑视，终不会有好报的。山地弄得全部濯濯之日，就是我们民族富力扫地、精神扫地之日！现在抗战局面，已经迫着我们这个"平原为基"的民族，来到"山地"上寻求复兴的柱石。我们必须要认识山地，爱护山地，发挥山地的威力——养林、开矿、牧畜、果艺……换言之，创造"山地文明"以补我们数千年"平原文明"之不足。即进而就民族精神方面而说，"平原型"的精神，博大有余，崇高不逮。我们这个平易中庸的民族，所急急需要的，也许正是一股崇高奇险的"山地型"的气魄！

（四）

八月廿七日离贵阳，午时到安顺少憩。安顺是一个苗民集中点。据说，每当赶场之日，苗民云集。苗妇衣饰，红绿斑斓，大有西班牙村女之风。最堪注意的，苗民的生活，自成系统，除与汉人交换物件（盐、布最多）之外，都能够保持氏族社会原有的健全模型：不缠足、不卖丫头、无偷窃、无乞丐，最后，栽鸦片卖给汉人而自家却不吸鸦片！即此数节，就值得汉人三思。让我们大家不要无条件地摆出高等民族态度，动不动就高喊要"同化"这些苗民！

由安顺到平彝，地势由一千五百公尺海拔升到二千公尺。车好像总是往上爬的，刚下坡，又要上坡。路中有两奇迹：一天然，一人为，黄棵树瀑布与盘江铁索桥是也。过盘县，车屡坏，停行修理者，不下十数次。最后乃停顿于海拔一千八百公尺的山中，等候救济车。同行有一批精神铄铄的少年军官，皆以昆明为目的地者，相与登高纵览，饱引山灵原始之气，胸膺为之一旷。因又唱一首打油诗赠送以为纪念：

> 战开生面洪基定，
> 地转南维正气多。
> 行旌迟迟应有意，
> 凭君高处瞰河山。

哪知道这些英雄们，原来都是写诗的好手。其中有两位，周宗颖，与周琦一路与我不断唱和，直抵昆明，好个不寂寞也。

三十晨平彝，一路平坦，在大清早空气凉净之中，我们的车辆逐逐前驶，与已往爬山援岭的路程相较，真觉得飘飘若仙。贵州境内，土多黑色。一入云南者，土作紫红色。好像怒脉偾张的泰顿到此也就陶然微醉起来，半靥红晕，与天女拉起双臂，在那里唧唧咕咕说着一堆情话了。贵州的山形，雄放紧张；云南东境的地色倒是妩媚可爱。我在那清明莹澈的灵境中涂了四句，带赠战国策社诸子：

> 天风习习落瑶台，
> 如笑林原眼底开。
> 报与昆池众仙子，
> 千山万岭我归来！

少年军官周琦，登时就和我两首，录一首以结此篇：

> 山如将相列灵台，
> 水似游龙眼底开，
> 雍穆笑容倘迎我？
> 关情桑梓独归来。

周君，盖滇人也。诗壮而蔼，一如其人。许多日来，他竟在我脑海中，盘桓辗转着，成为了抗战新军人的纯净象征。

九月八日

（原载：昆明《战国策》第 13 期，1940 年 10 月 1 日。）

第三期的中国学术思潮
——新阶段的展望
（1940）

（一）

五四以来，中国学术曾经过了两度热闹思潮的洗礼。这两度洗礼可以代表现代中国学术迈进中的两阶段。

大体说来，民国八年到民国十八年可叫做"经验实事"Empirical-Date 时代。胡适之先生的《中国哲学史大纲》，可算是开山之作。以今日的眼光与标准看去，这本书的内容，许多地方难免草率，全部结构也嫌散漫，可说聪明有余，深入不足。开山之作从来都是如此的。六年前胡先生自家就坦率告诉我说，他对他从前关于中国思想史的见解，已经"全部推翻"了。他那时候正在缮写《说儒》一文（后来在《胡适论学近著》内出版）。尽管许多学者对于《说儒》内的事实判定以及整个结论，表示异议之处不少，但在为学的见地与方法上，胡先生这篇研究无疑地呈现了一种"与时俱进"的灵机。我想我这句话，胡先生大体不反对的：《说儒》一文实代表一个受了国军北伐后第二度学术思潮熏陶的实验主义者的作品，比当初那部机械式的《中国哲学史大纲》，活气得多，成熟得多了。大家都怪着，为什么胡先生大纲的第二卷（大纲只出版了上卷）到今日还不出来。我揣测他并不是材料缺乏；根本问题，恐怕是他已经不能再继续第一卷的作风而写出第二卷，要写的话，他必要从头写起！

然而《中国哲学史大纲》终不失它在中国现代学术史上的真价值，真作用——它划出一个新时代。

这时代的学术，中心目标在搜求事实，而标准方法则为经验主义

Empiricism。除了一二部杰出的例外著作（如梁漱溟的《东西文化及其哲学》一书），国内一般有成就的学者都抱着所谓"实事求是"的态度，运用着一种迫近机械式的实验派方法，先标出种种个别的，零星的，以至暗昧的"问题"Problems 而到处搜罗其所谓有关的"事实"或"材料"，然后再就一大堆的乱杂事实与材料而类别之，分析之，考据之，诊断之。风尚所被，居然弥漫一时。这一股风尚，在一方面看去，是外接英美正宗学派（尤其是美国派）的结果；但另一方面看去，实更是上承清代三百年考证传统而推波助澜。惟其如此，所以整个经验主义潮流，在英美的一切学术以及一般生活上虽曾经产生了充分的功效，而在我们中国，其成绩好像竟局限于"整理国故"的一途径。《古史辨》各集，可以当做这个时代的恰当象征。片段史实的争辩，片段史实的否认或证明，当然都有它可贵的价值——只是，不免太片段！

到了民国十八年，郭沫若先生的《中国古代社会研究》一书出版，随后数年内，就展开了热闹一时的中国社会史论战。中国学术的第二阶段，就在这时候诞生。九一八后国内外政治上的沉闷空气，无形中推进了这阶段的学术思潮的发展。"卡尔"的唯物观乃成为一般"有声有色"的作家直接间接的圣经。是"辩证革命"Dialectic-Revolutionary 时代。大多数"新作家"的脑后，都隐隐地蹲立着一个普罗革命的神像。前期所高唱的那套"实事求是""为知识而知识"的自由派科学谈，到此时乃一贬而被斥为一种布尔乔亚免避现实麻醉人生的丑技。革命——普罗革命——必须是一切写作的目的。方法不成问题，当然是正、反、合的黑格尔一套。本着这一套而产出的研究作品，品质高的虽是寥寥，但从"量"上讲，的确澎湃可观。就是到了今天——抗战的第四年——我们翻阅一般书摊上杂售的"新读物"，还不免要感得左右逢源的仍然是第二阶段思潮的余波。

市上的书摊是第二期作家的巢穴。第一期的"正统作风"则把占着各大学各研究所的"学报"、"专刊"而凭高作态。前者声色俱厉，自喊是革命先锋。后者泰然捻须，徐唱"侬是缙绅学士！"

（二）

第一期的功绩，在扫荡千余年道学面孔的淫威，捧出冷酷的"事实"来打碎那鳞甲千秋的"载道""设教"的老偶像。细验此中，乃含有一股纯理智的精神，与欧洲十八世纪的启蒙运动，绰约可拟。然而，那种经验实事的作风，终究不免"有所蔽"。

他们有所蔽，因为他们见其树不见其林，见其一不见其二。郭沫若先生好像也曾作过批语，说他们那种方法所能做到的，只是知其"然"而不知其"所以然"。

郭先生写出《中国古代社会研究》一书，原是要"知其所以然"的。这书曾否履行其使命，年来学界已有不少的议论，但郭先生对经验派的批语，的确有一番道理的。这本来是一切知识论所谆谆探讨的全体与局部的关系问题。所谓局部者，是离不开全体而存生，离不开全体而持其固有的意义的。因此，我们必须知全体——最少是全体的轮廓——才真正能知局部之"所以然"；甚且可以说，必须知全体，才真正能知局部之"为然"。这并不是抹杀了局部的价值，乃是说局部的价值必须附贴着全体的中心意义而后才可以确实估定。例如同是一个"民"字，在封建时代内是一个意义，在皇权政治下又是一个意义，在现代国家组织下又另是一个意义。单个的概念，单个的事物，都是要随着它的整个社会背景，整个文化范畴之改换即〔而〕改换其实际涵义的。如果我们囫囵吞枣，像有些第一期内的学者一样，忙把书经上的"民为邦本"一语，断章取义，认作现代德谟克拉西意识的前身，那便不免铸出九州之大错了。又如"礼""义""廉""耻"各字样，在我所谓春秋以前的"大夫士时代"乃有他们实际的特殊作用与涵义，与秦汉以来传统的"士大夫时代"的，原来是大大两异其趣的。如果你我不于传统的整个社会结构、文化架格上，设法从新改造，而徒然斤斤在个别字样上苦下推演提倡工夫，恐怕实际的影响与作用也终于所得不是所求。

第二期的功绩，恰在提醒了认识背景认识全体的必要。局部必须与全体钩连；单个的社会现象必须把它放在整个的社会轮廓、文化架格里，安排之，审察之，而估量之，然后可以知其"所以然"，然后可以真正知其"然"。轰动一时的中国社会史论战，如果在中国学术思潮史上而有永在的意义的话，那就因为了它乃一种认识中国社会整个轮廓的初次尝试，初步尝试。只可惜一般参战之士，不是蔽于政治的成见，便是囿于舶来的衣钵，在肯定了认识全体为必要之后，却偏又碍于一种定命式的因果论，硬把"全体"两字缩化为"唯物"一局部，把社会轮廓一词，差不多缩化为经济结构的别名。经过了这番"缩化工夫"之后，乃更再退一步，株守着无产阶级的立场，来硁硁然估量古往今来的一切经济结构以及一切人为价值。这种办法，为促进普罗革命起见，或许是个应有的政治策略；但从科学方法论上看去，终是武断，终是有心，终不免要阻碍了全体认识的可能。毕竟写一部古希腊文化史，你不能就以"奴隶制度"四字了之。认希腊纪元前四五世纪各种艺术思想的千古不朽创造都是乞灵于奴隶，固然是谈入非非；把这些不朽创造都指骂为经济榨取的万恶结晶，更属鲁莽灭裂。

象征的说法，如果第一期的办法只能见其"点"，见其"线"，第二期的办法也不过见其"平面"，见其"偏面"而已。

（三）

现在是所谓"全面"抗战的时代了。我们学术界能够不能够打入一个新园地，由点的、线的阶段，偏面、平面的阶段，踏进一个"全面""全体"的阶段呢？

这应当是中国学术的未来，应当是抗战局面势必产生的结果！

有趣得很，第一第二两期的产生，都是由一部历史著作发出号箭。这里边也许深藏意义的。中国民族是最富于历史性，"述古性"的。二三千年来，我们好像已发展了一个思维习惯——要"证今"必定要"援古"，要"察来"必定先"观往"。甚至可以说，我们非观往便感得无从察来。孔子言必称尧舜，与刘歆王莽的托古改制，以至康有为的论大同，当代王公的纵谈旧道德，这里头似乎都有一贯的民族感觉为其根据，为其动力的。用历史以激发未来——且莫论其所激发者有当与否——恐怕在中国是最有效，也最自然的办法了。从这点看去，史学在中国似乎是注定的百学之王，百政之始。我只愿当代治史者不要等闲弄文字，糟蹋了这个"大人事业"。

那么，第三期学术思潮的展开，将莫是也有待于一部历史书的启发吗？

这部历史书果如何书呢？它必不是"古史辩"，考证大禹之为虫抑为人；也不是"社会史论战"，来回争执什么叫做亚细亚式或古典式的社会，什么时代是奴隶制、农奴制、商业资本、前资本、后资本。这些都有他们的价值，但新的将来却不能再由他们来启发。启发将来的，恐怕要靠一部整个民族文化的写真。写真之法，不是第一期流水账的手笔，只把二十五史九通以至丛书笔记里的乱杂事实，祭獭似的分作若干门类排列出来（最近陈安仁的《中国文化史》便是此类）；却也不是第二期急偏锋的手技，拿着任何题目，都要迫向左转。乃是一种崭新的作法，迫近一种鸟瞰的姿势，代表航空时代的一种作风，有如列御寇乘风而行，两万尺下，山川陵谷，高低斜平，历历在眼底，呈涌出一幅浑成图画，自有它的"母题"motif、它的整个骨相的。

换言之，第三期的办法是要取得一个民族文化的"全体观"。我无以名之，欲名之曰文化综合 Cultural-synthetic 或文化摄相 Cultural-configurative 时代。

（四）

在这个新时代下，我们所谓全体观是有它特殊的新意义的。说明了全体观就是说明了第三期学术思潮的特质。

有两点先要认明：

（一）全体不是一切局部的总和；

（二）全体不是某一局部的放大或延长。

把全体当作局部的总合——这是第一期道地的看法。这种看法，充分显出经验派的机械分析主义之缺点。打一个比方吧！大家都晓得，中国字有若干基本笔划，例如点、撇、横、直、钩等等。连缀点、撇、横、直、钩而构成"永"字；一经构成，"永"字乃立刻呈出一种独具的新意义，竟不是当初未经连缀时的各个笔划所原有的。我们一看到"永"字，便感到一种"久长悠远，不朽不磨"的印象，这种"不朽不磨"的印象无论如何是在点、撇、横、直、钩个别笔划中摸索不出来的。反而观之，撇散"永"字而分为点、撇、横、直、钩各单位，各单位也许各有其意义，但千敲万验，总验不出来丝毫"永"字的意义的影子于其间。原来全体自有它独具的母题，独到的价值，超于局部之外，超于局部的总和之上的。因此，"永"字的全体观，并不在乎整整齐齐把点、撇、横、直、钩……一切罗列起来，不遗一划；要在能把"永"字整个结构所形成的那个"久长悠远，不朽不磨"的意义指点出来。不是加减乘除问题，乃是灵机神会问题。不是形式问题，乃是形式中形式外的整个母题，整个"作用"Function 问题。做一个寻常的统计家是不够的，要做一个快眼神手的画家！

我所谓文化摄相，就是这意思。"相"（即中国"看相"之相字）是一个绝妙的字。它是一个"形而上"的概念，但它也并不是凭空幻想。它是根据于"形而下"的"骨""貌"等等而创得的。所以我们中国语有"骨相"、"相貌"各名词。然而"相"究竟不是"骨"不是"貌"，而是骨貌以外，骨貌总和以上的一种整个母题，整个作用。形式上同样的眉目嘴鼻可以构成作用上贵贱清浊不同之相，形式上好像不同的眉目嘴鼻有时反构成作用上贵贱清浊略等之相。再进而言之，一个相，整个母题与作用上是贵的，即有了一二局部的缺憾，也改不了它整个的母题与作用；整个母题与作用上若是贱的，它也不因局部之独贵而改观。此中自有全体局部间的一种微妙"关系"在，不是"皮相"者所能知。九方皋相马，要相到牝牡骊黄之外，缘故即在这里。

德文也有个妙字——Gestalt，英文之 Configuration 差可相当。我想配制一个新名词，谓为"体相"。体字所以表示其并不是玄虚飘渺，与形式与物质毫不生关系。相字所以表示其终究还是一种精神——一种整个母题，以及整个作用。第一期所摩挲毕至的"原质"Elements、"原素"Factors——就是局部的物质与形式——只可当作"资料"看，"手段"看；最后的"目的"与"意义"，全在"体相"之如何。

体相者，构成全体的各局部相互关系间所表现的一种整个母题以及综合作用也。详细的解释，另文介绍。这里只好作这句简单的说明。

根据这句说明，我们便晓得，局部必须在他们的综合中估量；如果把全体分析起来而成为个别的局部，再将这些个别的局部，用简单的算学，加将起来，是不能捉得原来的全体，更捉不得原来的体相的。

关键在"相互关系"四字。这是第三期观察万物的"入道之门"。

惟其如此，所以全体不但不能看作局部的总和，并且也不能看作某一局部的放大或延长。

全体是某一局部的放大或延长，而这某一局部就是"经济"。这是第二期的标准看法。所以，第二期所谓"全体观"，倒是十分简便：抓住经济便是抓住一切，因为经济"最根本"，一切的一切只是经济的化身。如果第一期经验派"实事求是"的作风往往落于"多多益善"的窠臼，第二期辩证家的信条或可说是"得一当十"。我们中国人为学，本好"省事"，就比方我们做官，专好"捷径"一般。唯物史观的新作家，十年来所以如风起如云涌者，其中一个缘因也许正在这里。抱着一个唯物葫芦，洞解天下闷谜，于是铁的使用必定是封建制度崩溃的原因，二千年来中国特有的政治、文物、伦理、思想都不过是沟洫灌溉的另一面观。……这种作风，就好像谈"永"字而必定要抓着所谓"最下层"的"钩"划而苦认为"最根本"，因进而主张永字之所以为永字，永字之所以有点、撇、横、直各划，而这各划之所以有这般姿势与安排，全靠其根本有钩，全靠这钩之向左挑而不向右转。换言之，永的整个字，被认为它下部的那小钩之当然而必然的一种放大或引申。抓住了这钩，万事迎刃而解！

西方曾有"盲人认象"的寓言：摸着象鼻的，宣布象是长钩形；摸着象腿的，硬认象是长筒形。毛病端在以局部当全体，以局部"解释"全体。

全体不是某一部所能解释清楚的。尤其是我们所谓"体相"更不是"偏视"某一局部所能领会到的。看相不能专看左脸皮。论一民族文化的整个母题与作用——比看相更何啻千倍复杂！——各局部都看到还不够，各局部相互间的微妙关系，交流影响，更要锻炼出一副纯客观的眼光忠实地"体验"出来。体相的摄取，原来要用一种居高临下的鸟瞰之姿，"平眼"得来，不能用固定的一个立点，"斜眼"看去；是中国山水画的作风，不是西洋画家的透视法 Perspective。能平眼，然后能摆脱空间距离的幻觉，而对于"全景"total landscape 中各个事物相互的关系，可以给予一个比较近实的估量，高者高之，低者低之，大者大之，小者小之，在这个高低大小恰得其所的估量中，再摄取出全景的整个母题，综合作用。此之谓"综合法"（这点将来再详论），体相须用综合法摄取的。我想把第三期叫做文化摄相，或文化综合时代，也是这个缘故。

（五）

好了，我所谓取得民族文化的全体观者，要在摄取民族文化的整个体相，标准体相。

体相！体相！它必定要成为第三期学术思潮中笼罩一切、贯注一切的基本概念。

每一期的思潮，都有它特具的基本概念。第一期的，是"事实"Facts 两字。"寻找事实"是那时代学术的第一要求。第二期的，是"立场"或"观点"standpoint or viewpoint。"抉定立场"、"把住岗位"是那时代学术的最高风尚。第三期的根本新贡献，却必在"体相"一名词，此后一切致知格物的努力，最后目标都必定有形无形地要向着"认识体相"一路途推进；而在那万般体相的认识中，民族文化体相的认识大约要把握着整个思潮的中心!

这并不是轻视了以前的两期,更不是主张这两期所代表的工作从今以后再也不要有人来担当推行。正相反! 前两期乃是第三期必要的先驱,必要的基础。没有前两期,第三期在想像上不能产生,在实行上无从下手。究竟必有了"点"与"面",我们才会想到"全体"之一物,才有体验到全体的最低度材料。其实我们所正要认为缺憾的,就是第一二期所代表的工作,推行尚不彻底,成绩尚远不及人。别的不用提,但就历史一门说,搜遍全国书场,哪一本我们所号称的"名著",可以比得上 Gibbons,Green,Sombart 等第二流欧洲史笔的作品?

当然,新学潮在中国,统共不过二十年。成绩单薄,在所难免。也许假以相当岁月,好戏可以出台。我们馨香祝之。我们虔诚祷祝从今以往,前两期作风的学者还要十尺竿头加一倍地努力前进。个别事实的踏查,个别问题的穷究,必须日多而日精,经济、唯物以至宗教、伦理、心理、审美……各种"立场"的探讨也必须愈来愈丰富,愈老练。但,我们不能不盱衡世界潮流,迎头赶去,在薄弱的过去成绩上,紧急开辟出一个新路程。旧的必须推进,新的却必要产生。在那新的思潮中,第一二期作风的一切工作,不管如何高深,如何精彩独到,都要把它看作认识体相——最后,认识民族文化的体相——的准备。也唯有完成这种"准备"的使命,他们才真正有价值。一切皆手段,体相是目标。一切局部的钻研为的是要综合!

(六)

体相论是时代必要的需求,也是时代当然的产品。山有人焉,呼之即出! 一个思潮绝不会凭空飞来,也不会凭空唤出。它必定有了大社会的背景以至全世界的趋向,涌之出来的。尤其是中国现代的思潮,更脱不了国际间大政治,大运动的推动。

第一期的"实事求是"是与第一次欧战后威尔逊理想主义配合的。威尔逊主义算是欧洲十八世纪以来的理智主义、自由主义的最后"回光返照"的一刹那。我们当日一般留学生(尤其是美国的)便借用了这一抹回光,来烧杀中国传统社会内的种种无谓的束缚。风气所摩,居然也酿成了当时的一段个人主义潮流。这个硬挺挺独立世间,一丝不挂的个人派头,与经验派的为学作风本来是异调同工,彼唱此和的。其实"事实"是一切求知的根本，哪一种学问离得开它？不过，经验派之谈事实乃止于事实，他们的事实乃是一种硬挺挺独立世间，一丝不挂的原素，是自足的（Self-contained），无对的；他们的注目点乃在纯形式；他们的法宝乃是分析，分析，又分析。一切都成"原子化"Atomized，确确充分表现了那时代个人主义的欲望与需求！

紧接着威尔逊主义而起的，就是俄国革命所代表的共产主义运动。这个共产运动，自始就比威尔逊主义多些"活力"。我们中国因为了内在外在几种环境条件的凑合，也一时接受了这新"铄力"Impact 的怂恿，民国十五六年，这铄力在中国政治社会生活上的影响达到了最高峰，但在学术思潮上的影响却以九一八后三五年间为最著。作家最要抉定的是他们的"立场"，的"岗位"。方法是辩证。注意点在"利益"Interests——阶级利益。抱着一种绝对的，独动的因果律，把一切的罪恶都放在那资产阶级的头上，为的是要发动阶级斗争，无产革命。论到第二期学术思潮与实际社会政治生活的连锁性，那真是比任何一期都密切而显明的，本来马克斯的整套学说是专为了无产革命而创造的。

九一八东三省沦亡，在任何方面看去，都是一个划时代的事件。它代表日本露骨实行独霸东亚的首幕。它同时也把整个的中国民族灵魂深深伸入自省自忏的火中。此后数年间，辩证革命的思潮，表面上虽然倍加热闹，实际上乃当时烦闷空气下的一种曲线反应，本身既无充分的活力，时代也无积极的需要。反之，一般社会上却隐然另外产生了一种新暗流，在那里溅溅作响。所谓民族文学，国防文学，以及中国本位文化的各种讨论，尽管内容肤浅，动机复杂，而在表示这种新暗流上，作用未容抹杀。西安事变后，这暗流一放而为鸣湍；抗战以来，更无疑地再变而为大家共航的大河道。母题明显简单：民族生存，民族荣誉！

同时，整个世界大势的展开，也再没有我们迟疑误解的余地。自由主义早已成为昨午的清风，可回忆而不可再得。所谓共产主义、社会主义，实际上乃"国产主义"的别名，它并不是最后最高的目标，乃是另一个更大潮流的支派。这个更大潮流，不是别的，乃就是全能化的大战国之组成与发威！西洋文化——也就是现在世界的主动文化——的内在逻辑已把这个无情的大现实露骨表演出来。日本的侵略不过代表这个大现实的一幕。我们的抗战也不过代表我们对这个大戏出的初步参加。热闹的场面还在后头。几个道德元老，为了个人精神上的需要，偶尔想度一度"雍穆和平"的蜜月梦，是可以的。体魄健全的当政男儿不能不拿起枪来，准备二百年的苦战。大战国时代只允许大战国的作风。大战国的作风只有两字——（一）战！所以和平不可能，和平乃下次战争的准备；（二）国！所以不能有个人之硬挺挺自在自由，也不能有阶级之乱纷纷争权夺利。

"国家至上，民族至上"，原来并不只是一种抗战期内的口号，乃是一种世界时代精神的回音。

在"全面战"的中国，就像在"全体战"的世界一般，要的是一种全体观的学术，全体观的思潮。只可惜我们目前但有共航的河道，不见涌至的大潮！

让大家在这里赶快抓住一道活泉源——就是"体相"两字。

论体相便是论全体。要旨如何？曰，谈"关系"，谈互动的，相对的关系；曰，谈职务，谈功用，谈整个结构中各局部间的相生相成的综合功用。如果第一期思潮是个人意识的表现，第二期是阶级意识的发挥，那么，第三期便是抗战时代大战国时代空前活跃的民族意识所必需而必生的结果（附图解如左）：

	象征	基念	方法	对象	性质	态度	注点	欲望	意识
第一期	点	事实	分析	原素	自足	无对	形式	自由	个人
第二期	平面	立场	辩证	因果	独动	绝对	利益	争斗	阶级
第三期	立体	体相	综合	关系	互动	相对	职务	共存	民族

第一期思潮有欧美二百年历史的凭借，第二期潮流也有马克斯以来一百年的背景。第三期呢？论细则，论方法，都还在半成未成之天——虽然在物理学，心理学各方面都有了重要的初步发现与成绩。世界的学术界正在摸索着，创造着；我们也必须摸索，创造！潮流是必来的，并且要出你我之不意，澎湃卷来。所等候的，只是：孰为其书？孰为其人？时辰正满酿着空前的可能性与挑战性的。

> 团团绕顶浓云迫，
> 待听春雷第一响。

我们不能不深寄望于中国学界的工作者！

二九·十一·四夜写于昆明大普吉

（原载：昆明《战国策》第 14 期，1940 年 12 月 1 日。）

廿年来中国思想的转变
（1941）

一

二十二年前的今天，是五四新文化运动霹雳开头的日子。我们愿借这个机会作一番观往察来的工夫。我们要问一问：这二十多年来中国一般的思想潮流大体上有没有一个可以指明的动向？这个动向的中心母题是什么？作用在哪里？

我说，一般的思想潮流，这与我在本刊第十四期所讨论的"第三期的中国学术思潮"，内容两异。那一篇的对象是集中在学术方法论一问题，这一篇泛论社会上一般的思想或人生观。当然的，两者之间多少也都有些联系性。

二

五四新文化运动，内容本甚丰满，甚复杂。它一方面把西方文化内的各因素、各派别，铿锵杂沓地介绍过来，一方面又猛向整个中国的传统文化，下个显明的比照，剧烈的批评。实百花争发的初春，尽眩目薰心之热致。

然则当日的新文化运动不过是一场五花八门的"杂耍"吗？曰，唯唯，否否！在那丰富、复杂，以至矛盾的内容中，我们可以寻出一个显明的主旨，中心的母题。这个主旨与母题可说是个性的解放——把个人的尊严与活力，从那鳞甲千年的"吃人的礼教"里解放出来，伸张出来！五四新文化运动所以成为一个自具"体相"的运动者在这里。它在我们当代国史上所发生的主要作用也在这里。

解放在当日，是绝对必须的。但，解放的成绩不算圆满。事后十年间——其实乃直至今日——我们一般社会上实际行为的表现，一方面总嫌是个性不够伸张，个力不够活跃；另一方面却又感得决篱摒藩，流弊已甚。正所谓旧的秩序已经否定，新的秩序无法诞生！

有什么出路呢？

理论上可能的出路很多，但实际上所"必取"的路线只有一个。十年来国际大政治的蜕变，是把法国革命后欧洲文化所表现的"大战国时代"加强地，急转直下地，表演出来。对这个无情恶劣的大现实，我们不但无法躲避，并且竟成为直接受殃的第一人。九一八至七七我们国家所遭遇的孽运乃紧迫着我们的思想界及时作适应。五四的作风必须向另一路线转换，也只可向一个路线转换：就是，个性解放的要求一变而为集体生命的保障。八一三抗战展开以来，集体生命，民族安全一感觉，更无疑地成为我们思想界的最高主题。

由个人的个性解放到民族的集体认识——这是五四到今天中国一般社会上思潮所经的康庄大道。不消说，这并不是说五四新文化运动里不曾含有民族集体的意识，也不是说目前民族生存运动的高潮中再也没有保留些个性解放的种子。正相反！文化以及思想潮流的连续性、互动性，谁都认得。我们此处所指明由个体到集体的来线，不过是指明不同的时期有不同的注意点，有不同的重心。因其重心的不同，而界说其前后的体相的两异。这办法应当是合理，是可用的。

本来中国的问题，由内面的各角度看，也许所见各异；但由整个国家在世界大政治中的情势看去，则远自鸦片战争以来，就始终是一个彻头彻尾的民族生存问题。说到底，一切是手段，民族生存是目标。在民族生存的大前提下，一切都可谈，都可做。在民族生存的大前提外做工夫，无往而不凶。这是百余年来大战国局面排下的铁算——尽管我们的辩证逻辑家、形式逻辑家，在那里大喊其不然。所以，五四新文化运动的毛病并不在其谈个性解放，乃在其不能把这个解放放在一个适当的比例来谈，放在民族生存的前提下来鼓励提倡。（最少其实际的流弊是如此。）这与后来我所谓"第二期的"唯物论者毛病类似。这些论者的毛病也并不在其谈阶级斗争之太多，乃在其情绪热烈之项〔顷〕，总喜欢到民族生存的畴范外，大叫他们那一套的"打倒"与"推翻"。

一切是工具。民族生存必须是目标！因此，如果我们的论断不错，如果二十余年来的中国思潮确是由个性解放侧重到民族生存，那么，我们尽可以肯定说，这动向是合于时代的中心需求的。

三

抗战将届四周年，大家都在鼓吹此后思想文化的建设。但如何建设？以何建设？在在都生问题。也许一个初步工作是就上列所述的动向仔细地寻绎其涵义，一面多方思索其细目，一面分途发挥其作用。

我们这个民族集体的思潮，本来就不是一曲浅弱的涓湍。它是一道澎湃大河，其潮源也多，其浸注也远。若干年来，奔流所到，实映着几条荦荦大则，都充满了划时代的意义的。这些意义尚未经我们思想界充分阐扬，但它们的明光暗力已开始向我们精神生活的各方面薰陶滂礴〔磅礴〕。谈中国当代文化者不可不知。推动中国此后文化者似尤应当细嚼其中的意味。

（一）从自由到皈依。——自由两个字是个性解放的理论基础，也是个性解放的实现方式。自由者，由自我的意志为立场而作不受外力牵制的行动之谓。在当年宗法社会壁垒森严的压力下，自由两个字无疑地是中国青年的无上福音。把自我看作超出一切而存在，脱了一切而仍有价值的一物，煞是快事！然而经不多时，一般感觉敏锐之人，颇已能恍然发现对面的真理：如果人们需要自由 Freedom，人们也必要"皈依" Attachment。无论由物质或精神生活着眼，自我终是"未能自给"的一物。它终须皈依于更大于我者而存在，而取得存在的意义与价值。如果五四时代，青年们都感得摆脱家庭束缚的愉快，最少九一八之后，一般智识份子已能深切体验自我确确不能离开国家而生存。对家庭自由，必须向国家与民族皈依。越是不为小家庭的一份子，我们灵魂深处越要渴求做大社会的一员。而我们于是乃发现了一条微妙的真理：有所皈依的慰藉，竟乃是追求自由的前提。无皈依不足谈自由！我们对人生，确比五四时代多这个深一点的认识。

（二）从权利到义务。——自由是要脱离外力的阻碍。权利的涵义乃是进一步而向团体提出积极的要求。它站着自我需要的立场，而公然向社会索取供应与满足。是个人反攻社会的武器，个人对社会取得债权者资格的宝符。反而观之，义务一观念却根本以社会的需要与集体的生存为前提。它承认社会对我有大恩，而采取一种债务者的态度。它承认集体是个体存在的条件，而甘愿作一个效忠的服务者。换句话说，五四时代是十八世纪法国人权思想优越之时辰；九一八以后却大有玛志尼义务人生观代起之倾向。原来一个自成体系的文化，发展到它的战国时代的前夕与初期，都有权利学说之出现。后来，公共秩序、团体组织的需求，随着战国局势之尖锐化而日形紧急，于是义务人生观必定要借种种的形式逐渐抬头。欧洲的思潮在十九世纪下半叶早已开始向这方面发展。我们的最近动向，表示我们对时代也颇有应付的"灵机"。权利可爱，义务却是必须！只可惜我们还没有黑格尔，以至格林、卜桑克一辈人出来作一番有系统的发挥。

（三）从平等到功用。——五四时代是要求平等的时代，它要打翻宗法的差级思想，所以要揭起平等的旗帜。本着一种简单化的德谟克拉西精神，我们当日于践行平等观念时，竟往往只偏面采取边沁"一个人只算一个人"的格言，而忘了他的"最大数的幸福"之主张。深一层看，平等一概念，除作为主张"法律前保障平等"之解释外，实在没有什么了不得的涵义。平权两个字是打倒畸形特权的好武器，但终不是组织合理社会的最后标准。近年来"组织化生活""公共工作"各观念，好像已开始惹起一般人的注意。这个感觉，如果能充量发展下去，则我们将要理会所谓社会及人生问题者，与其说是平等平权问题，不如说是整个集体中彼此个体的"功用"function 问题。平等是解放个体的口号。功用是发展组织生活，发挥集体效能的基点。最可能的合理与得力的社会模型，不是一切皆平等，乃是人人得其用——每一个人可以有他的相当机会来达到他所特能特有的功用。

（四）从浪漫到现实。——以个体个性为中心，多不免有一种"内倾于心"的趋向，而喜作玄理上的绝对体之憧憬。所谓超空间超时间的理想国、乌托邦，往往不由自主地会从中涌出。在这一点看去，五四时代可说是浪漫时代。五四的每个青年都暗中自有他的一个理想国，他的一套革命论。有理想所以表现有朝气。这点无疑地是个可喜的现象。但，"纯内心"的理想也不是无咎的福音。脱离了现实而谈理想，谈信仰，则理想也，信仰也，主义也，历史观，革命论也，都很容易变成为一种闭门造车的偏见。在三五辈浪漫任情的固执追求中，断送了数百万苍黎的生命！抗战发生，大家目光一转，由浪漫的纯理想一转而到客观的大现实。最高的需要是如何抵抗敌人。抗战建国纲领既然由各党派庄严地，正式地宣布接受，让大家索性即在这个纲领下力谋所以抵抗侵略的"办法"。在这个苦战死战的大艰难中，国民对个人对政党所期期索求的，不是"你的主义是否更高明？"乃是"你对抗敌是否有积极的办法与成就？"如果我们观察不误，抗战愈久，一般思想界的精神必要愈加现实化。乌托邦情绪所产生的"鹬蚌政治"irreconcilable politics，再也不能博得国民的同情与容纵。理由简单：鹬蚌阵打不倒日本的——凭你十分理想化！

（五）从理论到行动。——把你的理想或玄想洋洋大观地发为理论，在本身也许难能可贵。只是大现实已压到头来，不容你我在那里嚣嚣指说。当年倾倒一世的口号、标语，以及娓娓动人的计划、方案，到今日已是过时之装引不起大家的欣赏与敬慕。尽管官家王府依旧殷勤制造文章，一般国民攒头争看的却是你们实际的工作如何。行动是时代的呼声。这个呼声，我看不但"反空言"，还要充满"反唯识"的倾向的。对我们这个多议论少成功的古国，括〔刮〕过来一阵"反唯识"的秋风，所得未必不胜于所亡？

（六）从公理到自力。——谈到行动，最关键的就是"力"。五四运动恰当巴黎和会之秋，我们多少都中了人家"公理战胜""精神克服"的一套宣传，遂贸贸然趾高气扬妄认此后大同的世界只须由那三五个"合理"条约，"非战"宣言来包管维持。如今我们觉悟了！公理是不能脱自力而存在的。力乃一切生物之征，无力便是死亡。力是一切行动之原，无力便无创造。力的本身，原无善恶，它是超道德，非道德的现象。力而有善恶，乃全由其所应用的对象而分别。中国人受了祖传德家的思维习惯之影响，一提及"力"，便大骂为"无理"。现在我们的看法，提起"理"必须主张"有力"。有理不必有力。有力才配说理。如何趁这个苦战求生的时刻，把力的真正意义认清，建立一个"力"的宇宙观、"自力"的人生观，这恐怕是民族复兴中一桩必须的工作。（参看本刊第三期、第十三期。）

（七）从理智到意志。——力从何来？五四正宗的实验派必定要运用他们功利式的纯理智头脑，来一五一十向你细数那些物质条件。物质当然是必须的。但，莫忘了运用者，组织者，还在其人。这是我们抗战以来所发现的最可贵的真理：有物质无意志，根本无力；有意志无物质，还有办法。五四时代的伟大在它相信理智的可靠。此后我们的伟大在了解意志是理智之王。理智可贵，意志可贵又可敬。如果五四时代是实利逻辑、实验逻辑飞跃之期，我料得此后中国的思想必定要对"意志自有的逻辑"开始领略其滋味。

四

好了，这些是一把新思潮的种子，已经散布在头上与空中。却也有一批有眼光、有气力的人们着意把他们收拾、培养，而集成、创造出一个"第二度新文化运动"？

卅、五、四

（原载：昆明《战国策》第 17 期，1941 年 7 月 20 日。）

从战国重演到形态史观
（1941）

（一）

我去年在《战国策》创刊发表《战国时代的重演》一文以后（该文曾由《大公报》转载），前后方报章杂志相继发出不少反应的音波，有的赞成，有的反对。我拜读之余，觉得这些正面反面的回响，与其说是对我所论列的本身下一番切题的讨论，不如说是借我所提出的题目来宣布各人心中预定的主张。在这种论战程度未能发生扼要交点的时辰，我想取妥当的步骤也许还是再进一步把我个人的见解作一个更赅尽的说明。

我写《战国时代的重演》一文时，脑后本来隐藏着两个根本的问题：（一）学术方法论，（二）文化历史观。战国重演不过是我的整个历史观的一部分，而我的整个历史观又是根据某一种方法论产生出来的。这里相互间乃有了甚密切的联系。

关于方法论——一个根本又根本的问题——我以为中国学术界到了今天应当设法在五四以来二十年间所承受自欧西的"经验事实"与"辩证革命"的两派圈套外，另谋开辟一条新途径。憧憬展望之中，我把它名叫"文化统相法"。粗浅的发凡，曾有《第三期的中国学术思潮》一文论及（《战国策》十四期），详情改日再谈。此处要提醒的，这种建议，并不是主张回到中古的飘渺恍惚的"玄学"办法（郭沫若先生去年十月间在重庆文化座谈会对我的评语——见《大公报》）。大凡对欧美四十年来社会科学方法论的发展略加留意之人，恐怕都晓得他们各科门的权威学者正在如何不谋而合地朝着我所指出的方向迈进。其中尤堪参照的，我认是所谓"历史形态学"Morphology of History 者。我不打算在本文有限的篇幅内，讨论历史形态学以及这形态学与我所谓统相法的异同，让我且把统相法所探到的一个文化历史观，提供出来以就正于读者。为简便起见，无妨且把它叫做形态历史观。

（二）

研究文化——历史上发生作用的文化——第一步关键工夫就是要断定文化的体系。抓着文化内零星物件（如马鞍、绣品、印刷等等）或个别制度（如婚姻、继承、祭祀等等），分途寻觅他们的起源、传播、发展等等：这叫做"文物"研究，不是"文化研究"。认文化为笼罩全人类的公有现象，根本上分不出中外东西。于是就把它看作"混同一团"culture in the lump，而津津穷究其性质、内容、变迁等等：这叫做"抽象文化概念"的泛论，不是历史上"有存在的文化的研究"。

历史上真实存在的文化是分有若干体系，布在各个空间时间的。例如古埃及文化是一个体系的，印度文化又是一个体系的，中国文化、希腊罗马文化、欧美文化也都是各成体系的。（如何断定文化体系，而文化体系又共有若干，参阅 A. J. Toynbee：*A Study of History*。）以古今来所有真实的文化体系为单位，而有系统有步骤地对他们各方面"形态"做一番详尽精密的比较工夫，认识工夫，这不但是最自然应有的办法，而且可以使我们发现无数大大小小的事实，都充满了无穷的实际意义的。

说来奇怪，却是千真万真的事实。在过去历史上，凡是自成体系的文化，只须有机会充分发展而不受外力中途摧残的，都经过了三个大阶段：一封建阶段，二列国阶段，三大一统帝国阶段。

尤有妙者，在每个阶段中，虽然各体系的文化都各有独一无二的特征（在这方面看，历史不重演），但同时却也多少都要表现出来若干根本形态，彼此大致类同（在这方面看来，历史却重演）。

（三）

封建阶段是"原始人群"与"文化人群"的分界。许多人群永远留滞于"原始"状态，创不出封建的局面；但一创出封建的局面，这人群便大步踏入"文化大途"。

封建阶段的中心形态与作用是抛弃了原始氏族的"单纯混一"的组织（Homogeneity），而大胆地创造出一个极端复杂而"差别"的结构（Hierarchy）。它把社会上人群横截而成为统治与被统治两大层级，或且更进而作更精细的区分，然后在各层级间再硬划出一种"距离"，一种"阈限"，尤其是要在那统治与被统治的基本层级间建筑了一条最显著横的〔的横〕形鸿沟，鸿沟的上下，原则上绝对隔断，不容逾越。

原来"上下"两字就是封建阶段的"时代标志"。一切行动，一切价值，都要以这两字为根本标准。一切物质精神的设施，为的是要维持这个"上下谨别"的结构；也为的要维持这个结构，才会有一批杰出人物绞尽脑汁以想出种种新鲜复杂的花样、的办法、的文物制度。具体点说，封建阶段就是贵族中心或贵士中心阶段。一切创作出自他们，一切创作也为着他们。层级结构也就是统治贵族处处占便宜的结构。因此，凡到了封建阶段，下列各形态都要发生：一政治必是"封君分权"：庶人当然"不议"，即是大家公认的"共主"，也不过名义享尊严，实际无主权。二军事必是"贵士包办"：从戎作战是统治者的特权，庶人最多不过占一种"副力"的地位。三经济则类皆是"农奴采邑"：生产的"人"与"物"，多少都"凝滞"在封君势力圈的内围。四宗教则主要在祭祖先，拜英雄。（除非有外来较老文化的宗教影响渗入）参加以天地山川神祇的信仰，直接事神的资格往往只限于统治阶级；庶人对贵族神祇，不是根本无预，便是只需间接沟通。

这般严格的偏袒组织，专门榨取下层，太欠公道！然而，从文化创造的事实过程看，这里却存有一层伟大的作用：在那"距离"，在那冷酷的"区分"中，前此混一无别的人群乃无形中逐渐诞生两种相反相成的看法、态度、与努力——就是，由上看下而产生的自高与自持，以及由下望上而产生的景仰与向往。也就是说："贵士传统"Aristocratic Tradition 的形成以及这传统在整个社会中的"引升向上"的功用。详情不能多谈。只让我这里告诉大家说：贵士传统乃是任何文化体系的生命活泉源！

但，封建的层级结构，为了内在腐化的原因，终究都要经过一番"社会大革命"而崩溃下来。逐渐代兴的，便是列国阶段。

（四）

列国阶段照例要发生两重的基本作用；㈠它要在层级结构塌倒的残

基上，布置一个"平面化""平等化"的社会；而同时㈡又在这个平面化的社会上头，建立起若干森严对峙的政治壁垒——就是"国家"。换句话说，一切的列国阶段都产生两种最深入最广泛的大潮流：㈠个性的焕醒；㈡国力的加强。

这两大潮流往往同时产生而并肩推进。但仔细看去，个性潮流要在列国阶段的前期特形活跃，愈向后期发展，国力运动愈要把占上风。其实，国力潮流始终是这阶段的主题。我们把这阶段叫做列国阶段，原因就在这里。

个性潮流，根据着个人才性的尊严与活力而主张自由平等，是一种离心运动，针对着封建阶段的层级束缚而奋起的。它的具体形态的表现，虽然各文化体系各有出入，而荦荦大端类不外庶人进仕、民众入伍、商人经济活跃、宗教信仰放任等等。最能够象征这段潮流的，恐怕就是理智应用的发达，蔚成为百家争鸣的学说。

国力潮流，注重统一与集权，是一种向心运动，目的要在层级结构打翻后，再把那些日形"原子化"Atomized、"散沙化"的个人收拾起来而重建一个新集体。具体形态的表现，多半包括政权集中、军权统一、经济干涉、国教创立等项。最适当的象征可说是百家争鸣后所多少都要产生出来的思想统治的主张。

个性潮流代表"创造冲动"，国力潮流代表"秩序要求"。两者之间，一面相克，一面相成。到了最后，国力潮流按例压制了个性潮流的时辰，国力潮流的本身也就往往达到饱和点 Saturation Point，而不久也要淹没于大一统帝国的洪水滔滔里面！

列国阶段是任何文化体系最活跃、最灿烂、最形紧张而最富创作的阶段。有了列国竞争的局面，多少可以减轻个性潮流陷入放荡享乐的危险；有了个性的伸张，多少可以维持国家最后活力的来源。同时，距离封建阶段尚不太远，个性潮流的推进得着"贵士遗风"的薰陶，多少也可免登时"庸俗化"Plebeianization 的危机。这一点似乎可以肯定的：一个文化所可能达到的最高峰就是列国蜕形、个性发展与贵士遗风三大原素恰得个调和状态的岁时。

中国历史上的列国阶段就是通常所称春秋战国时代。"春秋"与"战国"两个名词可算是中国史家大手笔的绝妙创品。我们可以借用到其他文化体系上，把一切列国阶段前期叫做春秋时代，后期叫做战国时代。这两时代间，当然也有其不同的形态。大体说来，春秋时代，贵士遗风尚盛；战国时代，则各列国透过了集权运动，开始倾全力以向国际战场作全体战、歼灭战，所谓贵士遗风也就在那种高度的战神威力下断送无余了！（参阅《战国时代的重演》与《战国策》第十五期雷海宗先生的《中外的春秋时代》。附志：本篇许多结论即是数年来与雷先生互相商质的结果。当然，本篇谬误之处，本人自当。）

全体战歼灭战的最后结果，是一强吞诸国，而制出一个大一统帝国，多少都要囊括那文化体系的整个区域。

（五）

如果封建阶段的基本形态与价值是"上下谨别"，成熟的列国阶段（即战国时代）的基本形态与价值便是"内外严分"。这期间的最大鸿沟不是"横亘"于社会层级之间，乃是"纵竖"于国与国之际。所以，在这期间内，尽管各列国内的层级间、个人间，时常发生翻天覆地的冲突，结果冲突不破那基本的"时代界线"——即国界——而变为真正的整个国际运动。反过来说，外战却往往可以止内争，要安内最好是攘外。到了大一统阶段呢？情形又不同了。那时候，内外之别也被打破，雕铸出来的乃是一个"大同"模型。大同者，纵无剑拔弩张的敌国，横无一成不变的社会。在一个"无外"的天下之中，"无别"的兆民之上，建立一个高高悬空的独尊的专制皇权——这就〈是〉过去一切大一统阶段的使命！

一个义化行到大一统阶段，最迫切的欲望就是"太平"。封建阶段"持于尊"Honor，列国阶段"争于力"Power（韩非子语），大一统阶段却一心一意要"止于安"Security。开始百年间，文绩武功往往还能够显出一时的盛况。过此以往，除了偶尔复兴的短期外，始终找不出法子避免一种与时俱增的老年"倦态"Ennui：不求向上升高（封建现象），不求向外膨胀（列国现象），焚香祷祝，只求"天下无事"！

所谓"无事"者，一不可有革命，二不可有战争。因此凡是最成功的大一统帝国多少都要做到两点。㊀完成一种"选贤用能"原则下的官僚制度以调剂"社会动态"Social Mobility；㊁组织一种"持盈保泰"情绪下的皇家警防军以"怀远柔迩"Pax Romana。

那么，天下果然可以无事了吗？曰，唯唯，否否！

在那无外无别的专制结构下，凡百设施都要不断受着两种倾向的侵蚀；㊀敌忾意识消失，一切作用"内向化"；㊁贵士遗风式微，一切品质"恶劣化"。内战（地方叛乱、宫闱革命）变为军队的主务，而军队本身逐渐成为流氓的渊逃薮。政治再也不作国际纵横捭阖的壮观，而流为官僚功名利禄的把戏。战国末期所加紧推行的经济管制，随着皇权的稳定、时势的需求，也不免时时旧题重提，或竟大规模尝试——然而，目的却完全对内，并且所谓"国营""官办"事业，开始都是为国计民生，结果有时不免离题太远（参阅《战国策》十二期《中饱与中国社会》）。至于宗教呢？政府多半要钦定一种"皇帝崇拜"Emperor Worship，只无奈上流的士夫，透过了个性潮流中的理智运动，再也不能保持任何宗教式的"原始信心"；下流的大众，在那"漠漠无依"的情况下，反要自寻慰藉而创出种种杂教邪宗。后来这些杂教也许要汇集起来而成为一种混合式的民间宗教，恰与上流士夫们的泛神式的自然哲学对称而作为这阶段内宗教情绪的清浊两端。等到自然哲学再进而流为虚无主义 Nihilism，而帝国的政治生命也往往就借手于"群夷入寇"Barbarian Invasion，而结束起来。即使后来有机会复兴，而整个文化的"人""物"两方面表现，始终摆不脱"颓萎"的色彩。

（六）

以上所述的三大阶段是过去一切文化体系的历程。所举出的若干具体形态，当然都是所谓"纯净标格"，实际上各文化也自各有出入。但大体的轮廓，不至太差。

我想读者到这里必定要提出两问题：㈠目前正在表演战国阶段的欧西文化是不是也必定要踏进大一统阶段？这个大一统阶段的形成方式、结构、气运，是不是必定要与过去的若干文化相同？㈡已经完成大一统阶段的"古老"文化是不是还有可能性摆脱了一切"颓萎"色彩而卷土重来再创出一个壮盛的、活泼的、更丰富的体系？

我的答案是：过去文化的历程可以给我们以警告，但不能决定我们的前途。我们尽可以独辟一个新前途，但也决不容误认这是一桩"反掌便得"的事务。想在"难能"之中，打出来一个"独能"的境界——这要靠我们的眼光，更要靠我们的勇气与力行。如何如何，容我另文再论。

（原载：重庆《大公报》"战国副刊"第1
期，1941年12月3日第4版。）

士的蜕变
——文化再造中的核心问题
（1941）

（一）

我们一面抗战，一面免不得要扣心探一探一个根本问题：在这般乌烟瘴气的传统社会中，如何而可得到一批能干肯干的健康份子以为建立新国家的中心动力？我一时的念头，不由自主地要转到"士"的问题的上面。

士为四民之首，中国社会从来都作如此观。从事实看去，士在社会各种势力之中，好像也确占首席。如果中国需要改造，士的历史责任似乎是不可逃的，不当逃的。关键却在：我们现有的士究竟配不配来当改造的先锋，改造的动力？

在此千钧一发之顷，我们未敢自满自瞒。要当改造的动力，士的本身先须改造！本篇短短论评，不过是要把"士"的一个字作一番初步又初步的史的分析。或者在追溯去程里面，我们可以发现一点指示前途的灯火。

原来士的涵义，古今不同。今之所谓士，绝不是古之所谓士。我们一般人以及一般历史家所含糊称呼为士者，二千多年间已经过了好几次的变质。我们不容囫囵地等量齐观。我们必须向他们那几次的变质之中，蜕化之中，仔细地验出历史的意义。

（二）

讨论这个题目，我们又要先提及封建时代了。

显然，封建时代之所谓"士"，大大与现代不同。详情不赘论。大体言之，那时代（西周以至春秋前期）的士，㈠是爵禄世袭的；㈡是有战斗训练的；㈢是有专司的职业的。也就是说，封建的士是贵族的、武德的、技术的。前两点，我们曾经有所论列。现在且谈一谈第三点。

封建的士是充满了技术意义的。这点，论史者大都忽略了。封建全盛时代的士遍具有"技术"的感觉，就好像当今的士满涂了"宦术"的气味一样。技术者，做事之术也；宦术者，做官之术也。由封建的士到当今的士，便是由技术到宦术，便是由做事到做官。做事是生产，是"创造"。做官是消费、虚耗，是"反创造"。中国整个政治之所以糟糕，整个文化之所以僵化，关键就在这里。始则政府人员，继则社会人士，上上下下，都不想做事，只想做官，不晓得做事，只晓得做官，中国历史乃不可挽救地永离了真正"创造"、"活动"时期而陷入"停滞"、"苟延"状态了！

封建社会是层级的组织：天子、诸侯、卿大夫、士、庶人、奴隶。天子至士是统治的，庶人、奴隶是被统治的。在那统治层级之中，天子、诸侯可称为御临社层，即"南面"等级。卿大夫可称为执政社层，即"为治"等级。士是行政社层，即"有司"等级。有司者，有专门职务之谓也。如果当时的政权多属于卿大夫的手里，当时的行政事务却都是归士执行。所以，那时代的士可说是技术社层，一种"专门做事"或"做专门事"的社层。《说文》称："士，事也。"段注："凡能事其事者称士"。《白虎通》亦云："士者，事也。任事之谓也"。这种说法是大有道理、大有史实根据的。

其实"士"与"事"，古字本来通用。《周颂》"陟降厥士"，《毛传》云："士，事也。"《郑风》"岂无他事"。《荀子·致士篇》"士其刑罚"。杨倞注云："士当为事，行也"。盖在古代，"士"与"事"二者乃不可分离的概念。凡士必能做事，必须做事。当时两字通用，缘因定即在此，固不仅由音同而已。即在孟子时代，"士无事而食，不可也"的一种阶级的荣誉观念，好像还保存于一部分人之间。

"士，事也"可说是技术本位时代的看法。当然，封建时代的技术，无论其种类或造诣，总不免要受当时整个文化程度的限制。但其为当时统治层级所重视，似确是不可否认的事实。礼、乐、射、御、书、数，都在当时技术之列，故称"六艺"。这六艺的概略，上自天子、诸侯，下至卿大夫，多少都要涉猎的，所谓"游于艺"者是。但专司之人仍是

"有司"社层，即士的等级。其他如卜、筮、医、药、灾、异、婚、丧、刑罚、土木以及一切有关于养生送死鬼神战争之事，多半都有专攻之人，专司之职的。

在那时代，一种技术（艺）的专攻（学）与专司（仕），普遍都用"世承"的形式。子学艺于父，父死则子继其业。"学而优则仕"，原初乃是此意。盖其仕也，并不是"做官"，乃是"继业"，乃是"做事"，"行父之事"。事字、业字可说是当日士的心目中的第一个对象。所以，"世济其美"乃人生的最大荣誉；"其父析薪，其子弗克负荷"乃人生的最大羞辱。换言之，在封建时代，士，事也；仕，亦事也。如果我们要为"士的发达史"断代取名，我以为叫封建时代为技术时代——即"艺的时代"，未始不为恰当。

（三）

孔子出世的时候，封建的层级社会已经崩溃到了相当程度。卿大夫世家的兴替起伏，国与国间的侵伐兼并，都自然把士的社层挤入空前的脱节危运。本来有固定爵禄与专司职务的，现在乃逐渐地成为社会上游离不安的份子。在这种环境中，当初世承技术社会里的那种"继业"人生观陡然失去了事实的根据。如果老实者还肯甘心于箪瓢屡空，驳诘者定不免要投机谋财，无恒产而有恒心者，士亦难能。所谓"穷斯滥""不义而富"的现象，无疑是当时惯见的事实了。

士的整个社层经济以及行为标准既然发生了这般的激变，那位栖栖一代的孔子当然不免要苦谋挽救之方。他老先生的办法是一面企图政权以求事实恢复"先王"的秩序，一面广施教诲，在修身上提倡伦理的人格主义。修身立行尤其是他晚年失志后的主张。如果他自家当初都不免"三月无君，则皇皇如也"，那么，一种心理上自持自克的哲学不消说乃是时代的一般需要了。所以《论语》上所传的"仁为己任"、"富贵浮云"的论调，都可说是应运而兴的"精神食粮"。孔门四科，"德行"为首，便是这种"精神化"的表现。同时呢，技术一物渐渐地被摈于"鄙事"之林。"不试故艺"之说，则又显然要把"艺"看做君子不为的杂要了。

显然，士这个字到了孔夫子那套孝悌为本，忠恕为方的学说里面，已经大部分脱离了技术的涵义，而变成为一种"道德本位"的名词。再传而至子思手里乃愈道德化，愈精神化，愈注意到所谓"正心诚意"工夫了。孔门在士的历史上的大作用，就在这点：它趁着技术时期的末运，开创了"道德"时期——"道的时期"。

由孔门转入战国便是由"致道"的士转入"游说"的士。孔子本身在许多方面看去都可说是开了游说风气之先，却是他的游说始终充满了道德先生的感觉。到了战国，功利潮流随着攻城攻国的现实而高涨，尽管孟轲一辈人还在那里勉强维持"道德"的传统，实际上，那时代士的中坚代表人物却在苏秦、张仪一帮的"大丈夫"。中国演讲术到战国可说是发展到顶峰，而演讲术的效用也表现到极点。士这个字乃渐失了道德的涵义，而取得了"诡辩"的新色调。是"说术"时期——"言的时期"。

（四）

战国时代那种"抵掌之间取得公卿之位"的运会，终究还是战国时代的现象。那种"浪人式"的自由投机，是与秦汉以后的大一统皇权根本不能两立的。于是"浪人式"的游说，必须正常化而为"贤人式"的贡举。自汉高祖的求贤诏，酝酿到汉文帝汉武帝的策贤良，中国的贡举制度乃雏形略具。贡举出现，而后官僚制度开始稳定。官僚制度稳定，而后士的"宦术化"乃正式揭幕。

所谓"宦术化"者，不但指"想做官"而言。如果"做官"是封建时代士的世世固有的特权（那时代用不着"想"做官），"想做官"恐怕是孔子以后凡士皆有的普遍志向。所不同者，孔子想做官，多少还受着良心上的牵制而不愿"不由其道"（其实"子见南子"好像已经犯了不由道的嫌疑）。后代的士想做官，乃大都无所谓由道不由道，得官便佳！在我们历代的那种袍笏拥挤的小朝中，要插上脚而得一席之官，哪里是容易的事。既得之，又患失之。既不少〔失〕之，又思所以"升"之。于是一种特别熬成的"官场手腕"，乃变为人生处世的绝对须知。

原来宦术的真髓就在"手腕"两个字。技术时期，重"器"与"物"（《易经》所谓立成器以为天下利，《考工记》所谓知者创物等是）。德行时期，尚"志"与"心"（士尚志与正心诚意等是）。说术时期，"口舌"为要（张仪所谓舌存便有为）。宦术时期，"手腕"万能。

投桃、报李、拍马、捧场，此手腕也；标榜、拉拢、结拜、联襟，亦手腕也；排挤、造谣、掠功、嫁祸，又手腕也。如何模棱，如何对付，如何吹牛，如何装病，形形色色，无往而非手腕也。一切皆手腕，也就是一切皆作态，一切皆做假。一切皆做假，便做官矣！打官话，说假也；做官样文章，写假也。官场的道德，假道德也。官场的事务，假公济私的勾当也。一切皆做假，只有做官是真。中国二千年来文化的结晶品，到此乃岸然出现："满大人"Mandarin 一物是已　　满大人者，做官大家也，做假大家也，盖以手腕为其做事的单方，以宦术为其唯一的技术者也。

官僚制度是大一统皇权下的必需条件，宦术乃是这种官僚制度下的当然产品。自秦汉以至明清，大体上趋向一贯：皇权愈来愈专横，官僚制度也愈来愈稳固，而宦术当然也就愈来愈精细。不消说，每代的士，因为其他背景的不同，也自有其侧面表面的特色。两汉的士，多带"孝廉"的气味（皇权下的道德先生）。晋魏的士，尤饶"清淡"的风趣（皇权下颓萎官僚的变态说术）。六朝的士，相炫以浮藻的文词。但是在底质上、骨子里，士的集团的宦术化，加度宦术化，却是不可挽回的正面潮流——虽然任何朝代都有若干例外的少数。

六朝文词相竞的风气是士的"文人化"的开始。在"文"的一个字上，皇权与官僚寻得了一个吻合脾胃的共同工具。紧跟着六朝之后，隋唐便开始以诗赋进士。沿到明代而八股制度兴。在这种情况下，"文"乃成为一种法定的做官入门，一种"钦定的宦术"。士的"文人化"，于另一方面看去，有它独立的意义，于这方面看去，却可说是士的宦术化中的一段凑合的支流。（详〈见〉我的《论文人》。）

（五）

由技术到宦术——这是中国"士的蜕变"的过程。了解这点，似乎便可以了解中国的士之当前根本问题了。宦术化太深，我们乃完全失去了"技术的感觉"。恰巧，现代的西方文化又偏偏是个空前发达的"技术文明"。人家的技术文明，日夜在那里"制器创物"，我们的"宦术文化"却整天在这里"作态做假"。人家不断"做事"，我们只一味"做官"。这就是我们国家的孽运。

我们现有的士配不配来当社会改造的动力与先锋，则只看其能否由放弃"做官传统"始。并不是说大家莫做官，乃是说大家要拼命拿着

"做事"的精神灌注到官场去。我晓得目前颇有少数在朝的"专家"与"学者"就是正在想法向这方面努力——想法在那一向"做假作态"的窝窟里要开始栽培一种"技术傲气",一种"职业道德感"。这确是中国政治上一线的光明。换句话说,如果过去蜕变的路程是由技术到宦术,此后新生命的推进必须反数千年的旧道而由宦术到技术。

（原载：重庆《大公报》"战国副刊"第 4
期，1941 年 12 月 24 日第 4 版。）

柯伯尼宇宙观
——欧洲人的精神
（1942）

（一）

一年多以前，我曾经有着一个机会到重庆浮图关中央训练团。由两路口往关上步行二十分钟就到团的场址。第一件触目夺魄的，便是那一幅高低不齐的青黄地面满插着白字蓝版的标语。

数十年来事事落人后。说到贴标语，我们却要考状元。那些千篇一律的滥调，涂满了街头巷陌，不但不产生丝毫警醒作用，恐怕徒然充分暴露了我们这个民族审美感觉的欠发达！但，训练团的标语却是例外，大体上都有生气，有吸力，有真感情。最能够动我心灵的，要算下列三则：

　　　　武力！劳动！创造！

我不晓得这三则当日所以缀成的背景，我也没有工夫来就这三则细下腐儒的注解。我眼看着，我便直觉地承认它们对！它们美！它们恰恰弥补我们传统文化的不足！

我念起训练团这三标语，往往要联想到欧洲人的"柯伯尼宇宙观"。让我今天借"战国"的一些篇幅，来谈一谈这个宇宙观。

（二）

柯伯尼（Copernicus），大家都晓得，是欧洲四百年前的一位天文学家。他推翻了传统的地球中心的天文学而创造出太阳系的天文学。经过了卜略洛、克卜勒的奋斗与发展后，柯伯尼的天文学才算确立。

　　这个新天文学的创立，产生了旷古未有的影响：它变革了欧洲人——后来整个人类——的宇宙观。由柯伯尼、克卜勒、而伽利略、而牛顿以至爱因斯坦，欧洲人对宇宙的认识虽然乃有了极重要的改进与扩大，但其中实含着一种根本一贯的精神，使我们感得就是爱因斯坦也还可说是继承柯伯尼固有的作风——爱因斯坦可说是柯伯尼系统最新的发展。

　　因此，这整个系统的宇宙观，我想就叫为柯伯尼宇宙观。"柯伯尼"实在是象征了欧洲近代文化精神最恰当的名词。

　　柯伯尼宇宙观可以用极简单的一句话概括，就是：

　　　　无穷的空间，充满了无数的力的单位，在力的相对关系下，不断地动，不断地变。

　　在这简单的一句话中，乃存有几个重要概念可说是建造整个欧洲物质文明的最根本的基石，而欧洲精神文化的底蕴也就根据在这块基石上头：

　　　　力！无穷！相对！动！变！

　　我再也想不出另一批的概念比这几个更活跃、更旷豁、更紧张、更强悍！它们一方面充分表现了欧洲人的灵魂与性格，一方面也加速驾驭着欧洲人的思想与行径紧朝着这几个概念所指示的方向奔驰。柯伯尼宇宙观原来就是欧洲人的人生观的基础，原来就是欧洲人的人生观！这一点我们要深深认识，深深理会。

　　基督教在欧洲，影响甚大。这是不可否认的事实。欧洲人的生活——立身、处事、待人、接物——确处处带着基督教的色彩。但，一个更重要更根本深入的事实，我们大半忽视了：欧洲人的本质始终是"柯伯尼"而并不是"基督"！如果欧洲人是"基督教"化了，也是以柯伯尼的本质来接受基督教。这与阿比西尼亚人的接受基督教，意义不同，与一切东方人的接受基督教，意义与结果恐怕也都大大不同的。换句话说，欧洲人对基督教始终是以一种柯伯尼精神而应用之，发挥之。如果欧洲人是基督教化了，我们更可以说基督教透过了欧洲人的手法也就充分地"柯伯尼"化了，我只须提出圣奥伽斯丁、因诺生教皇、马丁路德、洛若拉等几个欧洲基督教史上的代表人物的名字，大家便可以立刻理会我这句话意义不爽。

　　其实，除了极少数的例外，一般的欧洲历史人物，尤其是政治界、实业界的主要角色，或创造天才，尽管消受了千百年基督教的熏陶与教训，他们心坎深处始终明爽不昧地体验到柯伯尼的呼声：力！无穷！相对！动！变！基督教所耳提面命的"温和谦顺"meekness、"爱及邻居"的一套，实行者落落无人。西方人的潜在意识到今日还是柯伯尼。所谓"基督精神"者只不过在他们人格的表面层时时活跃而已！

基督教系统以"爱"字为中心。柯伯尼系统以"力"字为主脑概念。变，动，相对，无穷各点，可算是"力"字的说明或注脚。

所以，抓住了力字，便抓住了柯伯尼的核心。

（三）

一提到"力"字，我们中国人最能够顿时义愤填胸，指斥为"万恶之源"——力就是"不道德"，就是"残暴"！其实，力是自然界的一个现象，力的本身原无所谓道德不道德——就譬如"生命"一般，"光""热"一般：生命、光、热的存在，与道德或不道德问题风马牛不相及。无奈传统儒家的偏见只苦抱着"德感主义的宇宙观"，对"力"字的用法，一向"霸道派头"——不问究竟，破口便骂。这真是我们思想上的"盲点"。

力者无他，即俗话"力量"之谓。宇宙中间万有，无论大小，都有力量。在无机物则叫做"精力"或"能力"energy，在生物则叫做"活力"vitality，在人事界则叫做"权力"。名称不同，但性质上都代表一派的意义——就是"力量"。物理学上所用的 force 字本来很可以用为一种概括名词，所谓能力、活力、权力可以看做 force 三方面的表现。但在英文俗用的习惯上，force 就像中国的力字，不幸也染上了"残暴"的涵义。也许 energy 一字比较可免误解。

不管英文怎样，我以为在我们国文上要寻一个概括的名词，还是"力"字最妥当，我们必须把力字从那乌烟瘴气的腐儒意识形态中拯救出来，恢复了它在我们初民时代固有之净光，用它以代表宇宙间万有所"皆有而必有"的那个本质——就是力量。力是总称：能力、活力、权力是分出的别名。

拿起任何东西或事件，第一步必要先从我们这里所谓的"力"之立场去观察，去估量——这就是柯伯尼系统的作风！自然界、人事界，一切的一切都是力的表现，力的关系。因为一切都是力的表现，所以有一个存在便有它的力，无力便无存在。因为一切都是力的关系，所以有力才能存在，无力必归消灭，无力就是消灭。

这不是说有了力一切可不谈，乃是说有了力才可以开始谈一切。

（四）

一切物都是力，虽然其力有大小之别。太阳是力，地球是力，石是力，钱是力，草、木、鸟、兽、虫、鱼，尽是力。

一切人都是力，虽然其力亦有大小之别。尧是力，舜是力，农夫是力，樵妇〔夫〕是力，你是力，我是力。

"我即是力！"这是柯伯尼宇宙观可以供给我们的第一条启示。

通常中国人都太是"谦让君子"了，总不敢看自己为"力量"。你说你年轻位微无能为力，但你自有你的力量。不管你力量大小如何，力量还是力量。有一分力，做一分事，正不必弯着背，低着头，口口声声，不敢不敢。还是鲁迅当日所说的，有一分热，发一分光。哪怕你不过一萤火！

但，你却要留神，你的力量不是一成不改，它是动的，是变的。最重要的，它的动与变乃最靠着它与四周万物相对的关系如何。你是力，人家也是力。你不变动，而人家变动，则你不变动亦变动矣。太阳如果减热光，地球面的一切都要改观。地球如果加重量，月亮必要改轨道。你说中国近年来比李鸿章时代进步得多了，无奈人家比俾斯麦、狄里莱里、伊藤时代进步得多之又多，那么，你虽进步而实退步了。如何在这种不断变动的相对关系中，维持你的作用，以至扩大加强你的作用，乃是一个绝对艰苦的事业。你必须警醒，必须拼命，必须唤出全副的精神，这可说是柯伯尼宇宙观的第二启示。

力与力相对关系下的变动，乃宇宙间一出无穷的热剧：变动无穷，演出的形式亦无穷。我们这个大宇宙原来不是一个寂寂的闷葫芦，它有如春日流霞，万千其态。它原来是一个无穷的大可能！在这个无穷的大可能中，你想要实现你的所可能，没有别的可靠，全靠自家的努"力"。以无穷的努力，换取无穷的可能，这可说是柯伯尼宇宙观的第三启示。

如果柯伯尼宇宙观太危险，太紧张，它同时也供给我以热闹、以刺激、以想像力创造力无限飞腾的机缘！

最后，还要补充一句话——

现在世界文化已经演到空前的大战国时代。本来国与国间的形势，其性质不折不扣恰恰"柯伯尼",就是说力的单位与力的单位,在力的相对关系下,不断地动,不断地变。大战国时代的特征乃在这种力的较量。比任何时代都要绝对地以"国"为单位,不容局限于个人与阶级,而也不容轻易扩大而多言天下一体。国家是"时代的界线",是"时代的大前提"!所以,你我的力不容任意横行,而必须在这"时代的大前提"下取得规范。换句话说,你我的力必须以"国力"的增长为它的活动的最后目标。你我的力不可背国力而发展,因为在这时代你我的力乃绝对离不开国力而存在!

(原载:重庆《大公报》"战国副刊"第 7 期,1942 年 1 月 14 日第 4 版。)

寄语中国艺术人
——恐怖·狂欢·虔恪
（1942）

抗战以来，中国艺术，由绘画、雕刻以至诗歌、喜剧、音乐，是不是确有崭新的发展——这是文化再造中的一个绝等重要的问题。工具、取材、技术，这都是枝节，关键尤在企图一种精神上心灵上的革命。独及先生这篇艺术观，是他托词于萨拉图斯达而写的《东游寄语》一书中之一段，内容富有新启示，我们先为刊登于此。

——编者

（一）

我看尽你们的画了——花鸟画、人物画、山水画……不是说山水画乃是你们独步人间的创作吗？诚然，诚然，你们的山水画有一道不可磨灭的功用——一种不可思议的安眠力！

然而，弟兄们呵，我消受不了一味的安眠！

或许你们所需要的也正是几晚上的失眠。晓得吗，弟兄们，多少人生的意义，不失眠，无法领得来。

因此，我劝你们不要一味画春山，春山熙熙惹睡意。我劝你们描写暴风雪，暴风雪冽冽搅夜眠。

弟兄们，你们根本不该眠！暴风雪时辰，你们应该在旷野，寒无衣，饥无食，一望迷迷无际——无人，无动物，无一切，只有那无情的空间弥漫了那无情的暴风雪！莫道眠不得。坐不得，行也不得，而又——不得不行。暴风雪中挣扎，你们画一画！

斜风芍药，淡月梅枝——引不起什么灵魂的颤抖。让我先派定第一道颤抖的母题——恐怖！

是气压突降之夜，满天乌云，不晓得为什么，心魂一上一下，躺床上，翻来覆去，眠不得也！想尽人间事，成、败、荣、辱、爱、憎、怨、慕……哪一个真实？茫茫天地，我何所为而生，生何所为而去？盯着眼睥睨，只一段无穷的黑漆漆——由床上到门前，由门前到门外而到天之那一边。转回来，天边到门外，到床前，依旧一团黑漆漆！灵魂幽暗处，只寻着一束渺茫茫的彷徨——一切抓不住！最后，疲极了，昏迷迷地合半眼，整个身和魂悬荡在炭炭的半空……忽然霹雳一劈，雷电从九空罩下，就绕着卧室打滚，燃烧。滂沱大雨如河倒泻下，院里东墙，戛戛几声，砰然山崩岳溃，狗狂叫不已，魔鬼四面跳出。在那连掣纸窗的紫电光中，你抓着薄被子，坐起来，一副错愕丧色的面孔——恐怖！

弟兄们！奋起笔来，快快画一画！

恐怖是人们最深入、最基层的感觉。拨开了一切，剩下的就是恐怖。时间无穷，空间也是无穷的。对这无穷的时空，生命看出了自家最后的脆弱，看出了那终究不可幸逃的气运——死亡、毁灭。恐怖是生命看到了自家最险暗的深渊：它可以撼动六根，可以迫着灵魂发抖。弟兄们呵！你们的灵魂到如今，需要发抖了！能发抖而后能渴慕、能追求。发抖后的追求，才有能力创造。我看第一步必需的工夫，是要从你们六根底下，震醒了那一点创造的星火。

（二）

第二步，让我墨淋淋标出另一道母题——就是狂欢。

弟兄们，你们还晓得狂欢吗？唉，数千年的"修养"与消磨，你们已失去了狂欢的本领了！然而生命必须重新发现狂欢！

微笑不够用，哈哈几声干笑更表现出生命力的枯涩。半笑等于半啼，半啼不算为笑。你们的需求：全副的笑或全副的啼！啼笑凭你们，但不可不全副。

要全副的啼吗？恐怖便是。

要全副的笑吗？那就是狂欢。

狂欢是恐怖的正对头，然而狂欢必生于恐怖。

那正是你看到人生最后深渊的刹那，六根颤，汗满身，血满面，你认定了生命是"无能"，忽然间不知从那里刮过来一阵神秘之风，揭开了前面的一角黑幕，你恍惚有所见，见得了一线的晨光，见得了陆地的闪烁。并不是一切渺茫茫！如果时空无穷，此刻此地却千真万实。"我思故我在"，我在故我能！"我能，我能"！拍案大叫，踢开门，大步走出来，上青天，下大地，一片无穷舞蹈之场。挺着胸呼吸，不发抖，不怕什么，你把握着自家，你否认了恐怖。你脚轻，你手松，你摸着宇宙的节拍。你摆腰前蹈，你耸身入空，你变成一只鸟，一个驾翼的安琪儿，翩跹，旋转。摆脱了体重的牵连。上下四方，充溢了阳光——丰草、花香、喷涌甘泉，俄听得钧天乐绕耳响。你眼花，你魂躁，你忍不住放声叫、唱，唱出来你独有之歌腔，追随着整个宇宙奔驰，激起，急转，滑翔！你和宇宙打成一片，不！你征服了宇宙，要变成宇宙的本身！你四体澎涨，灵魂澎涨——澎涨到无极之边。你之外，再无存在；你之内，一切油油生。你是个热腾腾，你是个混乱的创造！

狂欢！狂欢！它是时空的恐怖中奋勇夺得来的自由乱创造！没尝过恐怖的苦味的，永远尝不到狂欢的甜蜜。

狂欢是流线交射，是漩涡汇集，是万马腾骧，是千百万飞机闪电。狂欢是动，是舞——一气贯下的百段旋风舞。

狂欢是铿锵杂沓，是锣鼓笙簧，是狼嗥虎啸，糅入了燕语莺歌，是万籁奋发齐鸣，无所谓节奏而自成节奏。狂欢是音乐，是交响曲的高浪头。

弟兄们呵！我要你们画狂欢就是要你们画音乐，画那交响曲的高浪头！然而——你们不曾体验到狂欢的颤动的，哪里会诞生出交响曲的高浪头？

你们的画，不是说画中有诗吗？唉！诗到如今，难言之矣！你们所谓诗，无病的呻吟，逸兴的砭砭。我的所谓诗，可以兴，可以发，可以舞，可以歌！砭砭的情绪，激不起巨大的音波，如果你们画中有诗，愿这诗不是三五字的推敲，而乃是整部民族史的狂奏曲！

（三）

史！这个字是一个如何可歌可泣的东西！一切史都硬要摆脱时空，但没有一个史摆脱得了。一切史——真正的史——都是狂欢，都是恐怖。

我不是说狂欢必由恐怖脱来吗？记着呵，狂欢终也必归恐怖去！

弟兄们，无穷时空的威胁，到处是，随时有，好个猛酷的真实。只有"历史外"的林林总总，自生自灭，他们感不到这个真实的赫赫，而这个真实也受不到他们漾荡之波。他们是古井，有水无波。他们是涸井，根本无水！历史外的人们有福了：一辈子安眠！唉，这"历史外"的安眠，更可使"历史上"的体魂不能合眼呵！

弟兄们！你们是"历史上"的体魂吗？那么，你们的心灵要永远是一个矛盾的结晶，你们对无穷的时空要永远感验到彼此宇宙性的孽缘：本体上是一种无由隔绝之亲，意志上却是两个不共戴天之敌！"自我"与"无穷"永远在斗法。恐怖是无穷压倒了自我，狂欢是自我镇伏了无穷。谁得最后胜利呢？弟兄们呵，是永远的斗争，没有"最后"两个字呵！每场恐怖必须创造出更高度狂欢，更高度狂欢必定要归结到更骇人的恐怖！

因此呵，弟兄们，让我告诉你们生命的两大秘密。

狂欢必须大酒醉，虽然大酒醉不必是狂欢。因为狂欢的最高峰必引入恐怖的最暗谷，大酒醉所以支持最高峰的停留。因为狂欢的最高峰本即是恐怖的最暗谷，大酒醉所以否认最暗谷的来临。

狂欢必须异性伴，虽然异性伴不必是狂欢。因为狂欢的最高峰必引入恐怖的最暗谷，异性伴所以对待最高峰的告辞。因为狂欢的最高峰本即是恐怖的最暗谷，异性伴所以协助最暗谷的再征服！

大酒醉可以制造一时的幻觉，异性伴可以加强争斗的实力。

然而，这不足以与道德先生道，道德先生当不住酒色的"鸩毒"。至于聚在街头交鼻接耳的俗徒呵，他们一味畜生，哪里认得了酒之仙，色之圣！

弟兄们，让我告诉你们吧！街上俗徒没有见地来体验狂欢，道德先生没有活力来接受狂欢。他们意识的对象原来是纵欲，不是狂欢：俗徒只晓纵欲，先生不敢纵欲！

你们，认得时空意义的历史体魂呵，你们配得谈醉酒，谈异性——因为你们的狂欢乃是征服恐怖的创造。

创造之才呵！奋起笔来，画一画狂欢，我并愿你们每次画狂欢，不要忘记了醉酒之香，异性之美！

（四）

弟兄们呵！现在正襟危坐，静肃里接受我的第三道母题。

我不晓得你们还认得这两个字吗？虔恪！唉，世上民族再也找不出比你们更加缺乏虔恪了。然而呵，缺乏虔恪的民族，如何可以长留于世上？

虔恪是什么？且慢慢为你们说。

狂欢是自我毁灭时空，自我外不认有存在。恐怖是时空毁灭自我，时空下自我无存在。虔恪呢？虔恪是自我外发现了存在，可以控制时空，也可以包罗自我，由是自我与时空的战场上，降下了一道濯濯白旗，彼此鸣金收鼓。

归去安眠吗？蠢畜生！快快肃立，一齐合掌来参拜！

自我与时空之上，发现了一个绝对之体！它伟大，它崇高，它圣洁，它至善，它万能，它是光明，它是整个！

面对着这个绝对体，你登时解甲投降，你邪念全消，你自认渺小，你不敢侵犯、不敢亵渎，你愿服从、愿信赖、愿输诚、愿皈依，你放弃一切盘问、请求，你把整个生命无条件地交出来，在兢兢待命之中，严肃肃屏息崇拜！

什么是虔恪吗？那就是神圣的绝对体面前严肃肃屏息崇拜。

弟兄们！四千年的圣训贤语，也为你们发现了一个绝对体没有？你们所谓神圣的是什么？你们所屏息崇拜的在那里？

唉！我访遍了你们的赫赫神州，还没有发现过一件东西你们真正叫做神圣，叫做绝对之精！殿、庙、经、藏、天神、国家、女性、荣誉、英雄之墓、主义之花……在哪一个面前，你们真晓得严肃肃合掌？在哪一个背后，你们不伸出你们那秽腻的指头，哼出你们那虚无的鼻中笑？

笑？原来你们自诩无须绝对体！你们的心灵根本感不到自我与时空，当然无须绝对体。你们最要是安眠，绝对体却迫你们立正！

弟兄们！不有恐怖，无由狂欢。不有恐怖与狂欢，也必定无由虔恪！你们要体验虔恪吗？先为我尝遍了一切恐怖与狂欢！

现在，弟兄们，准备好，要体验虔恪吗？我告诉你们吧，你们还需要斋戒，还需要洗澡——你们太不洗澡了！洗三日澡，跟我步行，渡过水，翻过山，来到大荒之野。人世远，尘念消，躺地上，过个露天夜。醒回来，无边的黑色与岑寂正凝仁着整个的宇宙。蓦然间，东方之下，辐射出一阵紫红光浪，一层一层荡漾，好像一幅展开的罗裙，一个起舞的孔雀，倒撒上天空，愈来愈艳。紧跟着，一轮黄金之球，地底涌出，庄严华丽，天后之容，上下四方，反映着都是光，都是热，都是颜色！

你和我不由自主地张着口，呆着目，一齐站起来迎驾。万籁无声，一轮高耀——这刹那我们认识了她——绝对，这刹那我们严肃肃合掌皈依！这叫做虔恪！

弟兄们，我如此指出三道母题，拿去分别画一画。

什么？你们要开辟一个"特强度"的崭新局面吗？我只须再吩咐一句话——

猛把恐怖、狂欢与虔恪，揉作一团画出来！

——萨拉图斯达如此说。

（以笔名"独及"发表，原载：重庆《大公报》"战国副刊"第 8 期，1942 年 1 月 21 日第 4 版。）

阿物、超我与中国文化
（1942）

（一）

心理分析学鼻祖福罗特（Freud）因为是犹太人的关系，于希特拉兼并奥国时跟跄亡命于英国，两年前不幸抑郁逝世了。他的"唯性主义"人人皆知。尽管学术界的反对者到今日还是势力不减，但唯性论影响到一般文学艺术以及普通人的思想者，实普遍而深入。

近年来他创有 id，ego，super-ego 之说，和他的高足阿德勒（Adler）的高卑情结理论大有掩映相成之处。福罗特的主要目的本在了解个人的心理状态与活动，但他所发明的许多概念，大可以帮助我们了解文化以及社会上种种群体现象。大家谈社会文化，动不动就称述斯宾塞、摩根、马克斯等等，也许换一换口味，采用福罗特的心理看法，可以取得一二个新颖的收获！

id 可译为"阿物"：是人们性心中的一种迈进力，一切本能冲动后面的原动力。它是无意识的、无理性的；是一团情欲，一团原始存在的情欲，不断地要求满足，要求立时的无条件的满足。在其自求满足中，它是毫不顾实际的利害，更不顾道德上的是非。

ego 或"自我"，大体上是有意识的，是逻辑的。它可说是人们心中的灵明，认识环境，认识实际的。它的作用在驾驭"阿物"，使其精力得相当的宣泄而又不致与外面的环境发起正面的冲突。

孩童之期，这个灵明的自我，尚未十分发达，十分强健。其时驾驭阿物，禁制阿物之处，往往有不得不借力于父母的权威者。于是父母的权威，不期然而然的成为孩童心理中的一部分。所谓 super-ego 或"超我"者，即由是产生。超我可说是孩童最初的道德观，可与一般人所谓"良心"者比拟，但其严肃不假借的精神只有过之而无不及。

阿物的行动原则是享乐、快意。自我的行动标准是利害、现实。超我的行动型式是禁制、权威。

社会与文化都是根据在相当的公共生活、公共行为之上。将阿物加以相当的禁制，乃文明生活之必需。但禁制太甚，则个人身心上摧残过甚而种种变态的表现不免要随之而产生。自我的永远难题是：如何在阿物、超我与环境三者之间，寻求一种适当的关系。

这也就是人类社会的永远难题！平衡发展的社会制度与文化结构就是要如何设法使自我得到充分发挥与运用的机会，以免阿物、超我与环境任一者之畸形发展与过度肆威。

（二）

中国传统伦理下的社会，如果用福罗特的术语来形容，可说是一个经典的"超我独占型"。敬顺长老、诵行古训、遵守惯例、反对新奇异端——哪一个不是表现出超我的威风！在这个四面楚歌的超我压力下，阿物处处遭禁制，遭呵斥。阿物不断地被摧残，而个人的迈进力，个人的生机热情当然也消磨殆尽。中国的传统社会，就好像旧约中以色列十诫命一般，到处逢源，都是"你不应当"四个字！你不应当做这个，你不应当做那个……非礼勿视，非礼勿听，非礼勿动！哀我中华人，可做的事在哪里？

五四以来的种种解放运动，根本意义就在要灭杀数千年来超我的权威。反而观之，也就是给阿物以空前的宣泄机会。

阿物得宣泄是一种极含危险性的现象。阿物任意横行便是社会离心力的爆发——它要分散不要团结，要破坏不要建设的。然而在当日那"世纪的末造"，不破坏，从何建设？有超我万能的当年，就不得不有阿物冲荡的五四。这种情势，仿佛文艺复兴时代的欧洲：有中世纪的超我世界，便有文艺复兴的阿物怒号。

然则中国的问题是不是简简单单地只要一味解放，解放而又解放？

曰，唯唯，否否！这里头情形乃有大大不简单的一点在。

上次欧洲大战后，欧洲大陆上已经明显地露出了一个新动向：就是要再度压制阿物而建立一个"新超我"！用普通语词，就是说，个人自由主义的没落，集体功用主义的代兴。其实这种动向，在拿破仑时代已经开始萌芽，不过到最近二十年才开花结果。苏联、德、义几个极权国家，因为内在外在因素的急转，把这个集体主义的动向，用了一种过激的以至病态的手段与形式表达出来。英国美国，处境稍缓，所以表达的形式也复略见温和。表面上各国虽有阶级基础之不同，民主独裁的区别，骨子里，不管愿意不愿意，都走上一个注定的路径——一种"新超我"的形成。组织化、合理化、分工互利化之呼声，必要取自由平等的口号而代之。这是必然的趋势。目前世界各国决斗，谁胜谁败，只能影响到这个新超我形成速度的缓急，程度的深浅，而绝对不能把这个新动向反掌而变成为"阿物复辟"的旧观。

却是，一点必须认清：欧西将来的新超我世界，与中世纪，必定绝不相同。根本原因：欧洲人的阿物已经过了一番充分的解放、自觉与发挥。将来的新超我乃黑格尔所谓"反后之反"与反前之正，必定迥异其趣的。

这里就是我们中国人的大难题了。人家已经大步踏进了"反后之反"的境界，我们究竟是行到哪个田地呢？

分明我们的阿物还没得个充分的真正的解放。我们的阿物尽管经过了五四的狂飙，还依旧没得着机会恢复它的天然灵机。我们不配接收新超我。但，整个世界急转直下的潮流，又紧迫着我们，非赶急制造新超我不可。

这也就是我们文化的使命。人家花费了数百年的工夫，解放阿物，解放个性，现在正好开始建设新超我，加紧群体的组织。我们却要同一时间内，两者并行，一面赶造强有力的个人，一面赶造强有力的社会与国家。这两个目标，最容易冲突不过，但平行推进，并不是不可能。这就看我们政治家、思想家的艺术是不是够高明够微妙了。

（以笔名"望沧"发表，原载：重庆《大公报》"战国副刊"第9期，1942年1月28日第4版。）

大夫士与士大夫
——国史上的两种人格型
（1942）

（一）

三千多年的中国社会政治史，不是一句话可以写清的。必定要一言而蔽之，则我想提出八个字："由大夫士到士大夫"！

士大夫这名词是秦汉以来史书上常见的字眼。几年前中国社会史论战中，关于士大夫性质与作用的讨论，也颇热闹一时。什么是士大夫，大家心目中多少都有了一个轮廓粗具的印象。

什么是大夫士呢？这名词尚陌生，三年前我初次提出。今天想较详细地对大家讨论一番。

第一步要弄清楚，就是大夫士与士大夫乃是根本不同的东西，气质不同，品格不同，在社会政治上的功用也不同。大夫士与士大夫乃代表两种根本互异的历史背景所产生出来的两种根本互异的人物，两种根本互异的人格型。论史者必先看清了他们的互异，才有希望开始了解中国的历史。

从整个的体相上看，西周以至春秋大部分的社会政治是大夫士中心，秦汉以后的社会政治是士大夫中心，而春秋末世与战国时期则可说是转捩时代，过渡时代。战国以前，没有士大夫；战国以后，没有大夫士。一般史学家未能切实握住这一个基本事实，结果失掉了整部历史的意义。

原来中国的社会与政治由大夫士类型转变到士大夫类型，乃我们民族文化发展路程上一切之一切的关键。这个转变不仅是一种结构的更改，乃尤是一种动力的换质。随着这个动力的换质，整个文化的精神，都改头换面！

因此，我们在这里讨论这问题，不但是对中国文化过去的历程求个认识，并且还可以于过去的认识中想法来控制我们文化的动力以企图一个新未来的创造。换句话说，大夫士与士大夫一问题，实在也就是中国目前文化再造中的一个最基本的问题。

（二）

要了解"大夫士"与"士大夫"涵义的不同，我想借用英文选译，最可一目了然。大夫士便是 Noble-Knight 之意，士大夫便是 Scholar-Official 之意。也就是说，大夫士是贵族武士，士大夫是文人官僚。前者是封建的层级结构的产物，后者是大一统的皇权专制下的必需。说中国三千多年的历史是由大夫士到士大夫，也就是说它是由贵族武士型转变到文人官僚型。与我另在一文内所称为由封建阶段转到大一统阶段的一说，本是一而二，二而一的看法。（参阅本刊第一期，《从战国重演到文化形态史观》）

中国封建时代的层级结构，在一切的文化体系中，可说是最为繁缛而严整：天子、诸侯、卿大夫、士、庶人、奴隶。但最枢纽，即最活跃的社层，实是大夫士（卿大夫士）。他们上承天子诸侯，下接庶民奴隶。大体说来，天子诸侯表面上虽最尊贵，实际上政权的运使多在卿大夫的手中，而卿大夫的推行政权又要靠士的技术与效命。我曾经说过了，如果天子诸侯可称为御临社层，即"南面"等级，卿大夫便可称为执政社层，即"为治"等级，士可称为行政社层，即"有司"等级。南面御临的天子诸侯，其基本作用在充当统治的象征。庶民奴隶的作用则在劳力而生产。真正的支配行为、创造动力，实出自大夫士。封建社会实即是大夫士中心的社会。

大夫士社会的特征，纵的方面是"世承"，横的方面是"有别"。所谓有别者，上下的社层，原则上不容逾越而必须各守其"分"。所谓世承者，这种不容逾越之"分"，由父传子，代代不变，士之子恒为士，农之子恒为农。不消说，这种世承有别的制度，流弊甚多。但在民族文化初期发展的路程上，它却供奉出来一个宝贵的时代，就是"贵士传统"或"贵士风尚"（Aristocratic Tradition）的形式。

贵士传统或风尚可说是根据在那世承有别的事实上所逐渐产生的一

种统治者的人生观或道德感，古所谓"君子威仪"者是。它是一个相当复杂的现象，不是几句话可以说清的。但如果我们能够充分摆脱后代士大夫类型的社会里种种腐儒的注解论说，我们还可以在古简保存的若干事例与故事中重新建造出当日"大夫士的人格型"的轮廓：它是自成一种作风，有它的重心，有它的一贯的条理的。

最浅显的两点恐怕是"世业"的抱负与"守职"的恒心。因为是世承，所以会养成世业的抱负。因为是有别，所以会培出守职的恒心。世业的抱负是积极的感觉：要把他们所承受的事业做得"上不辱于先人，下有启于子孙"。大夫的目的在照耀他们的"威德"以贯彻他们"为治"的使命。士的目的在贡献他们的"才能"以成就他们"所司"的事务。守职的恒心是消极的自克，不管为大夫为士，只求在本分内尽其所能，不求向上面的等级跃进僭入。大夫与士乃两隔的横层，士不怀有取代大夫的野心，也就像大夫不怀有取代天子诸侯的野心一样。有了这种世业与守职的念头，大夫与士乃取得相倚相成的功效。

当然，实际上能做到这些理想的若干成分，大是问题。但封建时代的整个社会组织要迫着当时的大夫士倾向这些理想而立身行事，则是一个很显明的事实。在它全盛的时期，大体上也颇能达到其所意志的均衡境界。

诚然，世业与守职的观念，后代的士大夫也都能口头提倡，并且有时少数人也能亲身践行。但古代大夫士的世业与守职的感觉所以与后代期期不同者乃在他们这种感觉又直接地根据于"荣誉"之一物。

（三）

谈到荣誉，便谈到大夫士的灵魂的核心了。

荣誉是标准的"贵士情绪"。在欧西中古的骑士道称为 Honor（荣誉），在中国古代则称为义。

义即荣誉的意识。这一点，后代道学腐儒们已经不及了解了。秦汉以来的道学们对"义"字所下的种种婆婆妈妈式的解释只反证出"士大夫"的头脑难于了解"大夫士"的心灵。义在古代大夫士的心灵上本就是不折不扣的荣誉意识。所谓荣誉意识者，即一种极端敏锐极端强烈的自我尊敬心，把自我看作为一个光荣圣洁之体，它的存在不容有一点污垢来侵。污垢的来源有二：来自外的，与来自内的。对外来的污垢，要

"决斗"以自卫。对自作的污垢，要"自杀"以自明。荣誉意识的后头，必定有一个凛凛风霜的"死的决心"。最能代表这整个的感觉的，就是当日人人必带的"剑"。义在大夫士的社会里乃充满了"剑的意味"的。

明白了义是荣誉，我们便可以真正明白"礼"是什么了。礼在当日，绝不是一种送往迎来扫洒揖让的纯形式的仪节，乃是荣誉意识的一种自然表示。它并不是对人的"应酬"，乃是自尊心的流露。欧西骑士道有所谓"荣誉之规（Code of Honor）"者。礼可说是"荣誉之规"，即"义之规"也。当然，礼的最大实际作用在维持当日社会的层级结构，但礼的基础必定要建筑在荣誉意识的上头。脱离了荣誉意识，礼便要立刻变为后代士大夫的"交际花样""入世手术"，不但有虚伪之嫌，并且缺尊严之概。礼失义则虚则卑，礼到此乃全失了原有的意义了。

如果礼所以表示荣誉意识、贯彻履行荣誉意识的，还有一套相当复杂丰富的立身行事的标准。我想提出四点讨论一番，因为我认为这四点实是大夫士人格型的中心要素。四点以外，当然还有许多概念与这四点相辅或相触，但这四点是主要母题，一切的一切是都要在这母题下发生作用，或取得存在的价值。

我无以名之，想名之曰，"义的四大则"，即忠、敬、勇、死。

忠是一种对上之诚。对上的关系是大夫士所以立身的最基本关系。大夫士的荣誉意识最要在忠字上取得表现，取得试验。为下犯上是头等罪恶。"勇则害上，不登于明堂"。大夫士为他们的"主君"是绝对输诚，不容二心。

敬是一种持诚之道。我们社会上一般人到今天已晓不得敬是什么东西了。我们对事对人，只惯于排斥笑傲。然而敬的态度实是一个极美的态度。它是自己脚跟站着后再来承认对方的价值。它是寻着自己人格的位置后而公允地接受他人的人格的威严。敬的后头，究竟还脱不了荣誉两字的作用。敬的意义是自敬而敬人。用敬来与忠配合，可以把受忠者与行忠者的彼此关系的水准一齐提高。行忠者一方面看到受忠者的价值，一方面也把住自己的岗位，如此，则忠有高度，忠能持久。

勇是一种致诚之力。平常日充满了对上之诚，但事到关头，立刻畏却规避，此不能谓之忠。贯彻忠，要靠勇。勇是一种实现之力，有勇则一切可真实，无勇则一切尽空谈。西方的贵士传统所以特别注重勇者，缘故就在这里。万恶怯为首，西方人到今日还作如此观。我们中国受了传统腐儒的意识形态的蛊惑，往往有一种不可解的倾向，把勇字硬认作次等之德。这是一桩民族大憾事。我们细读古代大夫士的行迹，我们可以毫无疑义地判断：勇实是他们的一个"中心之德"，因为他们认得清勇乃贯彻一切美德的"必需之力"！

勇自何来？曰来自死的决心。死可说是生力之志。能死便能勇。死是一切的试金石。我们上面说过了：荣誉意识之所以为荣誉意识全靠它后面有一个死的决心。推而广之，整个的大夫士的人格型，最后最关键的因素还在"死"的一个字。孔夫子说：未知生，焉知死？反过来说，恐怕更合真理：未知死，焉知生？整套的大夫士人格训练都是建设在死的决心上：何时死？何地死？为何死？如何死？

什么是大夫士的人格型呢？我们现在可以下一个总结说：以义为基本感觉而发挥为忠、敬、勇、死的四位一体的中心人生观，来贯彻他们世业的抱负，守职的恒心。它是一副"刚道的人格型"。

（四）

为了种种不可免的原因，尤其是内在腐化的缘故，封建的层级社会，后来逐渐崩溃。到孔子之世，它已走入末运了。再经过战国的剧变以到于秦汉，中国的社会政治，实质上已变为大一统皇权类型，也就是"大夫士"之一物渐次变为文人化、官僚化而形成二千年来"士大夫"的结构了。

大一统皇权的本质，大体上可说是兆民之上有予一人，予一人之下兆民"无别"。于是官不是世其业；人人都有做官的资格，做官的机缘。官僚制度，在战国时代已经萌芽，到秦汉时代则规模大备。在那环境下，士乃变为做官的准备，大夫乃成为做士的目标。功名观念代替世业观念，升官念头代替守职念头。

在这种弥漫八方的"官僚风气"上，却又加上一种"文人化"的倾向。汉武帝时代，士已与"文藻"开始结缘。经过六朝的"浮词"的薰陶乃有隋唐科举的出现。有了科举，士变成文字的"雕刻匠"。以"斯文"的品质来任当帝王的官僚，皇权乃得到一个理想的合用工具了。

文人官僚就是我们所惯称的"士大夫"。士大夫的人格型与大夫士根本差异。尽管在字眼运用上，在理想提倡上，好像也是"将毋同"，实行上士大夫另有一套的"世训"。

这一套是什么呢？曰，"义"流产为"面子"，"礼"流产为"应酬"，"忠、敬、勇、死"的四位一体观，巧变而为"孝、爱、智、生"的四德中心论。并不是他们不"谈"忠、敬、勇、死，无奈实际应用的，另有所属。并不是"孝、爱、智、生"非美德，只无奈到了那文人官僚的手里，孝、爱、智、生的四德恰恰凑成一种"柔道的人格型"，以适应他们在皇权专制下猎取"功名"，企图"闻达"的大欲望！

然而在目前这个大战国时代，我们所急急需要的是哪一样呢？柔道的人格型，抑或是刚道？士大夫的作风，抑还是大夫士？我们绝不要大夫士制度，但我们是不是要多方设法培养出大夫士的精神？（完）

（原载：重庆《大公报》"战国副刊"第 17 期，1942 年 3 月 25 日第 4 版。）

嫉恶如仇
——战士式的人生观
（1942）

（一）

显然的，站在民族生命长久发扬的岗位看去，抗战的最高意义必须是我们整个文化的革新！

战胜是不够的（更莫说因人成事的战胜）。打倒人家侵略主义，收复一切沦陷河山，是无意义的——如果重新占了那金瓯无缺的神州之后，我们，尤其是有智力有才力的份子，还是依旧地愦愦嬉嬉，依旧地欺人自欺，还是一味地肮脏、混乱、愚昧、贪污。抗战历程中的种种浩大牺牲，若要有真正的代价的话，我们责无可逃地必定要在那座收复回来的江山之上，培养出一个健康的民族，创造出一个崭新的有光有热的文化。

第一步，人生观必要革新！趁着这个火烧焰铄的苦战硬战中，打出一套新的人生观，铸出一副新的人格型来——这恐怕是思想教育的工作人的最高责任了。

也许是我的偏见。平日静察，总觉得数千年的国史，只留下春秋一段，最耐慕思。不消说，春秋时代也自毛病百出，不过它的整个精神，它的中心体相，是少壮的、活泼的、充满创造的可能的。最重要的一点——而这点终究是任何时代文化价值的最后试验——那时代所陶铸出的领导人物，其本质类皆是光明的、磊落的、刚强的。我无以名之，曾名之曰"大夫士"的人格型。由春秋而经过战国，而转入秦汉以后的社会，便是我所谓的"由大夫士到士大夫"，我们整个文化的精神，整个流行的人生观的骨质，乃逐渐地官僚化、文人化、乡愿化、阿 Q 化。

虽然在其间也曾有过了好几次起衰振微的运动，表面上或收到暂时的局部功效，无奈大运所趋，终是江河日下，到了晚近百余年，数十年，真可说是病入膏肓，非全部开刀不可。

阿Q式的人生观，无以立于二十世纪的天地之间。抗战的最深入的历史使命，必须是烧断了阿Q类型，而铸出一种"战士风格"！

战士两字，无疑地是官僚、文人、乡愿、阿Q的相反名词。把二千多年来世世互传的老模型，一旦要推翻之而代替以针锋相对子午相背的新标格，当然是大难事，然而——不是不可能。

这番抗战的历程确确供给了我们一条兴奋的启示：千百年来官僚、文人、乡愿、阿Q的社会，尚侥幸没有把民族的灵机，尽数摧残；响应着时代的呼唤，最少还有数百万奔赴前线的丈夫。战士——最少奔赴前方的战士——在中国，不但是可能，而且是赫赫眼前的事实。目下的关键问题，除了向前杀敌之外，似乎就是如何把前方战士的壮烈精神，向后方延长而倒灌到全部民族的（尤其是中上社层的）细胞，使一切营营的官僚文人，靡靡的乡愿阿Q，都要根本上革面洗心，树立出一种新人格。前方战士伟大的牺牲，不可不换得真正的代价。如何使死者不虚死，生者配得生？后方文化界的时代母题便在此在此！

（二）

战士式的人生观的建立——这个大题目从何说起？我不久前所提出讨论的"大夫士的人格型"，在灵魂的底蕴处看，也就是战士式的人生观的说明。本篇且再从另一方面提出一句话申论一番——就是"嫉恶如仇"四个字。

十数年来也学观世故，学观愈多，愈觉得我们这个"名教"古国里，"名目"与"事实"自来两回事。名是一向冠冕堂皇，实却全非所指。分明是贿赂公行，偏叫作"润墨小费"。分明是霸占民产，却叫作"合理经济"。准备打死的丫头，叫作"义女"。专卖鸦片的税收，叫作"懒捐"。说是这些风气近来好得多了，然而为国者依旧需要细细留神。孔子曰：必也正名乎。莫是他老先生千载之上，早已看透了这个"衣冠"的文化，"表里"总倾向于"不符"。

"我们中华民族乃有一个大美德焉，曰宽大容忍！"我们的文化大师告诉我们说，我们的文化小卒也津津地到处鼓吹。然而所谓"宽大容忍"者，实际究如何？宽大乃"老滑苟安"的别名，容忍乃忍辱容奸的缩写。也许在"大夫士"风尚蓬蓬勃勃的时代，"宽大"两字确符"宽大"之实。无奈透过官僚、文人、乡愿、阿Q的手掌，宽大宽大已流为一种纵恶藏奸的民族习惯。在我们的"宽大"肚皮里，正不知增长了多少罪恶，埋没了多少冤魂！我们愿翻这个千年的古老案，劝大家"褊衷"，劝大家"发怒"，劝大家"嫉恶如仇"！

传统圣人们讲道德，太钻入"爱"的一定打跟头了。"宽大为怀"的人生观，便是以"爱人如己"为根据的。到了今天，太多的好好先生、滑头老板，到处交头攘臂，相诩"爱人爱人"。空气弄得太浊了。让我们打开窗户，引进来一阵"嫉"字的清风。

一提起"嫉"字，料得那群好好先生、滑头老板，将不免要蠢然骚动，指骂这是异端。这些人吃了"唯爱论"的饭碗，二千年于兹，对这个飒飒西风似的"嫉"字，当然一见生猜。我们要领略抗战的精神涵义、文化涵义的，却不可再错过机会，而不乘时把"嫉"字的功用，充分地提倡而发扬。

猛向恶势力，无情地作战——这是这次抗战对我们所深深启示的人生意义。第一步，要认定宇宙间大有恶势力的存在。第二步，要用全副力量，向恶势力进攻。前者是一种现实的眼光，后者是一种坚决的意志，由眼光贯彻到意志的火线，便是那"嫉"的热烈情。

原来事实上恶势力的存在，便是价值上战士存在的理。世间无恶，斯无须战士之一物，然而恶乃人世的事实，而且比比皆是，于是战乃不可免，不当免，而战士也就成为人类社会的绝对必需。本来既专为了对付恶势力而出世，战士的眼光必定要第一瞥就集中到恶势力的上头。他是永远地贯注着现实的精神，不肯做泛游乌托邦的温软梦。他永远警醒，永两个炯炯到处搜寻。把恶势力搜寻到手之后，无妥协，无让步，对它只猛力轰击，非等到你死我活不休。专门搜寻恶势〈力〉，决个雌雄的战阵——这是战士的职务，也是真正战士的夙愿。这里头心灵上的动力，是由哪里来的呢？曰，由"嫉"的一个字。

嫉的精神，是战士人格的心理基础。这不是说战士必定无"爱"，乃是说战士不可无"嫉"。战士无"嫉"便是精神上的非武装化！

嫉就是战士人格必具的精神，那末，我们就必要把它急急引入我们民族的伦理内，高高抬起，让万众都得瞻光。换句话说，让我们把"打日本"的精神，向后方延长，向后代延长，使我们从此个个都得胆量与决心，对社会上各种恶势力不断作战。

天下有可爱之物，天下更有可嫉之物。这是因为天下有善，而更有恶。如果恶的存在是战士存在的理由，恶的存在也必是价值上"嫉"字存在的解释。因为有了恶的存在，"嫉"字乃充满了道德的价值，也就是说"爱"字不足以独占伦理上的中心地位。善固然可爱当爱；恶却必是可嫉当嫉。不分善恶而无条件地以爱相待，推其极，便是无抵抗主义，"反抵抗"主义——否认战士的存在，否认战士的精神。结果所及，不但是非不判，是谓不公，并且纵恶为虐，是谓不仁。爱的本意，到此却被爱的本身打翻了。甘地的一身反战主义所以到今天而成为离奇的偏见，其逻辑的渊源，本义在他"唯爱"的大前提。如果要"爱"不打翻自家，爱神之旁，必须有"嫉神"镇座。

抗战以前的国粹道德家，言必名"爱"。让我们从今认定，抗战以后的伦理，"嫉"字要与"爱"字并驾齐驱。

抑我们更有进者，我们这个"神州"的社会，早非天上乐园。踏过南北东西，遇的人，遇的物，善的有如麟毛凤爪，恶的却是到处逢源，换句话说，可爱的，百之一二；可嫉的，百之九十五六。在这种环境中，如果我们暂主张把"爱"字束在高阁五十年，把"嫉"字捧出来作为重估一切价值的起点，有心人谅不会以此言为河汉？以爱为原则，百行只得其一二，以嫉为原则，百行可以九十五六次不差。

时贤谈政治，动不动就要兴办这个，设置那个。我们细看这个充满恶习惯恶势力的社会，第一步需要是"去恶"，这二步再谈"兴善"。要建立"去恶第一"的政治，必须先设立一种白热的"嫉"的精神。

如之何到了今天，我们的文化大师，呐喊小卒，还是高卧讲座上，奔走市尘里，自吹自擂"宽大为怀，爱人容忍"？我们的脾胃，收容量煞是惊人。咸酸腐臭，一例嚼吞，鳖骨乌龟，笑颜接受。所以侵吞公款的，依旧可以呼弟称哥；卖身于伪组织的，仍然可以数亲论戚；废职抽鸦片，我们固然可以同榻捧场；弃妻结重婚，我们更无妨登门致贺。对这个官僚化、文人化的宽大，乡愿化、阿Q化的容忍，你说我们今天所要提倡的精神，是"爱"的婆心吗，还是"嫉"的火气？

（三）

说到这点，我们愿论一论"仇"的观念。中国传统处世之方，最要

"无仇无怨"。无仇无怨，为的好保住他的小饭碗，保住他的小头颅。官僚、文人、乡愿、阿 Q 的人生观，根本精义就在这里。明哲者要保身，傻瓜者才闯祸；"嫉恶"不是好惹的事，因为嫉恶必结仇人！一有仇人，天下从此多事，眠食从此难安。所以"吾侪"的办法，是和其光而同其尘，呼我为马者，应之以为马，呼我为牛者，应之以为牛，管他世上有是非，人间有不平，我只须挺着这副"宽大"肚皮，笑里旁观，容忍笑语。本来阿 Q 所最怕，便是仇人。在这点上，阿 Q 与战士恰恰相对处，暴露得最是显明。

真正的战士必要孜孜地到处寻"仇者"，因为寻得了仇，才有对象来试一试他的斩妖之剑。嫉恶是他一生的事业，却必定要嫉到如仇的程度，因为嫉到如仇的程度，则不但在感情上你非拔剑不可，在利害上，那恶势力迫到途穷，也非向你拼命不行！

专把自己迫上一个地位，非与恶势力决斗，没有出路之可能——这就是战士处世之方！

过去的，是阿 Q。未来的，倘是战士？未来的战士们，我不求你们"爱人如己"，但祝你们能——

"嫉恶如仇"！

（原载：重庆《大公报》"战国副刊"第 19 期，1942 年 4 月 8 日第 4 版。）

演化与进化

（1942）

（一）

二千多年来中国思想界学术界有意无意地在一般青年的脑筋里奠定下了两个一知半解的概念：一曰进化论，二曰因果律。

如果我们治学上要求得一个更近真、更科学的成就，对上面两概念，必须有个正确的了解，严格的审查。

本篇且谈一谈进化论。

提起进化论，大家必联想到达尔文。其实达尔文只谈"演化"，并不曾主张"进化"。演化是个中立性的名词，只是极自然的演展、自然的蜕化，本无所谓"进步"或"退步"的涵义揉杂其间。严复翻译得好，译为"天演"。天演者，是一种"无心""无私"的程序，并不含有"人的立场"或"人的价值"。"进化"一词，却充满了人的立场与价值了：它硬认宇宙间的一切，必定要向上进、向好进。其实，老天爷演戏，哪里顾得及渺小人类的希冀而时时刻刻把"进""退"等字眼放在意识中。

达尔文的发现，本极简单——极简单所以也极伟大。一是竞存：生存竞争是生物界的普遍现象。二是天择：在这竞争之中，含有一种自然选择的作用。

哪一种生物被选择而生存？哪一种被淘汰而灭亡呢？斯宾塞给了进一步的答案：就是"适者生存"！

这里大家要注意的，"适者"不必是"优者"。在许多方面看去，人类实远"劣"于猛虎长蛇，然而人类居然比虎蛇都繁殖滋长。从各方面说蚊蝇之为物，好像并不优于恐龙，然而恐龙只留下遗骨，徒供凭吊，蚊蝇却营营嚣嚣于整个的宇宙间！天演上"适"于环境的，在人的价值论上，正不必其为"优"。普通流行的"优胜劣败"一句话，是极容易引起误会的。适者胜，优者不必胜。所以蛟龙失水，蝼蚁困之。世间多少落落寡合的君子，都是一个一个地被那些圆转自如的人迫压到饿饭而亡，投江而死呢！无论在自然界人事界——尤其是在人事界——我们往往恰得其反：就是"优败劣胜"！

"优劣"，是人为的价值观念。在生物的现实上说，只有"胜败"的事实。如果必要加"优劣"的价值论于其间，则如其说"优胜劣败"，不如说"优胜败劣"。胜便是优！这是生物的现实上所可能容许的惟一价值论。西人所谓"生存价值"survival value 者，即是此意。能存在，便有价值；多存在，便多价值。要证明你比人家多价值，你必要证明你比人家能存在！换句话说，把"存在"当作"价值"的标准，乃是因"胜"（存在）的事实而予以"优"的绰号，并不是说有"优"的价值的，必定能"胜"。

（二）

把"适者生存"的演化论误解为"优者生存"的进化论，是十九世纪后期的肤浅乐观病的恶作剧。那是一个饶有异趣的时代。未来历史家描写到那时代的头脑与思维，恐怕不免要讶异而微笑。人们的自满自足，到那时代而顶其极了。一切的一切，好像都握在人们的掌中，此后无他，只管保一帆风顺，直达天堂！论政治则维多利亚的立宪，当然可以安排万众。论经济则资本主义毕竟是人性范围内最宁馨的结构。论宇宙万物呵，曰有科学在！物质、能力、以太三法宝，不但解释一切，还可以创造一切！在这个"科学万能"的自信风气中，"进步"乃无意中被认为当然而必然的真理。"进步"一概念，中外古今都有，但到了十八世纪的欧亚才成为一种普遍的感觉，到十九世纪末年乃成为一种先天接受的迷信。"进步"的概念与达尔文的演化论合，乃构成一个似是而非的科学谈——就是"进化论"！又碰着一批热心寡虑的历史家、人类学家，鲁莽灭裂地把"进化观"应用到文化研究、社会研究的领域，搜出空间上（世界）形形色色的社会，武断排起来一幅时间上（历史）整整齐齐的人类进化图，好像人类文化的演变乃一件"非进不可"的东西。"进"的程度与图案，各自不同，摩根有摩根的图案，马克斯有马克斯的图案，但"进"的必然性，不可免除性 Inevitability，大家无条件承认而接受。

西语有一个妙字 Philistinism——细人之见。十九世纪后期的"进化迷信病"终是个"细人之见"，燕雀的乐观，可说是当印第安的夏日 Indian Summer 歌天时的永暖。三四十年来人们对于自然与心理的新发现新学识早已吹过来了一阵醒梦的秋风，欧美学术界早已觉悟了这点苦真理：自然的历史只知"演化"，"进化"是人们的希冀，所以要进化也必须靠人不靠天。

中国智识界总喜欢欣赏过去的时装。我们总喜欢紧抱着人家前期的偶像供奉为我们万能的玉皇。进化概念——就是"自然而然一代必赛过一代"的观念——这是由五四运动而普遍浸注到中国人一般的脑中。直到今天，"文化人"摇笔写文章，还依旧行所无事地在那里摆头摆尾大唱"人类进化律"的烂调。如果你敢现实一点，告诉国人事实上的情势不像是大家入天堂，乃酷似风雨晦吾庐，那一批自命为革命的先锋群众领袖的俗徒，纵不免要奉出来马氏、摩氏、张三、李四的"进化定命图"，漫骂你是演化论、反革命、开倒车。幼稚极了。

中国人思维习惯上的最大毛病，就是不断地，总把"实系如此的"What is 与"理当如此的"What ought to be 混为一谈。结果发生两种对事的错觉：（一）总喜欢误把主观的期望当为客观的事实；（二）不合期望的事实，便硬认它为不存在。抱着这种态度，我们是无法谈学问，无法谈真理的。

文化是要演化的，而它的演化也每有他自身倾向的趋势，但这些趋势正不必要迎合人们的脾胃——更不必要迎合你我的脾胃。在一个择定的主观价值的立场看，也许是进，也许是退，也许一部分是进，另一部分是退。进或退是你我对文化的估量，文化本身只不断演化。我们研究一个文化——就像研究一切的事象一样——要忠实地先看出它"如何演化"，"演化为何"，然后才可以再运用我们的意志而在可能的范围内力求其"进化"。盲目认定退化不可能，进化是定律，你说这是"乐观"，我们大恐是"鸵鸟的埋头"！

（以笔名"望沧"发表，原载：重庆《大公报》"战国副刊"第 20 期，1942 年 4 月 29 日第 4 版。）

论文人
（1942）

（一）

中国人的第一罪恶，就是太文了！

也许不是中国人太文。毕竟一般老百姓的生活，还近大自然，还近生命之源，浩然之气，所以三分的本色与野性，依然是留存在民间。病尚不在老百姓，病乃在社会的上层。陌巷田舍之间仍时有粗豪风味。无奈士大夫之辈，尽是"斯文"之流！

不是中国人太文，乃是中国上流人太文了！我们传统所称为优秀份子类是文人，我们传统的为政阶级亦类是文人——这恐怕是我们文化的特征，也就是我们文化的致命毒！

欧西有一般人谈到中国文化便在那里津津的赞颂我们中土对于知识之推崇。彼此对我额手，金谓智人政治（Rule of the Intellectuals）只有中国足以当之。这可说是十八世纪"慕华狂"的遗风犹存市面。到今日还有该撒林 Keyserling、罗素 Russell 之流不断的捃拾余唾，替我们向世界吹嘘。在此国难频仍国耻横加的中国，我们听到此语，不禁亦沾沾自喜；这个庞大的老文化，最少也有一事可以称豪。其实该撒林、罗素的用意本不在称扬中土，不过凭其对欧西文明的反感情绪而借题发挥。我们且莫要受宠若惊。须知中国所谓知识之一物，本不与欧西同样。所以中国的知识阶级也不容与欧西的混为一谈。我们的，何曾是知识，只是"文章"罢了。我们的，何曾是智人政治，不过是文人政治罢了！

中国如何而产生文人政治？文人如何而取得而维持其政治地位与势

力？这些问题，日后当细细论之，此刻我们所最要提醒的，就是二千多年文人把持的政治，二千多年文人支配的社会，免不得是要对整个民族的思想、意志以至性情、性格，都发生深刻普遍的影响的。换而言之，我们整个的民族心理免不了是个文人统治下所泡制的特产，免不了是文人仪表下所薰陶的模型。藏诸内者为心理，发而施诸外者便是行为。所以不但是我们民族心理，即是跟着的民族行为，也免不了是受文人习气的笼罩。文人之影响大矣哉！

畅胆一点说，中国的文化即是文人化的文化。换言之，中国人的文化之所以异于他民族的文化者，大体即在于是。欧洲中世纪的文化大体上是代表罗马教会的文化。欧洲现代的文化大体上是代表中产阶级资产阶级的文化。中国传统的文化大体上是代表文人阶级的文化。

当然的，一个文化的内容本甚复杂。不但复杂已也，而且常有矛盾冲突的潮流。即就中国文化而言，其中数千年间何尝不有"反文人化"的思潮、的人物、的势力。有一"正"自有一"反"。但是在反者未能推翻正者之前，反自反而正仍不失其为正。我们说中国文化即是文人化的文化者，也就是说它是中国正宗正统的文化——尽管那江湖山寨里可时常发现出"反文人"的义侠之风。

中国整个的民族性，我此刻且按下不谈。我要谈的是风化中国民族薰陶中国文化的"文人性"。我要分析中国文人的头脑，解剖中国文人的心肠。

何谓文人头脑、文人心肠呢？这个问题却不简单。头脑是指其思维的方法、思想的内容。心肠是指其情感的生活与其立身行事处世待人的性格。虽然在理论上的方便，两者可分开而谈。但实际生活上，两者之间关系微妙，他们彼此互相交错互相影响之处，可说是不了之缘，终难隔断。详细的讨论，另日再写。目前最好的办法，是且把"文"之一字分析一番。我们如果晓得文之一字各义，便可粗略的理会文人头脑、文人心肠的一般。

我们这种办法，有个好处在。论起文人，难免意见参差。你可将文人吹得如仙似圣，支持文化生命的主人翁。他可把文人骂得狗血淋头，直是一钱不值的贱货。我们且莫动气。也许双方都有对，也许双方尽非。那些不免都是主观的批语，未足为凭。我们此地所采取的方法，是让中国文字的本身、语言的本身，来替我们解说。换言之，我们的方法是客观的，誉不必喜，毁不必忧。让文字来说本身语，比较式最是可凭。

（二）

何谓"文"呢？初看来这字也简单，细验时界说殊不易。《说文》云：文错画也。盖即西方所谓 design 之意。《易·系辞》云"物相杂，故曰文"。各种形式相配合而成所谓错画者，这就叫做文。文的原始的意义，恐怕不过如此。它只是指定某种具体物件的名词，此外无他意义。然而时代递进，文之含义，也就渐渐伸引。结果，文之一字乃成为中国文化的缩小图，乃成为中国文化性质的写真。原为错画的一个简单的字，到今日乃已随着中国文化的演进，而正比例的增加其复杂，增长其特色。我们了解"文"字，不但可以了解中国的文人头脑、文人心肠，而且可借以看出中国文化大体所偏重的精神。

（一）文与质，在中国古籍上是时时对用的名词。所谓文者，是指一切人为的事物，和质为一切自然的本体者对照。所谓人为的事物，不但包括人力创制的生活工具，例如宫室舟车衣服耒耜等等，乃亦包括社会上的各种制度、习惯，例如那些养生送死婚嫁往来的仪节，那些上下尊卑亲疏长幼的礼法。故文者乃与西方所谓 Culture 相类，质者与西方所谓 Nature 相类。一为人类的作为，一为天然的本色。所以自心理状态的观点看去，"文"字含有过分的注重礼貌仪节，过分的注意人事之意。日缠于缤纷酬酢之间，驰惊于揖让进退之末。久之又久，一个人的天然本色，不免荡尔无余。

分析言之，文与质对，其中有几个含义。（甲）文指外表。质指内心。故曰外文内质。（乙）质指实体。文指花样。故我们有"文藻""花文"等词。（丙）质含有简单之意。文含有繁杂之意。故我们有"繁文""缛文"等词。（丁）质是朴素。文是浮夸。故文略带一些炫耀之意。

（二）由此我们便可了解文之一字为什么会与"虚"合而构出万古指摘的"虚文"一名词。所谓虚文者，即纯形式之意。我们做一事，并不是诚心认为该做，或意志上认为愿做。乃是大家一向都如此做，而我亦只好"从俗"做个样子罢了。换言之，我们做那桩事，本无诚意，本无信念。只做出一些形式。所谓做其事而意不在事，不过塞责，不过敷衍而已。

所以我们字苑中，会有"具文"一名词。具文者，有其仪而无其意，有其貌而无其心。我们所以有"文貌"一名词也是此故。盖其中乃带有三分虚伪的色彩焉。

原来人为之极，势必流于伪。故伪从人从为。荀子称一切人为的事物为"伪"，即是此意。与庄子谓一切天然的现象为"真"恰相对照。文之极乃失真，文之极乃虚伪，这可说是文之涵义的一方面。连带着我们可谈一谈"空文"一名词。空文者，有其名而无其实。空文与事实亦成相对的字眼。文之一字，因而含有非事实、反事实的意义。

"文"带"伪"性，最可于"文"字之活用一点可看出。《论语》云"小人之过也必文"。文过者，掩蔽其过也。《广雅·释诂》谓文者饰也。饰者，掩饰也。换言之，即是装假。

中国一般所谓上流社会的人们，他们的装假、的虚伪、的有名无实、的敷衍了事——可说是我们民族生活中的最大一缺点！

（三）文又作法解。文，文法也。《正字通》："吏玩法曰舞文"。像那些"文罔（文网）"、"文墨"等名词，皆是以文当作法解。这种用法，是秦汉时代酷吏兴起以后之事。秦峻刑法，汉因秦之旧，皆借刑名法律以巩固皇权，而酷吏阶级乃应运而生。酷吏者，类皆识字能文的人，学得刑法的作用而为专制作伥之徒也。他们的特色是"峻文"、"深文"，于是"文"之一字乃染得倚势凌人、恃法威众的气味。在官，则苛政猛于虎。在野，则土豪而劣绅。到此文的含义乃极带"官僚气"、"豪绅气"矣！

官僚豪绅的把戏，就是"舞文"。把法律说得与自家的利益有便，与老百姓的利益有伤——这就是舞文的作用。中国官僚豪绅的贪污横暴，其妙诀即在"舞文"。赵充国曾说过："诸君但欲便文自营，非为公家忠计也"。便文者，即是把公家的法律，解释到自家的方便也。你说为什么这个数千年的文化国，早夸"礼教被于四海"，却是老百姓始终享不着法律的保障，社会也始终生不出法律的精神呢？让我大声的告诉你，此中作梗的一个大妖孽，就是专权舞文自营的官吏豪绅。

最坏最毒的舞文，就是所谓"文致"者。文致之意，是"人无罪文饰致于法中也"（见《后汉书·陈宠传》）。这种指无辜为有罪的艺术到秦汉时代已是运用入微了。

此处我们可提出另一个名词——"飞文"。飞文者造谣生事也，《汉书·刘向传》："向上封事曰：是以群小窥见间隙，缘饰文字。巧言丑诋，流言飞文，哗于民间"。中国社会是个专工造谣的社会。他们彼此利害冲突，都不采用明目张胆鸣鼓而攻的态度，总偏偏用暗中指摘的策略。笑里藏刀，背后话说。是了，巧言丑诋，流言飞文。整个的社会充满了黑暗的谣言。整个的政治，逃不出谣言的酿造。莫是飞"文"手段本是"文"人行内的勾当？《韩诗外传》云：文士笔端，君子宜避。谅就是此意了。

（三）

（四）在中国文籍上，文与武常对用。两者在中国思想系统里，是对立的概念。在中国政制上是对立的势力。所谓对立者，有两个意义。（甲）文武分离。文者便不武，武者便不文。文武两事似乎是不能混合的因素。在中国人的脑筋里，一个空间与时间上，文武不能并存而并有。概念上的异畛，渐成了品质上的两分。中国的武人类皆是目不识丁的丘八。中国的文人，差不多尽是临阵寒心的懦夫。其实在春秋时代，文武本是合一。齐晋楚郑的卿大夫，哪一个不是在盟会则捧玉帛而诵诗书，在战场则执干戈以卫社稷的呢？就是孔夫子也会猎骑。他提倡六艺，其中两艺即是射御。经过春秋末年等级社会崩溃，又经过战国的无数战役，这些文武兼全的贵族们，死亡消灭。而文武乃开始两分。这种现象对前汉时已是普遍了。后代虽时求补救，但仍不免文自文而武自武。（乙）品质上两分，更促进了心理上的歧视。所谓文武对立，乃成为文武仇视的现象。文人不解武人的心理，认为不学无术。武人也不解文人的心肠，认为浮言无当。心理上的仇视更促成了行为上的冲突。文官武职调剂无方——这是中国千数百年政治上常生的险象。然而终究文人是垄断文字的主人翁，舞弄宣传工具的专门家。结果，在中国的社会中，一般思想与见解，都是重文轻武。文之一字在西方人的脑筋里，并不含轻武的成分。而在我们这个华胄的历史上，无疑的必带有反武轻武的倾向。这恐怕是我们思想上政治上的一个特色，也是我们的大弱点。

文人的策略，是把文与德合，而成为"文德"一名词。把武与力合，而成为"武力"一名词。说起文，则声称是"德"。说起武则摈为暴力。凡德必"仁"，所以文代表"仁"。凡力必"暴"，于是武即代表"暴"。仁者爱人，所以文是爱人之道。暴者害人，所以武是杀人之方。文是王道。武乃霸道。本来文人惯于名目联缀的把戏。这一套连珠式的类推法，直滚下去，而武乃成为千古的戒物，力乃成为万事的阻碍。中国的文人个个总抱有反力的情绪。这是西方知识阶级所大大未必然的。

中国文人的反力，还有他的特点在。力之一事，自他们看去，不但在道德上是"坏"是"恶"，并且在实际上是"无效"是"无用"的。德不但是"好"是"善"，并且事实上，实用上是无坚不破无往不服的。认德是最上的力，认力为取败之道。这种"德化第一"主义，当然有它相当的道理。但是弄到文人手里，便无容讳的成为一种弱者的自慰语，无力者的自催眠。把德认作为一种百验护符，认作一种脱力量、超力量而存在的力量，而力的本身还成为"无力"。由是远人不服则有"修文德以来之"的秘诀。敌至城下，亦竟或诵经赋诗而国存。数十年不讲国防，一日失去东四省乃瞠目不解其理，不解为什么在此光天化日之下，在此国联盟约、九国公约、非战公约的森严世界里，竟会有人来犯天下之不韪以破我行政土地的完整。惊愕之余，乃仍在那里梦想欲借公论以克暴力，喊正义以动邻国。诸凡种种都可说是德化主义的一方面的流毒，都可说是反力轻力的文人看法的收获。这种有意识或无意识的"德的迷信"，究竟如何而可与现代"力的世界""力的文明"挣扎而生存？这确是中国国运攸关的根本问题。好在五年抗战，把这种迷信多少洗去三分。（待续）

（原载：重庆《大公报》"战国副刊"第 27
期，1942 年 6 月 3 日第 4 版。）

论文人（续）
（1942）

我们在前一期的本刊上讨论文人，以为中国文化大体上可说是"文化人"的文化，所以，要认识中国文化的性质，最好是认识文人是什么。中国文人并不是简简单单如西方所谓 man of letters，乃是二千年来大一统皇权积威下所锻炼而成的一种特产，涵义复杂而微妙，不是一句话形容得清的。我们的办法是就"文"的一字在中国惯用上所包含的各种意义，下一番分析工夫，使中国文字本身来自行解释"文人"的涵义，如此也许可以最客观而最切当。

我们上次提出四点：㊀"文"与"质"对立；㊁"文"带有"伪"意；㊂"文"含"弄法"色彩；㊃"文"与"武"对照，有"反力"的气味。

本篇继续讨论，再提出三点，质诸大家。

（一）

文的"反力"的涵义，逻辑上只有一个结果。文之究也必弱，而文乃与"弱"字合而成"文弱"一词。恰与武与"断"字合而成"武断"一词双双对称。

文弱含有两方面：生理上的文弱，与心理上的文弱。

俗语道："文弱书生"。文人生理上的退化，其来有自。所以平常一提到中国传统的文人，我们的心目中乃涌出一副面孔青黄、骨瘦柴立的模样。他是弱不禁风，他是力不缚鸡。记得从前有一位教育家说："我自美国一游回来，乃感有中国男子个个带三分的女气，中国女子个个露三分的病态"。其实病态并不是女子的独占品。中国的传统文人，从不脱病魔手里。你只须翻开任一部的诗词，大半都是呻吟病榻之作。"我是个多愁多病身，怎禁你倾国倾城貌"。张生张生，你不过是一般卖字贩文者的普通写照呵！然而这模样的张生竟成为传统的中国标准男性。确显出中国社会中文人价值的优越，弱者立场的得势。我们都晓得西方的标准男性是宽其肩而毛其胸，长其足而膂其臂。他们女性所景慕的，乃赤血沸腾的大丈夫，与我们的"小白脸"恰恰对照。文人化的文化，与战士化的文化，固自不同。

生理上的文弱，要影响到心理上的状态。生理与心理之间本有一番极密切的关系在。例外不提。以常态观之，生理上的文弱者，心理上多欠健康。换而言之，力不缚鸡的书生，类不免是畏葸〔蒽〕退缩的懦夫。文弱书生大有流为"无行文人"的危险。

《世说》称："陆士龙为人，文弱可爱"。文弱且有其可爱处。一是因为其无能为害，惹不起对方畏惧嫉忌之心。二是因为其无能为力，可引起对方自满自豪之慨。不过怜爱文弱，毕竟是一种颓萎的口味，道地的文人的价值。西方人承其骑士风尚之遗，却往往视文弱为可鄙。

其实文弱取爱正是文人处世之方。这种取爱，等于求怜，显是弱者"因弱卖弱"的巧手段。老子谓水为天下谷之训，到了文人的手里，无形中弄成为一种俯首帖耳，以乞祭余的贱术。真令人扼腕而长吁！老子之训乃本其自然主义的信仰而起，其中是带有三分悯惜生命、尊爱生命的意思。哪料得这片尊爱生命的赤心，落到文人身上竟成为偷生苟活的变相！

偷生的心理根据，即是怕死一念。惟其怕死，所以偷生。十个文人九个怕死。也就是说，十个文人九个偷生。所谓偷生者，自己无独立存在的本领，而倚赖人家的优容与体恤以为生也。此所以巧言令色、诏媚承旨的手段，会不期然而然的与文人发生不解之缘。文人无行，乃因为无行是许多文人谋生之方。史称陈万年教诲，则是有些文人不甘"拍马"的妙术易世而斩，因而特地费尽耳提面命工夫，对儿曹阐发此种三昧，总希望瞑目之后，有子肖我，衣钵得传。于是诏媚之一艺，不但是文人的生活方式，乃往往成为文人的家传单方了！

（二）

另有一个宜人的名词，是一切文人暗中追求的理想风格，就是"文雅"两字。所谓文雅者，与琴棋书画作伴，与山水风月吟哦。吟哦是文雅道地的必要原素。无雅不诗，能诗便雅。你如果要成文雅式的文人，有两步必须经过。第一步必须培养"诗癖"。诗的好坏不论，有癖便佳。拿起字来会推敲，拿起韵来会誊押。三日一律，五日一古。其捷者尤能对客挥毫，其巧者可以即座联咏。第二步必须训练"酒量"。能吟不能饮，只算作半个诗人。有诗无酒，配不上十分雅事。酒之为用大矣哉！李太白日饮三百杯，所以诗带"仙"味。平常人无此"雅量"，可是最少亦须在高朋满座之倾打个通关。你看那位乱发半披、须眉扬吐的先生，当其举樽巡座对着个个来宾伸指猜拳，三拳一杯，一滴不流，他是何等得意，何等翘然自命是绝世翩翩！"古来圣贤皆寂寞，惟有饮者留其名"。不能诗，如果能酒，也不失文雅五分。有了诗癖，加上酒量，我们的文人乃大步踏入名士之门，做了"名士"，那是无事不可为无丑不可出了！难怪大家都想做名士。

文雅两字是与俚俗相对。文雅即不俗之意。文人之中，也有些真正不俗之人。他并不矫饰，他并不夸耀。不必做诗，不必使酒。踽踽独行，孑然自处。不谒人，不见客。王城万人，一身藏拙。如果能力许可，他将购得三椽，山中来住。晨观朝董，夕看落霞。或而江干独钓，或而云里采药。文人于此，乃雅到"隐士"的派头。如果名士每不免沾沾自喜未能免俗，隐士则胸怀浩荡，不着一尘。这些隐士式的文人，确有一股神仙风味。他是精神派的象征，生怕物质化的事情。向他讲天下，他爱洗耳。向他谈世事，他要摇头。他确确是"撇俗"。他的主义是独善，办法是"出世"。与大富贵无缘，却亦与老百姓隔绝。先生之风山高水长。然其奈此辗转流亡，憔悴呻吟的苍生何？先生固睁目无睹掉头不顾也。

其实这种掉头不顾，表面上当然高蹈。但是其心灵深处，每盘着一点的隐衷。他究竟是个弱者，躲避现实。他也许是个失意之徒，逃阵归来。高蹈之间时露出败北神色，怯胆模样。独善主义无非是掩护弱点的招牌。凡是隐士式的生涯，大半属怯懦的表现。深一点看，"文雅"一词与"文弱"大生联带的关系。

（三）

最后而最要的"文"之意义，即是"文字"之文。《说文解字·

叙》："仓颉之初作书，盖依类象形，故谓之文。其后形声相益，即谓之字"。据顾亭林说：春秋以上言文不言字。以文为字，乃始于秦始皇琅邪石刻上"同书文字"之辞。无论如何，文早作"字"解。甚且可说，文为字先之字。《书·序》："由是文籍生焉"。注："文，文字也"。

在任何的社会里，文字之兴，即是文化之始。文化的最要意义是思想或概念的传递与贮积。文字乃此种传递与贮积的媒介。不但此也，有了文字遂产生了一般专门文字之人。换言之即产出一个特殊阶级——即普通所谓知识阶级。尤为重要者，这般所谓的知识人，竭其全副精力，日夜攻读。一辈子所日常接触者，就是文字；别的没有，就是文字；就是那些汗牛充栋的古人之言、圣人之训，就是那些到处逢源的成语格言。积之日久，这种特殊职业，免不了要产生特殊头脑。于是我们的思想生活中，乃发生所谓"书验癖"者。书验癖者书本的头脑也。

中国文人的书本头脑，与西方的并不完全相同。中国的书本头脑，并不只是一种埋头书丛的习惯，也不是一种龙钟学究的善忘。中国的书本头脑是一种整个的宇宙观 Weltanschauung——一种"文字迷"的宇宙观。道地的中国文人，对一切事物，只能由字"念"到，甚且只能由字"看"到。他不能直接念及现实，他失去直接看到现实的本能。所以论到治河水利，历代文人的建议，几于千篇一律，总脱不出大禹治水行所无事之一套。究竟一朝代的黄河水道水势是否依然是大禹的当年，这些"文字虫"却认为不干事。一谈到兵制边防，大多数的名臣奏议，都是背诵经典之余唾，高谈那些偃武修文、散牛放马，那些佳兵不祥修德来远。时且不忘设勤自患，都说是那些穷荒不毛之地值不得天子劳师。究竟这些塞外的游牧民族，他们的生活形式与经济需要是否免不了掠边的行为，是否"舞干羽而可格"，我们的文政治家，却未曾发生疑问。

我曾经看过七八位老人同到北平什刹海"赏雪"。彼此坐下亭中，点起香线来，刻时共写"即景诗"。香线烧到半根，全体"佳作"完卷。但是没有一个老头子曾经略略转头一看雪景之究竟是如何。他们只提起笔杆，闭起目来，在亭内摇头摆尾，咒起那些千数百年前谢道韫的飞絮因风、苏东坡的飞鸿泥爪、袁安的洛阳高卧、郑燮的驴背板桥。本来即景之诗，用不着即景描写。古人的经验与妙语，早已道破，后来人无以复加。赏雪的妙诀，端在体验古人的好辞，不在欣玩目前的真景。说是到什刹海赏雪，这不过借题发挥，"具文"的举动。什刹海也罢，小卧房也罢，横正赏者，不是堆庭之雪，乃是书中之雪。即景诗的内容，自有他超时间超空间的不变因素，与一时一地的"幻象"何干？

这是没办法的。道地中国文人，只能由古人之言以向生命接触。活泼泼的生命，硬真真的现实，他们无法看到，不愿看到。他们的惯技乃是向文字堆中求认识，格言丛里搜办法。他们所关心的，不是现实"是否"如此，乃为一切"应当"如此；不是"事"实如此，乃是"理"该如此。

所谓理者，并不是西方人所谓自然律则，乃是古圣贤所审定的天经地义。换言之，理之一物，不是向真象探求，乃是向古籍搜索。传统中国人的理的观念，本与书本打成一片。事事质诸古人，就是说征诸"文献"。而"文献"一物，遂成为中国千古保守精神的培养所、的食粮库。征诸文献的习惯，持之日久，当然要发生一种"泥古"癖气。我们日常都说了，书生"守文"，书生"拘文"。中国人的守旧精神是极带有书本气的，是一种咬文嚼字工夫的表现的。

书本头脑的特点，尚不在此。最重要的，就是这些书验子，迷途到那烂书丛里，已是七里雾深。前后左右，皆是蝌蚪墨痕。习以为常，于是总有一日开始拜认"文字"即是"行为"regarding words as acts。如果有事待办，文人的做法，是只须写一道字，说是此事"该"办，或此事"行将"照办，那么，此事就说是"已"办了！事实显不如此。而我心理上却偏认其确是如此。无当有，假当真。这种的心理现象，心理学家谓为一种"假信"make-believe，一种无意中的"自瞒"self-delusion。我无以名之，名之曰"文字迷"。

假信是人类的普通现象。文字迷的假信，却是文人化的中国文化内特有的东西。

唐纳教授（R. H. Tawaey）说过了，中国政治上最大的毛病，就是这种文字迷的假信。西方人办事，言论只是实行的起点。中国人办事，言论乃是一切的终点。这种假信不除，中国政治不清。我们自评也时常说道："中国人多议论而少成功"、"秀才造反三年不成"。虽说是文人无力量不能推动，但是更深一层的膏肓症乃是因为文人头脑中根本上就以"议论"为"成功"。当然要"成功"少了！

这种以议论为成功的把戏，在官场中发达特甚。我们有个专名词，就是"做官样文章"。事临头上，大家认为非做不可，而我于是亦大喊特喊，认为非做不可。而且我的说法，引经据典，条条是道，比人家的响亮一层。然而满天打雷，绝不下雨。雷声愈大，下雨的机会愈微。他本来何尝要做事，他只要做个官样文章罢了！走到我们的衙门，无论大的小的，哪一个不是堆案的计划方案，累篇的"等因奉此"，真可说是应有尽有，也似乎如臂使指。但是实际上实行者，何岁何人？原来文人的行政，本是"具文"。文人官吏的拿手好戏，本是"办文书"一事。上自京都，下至县治，历代所谓政府者，哪里是为民造福，哪里是生聚教训？揭其盖而穿之，只是团团"办文书"的中心，做官样文章的策源地。官书旁午，野有饿殍。公文愈多，民生愈瘠！官家忙，百姓慌。盖所忙者只是命下对上的文书，与老百姓本无少补。文书愈繁，文吏愈多。文吏愈多，而峻文深诋，假公济私的机缘乃愈发而不可测。换言之，政府只是消费机关。政府愈大，消费愈多。中国古来代有主张"无为"而治者，也许就是看透文人政府的消费性，因而提倡简易不扰吾民也。即说近年来的各种建设运动，不管是工业，还是农村，个中几分是为文人造饭碗，几分是为百姓增富力，这确是一个饶有意义的探问。

其实文章之所以成为文章者，除了作用的微妙之外，尤在乎其内容的"别缀"。所谓文章者，满纸云烟，说不出怎么会〔回〕事。博士买驴，书契三纸无一驴字。我们于此便可明了"文章"与现代文化内所称的"文学"，为什么是截然两事，不容混谈。有内容的文章，就是文学；无内容的文学，就是文章。在这点上，文学家、著作家之所以异于一般文人者，亦在于是。莫要囫囵的等量齐观。文豪与文人之间，著作与"属文"之间，是隔有一条大河道。

文学各国皆有，文章恐怕是中国的特产。最少我们可说，文章发达到最顶峰，"神州"当首屈一指。中国是文章的最大量、最热闹的生产地。即是希腊的诡辩派，欧洲中古的神学徒，站到中国文人之前，终不免小巫见大巫之感。

说来亦甚可怪。文之一字在古代似多指"道艺"而言。《论语》云："行有余力，则以学文"。郑注云："文，道艺也"。朱注云："文谓诗书六艺之文"。再看《论语》"文王既没，文不在兹乎？"一语，朱注亦云："道之显者谓之文，盖礼乐制度之谓"。道可说是天道人道，艺可说是一种技术——即六艺之谓。所以古代所称的"文人"似指有文德之人而言。（例如《书经·文侯之命》："追孝于前文人"。疏云："追行孝道于前世文德之人"。）即是汉代的"文学"上不是"学经之人"。到了六朝以降，文乃渐渐多指"文辞""文章"而言。而文人之一物，乃成为一般浮夸藻丽的属文者之代名词。《宋史·刘挚传》云："士当以器识为先。一号为文人，无足观矣!"可见文人到了六朝，已不是荣耀之称。我们几可说他是不知道艺、缺乏器识的"文章泡制者"。六朝的骈体文，开文章之先河。明清的八股文，极文章之完备。文字本是代表真实之命名，而文章乃更是名之虚者，所谓只具形式的一种符号。至于明清的八股，则形式的形式，根本上就无所谓内容矣！八股兴，中国的文人乃大批的、整个的成为文章泡制者。文章愈行，文学愈废。八股兴，中国的政治，乃一贯的、普遍的成为"官样文章"的繁荣地。官样文章愈多，国计民生愈促。直到今日，说是我们知识人，已属大都现代化。然而千余年代代相传的头脑，一朝难移。西方的科学知识，到了我们那"文化人"的脑中，乃不期然而然的一变而为一种"洋八股"。舶来的知识，只须"鹦鹉式"的诵述一遍，万事皆亨。究竟这些洋圣人的话，是否背诵四书的老法子便能通晓，是否全部的如法泡制，便可适应我们的特殊场合？——这些问题都不在洋八股的范围内。

好了，我们认得我们的文人了。例外不在话下，一般说法，他乃是一位孜孜人事、殷殷仪礼之人。重外表，不免略带浮夸。多花样，口味总偏复杂。带三分虚伪，握一套具文。做事敷衍！对人假装。一方面懦弱不竞，却看不起有力之徒。一方面高唱德化，斥武事为取祸之阶。生活是脱离现实。论道必尊古拘文。他的处世手段是以弱取怜。他的求进方法，是谄媚夤缘。临职则文章堂皇，实际上一事莫举。公余或招友宴朋，借诗酒以博雅名。得志时则多不免要倚势舞文，假公行私，有时且不惜文致无辜，排挤同辈。失志时却都会相机抽身世外，唱独善以遂"初衷"。

这就是中国一般的文人。这就是中国一般文人的头脑与心肠。这就是中国的"文人性"。

如果我们承认文人是支配了中国文化的发展，制定了中国文化的色彩，那么以上般般，也最少是中国文化的几个特点。

我们不愿深非文人，不愿深非文人化的文化，无奈我们民族的文字明白的告诉我们如此如此，如果我们宣布中国人的第一罪恶，便是"太文"，你说我们措辞过当吗？（完）

（原载：重庆《大公报》"战国副刊"第28期，1942年6月10日第4版。）

民族主义与二十世纪[*]

——一个历史形态的看法

（1942）

（一）

今天承云南省党部嘱讲"民族主义与二十世纪"，私衷感到荣幸而恐慌。抗战发动以来，一般人士都很能够肩负起发挥和解释三民主义的责任，上自抗建纲领，下至报章杂志中，直接间接以三民主义为基础为背景的言论和主张，都可说是这种努力的成果。我今天不敢说有所发挥或解释，只想就愚见所及，对民族主义，冒昧地作一个侧面了解的尝试。

我们知道，抗战在中国历史上是无疑地有划时代的意义的。在这短短的四年当中，中国各方面均有剧烈的变化。在学术方面，论理亦应当有一个新的开展。我认这个开展，事实上已经萌芽。我晓得学术界中已有静中努力之人。只是他们力量分散，尚未能汇为主流。然而他们的趋向，已逐渐清晰，路线亦慢慢明白。我不久前所指认为"第三期学术思潮"者便是这个。

此种思潮的内容与轮廓，这里不能详谈。但它在中国当代的思想史上的影响，必定要与时俱长的。大概言之，中国思潮，自五四以迄现在，二十二年经过了三段变迁。第一，是经验事实的阶段。事实是那时期为学的目的，经验派论是它的方法。第二，是辩证革命的阶段。革命，阶级革命是目的，辩证是方法。第三，可说是文化综合或文化统相（Cultural-Configurative）的阶段。民族文化整体的认识与推进是目的，

＊　程国勋记，林同济讲。

综合或统相是方法。（参阅我《第三期〈的中国〉学术思潮》一文。）

抗战是一个有力量的伟大现实，它一面赋予我们以一个建设学术的机会，一面也派定我们以一个建设学术的责任。我们愈感时代之伟大，乃愈感这种机会之难得，愈感这种责任之艰巨。今天想试用一种文化综合的观点，来认识民族主义，看看民族主义在近代世界史上的意义是什么，在目前二十世纪的形式与运气是怎样。

所谓文化综合的工作，势须由各种学问多方促成的——社会学、心理学、政治学、经济学等等。其中一个重要学问即为历史学。而在研究方法上曾给予历史学以一种新的路径，特别值得我们注意的，我以为是历史形态学（Morphology of History）。我们亦可名之曰历史统相法。

历史形态学或统相学是利用一种综合比较方法来认识各个文化体系的"模式"或"形态"的学问。各个文化体系的模式，有其异，亦有其同。我们研究，应于异中求同，同中求异。斯宾格勒曾应用这方法写出他的《西方的没落》的杰作。最近英国史豪托因比的《历史研究》一巨著（二十一个文化体系的研究）也是这方法的另一应用的结果。在中国方面，应用这方法而有卓著成绩的，恐怕是畏友雷海宗先生。他的《中国的兵与中国文化》〔《中国文化与中国的兵》〕一小书，国人应当注意（该书由商务印书馆出版）。

（二）

用形态学或统相学来看，我觉得一切文化似乎都经过下列三个阶段：一、封建时代；二、列国时代；三、大一统时代。

封建时代是一个文化由原始状态升到水平线以上的时代。在这时期中，一切文物，无论政治、经济、宗教、社会各方面，才慢慢地显示其独特的形态，丰富的内容，以及高度发展的可能性。严格言之，到这时期始有文化可言。就文化之"意"（精神）上看，封建时代的文化往往就是它任何文化后来整个精神的基础。就文化之"形"说，凡是封建时代的文化，都有下列各特征。

其表现在政治方面者，则为一种分化、分封的制度。虽然在那文化所被的区域，多半有一个名义上的"共主"，但其权力并不集中，共主的命令并不能透过各种下级的统治阶层，而直接驾驭所有的民众。

其表现在经济方面者，则为一种比较凝固不动的状态。农业是这时期的经济基础。"采邑式"的农田经济，限制了经济区域的扩大，减低了交通的效率，而各自成为一个自给自足的简单单位。

其表现在社会方面者，则为一种等级、层级的严密区分。人们的身份各自依附于若祖若父以来的等级或层级，不得逾越，不得混同。此种等级的区分虽因个别的文化体系而各有小异，然大处看之，都形成统治与被统治两级。两者之间，被一层截然的隔膜障碍着，无法接吻，不许互婚。

其表现在宗教方面者，则为一种集团的、贵族的宗教。政权正式承认的宗教是统治阶层所特享，平民都常常被禁止向神或上帝直接沟通。统治阶层自成一集团，故宗教亦呈集体现象，成为一种贵族的集体信仰物。封建时代统治阶层的宗教，大都起源于祖先崇拜。故当时他们重要的神，往往即为他们的祖先。神与元祖在这时代每有其混同的意义。

总之，这时期的文化，无论其表现在任何方面者，吾人皆可以一言以蔽之曰：必有上下之别，必严于上下之别。"上下"两字是这时期一切价值最重要最基本的标准。

随着封建时代而发展的，是列国时代。在这时期中，就政治方面说，由分封到统一，由分化到集中。顺应统一和集中的趋势，国家的形态方才确立，而自然演进为列国并峙的局面。就经济方面说，由凝固而流通，由自给自足的采邑经济到互通有无的商品经济。最显著的时代特征，即为商人阶级的抬头。此时工人也可以取得相当的地位，但因个别文化内在的不同，其成就亦便有高低。就社会方面说：由有差别到平等，由等级到混同。维持等级和身份的种种特权逐渐减少。自由和竞争的机会日益增多。就宗教方面说，由贵族到平等，由特殊到普遍，由集体到个人。个人可以不经僧侣而直接向神或上帝契合、通意，其结果则为信仰自由。

总结一句：列国时代一切价值的基础，不在于上下之别，乃在于内外之分。上下之别虽不完全泯灭，但是降到次要地位了。此时社会上的意识，不注重贵贱阶级之互异，而最注重国与国间之区别。所以外战可质内争，攘外往往足以安内。在封建时代，甲国的贵族往往可以公开迎入而为乙国君主的储统，两个敌国的统治门阀，可以彼此媾婚，而不能与本国平民媾婚。到列国时代，则此风渐泯，而"国籍"乃成人们最基本的标志。"内外"（国内国外）两字乃成鉴别一切价值的标准了。

结束列国纷争局面的，是大一统时代。在此时期中，一个庞大的帝国兴起，包括整个文化区域。在政治，趋向于专制。在经济，多少应用管制。所谓国营或官商合办的经济事业，在这时期内渐渐时髦。如果封建时代经济的象征是农夫，列国时代经济的象征是商人，大一统时代经济的象征可说是官僚。官僚地位的隆起，是这时期的最大事实。在一个皇帝或独裁者的专制下，社会上一切人皆有摇身一变而为官僚之可能、之希望。路径有二：或是遵循一种具有客观标准的考试制度，或是凭借其在社会上攫得的一种特殊势力与关系。也就是说，一个平民可依据自己的"势力"或"能力"而取得统治或准统治的地位，"王侯将相，宁有种乎？"这与封建时代的世袭世业制度不同。大一统时代的社会，可说是独夫专制下的大众平等式。至于宗教方面，则表现出一种颓萎的倾向。表面上，官家多要制造一种膜拜皇帝的宗教，实际上，民间已渐失去坚贞单纯的信心。各种神秘秽亵的杂教混同而产生一种迷信的宗教。两汉以后的中国道教，便是此类。

此时期内一切价值的基础，在清平隆盛时或勉强可以维持前两期形式之一部，但其大势所趋，往往只是"势力判定一切"，无俨然的上下之别，也无截然内外之分了。

上述封建、列国、大一统三国时代，是人类史上各个文化体系均有的三阶段。中国如此，希腊罗马如此。我们细看托因比所研究的二十余个文化体系，竟都如此。

（三）

现在我们要问的：两百年来推动全世界发展的西洋文化是怎样呢？

我们中国人应当坚决相信我们将来可以创造一个新的文化，成为世界主流与动力。我们应当具有这种决心和抱负。同时在今日的现状下，西洋文化，却是世界的主流，这点无须否认，也不宜否认。惟其如此，在今日而谈任何问题，必不容离开西洋文化所表现的一切问题而推敲，而讨论。

第一步，我们先要认识西洋文化的"形态"。

以西洋文化而言，十四世纪以前为它的封建时代。十四世纪以后，即从文艺复兴以至现在，为它的列国时代。此后西洋文化会不会走入大一统阶段呢？换句话说：此后西洋文化是否可以不走历史上其他各体系的文化所皆已经过的路线呢？我们此刻暂不论。根据我们上列所举的历史形态，我们却似乎可以无疑地认定，目前西洋文化已演到它的列国阶段的高峰。如果我们借用中国历史的名词，我们可以作如是说：中国文化的列国阶段，曾经历史家分为春秋战国前后两期。那么，应用这两个名词到西洋文化上头，我们可以说，文艺复兴至法国革命是西洋文化的春秋时期，法国革命以至现在，便是西洋文化的战国时期了。春秋与战国，虽然同属于列国阶段，但彼此不同之处颇多。最重要的：春秋时代各方面都保留着封建时代的贵士遗风，战国时代则在战的需求与影响下，一切贵士遗风扫荡殆尽。关于这点，我们这里也不能多谈，只好另日细论。

认清了西洋文化目前已走入战国时代，走入它的列国阶段的高峰，我们便可以再进一步来讨论民族主义。

民族主义即英文 Nationalism，是一种社会现象，也是一种政治主张。按前者看去，民族主义是：一群人们受了地理历史及其他种种的环境作用，感觉他们彼此间虽然分别言之，利害难免参差，但从大处着想，却有一种生命上心灵上不可分离的共同根据，于是产生一种渴求、愿望，在政治上要组成一个完整的单位，内在要统一，外在要独立。凡是一群人有了这种感觉和渴求，我们便可以说在这群人们中发生了民族主义的社会现象。承认这种现象是合理的，是"应当"的，并且须设法培植、增进、加强，使它那种感觉和渴求充分实现的——这便是把民族主义变为一种政治主张。

在历史的历程上看，民族主义的现象，与民族主义的主张，有不能分开的一种相辅相成的关系。中山先生的民族主义，在某种意义上说，便是根据中国已萌芽的民族意识之"现象"而加强提倡出来的一种"主张"，而同时他这种主张在过去三四十年中也就发生了莫大的影响，增强了中国的民族意识。三民主义之中到目前为止，成绩最著的，要算民族主义了。

但我们今天所要说明的，还是一个历史形态问题。

原来妙得很。民族主义无论其为一种现象，还是一种主张，乃都是任何文化体系发展到列国时代所多少必有的东西。中国的春秋战国时代曾有过，希腊的波利斯（Polis）分立时代也有过。西洋文化，正在经历它的列国时代中，所以也必有它的民族主义之产生。西洋文化的特点，并不在它有民族主义（像一班历史政论家所说），乃在它把民族主义，事实上、理论上，都发挥得特别坚强而显著。

这本是西洋文化的特点：在许多方面的表现，它都比过去一切文化，强烈得多、热闹得多、彻底得多。理由呢？凭你说吧！智者见智，仁者见仁。本来一切历史上的大事情，不是所谓单向路线的因果律（One-Way Causality）所能解释的。一个大事情、大史实的产生，都是种种色色大大小小的现象，在不断的互相影响互相推荡中，拥将出来的体相。我们只能看到其如此，不知其所以然。不过人们的理智总不肯放休，总想设法说个"所以然"，人们这种"求其因果"的欲望，也是必须，当有的。同时我却也觉得史豪蒙森说得对：在伟大的面前，只有静默！也许斯宾格勒的解释可以与任何解释比拟的：西洋文化独具有一种浮士德精神，所以它所演出的戏出比人家总强烈、总彻底。

话转回本题来，民族主义是任何文化行到列国时代的产品。西洋文化的列国时代在文艺复兴时开始，民族主义在那时也老早就开始了。五六百年来的历史，是紧看着这个主义步步开展、步步演进。中山先生如炬的眼光，看到这点。在国人半醉半梦的时辰，揭出民族主义，作为开宗明义第一章，这是他把握着历史、把握着时代精神的中心。

民族主义应当放在第一条的。我们说过了，列国时代，一切价值，建在"内外"两字上。内外之分，就是以民族（或国家）为准的。把民族主义放在第一条，我想中山先生是有其深意在的，他要我们认清民族主义是一切的前提，一切的一切都应当在民族主义范畴内发挥其作用：民权主义是为民族的，民生主义也是为民族的。共产主义与民生主义的一个大不同点，我想也许就在这里：前者要超民族主义而谈经济平等，后者却是随着开宗明义第一章之民族主义而顺流延长的。广泛一点看，把民生主义当作一种"民族的共产主义"也无不可。民生主义究竟是不主张蔑视民族的"内外"之分的。

中山先生的民族主义有他独到的主张，但他灵感的来源是由于西洋文化五六百年来所表现的时代潮流，这点我们无须否定。否定这点，倒嫌是否认大人物快眼捷手的本领。中山先生的民族主义的独到之处，我们此刻不论。我们今天所要讨论的，是那灵感的来源——就是西洋的民族主义潮流的过程以及前途，看一看究竟到了二十世纪的今天，西洋的民族主义性质是什么，境遇怎样，然后再回过来看一看中山先生的民族主义的主张，我们应当如何地爱护而保持。我在此地可先声明一句话，在西洋文化里的民族主义到了今天，已经到了一个关头，危机四伏。无论是理论上，还是事实上，都开始遇着空前的威胁。我们得小心，眼光莫要迷乱，免得不提防中软化了中山先生的民族主义，把它变质了，无形中捐弃了。我开头说，我今天想从侧面来了解民族主义，就是这意思。

（四）

为什么一个文化发展到它的列国时代会有民族主义的现象与主张发生呢？

我的解释如下：

民族主义之原始的雏形根据，本来是一种"种族观念"。这种种族观念在封建时期就存在了。不过那时期的种族观念，和其他一切观念一样，其分布的形态是有"上下之别"的。"国"与"国"间（如果可用这字的话）的统治阶级，即贵族如公侯卿大夫等，倒觉得彼此血统相同或气味相近，对本国内被统治阶级的庶民奴隶却感是鸿沟相隔。到了列国时代，贵贱的阶级意识逐渐扫除，"上下别"的种族观念便逐渐变为"内外分"的种族观念。也就是说，种族观念由"身份"的根据转移到多少是"地域"的根据。在一个地域内的人，不分上下，都觉得彼此是同一来源，形成整个种族，与其他地域的人群有别——这便是民族主义的开始的萌芽。

然而后来民族主义所以成为一种富有自觉性，富有组织性的高度现象者，乃是因为列国时代都有两个伟大的潮流。高度的民族主义可说是种族观念受了这两个潮流直接间接的洗礼而形成的产儿。

这两个潮流是什么呢？一是个人意识的伸张，一是政治组织的加强。

这又是一个历史的形态。一个文化走到它的列国时代便有这两种潮流发生。由于个人意识的伸张运动，逐渐而有个人主义、自由主义的提倡，由于政治组织的强化运动，逐渐而有国家主义、国家极权的努力。这两个运动在表面上似乎相反，实际上也往往相克。然而在另一方面说，却往往相激而相成。其相克相成之处，本文无暇详论。有一点可以提及者，则是在列国时代的前期中，个人意识的伸张运动较占上峰〔风〕；而在后期，则政治组织的强化运动逐为时代的主流。就西洋文化说，十九世纪中叶可说是两个潮流的分界。前乎此，个人主义优越；后乎此，集体主义抬头。

列国时代是任何文化所演出可能的花样的最热闹时期。西洋文化的列国时代尤为好剧层出。最少有六幕热剧可堪注意。而每幕的演出，都与上列所称的两大潮流有关，都是推动这两大潮流的表现。

第一幕是文艺复兴运动。文艺复兴的一方面的意义，是人文主义的产生，提出了"人"的概念，以与中古的"神"对抗。人代替了上帝而成为人们意识生活的中心，这是个人意识伸张的第一步。同时，文艺复兴另有一方面的意义，就是对政治的解释由"神意"的表现，而变为"人力"的表现。马奇维里的"霸权"论便是这种看法的结果，与中古的圣奥斯丁的"上帝之城"恰恰对称。从这时期起，政治才渐渐脱离了"神"的拘束，而成为"人"的意志的关系，以至物质的关系。在文艺复兴时代，轶鞑霸王铁木兰——人力的象征——在欧洲人脑筋里所引起的仰慕之忱，竟可与上帝争衡。反叛上帝的普罗密修大力士，偷天火以赉人间，尤为文艺诗歌的题材。文艺复兴在这点上说，乃是政治解放，把政治脱离宗教伦理而放在政治的本位上来发展、来鉴赏，也就是政治组织强化的第一步。

第二幕是宗教改革。宗教改革的意义，自然是把个人从教会里解放出来，使一切人在神的面前一律平等，人多少都可以直接与上帝契合，不须由教会为媒介。由这方面看，马丁·路德以及他的继起人的努力，都代表一种个人意识伸张的运动。同时，中世纪罗马教会所管的事项，现在一一地划归各地域的封君或国王来管，中世纪教会所占有的财产和土地，现在也慢慢剥削到各国王的手中。宗教慢慢成为人们纯粹内心生活的趋势。因此，所谓"政教分权"，实际上乃有把教权隶属于政权的作用。政治组织日益具体、日益扩张。

第三幕是地理发现运动。地理发现富裕了欧洲人的经济情况。它使欧洲人得充分发挥其经济力量于空前天地的大舞台之中，其最后结果则为自由贸易主义的兴起。这点堪注意的：地理发现与个人自由主义有莫大的关系。新地陆的发现，予欧洲商人以人类空前的机会，来发展商人的历史地位与作用。这机会为其他文化内的商人所未有的。自由贸易主义是商人所以对抗国王的专营主义之工具，它实在给了个人主义自由主义以一种强有力的支持与表现。但反而观之，地理发现也带来了种种政治涵义：如何驾驭土人，如何管理殖民地，如何保护并利用殖民地的资源以与他国竞争，这亦都非发明有更强大的政治机构不可。所以地理发现实促进了欧洲各国军国组织（帝国）组织的机缘。

（五）

第四幕是工业革命。工业革命本由于科学的发达、机械的发明。科学的发达是人们求知精神的成功，本是个性发挥的证实。由科学而机械，由机械而控制自然。人们到此乃为自然的主人翁，上帝的驱使者。声、光、电、化……种种的发明，哪一个不是证明人们的头脑差不多可与上帝争衡？科学发达、工业革命都可说是个性发达的表现，而同时也促进了个人意识的伸张。但个人"致知"与社会"致用"是分不开的。个人发明所以供社会致用，科学在历史上的意义绝不仅在"求知"，乃尤在"致用"，绝不仅在饱餍个人求真的欲望，乃尤在使整个社会科学化、机械化、组织化、规则化。科学即组织，科学发达，政府组织也要扩大，也要加强。科学与欧洲政治的相互关系，是论史者不可或忽的大事实。

第五幕是民主主义运动。民主主义运动狭义言之，是一个政治运动。这个政治运动，目的在求人民自己成为国家的主人翁，用股票形式来表现各个公民的政治威力。其代表一种个人意识的伸张，彰彰明甚。但我们不可忽视：民主主义发达以后，对于政治组织的强化却也大大有帮助。"人民是国家主人翁"的观念，提高了民众的爱国心和责任心。在西洋历史上，民主运动每次都提携着爱国运动而来。尤堪注意的一个微妙事实：教育国营与全国征兵制——两个增强政治组织的大工具——便是随着法国大革命的民主运动而出现的。原来民主运动，在事实上不只是个人主义的表现，也是集体主义的促成。这点许多形式分析派的史家每每看不到的。

最后一幕是社会主义运动。这个运动的本来意义，在把民主运动由政治推到经济方面。必须经济平等方可以充分发展个性，故社会主义运动本是个人意识伸张运动的引伸。但社会主义，在理论上又显然是一种集体主义。而在事实上的表现，凡属于社会主义性的国家，无论是苏联或是纳粹德国，其政治组织上，乃也必然地呈出一种极高度的强化。不管理论家说法如何；就已有的事实表现上看，社会主义的实现，竟便是产生了集权式的国家！

所以六幕热剧只有两个中心母题。尽管表面上的旗帜标出了文艺、宗教、地理、科学、政治、经济各符号，而每幕的主要作用都是伸张个人意识、加强政治组织。我已经提过了，这两个潮流大有相克相反之处的。个人意识的伸张，是一种离心的运动。政治组织的加强，是一种向心的工作。一是散，一是集；一是离，一是合。如何可以把它调剂协合起来呢？这确是近代西洋文化中的一个实际社会重建问题，也是一个心灵重建问题。

为了这两个思潮的矛盾产生了西洋无数人灵魂上的烦闷与不安。在这里，民族主义确有它的作用。一个人感觉自我特立独在，握有独具的价值，不与人同，也不要与人同——这是个人意识所产生所培植的观念。但他同时又要否认自我，承认自我只不过为一个"大我"的零星断片，不能离大我而独立，必当附大我而发挥其作用——这是政治组织加强化所必须根据的基本观念。民族主义颇能够在这两个矛盾观念之间，搭起来一座桥梁，使之融合于一体。民族主义提出它那种族一概念，引唤那地域内每一个人都觉得他的特立的自我原来都是出自一个公共的祖先，化自一个同源的血统（事实上是否如此，是不涉重要的问题）。每个人尽管还是每个人，但同时也自愿承认为那个同源的集体之一部——就是民族。而所谓政治组织的单位，并不是自外突来的异体，仍即是它所自出的民族。于是个人意识的伸张与政治组织的强化两潮流，乃可以在西洋人的灵魂上同居而相安。越是这两个潮流发达，越需要民族主义做调人。在西洋文化里，民族主义之所以比任何文化都强烈鲜明者，这点是个大理由。

反而观之，民族主义本身，受过了这两个潮流的洗礼，也就不再是列国初期的那种模糊不确的原始种族观念。它受了个〈人〉主义的刺激，成为一种富于自觉性自动性的东西，因为它乃由每个人都经过自觉工夫而自动接受的，它受了政治组织加强化的影响，成为一种富于组织性、实力性的东西，因为它不仅是一个概念，乃拥有一个社会制度以为其执行意志的机关的。列国时代的"民族主义"所以大异于封建时代的"种族意识"者，就在这里。

（六）

我上面提过了，虽然列国时代一行开始，个人主义潮流与政治组织潮流便并肩发展，但到了后来愈向前走，政治组织潮流愈形优越。十九世纪中叶以来的西洋文化可说是已经走到了这种情境。那时候，社会主义的抬头，德意两国的统一都可说是这种情境中的号箭。

社会主义运动这一出剧，在一般人看去，都认为是一种工人解放运动，一种阶级革命的运动。诚然，诚然。但更重要的意义——就是它在历史上的中心作用——在我看去，恐怕将在于政治组织的极端加强化。历史上许多事情，在起初推动者的用意是一回事，到了后来实际上的结果或作用另是一回事。社会主义的开始固然是一种阶级运动，实际上的结果只怕还是极权国家——由苏联以至德、义——的诞生吗？究竟列国时代的基本价值与形式是内外之分，不是上下之别。所以"上下别"的阶级解放运动都变成为"内外分"的国家极权运动。阶级解放只能在国家的界限内发展而不能打破国界而成为国际的整个运动。应该不应该，不在话下。我们所指出的，是客观历史范畴的事实。

极权国家的诞生不是无作用的。它是下一幕戏剧的鸣铎。随着社会主义国家而演出的热剧，大约就是所谓"大战"（Great War）之一物了。"国家要极权，为的是对外好作战。"利伯孟 Lippman 这看法是对的。极权国家就是大战的另一面。

这可能就是二十世纪的意义：二十世纪大可能地要被未来的历史家叫作"大战的世纪"。韩非子当日所赐予其所目击的中国战国时代的名字很可以移用到现时的西洋战国时代——曰"大争之世"。大争之世要发生许多次的大战争。上次欧战后，历史家把它叫作 The Great War，好像是惟一的大战，不会再有了，现在却扑来了第二次大战 Great War II。第二次大战后可免有第三次大战吗？我希望可免！我希望这次战后，不会再有大战来临，我希望这次战后，我们联合国可以想出法子，建立一个永久和平的世界。但——事体是不易办的，整个的历史气运都沉重地迫向"大争"路上走，要于这番战后，翻手转"大争"为"大同"，除非人类能显出空前未有的智慧、决心、毅力，前途未许轻易乐观的。政治家的职务，在充分认清困难后，仍求努力，万不当否认困难的存在，而高歌"世界民族解放"的必来，亿万斯年和平的在握。最近美国斯帕克孟教授发表一书，称此次战后世界仍要恢复到"势力均衡"的局面，"美国也许需要得英国的同意，利用日本与德国以均衡中国与苏联之势力"。他的看法是根据于世界"地略"而下这些现实式的结论。他的见解，谅不能得美国朝野大多数人士的赞同，但我们一方面深信英美同盟国确守大西洋宪章的精诚，一方面却不能不注意其他发展的可能性以至或然性。

换句话说，按历史的气运看，我们的世代正是"大争之世"的一部。如果我们要于意志上硬于这次战后建立"永久和平"，第一个条件是不要认永久和平为当然。

（七）

大争之世，其所以为，"大"者在哪里呢？曰：争以全体；曰，争在天下。也就是说，战的方法，要动员全民族的人力、财力、智力、文化力。战的归宿，在创立一个世界性的政权。

纯理论上说，世界性的政权可有两种：（一）以武力为基础的大一统皇权，（二）以志愿为基础的共和政权。前者就是该撒、秦始皇的办法，也是一切古代文化所共走的轨迹。后者则始终只是理论，有史来尚未现诸实行。前者也是希特勒、东条的办法，后者则有待于联合国家的政治家。前者粗暴而简单，而也是文化的末路。后者复杂而微妙难于实现，而又非实现不行，因为不实现，则前者的"该撒办法"必要代兴而文化也必要逐渐颓萎！现下的世界就是走到这关头。

我们所要提醒的，在这个关头，民族主义也就转入一个空前的危机。

因为，在希特勒、东条的武力威胁下，民族主义有消灭于"该撒皇权"之可能。半因厌恶战祸的惨酷，半因恐惧该撒之来临，世界上的若干民族已在那里日夜焚香，只求"安全"之在握。"安全"观念殷切到了一个地位，有些国家已经甘愿牺牲"民族独立"的信条。去岁欧洲流亡国家代表在伦敦会议要求战后可得英美的"保护"，便是其"端倪"。

在欧洲，民族主义于数百年极端发展之后，也许现在要开始衰微，或另寻存在的方式。它已经到了一个摇动时期。

中国呢？问题却复杂！在二千年大一统皇权下，我们的民族意识未得充分发育，年来刚露新芽，实在不容中辍。我们的问题是必须在继续发展强烈的民族意识里求一个与世界合作之方，却不容错认欧洲民族主义之动摇，而抛弃中山先生的遗训而"积极"地过度忘形于"大同"的蜜梦！

（原载：重庆《大公报》"战国副刊"第29、30 期，1942 年 6 月 17 日第 4 版、24 日第 4 版。）

文化的尽头与出路

——战后世界的讨论

（1942）

（一）

据说，罗斯福总统曾经表示这次大战不当无精打采地叫作"第二次世界大战"（World War Ⅱ），而当予以一个富有意义的命名。有些人士以为这次战争乃现代人类文化存亡所由决，因而提出"文化战争"War of Civilization 的名词。

这名词虽是笨重，确有相当的涵义。一则这次战争，由深处看，实是整个欧洲文化——或以欧西文化为动力而形成的现世界文化——若干的结果。二则如果希特勒、东条得胜，连这个缺憾的文化恐怕也要"不在人间"——它要颓萎，要僵化，终于要消灭。

原来欧西文化，走到今天，已抵达了一个伟大的"尽头"Cul de sac。它就等于中国文化上的战国后期，希腊罗马史上的帕洛普尼大战时代。到这时代，一个文化的若干基本的生命源泉竟发生了一种显似不可排解之矛盾与冲突。结果，有两条路可走：（一）独夫之路——一拳扑杀了那些生命源泉以消灭矛盾；（二）哲人之路——在那些矛盾与冲突之中，重建出一个新平衡。

独夫之路，即是希特勒（或东条）所取之路，恺撒、秦始皇曾行之于先，得到手的是逐渐枯涸的文化；哲人之路，有史以来尚无其例，晓不得联合国方面可有一个真正能见能行的政治家？

（二）

讨论欧西文化，就像讨论其他一切文化一样，最要微妙地鉴别它本体发展的线索，如它在本体发展中所受到外来混入的因素与潮流。本体是主，外素是宾。外素的作用，只能附着本体而发生，而不能撇开本体而自展。外素而能撇开自展，那便是原有本体的消灭与另一文化的出现。

欧西文化是最难了解的，因为它的外素最为复杂。最重要的外素有二种：（一）希腊罗马的古典传统，（二）希伯来的耶稣教。这两种外素的影响，广泛而深入，然而终是外素。

欧西文化本体发展的线索，到今日为止，有三点可言。欧西文化过去的灿烂表现，由于这三点的分途发挥。欧西文化此后继续的存在，要靠这三点的协谐。

这三点是什么呢？我们可以名之曰：贵士传统、个性涣〔焕〕发、国命整合。

贵士传统，即所谓 Aristocratic Tradition 者，乃欧西文化的"基本资金"，欧西文化本体的发源就在这里。这一点，论史者多半忽略了，结果，不但抹杀了一个根本的史实，而且忽视了当前文化的症结之所在。让我们这里先插一句话：贵士传统的衰亡实乃目前欧西文化的一个大险象，要拯救欧西文化，恐怕必须为贵士传统寻求一个新表现的路途。

第一步要说清楚的就是，贵士传统不是贵族制度。贵族制度是指特权世袭的社会结构，贵士传统乃是指一种无意中多少自成一套的君子行规、道德感、人生观等等。按过去的史实说，贵士传统是附着贵族制度而产生出来的。但我们尽可想象那一套行规与道德感，一经产出之后，大可以脱离其所自出的制度而独立存在于社会间。贵士传统与贵族制度不必有不可分离的因缘。

欧西的贵士传统，当然是它的封建社会的产物，就像中国古代的大夫士风尚一样，以"忠""勇"为中心概念，是一种"武"的气概。它受了耶教的"怜悯弱者"、"服事上帝"的影响，再加上来源复杂的"骑士情爱"的熏陶，乃逐渐形成一种比较文质彬彬的体裁，并且有味得很，贵士传统发达到意识的最高峰，并不在封建全盛时代，乃在封建开始崩溃、王权列国成立时期，尤其是在十七八世纪的法国。

贵士传统是一种流行风尚，一种时代"癖气"Temper，并没有什么成文的档案，而有系统地规定其内容。必要下个界说，我以为它的中心母题当是根据时间证实的价值而产生的一种层级差异之承受态度。这里面有几点堪注意的。（一）承认人与人之间的"差异"，即中国之所谓"有别"。（二）这差异有"层级"的，分上下的，即中国所谓"有序"。（三）层级之分，是以价值为标准的，即中国之所谓"尚德""主善"。（四）这价值并不是抽象地由形而上学先验审定，乃必须是实际上由比较悠久的"时间"，从实践证明的。英国柏克（Edmund Burke）所谓"民族的智慧"，与中国所谓"先王之道"，根本初无二致。贵士精神总带三分"保守"，此其好处，也是其缺处。

差异分上下，上者以"庄严"之态，"宽大"之心来治下；下者以"忠诚"与"虔恪"来事上。前者即所谓 noblesse oblige。后者要归结到杀身致命，即欧洲骑士用红黑两色以象征勇与死者之意。

但无论为上为下，对彼此的职分，都必有一种"守"的精神，"执"的精神。而这种的"守"与"执"，乃都是根据在一种强烈的"荣誉"观念上头的。英国人所谓 character，中国人所谓"立行"者皆含此义。

这种"立行"之中往往藏有一道凛凛自克自制的功夫。由于自克自制，还产生出两种标准的贵士情操，一即"公允"fair play，二即"持中"moderation。

这些就是我所谓贵士传统——欧西文化的第一道源泉。

（三）

贵族制度，因为内在的腐化，失去了维持现状的能力，代起而来的就是号称代表全民的中产阶级。这种情形，在欧洲，约当法国革命的前后。贵士传统，随着贵族制度的崩溃而受指摘，受攻击。一道新的文化源泉，涌将出来——就是：个性焕发！

个性焕发虽然是中产阶级抬头的产品，但其"兆"实由贵士传统发生出来的——它是出于贵士传统而反于贵士传统的。它出于贵士传统，因为整个的个性运动可说是贵士的自尊心之普遍化到平民。它又反于贵士传统，因为它的基本原则，逻辑上，现实上都势要与贵士传统的中心母题相冲突。

"个性表现"是这道新源泉的中心母题。

个性表现，包含两种意义。（一）个人有孑然独立独在的价值，不必靠任何人以及任何人为的事物而取得其存在的理由。（二）凡是个性——个人的才、智、情、欲——都有发挥的权利。换句话说，个人要自由。为了什么理由呢？曰：为了大家平等——天赋的平等。人人平等，所以人人有自由。这种在平等立场上谈自由，当然与那在差异结构下谈自克的贵士传统发生冲突了。

个性的表现，循两路发展。（一）循理智发展，蔚成为科学与机器文明。同时，功利主义的观点，也就在这里抬头。运用纯功利的清晰逻辑以决定行动的"经济人"，不但无形中成为学术思想上的普通假定，而实际社会生活上确也层现叠出了。（二）循情感发展，蔚成为大量艺术与文艺。同时，大部分作品，根据在个人本位的感觉，多流入"印象派"的抒情。

个性焕发的潮流是欧西文化中最活跃最灿烂的因素。它开放"天才"，它鼓舞"创造"，它催促"进步"。

然而它最健全的表现多少须是建设在贵士传统的上头而取得的调和，可是近来的一般趋势，乃大有扑杀贵士遗风而放荡直奔下去。因而重量不重质，重存在而不重价值，重发泄而不重规则，重享受、重权利而不重牺牲。

换句话说，个性焕发，出于贵士传统而又与贵士传统相克，到了克尽贵士传统之时，个性焕发的自身乃流为一种"无标准""无约束"的颓废的虚无主义，而创成社会上灵魂与物质的混乱与不安。

这是欧西文化中现有的一个基本矛盾。

（四）

与个性焕发差不多同时萌兆的就是国命整合的潮流 National Integration，这是欧西文化的第三道生命源泉。

渊源甚复杂，可说是种族与地理，战争与历史，王族与民心，宗教，文字与利益种种因素有意无意的产品。在欧西史上，通常叫作民族运动或国家主义。但我们这里另有理由，把它叫作"国命整合"。因为我们所指，不但政治方面，而〈且〉经济、教育、宗教、文艺皆在其内。

国命整合潮流是由于一种锐敏感觉，看待整个国家为一个有机体的单位而欲把它变成一个理想的事实，可说是个人醒觉的扩大化。在这点看去，实代表个性焕发的一种"升华"。有了欧西人的敏锐的"个性"意识，也就有他们那样敏锐的"国命"意识。另一面看，国命意识却巨

〔正〕是个性意识的对反。后者是离心的，前者是向心的。就事实上说，有了近数十年来个性放荡的流弊，才有了近来国命整合的加强。

国命整合的意义是用集中计划与法律规定来实现一种超个人，超阶级，超职业的民族协体的欲求；而这个协体的维持则又靠所有分子对于这个"较高体"的义务观念以及一种不断对外竞争的感觉。这里面所包含的若干概念——全体、集中、计划、法定、义务、一致对外等等——都不免要与个性焕发若干原则根本不相容。

整合所以压制个性的奔放，而增强全体的活力，但到了个性压倒之时，创造的灵机消灭而国家的活力也失去了根基。

这是欧西文化中现有的又一个矛盾。

（五）

简括说来，欧西文化，演到今天，贵士传统被个性焕发驱除殆尽，而个性本身的命运又受了国命整合的威胁而日近毁灭。国命整合的自身呢？失去了一切贵士"公允""持中"的精神，始终还没找出一个方法来解决国际的冲突。一世之间，两次大战。国命整合乃由全体战而走入自戕之途。横着眼前的需要，显然是一种世界性的组织。

希特勒的办法是以武力征服一切，把国家、个性与贵士遗风一概蹂躏起来而建立一个机械性的"车同轨，书同文，以法为教，以吏为师"的秦始皇式的世界帝国。这种一拳扑杀那三个基本源泉的办法，终使文化走上颓萎的孽程。

希特勒绝对要不得！

人类所需要的是一个世界组织，根于一种多面的和谐，一种动性的平衡。在一种全世界安全的前提下，保持国际善意的竞争而又可以免战；集中计划与规定而又可以无伤于个性的发展；允许自由平等而又可以保全贵士式的价值感觉与荣誉情操。

也就是说，文化有否真正出路，端看我们能否于若干基本的矛盾间寻出一个新和谐。这便有待于联合国的政治家的远见与手腕了。

（林称此文原载：《大公报》1942 年 7 月。经查对，此出处有错误。转录自：林同济、雷海宗著《文化形态史观》，上海大东书局 1946 年 5 月版。）

论官僚传统
——一个史的看法
（1943）

（一）

晓不得所见有当否？近来愈观察中国政治，愈觉得关键的关键，究都在"官僚传统"四个字。关键不彻底改良，其他枝枝节节的改良都属无关宏旨的。

所谓官僚传统者，不仅指一般官吏任免黜陟的法规与夫分权列职的结构，乃尤指整个结构之运用的精神，表现的作风，以及无形中崇尚的价值，追求的目的。换句话说，我们此地对"官僚传统"的解释，不只是狭义地看做一种行政制度，乃要广而大之，把它当作一种活的社会势力来研究，当作一种动的文化现象从而分析它在整个国史演化上的作用与反作用。狭义的中国官僚制度，近年来已有了一二位学者开始编述。广义的探讨，尚无其人。我相信如果我们即行下手把这问题从多方面穷究其然与其所以然，我们对于政治清明及民族复兴一问题，必定可以得个基本的认识，以至中肯的答案。

（二）

官僚制度，作一种行政结构解，并不是中国的专有品。从形态历史学看去，任何高级文化，从封建阶段走到列国阶段，迟早都要产生官僚制度。封建阶段照例是世族政治，列国阶段必定是渐演出官僚政治。

世族政治是统治的事业，由比较固定的少数家族，凭借其特有的"身份"来实行垄断，世世相传，原则上不容他人染指。我国西周时代，

"士之子恒为士，农之子恒为农"，即是此例。官僚政治，适得其反，除元首之位多半保留世袭原则外，人人都有资格"做官"。事实上推行程度如何兹且不论，至少理论上只须透过一种"才能"为准的遴选手续，不管"身份"如何，人人都可以弹冠登庸，办理大大小小的统治事务，两者相较，官僚政治多少接收些"平等"的观念，"贤贤"的标准，殊未可以厚非，而在当时世族消灭，社会情形复杂的场合下，除了借手于官僚，实无由以"为治"。官僚是列国阶段的必需！

不但列国阶段而已。旷观历史上一切古文化，由列国踏入大一统阶段，官僚的势力只有逐日增高，与时俱长。这又是一个极饶趣味的历史的形态。官僚制度的充分成熟，照例多在列国后期，但论到结构的堂皇，地位的稳固，威望的崇高，乃多是大一统以后的现象。从这角度看，大一统阶段可说是道地的官僚阶段，列国阶段只可算为转折时期。

观此，则中国官僚制度的发展史可知其概了：萌芽于春秋末叶，成熟于战国时代，而大成大定于秦汉年时。由秦汉发展到明清，便可说是登峰造极，尽辉煌威重的奇观了。秦汉以后二千年间，朝代可换，江山可合可分，而官僚势力只一帆风顺，愈驶愈顺。

在今日而为官僚气运瞻前顾后，有一些问题不免要油然涌到目前：此后官僚在中国社会与政治上的地位，其消长将如何？其对国运民生的影响，好坏又如何？此中因素复杂，不是一言可了。我们在这里只愿肯定如此说：（一）看世界各国五十年来的发展以及中国最近的趋势，官僚制度不但是社会的必需，而且它的作用将要加强加大。（二）我们的问题不是要取消官僚制度，乃是要改良我们一向的官僚制度。机构要改良，而传统的改良尤为关键。机构是形式，传统乃是活用机构的精神与作风，驾驶机构的价值与目的。传统不改，则机构可千百改而终等于不改：传统原来有同化机构的魔力！

（三）

中国的官僚传统究竟是怎样呢？在这里我们又须认识一个历史形态的事实。

原来由列国阶段转入大一统阶段，官僚机构与作用"顺势"而扩大，而官僚传统却渐露出一种基本的"变质"，终使大一统阶段的官僚与列国阶段的官僚泾渭分流而积成两种截然判别的类型。我无以名之，想名之曰：外向型与内向型。

列国阶段的官僚传统，它的主宰母题是外向的。在那阶段，列国壁垒森严，环立虎视，争空间，争时间，争光荣，争存在，胜负之数，定于顷刻之间。一个有生气的国家，它的眼光必定，而亦必须，不断的注射到"外在"的环境；一切"内在"的设施，其最后目的都在"对外"。官僚制度也逃不出这个"时代精神"的荡漾与熏陶。即就中国而论，战国时代的策士，除了一二"孟轲之流"，没有一个不以"富国强兵"为号召，即下至鸡鸣狗盗也都握有他们对外的职务。尽管大家心目都睥睨到"势位富厚"，而这些"势位富厚"的取得，多少都要借手于"富国强兵"的幌子，而后目的可达。那时代做官——最少做赫赫之官——必须有"外在作用"的根据！

到了大一统阶段，六合并吞，外无劲敌；在"王者无外"的大气度之掩护下，一切的人与物都流入一种"内向"的趋势，目光亦再不炯炯"向外"，而只求在"宇内"保太平，也就是说，为皇家保帝祚，为百姓谋安居。贾谊的"治安策"可以代表这种"标准精神"，可说是一种"太平术"，与苏秦、张仪、商鞅、范雎的"纵横术"、"富强策"前后恰恰对映！

纵横术、富强策的实际结果，表现在战国时代的"争地以战，杀人盈野，争城以战，杀人盈城"。大一统式官僚的治安策、太平术呢？其实际发展也并不是"亿万斯年安居乐业"的乌托邦。外向的警觉性一行作废，内向的"兴趣浓"立刻倍蓰增高。列国间的"大政治"衰亡，继起的乃是大一统朝廷上、朝廷下"小政治"的繁衍。这般政治的意义何在呢？表面上类都是国计民生，实质上逃不出官僚们、候补道的功名利禄的明争暗夺。

这当然不是说大一统阶段内根本不产生"好官"。秦汉以来二千年的历史，记载着不少贤丞良吏，他们毕生的努力都正是功名利禄的否认。然而例外证明事实，在整个的局面看来，官僚传统的恶劣化与官僚势力的膨胀恰成正比例。如果外向型的官僚，安内为的要攘外，内向型的官僚到了末造，乃往往安外以来攘内。一切为"内在"，但使外力可倚，不妨引虎入室。借外力以为争内权之力。从石敬瑭透过秦桧、贾似道以迄民初的北洋官僚，其行径如出一辙！

有人问：中国近世的官僚与目前西洋各国何以异？我的答案简单：千异万差之中，最基本的是前者内向型，后者外向型，前者为二千年大一统意识下的产品，而后者乃文艺复兴以来——尤其是法国革命以来——积势铸成的列国表现。我们当前的急务也就是如何加强若干年来的革命努力，趁目前千钧一发的时辰，把我们这个内向型的官僚传统改头洗心，转变为彻底的外向型，以应付四面洪流的战国局面。

要个个做官的人，敏锐地感觉一官一职绝不是个人功名利禄的对象，乃必须尽忠竭力，做得精采绝世，使国家得以光耀驰驱于国际之场——这乃是我们官僚传统所需要的基本精神革命。

先认定了这个"基本点"，再让我们更详尽些陈说一般。

（四）

中国历史上的官僚传统还包含有四种毒质：

（甲）皇权毒。官僚与专制，在历史时间上说，是并世而生的。在功用上说，也确相得益彰，相助为理。国王要专制，当然不愿意一些特权阶级——世族——在身边碍手碍脚。官僚们要以"平民"资格参与政权，当然也不愿意有一批"世嗣其官"的贵族们垄断高位。这一点是人类历史上最有兴趣的事实：专制国王抬头的初期，多半都要同平民联合战线以向世族攻击的。把世族打倒之后，半为了胜者彼此分赃，半尤为了治安需要"助手"，于是擢平民中"优秀者"而"官"之，就是官僚。就历史看，官僚的地位本来是在专制淫威下取得了"次等的统治职权"，这个职权必须有背后靠山——国王——的支持才发生作用的。由列国阶段踏入大一统阶段，王权扩大加强为皇权。官僚的地位，对老百姓而言，要随着皇权的高涨而高涨，但在皇权的掌里，却实际愈来愈"贱"。结果养成了一种道地的官僚两重人格——对下必作威作福，对上必阿谀奉承。按心理补偿律看，凌下因为了诌上，按实际取利上看，诌上为的是凌下，并且"诌"之极，势必"蒙"。这乃为封建阶段，世族倒是为自己而统治，大一统阶段，官僚乃是为了皇帝而统治，前者看统治为自家事业，后者看统治为替人"办差"。惟其如此，一般官僚之办差，其心目中所惓惓拥抱的大前提，与其说是"致太平"，不如说是"得帝心"。致太平，皇家之务。得帝心，却真正"俺的事"，升官发财所攸关！"诌"若不足以得帝心，则"蒙"亦在所不惜。诌与蒙配合乃造成了标准"妾妇之道"。细验此中，实存有一条真道理——一个恶性的循环。有专制为风的皇权，势必铸出妾妇为道的官僚，而妾妇为道的官僚，势又更促进皇权之专制。到了后来，满廷唯唯诺诺，非有个鞭笞群伦的巨灵（leviathan），万事更无由推动，然而鞭笞愈厉，唯唯诺诺愈行，大家粉饰太平，指鹿为马，一旦关头来到，全局瓦解土崩。国史上朝代的结局，类多如此！

（乙）文人毒。官僚由哪一种人来当呢？这问题当然关系官僚传统的基本精神。中国历史的演变，经过若干曲折与试验，最后达到了"文人垄断"的一途。整个的科举制度，驯至八股制度，就是要制造出一种标准文人以充当官位。得文人以当官，皇权好像确得了一种理想的御用工具。而文人的做法也固自有真！做文章为主，做事为副。半因为文章本行内的拿手好戏，半因为皇权淫威下，明哲者"但求无过，莫求有功"。于是我们的文人者，积千百年的经验与苦心，磨炼出一套"办公文字"，以"等因奉此"、"呈审"、"待核"各字样来诿卸责任，点缀威严。行之既久，亦竟自催眠，认办文书即是办事。唐纳教授曾谓：西洋人办事，"言论只是实行的起点，中国人办事，言论乃是一切的终点"。殊不知我们文人式的官僚，许多就根本认言论即办事，无怪乎事之得办愈来愈少了！满脑袋"文字神经"，而毫没有现代人所谓的"技术感觉"，这可说是中国官僚传统中的又一毒。

（丙）宗法毒。按原则说，世族政治根据于"亲亲"，官僚政治根据于"贤贤"。前者重"血统"，后者贵"才能"。中国在战国时代因为战的需求，小家族制度大有抬头的趋势，与伦理上的"个人主义"，政治上的"唯才主义"三位配合。到了西汉，大一统局面稳固下去，专制皇权为了统治方便起见，特别鼓励大家庭制度的复兴。以"血统"为出发点的"亲亲伦理"也就跟着昌旺。本来官僚制度应当无情地向"贤贤"途径发展，却是在中国乃再被了大家族精神所笼罩，而倒浸入世族政治的意识形态，到处发挥着"亲亲"的情怀。如此，官僚传统受了宗法观念的再熏陶，结果是"用私人"习惯的树立。

（丁）钱神毒。二千年来中国官僚与商贾打成一片的。说是中国自来以农立国，其实自秦汉以来，商人在整个的经济组织中早已取得主动的地位。在数量上，农重于商。在作用上，商是主体而农为被动。历代政府对商人的压制政策，正足以反证商人力量的蓬勃。商人的道德观——不是农人的道德观——实际支配了社会上的行为，而侵蚀到官僚的潜意识。虽然如此，平心而论，商本是生产路程上一种必需的因素，商人力量蓬勃，纯粹商人的道德观畅行，皆未必完全是害。西洋近代文化可说是由商人充分发展其历史上的作用，以"纯商人"的立场与方法建立出这二百多年的资本主义社会。如果他们这个商人孵成的社会，未能解决分配问题，最少也为西洋解决了生产问题。在中国呢？官对商压迫，但暗中又每有一些人对商钩联，表面压迫愈凶，暗中钩联愈力。至其极也，商不成商，官乃实商。商不能充分发挥商的历史作用，而官又不敢明目张胆而为商。结果，二千年的中华，乃流产为一个生产分配两无办法的"赤贫图"。王莽的新政，王安石的改革，多少都是失败在官僚们的"爱钱癖"上头。商人爱钱，原分内事。官僚不爱钱而又期期爱钱，这乃是中国历来社会的真症结。钱神之毒，到西晋时已发展到惊人的程度，而其尤堪惊人处，端在其毒之普渗入官僚层级中。十九世纪后，西洋式的金融制度、市场机构浸注到中国的经济生命，影响所及，恐怕只增加了我们官场中的钱神毒，使其复杂化，微妙化些须。

（五）

这是对过去历史事实的分析。也就是说，我们旧社会所交卸与我们的政治遗产，这般这般，是二千年来社会全面发展累积而成的遗产。其来源也远而深，其铲除也当然繁而重。我们有时看得目前政府内也有若干大大小小现代化的官员，逐日在埋头努力，沉默中与旧传统搏斗，更看得我们稀世的当轴不断地在上头转着万钧的臂力，振微起衰，我们不禁欣然色喜。但想到这个官僚传统的雄厚历史背景，又感得兹事体大，非从整个的社会组织，生活习惯，国民教育方针以至政府与社会各势力的关系上多方着手，恐怕仍没有法子把这个膏肓彻底除根！

（原载：重庆《大公报》，1943 年 1 月 17 日第 2 版。）

关于自由主义
（1943）

　　这是林同济先生在"五四"给本刊编者的一封私人信中所讨论到的问题。自由主义过去曾赐与人类以极大的幸福；即根据过去一个世纪的经验，证明今后仍充分具有此种可能。迨一九一八年第一次世界大战告终后，在几个极权国家中，它都被斥为异端。这一次的世界大战，联合国家所揭的战争目的是"为保卫民主而战"，亦即为"保卫自由主义而战"。我们可断言：胜利的自由主义将重赐人类以幸福；但迄今我们仍听到自由主义存废的论辩，可见其前途，坎坷仍多。林同济先生年来是被一般人目为"战国派"台柱的人物，"战国派"的论调在国内曾引起过有趣的讨论，它被指为是自由主义前路中一个可怕的威胁；林先生在给编者的信中，对这点颇有解释。本刊原就愿意给各种不同的意见以自由发表的机会，故乐将林先生的信摘要刊出，以飨读者。

　　　　　　　　　　　　　　　　　　　——编者志　五月八日

（前两段略）

　　××信内提及自由主义一问题，我想借这机会把我的意见略略说明。

　　我对自由主义，并不反对；我所反对的是自由主义此时此刻在西方，尤其是在中国，实际上所产生的某种弊象。我对全能主义，尤其是希特勒式的全能主义，并不赞成；赞成的是它在某些方面能够指发自由主义的偏枯。我过去未能把我的见解，说得清楚使不起误会，是我的讲法不得当。然而我的意思，在昆明方面，王赣愚先生，尤其是雷海宗先生，都晓得清楚的。

　　我想我过去言论中最能代表我的意思的，或许是"贵士传统与中国文化"一讲，（即云大政治系主办之现代思潮十讲之一。）不知你们当日曾在座否？该讲的中心见解可以一语说明：论文化，论个人，贵士的底质加上个性的发挥，是一个最理想的结合。

何谓贵士？我当日曾有说明，此刻不赘。我去年七月（？）间在重庆《大公报》也发表过一篇《文化的尽头与出路》，略略指点出贵士的涵义。

何谓个性？这名词，五四运动以来，已成为大家所熟识之物。我们也都晓得，简括说来，个性两字可说是自由主义的最后根据。

于此，你们可以看出我是如何注重个性与自由了。如果我批评现行的自由主义，我批评的是他的一种倾向，一种致命伤的倾向——就是脱离了贵士底质的表现。须知个性或自由，一脱离了贵士底质，立刻就要开始流为庸俗主义，混乱主义——虚无主义。而虚无主义，无论在个人德行上或在文化体质上说，都是颓萎的表现，代表暮气的来临，僵化的先声。

在这阶段，可能有两种结果出现：不是奄奄地就毙，就是暴性的反动。这种暴性反动的代表型式，在现代便是希特勒主义一类的表现了。换一句话说，这一个历史的教训，我们必须深切领受：自由主义脱离了贵士底质，势必流入暴力独裁的局面。警醒一点说，今日而有希特勒出世，自由主义本身要负最重要部分的责任，而这责任就在"脱离了贵士底质，抹杀了贵士精神"之一点上。这道真理，柏拉图、白克（Edmund Burke）早就见到了。

反过来说，要避免希特勒主义的恶梦，我们必须唤回贵士传统以救目前自由主义之穷与滥。在这一点，我的见解与昆明方面吴宓先生所推崇的白璧德教授的看法，约略相同——虽则白璧德并没有我所另有的历史观根据。（你们可向吴宓先生借白璧德之 *Democracy and Leadership* 一书读之，参以白克之 *Reflection on the French Revolution* 与柏拉图之论民主与暴君政治一段。）

说了半天，我只是要你们认清我的看法是如何与希特勒式的全能主义者的理论、精神与目的根本彼此分庭，而与自由主义的最后根据，却有密切混合的必需了。

希特勒主义，进一步腐化而僵化，便是我所谓大一统皇权传统、官僚传统。我想叫之曰拜赞庭主义（以东罗马拜赞庭帝国为标准）。你们若阅一阅我最近在《大公报》发表的《官僚传统》一文，便晓得我对皇权主义官僚传统是如何厌恶的了！

或者我们可把中国今日的问题如此界说一下：中国今日最基本的问题是如何把个性的灵机活力从二千年来皇权主义的桎梏下解放出来，但同时又要如何避免这个性于久缚乍放的情绪中，颓倒泛滥而变为庸俗、混乱、虚无的一团糟！在皇权积重下谈自由，最可能的实际趋势厥为虚无之一途，就好像在自由畸形发展后谈纪律，惟一的可能纪律多半是独裁路线一样！

有法子防范没有呢？

曰：不容易，但不是不可能。我提倡贵士传统，贵士精神，用意就在这里。五四运动以个性解放来救皇权积重之穷，我想再以贵士传统与作风来防范个性自由流入虚无主义而循至转入独裁主义、凯撒主义的危险。

同时呢，还有一点。五四的个性解放，太偏重于理智方面了。偏则易枯，而偏于理智更难真正打破传统中国人格的症结而创出新类型。我们应当进一步寻求一种扩大的、全面的、均衡的个性解放（我最近当写一篇论这点）。但，这个全面的个性运动必须根据在贵士运动上推行而建设起来。

（余两段略）

三二，"五·四"夜

（原载：昆明《自由论坛》第 1 卷第 4 期，
1943 年 5 月 15 日。）

请自悔始！
（1944）

（一）

最近《大公报》社评，用极热挚的手笔，大声疾呼，提出爱、恨、悔三字作为我们新人格运动的起点。其志其言，与我心心相印。中国问题，千头万绪，归根结底，一切在"人"。人的革新，也千头万绪，而新的人生观的建立是必需的条件。我另日当再作一个较有条理的说明。今日且先为爱、恨、悔三概念，缀数句注解。

是整整一年前，我在《大公报》"战国副刊"上发表了《嫉恶如仇——战士式的人生观》一文，以为一向道学先生们讲道德，偏重了"爱"的一个字，流弊所及，乃造成乡愿，造成今日滔滔如许的阿Q。救弊之道："爱人如己"之外，还需要"嫉恶如仇"；爱神之旁，必须有个"嫉神"镇座。我当日的结论是：

> 抗战以前的国粹道德家，言必名"爱"，让我们从今认定，抗战以后的伦理，"嫉"字要与"爱"字并驾齐驱。

嫉就是恨。其实，深一点看，爱与恨原是同一现象的两面。有所真爱者，必有所真恨；有所真恨者，必有所真爱。再进一层看，真爱往往借真恨而贯彻，真恨也往往在真爱中求完成。耶稣剧爱贫苦人，所以痛恨法利赛；而因其痛恨法利赛，也就益爱贫苦人。我们爱中国，所以恨日寇，而于日寇的可恨中，愈发现中国的可爱。爱与恨是永远并存的现实。相得益彰，相失两损。这条真理，我们再也不能听"唯爱"的慈善婆前来淆乱；我们理想中的新人格必定是永远驾驭着爱与恨的两活龙，热腾腾地向四围的环境寻求对象。

然而有一点须注意!

热腾腾地向四围的环境寻求对象：这确确充分表现着爱与恨的本质。爱与恨的活动，趋向都是"外倾"。爱是爱外面之"他"，恨是恨外面之"他"。在忙于爱他恨他的热情里，往往忽视了"我"的检点，"我"的估量，"救天下而失了自己的灵魂"。一切纯外倾的情绪，推而至其极，必流为"肤浅"。昔日阿拉伯回教徒之言恨，近代耶教传道师之言爱，其热腾腾，绝对可嘉，而其肤浅则期期不可取。

那么，如之何则可呢？曰：要爱不流于乡愿，必须有恨；要爱与恨不流为肤浅，必须有"悔"的工夫!

什么是悔呢？就是自省。它包含四层工夫：自我的检查，自我的谴责，自我的抑制，自我的超越。狭义一点说，悔可说是爱与恨的向内倾，向"我"倾。能向内，能向我，便开始能深刻，能浑厚。所以我今日的结论是：

"我们的理想人格，是热腾腾的爱与恨，再加上深抑抑的一个悔。"

(二)

悔可分有两种，曰小悔，曰大悔。

小悔是对自己日常若干"行为"的检查。它的作用可以达到自我谴责、自我抑制的境地。自我谴责便是"知过"，自我抑制便是"谦冲"。谦冲者，是对人对事的一种"伦理态度"。它的对象是社会——是人事与人群。曾子一日三省其身，我认为即属于小悔。"为人谋而不忠乎"，"与朋友交而不信乎"，"传不习乎"，都是要在行为上做悔的功夫。到了临终易篑之时，叫弟子"启予足，启予手"，他那种战战兢兢的精神，也可说是极谦冲之美德，而其谦冲的对象也就是"全而生全而归"的父母。

所谓大悔者，是由"行为"的检查而进到自己整个的"生命本体"的估量，拿爱与恨的热火向自己整个的存在价值，来一度彻底的探照。它并不是零零杂杂检点出"人谋""友交"等等人事，斤斤较量，它乃是一手抓住这些事实后面的最后人生的"真实"而加以考究：结果不仅限于"知过"，乃达到于"知天"，其心灵上所体验的，不仅是"谦冲"，乃是一种迹近矛盾的神秘感，我想叫之曰"谦悯"。西方教理中所谓 Humility 者，差可比拟。

谦悯者，一方面自感身世的有限性，一方面又肯定生命是个大可能，是个大机会。自感有限，故曰谦；肯定可能，故曰悯。谦中含乾惕，悯中带希望"乾惕是惧，希望是喜。谦悯者，可说是人们搜到人生最后价值所得着的一种"自我喜惧感"。

所以然者，小悔只检到"行为"，始终超不出"人的境界"。大悔要检到人生的"本体"，势必牵到了整个宇宙问题，而"神的境界"乃无形中托出。任你叫它为绝对、为上帝、为自然、为道，那无限性的体相，刹那间要掠过了你的灵魂，是极伟大极庄严的刹那。经过了这刹那，你乃觉得有了"无所不能"的一物在，所以自我毕竟渺小；却又觉得有了"无所不有"的一物在，所以自我仍为其物的一部，而仍不失为宇宙的必需。盖所谓无能而不敢不有能，不圆而不禁要求圆者。我想当日孔子在川上，赞叹"逝者如斯，不舍昼夜"的时辰，即行到了这意境。是哲理的意境，宗教的意境，与曾子三省其身的纯伦理意境，自有深浅之别。三省的曾子做到了自我的抑制，川上的孔子达到了自我的超越。

如果谦冲是君子，谦悯可说是圣人。只是圣人两字，经过二千年来末儒的应用，伦理的味道太浓，也许叫作哲人较妥。伦理的意境，总脱不了"应当不应当"的义务观念。谦悯的对象，是宇宙，而不是人间。它乃一种物相的客观认识——或竟可说是一种审美的认识，得了这种认识后，谦悯不谦悯，在我乃趣味问题，气质问题，而绝与义务无关了。就这点看，谦悯也可说是艺术的意境。它是自我对整个宇宙的一种态度，不仅仅于对人。所以，能谦冲者不必谦悯，能谦悯者自能谦冲。

谦冲，我们中国人比较容易悟到，因为我们对于伦理看法，家传有素。谦悯，我们比较难于体认，因为我们宗教、哲理（形而上）与艺术的修养、传统尚嫌单薄。然而只有达到谦悯，才算做到彻底的悔，全面的悔。以全面的悔托出来全副的爱与恨，才能够有力量而又深邃，有光有热又可以不炫、不炙、不嚣、不浮！

（三）

而今日我们中国人的大毛病便正在无光无热而尽嚣、浮、炫、炙之极致。说"开发"呀，大家蜂拥过来谈"开发"；说"动员"吧，万口同声论"动员"。嚣嚣矣！安得深抑抑的谦悯以自锁之？"设计"满桌，施行缺人，"报告"累累，事实黯淡，甚浮而虚矣！安得深抑抑的谦悯以自实之？听人家赞我四强之一，则色焉喜；见人家对我色貌不周，又怫然怒，忘领袖"自强自立"之训，而惟弛心于要面子，争虚荣。炫于中矣，又安得谦悯以自豁之？战事方紧，革命未成，问题重重，来日多难，我们应当如何虚心降气，访下延贤；如之何鲁莽灭裂，相靡而成风？炙于手矣！更安得谦悯以自制之？

那么，谦悯者不仅关于人生修养问题，而实是目前内政外交上的一个急需了！

我的砚边此刻摆有一本美国刚寄到的杂志，记载有罗斯福总统三月四日的"白宫十年纪念"的消息。仪式在东房举行，简单而严肃。三四十位政府领袖低头静立，一位牧师主持祈祷："无上之主呀！我们愿在你的保护下，随你的指导，为自由取得胜利之光！"寥寥几句祷词，可以看出他们那时那地的三分谦悯意。

我并不是主张接受耶教。只不禁要暗羡他们那日白宫内心灵的表现，不愧是美而健康，谦而尊光。

唉，我们要猛向"人的革新"的路程迈进吗？愿请先从"悔"字开始！

（原收入：林同济编《时代之波》，重庆在创出版社 1944 年 6 月版。）

民族宗教生活的革创
——议礼声中的一建议
（1944）

（一）

客有自北温泉来者，谈到礼制讨论会日来的经过。言论纷纭之中，显出四千年的礼义古邦，一提到"礼"的问题，情绪顿形复杂！即就祭礼而说，祭的对象，黄帝、孔子与国父之外，还有提出伏羲神农以至秦皇汉武。祭的仪式服制，有的主张师古，有的主张从今，有的折中为佳，古今参用。论到原则，有的提出四维八德为经纬，有的提出慎终追远，崇德报功，尊师重道三大纲……

"祭"这件东西，如果只把它当作一种社会性，或伦理的"礼"来看待，是没希望打出我们一向婆婆妈妈式的腐儒圈套的。今天而来谈"祭"，必定要把二千年来皇权与官僚传统所堆积的复杂烦琐的意识形态，简单化、火净化，单刀直入，探取问题的中心，然后才可以建出一个大革新大创造的立场而寻得一条配合时代需要和数十年来革命目标的出路。

我的意见是：干干净净地把"祭"这桩事，由"纯宗教"的认识来规定它的范围与形式！

（二）

先决大前提：宗教是不是民族的必需？抑或是迷信的结晶，统治阶级的榨取工具？

我的答案：人间世的文化各部门，哪一个在过去历史上不曾被巧用为统治阶级的工具？哪一个不曾受迷信因素的侵蚀？古今来的政治制度、经济组织、伦理、科学以至艺术、文学，哪一个不是某时某地苦变为狡之用、愚之归？然而你却不能因此而一笔勾销了文学、艺术、科学、伦理以及文化一切的一切而主张大家彼此各散到鲁滨孙的自了汉的"光蛋"生活。

问题不在取消文化的本身，乃在设法不再使文化的一切流为少数人的私工具！不在不负责地漫骂文化的各部门，乃在对每一部门从今天起，苦心下一番真正的学术鉴别，留其真，去其伪，搜出彼此纯净的核心意义，而扬弃那一些附会参杂的迷妄之尘。

宗教扬弃了一向参杂进来的若干题外因素而穷究到它的核心意义之所在，也就像文学艺术等等，是人类心身必有而必需的一部，与人类的生命俱来的，也只有与人类的生命俱去。取消宗教是不可能的，就譬如取消文学、艺术是不可能的。不可能而亦不讨好。

五四时代狭义的实验哲学者攻击宗教，以至今天市场上号称急进派文章还是攻击宗教，若当作攻击宗教的某种驳杂作用与流弊表现解，则应当赞许的。若用了一知半解的唯智立场或唯物看法来囫囵吞枣地信口谩骂宗教现象之本身根本整个无意义，那是他们之肤浅，他们之无知，他们因噎废食，不知地之厚，天之高，空白咆哮狂叫。

世界思想的主流，走到今天，已有了较深入较全面的看法：宗教是人们的一个"必有"，而也是一个"必需"。最反对宗教的人们或民族，如果还具心灵上的活机的话，终有一天要忽然痛切发现宗教的最必需。晓不得中国当前的思想能不能超过五四阶段、鲍洛廷阶段而大步踏入我所谓"第三期"的学术思潮！

（三）

什么是宗教的纯净核心意义呢？让我在这里下一个简短的定义：就是人的"自我"对"无穷"的一种整体互契或合一的体验与其表示。详细的讨论，本文不可能，请且略作解释：

（一）自我——原始的初民在各自寻衣寻食于漠漠大自然中，可能就开始触到了自我的感觉，但强烈以至系统化的自我意识，例都在一个文化发生了所谓醒觉运动以后成立的。经过一批"先觉"天才的阐发之后，人们到此确切发现了心灵深而又深处有着一个最后基本的真实——

就是"自我"。不但撇开一切,它有存在,并且它的存在或竟成为一切存在的基础。有了这个发现,宗教再也不能像原始时代,以民族或统治阶层为立场,而必须"平等化""原子化"而采取"个人"为起点。今天而谈宗教,"自我起点"必须是第一条基本原则。

(二)无穷——自我起点,但终点必是"无穷"。原来无穷与我同一刹那产生。人们的头脑,确实抓住自我之日,也就是确实抓住无穷之顷。相反的概念本是相成。看到了"原子化"的自我单位,必定同时也看到了相对而立的包罗万有的无穷。近来浅见者流,捧自我的发现为"理智"时代的真髓,而却转头大骂"无穷"的概念,神秘鬼怪。殊不知两者本是同根生,彼此消长永远要成正比例。自我愈显得真实迫人,无穷的真实性也必然愈显猛烈。因此,原始宗教中的耶和华与宙斯还可以局限于民族与地方的界线,醒观期后的人们却需要一片无阻的展眺:耶教有万能的上帝,佛教有普照的佛光。以自我为起点的,必然要以无穷为终点——这是现代宗教的第二条基本原则。

(三)互契或合一——"以自我对无穷",纯宗教的世界便从这六字展开。怎样呢?曰,自我对无穷,势必须评定出一种关系。两雄对立必有高低!人生最苦恼最困难的场遭在这里,最欢忭最得意的成就也在这里。

毕竟无穷伟大!相形之下,幻梦顿醒,自我何曾真实!留下来的是一副不忍多看的讽刺画:幻伪对永恒,渺小对遍在,无知无能对万知万能。苍茫孑立,不禁要懊恼、生羞、沮丧——恐怖!人生到此可能发生它最严重的悲剧——悲观、堕落、自杀!

但,如果还有勇气支撑下去,征服了恐怖,则恐怖下可以渐透出笑容,渐托出小体对大体所必生的一种爱慕与向往。于是而讴歌之、膜拜之、奔赴皈依之,到了最后,一种融融浑浑的至妙意境可以呈现。在耶教叫作"互契"Communion,在佛教叫作证会,就是合一。互契是自我成为无穷——上帝——的一部。尚未到完全合一的田地。证会是自我与无穷完全一致吻合——所谓不分能所,即心即佛了。两者程度略有差别,但其功用都可以消除佛家所忌的"分别智"所产生的相对事物的烦恼,而引入"一即一切,一切即一"的无对神境。

因此,说宗教纯净的核心意义在自我与无穷的互契或合一,也就可以更简单点说:在"一"的追求 Unit or Oneness of Things。

你问:"求一"有何用?我说:其用处就同"求真""求美"一样,

尽管本身上可以没有功利的价值，但永远是人类心灵上与生俱来的不断活动的一部。必要说个用处来，那恐怕是"至大之感"！

（四）

我觉得目前中国人日常生活中最缺乏的，就是至大之感！换句话说，我们大大需要在我们生活中切切实实地建立一个体验自我对无穷互契或合一的机会。

我据此而具体建议：用上述的新的纯宗教的精神改造而重建古代"祭天"的制度。

有一点"正名"的工夫，我们应当做到，就是"祭"字的认识。古之祭字本以神为对象。神者冥冥之中认有存在的一种"超于人"的体、魂、气或力，原为初民对官能境界外憧憬无穷的初步。但其意义始终偏于具体，脱不了个别存在性，因而创有种种般般的神。祭者祭这些散布冥冥中无数之神。祭自然物，是祭其背后之神（精灵），祭先祖也是祭其死后之神（鬼）。他们既仍认神各有具体的个别存在，由是一神一祭。

原始时代之祭，可能意在求福免祸。但后来伦理意识发展，便加了崇德报功等等意义。而祭在通俗眼中乃或取得一种伸引的意义，就是"纪念"之意。其实严格说来，祭是以神为对象，是一种宗教性的行为。纪念是以"人"或"事"为对象，是一种人事界的举动。我们说祭其神所以纪念其人或其事则可，但把祭字本身即当作纪念解则不可。"祭"必定依"神"而起的。对面不是神，便无从言祭。所以在通常语言中我们说"祭神"，而不说"祭人"或"祭事"。

因此，不言祭则已，一言祭，则必须问对面是不是神？我们可有两种看法：（一）原始看法，认神是有具体与个别存在的东西，每物之后，冥冥中都有此物之神，那么，一物有一神，我们也就一物予一祭（如果要祭的话）。（二）开明看法，认神是一种抽象的名词，一种形而上的象征，用来代表那可体验而不可言喻的"一切即一，一即一切"的神境——就是"无穷"：无始无终，即始即终的至大不二！据此，则打开个别的存在性，而归于"一"，而我们毫无须一物一祭，只须祭这一个万有合一的总象征，祭了这总象征，其他一切可不祭。

具体点说，我提议：

（甲）我们对若干先贤先圣英雄举行隆重"纪念"礼，而不称"祭"，亦不行"祭"。

（乙）把目前一切上上下下各种对神以至对人（祭祖先在内）之祭，全数净化（这点来日再论）而归于唯一留存之祭——就是祭无穷，就是"祭天"！

祭天是我们中国的古制。在古代那具体而个别的神的观感中，"天"是当日最抽象最归一的宗教概念。它可以代表我们先民憧憬到"无穷"的最进化的一瞥，它算是先民心目中"最尊"之神，但为了种种原因，始终还没有机会发探它的"化一切，一切化"的作用。

然而，"天"字毕竟是一个绝好的名词。它悠悠、恢恢、而昭昭，最是空灵宜人。我们应当充分利用。我们的工作，就在把先民所遗留与我们的这个概念，再加纯净化、开朗化，重建起祭天制度，以革创我们民族的宗教生活。

祭天！是"至大之感"的表现。在至大之前，一切需要简单。论到祭天的仪式，应当本上古先民"礼有以少为贵者"之意，愈简单便愈美妙。最怕是重新搅起二千年来腐儒学士的繁缛不堪的黼黻文章！我提议大纲如左：

（一）宗旨：为中华民族的个个"自我"取得对"无穷"合一的体验。

（二）祭时：古礼为冬至。我以为干脆改为元旦破晓举行。

（三）祭所：古礼在郊外，据说有圜丘（或称泰坛）之建筑。北平天坛，便是一种模仿。我以为天坛不够伟大，结构完全适应皇权时代的天子之私用。我们应该本民权宗旨，于将来国都之郊选择一座形势适宜的山（丘），于山顶筑一座露天大石坛，四面拱着无数的（愈多愈妙）宽石阶层，以为市民参祭的场所。

（四）祭物：用古"燔柴"办法，但不用牲玉。由每一参加市民带一柴投坛上。

（五）主祭：由元首领市民举行。

（六）服制：除元首定沐浴制服外，其余一概沐浴自选洁装。

（七）节目：举奏并广播特制的祭天交响曲后，大家于脱帽静立中由元首代表祈祷（切戒训词）。祷毕，燔柴。于火光耀天中，大家唱歌舞蹈（所谓民间歌民间舞者）。尽兴而散。

（八）各省会与各县均可由当地人民自动酌情照办。

最后，还再次郑重强调这一点：我们要如此重建祭天制。为的是全民族大家求一个自我合一无穷的公共机会与表示。我们必须用斩钉截铁的快精神，严防并痛绝二千年来历朝堆积下来的官僚派与迷信的因素。

三二、十一、八，北碚

（原收入：林同济编《时代之波》，重庆在创出版社 1944 年 6 月版。）

文化形态史观·卷头语
（1946）

　　我与雷先生这些文字，多少是根据于形态历史观的立场而写作的。两人的若干结论虽未必尽同，但大体上彼此可相辅为用。雷先生较偏于例证的发凡，我较偏于"统相"的摄绎。

　　各篇的发表，时期不一，场合各殊，前后的立意与用词，容有略异。现在仍照原文重刊于此，一是聊为作者思想的发展过程留些鸿爪，二是小处的差异并未妨害到各篇中之大处的一贯看法。

　　我们两人的文字，当然由两人各负其责。同时，两人彼此的见解，也断断不是这几篇文字所能赅括的。我这里不妨且为我个人的见解简单说明。就是，如果我所提出的已往文化三阶段之说大致不误的话，那么，下列几点，凡是讨论中国文化再建设者似乎应当认清：

　　（一）所谓中国社会中现存的"固有文化"，它的整体乃是国史二千年来（秦至清）大一统皇权阶段的遗产；它的基本形态实在与二千年前列国阶段（春秋战国时代）以至封建阶段（殷商后期至西周）的固有文化大大不同。虽然二千年前的概念与仪式也有若干流传到今，而自从透过了二千年皇权逐渐高度化下的解释与应用之后，实际上一切的一切都另有意义，不复是当日的本来面目。

　　（二）西洋文化则正在热闹经历着它的列国阶段的高峰——就是战国时代。尽管在这次世界大战进展中，若干方面已显露出"超列国而入大一统"的征兆，但国际问题尚复杂，形势尚微妙，列国阶段决不会因这次大战而结束，它还要享有相当长期的活跃前途。

　　（三）这个列国高峰的西洋文化，虽然在它自家体系内矛盾层出亟待调整，但它向外膨胀力的强盛，此后只怕有加无减。世界上其他文化体系，面对着这个蓬勃全球的力量，如果要保持自己的存在，而求不被毁灭，势必须决定一个及时自动的"适应"。

（四）中国百年来的基本的基本问题可说是一种难产问题，一种为了图求适应西洋文化以取得新生的难产问题。难产的根本原因，可以简括界说：二千年大一统皇权积弊的底质，与西洋那些列国高峰的色色般般，距离太远，了解难，而吸收活用尤其难。

（五）就帮助解决这个难产问题而论，形态历史学似乎有它的应时而生的功用。就是，从客观上说明了中西文化彼此现有阶段的色色般般，以便揭开了彼此基本形态的基本异处与其所以异处之后，大家可以得到一个较分明较扼要的鸟瞰形势，来探索出来一个文化适应与新生的程序。

（六）这程序的细节当然千头万绪，但一点基本事实，必须把住。中国当前文化问题的"核心"，绝不容与西洋的混为一谈——虽然彼此"边缘"或有相共之点。西洋问题的核心是如何调剂五百年来列国阶段内若干形态的矛盾，中国问题的核心是如何起治二千年大一统皇权下种种形态所积成的痼疾。换句话说，西洋文化个性焕发与国命整合两潮流相荡相激地急烈发展，其毛病在"活力乱奔"。中国文化在官僚传统僵化一切下支持绵长，其毛病在"活力颓萎"——内在外在，都嫌活力颓萎！

（七）如何是好呢？曰：救大一统文化之穷，需要"列国酵素"！在西洋今日，或愁列国酵素太多，在中国今日则欠缺正在这里。也就是说，个性焕发与国命整合两大潮流所表现的种种价值与制度必当尽量吸收。让一般时贤们喃喃苦念着"中国本位"或是"全盘西化"，我们可不问中西，只问如何能把这个蹒跚大一统末程的文化，尽可能地酿化为活泼健全的"列国型"！

（八）"列国酵素"，从古今各体系文化所各有的列国阶段内，都可取资。但最当注意的渊源，应是下列两处：（一）最丰富的渊源——文艺复兴以来的西洋；（二）最亲切的渊源——春秋战国时代的中国。我们对这两个渊源的种种形态，要从一种忠实采索与体验中取得吸收与活用之结果。最忌的是我们近年来的两种趋向：（一）死抱着"大一统"的混同眼光，把一切之"异"都要解说得与我"将母同"；（二）硬摆起"大一统"的万有派头，认中外古今本早在我们"固有"的囊中。估量"列国型"的价值，我们最先要抛弃"大一统型"的骄态与执见。

（九）最后还要补充的：列国酵素，作用在重新唤起内在外在的活力。为避免西洋过去那种"活力乱奔"的流弊起见,我以为还有一点咸素期期必需:就是贵士标格的重建。因为只有建筑在一种重建的贵士标格的基础上,然后可以希望个性运动不流为庸俗与虚无,国命运动不流为专政与战争。

前途是艰巨的,但充满了大可能。事在人为。文化是人造的;由人造坏的,还是可以由人造好。我相信这数年的抗战已经在我们社会上的若干分子中磨炼出一副坚决的意志和一对净锐的眼光,对未来可以不肤挠,不目逃,使我们终有一天要突破历史遗留的罗网而涵育出一朵新阶段的文化之花。

林同济,三十二、二、九,北碚

(原收入:林同济、雷海宗著《文化形态史观》,上海大东书局 1946 年 5 月版。)

我看尼采

——《从叔本华到尼采》序言

（1946）

一

陈大铨先生写完这本册子，嘱我作序，因为他晓得我生平是爱读尼采的。

的确，人间三部书，我百读不厌：庄子的《南华经》，柏拉图的《共和国》，尼采的《萨拉图斯达》。庄子谈自然，柏拉图谈正义，尼采谈最高度生命力的追求。他们所谈的问题不同，所以谈的立场各异，但在他们各个的范围内，都创出一家之说，蔚为千古不磨的奇书。

读书难，读奇书尤难。是哪一位哲学家说：真理如井水，许多人对它探看，只发现着自己的魔形。同样的，奇书如井水，魔见其魔，神见其神。读尼采而要真正得到其神处妙处，恐怕比庄子与柏拉图，还需要有心的读者！

陈先生以研究欧洲文学思想的老手写了这本尼采的述要，大是快事！我只望下面所谈的话不至画蛇添足。

二

我觉得读尼采，第一秘诀是要先把它当作艺术看。

尼采自己曾经如此说："把我辈哲学家混作艺术家看，最是我辈感恩无限的。"Alols Richl 的评语却也有道理：尼采本人毋宁是一位艺术家被混作哲学家看。

事实是：尼采就同庄子柏拉图一般，是头等思想家，而期期也是绝等艺术天才。我们对尼采，应当以艺术还他的艺术，以思想还他的思想。据我个人的经验，能够尽先以艺术还他的艺术，我们不但可以了解他的艺术，并且对他的思想的了解，不啻也打开了一条大门径！

什么叫作尽先以艺术还他的艺术呢？就是放开你脑筋中现有的一切问题，把尼采的写作当作纯艺术来欣赏，就同你欣赏达文奇的雕画，贝多汾的交响曲一般。换句话说：审它的美！

审美说不是一种悠闲懒散的消遣，它是真正的心血工夫。克洛齐说的好：审一个艺术作品之美即是对这个作品再度创造。这就是说，设身处地，尽你的才技所及，来体验原作者从头至尾的创造历程，把那整个作品在你心目中重新创造一遍。关键尚不在能否与原作者的经验完全相符（这是不可能的），关键乃在那体验的寻求。体验在那里，便审美到那里。体验创造，这叫做真正审美。舍乎此，不足以谈审美的三昧。

创造是人生最伟大的作用。一般创造之中，只有艺术创造，是无所为而创造，纯为着创造而创造。它最可以表现生命力的本性，因为它最能够代表人们生命力自由，活跃，至诚成物的最高峰。审美就在体验这个生命力的本性顶峰。它是一种创造的感召，而也就是创造的本身，审美与艺术创造，性质本一样。所以，审美退化的民族，其艺术创造的成绩亦必退化，因为推到底，两者本相同——同根源于生命力的饱涨。

尼采是生命力饱涨的象征。浑身生命力，热燃着五脏四肢，要求发泄。又加上那副极敏锐的神经，就等于最精细的气压表，空间最轻微的压力变迁，都要立刻在他的体魂上发生强烈的反应。积弱的身体只激进了生命力跃跃欲出的倾向。于是愈病而生命力愈加精悍，愈老而生命力愈加热腾。尼采是人间极罕见的天才，显然脱离了年华的支配；他那管如椽大笔，真是愈挥霍愈生花，鬼使神呵，直到最后一刹那也不少挫。

尼采的写作，是生命的淋漓。热腔积中，光华突外。他创造，因为他欲罢不能。他的写作，竟就像米薛安琪所描绘的上帝创世，纯是一种生命力磅礴所至的生理必需，为创造而创造，为生命力的舞蹈而创造。在这点上看，他的文字，真是艺术之艺术了。虽然他有时也像庖丁子一样，解牛之后，不免踌躇得意，自命其思想空前，其文笔为德国开生路，但当他正在创造时，他显然只是一股热腾腾的生命力在那里纵横注泻，霍霍把横塞胸中的浩然之气妙化为万丈光芒，文字与思想本不是他的目的。目的？他本无目的！他只是"必须如此"，只是生命力的一时必要的舞蹈与挥霍。文字与思想在那时只是创造的工具与资料。

　　说来也怪。像他那样热烈的情怀，论理应当选择一个适宜的表现媒介。舞蹈，我以为最配当了。只有把整个娘生的身体猛投进来狂舞一番，方可以发泄他胸中的混沌与节奏。其次可能是音乐。尼采自己对这两科，本也推崇备至。他的"生命之歌"就是自己谱曲。至于舞蹈，他不是说过吗？"我的上帝是舞蹈大家。"然而他却偏偏顾而之他，有意无意中选取了哲学与散文做工具。好像命运作怪，最富戏剧性的一位艺术家偏偏要结缘于最缺乏艺术性的侣伴——哲学与散文。妙用命运，硬把这两位侣伴结合起来，产生出一套头等艺术，千古以来，只有尼采，庄子，柏拉图三人了，而三人之中，我以为尼采的作品最搅动心魂！

　　面对着这种希世的艺术，我以为第一义务是审它的美。是第一义务，也是无上权利。审它的词章的巧妙，音调的铿锵，乃技之小者。在创造灵魂前，应当以创造灵魂来印证。我们要探到形迹之外，探到艺术的源泉——即是创造者生命力当事时的蓬蓬活动。我们要体验到他的创造历程，以至于借他的创造而激起，鼓舞，完成我们自己的创造！

　　一个必需的条件：审美者要先做到"无我"的工夫。在创造的刹那，只有创造的神境，没有人间的利害是非。人间一切的一切，只可供创造者无中生有的取资，而不容变成为创造者的心与手的滞碍。因此，要体验创造，也必须先证见到这种超绝无碍独来独往的纯火之光，我执法执，一概铲除，持着一朵浮空的心头来照取那对眼的希世奇物如何烘托出当日那位希世奇人的胸中块垒，而后再化为那位奇人的本身，照取到他当日如何得心应手，左右逢源，在不可分别的苦痛与狂欢里，宛然搏出那一朵千秋灿烂之花！

　　我以为永古最可宝贵最饶意义的场合，就算是这种创造灵魂对创造灵魂的心心相印了。当日拿破仑晤到歌德，破口便叫一声："这真是一个人了！"我想这刹那间，两位巨人，相视微笑，彼此深深证到的就正是彼此深深同有的那一点独来独往的创造灵犀。他们政见的同不同，道德观的吻合与否，在这刹那间都成为题外的问题，无关宏旨，孟子谈尚友古人，读其书，论其世，以知其人。我以为要知之深，端在要证到古人所以为创造火光的那一点。

　　三四十年来的中国社会，到处笼罩着现实争斗的气味。一桩特有的收获：智识界一般人，个个满腔成见。叫我们今日来做一点无我的工夫，对艺术家取得创造的会证，无乃不可能？然而呀！读尼采而不做这一道工夫，岂不是可怜的悲剧，面对着一个旷古的艺术奇才奇品，你如何还紧抱着那万般人间成见的纷纷，而硬心抛弃这个绝妙的因缘，不肯来探一探生命的顶峰，创造的纯火？

三

如此，以艺术还他的艺术，我们再来谈一谈如何了解尼采的思想。

尼采的思想！今日这题目几乎不堪提及了。尼采自己有句话，竟已成了痛心的预言："伟大的思想家要靠其被误解的程度以成其伟大。"千古思想家，尼采可算为当代最被误解的一人。诅骂者误解，崇拜者一样误解。

症结在哪里呢？曰，正就在大家忘记了尼采文章是艺术。要以思想还他的思想，你必须透过他的艺术氛围。

尼采的真意是不能直接从字面上认取的。越是他的精彩处，你越要小心，他自己暗示了："每一佳句都是艺术，要了解每句的意义，必须从其艺术上猜射。"通例说法，这就是读诗与读散文的不同。读散文，其真意可顺手接过。读诗，其真意宜间接"猜射"。而尼采的散文几乎是句句用诗的精神涵育出的。

因此，迂学与粗汉，不当读尼采。迂学拘泥咬字句，必要误解害理。粗汉卤莽吞文字，必要误解害事。他们所欠缺，恰恰是"猜射"的才情。

如何是透过尼采的艺术氛围呢？曰，一要了解尼采文字的象征性，二要了解它的抒情性。

尼采之所以为上乘的思想家，实在因为他的思想乃脱胎于一个极端尖锐的直觉。大家莫要把思想与逻辑混为一事。思想是真理的见到。见到真理，可以借手于逻辑，但一辈子玩逻辑的专家也可能一辈子摸不到真理的点滴。历史上超绝古今的思想，大半都由直觉得来。尼采不愧艺术家的本色，最富直觉能力。"不要相信任何思想不是由你散梦中迎面扑来的！"试想象这位孤寂的真理追求者，独步于斯洛士马利，西西利，尼斯，都灵的山径水溪，为人求出路，忽然灵感触来，一条金光落到心头，刹那间他对真理有所见，回家后，捉起笔，写一篇纯逻辑的冷枯文章吗？不可能，在尼采，这是生理的不可能！直觉得来的思想，要将直觉送出去。直觉得来的，所以尼采的思想，往往单刀直入刺到人所未刺的背繁。直觉送出去，所以尼采就像画家作画，忠实看到的，便忠实写到。他不留情，因为直觉里无所谓情，他大无忌，因为艺术家不知有忌。逻辑呢？当然逻辑也有其地位。不过是尼采用逻辑，而不是逻辑用尼采。他化逻辑于艺术之火中而铸出他所特有的一种象征性，抒情性的哲学散文！

一切艺术都是象征，都是抒情。在某种意义下，我以为艺术实可叫作象征的抒情，或抒情的象征。象征是借形表意，抒情是化我入物，二者合而艺术成。

这里所谓形与意，应有界说。通常人为的物品，有体有用，而艺术则有形有意。形与体异，因为形超实质而是一种具有节奏与和谐的配合。意与用异，因为意超实利而是一种属于妙造而静观的意境。凡是艺术必须有意，但意必须附托于形。凡是艺术也必须有形，但形不过所以表意。我们对艺术，可以依其形以会其意，决不可认其形即是其意。

这里面实有个根本的理由。形之成，根据于点、线、体、色、音、字等等因素的组织。所以形之成，势必有其所限。一、必限于具体——官能可触的呆板实体。二、必取于殊相——个别特成的存在。意乃是一种精神的活动，它的性质与指归都不免与形相对峙。意的性质是空灵，当然超出于官能界的实体。它的指归在抽象的，不能拘滞于个别特成的范围。拿着势属有限的形，来表现势归无限的意，是一种永恒的矛盾。而艺术家的趣味与功夫即是要在这矛盾中求成就。本为抽象，必须被具体化起来，但具体化的结果又必须涵蓄着一种回射抽象的功能。形永远不是意，透过了艺术家微妙的手法却宛然取得了"暗示"及意的作用。这就叫作象征——艺术家变意为形，借形示意的办法。所谓透过艺术氛围求认识者，也就是要如何而领受这暗示。如何而可呢？曰，领受暗示，须要"猜射"功夫：从具体猜射到空灵，从殊相猜射到共相——从有限猜射到无穷之那边！

见具体而即着于具体——一切迂学粗汉都是如此扑杀了千古艺术天才的。读尼采最忌见具体即着于具体。

尼采的艺术才情使他特别喜欢象征法，喜欢以具体假装空灵。他惯用绘声绘色的意象，惯用比喻与寓言：这些原都是艺术人的本色，尚不至横生误会。最当留神的，还是他不用意象与比喻而说象征话之时。这种象征话，可叫作喝理象征法。中国禅宗师祖所最流用的。这法的特点是说偏说反。说其偏以喝出理之全，说其反以喝出理之真。听者因此也必当晓得如何依偏以寻全，就反以捉真。究到底，仍不外上面所提"暗示"与"猜射"两点。

尼采关于文化与人生、社会与政治种种现象，种种问题，不知说过了若干喝理象征话！你如果笨头笨脑，见偏而着偏，见反而着反，晓不得向具体文字之外，体会他另有的空灵意境，你看罪属谁家呢？例如他的这几句名言：

> 你们说，有道而战，虽战亦神洁。但我告诉你们吧，善战而战，何道不神洁？

再如他大骂国家，叫现代国家为：

> 一切冷酷妖物之最冷酷者！
> 必要毁灭国家，不多余的人们乃可出世！

你要如何解释呢？说他怂恿战争，他如何又要毁灭国家？毁灭国家又何以作战？却是——尼采的真意何尝在战争与国家？他只是要说透奋斗精神的神圣与夫压制个性发展的绝对不可容，就譬如庄子大呼"圣人不死，大盗不止"，不过揭发战国时代"法令滋彰"的弊病，难道真叫你我杀圣人？

四

艺术之所以为艺术，不仅在其为象征，而还在那象征要彻透着一种抒情性。抒情在这里，不只作抒发感情解。昔人惯认艺术为情感的产品，这见解在今已成戏论。哪一个有意识的人为行动，事实上是纯出自情感？何况艺术！所谓抒情者，当从广义看，而指抒发整个人格，整个个性而言。说真正的艺术要于象征上再加抒情性，只是说艺术的象征还要饱含着艺术家的人格风味。

人格两字的解释，到今日心理学家还觉茫然。我们或可说人格即个性。它是一个人整个体魄内先天条件与后天环境互励互应而成的一种特有的精神统相（Gestalt）。概念上，我们或可把它分为意志、理智、情感各部门，而实际上三者本是混然无间，揉成一团，藏诸内时则为一种潜能的倾向，发诸外时则成为一种行为的作风。艺术创造的特点，就在把这个精神统相的浑然本体依样托出，不让意志、理智或情感任何部门临时作偏畸的活动，而歪曲了这浑然的本来面目。一切创造之中，艺术创造可称为道地的个性自表、人格自抒者，缘故即在这里。如果象征是艺术家借形以表意，抒情是艺术家忠实地把整个的人格不加分解与拗曲而依样倒印到这形意互成的象征中，于是象征点点皆是其人。所谓化我入物，即是此义。

尼采文字是他整个人格的忠实自抒。他行文之际只是把他的个性浑然倒倾于字里行间。他的文字是自有其所特有的精神统相：非理智，非情志，而也是理智也是情志，盖合理智与情志而超为不可分析的人格活现者也。"一切文章，我最爱用血写的！"尼采自己如此说。Stefen Zweig 评：康德叔本华行文，就像蜡烛之光，从上头燃起，只烧个头顶与头脑，尼采却烧着他的血，他的五脏与活力。这些都并不是说尼采只用情感，乃是说他之行文即等于他整个人格的猝然出现，浑然倒泻。舍开这种倒泻，他根本晓不得如何写作，晓不得写作有何生命价值。就这点上说，尼采可算是标准的"抒情"作家了。他的萨拉图斯达固然是一首道地的"抒情诗"，即是他的纯散文的著作，何尝不是一面说理，一面依样抒情？

不！他抒情即是说理，他是用抒情来说理。大家莫把"抒情"与"主观"混乱。主观是一种思维上的成见。抒情是表现上，创造上的一种作风，而也是说理的一个格调。理本来可用多种格调托出的。抒情的格调，我以为最有效，因为它最亲切。它最亲切，因为它能代表一个活灵魂会证到真理的热情景。

尼采的人格或个性，我这里不能细谈。只提出他的中心特点，就是：他追求真理的狂热与勇敢所最后引到的对传统与现状的全面反抗精神。尼采的"抒情"即出于全面反抗的形式。

"我晓得我的命运"！尼采晓得他的命运是个无底止的冒险行程，他要穷探真理。真理是无穷的，而他却必须比个短长，如果探不到真理的整个，他最少要试验出究竟人们可以担当几多量的真理。他的大决心："毋宁人类消灭，不愿知识停止。"他的作风是进、进、又前进。一个心得只加深他对另一心得的渴求，因为任何心得到手，味道便不到家。"无论到哪里，我只发现了虚幻的阿密达图。结果，每次神丧，每次心伤。势不得不提起脚根〔跟〕——疲乏创痛的脚根〔跟〕——再向前程。正因为必须再向前程，我不免要转眼回盼过去，留恋去程里所有的好风光！我爱惜这些风光，正因为它们无能力使我再停留"。

这种不断求真的渴望是尼采心理上生理上的基本事实。再加上我前面所提及他那种敏锐的神经，热烈的情感，自然最容易使他对现状发生一种事事皆非之感，他要寻出一个究竟。尽管他的意见不断在那里成长变化——崇拜叔本华，否认叔本华，崇拜瓦格勒，否认瓦格勒。崇拜艺术、科学，而又抑低艺术、科学以入于超人之论——我觉得他无形中有个根本问题在脑中一贯寻求解决，就是：人生的最后意义何在？而他那时代的欧洲文化又如何处处都好像不足以答复这问题，不能赋予人生以圆满的意义？经过长期的辗转反复，到最后他发现了一个总暗示，就是"颓萎"两字。他发现他的时代的颓萎！

他自己如此象征说：我的天才在我的两鼻孔，专门嗅出颓萎是什么。他嗅出了时代的颓萎气味，不由自主地遍体耸毛，满腔作呕——他要打一个大嚏子。这大嚏子就是他的全面的反抗，"一切价值的重估"！

原来欧洲十九世纪下半叶的思想派别虽然相当复杂，主要潮流却是深浓渲染着维克多利亚的色彩。一切光明，一切乐观。主日讲道的宗教生活、慈善救济的社会风尚、最大多数幸福的政谈、最大产量的经济、爱国主义、妇权运动、和平口头禅、进步必然论……欧洲社会经过拿破仑后半世纪的骚动与战争，到这里乃就像经险之船驶到港口，风平浪静，儿女笑声。欧洲人的灵魂好像已寻到安顿处了，大家正沾沾自喜，而尼采乃就在这时辰嗅到颓萎的气味！

一切沾沾的自喜都是颓萎的先声，因为一切沾沾的自喜都遮掩着暗伏的危机。

这危机是什么呢？在尼采看去，百般时代标志都指点出一个暗中的趋向——万流归海，都要涌出他最恐怖最厌恶的"末了人"。末了人者，末世的末流人，一切同等化、数量化、庸俗化、享受化，不求品质，不求高度，不求内心的健实与猛飞，不求贤达卓绝独立人间的气魄。熙熙趋时，茫不自知其所之，如羊群，如蛾阵，永断送文化与人类于愚昧渺小的坑中！

尼采要倾全力以反对这个末了人世界的出现。

在这一点上，我认为尼采确实嗅到了现代欧西文化的中心病象。他所谓末了人者，四十年来已更显明地成为欧西社会的基本问题。目前Ortega Y. Gasset 以至 Peter Drucker 一般欧美民主作家所称"群众人"the mass man（或 mob-man 与普通所谓群众有别），为现代都市文明所产生的痼疾，为独裁主义者繁殖的凭借者，与尼采所隐忧的对象，根本相同。我以为如果我们能够善读尼采，我们将要发现他对欧洲传统与当时的主要思潮批评得合理与否都是次要问题，他的主要历史作用在他嗅出了一切时代珍宝与招牌背后原来暗撒着末了人的颓萎细菌。他要扑杀的是末了人——虽然活捉巨奸之顷他也打碎了那些珍宝与招牌。了解这点，便可了解他那无分别的全面反抗作风是有他的时代需要的根据的。

因此，我们也可以说：认得尼采的时代便认得尼采立言的苦心和他抒情格调之可贵可爱。认得他这抒情格调之可贵可爱，便当理会他的一切"似非"之词毕竟都有其"是"。

五

有了全面反抗，势必须有全面肯定。说尼采抒情出于全面反抗的形式，其实也就是说他同时必定应用着全面肯定的作风。反抗时，他是批评者，是破坏者。肯定时，他就是先知，就是创业者。尼采的破坏处处都有他创业的企图，而这创业就是他的超人论。

相对看去，尼采的超人是专专针对着末了人而产出，就譬如庄子的逍遥游真人是针对着战国新兴的法士官僚，柏拉图的全知哲王是针对着雅典末运的暴民政客。思想家的理想人格与境界本都有他们的特殊时代作用的。

然而他们也必有绝对的方面，不拘限于时代与空间。超人论不仅对末了人下砭针，乃更是尼采对人生意义的基本探求所最后取得的答案，因而也握有千秋感召的力量的。

说来不耐听，却是事实！大多数人们，如果听其自然发展，结果并不是改善与上升，大半是停滞与堕落。上升要靠眼光与意志的，而眼光与意志却是特出少数人的所有品。人类生活得免于堕落与劣化，端赖历史上不时产生出慧眼慧心的先觉大雄，在那里唤醒大家的沉梦，苦行苦口，劝大家向上攀登。

古往今来有两种做法：（一）道德家本着一套人伦论，劝大家入世学为圣、学为贤；（二）宗教家则本着一套神秘感，劝大家出世成佛、成圣徒。这两派的途径不同，但其不愿人们苟安于凡俗的苦心初无二致。在这点上，尼采超人的呼声也无异于孔、孟、释、耶教人向上的用意。

尼采的异处，异在超人性质的特殊。

道德家的圣贤，辗转萦回于人伦世道里，在尼采看去，总嫌气味平凡，"人类，太人类了"！千万年的人生人死，如何只泥在这"太人类"

的窠臼里永远打跟斗？真个闷葫芦！尼采厌烦极了！他大胆教我们：

> 人是必须超过的！

这就等于说：人生最后的意义不当在人类本身上寻求，应当在一种"超过人类"的努力，锻炼出超过人类的人类。永远在地上作现状的延长，平面的繁衍，是无意的。尼采要我们渴望高度，更高度的攀登，直登到"人类与时间的六千尺上头"，化作为一种别开生面的新人类——就是超人。

超人必是超人类，他的气质不能与现代人类同模样，却也不是宗教家的成佛、成圣徒。宗教家诅咒此生，赞颂来生，尼采的超人却必须"对大地唯忠唯实"，认肉体与灵魂不二。

"超于人"而百分之百地"入于世"——尼采的超人，我认为主要乃脱胎于古希腊的荷马英雄与阿灵比天神的遗意。这一点，大家多忽视了。尼采在这里无形中的雄心可说是于传统宗教与伦理间求出一个新和谐：于某范围内，把宗教家"超于人"的高度配合于道德家"入于世"的热力，再透过苏格拉底以前希腊异教的自然精神、唯美精神，而烧烤出他心目中所独有的理想人格型。

他特别反对基督教义，也就是因为一个高级宗教之中，基督教义乃正得了尼采之反：一套出世的厌生背景而却又喋喋好作"人类，太人类了"之谈！尼采要锻炼出一种新希腊标准来代替基督教徒的一套。在这意义下，他实在是文艺复兴的一贯传统里所涵孕出来的一位最后的"骇人儿"。

可能得很，尼采还受了十八世纪以来欧洲思想界流行的抽象演化论的影响，但像 G. B. Foster 一般人说法，认为尼采大有得于达尔文的生物演化论，便不免又是把诗人的一种空灵意境看呆板了！尼采的超人毕竟应作为一种诗意的憧憬，一种乌托邦的梦求，可望而未必可捉，可然而无必然，因而也更加令人神往。

他的希腊式念头加上他毕竟不能摆脱的耶教"爱人类"的情怀，使他提出两点超人的特质：

（一）超人必是具有最高度生命力的；

（二）超人必是具有大自然的施予德性的。

但在尼采看去，二者之间有必然的关系。最高度的生命力必定是无竭尽的创造者；无竭尽的创造者就像大自然一般，不是为了怜悯人们而施予，乃是因为创造是他的本体，他非创造不可，所以也就非施予不可，施予乃成为他生理上的必然作风，与耶教传统以怜悯为施予之动机者恰恰对称。

把施予或"为他"德性的基础从怜悯或恻隐之心转移到源源创造的生命力上头，这是尼采新伦理的心中意义。如果他尽了他的象征抒情的骇人能事来讴歌生命力，叫大家牺牲一切来作生命力最高度的追求，他最后的目的——在我的猜射——实在还是要看人类修成了一种大自然的身手，"为而不有"，不断创造而当然"为他"！

然而这些话毕竟多余。凯撒林写他的"创性之悟"云：读者要把我这本书当作一出乐曲，并且要从头到尾，不可片段取娱，因为我的书就像一出乐曲，目的在给读者以某种"空气"。我以为了解尼采，最好也不要分析其一五一十，最好当它为整个的乐曲听，设法于灵感上领略它所赋予的"空气"——

> 超绝，
> 自由，
> 大力之泉：
> 创以为予，
> 予而非怜。
> 其宙斯勃发之神欤？
> 亦回乎道氏之仙！

三三、三、十五，嘉陵江畔

（原收入：陈铨著《从叔本华到尼采》，重庆在创出版社 1946 年 11 月版。）

中国心灵
——道家的潜在层
（1947）

一

中国人信奉儒家思想吗？是的，的确如此。每一个受过教育的中国人都或多或少地信奉儒家思想。

然而，事情还必然有另一面——也即反力。因为每一个中国人也同时信奉道家学说，而正常情况下道家的定义就是儒家的反义词！

许多西方人对中国人的性格感到疑惑不解。我认为，这在相当大的程度上是由于他们忽略了中国人性格的双重性。

事实上：我们从社会而言尊崇儒家，而在个人而言则信奉道家。我们作为儒家的忠实信徒，身受我们社会叹为观止的上层建筑、错综复杂的家庭关系以及无数传统习俗的制约。尽管如此，我们作为个体，却是不折不扣的道教徒。

人的性格在他独处时和在他群居时截然不同——我们内心觉得更自在、更愿意拥有的自我同我们在公众场合下要求自己拥有或不得不拥有的自我不是一回事。心理学家也许会用一个字眼来描述前者——潜意识。在意识层面上我们是儒教徒，但在模模糊糊的下意识里我们对自己骨子里的道家思想惧喜交集。惧的是我们应该是彻底的儒教徒，喜的是我们知道自己其实不是。

儒家思想既实际又平淡乏味。社会、社会控制、合群、在公认的规则和得体礼仪的指导下互利互惠——这些只是对任何过得去的群居个体的基本要求。其中最要紧的是责任——也就是个人对其他人及社会所负有的责任。

而另一方面，道家思想不关心社会或社会秩序。它同人类设立的各种社会制度形成对立，它推崇自然和自然状态。在这种状态下，个体和个体的自由表现成了诸事的目的和理由。道家代表了一种自由精神——我行我素，不在意社会的反应和自身行为可能对社会带来的影响。我们在此所指的道家是有教养的中国人所拥有的一种微妙而持久的心理状态，而非与此同名的、由道士们捏造出来的、神祇等级森严的迷信大杂烩。后者是一种大众宗教，因此也是一种社会制度。前者是一种哲学态度，甚至是一种唯美的性情。它不断地寻求表现，但绝不愿意固化为制度形式，不管是宗教制度还是其他制度。

儒家思想要求人们负责、合作和从众，从社会的角度来讲，它起到联合、保存和持续的作用。道家思想体现个体自由意志，总是导致异议和分歧。他们两者的确大相径庭。然而，正如生活中的许多悖论那样，对立面常常并存。这两种思想在一个文化中，还有在一个人身上的综合体现，在很多方面米看都不无裨益。我们是不是可以这么说，他们提供了中国人生活中的正面和负面因素——他们一阴一阳，互为补充，辩证地引导生活走出时时出现的僵局；正因为有了它们，中国人才没成为偏执狂，中国才不那么单调。

二

我们应该小心，不要随随便便地把道家思想同西方的自由主义等同起来。不错，两者都倡导个人自由。但要把它们当做一回事，那就太天真了。道家的自由是一个先于社会存在的或脱离社会的个体自由，而西方的自由意志是指一个意识到社会存在的个体的自由。

一般而言，隔开这两者的鸿沟也许就是隔开浪漫主义和现实主义的鸿沟。欧洲的第一股浪漫主义潮流兴起时，卢梭等人对文明发出谴责，当时他们所倡导的自由是道家式的自由——田园诗般的、抽象的、普遍化的自由。但这只是昙花一现：它很快就被一种本质上完全不同的东西取代。后卢梭时代的自由意志与其说是浪漫主义，不如说是讲求实际的稳健。问题关键不在于普遍化的自由。这个概念早就被放弃了，因为西方舆论，甚至理论界，都认为它站不住脚。问题的关键在于，自由是摆脱某种具体事物的自由、追求某种事物的自由。言论自由、集会自由、信仰自由，还有极具特色的订约自由皆自此而来。西方的自由意志有明确的定位和具体的目标，所以它一开始就是一种现实的和精心策划的驱动力。已故的罗斯福总统所提出的四大自由是针对 20 世纪的失业和独裁现象提出的改良自由主义，同前者一脉相承。

可是道家思想中不存在具体目标。道家视普遍化的自由为当然，但并未给出其具体内容；它主张全盘推翻文明，却不指出可行的替代形式。在道家子弟看来，自由并不是把自我从具体的人事中解脱出来，而是让所有人从所有的人事中解脱出来。于是，具体问题抽象化了，不复存在；方向感和驱动力陷入了理想主义的迷津。

自由意志本身的特点决定了它对社会的承认。尽管自由主义者极度推崇个人价值，但他的"公民意识"很强。没有一位重要的欧洲思想家倡导过回归全无法纪的原始状态：法治是他所倡导的自由的恒定基石。即是浪漫主义者卢梭本人所提及的自然状态也不是一个历史事实，而是借以推出他的社会契约论的一个合用的概念——社会契约论的名称本身就暴露了作者的社会意识和法律原则至上信念。一个真正的道家信徒根本就不想同法律和契约沾边。他在嘲笑儒家鼓吹的道德和品质的同时嘲笑它们。他像一个虚无主义者那样全然否定社会。

西方的自由主义实质上是一个社会群体在追逐权利时发出的战斗口号：新兴的资产阶级要取得推翻旧制度、重建社会的自由。道家思想是艺术家、乡野之士和漂泊不定者的哲学。这些人觉得在生理上无法适应过度城市化状态下的拥挤和污秽，于是不耐烦地叫道："我要新鲜空气！我要新鲜空气！"新鲜空气是他最迫切需要的解脱方式。如果他提议离开污秽的房间去室外做深呼吸的话，他根本没有想过要为自己和难友们建造一个配备科学的通风设备和装置的疗养院。西方的个人主义源于新的、正在蓬勃发展的技术，不可避免地趋向一种新秩序。道家思想不受任何技术变革的驱动，灵感主要来自对过去那种单纯的社会的回想。那种社会要么不曾存在，要么已经无法重现。西方个人主义敦促社会行动；道家思想是一首表达个人喜恶的抒情歌曲，这种喜恶不管有多强烈，也只是个人的私事。

这样一来，我们就弄清了一个基本点：西方个人主义是一种信念，道家思想是一种杰出的怀疑论。

每一个西方个人主义者都有采取社会行动的冲动，因此总是能意识到追随者的重要性。他迫切需要听众。他全力以赴，想要说服人们接受他的信条。他必须说明自己的方案的好处和可行性，而且本人也必须是一名狂热的、散布新的真理标准的传教士。在这里，心理作用的法则生效了。狂热分子因为过于专注于催眠他人，结果自己被催眠了。由于他有实际的动机，他很快就对自己事业的正义性深信不疑。利益转化成了权利，权利又被进一步升级为永恒真理。虽然自由意志个人主义一开始时讲求实际，但它必然会变成一种信念，一种被推上宝座以取代旧偶像的新信念。西方个人主义者一般认为上帝不容置疑地站在自己这边。他完全确信——确信自己在道德上高出他人，确信自己必将胜利。

道家信徒什么都不确信。在以上的分析中我们提到，道家信徒从性情上来说是个怀疑论者。他在本质上是位艺术家，视信念如浮云。他不会为了群体的利益去做什么。他也不会用道德的尺度来衡量事物。没了这些社会考虑之后，他就用一种遗世独立的目光"看穿一切"。这种目光似有魔力，能肢解信念、揭穿社会象征。道家信徒总想质疑事物的最终价值。他像一头老狐狸，碰到什么都要上下前后地审视一遍。他不轻信，别人不加质疑的东西他更不轻信。他斜睨时总是自觉不自觉地露出恶作剧的神情，那些轻信和忠实的人们和他在一起时总不那么自在。

三

道家思想可以被定义为经过尼采口中的"伟大的不信任"之火洗礼的浪漫个人主义。相对谦恭合群的儒家思想，它是自然而必要的对应物。不管发生了什么事，道家信徒的第一个反应就是要"批判"，他在这个人味过足的世界里看到了太多的愚昧和恶俗。

批判的冲动也许是道家信徒最基本的特性。然而，如果只是批判世界，那他只是半个道家弟子。一个成熟的道家信徒会从批判人世起步，并以批判自我为终结。

或许，最好的描述道家信徒的心态的方法是画一条心理活动曲线。

曲线一开始时向上攀升，这时候批判的火力瞄准的是外界的目标。火力越来越强，强到了白炽化的程度。此时此刻，道家信徒的形象符合西方对人的最高境界的普遍看法。他直面世界，斗志昂扬。在这个关头，他最有可能采取行动。如果这位知识分子的不羁态度能同当代大众的不满情绪结合起来，他可能会转化为一名革命者。

然而，典型的道家心性一般不会转化为革命情绪。他不太合群。他是位骄傲的艺术家，遗世独立，他不需要同志。他命中注定要同万事万物斗到底。不可能有比这更激昂、更紧张的心态了。

可是，他全无发泄之处。他完全不懂得怎样用实际利益和具体问题来衡量即将来临的这场战斗，所以就不知道何从出击。他那饱和紧张的情绪一旦受阻就反作用于自身。非出自愿的压抑把越来越激动的情绪挤压到一个狭窄的平台上，精神危机出现了。这种情绪在如此岌岌可危地高度受阻，很快就转变为狄俄尼索斯式的酩酊大醉。他开始在情感上自我放纵。他既没有抓住无我境界，又没有掌握好自我，他索性自暴自弃了。他不再反抗，只是无视一切。他有点心醉神迷，既觉得有点痛苦，又觉得有几分喜悦，他找到了一种非常道家的发泄方式——酒醉之人辛辣的笑声。

这种情形的最好例证是公元三世纪的"竹林七贤"。在他们看来，一切习俗都是烦扰，道貌岸然即为平庸。他们一丝不挂地聚集在竹林里，边喝酒边无情地嘲弄尘世。但还有比他们更好的例子。狄俄尼索斯式的酩酊大醉经常会升华成一种充满活力的艺术形式。它体现半清醒状态下的人的超凡力量和风度，但没有半点竹林七贤的过度粗野。李白的个性和诗篇也许是这种狄俄尼索斯式的活力的最健康、最崇高的表现。他那些狂放不羁、充满阳刚之气的诗句使他在中国诗人中鹤立鸡群。

中国人最崇拜的就是这样一种狄俄尼索斯式的叛逆。在他们眼里，他超凡脱俗，善恶标准和社会制约在他身上不起作用。他处于一种唯美的精神恍惚状态。这样的人可以身为地方行政长官却从邻居那里盗酒喝，而且还能赢得全国上下一致赞美。这样的人也可以做个鲁智深式的和尚，打破一切清规戒律，打伤方丈，死后却仍被奉为圣人。

但这种福境不会持续太久。由绝望无助而来的精神麻木必然会告终——这时心理活动曲线就开始走低了。

酒醒了，行动的可能性不复存在。他的脸部肌肉回复到正常表情，自我和非我间的紧张缓解了。此时他不由得自问，这一切的意义何在。"为什么激动，为什么生气？"这位前叛逆问道。如果说狄俄尼索斯的酩酊大醉还透出一点世浊我清的意思的话，那么随后而来的清醒则使他自疑不止。我知道些什么呀？于是他开始自我批判。他看出了诸事的不堪和自身的愚蠢。随着一声轻笑，他放弃战斗，退隐山林。狂暴的叛逆变成了谦卑的隐士。暴风雨之后是心平气和的日落。

四

我们不能把道家的退隐同佛教的与世无争混淆起来,这一点很重要。佛教徒之所以与世无争,是因为他怜悯尘世的苦难;他心情沉重。道家信徒之所以退隐,是因为他藐视一切。但这种藐视不带痛苦成分,他是兴高采烈地退隐的。前者是"严肃"的化身,压抑而庄严,饱含同情,预感不幸。后者则是旋转起舞之后感到的解脱,需要用醇酒来庆祝。道家仙长体态轻盈,腾云驾雾,含笑前行,大袖飘飘,无牵无挂,不愠不火,不知尘世为何物。

佛陀把涅槃当作最后的希望和最终的信念,而真正的道家弟子什么也不期盼,什么也不相信。他从世间抽身而退,并不想寻找什么天堂,也不想要什么定局。他退隐是因为他看透了一切。在他的余生中,他将同世人互不干扰——他不想要什么,也不想做什么。他对一切持怀疑态度,但他既知世间万物的不足,就不再计较什么了。他也不会把自己的怀疑上升为教条。他有一种皮浪主义的泰然自若,怀疑一切知识,甚至怀疑对自身无知和疑问的了解。于是他就处在了信与不信之间的平衡点上。他保持沉默,不作任何表态,他找到了自己的自由。

道家隐士是真正的自由身,悠游自在。他之所以是真正的自由身,是因为他完全生活在此时此刻中。他对生活的态度是来而安之,去则若素。由此他摆脱了时空的沉重感。世界知名的各种宗教用诸如转世或救赎之类的概念来超度灵魂,但时空仍然沉甸甸地压在人的心头。只有道家子弟才能获得那种奇特飘渺的、似乎包容了时空的灵性。他们不求永恒,而是把永恒分解为原子般的小片段,并将自己随机地融入其中。其结果是一种既内在又超验的"泛神式的恬静"——就像一条浮在水面上随波逐流的鱼,又像一只凭借气压变化上升下降的鸟。从表面上看它们是静止的,而事实上它们在灵活地自我调整。"静态"一词远远不能描绘其间的微妙。

这也就是中国山水画的精神源泉。

中国山水画是道家隐士对世界的感悟,这种艺术形式再恰当不过,而它所运用的工具也是无可替代的。如果你愿意的话,请你拿起任何一幅明清时代的存世杰作来。随着画卷的展开,你的身心立刻被带入一个人与自然合二为一的境地。这种艺术给人的最大满足在于它的泛神式的宁静。这种宁静来自一位在批判过诸事万物之后意识到批判本身亦无济于事的人士。他抽身而退，但他又无所不在。因为他无所不在，所以他能在作品和灵魂中忘记有限的自我，从而消除时间和空间的紧张感。叔本华认为，艺术的终极功用是解脱灵魂，而中国山水画把这种功用实现得再微妙不过了。

毫无疑问，中国的道家信徒通过山水画使自由王国永存。这个自由王国是他为自己创造的，有别于儒家的社会关系和责任王国。

五

我们说中国人在潜意识里尊崇道家，是因为他有反叛或退隐精神。但他是否一定成为反叛者或隐退者并不重要。关键是他有这种意识。

不管中国人的行为有多遵从儒家思想，他那叛逆加隐士的内心却别有一番感受。半个他做出某种举动，另外半个他一直冷眼旁观。中国人的这种双重性格有点像西方的、分别源于古典异教思想和中世纪基督教的"肉体—灵魂"之争。它们的心理和文化内涵都一样复杂、一样深刻。

西方许多粗心的观察家把中国人称为从众主义者，因而引发了许多误解。中国人既是最伟大的发明家，也是社会习俗最激烈的批判家。它们身上儒家的那一部分在发明，而道家的另一半则对此嗤之以鼻。发明出来的东西越复杂，对它们的反感就越深。

这是中国人有别于日本人的地方。日本人天生就是固步自封的从众主义者。普鲁士人在正步走的时候最开心，他们则满心喜欢大幅度鞠躬和仪式上穿着的服装。而中国人从内心深处厌恶僵化刻板。在执行必须的任务的时候，他们总想"离题"。三世纪时的著名诗人兼音乐家嵇康同他的朋友山涛决裂，因为后者让他做地方官，还坚持要他穿上官服。他反映了他的同侪的心声。做地方官一事本身并没有令人不快，但是儒家为了维持官方尊严而精心设计的规章制度未免太不合道家的口味了。

离经叛道者和隐士的自我表现形式可能不同，但他们都一样讨厌规章制度。离经叛道者对它们发出挑战，隐士有意规避——前者铤而走险，后者风度翩翩。他们事实上都在寻求"逃避"。一个性情与俗世不合的人必须通过这样的逃避才能表现自己的创造力。因此，中国艺术无论是表现出狄俄尼索斯式的动态还是泛神式的宁静，都不可避免地带有一丝逃避情绪。当然，根据创作美学理论，这种逃避注定会给人们带来欢乐和灵感。

但一个人可能并不需要逃避——尤其是在他不想创作什么的情况下。除了当离经叛道之士和隐者之外，我们中国还有著名的第三种人——流氓。流氓是不寻求逃避的道家信徒。

从内心而言，流氓同其他两种人士一样怀疑一切。一开始他也想反叛这个儒家思想过于浓郁的世界，也想退隐。但他没有这么做。"何苦呢？"他问道，而这个问题没有人能解答。他什么也没做。

那他有没有屈服于为他所不喜欢、甚至鄙视的力量呢？他有没有把自己的灵魂抵押掉？显然没有。

道家信徒认为，一个人的内心体验可以同他的外部行为区别开来。一个人的行为可以入乡随俗，但他内心不必如此。从众并不意味着内心的赞同。相反，它有一个极大的好处——让人不必卷入社会纷争，在平和的外部环境下享受心灵宁静。要是这样的话，那为什么不跟周围的凡人一样行走、弯腰、欢笑、哭泣呢？

这是不是虚伪？是的，如果一个人坚持认为行为和信念必须一致的话。但要是一个人能够——而道家流氓也不明白为什么不能够——区分两者的话，根本就没有虚伪不虚伪一说。

这也不是愤世嫉俗。因为愤世嫉俗包含着一丁点痛苦和怨恨。这可能导致狄俄尼索斯式叛逆者的精神醉酒，但在流氓那里却行不通。一个真正的流氓在精神成长中走得比离经叛道之士或隐者都要远。他很诙谐，不会自高自大。事实上，如果说他的内心不受他的外在行为的影响的话，他的外在行为也有实际的自主权。他可能机械行事，意识不对此做出任何评估。道家流氓甚至可以像天真的孩童或老练的演员那样现场发挥，一边表演一边流露出发自内心的快乐。他不但珍惜内心的自由和纯洁，也珍惜这种快乐。

所以，道家流氓是好伙伴。他既然已经选择与凡人为伴，那他就不会让人失望。他牢牢地锁住内心世界，但他不想让别人不安。他可以立刻融入大众，开开心心地又跳又唱，有时流于享乐。

我们的流氓高高兴兴地从众，而且不加分别地从众。所有一切都是形式，这一种形式同那一种形式差不多。所以最方便的做法就是一概遵从。毫无疑问，流氓的这种不加分别的从众是中国的许多风俗和形式即使在意义荡然无存的情况下仍得以流传至今的原因之一。

然而，一个流氓从众者不是真正的从众者。他内心的价值观和尺度仍保持独立不灭。尽管每一个中国人都继承了儒家的无数繁文缛节，他的心灵仍像空中的飞鸟一样自由。毕竟，如果一个人只把形式当成形式，就算有数不清的形式又怎么样呢？

六

叛逆者和隐士逃避社会。流氓在社会上随波逐流。人们会问，道家信徒会不会变得完全不像道家信徒，欣然接受社会并且试图指引或塑造社会？

儒家信徒总喜欢用个人意志左右形式，而且对此念念不忘。然而，道家思想不需要任何形式、反对任何形式，它在历史上的作用一直是这样的：一旦儒家的形式沦为繁文缛节，他就会起来反对和批判，如果必要的话还会阻扰和破坏形式。道家信徒有没有促成过中国历史的形成？无形式至上的灵魂会不会在某些时候赞同形式？以拒绝从众出名的人会不会回心转意，不但像流氓那样从众，而且积极地投入到对形式的宣扬上去？

在这里我们就触及了道家人格中最最微妙的蜕变——"回归主义者"的出现。

这种道家信徒在断然出世之后又决定重返社会。他曾经批判自我和所有形式，带着火燃尽后的余灰退隐山间；现在又像虔诚的斗士一样高举形式的火把冲进〔出〕山谷。经过大胆的否定之否定，这位道家信徒用意志力使自己成为最积极的人。回归主义道家信徒是中国文化所能产生的最高层次的人格。在中国人眼里，他身为道家却为儒家思想奋斗，是最伟大的政治家。

既然这是人类的完美境界，这样的人在中国的历史长河中寥若晨星。最恰当的例子可能是三国时期的诸葛亮。他隐居河南家乡，不愿卷入到当时汉朝的灭亡和诸侯的崛起中去。只有在刘备的多次恳请之后他才答应辅佐他。他的任务吃力不讨好，因为他得在一条确立已久的儒家准则毫无实现希望的情况下为之殚精竭虑。

这条准则就是合法继承这一伟大的政法原则：不能允许篡位者掌权，皇位须由真命天子来坐。这是整个中国社会赖以存在的最重要原则，儒家信徒会愿意为此献身，但道家信徒不怎么会为此激动。可诸葛亮还是接受了这一任务。他完全中立，入世的理由同不入世的理由一样充分。于是，他一旦用超人意志力使自己变成人，就会不屈不挠地为其他人所信奉的事业奋斗下去。虽然困难重重，但在他的坚持和指导下，一个继承发扬汉朝荣耀的帝国终于在中国西部建立起来了。尽管如此，在他死于最后一次汉尼拔式的对篡位者进行的征讨途中的时候，他从内心来讲仍然是一个道家信徒，入世后的成败丝毫不能影响这一点，而这使得历代中国人为他的生平心情激荡。

回归主义道家信徒的显著特点是，从心理而言，他是"下凡"的仙人，自愿到人间指引人们，他的洞察力也因而高出他人。这种洞察力是一个精神自由的人的洞察力，因为尽管世界需要他，但他不需要从世界得到什么。因此他就能保持客观，看穿人们复杂、盲目的心理行为和反应，自己也不会为其所困。他一眼就看到了人类问题所在，面无难色地以大刀阔斧的办法解决问题。深受道家思想熏陶的政治家的战略通常直截了当。相比之下，儒家对于人性化的策略看起来就太拐弯抹角了。

道家回归主义者认为世间万事都可以静悄悄地解决，不需要太多的喧嚣。他不会像墨索里尼或希特勒那样浮夸做作，只因为夸张的手势太费力，而做作则品位低下。他是个远足来到政治领域的普通乡下人，虽然这次远足可能是终身的，而且在执掌国家大权的时候他也像个普通的乡下人，毫不贪图儒家式的浮华。

道家政治还有一个特点，那就是为讲究合群的儒家子弟所不齿的"没有人情味"。儒家子弟强调"鉴情"，因为他们觉得人之所以为人，是因为他们有体贴和仁慈之心。而这种思想不可避免地导致妥协和偏离，成为中国政治的一个毒瘤。道家信徒批判自我，所以无我。他在担起人世的责任之后，直觉地追求一种衡量人类行为的不偏不倚的方法。于是，一个有趣的现象产生了：尽管道家信徒以反对法律和"法制"闻名，但道家回归主义者的执政更像"法家"，而非儒家。马谡是诸葛亮的挚友、不可或缺的左右手，但他在无心之间触犯了军令，被诸葛亮处死。这是"道家式的严厉"的经典范例。道家和法家在此出人意外地找到了共同点：对大公无私的标准的看重。当然两者也有区别——后者不折不扣地执法，对自己的法律优势信心十足，而前者间或自言自语：终究是空，一场空！

既然道家信徒天性超脱，有人会问：他在行动的时候会持之以恒吗？一个毫无私己动机的战士会战斗到底吗？会不会有这么一天，他对人性再次绝望，于是抛下武器，洗手不干？

毫无疑问，一位超脱之士在行动之时总有叫喊"够了！够了!"的冲动，但完美的回归主义者，例如诸葛亮，不会放弃。他一旦决定"回归"，就不会自动退隐山林。倒不是说他还有自尊，而是因为他认定，没有什么能让他绝望，只有孜孜不倦地执行既定责任才能使自己获得新的自由。

他的决心有一点点宿命，有一点点像宗教信仰，这是道家流氓、叛逆和隐士所没有的。人们不由得想起《福者之歌》里那些著名的词句——

> 让我来做这一切，我心系永恒，
>
> 无所企盼，我说"这不是我的"，无所悲哀，准备战斗。

就像命运本身那样，他坚定地前行，直到生命的最后一口气——既不在意成功也不在意失败，但尽量做到有始有终。这是坚忍，不是残忍。

事实上，道家回归主义者不带私利的行动有着一种大自然般的泛神节拍，不急不缓，永不停息。这同西方汹涌澎湃、以改变他人为目的的行动主义截然不同。后者像歌剧高潮，激情四射，压倒一切；前者是一种难以捉摸的扩散，渗透一切，并能持久。如果说中国的领导人罕有荷马史诗式个人魅力和冲劲十足的英雄，那他也曾在那些或多或少体现道家这种不动声色而持久的特色的政治家们的帮助下，历经风雨而不倒。

写于斯坦福大学

（吴晓真译，原载：美国《观念史杂志》第3卷第3期，1947年6月，转自许纪霖、李琼编《天地之间——林同济文集》，复旦大学出版社2004年6月版。）

欧洲各国的形势
——林同济致友人的一封信
（1947）

　　林同济教授赴欧美讲学，已近三年，国内久不风其言论及文字。林氏近有致友人之一封长信，述欧洲各国的局势，甚有见地。现值美苏在欧角逐斗争之际，读之可知其来龙去脉。（编者）

××先生：

　　月之十日上一函，谅已督谅。本拟即行赴英，嗣闻十月间法国或亦有船赴华。因暂留此进行一切，盖船少人多，须向法官方与公司托人情，始有希望也。惟英船亦在进行中，双管齐下，得一即行。船位如此难得，亦足见战后欧洲情势之一斑矣！

　　本函请略谈各国的局势。

　　不到欧洲，不能亲切感到两点：1. 欧洲情势之危急，2. 美苏声势之浩大。在美所闻终不免隔岸观火。半年来，在欧之各国，踏其市，居其居，食其食，见其人，一切乃都具体化。欧洲情形，可说是无日不在 crisis 之中。每一 crisis 发生，美苏一言一动皆引起极敏捷之作用。

　　所谓情势危急者，根本自在经济。但其最后之意义，乃尤在其政治与文化之影响。与各国有识之人士谈，均认为今日之 crisis，是真正一个 total crisis。一国之变，牵连到全欧洲之变。经济之变，将影响到整个欧洲传统文化之前途。这种文化命运之涵义，使欧洲人均感得此次经济危机，与上次欧战后大异其趣，不但肉体受累，整个灵魂都要发生问题。而因此每人对每一事变之态度，空前紧张。此中包含之爆发能力亦必空前强大。

　　因为问题重大，大家尚持重不敢轻动。目前欧战各国政府，都代表和缓折衷之势力。但下面的民情，火烧日急。所以尚在观望不动者，实由于美国救济之一望。此望一破，情势必将急转直下。

美国知此，苏联亦知此。第一大关头，即在本年冬天。去岁奇寒，今年大旱。法英德都歉收。大家望着本冬之衣食问题，不寒而栗。

马歇尔计划是维持欧洲人心之惟一慈灯。但远水不救近火。度本冬，势恐需美国之临时救款。马歇尔对此已表示态度，只不知杜鲁门与美国会是否果看到而且做到。整个欧洲（英国在内），都眼巴巴等待，虽然克里浦斯强作豪语，认英人须自力更生。

欧洲基层经济事实，自是生产力残破。食品缺乏，用品缺乏，发而成为物价高涨、通货膨胀等病象。情势虽不及中国之支离，但百年来高度生活水准与物价享受哲学，使他们心理上产生一种空前烦闷、愤怒，实充满了铤而走险之大可能。

走险之形式，当前出于总罢工。总罢工只增加经济之困难，绝不能解决经济之症结的。但总罢工之意义，将在政治大变动上表演出来。整个社会生产力停顿，没有政府可以维持治安，在全面纷乱中，只有极左派或极右派来应用其暴力手段，硬建起一个极权之政府。左胜则全欧赤化，右胜则希特勒局面复兴，两皆可引起第三次世界之大战。

从此方面看去，最关键之国家厥为法、义。过去美国之政治家，以为救英国即可了事。今日美国执政者渐渐开始看出真正危机，兀在法、义。盖英国工人究竟是受了工会主义、费边主义之领导，共产党之力量无多。在法、在义，则不但大多数工人已由共产党把持，而且共产党本身已成为政党中之最有力者（在法为第一大党，在义为第二），总罢工之权，多少都操在共产党之手。

尤微妙者，到今日止，法、义共产之策略，并不以总罢工之非常手段，为其所得政权之途径。到今日止，法、义之工潮，与其说是共党之鼓励，不如说是工人工会舆情之激昂（即如数日前成万工人示威经过济之窗下，皆各工会之举，不是共党之领导）。法、义共党所用之策略，已超出总罢工一步。他们的妙计是充分利用议会政治之机构与不开竞选之步骤，以"顺取"政权。与其他各国共党之"逆取"方法两异。此半由于他们领导人之高明（法之 Thovy 义之 Togliotti 皆上乘人才），半亦由其已成合法之大党，乐得顺水推舟也。因此，他们目前只注精会神，设法取得工人以外之民众欢心，收罗各阶级分子。一方面再散布种种不安的空气，以中伤现政府之威望。他们的算盘，是要预计于下次普选中，取得绝大多数而上台执政。如此，用纯粹合法手段，轻轻化法、义为赤色之邦。彼时美国亦只有哑子吃黄连，有苦说不出了。此点实是美国所大忌而大惧。预料最近期内，美对义、法经济之援助，将必有更积极之表示也。

所谓美苏争雄之局面，目前已甚简单。东欧东德已入苏联圈中，此是定局无可挽回。（济在德所遇之美英法人员，皆认苏联无意退出东德，四强对德和约无望成功，德之两分，势所必至。）未定之局，要有两处：西为西欧，东为中国，两者相较，西急而东缓。目前短兵相接，正在西欧。美苏形势优劣之决定，专看西欧局势之转移，而法义两国之政局，尤握有西欧局势之枢纽也。济五月间在义时，即眼看共党势力膨胀到素称保守之西西里。最近之声势，似更活跃。法国之情形略缓，但人心日感不安。前晤 Audre Siegfried，告以共党势力已到极峰，此后不能再进。私意此语未必为然。就法国之内在情势说，经济政治之日愈，只有眼看共党势力之日增。如果不增，此实由于马歇尔计划与美国援助之吸引也。究竟如何，吾人可于十月中旬之全国省议员选举作一测验。此虽非国会选举之比，但可示民意倾向之一斑。

写来不觉话长而杂，谨暂结而作数语如下：

1. 西欧各大国之战后政治，本由中道（Middle Way）之和缓改进派取得优势，但内在经济之演变，似逐渐使左派增加势力（最少增加潜力）。在英作为工党左翼之批评日亟，在法、义作为共党声势之增加。

2. 但整个西欧内政之阵势，都渗透着美苏两国之影响。左倾之趋势，暂由美国之金钱堵挡，究竟抵挡得住与否，近须看冬前美国临时救济之如何，远须看马歇尔计划实现之程度。

3. 西欧经济之好转与恶化，决定西欧政治之右倾与左倾。西欧政治之转移，亦即决定美苏阵势之优劣。

4. 美之强点在有钱，但苏之强点是在法、义两个大国树立了有力的共产党。苏只须把已破坏之西欧经济再加破坏，便可使共党在法、义占上风。美则须从重建健全之西欧经济上寻求现政权之稳定，美之工作，自较吃力。

5. 美苏在西欧之斗法，将于此次联合国大会失败后，更加急转。美势不容待，将先主动。苏则于消极破坏之中，静待美国本身经济之破绽。美国目前之急问题，似乎不仅在抢救西欧之经济与政治，而且还要留意到本身经济之健全方针。一般美国经济家都在担忧经济恐慌（Depression）之来临。如果他们所忧有据，则美国今日对苏之条件，须包括一段全面自省、自新的工夫。听说司徒森最近有 Peace Production

Board，National Food Conservation Plan 等等之主张，或即是看到此面
之需要？

林同济敬上，九月十八日，巴黎

（原载：上海《大公报》，1947 年 10 月 8 日
第 3 版。）

林同济年谱简编

1906 年　0 岁

3 月 27 日，出生于福建省福州一个士大夫家庭。

1914 年　8 岁

随家人迁居北京。在家中学习经史子集。

1920 年　14 岁

入北京崇德中学读书。雷海宗曾在该校就读。

1922 年　16 岁

北京崇德中学毕业，入清华学校高等科。

在清华四年中，既有对中国传统历史与文化的学习，如国文、修身、通史、上古史、中古史等，也有地理、生理、物理、化学、平面几何、手工、音乐、体操、英文等新式课程。与后来作为"战国策"派重要成员的贺麟、陈铨是前后届同学。

1926 年　20 岁

7 月，从清华学校毕业，公费留美，入美国密歇根大学政治系。

1928 年　22 岁

春，从密歇根大学毕业，获学士学位。

夏，入威斯康星大学暑期读书。

秋，入加利福尼亚州立大学伯克利分校，为政治学方向硕士研究生。

1929 年　23 岁

夏，获加利福尼亚州立大学政治学硕士学位。

林氏所著 *Political Aspects of the Japanese Railway Enterprises in Manchuria* 由伯克利分校出版社出版。

1930 年　24 岁

任加州大学伯克利分校东方语言系讲师。

同时担任加州奥克兰市米尔斯（Mills）学院中国历史与文明专业讲师，并结识后来成为妻子的美国人黛南·格雷（Adeline Gray）。

同年，林氏所著 *Political Aspects of the Japanese Railway Enterprises in Manchuria* 再版，并以《日本对东三省之铁路侵略：东北之死机》为名由上海华通书局出版中文版。

1931 年　25 岁

参与汉代桑弘羊所著《盐铁论》的英译工作。

九一八事变爆发，深受震动的林氏在救国理念下逐渐形成"力的人生观"、"战国时代"、"大政治"、"尚力政治"的观念。受西方尼采热影响，大量阅读尼采著作。受斯宾格勒、汤因比文化研究学说的影响，逐渐形成"文化形态史观"的观念。

1932 年　26 岁

辞去加州奥克兰市米尔斯学院中国历史与文明专业讲师的职务。

1933 年　27 岁

辞去加州大学伯克利分校东方语言系讲师职务。

1934 年　28 岁

夏，获美国加州大学伯克利分校比较政治学博士学位，博士学位论文 *Japanese Expansion to the Northeast：Methods and Mechanism* 由伯克利分校出版社出版。

8月，应邀回国后出任南开大学政治系教授兼经济研究所教授。

在日本东京与美国人黛南·格雷结婚，回国举行婚礼。黛南·格雷也应聘在南开大学教授英文。

1935 年　29 岁

参与 *Nankai Social Economic Quarterly*（《南开社会经济季刊》）、*Economic and Politics Quarterly*（《政治经济学报》）等杂志的编辑工作。

1937 年　31 岁

7 月 16 日，林同济应邀赴庐山参加由国民政府行政院长蒋介石主持召开的全国学者贤达各界领袖国是谈话会。

7 月 30 日，南开大学遭到轰炸。

8月，护送林氏家族成员赴四川重庆。黛南·格雷则避居上海租界。

9月，转任云南大学文法学院院长、经济系主任。

1938 年　32 岁

6 月 15 日，发表《大政治时代的伦理——一个关于忠孝问题的讨论》（《今论衡》第 1 卷第 5 期），以"忠孝"观念为切入点反思中国传统文化，强调传统"孝"道流弊多多，在抗战时代应倡导"忠为第一"的伦理观。

同年，与雷海宗参与由钱端升主持的《今日评论》的编辑工作。

1939 年　33 岁

6月，发表《优生与民族——一个社会科学的观察》（《今日评论》第 1 卷第 23 期）。

6月，兼任云南大学文学院院长、政治经济系主任。

1940 年　34 岁

4月，与雷海宗等人主办的《战国策》杂志开始出版。在创刊号上发表著名文章《战国时代的重演》，运用文化形态学的方法，强调世界进入新的"战国时代"，这是一种全体战、歼灭战，没有战斗力的国家必定灭亡，强调空谈、和谈皆误国，除了抗战到底没有第二条路可走。中国必须重新思考文化传统与内外政策的基点。

12月，发表《第三期的中国学术思潮——新阶段的展望》（《战国策》第14期），认为"五四"以后中国学术经历了"经验实事"时代和"辩证革命"时代两个阶段，只看到了点与线、平面与偏面，在抗战时代，学术界必须要进入"全面"、"全体"阶段，即文化综合或文化摄相时代。

1941年　35岁

7月，在《战国策》杂志第17期上发表《廿年来中国思想的转变》，《战国策》杂志因"空袭频仍，印刷迟缓，物价高涨"宣告停刊。

12月初，与雷海宗等共同主持的《大公报》"战国副刊"开办。

12月，先后在《大公报》"战国副刊"上发表《从战国重演到形态史观》和《士的蜕变——文化再造中的核心问题》两文。在《从战国重演到形态史观》一文中，林氏以文化形态史观的方法把世界上各种文化的演变分成三个阶段：封建阶段、列国阶段和大一统阶段，与雷海宗的文化发展五个阶段分期有异曲同工之意。

1942年　36岁

春，黛南·格雷历经艰难抵昆明与林同济团聚。

1—6月，在《大公报》"战国副刊"上先后发表《柯伯尼宇宙观——欧洲人的精神》、《寄语中国艺术人——恐怖·狂欢·虔恪》、《阿物、超我与中国文化》、《大夫士与士大夫——国史上的两种人格型》、《嫉恶如仇——战士式的人生观》、《演化与进化》、《论文人》、《论文人（续）》、《民族主义与二十世纪——一个历史形态的看法》、《民族主义与二十世纪——一个历史形态的看法（续）》、《文化的尽头与出路——战后世界的讨论》。在《民族主义与二十世纪》一文中，林氏精确预见了"二战"后将有"两三个超级国家"主导世界发展的格局。

6月，应国民党云南省党部邀请，做题为"民族主义与二十世纪"的讲演。

7月，《大公报》"战国副刊"出刊31期后结束。

黛南·格雷因不适应昆明生活而患上慢性腹泻、急性疟疾等病症，昆明医疗条件无力救治，黛南·格雷只得返回美国。考虑相见机会渺茫，两人商定离婚。不久，黛南·格雷回国。

9月，林同济也患上胃病、肺病，为治病赴重庆北碚居住，辞去云南大学教职，转任复旦大学政治学系教授。

1943年　37岁

1月17日，《大公报》发表林同济文章《论官僚传统——一个史的看法》，系统地批判了传统中国政治体制内的官僚腐败，总结了中国官僚传统的皇权毒、文人毒、宗法毒和钱神毒四大特点，精辟指出中国政治的关键所在是"官僚传统"。

应邀为蒋介石著作《中国之命运》英文版进行校订工作。

1944年　38岁

5月，编著《时代之波》出版（重庆：在创出版社），此书汇编了林同济、陈铨、贺麟、沈从文、朱光潜等人抗战爆发后发表的论文，强调对传统文化的反思，努力推介"力"的哲学与"英雄崇拜"观，希望通过民族文学的倡导，鼓舞中国人的抗战精神。

本年，在重庆主编"在创丛书"。

1945年　39岁

在重庆结识银行家陈光甫。陈氏愿意资助林氏创建后来命名为"海光西方思想图书馆"的构想。

5月，应美国国务院文化处的邀请赴美，任位于奥克兰市的米尔斯学院客座教授。

9—12月，任斯坦福大学客座教授，讲授"中国：心灵高于政治"课程。

1946年　40岁

5月，与雷海宗合著《文化形态史观》出版（上海：大东书局），收录了林氏在抗战前后发表的8篇论文，以文化形态史观考察中国与世界文化发展的历程，与雷海宗的历史分期略有不同，强调中国必须意识到并适应"战国时代"的到来，对传统中国政治文化也进行了深入的批判。

11月，陈铨所著《从叔本华到尼采》以林氏《我看尼采》为序。

1947 年　41 岁

2 月始，游历欧洲各国，拜访意大利史学家 B. 克罗齐，法国思想家 J. P. 萨特，英国 H. 拉斯基等当代著名学者，让每位学者提供 100 名最重要的西方思想家名单，以收藏其著作于海光西方思想图书馆。

1948 年　42 岁

1 月，自欧洲回国。

上海银行捐赠位于哥伦比亚路的一座大楼，海光西方思想图书馆正式建立。

2 月，任复旦大学政治学系教授。

身为联合国官员的黛南·格雷回到上海，与林氏相见。双方讨论复婚但终于无果，黛南·格雷返回美国。

同年，郭沫若发表《斥反动文艺》一文，把文艺界分为红黄蓝白黑五类分子，其中"战国策"派被归入蓝色并被定性为"宣扬法西斯主义"的"反动思潮"。

1949 年　43 岁

5 月，上海解放。

海光西方思想图书馆关闭。

1950 年　44 岁

参加知识分子思想改造运动。

1952 年　46 岁

7 月 20 日，在知识分子思想改造运动中，林氏写出数万字的《思想检讨报告》。

1953 年　47 岁

6 月，林氏调入复旦大学外文系工作，陆续开设中国文化史、中国边疆史、政治学概论、中国政治思想史、西洋政治思想史、文学史、英国戏剧、莎士比亚研究等课程。

自此，研究志趣转向莎士比亚戏剧。

1956 年　50 岁

与邵嘉陵谈论莎士比亚剧本的翻译问题，后发表在《文汇报》上。

1957 年　51 岁

经周谷城介绍，林氏加入中国农工党。

6 月，林氏被划为"右派分子"。

1963 年　57 岁

与护士王大珍结婚。

1966—1976 年　60～70 岁

多次被揪斗。

对李贺诗歌进行校勘。

1978 年　72 岁

12 月 12 日，《李贺诗歌集需要校勘》一文发表于《光明日报》。

1979 年　73 岁

4 月，《两字之差——再论李贺诗歌需要校勘》发表于《复旦学报》第 4 期。

1980 年　74 岁

1 月，"Sullied" is the Word：a Note on Hamlet Criticism 一文，发表于《外国语》第 1 期。

8 月 14 日，中共中央总书记胡耀邦接见林氏。林氏强调学习西方文化的重要性，建议在《人民日报》上开辟时政专栏，允许不同观点间的争论。

8 月 17—22 日，出席在伦敦召开的第 19 届国际莎士比亚学会年会，为中国大陆的唯一代表。

10 月 11 日，应母校加州大学伯克利分校邀请抵达美国旧金山。

11 月 6 日，以"莎士比亚在中国：魅力与挑战"为题在加州大学伯克利分校发表演讲。

11 月 11 日，以"中国的第二次解放：论思想与文学的发展近况"

为题发表演讲。

    11 月 18 日,以"中国思想的精髓"为题发表演讲。

    11 月 20 日,因心脏病突发,溘然长逝于旧金山。

    (限于资料,林同济年谱的部分内容,参考李琼编写的《林同济学术大事年表》,见许纪霖、李琼编《天地之间——林同济文集》,复旦大学出版社 2004 年 6 月版。特此鸣谢!)

后 记

　　参加本文集编选工作的研究生，主要有我指导的博士生刘忠良、王东、王玲、王微和硕士生张云飞、郑月阳六位同学。他们从《战国策》、《大公报》、《今日评论》、《当代评论》、《清华学报》等民国旧刊上复印下来雷海宗、林同济的文章，克服了字迹模糊、难以识别等困难，在电脑录入后又多方核对，较好地完成了文集的初选。这些基础性的工作，是此册文集编选得以顺利完成的根本性保障。身为主编之一的刘忠良，更是自始至终参与此项工作，数度前往国家图书馆、清华大学、北京大学查阅、复印相关资料，和我一起前后两次校对了全书，对本文集的初编付出了大量劳动。在此向他们表示衷心感谢！

　　华东师范大学许纪霖教授曾答应以他的大作《紧张而丰富的心灵：林同济思想研究》（《历史研究》2003 年第 4 期）为林同济卷的导言，但由于篇幅所限，最终只能忍痛割爱。已从复旦大学历史地理研究所毕业的岳钦韬博士，专门帮助我复印了在上海版《大公报》上新发现的林同济先生的文章，又主动提供了在多个数据库上查找出来的雷、林文章，其中有一些是我们未收集到的，丰富了本书的编选。云南师范大学历史文化学院的张志国讲师，也帮助我们查找过雷氏、林氏在昆明版《中央日报》上发表的文章。在此向以上各位朋友表示衷心感谢！

　　在本文集编辑过程中，我们还就古籍整理的具体问题请教了南开大学历史学院的孙立群、王晓欣、阎爱民教授。天津财经大学耿科研博士对全书中的英文引用进行了校正。在此一并致谢！

　　南开大学历史学院已荣退的王敦书教授，在 1950 年代后期一直为晚年的雷海宗先生担任教学秘书工作，1990 年至今曾编辑出版了雷海宗先生的多部论著。他一直关心着此部文集的编选工作。

　　曾在中国人民大学出版社工作的谭徐锋编辑，在本文集的最初商议、合同签署及编选过程中，给予我们多次协助；此后接手负责的王琬莹、彭理文等编辑，也以同样的热情协助我们编辑稿件直至最终出版。在此也向他们表达我们衷心的感谢！

编者

2014 年 10 月 10 日于南开大学范孙楼

中国近代思想家文库

方东树、唐鉴卷	黄爱平、吴杰 编
包世臣卷	刘平、郑大华 主编
林则徐卷	杨国桢 编
姚莹卷	施立业 编
龚自珍卷	樊克政 编
魏源卷	夏剑钦 编
冯桂芬卷	熊月之 编
曾国藩卷	董丛林 编
左宗棠卷	杨东梁 编
洪秀全、洪仁玕卷	夏春涛 编
郭嵩焘卷	熊月之 编
王韬卷	海青 编
张之洞卷	吴剑杰 编
薛福成卷	马忠文、任青 编
经元善卷	朱浒 编
沈家本卷	李欣荣 编
马相伯卷	李天纲 编
王先谦、叶德辉卷	王维江、李鹜哲、黄田 编
郑观应卷	任智勇、戴圆 编
马建忠、邵作舟、陈虬卷	薛玉琴、徐子超、陆烨 编
黄遵宪卷	陈铮 编
皮锡瑞卷	吴仰湘 编
廖平卷	蒙默、蒙怀敬 编
严复卷	黄克武 编
夏震武卷	王波 编
陈炽卷	张登德 编
汤寿潜卷	汪林茂 编
辜鸿铭卷	黄兴涛 编

康有为卷 张荣华 编
宋育仁卷 王东杰、陈阳 编
汪康年卷 汪林茂 编
宋恕卷 邱涛 编
夏曾佑卷 杨琥 编
谭嗣同卷 汤仁泽 编
吴稚晖卷 金以林、马思宇 编
孙中山卷 张磊、张苹 编
蔡元培卷 欧阳哲生 编
章太炎卷 姜义华 编
金天翮、吕碧城、秋瑾、何震卷 夏晓虹 编
杨毓麟、陈天华、邹容卷 严昌洪、何广 编
梁启超卷 汤志钧 编
杜亚泉卷 周月峰 编
张尔田、柳诒徵卷 孙文阁、张笑川 编
杨度卷 左玉河 编
王国维卷 彭林 编
黄炎培卷 余子侠 编
胡汉民卷 陈红民、方勇 编
陈撄宁卷 郭武 编
章士钊卷 郭双林 编
宋教仁卷 郭汉民、暴宏博 编
蒋百里、杨杰卷 皮明勇、侯昂妤 编
江亢虎卷 汪佩伟 编
马一浮卷 吴光 编
师复卷 唐仕春 编
刘师培卷 李帆 编
朱执信卷 谷小水 编
高一涵卷 郭双林、高波 编
熊十力卷 郭齐勇 编
任鸿隽卷 樊洪业、潘涛、王勇忠 编
张东荪卷 左玉河 编
丁文江卷 宋广波 编

钱玄同卷	张荣华	编
张君劢卷	翁贺凯	编
赵紫宸卷	赵晓阳	编
李大钊卷	杨琥	编
李达卷	宋俭、宋镜明	编
张慰慈卷	李源	编
晏阳初卷	宋恩荣	编
陶行知卷	余子侠	编
戴季陶卷	桑兵、朱凤林	编
胡适卷	耿云志	编
郭沫若卷	谢保成、魏红珊、潘素龙	编
卢作孚卷	王果	编
汤用彤卷	汤一介、赵建永	编
吴耀宗卷	赵晓阳	编
顾颉刚卷	顾潮	编
张申府卷	雷颐	编
梁漱溟卷	梁培宽、王宗昱	编
恽代英卷	刘辉	编
金岳霖卷	王中江	编
冯友兰卷	李中华	编
傅斯年卷	欧阳哲生	编
罗家伦卷	张晓京	编
萧公权卷	张允起	编
常乃惪卷	查晓英	编
余家菊卷	余子侠、郑刚	编
瞿秋白卷	陈铁健	编
潘光旦卷	吕文浩	编
朱谦之卷	黄夏年	编
陶希圣卷	陈峰	编
钱端升卷	孙宏云	编
王亚南卷	夏明方、杨双利	编
黄文山卷	赵立彬	编
雷海宗、林同济卷	江沛、刘忠良	编

贺麟卷　　　　　　　　　　高全喜　编

陈序经卷　　　　　　　　　　田彤　编

徐复观卷　　　　　　　　　干春松　编

巨赞卷　　　　　　　　　　黄夏年　编

唐君毅卷　　　　　　　　　　单波　编

牟宗三卷　　　　　　　　　王兴国　编

费孝通卷　　　　　　　　　吕文浩　编

图书在版编目（CIP）数据

中国近代思想家文库. 雷海宗 林同济卷/江沛，刘忠良编. —北京：中国人民
大学出版社，2014.7
ISBN 978-7-300-18841-6

Ⅰ. ①中… Ⅱ. ①江…②刘… Ⅲ. ①思想史-研究-中国-近代②雷海宗
（1902～1962)-思想评论③林同济（1906～1980)-思想评论 Ⅳ. ①B250.5

中国版本图书馆 CIP 数据核字（2014）第 103930 号

中国近代思想家文库
雷海宗 林同济卷
江 沛 刘忠良 编
Lei Haizong Lin Tongji Juan

出版发行	中国人民大学出版社	
社　　址	北京中关村大街 31 号	**邮政编码**　100080
电　　话	010 - 62511242（总编室）	010 - 62511770（质管部）
	010 - 82501766（邮购部）	010 - 62514148（门市部）
	010 - 62515195（发行公司）	010 - 62515275（盗版举报）
网　　址	http：//www.crup.com.cn	
经　　销	新华书店	
印　　刷	唐山玺诚印务有限公司	
开　　本	720 mm×1000 mm　1/16	**版　次**　2014 年 11 月第 1 版
印　　张	47.25 插页 1	**印　次**　2025 年 1 月第 3 次印刷
字　　数	757 000	**定　价**　164.00 元

著作权声明